유년기와 사회

CHILDHOOD
AND SOCIETY

ERIK H. ERIKSON

# 유년기와 사회

에릭 H. 에릭슨 지음 | 송제훈 옮김

연암서가

옮긴이 송제훈

서울에서 태어나 한양대학교 영어교육학과를 졸업하고, 현재 서울 원묵고등학교에서 학생들을 가르치고 있다. 한 개인의 삶과 정신의 성장이 기록된 책을 관심 있게 읽고 옮기고 있으며, 인간의 심리적 발달에 대한 주제로 그 관심을 넓히고 있다. 『옥토버 스카이』, 『아버지의 손』(문화체육관광부 우수교양도서), 『내 이름은 이레네』, 『러셀 베이커 자서전: 성장』(한국간행물윤리위원회 추천도서) 등을 번역했다.

# 유년기와 사회

2014년  1월 10일 초판 1쇄 발행
2024년 12월 20일 초판 5쇄 발행

지은이 | 에릭 H. 에릭슨
옮긴이 | 송제훈
펴낸이 | 권오상
펴낸곳 | 연암서가

등   록 | 2007년 10월 8일(제396-2007-00107호)
주   소 | 경기도 고양시 일산서구 호수로 896번지 402-1101
전   화 | 031-907-3010
팩   스 | 031-912-3012
이메일 | yeonamseoga@naver.com
ISBN 978-89-94054-49-0  93180

값 28,000원

"우리 아이들의 아이들을 위하여"

## 옮긴이의 글

◇◇◇◇◇◇◇◇◇◇◇

어느 작가의 인터뷰 기사에서 인상적인 대목을 읽었다. 그는 아이를 잘 키울 수 있는 환경을 찾으려 노력하는 부모들이 정작 자신들이 잘 "클" 수 있는 곳을 찾는 데에는 왜 관심이 없는지 모르겠다고 말했다. 그의 생각을 따르자면 우리가 성인(成人)이 되었다는 것은 발달과업을 다 이루었다는 의미로 해석되어서는 안 될 것이다. 어른도 커야 하기 때문이다.

에릭슨은 젖을 빠는 유아로부터 죽음을 앞둔 노인에 이르기까지 인간은 자아의 완성을 향해 끝없는 여정을 한다고 생각한다. 그의 대명사가 된 '인간 발달 8단계'가 바로 그러한 과정이며, 그가 처음 사용한 '정체성의 위기'라는 개념은 그 과정에서 우리가 겪는 혼란과 불안을 가리킨다.

에릭슨이 정체성 또는 자아 정체감에 천착하게 된 데에는 그의 개인적 경험이 중요한 배경이 되었다. 그는 생부가 누구인지 불확실한 가운데 유대인 어머니에게서 태어났다. 세 살 때 어머니가 유대인 의사와 재혼을 하면서 그의 이름은 에릭 살로몬센에서 계부의 성을 따라 에릭 홈부르거(Erik Homburger)로 바뀌었다. (후일 그가 미국에서 에릭 에릭슨으로 이름을 바꿨을 때 그의 세 자녀는 더 이상 "햄버거"라고 놀림을 받지 않아도 된다는 사실에 기뻐했다고 한다.) 북유럽인의 외모를 가진 그는 유대인 친구들로부터 심한 놀림을 받았는데 이로 인해 그는 어린 시절부터 자신의 정체성에 대해 고민하게 되었다. 그는 10대와 20대 초반을 미술 공부와 이탈리아 여행 등으로 보내다가 비엔나에서 지그문트 프로이트의 딸 안나 프로이트로부터 정신분석학을 배우게 되면서 인생의 전환기를 맞게 되었다. 후일 유대인에 대한 박해를 피해 아내와 함께 미국으로 건너간 그는 서른 살이 넘어 새로운 언어(영어)를 배워야 했는데 이러한 개인적 경험 역시 정체성에 대한 그의 이해와 연구에 깊이를 더해 주었다.

『유년기와 사회』는 그가 처음 쓴 책인 동시에 출세작이라고 할 수 있다. 미국에서 아동 정신분석으로 명성을 얻은 그는 1949년 UC 버클리로부터 종신교수직을 제안 받았는데 변변한 학위조차 없는 그로서는 대단한 영예라 하지 않을 수 없었다. 하지만 1년 후, 매카시즘의 광풍이 대학에까지 몰아치면서 당국이 충성 맹세(loyalty oath)를 요구하자 그는 학문의 자유와 학자의 자존심을 지키고자 교수직을 내던졌다. 그리고 몇 달 후에 나온 책이 바로 『유년기와 사회』이다. (그가 이 책의 제4부에서 "낡은 가치에 근거한 비이성적 판단과 독단적인 편 가르기"를 비판하는 것은 그러한 상황과 무관해 보이지 않는다.) 이 책은 처음에는 별다른 반응을 얻지 못했으나 전문가들에 의해 주목을 받으면서 점차 대중적으로 읽히기 시작했다.

이 책에서 에릭슨은, 성격 발달이 성인기 초기에 종결되는 것으로 가정한 프로이트와 달리 인간의 심리사회적 발달 과정이 전 생애에 걸쳐 일어난다고 보았다. 물론 에릭슨의 출발점이 프로이트라는 사실에는 의심의 여지가 없다. 하지만 심리학의 관심이 심리성적(psychosexual) 발달에서 심리사회적 발달로 옮겨지게 된 데에는 에릭슨의 공헌이 결정적이었다고 할 수 있다. 예컨대 프로이트의 초점이 어머니의 젖을 빠는 유아의 구강기적 만족에 있었다면, 에릭슨은 어머니와의 신체적, 심리적 접촉으로부터 유아가 얻는 신뢰감에 주목을 했다.

'인간 발달 8단계'나 '정체성의 위기' 같은 개념들은 지금도 수많은 심리학 서적과 강의에서 인용되고 있다. 하지만 에릭슨의 발달 이론은 근본적으로 문화인류학과 역사학 그리고 개인의 총체적 삶에 대한 연구를 배경으로 하고 있다. 그의 이론은 대학의 심리학 수업에서 맥락 없이 제시되고 암기되기에는 너무나 깊은 통찰과 넓은 지평을 보여준다. 이 책은 그가 임상을 통해 만난 많은 사람들의 사례와 미국의 두 인디언 부족에 대한 현장 연구, 그리고 히틀러와 고리키의 삶(독일 국민과 러시아 민중의 정체성)을 개인적, 사회적, 역사적 맥락에서 분석한 결과를 아우르고 있다. 우리가 피상적으로 알고 있는 에릭슨은 이러한 전체의 그림을 통해 완전하게 이해될 수 있을 것이다.

이 책의 번역 작업에는 꼬박 1년 2개월이 걸렸다. 에릭슨의 문체는 번역가가 피하고 싶은 모든 요소를 완벽하게 가지고 있었다. 우리말로 통일되지 않은 심리학 용어들도 난점이었다. 예컨대 리비도가 특정한 시기에 특정한 신체 부위를 중심으로 연결되는 '양태(mode)'와, 특정한 양태가 어떤 행동으로 드러나는 '양상(modality)' 같은 개념들은 널리 쓰이고 있음에도 확실하게 정리가 되지 않고 있었다. 이 경우 역자는 사용 빈도, 직관적 이해와 의미 전달의 용이성 등을 고려해 어떤 단어를 사용할 것인지를 결정했다. 인간 발달 8단계에서 각 단계의 발달 과업과 위기를 가리키는 용어들 역시 에릭슨의 의도를 보다 잘 살릴 수 있는 우리말이 있다고 생각되었지만 그 용어들이 너무나 일반적으로 쓰이고 있는 현실을 인정하지 않을 수 없었다. 다만 자아 통합(ego integration)과 자아 완성(ego integrity)의 개념을 에릭슨이 구별해서 사용한 점을 고려해 여덟 번째 단계의 발달 과업은 일반적으로 사용되는 것과 달리 '자아 완성'으로 옮겼다. 이밖에도 불친절하고 사변적인 문장들과 씨름하면서 역자는 저자의 의도를 다치지 않게 하되 가급적 독자에게 친절한 문장을 빚기 위해 노력했다.

몇몇 대목은 상당한 정도의 전문적 지식을 요구했는데 이에 대한 참고자료를 찾지 못해 작업이 암초에 부딪혔을 때 고마운 지인들의 도움이 있었다. 특히 유록족의 관습을 다룬 부분에서 미국에 있는 제자 이승환과 그의 두 친구 이한울과 김인구는 관련 자료들을 직접 찾아주는 수고를 아끼지 않았을 뿐만 아니라 오랜 시간 온라인상의 토론을 통해 원문의 정확한 의미를 찾는 데 결정적인 도움을 주었다. 젊은 벗들의 지적 탐구심과 도움에 경의와 감사를 전한다. 작업 기간이 처음의 예상보다 두 배 이상 길어졌음에도 변함없는 신뢰를 보여준 연암서가의 인내에도 각별한 감사를 전한다.

심리학의 거목이 남긴 기념비적인 저서를 흠 없이 옮기기 위해 나름 최선을 다했으나 평가는 오로지 독자들의 몫이며 역자는 독자들의 비판과 조언에 귀를 기울일 준비가 되어 있다. 인간의 정신과 발달단계를 공부하는 이들과, 유년기와 사회의 관계에 대해 이해를 넓히고자 하는 모든 이들, 그리고 아이를 보다 깊이 이해하고자 하는 부모와 교사들에게 이 책이 도움이 되기를 기대한다.

2013년 11월
송제훈

# 35주년 기념판 서문

◇◇◇◇◇◇◇◇◇◇◇◇◇◇◇◇◇

　나는 이 책의 출간 35주년을 기념하기 위한 서문을 써달라는 요청을 받았다. 그런데 이 책에는 이미 두 개의 서문이 있다. 하나는 1950년의 초판을 위한 것이고, 다른 하나는 1963년의 2판을 위한 것이다. 이 책의 주요 장에는 서론까지 실려 있는데, 그것은 어쩌면 35년 전의 나는 독자들이 읽을 내용을 미리 일러주기를 좋아했다는 사실을 보여주는지도 모른다. 지금의 나이가 되어 나는 그동안의 연구를 요약함으로써 과거를 기념하고 있다. 내가 가장 최근에 쓴 책은『생애 주기의 완성(*The Life Cycle Completed*)』(1982)이라는 다소 거창하면서도 갈무리를 하는 제목을 달고 있다. 이 책은 사람이 80대가 되면 (내 나이는 금세기가 지나온 햇수와 거의 비슷하다) 지나온 과거를 돌아보고 중년의 주장과 희망 그리고 두려움을 되짚어보기를 좋아한다는 사실을 확인시켜준다. 사람은 나이가 들면 역사적인, 정확히 말하면 "생애사적인" 정체성을 갖게 되는데, 그것은 그의 인생에서 중요한 의미가 있었던 사람들과 함께한 시간과 공간을 반영한다. 하지만 나이가 들어서도 사람은 자신의 존재를 완성하는 실존적 정체성을 경험하려는 (경우에 따라서는 지독한) 욕구를 가지고 있다.

　나는 40대에 다양한 사회의 유년기에 대한 나의 임상적, 인류학적 관찰을 요약하면서 당시 내가 시도한 일을 **여정**(itinerary)―마치 백과사전

(March's Thesaurus)이 "어떤 장소와 먼 지역에 대한 기록"이라고 정의한—이라고 불렀다.

여기에서 나는 "여정"이라는 표현이 편력(Wanderschaft)이라는 독일 특유의 관습을 마음껏 누린 젊은 시절의 나를 떠올리게 한다고 고백해야겠다. 예술과 성찰을 위해 방랑길에 오른 젊은 시절의 나는 편력을 하면서 남부 유럽의 문화와 위대한 독일 저술가(이를테면 프로이트 같은…)들을 만날 수 있었다.

나의 임상적, 인류학적 지식의 첫 여정은 너그러운 친구들과 스승들 덕분에 비엔나 정신분석학 연구소에 몸담을 수 있었던 시절로 거슬러 올라간다. 그곳에서 나는 유년기의 보편적 특징에 대해 배울 수 있었는데, 그것은 안나 프로이트가 세운 작은 학교에서 우리가 관찰한 것이나, 정신분석을 받는 성인들의 기억 그리고 안나 프로이트의 아동 정신분석에서 얻은 결과를 재구성한 것과 다르지 않았다.

비엔나와 이 나라에서 유년기를 개념화하고 그에 대해 책을 쓰게 된 나의 이력을 요약한 초판 서문에는 족히 한 단락으로 고쳐 써야 할 문장이 하나 있다. "내 아내 조앤 에릭슨(Joan Erikson)은 이 책의 편집을 맡아주었다." 이제 나는 그 문장에 "나의 다른 모든 책들과 더불어"라는 구절을 덧붙여야 한다. 그녀는 비엔나 시절 안나 프로이트의 학교에서 함께 근무했고 정신분석에 대해서는 다른 경로로 이미 공부를 한 상태였다. 우리가 히틀러의 재앙에 맞닥뜨리면서 이 나라로 오게 되었을 때 (그녀는 캐나다 출신이다) 나는 영어를 막 배우기 시작하는 참이었고 그녀는 내가 구사하는 문장 하나하나를 살펴주어야 했다. 이 경험은 내가 지각과 개념의 본질을 이해하고 표현하는 데 매우 중요한 도움을 주었다. 그것은 나중에 다양한 사회적, 문화적 상황—미국 인디언을 포함한—에서 아이들의 놀이 행동을 통해 드러나는 **명시적 표현**과 여러 층위에 **숨겨져 있는 주제**의 상호관계를 밝히려는 시도에 큰 자산이 되었다. 그것은 또한 "건강한 인격의 성장과 위기"라는 제목으로 생애의 심리학적 단계에 대한 이론의 개요를 함께 연구하는 데에도 도움을 주었다. 우리의 연구는 금세기 중반을 결산하며 포괄적인 주제를 다룬 백악관 회의(White House Conference)에 제출되었다. 형태와 의미에 관한 한, 나는 "아이의 장난감과 노인의 사유(思惟)는 두 계절이 빚은 하나의 열매"라는 블레이크의 말에 늘 감탄할 수밖에 없다. 때문에 "장난감과 사유"는 이 책의 한 장에서 유의미한 제목이 되었을 뿐만 아니라 하버드 케네디 공공정책대학원의 연례 강연을 묶은 책의 제목이 되기도 했다.

『유년기와 사회』는 발간 직후부터 많은 독자들에게 읽혔으며 그동안 수많은 "외국어"—나의 모국어인 독일어와 내 어머니의 모국어인 덴마크어를 포함해서—로 번역 출간되었다. 사실 지금 내 앞에는 『생애 주기의 완성』의 덴마크어판인 *Livsringen Slutted: En Studiebog*가 놓여 있기도 하다.

1963년에 나온 『유년기와 사회』 2판의 색인에는 "핵심적 갈등(nuclear conflicts)"이라는 항목이 있다. 오늘날 핵에 대한 우려(nuclear concerns)와 관련된 자료를 검색하다가 "신뢰 대 불신" 같은 주제어와 마주치게 될 때 나는 놀라지 않을 수 없다. 여기에서 나는 인간의 삶에 있는 원래적 의미의 "핵심적 갈등", 즉 어머니와 아버지의 역할에 대한 갈등을 되짚어보고 그것을 핵무장(nuclear armament)이라는 보편적이고 전면적인 위협과 관련지어 생각해보려고 한다. 물론 근본적으로 양면성을 띤 부모의 역할은 프로이트가 오이디푸스 콤플렉스를 발견한 이래로 줄곧 정신분석학적 사고의 중심에 놓여 있었다.

두 주요 국가의 두 가지 유형의 부모를 정신분석학적으로 살펴보면서 우리는 **미국인 "엄마"**에게 있는 모성적 딜레마와, 역사적으로 **"독일인 아버지"**에게 있는 파괴적인 유형의 부권을 고찰했다. "엄마"는 "어느 한 여성에게 동시에 존재할 수 없는"(351쪽) 특질들이 합성된 이미지를 나타낸다. 그런데 포괄적 개념을 인용하자면, "동일한 역사적 불연속성의 영향 하에서 오로지 아버지가 '아빠'가 되었을 때 어머니는 '엄마'가 되었다. 요컨대 어머니의 역할이 중요해진 것은 아버지가 제자리를 찾지 못했기 때문이다. 아버지들이 가정에서, 교육과 문화적 삶의 영역에서 주도적인 위치를 포기했을 때 어머니들은 할아버지의 역할을 떠맡게 되었다."(358쪽) 다만 여기에서 어머니와 아버지의 특정한 두 유형이 서로 어떤 관련을 맺어왔는지 논의를 했더라면 더 유익했으리라는 아쉬움이 있다. 나는 엄격한 아버지에 대한 기억이 전투 상황의 군인에게 미친 영향도 다루었다. 고도의 기술적 발전이 온 세상을 핵의 위협 아래에 노출시키고 있는 이 시대에 나는 위의 주제들이 가지고 있는 잠재적 영향력을 생각해본다. 어쩌면 우리는 어머니다움과 아버지다움이라는 양극의 조화로운 성숙만이 **인류를 구원할 수 있다**고 말해야 할지도 모른다.

어머니들은 아이들의 생애 초기를 지배하며 가정이나 학교처럼 모든 사회에 기본이 되는 교육 제도와 의식(儀式)에서 중심적인 역할을 수행해왔다. 하지만 경제적 또는 정치적 의식과 전쟁의 망령은 남자들에게 맡겨두었다. 이러한 경향은 특히 "신성한" 국경이 그어져 있는 지역에서 두드러졌다. 하지만 다른 문화를 가진 다른 "부류"의 사람들이 일으키는 **정치적 혁명**은 늘 전면적인 위협이 되고 있고, 그들은 다른 민족 또는 다른 국가의 구성원들을 자기 자신들과 다른 부류로 보는 것에서 그치지 않고 아예 다른 방식으로 진화해온 종(species)으로 보고 있다. 현대사에서 고도로 문명화되고 현대화된 국민들 가운데 그와 같은 유사 종분화(pseudospeciation)

가 나타난 가장 끔찍한 사례가 나치즘이다. 나치즘에 대한 개괄적인 논의를 통해 우리는 이념적 호전성이 주로 **부계의 초자아**와 관련되어 있다는 사실을 정신분석학적으로 설명할 수 있게 되었다. 프로이트는 이 엄격한 양심을 꼭 필요한 것으로 보았지만 그것의 파괴적인, 궁극적으로 자기 파괴적인 잠재력을 함께 진단했다. 초자아는 자기 관용의 한계와 자유를 규정하지만, 보살핌—어머니가 낳고 키우는—에 의한 생성적 양심(generative conscience)의 규정을 함께 받지 않으면 그것은 타인에 대한 불관용으로 쉽게 바뀔 수 있다.

이제 우리는 모든 남녀에게 내재되어 있는 부모 역할의 두 층위를 인식할 수 있다. 모든 사람은 어머니로부터 왔으며 초기 발달 단계가 완성될 때까지 어머니에게 속해 있었다. 또한 거의 모든 사람은 어머니나 어머니의 역할을 대신하는 여성의 "보살핌"을 받았다. 이는 모든 사람이 모성을 경험했으며 내면의 어딘가에는 어머니의 심상에 동일시된 부분이 있다는 것을 의미한다. 우리는 모든 남자가 그의 내면에 어머니를 가지고 있다고 말할 수 있다. 마찬가지로 모든 여자는 엄격하거나 너그러운 방식으로 교화의 기능을 담당한 아버지 혹은 그의 역할을 대신하는 남자를 경험했다고 말할 수 있다. 이는 양성이 (성모 마리아 같은) 따뜻한 감각적 반응이라는 어머니의 특성과, 분노를 표출하고 "우월한" 분별력을 집요하게 고집하며 옳다고 믿는 가치를 위해 자신의 힘을 언제라도 행사할 준비가 되어 있는 아버지의 면모를 함께 경험했음을 의미한다.

그런데 성인들의 공간 인식 태도나 정위(定位)는 물론이고, 성별에 따라 "내부"와 "외부" 공간을 다른 방식으로 이용하는 아이들의 놀이를 관찰할 수 있었던 것은 우리의 초기 연구에서 매우 중요한 부분이 되었다. 시대는 다르더라도 보편적 맥락을 가지고 있는 **구원**의 개념은 『청년 루터

(*Young Man Luther*)』부터 『간디의 진실(*Gandhi's Truth*)』, 그리고 『예일 리뷰(*Yale Review*)』에 실린 논문인 "갈릴리 사람의 말과 '나'에 대한 의식"에 이르는 나의 후속 연구에 정리되어 있다.

　나는 『유년기와 사회』에서 시작된 여정이 앞으로 어느 방향으로 이어질 것인지 강조하기 위해 몇 가지의 일반론을 이야기했다. 나는 역사의식이 있고 정치적으로도 견고해진 기술에 의해 결정될 인간의 내적, 외적 공간의 가능성을 살피고 있다. 하지만 이를 위해서는 모성적으로 공유되는 이 세상의 평화와, 그러한 평화를 지키기 위한 부성적 의식의 결합에 우리의 미래가 굳건히 뿌리를 내리고 있어야만 한다.

1985년
에릭 H. 에릭슨

## 2판 서문

◇◇◇◇◇◇◇◇◇◇

초판의 서문을 다시 읽던 중 나의 시선은 "개념 형성의 여정"이라는 구절에서 멈추었다. 나는 이 책이 나오기까지의 과정을 자세히 설명하기 위해 그 구절을 고딕체로 강조하고 있었다. 원래는 의사와 심리학자 그리고 사회복지에 종사하는 사람들을 위한 정신의학 분야의 교육용 보조 자료로 집필되었으나 이 책은 애초에 의도한 바를 뛰어넘어 미국은 물론 다른 많은 나라의 대학과 대학원에서까지 읽히게 되었다. 2판을 내는 것은 일부 내용에 대한 개정의 필요와 맞물려 현실적으로 시급한 일이 되었다.

임상적 경험이 없는 기성세대는 물론 젊은 세대까지 이 책을 읽고 있다는 사실은 이따금 나를 당혹스럽게 만들었다. 개정판을 준비하기에 앞서 나는 이 문제를 하버드 대학교 신입생들의 세미나(1961~62)에서 꺼내놓았다. 나로서는 좋든 싫든 하나의 여정을 특징짓는 인격적 동일성이 젊은 학생들로 하여금 그들의 자의식과 언어를 잠식하는 분야에 대한 최초의 개괄적 이해를 얻는 데 도움이 될 수 있겠다는 사실을 깨달았다. 그런데 학생들은 마치 젊은 시절에 작성한 여정의 기록을 나이가 들어 함부로 고쳐서는 안 된다는 듯 거의 만장일치로 내가 개정판에 많은 변화를 주어서는 안 된다는 의견을 내놓았다. 나는 그들의 염려에 대해 감사한 마음을 가지고 있다.

하지만 문제는 이 책이 정신분석과 관련된 분야에서 전문적인 인력의 교육에 활용되고 있었다는 점이다. 여기에서 나는 이 책의 결점은 애초의 집필 의도에서부터 필연적으로 파생된 것이라는 결론을 내리게 되었다. 그것은 한 연구자의 여정에 대한 최초의 기록이었으며, 모든 처녀항해가 그러하듯 시간이 지나 다시 항해를 하면서는 결코 얻을 수 없는 인상들을 남겨주었다. 이에 따라 나는 원래의 의도를 보다 명확하게 하거나 같은 시기의 연구 자료를 일부 덧붙이는 것 이외에는 수정을 최소화했다.

우선 나는 스스로 다시 읽으면서 이해가 잘 되지 않는 구절들을 고쳤다. 다음으로 학생들이 잘 이해하지 못하거나 거듭 질문을 하는 부분의 묘사와 설명들을 부연하거나 수정했다. 제1장의 후반부와 제3장에서는 다소 긴 분량의 설명이 추가된 것이 눈에 띌 것이다. 마지막으로 나는 15년 전에 내가 쓴 글에 대한 지금의 생각과 그 주제들을 발전시킨 후속 연구의 결과물들을 반영하여 내 이름의 이니셜을 넣은 각주를 새로 달았다.

초판의 서문에 있는 감사의 글에는 작고한 데이비드 라파포트(David Rapaport) 박사의 이름이 빠져 있다. 그는 나의 초판 원고를 검토해주었지만 책이 인쇄에 들어갈 때까지 그의 (그를 아는 사람들은 짐작하겠지만, 엄청나게 꼼꼼한) 조언은 도착하지 않았다. 이후 오랫동안 우리는 함께 연구를 했고, 그는 내 연구와 그것을 다른 정신분석학자들과 심리학자들의 연구와 접목시킨 결과물의 이론적 의미를 (나를 포함한) 그 누구보다도 명확하게 설명해주었다. 나는 그가 남긴 엄청난 양의 저작들을 참고하면서 그저 감사한 마음을 느낄 뿐이다.

2판에 새로 추가된 설명은 다음의 논문들을 토대로 하고 있다. "사춘기 이전 시기의 성별에 따른 놀이 구성(Sex Differences in the Play Construction of Pre-Adolescents)", *Journal of Orthopsychiatry*, XXI, 4, 1951; "건강한 인

격의 성장과 위기(Growth and Crises of the Healthy Personality)", *Symposium on the Healthy Personality*(1950), M. J. E. Senn, editor, New York, Josiah Macy Jr. Foundation.

1963년 3월
캘리포니아, 스탠포드 대학
행동과학연구소에서
에릭 홈부르거 에릭슨

# 초판 서문

◇◇◇◇◇◇◇◇◇◇

서문은 저자로 하여금 완성된 원고에 대한 자신의 생각을 책의 맨 앞에 놓도록 해준다. 자신이 쓴 글을 돌아보면서 저자는 독자들에게 그들이 곧 읽을 글에 대해 이야기해줄 수 있다.

먼저 이 책은 정신분석의 적용 사례들에서 출발한다. 주요 장들은 해석과 수정이 필요한 표본 연구에 토대를 두고 있다. 책에서는 어린 아이들의 불안, 미국 인디언의 냉담함, 참전 군인의 혼란 그리고 젊은 나치당원의 오만함이 소개된다. 이 모든 상황에서 정신분석학적 연구 방법은 갈등의 요인들을 발견한다. 프로이트의 연구에서 인간의 행동에 관해 가장 포괄적으로 연구된 것은 신경증적 갈등이었다. 하지만 이 책은 대중적 현상들—문화, 종교, 혁명—을 신경증에 대한 우리의 지식에 억지로 맞춰 해석하는 쉬운 결론을 피하려고 한다. 우리는 다른 조각을 찾아볼 것이다.

오늘날 정신분석은 자아에 대한 연구를 수행하고 있는데, 여기에서 자아란 자신의 경험과 행동을 상황에 맞게 통합할 수 있는 인간의 능력을 의미한다. 그런데 그 연구의 강조점은 개별적 자아를 약화시키고 왜곡시키는 다양한 상황에 초점을 맞추는 것에서 점차 사회 조직에서의 자아의 뿌리를 살피는 쪽으로 이동하고 있다. 하지만 우리가 그것을 이해하려고 하는 이유는 성급한 진단이 내려진 사회에 대해 성급한 치유책을 내놓으려는 것이 아니라, 우리의 이론에 대한 청사진을 완성하려는 데에 있다. 그런 의미에서 이 책은 사회에 대한 자아의 연관성을 정신분석학적으로 살펴보려는 시도라 할 수 있다.

이 책은 유년기를 다루고 있다. 어떤 이는 역사와 사회 그리고 도덕성에 대한 많은 연구들을 살펴보면서 그러한 것들이 '모든 인간은 유년기로부터 왔다'는 사실과 별다른 관련이 없다고 말할지도 모르겠다. 인간은 다른 동물들에 비해 긴 유년기를 가지고 있다. 문명사회에서의 유년기는 더욱 길다. 긴 유년기는 기술적, 정신적으로 인간의 능력을 확장시켰다. 동시에 인간으로 하여금 정서적 미성숙의 잔재를 평생토록 가지고 있게 만들었다. 모든 사회는 수많은 직관적 방식을 통해 그 사회의 구성원이 특정한 정체성을 지닌 성인으로 성장할 수 있도록 나름의 아동 훈련 방식을 가지고 있다. 동시에 모든 사회는 나름의 목적을 가지고 이용한 그 유년기로부터 비롯된 비이성적 공포에 포위되어 있기도 하다.

임상의는 이에 대해 무엇을 알고 있을까? 나는 정신분석학적 연구방법은 본질적으로 역사학적 연구의 성격을 띠고 있다고 생각한다. 설령 의학적 데이터에 초점을 맞춘다 하더라도 그것 역시 과거의 경험에 대한 현재의 해석이 될 것이다. 정신분석학이 성인과 유아, 그리고 정신에 내재하는 현재의 층위와 과거의 층위 사이의 갈등을 연구한다고 할 때, 그것은 곧 정신분석학이 개인의 심리학적 진화를 연구한다는 의미를 갖게 된다. 동시에 그것은 인류의 역사란 수많은 개인의 생애 주기들로 이루어진 거대한 신진대사라는 사실을 보여준다.

때문에 나는 이 책이 역사의 발전 과정을 다룬 책이라고 말하고 싶다. 다만 정신분석 전문의는 조금 별난, 어쩌면 새로운 부류의 역사학자라고 해야 할지 모른다. 그는 자신이 관찰하는 대상에 전념하는 가운데 자신이 연구하는 역사의 일부가 된다. 임상의로서 그는 관찰 대상과 자기 자신의 상호작용을 의식해야 한다. 관찰자로서 그가 갖는 "대등한" 지위는 그의 관찰을 위한 도구가 된다. 그러므로 보다 객관적이며 과학적인 용어를 사용하는 것도, 그리고 오늘날 군중의 온갖 소란으로부터 위엄 있는 거리를 유지하는 것도 설리번(H. S. Sullivan)이 "참여자"라고 부른, 그러한 존재가 되지 않도록 막을 수는 없으며 막아서도 안 된다.

그런 의미에서 이 책은 **개념 형성의 여정**으로서 주관적인 성격이 뚜렷하며 또 그래야만 한다. 이 책에는 인용이나 참고 문헌 활용의 모범이 되려는 시도가 없다. 다른 맥락에서 막연하게 유사해 보이는 문구를 진지하게 인용해서 또 하나의 불명확한 개념을 보강하려는 시도는 별다른 유익을 주지 않을 것이기 때문이다.

이러한 독자적 접근방법에는 아무래도 나의 현장 경험과 지적 부채(負債)에 대한 간략한 설명이 따라야 할 것 같다.

나는 원래 미술을 공부했다. 이는 독자들이 사실과 개념에 대한 명확한 설명을 기대하는 곳에서 배경 그림을 만나게 되는 것을 (정당화시키지는 못하더라도) 설명해줄 수 있을지도 모른다. 나는 이론에 의한 주장보다는 전형적인 것에 대한 묘사를 통해 내가 말하고자 하는 바를 더 쉽게 표현할 수 있었다.

나는 Peter Blos(이하 모든 인명과 일부 기관명 그리고 논문의 제목은 원문으로 표기함—옮긴이)의 책임 하에 Dorothy Burlingham과 Eva Rosenfeld가 이끄는 비엔나의 작은 미국인 학교에서 아이들과 처음으로 대면했다. 아동 정신분석가로서의 나의 이력은 이때 시작되었다. 나는 그곳에서 Anna Freud와 August Aichhorn의 지도를 받았고, 이후 비엔나 정신분석연구소에서 오랜 기간의 훈련을 마쳤다.

하버드 의대 신경정신과의 Henry A. Murray와 그의 동료들은 내게 미국에서의 첫 지적 둥지를 마련해주었다. 나는 오랜 기간 동안 여러 인류학자들과 긴 대화를 나누는 특권을 누렸는데, Gregory Bateson, Ruth Benedict, Martin Loeb 그리고 Margaret Mead가 바로 그들이다. Scudder Mekeel과 Alfred Kroeber는 "현장"으로 나를 안내해주었다. 내가 이 두 사람에게 받은 특별한 도움은 제2부에서 다루어질 것이다. 내가 Margaret Mead로부터 받은 도움은 일일이 열거할 수가 없을 정도이다.

내가 유년기에 대한 비교 연구를 시작할 수 있었던 것은 Lawrence K. Frank의 격려에 힘입은 바 크다. 조시아 메이시 주니어 재단(Josiah Macy Jr. Foundation)의 연구비 지원은 내가 예일 대학교 의과대학 신경정신과와 인간관계연구소에서 유년기 초기의 신경증에 관한 연구를 수행하는 데 큰 도움을 주었다. General Education Board(고등교육과 의학교육 그리고 남부 지역의 소외계층에 대한 교육을 지원하기 위해 록펠러가 1902년에 설립한 재단–옮긴이)는 캘리포니아에서 아동들을 대상으로 광범위하게 이루어진 Jean Walker Macfarlane의 연구(UC 버클리 아동복지연구소)에 내가 일정 기간 참여할 수 있게 해주었다.

내 아내 조앤 에릭슨은 이 책의 편집을 맡아주었다.

원고를 완성하기까지 나는 Helen Meiklejohn, Gregory Bateson, Wilma Lloyd, Gardner Murphy, Lois Murphy, Laurence Sears 그리고 Don MacKinnon의 조언을 받았다. 그들 모두에게 감사를 전한다.

본문에는 샘, 앤, 피터, 수족의 짐, 주술사 패니, 진과 그녀의 어머니 메리 그리고 몇몇 가공의 인명이 등장한다. 그들은 나의 환자들이었으며 본인들은 모르는 가운데 나에게 "표본"을 제공해준 피실험자였다. 오랜 시간이 흘렀지만 그들의 행동은 나의 기억 속에서 그 중요성이 더욱 커졌다.

나의 연구에 동반자가 되어준 그들에게 이 지면을 빌려 감사를 전한다.

이 책에 쓰인 자료의 일부분은 하버드 의과대학 신경정신과의 Frank FremontSmith 박사; 예일 의과대학 정신과의 Felice BeggEmery 박사, Marian Putnam 박사 그리고 Ruth Washburn; 메닝거 재단의 Mary Leitch 박사; 이스트 베이 아동병원 아동발달센터의 William Lloyd; 마운트 시온 병원 참전군인재활센터의 Emanuel Windholz 박사; 샌프란시스코 공립 학교 아동상담센터 스태프의 도움으로 실리는 것이 가능했다.

이 책의 여러 부분은 앞서 발간된 다음의 논문과 서적에 토대를 두고 있다. "Configurations in Play: Clinical Observations," *Psychoanalytic Quarterly*; "Problems of Infancy and Early Childhood," *Cyclopedia of Medicine*, Davis and Company; *Studies in the International of Play: 1. Clinical Observation of Play disruption in Young Children*, Genetic Psychology Monographs; "Observations on Sioux Education," *Journal of Psychology*; "Hitler's Imagery and German Youth." *Psychiatry*; *Observations on the Yurok: Childhood and World Image*, University of California Publications in American Archaeology and Ethology; "Childhood and Tradition in Two American Indian Tribes," in *The Psychoanalytic Study of the Child I*, International Universities Press(개정판 *Personality*, edited by Clyde Kluckhohn and Henry A. Murray. Alfred A. Knopf); "Ego Development and Historical Change," in *The Psychoanalytic Study of the Child II*, International Universities Press.

캘리포니아, 오린더

에릭 홈부르거 에릭슨

# 차례

옮긴이의 글 · 6
35주년 기념판 서문 · 10
2판 서문 · 16
초판 서문 · 19

## 제1부 유년기와 사회적 삶의 양상 · 29

### 제1장 사례연구의 타당성과 연관성 · 30

1. 어린 소년의 신경학적 위기: 샘(Sam) · 33
2. 전투 상황에서 표출된 해병대원의 위기 · 49

### 제2장 유아 성욕의 이론 · 60

1. 두 개의 임상 사례 · 60
2. 리비도와 공격성 · 73
3. 신체 부위, 양태 그리고 양상 · 90

A. 입과 감각 | B. 배출 기관과 근육 조직 | C. 보행 이동성과 생식기 | D. 전(前)성기기와 성기기

4. 성기기 양태와 공간적 양상 · 121

제2부 **두 인디언 부족의 유년기** · 135

2부에 들어가며 · 136

**제3장 평원의 사냥꾼들** · 139

1. 역사적 배경 · 139

2. 짐(Jim) · 146

3. 인종간의 세미나 · 152

4. 수족의 아동 양육 · 162

A. 출산 | B. 받아들이기와 획득하기 | C. 움켜쥐기와 놓아주기 | D. 성 역할의 형성

5. 초자연적인 힘 · 180

A. 태양의 춤 | B. 영적인 교류 의식

6. 요약 · 189

7. 후속 연구 · 192

**제4장 새먼 강변의 어부들** · 204

1. 유록족의 세계 · 204

2. 유록족 아동의 정신의학 · 210

3. 유록족의 아동 교육 · 215

4. 비교 요약 · 222

제3부 **자아의 성장** · 231

3부에 들어가며 · 232

**제5장 생애 초기 자아의 문제: 진(Jean)** · 238

**제6장** 장난감과 사유(思惟) · 255

   1. 놀이, 일 그리고 성장 · 255

   2. 놀이와 치료 · 272

   3. 정체성의 시초 · 287

   A. 놀이와 사회적 환경 | B. 폭격수의 아들 | C. 흑인의 정체성

**제7장** 인간 발달의 여덟 단계 · 302

   1. 기본적 신뢰 대 기본적 불신 · 302

   2. 자율성 대 수치심과 의심 · 307

   3. 주도성 대 죄책감 · 312

   4. 근면성 대 열등감 · 316

   5. 정체성 대 역할 혼란 · 319

   6. 친밀 대 고립 · 322

   7. 생산력 대 침체 · 326

   8. 자아 완성 대 절망 · 328

   9. 후성적(後成的) 발달 도표 · 330

**제4부** 청년기와 정체성의 발달 · 337

   4부에 들어가며 · 338

   **제8장** 미국인의 정체성에 대한 고찰 · 346

   1. 양극성 · 346

   2. "엄마" · 349

   3. 존 헨리 · 362

   4. 청소년기, 보스 그리고 기계 · 372.

**제9장 히틀러의 어린 시절에 대한 신화** · 396

  1. 독일 · 398
  2. 아버지 · 402
  3. 어머니 · 412
  4. 청소년 · 415
  5. 생활권역, 군인, 유대인 · 420
  6. 유대 민족에 대한 소고 · 431

**제10장 막심 고리키의 청소년기에 대한 신화** · 438

  1. 대지와 미르 · 441
  2. 어머니들 · 447
  3. 늙은 폭군과 저주받은 혈통 · 451
  4. 착취당하는 사람들 · 463
  A. 성인(聖人)과 걸인 | B. 비밀에 싸인 남자 | C. 아버지 없는 아이들과 다리 없는 아이 | D. 꽁꽁 싸맨 아기
  5. 혁명가 · 481

**제11장 결론: 불안을 넘어** · 493


**초판 출간 이후의 에릭 H. 에릭슨의 저서 및 논문 목록** · 519
**찾아보기** · 523

CHILDHOOD
AND SOCIETY

**제1부**

# 유년기와 사회적
# 삶의 양상

# 제1장

# 사례연구의 타당성과 연관성

어느 분야든 매우 단순하면서도 동시에 당혹스럽기 짝이 없는 몇 가지 질문이 있다. 그리고 그 질문을 둘러싸고 벌어지는 끝없는 논쟁은 번번이 해답을 얻지 못한 채 최고의 전문가라 하는 이들조차 웃음거리로 만들고 만다. 정신병리학의 경우 신경증적 장애가 일어나는 위치와 원인에 관한 질문들이 그러하다. 신경증적 장애는 발현 시점이 명백하게 관찰되는가? 그것이 존재하는 곳은 몸인가 아니면 마음인가? 개인인가, 사회인가?

수 세기에 걸쳐서 이러한 질문들은 정신 이상의 근원에 대한 교회의 논쟁을 중심으로 제기되었다. 내재하는 악마 때문인가 아니면 뇌의 심각한 염증 때문인가? 물론 그러한 단순한 논쟁은 이미 오래 전에 끝난 것으로 보인다. 최근에 우리는 신경증의 속성이 정신과 육체에, 정신과 사회에, 그리고 대인관계에 있다는 결론에 도달하게 되었다.

하지만 이러한 새로운 정의 역시 '정신과 육체' 그리고 '개인과 집단'

같은 별개의 개념들을 이전과 약간 다른 방식으로 조합한 것에 불과하다는 사실을 우리는 앞으로의 논의에서 확인하게 될 것이다. 오늘날 우리는 "둘 중 어느 쪽이냐"를 따지는 대신에 "둘 다"를 말하고 있지만, 정신이 육체와 별개의 "것"이며 사회가 개인과 별개의 "것"이라는 의미론적 가정은 여전히 유지하고 있다.

의학이라는 것이 질병의 발생 위치와 원인을 찾으려는 탐구에 기원을 두고 있다는 점에서 정신병리학은 의학의 산물이다. 우리의 교육기관들은 이러한 탐구에 매진하며, 신경증으로 고통 받는 이들과 그들을 치료하는 이들 모두를 과학의 전통과 권위에서 나온 마법으로 안심을 시킨다. 신경증을 하나의 질병으로 간주해버리면 그것은 신체적 고통에 불과하기 때문에 그리 복잡하지 않은 문제가 된다. 사실 신경증은 신체적 고통을 수반하는 경우가 자주 있고, 개인적인 질병과 전염병의 차원 모두에 대해 우리는 훌륭한 접근방법들을 가지고 있다. 이러한 접근방법들은 많은 질병과 그로 인한 사망자 수를 급격하게 감소시켜왔다.

그런데 여기에서 이상한 일이 벌어졌다. 신경증을 질병으로 간주하게 되면서 우리는 질병의 총체적 문제를 다시 인식하게 된 것이다. 신경증에 대한 더 나은 정의를 얻게 된 것이 아니라 오히려 심장이나 위장 질환 같은 흔한 질병들이 신경증적 증상들과 대등한 차원에서 다뤄짐으로써 새로운 의미를 얻게 되었고, 적어도 그러한 증상들이 고립된 특정 부위의 문제라기보다는 중심부의 장애에서 비롯되었다는 점을 발견하게 된 것이다.

여기에서 "임상적" 접근에 대한 새로운 의미는 흥미롭게도 그 단어의 가장 오래된 의미와 유사해진다. "임상(clinical)"이란 원래 육신의 질병으로 인해 곧 창조주와 홀로 마주하게 될 병상의 환자를 돕는 신부(神父)의 역할을 의미했다. 사실 중세 시대에는 일정한 기간 내에 환자를 치료하지 못할 경우 의사는 신부를 부를 의무가 있었다. 그것은 오늘날 우리가 정신적−육체적(spirituo-somatic) 문제라 부르는 사례들이 당시에도 있었다는 추정을 가능하게 한다. "임상"이라는 단어는 이미 오래 전에 성직자의 옷을 벗었다. 하지만 그 단어는 예전의 함축적 의미를 되찾고 있는 중이다. 신경증 환자의 어디가 어떻게 아프든, 그리고 그 중핵적인 부분(core)을 뭐라고 부르든, 환자의 중핵적인 부분이 손상을 입었다는 사실을 우리가 알게 되었기 때문이다. 환자는 죽음이라는 최종적인 고독까지는 아니더라도 무기력, 외로움, 고립감 그리고 혼란을 경험하게 되는데 우리는 그것을 신경증적 불안이라고 부른다.

심리치료사(psychotherapist)가 자신의 명성과 이론을 공고하게 하기 위해 생물학적 설명을 앞세울 수도 있겠지만 그가 다루는 문제는 다름 아닌 **인간의 불안**이다. 이에 대해 그는 사실이 아닌 것을 말해서는 안 된다. 그러므로 보다 자세한 논의에 들어가기에 앞서 심리치료사가 자신의 임상 강의에서 취하는 입장을 분명하게 밝히는 것은 당연하다고 하겠다.

어느 병리학적 사례—한 소년에게 갑작스럽게 나타난 신체적 장애—로부터 이 책을 시작하고자 한다. 우리는 이 사례에서 어느 특정한 측면이나 기제를 따로 떼어내서 그것을 집중 조명하지는 않을 것이다. 오히려 이 사례에 관련된 복합적인 요인들을 살피면서 장애의 영역을 명확하게 규정할 수 있는지 확인하고자 한다.

## 1. 어린 소년의 신경학적 위기: 샘(Sam)

어느 이른 아침, 캘리포니아 북부의 한 작은 마을에서 세 살짜리 사내아이의 어머니가 아들의 방에서 들리는 이상한 소리에 잠에서 깼다. 급히 달려간 어머니는 아이가 끔찍한 발작을 일으키고 있는 모습을 발견했다. 그녀의 눈에 그것은 닷새 전에 심장마비로 사망한 아이의 할머니가 일으킨 발작과 똑같아 보였다. 그녀는 의사를 불렀고, 의사는 아이가 간질 발작을 일으켰다고 말했다. 의사는 진정제를 투여한 뒤 아이를 인근 대도시의 병원으로 데리고 가게 했다. 병원 의료진은 아이가 너무 어린데다 진정제를 맞은 상태였기 때문에 확실한 진단을 내릴 수 없었다. 며칠 후 아이는 완전히 회복되어 퇴원을 했다. 신경학적 검사 결과는 모두 정상이었다.

하지만 한 달 후, 어린 샘은 뒷마당에서 죽어 있는 두더지를 발견하고는 병적인 불안상태에 빠졌다. 어머니는 죽음에 대한 아이의 질문에 대답을 해주느라 진땀을 뺐다. 어머니 역시 죽음에 대해 제대로 모르고 있다는 사실을 확인한 아이는 어두운 표정으로 잠자리에 들었다. 한밤 중에 아이가 소리를 지르며 구토를 하더니 눈과 입이 뒤틀리기 시작했다. 이번에는 의사가 일찍 도착해서 아이의 몸 오른쪽에 심각한 경련이 일어나는 모습을 직접 관찰할 수 있었다. 병원에서도 간질이라는 진단이 내려졌으며 대뇌 좌반구의 손상이 원인으로 지목되었다.

그로부터 두 달 후, 우발적으로 나비 한 마리를 죽인 아이에게 세 번째 발작이 찾아왔다. 병원은 최초의 진단에 "유발 요인: 심리적 자극"이라는 문구를 덧붙였다. 다른 말로 하면, 대뇌의 어떤 병변으로 인해 아이는 발작에 대해 낮은 한계점(threshold)을 가지고 있었는데 심리적 자극, 즉 죽음에 대한 생각이 아이로 하여금 이 한계점을 넘어서게 만들었다는 것이다. 그것 이외에는 아이의 출생 기록과 유년기의 성장과정 그리고 신경학적 상태에서 특별한 이상이 관찰되지는 않았다. 아이의 전반적인 건강과 영양 상태는 좋았다. 당시의 뇌파 검사 결과 역시 간질의 가능성을 "배제할 수 없다"는 정도에 불과했다.

그렇다면 그 "심리적 자극"은 무엇이었을까? 그것은 분명히 죽음과 관련된 것이었다. 죽은 두더지, 죽은 나비, 그리고 우리는 아이가 첫 발작을 일으켰을 때의 모습이 마치 아이의 할머니가 심장 발작을 일으켰을 때와 비슷했다고 한 어머니의 말을 떠올렸다.

할머니의 죽음과, 그 전후의 일들은 다음과 같다.

몇 달 전 가족이 새로 이사한 집에 할머니가 찾아왔다. 어머니로서는 시어머니의 방문이 여간 부담스러운 게 아니었다. 그것은 며느리가 아들과 손자를 잘 보살피고 있는지 살펴보려는 시찰의 의미가 있었기 때문이다. 게다가 시어머니의 건강 상태에 대한 우려도 있었다. 그 즈음 사람들을 놀라게 하기 좋아하던 아이에게 어머니는 할머니의 심장이 좋지 않다며 주의를 주었다. 아이는 할머니에겐 장난을 치지 않겠다고 약속을 했고 처음 얼마간은 별 문제가 없는 것 같았다. 잠시도 가만히 있지 못하는 아이가 못내 불안했던 어머니는 집을 비우는 일이 거의 없었다. 그런데 아이가 조금씩 생기를 잃어가며 긴장을 하는 모습이 어머니의 눈에 들어왔다. 어느 날 시어머니에게 아이를 잠시 맡겨둔 채 외출을 하고 돌아온 어머니는 시어머니가 심장 발작을 일으키며 바닥에 쓰러져 있는 모습을 발견했다. 나중에 할머니는 아이가 의자 위에 올라가서 놀다가 바닥에 떨어졌다는 이야기를 했다. 아이가 할머니를 골탕 먹이려 했고 그토록 주의를 주었던 일을 일부러 저질렀다고 의심할 만한 이유는 충분했다. 할머니는 몇 달을 앓다가 회복되지 못하고 결국 사망했다. 그리고 며칠 후 아이의 첫 발작이 일어났다.

이 사례에서 의사가 "심리적 자극"이라고 부른 것이 할머니의 죽음과 관계가 있음은 명백했다. 사실 아이의 어머니는 당시에 무심코 보아 넘긴 일을 지금은 분명하게 기억하고 있다. 첫 발작을 일으키던 밤, 샘은 베개를 여러 개 쌓아 올린 채 거의 앉은 자세로 잠이 들었다. 그것은 울혈을 막기 위해 할머니가 잠자리에 들 때 하던 행동이었다.

이상하게도 어머니는 아이가 할머니의 죽음에 대해 전혀 모르고 있다고 이야기했다. 할머니가 숨을 거둔 직후 아이에게는 할머니가 시애틀로 여행을 떠났다고 둘러댔기 때문이다. 아이는 울면서 물었다고 한다. "왜 나한테 아무 말도 안 하고 가셨어?" 어머니는 그럴 시간이 없었다고 대답했다. 그리고는 집 밖으로 이상한 큰 상자가 옮겨지는 모습을 유심히 바라보는 아이에게 어머니는 상자에 할머니의 책이 담겨 있다고 말했다. 하지만 샘은 할머니가 그토록 많은 책을 가지고 온 것을 보지 못했으며, 급하게 달려온 친척들이 왜 책 상자 앞에서 오열하는지도 알 수 없었다. 나는 아이가 과연 어머니의 얘기를 곧이곧대로 믿었을까 하는 의심이 들었다. 실제로 어머니도 아이의 반응에 당혹감을 느낀 경우가 여러 차례 있었다. 한번은 아이에게 어떤 물건을 찾아오라고 시켰을 때 아이는 시큰둥한 표정을 지으며 이렇게 말했다고 한다. "그건 시애틀로 여행가서 여기에 없어." 나중에 치료 계획의 일환으로 놀이 집단에 들어가게 되었을 때 아이는 평소의 활발하던 모습과는 달리 혼자 조용히 직사각형의 상자를 만들어서 장애물을 그 상자 앞에 놓아두곤 했다. 당시 아이가 던진 질문들은 어떻게 하면 상자를 완전히 차폐할 수 있는지 실험을 하고 있음을 암시했다. 어머니는 뒤늦게 할머니가 여행을 떠난 것이 아니라 돌아가셨다고 말해주었지만 아이는 들으려 하지 않았다. "거짓말이야." 아이는 말했다. "할머니는 시애틀에 있어. 나는 할머니 보러 갈 거야."

이 아이가 고집이 세고 생기가 넘치며 또래들보다 영리한데다 속임수에 쉽게 넘어가지 않았음은 분명했다. 외동인 이 아이에게 부모의 기대는 컸다. 머리가 좋은 이 아이는 동부의 명문대나 의대, 혹은 법대에 진학할 수 있을 것 같았다. 부모는 아이가 지적 조숙함과 호기심을 남김없이 표출하도록 했다. 아이는 고집이 셌고 "안 돼"라는 대답은 받아들이지 않았다. 걸음마를 배우고 팔놀림이 자유로워졌을 때 아이는 아무나 때리기 시작했다. 이사하기 전에 아이가 태어나고 자란 동네에는 다양한 인종이 거주했는데 그러한 행동은 딱히 나쁜 짓으로 여겨지지 않았다. 그곳에서 아이는 상황에 따라 누군가를 먼저 때려도 용인이 되는 분위기를 자연스럽게 익힌 것이 틀림없다. 하지만 새로 이사를 온 부유한 동네에서 아이의 가정은 유일한 유대계였다. 부모는 아이에게 다른 아이들을 때려서는 안 되고 동네 아주머니들에게 이것저것 꼬치꼬치 물어서도 안 되며 이교도들을 늘 친절하게 대해야 한다고 가르쳤다. 이전에 아이에게 암묵적으로 제시된 이상적인 모습은, 다른 아이에게 맞고 다니지 않는 아이(거리에서)이자 똑똑한 아이(집에서)였다. 그런데 이제 갑자기 중산층의 이교도 이웃들로부터 "유대인이지만 착한 꼬마"로 불리도록 행동을 해야 하는 것이었다. 샘은 자신의 공격성을 영악하게 조절하는 동시에 교묘한 악동이 되는 법을 익혀나갔다.

여기에서 "심리적 자극"이 중요해진다. 아이는 원래부터 화를 잘 내는 공격적인 성향을 가지고 있었다. 그런데 아이의 행동을 억누르려는 외부의 시도가 아이에게 분노를 일으켰고, 아이 스스로 자신의 행동을 제어해야 하는 상황은 견디기 힘든 긴장 상태를 만들었다. 이를 **기질적 내성 결핍**(constitutional intolerance)이라 부를 수 있겠는데, 여기에서 "기질적"이라 함은 그 원인을 추적할 수 없다는 의미이며 달리 말하면 그 아이의 성향이 원래부터 그랬다는 뜻에 불과하다. 하지만 분명히 해둘 것은, 이 아이의 분노가 결코 오래 지속되는 법이 없었으며 오히려 아이는 풍부한 표현력과 다정다감하고 밝은 성격을 가지고 있었다는 점이다. 이러한 성격 덕분에 아이는 악의 없는 장난꾸러기가 되었다. 그런데 할머니가 도착할 무렵 아이는 특유의 밝은 성격을 잃어버린 상태였다. 그것은 동네에서 다른 아이를 때리면서 생긴 일이다. 맞은 아이는 피를 흘렸고, 샘은 동네에서 따돌림을 당할 위기에 처했다. 이런 상황에서 외향적인 성격의 아이가 할머니와 함께 집에 갇혀서 지내게 된 것이다. 더군다나 할머니에게는 절대로 장난을 쳐서도 안 되었다.

아이의 공격성이 간질의 원인 가운데 하나였을까? 그것은 분명하지 않다. 아이의 활발함은 병적 흥분 상태와는 무관했다. 처음 세 번의 발작이 죽음이라는 관념과 관련되어 있었으며, 나중에 일어난 두 번의 발작은 두 명의 심리치료사가 그의 치료를 포기한 것과 관련이 있었음은 분명하다. 또한 이 시기에 빈번하게 일어난 경미한 발작들—눈을 크게 뜬 채 가쁜 숨을 몰아쉬다가 기절을 한 뒤 잠시 후 "머리가 어지러워요." 하며 일어나는—은 아이가 갑자기 공격적인 말이나 행동을 보인 직후에 일어났다. 아이는 낯선 사람에게 돌을 던지거나, "하느님은 스컹크야." 또는 "세상에 스컹크만 있어." 그리고 (어머니에게) "엄마는 새엄마야!" 같은 말을 내뱉었다. 이것은 과연 죄책감과 보상의 압박에 억눌려 있던 공격성이 분출된 것일까? 아니면 임박한 발작을 스스로 예감하며 그것을 폭력적인 행동으로 배출하기 위한 발버둥이었을까?

나는 의사의 진료 기록과 어머니의 이야기에서 위에 언급한 것과 같은 인상을 받았다. 내가 아이의 치료를 맡게 된 것은 첫 발작이 일어나고 2년이 지났을 때였다. 나는 곧 아이의 경미한 발작을 직접 목격하게 되었다. 우리는 도미노 게임을 하고 있었는데 나는 아이의 한계점을 시험해보기 위해 아이를 게임에서 계속 지게 했다. 어느 순간 아이의 낯빛이 하얗게 변하더니 표정에서 생기가 완전히 사라졌다. 아이는 벌떡 일어나 고무 인형을 들고 내 얼굴을 세게 내리쳤다. 아이의 눈은 초점이 흐려지고 있었다. 숨을 가쁘게 몰아쉬던 아이가 잠시 정신을 잃었다. 이내 정신이 돌아온 아이는 거칠고 집요하게 떼를 부렸다. "다시 해요!" 그리고는 쓰러져 있는 도미노를 세우기 시작했다. 아이들은 표현력 부족이나 두려움 때문에 제대로 말하지 못하는 것을 공간 배치를 통해 표현하는 경향이 있는데, 아이가 서둘러 세워놓은 도미노는 직사각형의 형태를 띠고 있었다. 그것은 아이가 이전에 만들기 좋아했던 직사각형 상자의 축소판이었다. 앞뒤가 점으로 구별된 도미노는 모두 안쪽을 향하도록 놓여 있었다. 이제 의식을 완전히 회복한 아이는 자신이 한 일을 의식하며 어색한 미소를 지었다.

나는 아이가 내 생각을 들을 준비가 되었다고 판단했다. "도미노의 앞면을 보려면 저 네모 속에 들어가야겠네? 관 속에 죽어 있는 사람처럼 말이야."

"네." 아이가 속삭이듯 대답했다.

"도미노 모양을 보니까 네가 나를 때렸기 때문에 그 벌로 네가 죽을까봐 무서워하고 있는 것 같은데?"

아이는 겁먹은 표정으로 물었다. "저 죽어요?"

"아니야. 하지만 할머니가 관에 실려 나갔을 때, 아마 너는 할머니를 죽게 한 사람이 너니까 너도 죽어야 한다고 생각했을 거야. 네가 예전에 만든 상자들이나 오늘 세워놓은 도미노도 다 그 때문이야. 너는 발작을 할 때마다 네가 죽을 거라고 생각했겠지."

"네." 아이는 고분고분했다. 아이는 그때까지 할머니의 관을 보았다거나 할머니의 죽음을 알고 있다는 사실을 나에게 인정한 적이 없었다.

이제 아이의 병증을 완전히 이해했다고 생각하는 독자가 있을지 모르겠다. 하지만 나는 당시 어머니와도 줄곧 상담을 하며 어머니 쪽의 요인─전체를 설명하기 위해 매우 중요한 부분인─을 알아내려 애썼다. 우리는 아이에게 깊은 "심리적 자극"이 존재한다면 그것은 어머니가 가지고 있는 중요한 신경증적 문제와 동일한 것일지도 모른다고 생각했는데, 실제로 아이의 어머니는 혹독한 감정적 저항을 이겨내고 한 가지 사건을 기억해내는 데 성공했다. 시어머니를 맞이할 준비로 경황이 없었을 때 샘이 그녀의 얼굴에 인형을 던진 것이었다. "고의"든 아니든 샘의 조준은 너무나 정확했다. 어머니의 앞니 하나를 흔들리게 만들었기 때문이다. 어머니는 화가 치민 나머지 아이를 세게 때렸다. 아이에게 그 정도로 화를 낸 것은 그때가 처음이었다. '이에는 이'의 방식은 아니었지만 그 분노는 어머니 자신과 아이 모두가 놀랄 만큼 생소한 것이었다.

그런데 혹시 아이는 어머니의 공격성을 이전부터 알고 있지는 않았을까? 이것은 매우 중요한 문제이다. 왜냐하면 나는 공격성에 대한 아이의 낮은 한계점이 가정 내에 드리운 폭력의 그림자에 의해 더욱 낮아졌다고 믿었기 때문이다. 개인적인 문제를 넘어서, 게토와 유대인 대학살을 피해 도망을 친 부모의 아이들은 분노와 폭력 앞에 놓인 유대인의 운명이라는 환경에서 벗어나기 힘들었다. 유감스럽게도 그것은 전지전능하고 분노와 앙심을 품으며 변덕이 심한 하느님으로부터 시작되었고, 모세(Moses)로부터 아이의 할아버지에 이르기까지 대를 거쳐 내려온 것이기도 했다. 그 결과 유대인들은 선택받은 민족이지만 온 세상에 흩어져 살게 되면서 잠재적으로 늘 폭력적인 이교도들에게 무방비로 둘러싸이게 되었다. 샘의 가족은 유대인이 살지 않는 마을로 이사를 함으로써 그들의 운명에 도전했다. 이 가족은 불안하기는 해도 표면적으로는 그들의 안전을 위협하지 않는 이교도 이웃들 틈에서 별 문제 없이 지낼 수 있었지만 한편으로는 자신들의 운명을 내적 현실로 고스란히 지니고 있었다.

여기에서 우리의 환자가 이 문제에 붙들려 있었음을 지적할 필요가 있다. 부모가 그들의 조상과 이웃들 사이에서 겪은 갈등을 아이는 가장 좋지 않은 시기에 경험하게 된 것이다. 아이는 발달 단계상 구속을 견디지 못하는 시기를 거치고 있었다. 왕성한 신체적 활동성과 정신적 호기심 그리고 3~4세에 주로 나타나는 유아 남성성(infantile maleness)은 습관이나 개인적 기질에 따라 약간의 차이를 두고 이 시기에 나타난다. 우리의 환자가 다른 측면에서와 마찬가지로 이 부분에서도 조숙했음은 의심의 여지가 없다. 이 시기의 아이라면 누구나 제멋대로 돌아다니거나 끊임없이 질문하는 것을 제지하면 참지 못하는 경향이 있다. 생각과 행동을 주도적으로 하려는 경향이 강해지는 이 시기의 아이는 특히 탈리오의 법칙("눈에는 눈, 이에는 이"—옮긴이)에 상처를 받기 쉽다. 그런데 딱하게도 이 아이는 어머니로부터 거의 '이에는 이'에 가까운 처벌을 받았다. 이 시기의 사내아이는 자신이 거인인 것처럼 행동하기 좋아하는데, 이는 거인을 무서워하기 때문이며 상상 속에서 신는 신발에 비해 자신의 발이 훨씬 작다는 것을 알고 있기 때문이다. 아울러 조숙성은 늘 상대적 고립과 불안을 의미하기 마련이다. 이런 상황에서 할머니의 방문으로 사회적 문제에 대한 유대인의 잠재적 갈등이 더해지자 부모의 불안을 인내할 수 있는 아이의 한계점이 결정적으로 낮아진 것이다.

이것이 인간 위기에 관한 우리의 첫 "표본"이다. 하지만 표본을 좀 더 자세히 분석하기에 앞서 치료 과정에 대해 간략히 언급하고자 한다. 정신분석학적 관찰을 통해 아이의 감정적 한계점을 알아내고 약점을 진정시킬 수 있는 통찰을 얻게 되면서 신경안정제의 투여량이 지속적으로 감소했다. 아울러 이러한 약점에 대한 특정한 자극에 대해 아이는 물론 부모와도 이야기를 나눔으로써 우리는 아이의 정신적 장애에 부모 스스로 어떤 영향을 끼쳤는지를 돌아보게 하고, 조숙한 이 아이가 자기 자신과 부모를 이해하기 전에 부모가 먼저 통찰을 얻을 수 있도록 했다.

아이가 내 얼굴을 때리고 나서 얼마 지나지 않았을 때의 일이다. 소파 위에 누워 쉬고 있는 어머니에게 우리의 어린 환자가 다가갔다. 아이는 어머니의 가슴에 손을 얹으며 말했다. "엄마를 밟고 위에 올라가서 뛰는 건 나쁜 아이들이 하는 짓이지? 그런 생각은 나쁜 아이만 하는 거지? 그렇지?" 어머니는 웃으면서 대답했다. "네가 그렇게 하고 싶은 모양이구나. 착한 아이라도 그런 생각은 할 수 있어. 하지만 착한 아이는 자기가 정말 그런 행동을 하고 싶었던 게 아니라는 걸 나중에 깨닫는 거야." 아이로서는 그런 말을 하기가 쉽지 않았겠지만 사실 어떤 단어를 사용하느냐는 그리 중요하지 않다. 중요한 것은 아이의 정신이며, 아이의 이야기 속에 담겨 있는 두 가지 함의를 파악하는 것이다. 그것은 곧 자기 관찰과 의사 전달이다. 아이는 대답했다. "난 안 그럴 거야." 그리고는 덧붙였다. "에릭슨 씨가 나만 보면 왜 자꾸 물건을 던지느냐고 물어봐. 그 아저씨 정말 싫어." 그리고는 이렇게 말했다. "엄마, 그런데 오늘밤엔 아무것도 안 던질 거야."

이렇게 해서 아이는 자기 관찰(self-observation)의 결과를 어머니와 공유하게 되었다. 아이에게 어머니는 한때 분노의 표적이었지만 이제는 자신의 통찰을 나누는 협력자가 된 것이다. 아이에게 이와 같은 관계의 형성은 매우 중요했다. 아이 스스로 특정한 분노가 일어나는 것을 느끼거나 (아주 경미한) 발작의 신체적 징후를 감지할 때 이를 자기 자신과 어머니에게 경고할 수 있었기 때문이다. 그러면 어머니는 즉시 아이의 상태를 잘 알고 있는 소아과 의사에게 연락을 취했고, 의사는 예방적 조치를 알려줄 수 있었다. 이런 식으로 경미한 발작은 거의 드물어질 정도로 감소했고, 아이는 큰 동요 없이 발작을 잠깐 지나가는 일로 대처할 수 있었다. 그리고 마침내 심각한 발작이 재발하지 않게 되었다.

여기에서 독자들은 별다른 조치가 없었다 해도 아이의 발작은 어차피 멈추었을 것이라고 이의를 제기할지 모른다. 가능한 얘기다. 우리는 정신분석에 의해 간질이 치료되었음을 주장하려는 것이 아니다. 어떤 면에서 우리가 바라는 것은 그런 주장보다 더 큰 것이다.

이제까지 우리는 환자에게 잠복해 있던 간질 발작의 가능성을 특정한 시기에 촉발시킨 "심리적 자극"을 살펴보았다. 환자에게 통찰을 제공하는 가운데 우리의 연구는 지식을 축적해왔다. 그리고 그것이 환자의 삶에 녹아들면서 치료가 가능했다. 우리는 환자의 나이와 상관없이 스스로 진찰하고 이해하며 계획하는 환자의 능력에 초점을 맞추고 있다. 그럼으로써 우리는 치료의 효과를 거두거나 환자의 자발적인 치유를 앞당길 수 있다. 심각한 뇌신경학적 문제의 습관적이고 반복적인 발생과 그로 인한 결과를 고려해보면 이것은 대단한 성과라 할 수 있다.

하지만 우리는 간질의 완치를 내세우기보다는 오히려 아이의 개인사를 들여다봄으로써 가족 모두가 아이의 위기를 가족사의 위기로 받아들이도록 도움을 주었다는 사실에 초점을 맞추고 싶다. 병을 앓고 있는 개인이 자신을 둘러싼 중요 인물들의 잠재적 위기에 반응하는 정도에 따라 심리적 문제로 인한 위기는 곧 정서적 위기가 되기 때문이다.

이것은 정신질환이 누구 때문에 생겼느냐를 따지는 것과는 아무 상관이 없다. 사실 아이를 한 차례 세게 때림으로써 어머니는 아이의 뇌에 손상을 입혔을지도 모른다는 죄책감을 가지고 있었는데, 이는 그들의 가족사를 특징짓는 폭력에 대한 두려움을 증폭시키고 강화시켰다. 아이에게 해를 입혔을지도 모른다는 어머니의 두려움은 우리가 찾고 있던 "심리적 자극"의 한 축이자 정서적 강화(reinforcement)로 작용했다. 한편 샘의 주치의들은 우리가 "심리적 자극"의 다른 한 축을 찾아내기를 기대했는데, 그것은 어머니의 앞니를 다치게 한 행동과 자신이 바라고 행동하는 방식의 가학성 때문에 어머니마저 죽을지 모른다고 생각한 아이의 두려움에서 발견되었다.

그러나 책임 소재를 따지는 것은 아무 도움이 되지 않는다. 죄책감이 있는 한, 이미 벌어진 문제에 대한 비합리적인 보상을 시도하게 되고 그러한 보상은 더 큰 문제를 야기할 뿐이다. 우리는 이 사례 연구로부터, 환자와 그 가족이 우리 모두를 지배하는 일련의 과정을 겸허하게 받아들이고 그 과정 속에서 자신들의 모습 그대로 살아갈 수 있는 능력을 얻기를 바랄 뿐이다. 그렇다면 그 과정은 어떻게 이루어져 있을까?

우리의 사례 연구는 이 과정이 **생물학적으로 타고나는**(inherent in the organism) 단계에서부터 출발한다는 것을 보여준다. 우리는 이 책에서 인간을 하나의 대상이 아닌 과정으로 다룰 것이다. 이는 절개와 해부로 보여줄 수 있는 병리학적 특징이 아닌, 살아있는 인간의 항상성(homeostatic quality)이 우리의 관심사이기 때문이다. 우리의 환자는 해부학적으로 또는 독성이나 다른 원인에 의해 뇌가 자극을 받았을 가능성을 보여주는 신체적 장애로 고통을 받았다. 뇌의 손상을 증명할 수는 없지만 우리는 그 문제가 실제로 아이의 삶에 어떤 고통을 주었는지 질문해 보아야 한다. 설령 그것이 증명된다고 해도 그것은 발작의 필요조건일 뿐 여전히 하나의 가능성에 불과하다. 유사한 대뇌 병변을 가진 수많은 사람들이 발작을 한 번도 일으키지 않고 살아간다는 점을 고려하면 그것이 발작의 원인이라고 단정하기도 힘들다. 그렇다면 원인이 무엇이든 뇌의 손상은 단순히 발작이 일어나는 과정을 촉진하는 요인에 불과할지도 모른다. 또한 그것은 긴장 상태에 대한 낮은 인내 한계점, 즉 내적 위험수위를 알려주는 지표일 수도 있다. 이 아이의 경우 그러한 내적 위험이 외부의 위험에 대한 한계점을 낮추었다고 할 수 있겠는데, 특히 그러한 내적 위험 때문에 부모의 보호가 더더욱 필요한 시점에서 부모의 불안과 흥분이 감지되었다면 상황은 나빠질 수밖에 없었을 것이다. 뇌의 손상이 아이의 기질을 더욱 조급하고 신경질적으로 만들었는지, 아니면 아이의 예민한 기질이 (친척들도 공유하고 있는 이 기질에 아이 스스로도 노출되었거니와) 다른 아이들에 비해 유독 이 아이에게 뇌의 손상을 중요한 요인으로 만들었는지는 명확한 해답을 얻을 수 없는 여러 가지 질문들 가운데 하나이다.

우리가 확실히 말할 수 있는 것은, 샘이 위기에 처했을 때 성격과 발달 단계는 물론 아이의 "기질"이 특정한 경향을 공유하고 있었다는 점이다. 즉 이 모든 것들이 신체 활동과 공격성의 표현에 제약이 가해지는 것을 참지 못하는 반응으로 수렴되었다.

하지만 샘의 경우 신체적, 정신적 활동은 단순히 생리적 필요에 의한 것만은 아니었다. 그것은 아이의 성격 발달의 중요한 부분을 차지했고 따라서 방어 무기가 되기도 했다. 위험한 상황에 처했을 때 샘은 우리가 "역공포(counterphobic)"라고 부르는 방어 기제를 사용했다. 아이는 두려움을 느낄 때 오히려 공격을 했고, 사람들이 대답을 회피하는 문제에 대해 집요하게 질문을 퍼부었다. 초기에는 이러한 행동들이 주위 사람들의 인정을 받는 데 적합했다. 어른들은 아이의 거칠고 영악한 행동들을 귀엽게 받아주었기 때문이다.

그런데 초점을 옮겨 보면 처음엔 아이의 생리적, 정신적 요소로 분류되었던 것들이 사실은 별개의 과정을 구성하고 있음이 드러난다. 우리는 앞으로 이것을 **개별적 자아 내의 경험의 조직화**(the organization of experience in the individual ego)라고 부를 것이다. 뒤에서 자세히 논의하겠지만, 이 과정은 외부 환경은 물론 내면에서 갑작스럽게 발생하는 불연속성의 위협에 대처할 수 있도록 개인을 준비시켜 준다. 즉 개인으로 하여금 외적 위험과 내적 위험을 예상하고 자신의 재능과 사회적 기회를 조화시키도록 함으로써 자아의 연속성과 개별성을 지키도록 도와주는 것이다. 이를 통해 개인은 자아에 대한 안정감과 다른 사람들처럼 자신도 자신만의 길을 가고 있다는 느낌, 곧 개별성과 자아정체감을 확인하게 된다. 우리의 어린 환자가 사람들을 골탕 먹이고 난처한 질문을 끝없이 쏟아내는 영리한 악동이 되려고 노력했다는 점은 분명하다. 아이도 그 역할이 처음에는 위험에 대처하는 좋은 방법이었지만 나중에는 오히려 위험을 초래하는 요인이 되었다는 사실을 알게 되었다. 우리는 이 역할 (유대계 지식인으로 성장하는 과정의)이 동네와 가족 내의 변화된 환경으로 인해 일시적으로 박탈되었음을 이미 언급했다. 이 상황이 아이의 방어 체계를 무력화시켰다. "역공포"에 의한 공격을 할 수 없게 되자 아이는 자신이 공격에 노출되어 있다고 느꼈고, 외부로부터의 공격을 예상하는 것에서 멈추지 않고 그것을 유발하기까지 했다. 샘의 경우 그러한 "공격"이 신체적으로 표출되었다.

그런데 "역할"은 세 번째 과정에서 생겨나는데, 이것이 곧 **사회적** 조직화이다. 인간은 태내에서 첫 발길질을 할 때부터 숨을 거두는 순간까지 가족, 계층, 지역사회, 국가와 같이 지리적, 역사적으로 결합된 집단에 속하게 된다. 그러므로 인간은 생명체(organism)로서, 하나의 자아(ego)로서, 그리고 사회의 구성원(a member of a society)으로서 존재하며 이세 가지 과정 모두에 관여한다. 신체는 고통과 긴장에, 자아는 불안감에, 그리고 사회의 구성원은 자신의 집단 내에서 발생하는 공포에 노출되는 것이다.

여기에서 우리는 첫 번째 임상적인 가정에 도달하게 되는데, 이는 곧 신체적 긴장이 없으면 불안도 존재하지 않는다는 것이다. 동시에 우리는 개인의 불안이 자신이 속한 집단의 잠재적 불안을 반영하고 있다는 사실도 이해해야 한다. 개인은 (설령 남들은 의식하지 못한다고 해도) 자신이 주정뱅이, 살인자, 겁쟁이, 멍청이, 또는 집단 내에서 열등한 존재로 규정되는 그 어떤 역할을 하게 되든, 자신이 집단적 힘의 근원으로부터 고립되고 밀려나고 있다는 느낌을 갖게 된다. 샘의 경우, 할머니의 죽음은 비유대계 아이들(보다 정확하게는 그들의 부모)이 수군대는 것처럼 자신이 정말 나쁜 아이라는 사실을 확인시켜 주는 사건이었다. 물론 이러한 상황의 이면에는 자신이 남들과 다르다는, 즉 유대인임을 아이가 의식하고 있었다는 사실이 지적되어야 한다. 이는 단지 이웃들에 의해 아이가 주목하게 된 문제가 아니다. 아이의 부모는 나쁜 아이로 낙인찍히지 않기 위해 유대인 아이는 늘 착하게 행동해야 한다는 점을 강조했다. 이와 관련된 사실들을 정확하게 다루기 위해 우리는 이 가족의 역사를 거슬러 올라가 보아야 한다. 이는 러시아 동부의 어느 게토 거리에서부터 이 가족이 겪은 디아스포라(Diaspora, '분산' 또는 '이산'이라는 뜻으로 세계 도처에 흩어져 살면서 고유의 종교적 규범과 생활 관습을 유지하는 유대인들을 가리킴–옮긴이)의 가혹한 운명을 되짚어보는 것에 다름 아닐 것이다.

우리는 육체적 발달, 자아의 발달, 사회적 발달이라는 세 가지 발달 과정에 대해 이야기하고 있다. 학문의 역사를 보면 이 세 개의 발달 과정은 각각 생물학, 심리학 그리고 사회학에 속해 왔다. 그리고 이 세 영역의 학문들은 제각기 분리하고 계량화하고 분석할 수 있는 것들, 즉 유기체와 개인의 정신, 그리고 사회 집단을 연구해 왔다. 여기에서 도출된 지식은 사실(facts)과 숫자, 위치, 인과관계에 관한 것들이다. 그리고 그것은 하나의 연구 대상이 어떤 학문의 영역에 놓여야 하는지에 대한 논쟁으로 이어졌다. 지식이라는 것을 오로지 이처럼 엄격한 분류에 의해서만 얻고 있기 때문에 우리의 사고는 이 삼분법(trichotomy)에 지배당하고 있다. 하지만 유감스럽게도 이러한 지식, 즉 해부와 검사를 거치는 유기체, 실험과 조사의 대상이 된 정신, 그리고 통계표 위에 펼쳐져 있는 사회 집단에 대한 지식은 그 한계가 뚜렷하다. 그리고 이 모든 경우에서 각각의 학문 분야는 일정한 틀의 도구나 개념 안에 분리된 부분을 담기 위해 살아있는 총체적 상황을 억지로 해체함으로써 어떤 사실에 대해 편견을 갖게 된다.

임상적 문제와 편견은 다르다. 우리는 치료적 관점에서 개별적 인간의 위기를 연구한다. 그렇게 함으로써 앞에서 언급한 세 개의 과정은 하나의 과정이 지닌 세 개의 측면으로 이해된다. 그것은 '인간의 삶'이며, 여기에서 두 단어는 똑같은 중요성을 지니고 있다. 그러므로 신체적 긴장, 개인적 불안 그리고 사회적 공포는 각기 다른 연구 방법에 의해 다른 방식으로 드러나는 인간의 불안이라 할 수 있다. 임상적 훈련은 이 세 가지 연구 방법을 모두 포함해야 하며, 그것은 이 책에서 소개되는 연구들이 지향하는 이상이기도 하다. 주어진 사례에서 나타나는 문제를 살펴볼 때 우리는 하나의 과정에 속해 있는 문제의 의미가 다른 두 개의 과정과 연결되어 있음을 확신하지 않을 수 없다. 다른 두 과정에서의 문제들과 의미를 주고받음으로써 어느 한 과정의 문제는 타당성을 얻게 된다. 나는 우리가 **인간 존재의 연관성**(relativity in human existence)에 대한 보다 나은 용어를 점진적으로 찾아내길 희망한다.

우리는 첫 번째 표본에서 관찰된 문제의 "원인"은 알지 못한다. 다만 과거를 살펴봄으로써 이해의 단초를 얻게 된 환자의 문제가 세 가지 과정 안에서 수렴되는 지점을 발견했을 뿐이다. 여기에서 얻어지는 그럴듯한 추론이 원인을 밝히는 것까지 허락하는 것은 아니다. 그것은 우리가 하나의 연속체를 이해하는 것을 허락할 따름이다. 그 연속체의 어느 지점에선가 결정적인 사건을 통해 잠복해 있던 문제가 드러났고, 그 사건이 문제의 근원으로 보이는 곳에 그림자를 드리우는 것을 확인한 것이다. 문제는 이미 발생했고, 우리는 치료자로서 이후의 상황을 다루어야 한다. 우리는 환자의 삶이 파괴되기 이전의 모습을 전혀 알 수가 없다. 사실 우리가 개입하기 이전에 환자의 삶이 어떠했는지 우리는 전혀 알 도리가 없다. 우리가 치료적 연구를 수행하는 조건이 이러하다.

비교와 확인을 위해 또 하나의 위기 상황을 살펴보고자 한다. 이번엔 성인의 사례이다. 환자는 극심한 만성 두통이라는 신체적 증상을 보였으며, 그 증상은 성인이 경험할 수 있는 가장 위급한 상황 가운데 하나인 전투 중에 처음 발생했다.

## 2. 전투 상황에서 표출된 해병대원의 위기

30대 초반의 젊은 교사가 "정신 신경증적 부상자"로 군대에서 조기 전역했다. 그의 증상은 주로 극심한 두통이었으며, 전역 후 교사로 복직한 뒤에도 증상은 계속되었다. 그는 증상이 어떻게 시작되었는지에 대해 다음과 같이 진술했다.

칠흑 같은 어둠 속에서 해병대가 적의 사정거리 안에 있는 태평양의 어느 해안에 상륙했다. 부대원들은 늘 그랬듯이 "어떠한 적도 물리칠 수 있다"는 자신감과 용기로 뭉쳐 있었다. 그들은 일단 교두보를 확보하면 "상부"에서 뒤이어 상륙하는 보병부대와 임무를 교대시켜 줄 것이라고 믿고 있었다. 그런데 적을 "섬멸"해야 하는 그들의 부대 정신은 항상 정반대의 현실과 마주쳤다. 이 전쟁에서는 그런 일이 줄곧 일어나고 있었다. 그런 상황에 처할 때 그들은 어디에서 날아올지 모르는 적군의 총탄뿐만 아니라 역겨움과 분노와 공포가 뒤섞인 자기 자신의 이상한 감정에 노출되기도 했다.

그런 상황이 다시 벌어지고 있었다. 해군의 "지원" 사격은 변변한 지원이 되지 못했다. 무언가 잘못되어가고 있는 것 같았다. "상부"가 그들을 총알받이로 여기고 있다는 소문이 사실이 아닐까 하는 의구심이 들었다.

이들 가운데 우리의 환자가 있었다. 당시 그는 자신이 환자가 되리라고는 상상도 하지 못했다. 그는 위생병이었다. 불문율에 따라 그는 비무장이었고, 다른 병사들을 서서히 집어삼키고 있는 분노와 공포의 파도에 자신만은 휩쓸리지 않을 것 같았다. 그 파도가 자신에게까지 미칠 것 같지도 않았다. 그는 자신이 위생병으로 적격이라고 생각했다. 그에겐 고통을 호소하는 병사들이 마치 어린아이들처럼 느껴졌다. 그는 늘 아이들과 함께 있기를 좋아했고 이전에는 특히 거친 아이들을 잘 다루는 교사로 인정받기도 했다. 하지만 그 자신은 거친 사람이 아니었다. 사실 전쟁 초기에 그는 총을 잡을 수 없었기 때문에 의무부대를 선택했다. 그는 누구에게도 증오심을 품지 않는 사람이었다. (그러한 숭고한 감정에 대해 나중에 털어놓았거니와, 해병대원이 되기에 그가 너무 온순하다는 점은 분명했다. 그는 술과 담배를 멀리했으며 욕설도 전혀 하지 않았다!) 그는 자신이 그런 상황을 견뎌낼 수 있으며 공격 임무가 끝난 뒤 부대원들에게 도움을 줄 수 있다는 사실에 늘 자부심을 느꼈다. 그는 자기 자신처럼 우러러보고 존경할 만한 인물인 군의관과도 가깝게 지냈다.

우리의 위생병은 그날 밤 무슨 일이 일어났는지 정확하게 기억하지 못했다. 다만 현실이 아닌 꿈에서처럼 기억의 파편 몇 개가 남아 있을 뿐이었다. 그날 밤 위생병들에게는 부상자를 위해 텐트를 설치하라는 지시 대신 탄약을 운반하라는 명령이 떨어졌다. 군의관은 무슨 이유에서인지 잔뜩 화가 나서 욕설을 퍼부었다. 그리고 누군가 그의 손에 소총을 쥐어주었다. 여기에서 그의 기억은 백지가 되었다.

다음날 아침 그는 (이제는 자신이 환자가 되어) 부상병들과 함께 야전병원에 누워 있는 자신을 발견했다. 밤사이 극심한 고열에 시달린 그는 약에 취해 하루를 보냈다. 밤이 되자 적의 공습이 시작되었다. 움직일 수 있는 사람들은 모두 대피를 하거나 부상병들의 대피를 도왔다. 그는 몸을 움직일 수 없었으며, 더욱 고통스러웠던 것은 다른 사람들을 도울 수 없다는 사실이었다. 이때 그는 처음으로 두려움을 느꼈다. 이는 수많은 용감한 장병들이 병상에 누워 몸을 움직일 수 없을 때 공통적으로 경험하는 것이기도 하다.

다음날 그는 후송되었다. 포성이 들리지 않는 곳에서 그는 안정을 되찾았다. 적어도 첫 번째 식사를 할 때까지 그는 그렇게 믿었다. 그때 달그락거리는 식기의 금속성 소음이 수백 발의 총성처럼 그의 머리를 뚫고 지나갔다. 이 소음을 막을 방법은 없어 보였다. 견디다 못해 그는 다른 사람들이 식사를 하는 동안 식당에서 뛰쳐나왔다.

그때부터 극심한 두통이 그의 생활을 비참하게 만들었다. 잠시 두통에서 해방되었을 때조차 그는 어디에선가 금속성 소음이 들려올까 신경이 예민해졌다. 그러다 소음이 들리면 다시 끔찍한 두통이 시작되었다. 고열 증세(또는 고열을 유발한 원인)는 치료되었지만 두통과 신경과민 때문에 결국 그는 귀국 조치되어 조기 전역을 해야 했다.

그의 신경증은 어디에서 온 것일까? 그를 진찰한 의사의 소견을 따르자면 그것은 "전쟁 신경증(war neurosis)"이었다. 생리학적 관점에서 보면 최초의 두통은 고열과 중독 증세에 의해 일어났다고 할 수 있다. 하지만 그것은 그때 한 번에 국한된다.

우리는 여기에서 표면적으로는 두통과 거리가 멀어 보이는 질문을 해보아야 한다. 왜 그는 그토록 온순했을까? 전쟁에서 돌아온 후에도 줄곧 짜증스러운 환경에 둘러싸여 있었음에도 그는 여전히 자신의 분노를 말이나 다른 통로로 분출하지 못하고 있었다. 사실 그는 그날 밤 욕설과 분노를 쏟아낸 군의관에 대한 실망감으로 불안에 노출된 것이다. 그렇다면 그는 왜 다른 사람의 분노에 그토록 큰 충격을 받은 것일까?

나는 그에게 분노에 대한 혐오를 극복하기 위해 노력해볼 것을 권하며, 상담 전 며칠 동안 그의 신경을 건드린 모든 것들을 사소한 것까지 하나하나 열거해보라고 했다. 그는 버스의 진동, 아이들이 목청껏 질러대는 소리, 자동차가 급정거하는 소리, 개미와 도마뱀이 득실대는 여우굴을 떠올린 일, 군복무 시절의 형편없는 음식과 아주 가까이에서 터진 폭탄에 대한 기억, 신뢰할 수 없는 사람들, 남의 물건을 훔치는 사람들, "인종과 피부색과 종교와 상관없이" 잘난 체하는 사람들 그리고 그의 어머니에 대한 기억을 언급했다. 이 환자의 연상 작용은 금속성 소음과, 도둑질과 불신의 속성에 잇닿아 있는 전쟁의 기억으로부터 출발했다. 그는 어머니도 떠올렸다.

그는 14세 이후로 어머니를 본 적이 없었다. 그의 가족은 경제적, 정신적으로 몰락의 길을 걸었다. 술에 취한 어머니가 그에게 갑자기 총을 들이대는 사건을 겪은 뒤 그는 집을 뛰쳐나왔다. 어머니로부터 총을 빼앗아 부순 뒤 창밖으로 내던지고는 영영 집을 떠난 것이다. 그는 어느 자상한 어른의 도움을 받게 되었다. 바로 그가 다니는 학교의 교장 선생님이었다. 교장 선생님의 보호와 지도를 받는 대가로 그는 술과 욕설, 성적 탐닉에 결코 빠지지 않겠으며 총기에는 손도 대지 않겠다는 약속을 해야 했다. 그는 모범적인 학생이 되었고, 세월이 흘러 좋은 교사이자 훌륭한 신사가 되었다. 적어도 태평양의 어느 해안에 상륙한 그날 밤까지는 그랬다. 그날 밤 병사들의 분노와 공포가 점차 커지는 가운데 아버지 같던 군의관은 차마 입에 담기 힘든 욕설을 퍼부었고 곧바로 누군가 그의 손에 반자동 소총을 쥐어주었다.

우리는 이와 같은 전쟁 신경증 환자들을 많이 보아왔다. 그들은 잠재적인 공포를 지속적으로 경험했다. 환자들은 가슴이 두근거리고 고열과 두통이 나타나는 신체적 증상은 물론 갑작스러운 소음 자체에 큰 고통을 받았다. 그들은 또한 자신의 감정 앞에서도 무너졌다. 갑작스럽게 또는 강렬하게 떠오르는 느낌, 생각, 기억 등에 의해 이유 없는 분노와 불안이 촉발되었다. 그들의 문제는 여과 장치의 이상에서 비롯된 것인데, 이는 현재 하고 있는 일에 집중하기 위해 매순간 인지되는 수많은 자극들을 무시할 수 있는 능력에 문제가 생겼다는 뜻이다. 설상가상으로 이 환자들은 깊은 수면을 취하지 못하고 악몽에 시달리기도 했다. 밤새 뒤척이다 간신히 잠이 들려 할 때 그들은 날카로운 목소리의 스킬라(Scylla, 허리 위로는 아름다운 여인의 모습이고 아래에는 여섯 개의 머리와 열두 개의 다리가 있는 그리스 신화의 괴물로 또 다른 괴물인 카리브디스와 메시나 해협에 사는 것으로 묘사된다―옮긴이) 와 카리브디스 사이에서 허우적대는 꿈에 화들짝 놀라며 잠을 깼다. 낮 시간에도 그들은 기억력 장애를 보였고 집 주변에서 길을 잃거나 대화 중에 자신도 모르게 엉뚱한 얘기를 하는 경우가 있었다. 시간과 공간을 조직화하고 사실을 판단하는 자아의 기능을 그들은 더 이상 신뢰할 수 없었다.

그들에게 무슨 일이 일어난 것일까? 신경의 손상 같은 신체적인 문제로 이러한 증상들이 나타난 것일까? 어떤 경우에는 그러한 손상 내지 적어도 일시적인 외상에 의해 그런 문제가 발생하기도 한다. 하지만 신경증적 위기가 유발되고 그것이 지속적인 문제가 될 때에는 여러 요인이 복합되어 있는 경우가 더 많다. 이 환자의 사례는 이 모든 요인을 다 포함하고 있었다. 집단적 사기 저하, 리더십의 위기에서 비롯된 집단적 공포의 확산, 어디에서 날아오는지 모를 적군의 포탄 속에서 움직이지도 반격도 할 수 없는 무력감, 야전병원 침대에서의 "포기"에 대한 유혹, 후송 이후 계속된 내적 갈등이 그것이었다. 그의 내면에서는 "후송해서 집으로 보내준다니까 가만히 있어. 괜히 나서지 마."라고 말하는 목소리와, "다른 병사들의 사기를 꺾지 마. 그들이 할 수 있다면 너도 할 수 있어." 라고 말하는 목소리가 싸움을 벌이고 있었다.

그런데 이 환자들의 가장 큰 특징은 정체감 상실이었다. 그들은 자신이 누구인지 알고 있었고 개체 정체(personal identity)도 가지고 있었다. 하지만 그들은 자신의 삶이 더 이상 자신의 것이 아니며 그러한 상태가 앞으로도 계속될 것이라고 느꼈다. 내가 자아정체성(ego identity, 에릭슨은 '정체성' 또는 '정체감'이라는 정신분석학적 용어를 심리사회학의 맥락에서 처음 사용했다—옮긴이) 이라고 부르는 그것에 문제가 생긴 것이다. 여기에서는 개인이 자아정체성을 통해 자신의 자아를 연속성과 동일성을 지닌 것으로 경험하고 그에 따라 행동할 수 있는 능력을 얻게 된다고 말해두는 정도로 그치겠다. 신경증의 많은 사례에서 그 자체로는 해가 되지 않는 어떤 물건이 결정적인 시기에 등장하곤 한다. 우리의 위생병의 경우 그것은 원치 않는 그의 손에 쥐어진 총이었다. 입대 전 개인적 원칙과 사회적 지위를 지키고자 노력했던 그에게 총은 그 모든 것을 위협하는 악의 상징이었다. 불안 역시 어떤 생각으로 인해 갑작스럽게 나타났다. 지금쯤 집에서 지붕의 페인트칠을 하고 요금 청구서를 처리하며 직장 상사를 만나고 어느 아가씨에게 전화를 걸고 있어야 하는데, 불현듯 이 모든 일들을 앞으로는 영영 경험하지 못할 것 같다는 좌절감이 엄습하는 것이다. 이것은 미국적인 삶과 복잡하게 얽혀 있는 것 같다. 이후에 자세히 논의하겠지만 많은 미국의 젊은이들이, 행동의 자유와 스스로 선택하고 기회를 붙잡을 권리를 얻고 지켜야 한다는 건국 초기의 정신을 토대로 자신의 인생을 잠정적으로 설계하고 정체성의 틀을 만든다. 미국인들은 정착하려는 성향이 무척 강하다. 하지만 그러한 성향에는 자신이 선택만 하면 언제든지 지리적으로나 사회적으로 이동을 할 수 있다는 확신이 전제되어 있다. 중요한 것은 개인의 자유로운 선택이며, 아무도 "나를 울타리 안에 밀어" 넣거나 "이래라 저래라" 할 수 없다는 확신이다. 따라서 상반된 상징들, 즉 소유와 지위와 동일성의 상징들과, 선택과 변화와 도전의 상징들이 똑같이 중요해진다. 그리고 그때그때의 상황에 따라 이러한 상징들은 선이 될 수도 악이 될 수도 있다. 우리의 해병대 위생병에게 총은 몰락한 가족의 상징이자 그가 하지 **않기로** 선택한 모든 추한 것들의 표상이었다.

여기에서 다시 한 번 세 개의 동시적인 과정이 상호간 위험성을 악화시켰다는 것을 확인할 수 있다. 1) 집단: 장병들은 군인으로서 집단적 정체성을 가지고 주어진 상황을 장악하길 원했다. 하지만 리더십에 대한 불신으로 공포가 밀려들었다. 우리의 환자는 자신이 침착하고 인내심 있는 교사임을 되새기며 떨치기 힘든 이 공포에 맞섰다. 2) 신체: 환자의 몸은 잠재적인 공포와 급성 감염 증세의 충격 가운데 항상성(homeostasis)을 유지하기 위해 힘겨운 싸움을 벌였지만 고열이 그것을 가로막았다. 이러한 악조건에서도 환자는 "어떠한 적도 물리칠 수 있다"는 또 다른 "확신"을 가지고 한계점(breaking point)까지 버티고 있었다. 3) 자아: 결코 무릎을 꿇지 않으려 했던 잠재적 공포와 고열에 더 이상 버티기 힘들어진 상태에서 그의 내적 이상(理想)에 대한 외적 지지가 상실되자 그는 균형을 잃고 말았다. 그의 자존감에 불안한 토대를 제공했던 상징적인 맹세를, 그가 그토록 신뢰하고 있던 상관이 깨뜨리도록 명령했을 (또는 그가 그렇게 생각했을) 때 그는 결국 무너진 것이다. 그가 엄격하게 닫아두고 있던 유아기적 충동의 수문이 이 사건으로 인해 열리게 되었다는 사실엔 의심의 여지가 없다. 자신에게 엄격했던 그의 내면에서는 오직 인격의 일부만이 성숙했을 뿐 다른 부분을 지지하고 있던 버팀목들은 이제 붕괴되고 말았다. 그러한 상황에서 적의 공습을 받는 동안 자신의 몸도 가누지 못하고 있다는 사실이 견디기 힘들었고 결국 그는 너무나 쉽게 후송되는 쪽을 선택했다. 여기에서 상황은 다시 새로운 문제들을 낳았다. 후송된 병사들 가운데 많은 수가 조기 전역은 물론이고 후송 자체를 정당화하기 위해 자신이 신체적으로 고통을 계속 받아야 한다는 무의식적인 압박을 느꼈는데, 그들은 "고작 신경증 때문에" 조기 전역을 하게 된 자기 자신을 용서할 수 없었던 것이다. 제1차 세계대전 후, 정부의 재정적 지원을 계속 받기 위해 환자의 신경증이 무의식적으로 연장되는 보상 신경증(compensation neurosis)이 주목을 받은 바 있다. 또한 제2차 세계대전의 경험은 **과잉** 보상 신경증(overcompensation neurosis)이라 부를 만한 것에 대한 통찰을 남겨주었다. 스스로에게 너무나 정직했던 이 도피자들은 다른 사람들을 실망시킨 자신의 약점을 심리적으로 보상하기 위해 무의식적으로 고통을 계속 연장하려 했다.

우리는 전쟁과 전투라는 조건이 없었다면 그가 이런 식으로 무너지지 않았으리라 확신한다. 이는 어린 샘에게 "체질적 인자"가 없었다면 그렇게 심각한 발작은 일어나지 않았을 것이라고 의사들이 확신하는 것과 마찬가지이다. 하지만 이 두 가지 사례에서 모두 심리적, 치료적 문제의 관건은 복합적인 상황이 어떤 식으로 환자의 방어 체계를 약화시켰는지, 그리고 그 결과로 나타난 질환이 어떤 의미를 전달하고 있는지를 이해하는 것이다.

우리가 알고 있는 복합적인 상황이란 신체의(탈진과 고열), 자아의(정체감의 붕괴), 그리고 환경의(집단적 공포) 동시다발적인 변화의 총합을 말한다. 이 중 한 축의 갑작스런 외상으로 다른 두 개의 축에 과도한 압력이 가해지거나, 모든 문제들이 하나의 점으로 수렴되면서 각각의 변화들에 높은 상호 반응성을 부여할 때, 이러한 변화들은 서로 악영향을 끼치게 된다. 우리는 그러한 수렴을 샘의 사례에서 목격했다. 아이의 주변 환경, 발달 단계, 신체적 상황 그리고 자아 방어(ego defense)의 중요한 지점에서 한꺼번에 문제가 표출된 것이다. 샘과 해병대원의 사례는 또 하나의 위험한 경향을 공통적으로 보여주었다. 동시 발생적인 변화, 즉 너무나 많은 버팀목들이 한꺼번에 위태로워지는 상황이 바로 그것이다.

우리는 임상적 시각을 포괄적으로 설명하기 위해 두 사람의 정신적 위기를 제시했다. 여기에 관련된 원리와 기제는 이 책 전체를 통해 자세히 논의될 것이다. 위의 두 가지 사례가 전형적이라고 하기는 힘들다. 일반적인 임상 장면에서 그들처럼 극적이고 명확한 "출발점"을 보여주는 사례는 극히 드물다. 또한 그러한 출발점이 이 환자들을 무너뜨린 질환의 발병 시점이라고 말하기도 어렵다. 단지 그것은 환자에게 일어난 일을 핵심적으로 보여주는 대표적인 사건이라고 할 수 있다. 그런데 평범한 일상을 지배하는 원리를 극적으로 보여주는 두 가지 사례를 선택했음에도 우리가 임상적인, 그리고 전통적인 관행에서 멀리 벗어난 것은 아니다.

그 원리는 다소 딱딱하게 설명될 수 있다. 하나의 사례 연구에서 한 가지 문제의 타당성은 그 문제가 영향을 끼치는 다른 문제들의 타당성과, 거기에서 얻어지는 부가적인 의미에 의해 결정된다. 주어진 정신병리적 사례를 이해하기 위해 우리는 접근과 관찰이 가능한 모든 변화들을 연구해야 한다. 왜냐하면 관찰된 변화 자체가 주요 증상일 수도 있고, 그것이 신체나 성격의 변화든 아니면 사회적 격변이든 이를 통해 방법론적 접근법을 알아낼 수 있기 때문이다. 어디에서 시작하든 우리는 똑같은 과정을 두 번 더 반복해야 할 것이다. 만일 신체적 영역에서부터 시작한다면, 신체에 일어난 변화가 다른 두 영역에서는 어떤 결과로 나타나는지, 그리고 그 결과가 다시 정상 상태로 돌아가려는 신체에 어떤 악영향을 끼치는지 알아보는 것이 필수적이다. 그리고 이것을 진정으로 이해하기 위해, 똑같은 일을 반복한다는 부담감을 떨치고 데이터를 새로운 시각으로 다시 검토하는 것이 필요하다. 그래서 환자의 사회적 관계는 물론이고 발달 단계 및 신체 상태와 관련된 자아 과정의 변화들까지 모두 살펴보아야 한다. 이는 제3의 재구성을 필연적으로 요구하는데, 그것은 바로 환자의 가족사와 사회생활의 변화가 자아 발달과 신체적 변화와 주고받는 영향을 살피는 것이다. 다른 말로 하면, 발병의 부위와 시점에 대해 전후관계와 인과관계를 명확하게 단정하는 것이 불가능하기 때문에 오로지 삼중 부기(triple bookkeeping)에 의해서만 주어진 모든 자료의 적절성과 연관성을 점진적으로 밝힐 수 있다는 것이다. 어디에서 시작해야할지 불분명할 뿐만 아니라 발병 과정을 재구성하거나 충분한 근거를 가지고 예후를 말할 수 없다는 사실이 진료기록부의 모양새에는 별로 좋지 않겠지만 오히려 치료를 위한 우리의 노력에는 다행스러운 일인지도 모른다. 왜냐하면 우리는 이들 세 가지 과정을 이해하는 동시에 거기에 영향력을 행사할 준비도 되어 있어야 하기 때문이다. 비록 우리가 의료진 회의에서는 모든 것을 다 알고 있는 양 큰소리를 쳤는지 모르지만, 임상 치료 또는 임상 치료의 가장 성공적인 순간에서조차 우리는 그 모든 연관성을 철저하게 파고들지 못했다. 우리는 그 연관성들을 파고들며 그것을 토대로 행동해야만 한다.

우리 연구의 치료적 측면을 과시하는 것은 이 책의 목적이 아니다. 우리는 결말 부분에 가서야 심리치료의 문제로 돌아오게 될 것이다. 임상적 사고(思考)를 위한 우리의 원칙은 주로 이 책의 구성을 위한 논리적 근거로서 제시되었을 뿐이다.

1부의 나머지 부분에서는 정신분석 이론의 **생물학적** 토대와, **리비도의 발달**에 대한 프로이트의 시간표에 대해 논의한 다음 그것들을 자아와 사회에 대해 우리가 알고 있는 것들과 연결시킬 것이다. 2부는 **사회적** 딜레마, 즉 오늘날과 과거의 인디언 부족의 교육과 그러한 교육이 문화적 적응에서 갖는 중요성을 다룰 것이다.

3부에서는 자아 병리와 아동기의 일반적인 놀이에서 드러나는 자아의 법칙들을 살펴보겠다. 우리는 신체적 단계와 사회적 제도 사이에서 자아가 수행하는 중재자로서의 성공적인 역할과 그것이 갖는 심리학적 이점도 제시할 것이다.

이와 같은 통찰을 바탕으로 4부에서는 산업화라는 변화를 겪고 있는 미국, 독일 그리고 러시아에서의 아동기의 끝과 성인기의 시작에 대해 몇 가지 측면을 살펴볼 것이다. 이는 우리가 수행하는 연구에 역사적 근거를 제공해줄 것이다. 이 시대는 우리가 비이성적인 공포라는 무기로 유년기를 계속 착취할 것인지, 아니면 보다 합리적인 질서 속에서 어른과 아이의 관계가 동반자의 지위로 격상되도록 할 것인지 결정할 것을 요구하고 있다.

# 제2장

# 유아 성욕의 이론

## 1. 두 개의 임상 사례

유아기의 신체를 성적, 공격적 에너지의 원천으로 보는 프로이트의 이론을 본격적으로 살펴보기에 앞서, 배변과의 싸움에서 교착상태에 빠진 것으로 보이는 두 아이의 사례를 제시하고자 한다. 배변과 몸의 다른 구멍들이 갖는 사회적 의미를 이해하는 과정에서 우리는 연구 대상이 된 아이들과 그들에게서 관찰된 증상에 대한 평가를 유보할 필요가 있다. 증상이 이상해 보일 뿐 그 아이들이 이상한 것은 아니기 때문이다. 생리학적으로 그럴 만한 이유로 장(腸)은 대인관계의 매개가 되는 부위, 즉 얼굴로부터 가장 먼 곳에 있다. 장이 원활하게 기능하는 성인의 경우 배변이 지극히 개인적인 일로 간주된다. 이런 이유로 배변 장애에 대한 반응은 당황스럽고 비밀스럽기 마련이다. 성인들의 경우 이 문제는 신체적인 질병으로 조용히 다루어지는 반면 아이들의 경우 그것은 일부러 고집을 피우는 행동처럼 보일 수 있다.

네 살짜리 여아 앤이 어머니에 의해 거의 떠밀리다시피 진료실에 들어왔다. 아이는 반항을 하지는 않았지만 얼굴은 창백하고 시무룩했으며 눈동자엔 힘이 없었다. 아이는 엄지손가락을 입에 문 채 빨고 있었다.

나는 앤의 문제에 대해 이미 듣고 있었다. 아이는 생기가 없었고 또래보다 어린 것 같으면서도 다른 한편으로는 너무 심각하고 아이답지 않았다. 아이는 폭발적인 활력을 보이다가도 이내 어수룩한 모습으로 돌아갔다. 하지만 아이의 가장 곤혹스러운 행동은 배변을 하지 않겠다고 고집을 피우며 잠자리에 들었다가 한밤중이나 이른 새벽에 잠이 덜 깬 어머니가 살피러 오기 전에 침대에 변을 보는 것이었다. 조용히 꾸중을 듣는 아이의 몽롱한 표정 뒤에는 체념이 도사리고 있었다. 이 체념은 최근에 아이가 자동차에 치인 뒤 더 심해지는 것 같았다. 겉으로 드러난 상처는 미미했지만 아이는 부모의 말이나 통제가 닿지 못할 깊은 곳으로 더욱 움츠러들었다.

일단 진료실에 들어오자 아이는 어머니의 손을 놓고 마치 아무런 의지도 없는 죄수처럼 고분고분해졌다. 아이는 엄지손가락을 빨며 아무 말 없이 놀이 치료실의 구석자리에 서 있었다.

제6장에서 나는 아이와 심리치료사의 조우에서 나타나는 역학관계를 다룰 것이다. 또한 처음 만나 서로를 탐색하는 이 과정에서 아이의 정신에 일어나는 것으로 보이는 일과 내 마음에서 일어나는 일들을 자세히 설명할 것이다. 이어서 우리의 연구에서 놀이 관찰(play observation)이 차지하는 중요성을 논의할 것이다. 하지만 여기에서는 이론적 논의의 출발점으로 임상적 "표본"을 기록하는 것에만 관심을 가지기로 하겠다.

아이는 내가 자신으로부터 아무것도 얻어내지 못하리라는 것을 행동으로 분명하게 보여주었다. 하지만 내가 아무런 질문도 하지 않자 아이는 놀라면서도 한편 안도하는 모습이었다. 나는 아이에게 내가 친구이며 믿어도 되는 사람이라는 따위의 말도 하지 않았다. 대신에 나는 바닥에 앉아 나무토막과 인형으로 장난감 집을 만들기 시작했다. 내가 만든 집에는 거실과 주방, 어린 여아가 침대에 누워있고 그 옆에 성인 여자가 서 있는 침실, 문이 열려 있는 화장실 그리고 자동차 옆에 남자가 서 있는 차고가 있었다. 물론 이것은 아버지가 출근 준비를 하는 동안 어머니가 "제때에" 아이를 깨우는 일상적인 아침 시간의 장면이었다.

우리의 환자는 문제에 대한 이 무언의 진술에 점차 관심을 나타내더니 갑작스러운 반응을 보였다. 아이는 입에서 손가락을 빼고 이를 드러내며 환하게 웃었다. 그리고는 장난감 집으로 달려가서 성인 여자의 인형을 발로 차버렸다. 이어서 화장실 문을 세게 닫고 장난감 선반에서 자동차 세 대를 가져와 차고에 서 있는 남자 인형의 옆에 내려놓았다. 아이는 그렇게 나의 "질문"에 답을 했다. 아이는 어머니에게는 어떤 물건도 건네주려 하지 않은 반면 아버지에게는 필요 이상의 것들을 주려고 했다.

나는 아이가 완전히 다른 종류의 감정에 휩싸였을 때 보여준 공격적인 활기를 지금도 곰곰이 생각해본다. 아이는 갑자기 울먹이며 말했다. "우리 엄마 어디 있어요?" 그리고는 내 책상 위에서 연필을 한 움큼 집어 대기실에 있는 어머니에게 뛰어갔다. 아이는 어머니의 손에 연필을 가득 쥐어주고는 그 옆에 달라붙었다. 엄지손가락을 다시 입에 넣고 빨기 시작한 아이의 얼굴엔 이미 모든 표정이 사라져 있었다. 나는 게임이 끝났음을 알아차렸다. 어머니는 내게 연필을 돌려주려 했지만 나는 괜찮다고 하면서 어머니와 아이를 돌려보냈다.

　30분 후 아이의 어머니가 전화를 했다. 집에 도착하기가 무섭게 아이가 나를 다시 보러 가야 한다며 난리를 피운 것이다. 다음날 보자는 어머니의 말에도 아이는 막무가내였다. 아이는 빨리 전화해서 그날 다시 약속을 잡고 내게 연필을 돌려주어야 한다고 고집을 부렸다. 나는 아이와 통화를 하며 호의는 고맙지만 연필은 다음날 돌려줘도 괜찮다고 말했다.

　다음날 약속시간에 앤은 어머니와 함께 대기실에 앉아 있었다. 한 손엔 전날 가져간 한 움큼의 연필을, 다른 손엔 조그마한 물건을 하나 들고 있었지만 아이는 진료실에 들어올 생각이 전혀 없어 보였다. 잠시 후 아이가 옷에다 용변을 본 것 같았다. 어머니가 아이를 화장실에 데려가기 위해 급히 안는 순간 아이의 손에 있던 물건들이 바닥에 떨어졌다. 연필들과 함께 다리 하나가 떨어져 나간 장난감 강아지가 바닥에 떨어졌다.

　여기에서 당시 이 아이에게 이웃의 개 한 마리가 아주 중요한 역할을 하고 있었음을 밝혀두어야겠다. 이 개 역시 아무데서나 변을 보았고 그때마다 주인으로부터 맞고는 했다. 물론 이 아이는 부모에게 매를 맞지 않았다. 그리고 이 개 역시 차에 치이는 사고를 당했는데 그때 다리 하나를 잃고 말았다. 동물 세계의 친구는 자신과 매우 비슷한 상황에서 상태가 조금 더 나빴던 셈이었다. 아이는 자신도 그 개처럼 처벌을 받을 거라 예상(어쩌면 소망)한 것은 아닐까?

　나는 방금 놀이 치료와 관련된 하나의 에피소드와 아이의 증상을 보여주는 상황을 묘사했다. 하지만 위에 제시된 상황의 연관성과 타당성에 대해 더 깊이 파고들지는 않겠다. 또한 부모와 아이가 함께한 치료의 과정을 설명하지도 않겠다. 나는 치료의 과정, 정확하게 말하면 유아기의 위기를 통과하는 이 과정을 자세히 설명할 수 없다는 점에 대해 독자들이 유감스러워 하리라는 것을 충분히 이해한다. 대신 나는 독자들에게 이 사례를 하나의 "표본"으로 받아들여서 그것을 함께 분석해보자는 요청을 하고 싶다.

이 아이는 스스로 원해서 온 것이 아니었다. 아이의 침울함과 분노는 바로 자신의 손을 잡고 온 어머니를 향하고 있었다. 내가 하고 있던 놀이에 흥미를 느낀 아이는 어머니가 밖에 있다는 사실을 잠시 잊고는 단 몇 분 동안의 비언어적 의사소통으로 말로는 몇 시간이 걸려도 하지 못할 표현을 할 수 있었다. 요컨대 아이는 어머니를 "증오"했고 아버지를 "사랑"했다. 하지만 이런 감정을 드러낸 아이는 "네가 어디 있느냐?"라는 하느님의 목소리를 들은 아담처럼 당혹감을 느꼈을 게 분명하다. 아이는 어머니를 필요로 했기 때문에 자신의 행동에 대해 보상을 해야 한다는 압박을 느꼈다. 그런데 아이는 이러한 당혹감 속에서 양면적(ambivalent) 특성을 보이는 사람들이 흔히 저지르는 강박적인 행동을 했다. 한 사람에게 보상을 해주는 과정에서 다른 사람에게 "무심코" 피해를 입힌 것이다. 그래서 아이는 어머니를 기쁘게 해주기 위해 내 연필들을 가져갔다가 이내 그것을 되돌려주어야 한다고 떼를 쓴 것이다.

나에게 자신의 행동을 만회하려 했던 아이의 태도는 다음날 바뀌어 있었다. 나는 그새 무방비 상태의 아이들을 꼬드겨서 아무도 알아서는 안 되는 이야기를 고백하게 만드는 나쁜 아저씨가 되어 있었는지도 모른다. 아이들은 자신만의 비밀을 처음 드러낸 후 흔히 그와 같은 반응을 보인다. 그런데 만일 내가 아이의 어머니에게 그 비밀을 말해주었다면 어떻게 되었을까? 그래서 어머니가 더 이상 아이를 나에게 데려오지 않고 아이의 무의식적인 행동을 직접 고치겠다고 나섰다면? 그러다 결국 아이가 일체의 행동을 거부하고 오로지 증상으로만 자신을 표현하게 되었다면?

배변을 아무 데서나 하는 것은 괄약근의 부조화, 즉 항문과 요도의 문제를 나타낸다. 그것은 **신체 부위**와 관련이 있기 때문에 우리는 이 문제를 신체 부위의 측면에서 살펴볼 것이다. 그런데 자세히 들여다보면 이 아이는 신체 부위의 측면으로 볼 때 항문이 아닌 괄약근의 문제를 가지고 있음을 알 수 있다. 즉 총체적인 행동이 하나의 괄약근처럼 나타난 것이다. 감정적 소통은 물론이고 얼굴 표정으로도 아이는 줄곧 닫혀 있다가 아주 드물게, 그리고 돌발적으로 자신을 열어보였다. 아이가 "비현실성" 속에 자신을 드러낼 수 있도록 장난감이 있는 상황을 제공했을 때 아이는 두 가지 행동을 했다. 하나는 장난감 집의 화장실 문을 세게 닫은 것이고, 다른 하나는 밝은 표정으로 세 대의 장난감 자동차를 아버지의 인형에 건네준 것이다. 아이는 나에게서 가져간 것을 어머니에게 주고, 어머니에게 주었던 것을 다시 나에게 돌려주라고 떼를 쓰면서 단순한 형태의 주고받기에 몰입했다. 또한 괄약근이 대장 내에 있는 것을 갑자기 배출하듯 아이는 손에 쥐고 있던 연필과 장난감을 갑자기 바닥에 떨어뜨렸다.

이 아이는 빼앗지 않고도 줄 수 있는 방법(어머니를 제거하지 않고도 아버지를 사랑할 수 있는 방법)을 몰랐기 때문에 **보유와 배출**(retentive and eliminative) 행위를 번갈아가며 할 수밖에 없었을 것이다. 이처럼 보유와 배출, 움켜쥐기와 내보내기, 개방과 폐쇄가 번갈아가며 나타나는 것을 우리는 **양태**(modes)의 측면에서 살펴볼 것이다. 항문-요도의 괄약근은 보유와 배출의 해부학적 모델이며, 이는 다양한 행동을 특징지을 수 있는데 임상적 관행(나쁜 관행이라는 의미로)에 따르면 여기에 해당되는 행동 모두가 "항문기"의 특징으로 일컬어질 것이다.

신체 부위와 양태 사이에 존재하는 유사한 관계는 이 아이가 갓난아기처럼 행동할 때 잘 관찰되었다. 아이는 마치 젖을 빨며 안정감을 느끼듯 엄지손가락을 빨아댔다. 이제 "구강기"의 특징을 보여주는 셈이다. 하지만 이러한 퇴행 상태에서 풀려나자마자 이 꼬마 숙녀는 까르르 웃으며 인형을 걷어차고 활기찬 표정으로 자동차를 움켜쥘 수 있었다. 이 사례에서처럼 보유와 배출에서 시작되는 퇴행의 경로는 점점 내부(고립)와 후방(퇴행)으로 이어지는 반면, 진행과 공격성의 경로는 외부와 전방을 향하며 거의 동시적으로 죄책감을 일으키는 것으로 보인다. 아이와 가족 모두가 도움을 필요로 하게 되는 위기 상황은 대개 이런 식으로 악화된다.

이와 같은 퇴행과 진행의 경로가 이 장에서 다룰 주제이다. 신체 부위와 양태 사이의 체계적인 관계를 보다 자세히 설명하기 위해, 두 번째 사례로 어느 어린 남아의 이야기를 해보겠다.

피터라는 사내아이가 처음에는 며칠 동안 대변을 보지 못하더니 최근에는 그 기간이 일주일로 늘어났다는 이야기를 듣게 되었다. 일주일 동안 대변을 보지 않은 상태에서 네 살배기의 조그만 몸에 다량의 관장제까지 투여되었음에도 아이가 배변을 참고 있다는 소식에 나는 급하게 달려갔다. 아이는 괴로워하는 표정이 역력했다. 아무도 자신을 쳐다보지 않는 것 같을 때 아이는 부풀어 오른 배를 벽에 기대면서까지 고집스럽게 버티고 있었다.

소아과 주치의는 정서적 측면에서 강력한 동기가 없이는 이런 일이 일어날 수 없다는 결론을 내렸다. 물론 주치의 역시 나중에 엑스레이

촬영으로 밝혀진 것처럼 그 즈음 이미 아이의 결장(結腸)이 팽창되어 있을 가능성을 의심했다. 결장의 팽창이 최초의 증상을 유발했을 가능성이 있었음에도 여전히 아이가 말로 표현할 수 없는 어떤 부조화 때문에 배변 기능에 이상을 보인 것이라는 점에는 의심의 여지가 없었다. 국소적인 생리적 상태는 나중에 식이요법과 운동으로 다룰 일이었다. 우선 급한 것은 아이가 안고 있는 부조화 문제를 이해하고 아이의 협조를 이끌어낼 수 있도록 가능한 한 빨리 의사소통을 시작하는 것이었다.

나는 어느 가족의 문제를 맡기에 앞서 항상 그 가족의 집에서 식사를 해보고는 한다. 나는 치료를 맡게 될 어린 환자에게 가족 모두를 만나고 싶어 하는 부모의 친구로 소개된다. 피터 역시 숨겨진 문제를 식별하기 위해 내가 질문을 던진 여러 아이들 가운데 하나였다. 마주앉아 점심식사를 하는 자리에서 아이는 작심한 표정으로 말했다. "꿈은 진짜 재미있어요!" 형들이 서둘러 식사를 마치고 집 뒤편의 숲으로 뛰어나간 후, 아이는 들뜬 표정으로 일련의 이야기들을 쏟아냈다. 그 이야기들을 통해 아이를 지배하고 있는 불안한 환상이 분명하게 드러났다. 어린 환자들이 자신의 배 속에 필사적으로 붙들고 있는 바로 그 비밀을 거의 강박적으로 내놓는 모습은 괄약근의 문제가 갖는 양면적 측면을 특징적으로 보여준다. 여기에 피터의 상상 속의 이야기들과 그에 대한 나의 관찰 내용을 적어보겠다.

"우리 집에 코끼리가 한 마리가 있었으면 좋겠어요. 그런데 코끼리가 자꾸 자라면 집이 풍선처럼 펑 터질 거예요."—아이는 그 말을 하면서 음식을 먹고 있었다. 아이의 창자도 거의 터질 지경이 되고 있었다.

"아저씨, 저기 벌 좀 보세요. 저 벌이 내 배 속에 있는 꿀을 먹고 싶은가 봐요."—"꿀"은 대변을 완곡하게 뜻하는 것으로 들리지만 사실은 아이가 자신의 배에 귀중한 물건이 들어 있으며 누군가 그것을 노리고 있다는 생각을 하고 있음을 말해준다.

"나쁜 꿈을 꾸었는데요. 원숭이들이 우리 집에서 막 돌아다니면서 나를 잡으려고 했어요."—벌이 배 속에 있는 꿀을 노리더니 이제 원숭이들이 자신을 잡으려 하고 있었다. 배 속을 점점 채우고 있는 음식은 집 안에서 키우는 코끼리, 배 속의 꿀을 노리는 벌, 그리고 자기를 잡으려는 원숭이로 연결되었다.

점심식사를 마치고 우리는 정원에서 커피를 마셨다. 피터는 정원 테이블 밑에 들어가더니 마치 바리케이드를 설치하듯 의자를 하나 끌어당겨 놓고 말했다. "이제 나는 텐트 속에 있으니까 벌들이 들어오지 못해요."—아이는 침입하려는 동물들의 위협을 받으며 다시 울타리 안에 들어가 있었다.

잠시 후 아이는 탁자 밑에서 빠져나와 자신의 방을 나에게 보여주었다. 나는 방에 재미있는 책이 많다고 놀라는 표정을 지으며 말했다. "네가 제일 좋아하는 책을 골라서 그 중에 제일 좋아하는 그림을 보여줄래?" 조금의 망설임도 없이 아이는 헤엄쳐오는 늑대의 입을 향해 둥둥 떠내려가는 진저브레드 맨 쿠키 그림을 펼쳐보였다. 아이는 들뜬 목소리로 말했다. "늑대가 진저브레드 맨을 먹으려고 해요. 그런데 [이 대목에서 큰 목소리로] **진저브레드 맨은 살아있는 게 아니니까** 아프지 않아요. 그리고 우리가 음식을 먹어도 음식은 아프지 않아요." 나는 아이의 말에 전적으로 동의해주었다. 그리고 아이가 하는 모든 말이, 자신의 배에 차곡차곡 쌓이는 것들이 자신을 "펑 터뜨리거나" 아니면 아파할지 모른다는 생각에 수렴되고 있음을 주목했다. 나는 다른 책에서 두 번째로 좋아하는 그림을 보여 달라고 말했다. 아이는 곧바로 "작은 기관차"라는 책을 뽑아서 연기를 내뿜는 기차가 터널 안으로 들어가는 그림을 펼쳐 보였다. 바로 다음 페이지에는 기차가 터널에서 빠져나오는 그림이 있었는데 기관차의 굴뚝에서는 더 이상 연기가 나오지 않았다. 아이가 말했다. "있잖아요, 기차가 터널 속에 들어갔다가 깜깜한 데서 **죽었어요.**—살아있는 것이 어두운 통로 속으로 들어갔다가 죽어서 나왔다. 아이가 자신의 배 속에 살아있는 귀한 물건이 들어 있으며 그것을 가지고 있자니 자신이 터질 것 같고, 그것을 내보내자니 다치거나 죽어서 나올 것 같다는 상상을 하고 있음에 의심의 여지가 없었다. 다른 말로 하면, 이 아이는 임신을 한 것이었다.

환자는 정확한 해석에 기초한 즉각적인 도움을 필요로 하고 있었다. 나는 신뢰 관계가 형성되기 전에 아이들에게 성적인 지식을 주입하는 것에 찬성하지 않는다는 점을 분명히 밝혀둔다. 하지만 이 상황에서는 어떤 "외과적" 조치가 필요하다고 느꼈다. 나는 아이가 아기 코끼리를 좋아한다는 사실로 돌아가서 함께 코끼리를 그려보자고 제안했다. 아이가 어미 코끼리와 아기 코끼리들을 어느 정도 능숙하게 그려낸 다음, 나는 아이에게 아기 코끼리가 어디에서 나오는지 아느냐고 물어보았다. 아이는 모른다고 대답했지만 내게서 설명을 듣고 싶어 하는 눈치였다. 나는 단면도를 그려서 어미 코끼리의 몸속에 하나는 배변을 위한, 다른 하나는 아기를 낳기 위한 두 개의 통로가 있음을 보여주었다. "어떤 아이들은 이걸 잘 몰라. 그래서 동물이나 엄마의 몸에서 똥이랑 아기가 같은 구멍으로 나온다고 생각하지." 그러한 오해에서 비롯된 위험성에 대해 내가 설명을 이어가려는 순간 아이가 적극적인 반응을 보였다. 아이는 자신이 어머니의 배 속에 있을 때 어머니가 화장실 변기에 앉을 때마다 허리띠를 졸라매서 자신이 변기에 빠지지 않도록 했다는 이야기를 했다. 이어서 자신의 몸집이 어머니의 구멍으로 나오기에 너무 커서 어머니가 배를 가르고 자신을 끄집어냈다는 이야기도 했다. 나는 아이가 제왕절개 수술로 태어났다는 사실을 모르고 있었다. 나는 아이가 어머니로부터 들은 이야기를 정확하게 이해할 수 있도록 여자의 몸을 그려주었다. 그리고는 배 속에 아기를 가질 수 있다고 생각하는 것 같은데 실제로 그런 일은 불가능하며, 그럼에도 그런 상상을 하는 이유를 이해하는 것은 중요하다고 말했다. 아울러 나는 내가 아이들의 생각을 이해하는 일을 하는 사람이며 원한다면 다음날 다시 와서 대화를 계속하겠다고 말했다. 아이는 내가 다시 와주기를 원했고, 내가 집을 나선 후 엄청난 양의 변을 보았다.

일단 대변으로 배가 불룩해지면 아이는 자신이 임신을 했다고 생각했고 자기 자신이나 "아기"가 다칠까봐 그것을 몸 밖으로 내보내기를 두려워했다는 사실엔 의심의 여지가 없었다. 그런데 아이가 배변을 참게 된 원인은 무엇이었을까? 배변을 억누르고 임신을 상상하는 형태로 표출된 정서적 갈등은 어떻게 유발된 것일까?

아이의 아버지가 직접적인 "원인"을 말해주었다. "아이가 머틀과 똑같은 모습을 보이기 시작했습니다." "머틀이 누구죠?" "2년 동안 아이의 보모로 일한 여자입니다. 몇 달 전에 그만두었죠." "아이의 증상이 악화되기 직전이군요." "네."

피터는 자신의 삶에서 중요한 인물인 보모를 잃었다. 부드러운 목소리와 살가운 태도를 지닌 이 동양 여자는 직장 일로 바쁜 부모 대신 2년 간 아이에게 안락함을 제공해주는 주요 원천이었다. 그녀가 일을 그만두기 얼마 전부터 피터는 그녀를 때리는 등 다소 거친 행동을 보였지만 그녀는 용인을 했고 아이의 "남성적인" 행동을 오히려 귀엽게 받아주는 것 같았다. 그녀의 고국에서 사내아이의 그러한 행동은 그리 대단한 문제가 아니었을 뿐만 아니라 오히려 당연한 것으로 여겨지기까지 했다. 그곳에서는 전체적인 문화의 일부로 그런 행동이 받아들여졌다. 하지만 피터의 어머니는 스스로 인정한 바와 같이 아이의 갑작스러운 남성성과 그것이 표출되도록 용인하는 보모의 방식이 근본적으로 잘못되었다는 느낌을 지울 수가 없었다. 요컨대 **그녀의** 문화에서는 그런 행동이 적절하지 않았다. 어머니는 아이가 외국인 보모의 손에서 자라도록 그대로 내버려두어야 할지 심각하게 고민했고 결국 자신이 아이를 직접 돌보기로 결심했다.

아이로서는 막 싹튼 남성성이 미처 인정을 받지 못한 상태에서 보모를 떠나보낸 셈이었다. 보모가 스스로 떠났는지 아니면 해고를 당했는지는 아이에게 중요하지 않았다. 중요한 것은 인종과 계급이 다른 어머니의 대리인을 돈을 주고 고용하는 사회 계급 내에서 아이가 생활했다는 사실이다. 아이들의 관점에서 볼 때 이것은 많은 문제를 낳게 된다. 만일 아이가 보모를 좋아한다면 어머니는 보다 편한 마음으로 아이를 맡길 수 있을 것이다. 만일 아이가 보모를 약간 싫어한다면 어머니는 약간 불편한 마음으로 아이를 맡겨둘 것이다. 아이가 보모를 무척 싫어하고 그것을 행동으로 표출한다면 어머니는 보모를 해고하고 그녀와 비슷한 혹은 그녀보다 못한 보모를 새로 고용할 것이다. 그리고 만일 아이가 자신의 또는 보모의 방식으로 그녀를 무척 좋아한다면 어머니는 그녀를 당장 해고할 것이다.

떠나간 보모가 아이의 상태를 전해 듣고 자신이 왜 떠나야 했는지 설명하는 편지를 보내면서 피터는 더 큰 상처를 받았다. 원래 그녀는 자신이 임신을 했기 때문에 곧 결혼을 해서 아이를 낳을 것이라고 말했다. 그런 말도 보모에 대한 아이의 감정을 생각하면 그리 좋을 게 없었다. 그런데 이제 그녀는 결혼을 한 것이 아니라 다른 집에서 보모로 일하고 있다는 소식을 알린 것이다. 그녀는 편지에 이렇게 적었다. "내가 돌보는 아이가 충분히 자라면 나는 이렇게 다른 집으로 옮기게 된단다. 나는 아기들을 돌보는 일이 제일 좋아." 피터에게 문제가 생긴 것이 바로 이때였다. 피터는 보모와 함께 지낼 때 스스로 다 자란 소년처럼 행동하려 했다. 아들에게 설명하기에는 너무 복잡한 직장 일로 자주 집을 비운 아버지는 아이에게 별 도움이 되지 못했다. 어머니는 보모에 의해 조장되거나 묵인된 그런 형태의 남성적 행동은 결코 용납할 수 없다고 못을 박았다. 그리고 보모는 갓난아기들을 더 좋아하는 것 같았다.

그래서 아이는 "퇴행"을 했다. 아이는 갓난아기처럼 의존적이 되었고 더 이상의 것을 잃지 않기 위해 필사적으로 **붙잡았다**. 이것은 피터가 이전에도 보인 행동이었다. 아주 어렸을 때 피터는 입속에 넣은 음식을 삼키지 않겠다고 고집을 부렸다. 조금 자라서 변기에 앉혀질 무렵에는 변을 다 볼 때까지 일어나지 말라는 어머니의 말에 변을 보지도, 일어나려 하지도 않았다. 이제 아이는 변을 보기를 거부하며 입을 굳게 다문 채 꿈쩍도 하지 않았다. 물론 이 모든 행동들은 다양한 의미를 가진 하나의 증상이었다. 가장 단순하게 해석하면 아이는 자신이 가지고 있는 것을 꼭 붙잡은 채 어느 쪽으로도 움직이지 않겠다는 것이었다. 하지만 이 어린 환자의 놀이에서 관찰된 바와 같이 아이가 붙잡고 있으려는 대상은 여러 가지로 해석될 수 있었다. 확실히 처음에는 보모가 임신을 했다고 믿으면서 아이는 자신도 보모처럼 임신을 함으로써 그녀를 붙잡으려 했다. 동시에 아이가 보인 퇴행은 자신도 아직 갓난아기이며 보모의 보살핌을 받아야 할 만큼 어리다는 사실을 보여주려는 것이었다. 프로이트는 이를, 증상의 의미에 대한 **중층결정**(overdetermination, 여러 개의 독립된 또는 관련된 원인들이 하나의 상징 또는 결과에 복합적으로 영향을 미치는 것—옮긴이)이라고 불렀다. 중층결정의 요인들은 항상 체계적으로 연결되어 있는데, 아이는 **잃어버린 관계의 두 당사자** 모두를 동일시했다. 즉 우리의 어린 환자는 아기를 돌보는 보모가 되는 동시에 그녀가 돌보는 아기가 된 것이다. 상실의 결과에서 비롯되는 동일시는 늘 이와 같다. 죽은 이를 애도할 때 우리는 스스로 망자가 되면서 **동시에** 망자와 가장 좋은 시절을 함께한 우리 자신이 된다. 표면적으로는 모순된 증상이 이런 식으로 가능해진다.

우리는 여기에서 **보유**가, 배 속에 있는 것을 완강하게 붙잡고 있기 위해 해당 신체 부위가 사용하는 양태임을 알 수 있다. 일단 태아의 등가물을 자신의 배 속에 가지고 있다고 생각한 아이는 출산에 대해 어머니로부터 들은 이야기를 떠올리고는 산모와 태아의 위험을 의식하게 되었다. 때문에 아이는 배출을 할 수 없었던 것이다.

아이가 가지고 있던 이러한 두려움을 파악함으로써, 불안과 위협을 제거하고 억눌려 왔던 아이의 자율성과 주도성을 끌어내는 극적인 호전이 가능해졌다. 하지만 여러 가지 퇴행 행동을 극복하기까지는 어머니와 아이 모두를 상담하고 식이요법과 운동을 병행하는 과정이 뒤따라야 했다.

## 2. 리비도와 공격성

우리는 위에서 두 아이의 병리적 사례를 살펴보았다. 이 두 가지 사례가 선택된 이유는 명확하고 관찰 가능한 구조를 가지고 있었기 때문이다. 그런데 그러한 사례들을 설명해줄 수 있는 일종의 법칙 같은 것이 있을까?

프로이트와 초기 정신분석학자들은 먼저 심리학적으로 신체의 구멍들(orifices)이 정서적 건강과 질병에 대해 갖는 중요성을 지적했다. 물론 그러한 이론들은 성인 환자의 관찰에 토대를 둔 것이지만, 성인 환자에 대한 정신분석학적 연구 결과들이 우리가 어린 환자들에게서 본 것들에 대해 의미 있는 유사성을 제공해줄지도 모르는 일이다.

예를 들어 성인 신경증 환자는 항문기적 특성, 즉 배변 기능에 대한 지나친 관심을 철저한 위생관념이나 완벽한 질서, 청결, 시간 엄수 등에 대한 전반적인 욕구로 위장해서 표출할 수 있다. 다시 말해 이런 성인 환자는 항문기적 특성이라기보다는 반(反)항문기적 특성을 지닌 것으로 보이며, 지연된 배변이나 무관심한 배출 모두에 대해 부정적 태도를 보이는 경향이 있다. 하지만 이와 같은 반 항문기적 회피는 결과적으로, 쾌변에 대해 가벼운 만족감이나 거부감을 갖는 정상적인 성인에 비해 그들로 하여금 배변에 대해 더 많은 생각과 에너지를 사용하게 만든다. 변의 보유와 배출에 대한 환자의 정서적 부조화는 과도한 억압으로 표출될 수 있으며 결국 성격으로 굳어질 수 있다. 그렇게 되면 환자는 잘 놓아버리지(let go) 못하는 성향이 된다. 자신의 시간, 돈, 감정(순서가 어떻든)을 오로지 철저한 의식(儀式)과 정해진 시간에 따라 할당하게 되는 것이다. 하지만 정신분석은, 이런 환자들이 어느 정도는 의식적(意識的)으로 특정한 개인을 완전히 제거하고자 하는 혼란스러운 상상과 적대적인 소망을 품고 있다는 사실을 보여준다. 특히 그들이 내면적으로 소중히 여기는 것들을 필요에 의해 요구할 수밖에 없는 사람이 그 대상이 되곤 한다. 다시 말해 환자는 옳고 그름에 대한 자신의 임의적인 기준이 다른 사람을 통제하려는 독선적 태도를 낳고 있다는 사실을 의식하지 못한 채, 자신이 사랑하는 사람에 대해 극단적으로 양면적인 태도를 보이는 것이다. 수동적인 적대감이 표출된 행위들이 환자 자신이나 그가 의도한 대상에게는 인지되지 않을 수도 있겠지만, 환자 스스로는 현실이나 상상에서 다른 사람에게 행해진 것들을 원래 상태로 되돌리거나 수정 또는 보상하기 위해 끊임없는 압박을 느끼게 된다. 하지만 앞에서 앤이 물건을 가지고 갔다가 다시 돌려주려는 행동 사이에서 균형을 잡으려고 안간힘을 쓴 것처럼 성인 환자 역시 심각한 갈등에 빠지게 된다. 강박신경증을 지닌 성인 환자들은 내면 깊은 곳으로부터 처벌받고자 하는 강한 소망을 품게 되는데, 이는 그들의 엄격한 양심이 그들로 하여금 비밀스러운 증오심을 숨겨둔 채 모르는 척하기보다는 처벌받는 쪽을 더 편하게 여기도록 만들기 때문이다. 자기중심적 증오에 의해 상호관계의 회복력을 불신하게 되면서 그들은 처벌을 더 쉬운 선택으로 받아들이는 것이다. 때문에 아이들에게는 여러 형태로 자유롭게 표현되고 개선되는 것들이 성인들에게는 고착된 성격이 되고 만다.

프로이트는 그러한 사례들을 재구성한 연구를 통해 **발생기 상태에**(*in statu nascendi*) 있는 우리의 어린 환자들에게서 관찰되는 것과 유사한 위기들을 성인들로부터 일관되게 발견했다. 인체의 구멍들을 둘러싼 온갖 희극과 비극들을 체계적인 이론을 통해 최초로 설명했다는 점에서 프로이트의 공헌은 크다. 인체의 "밑"에 있는 모든 기능들을 수치스럽고 천하며 병적인 영역으로 은폐하고 있던 당대의 위선과 인위적인 망각을 철저히 해부함으로써 그는 자신의 이론을 구축했다. 그는 이 모든 비극과 희극의 본질이 성적인 것이라고 결론을 내릴 수밖에 없었으며,

실제로 그렇게 했다. 그는 신경증 환자들과 성도착증 환자들이 주위 사람들에게 유아적인 태도를 보일 뿐만 아니라 성적 능력에 문제가 있으며, 겉으로 드러나든 아니든 성적 부위가 아닌 다른 신체 부위에서 만족감을 얻는다는 사실을 발견했다. 이들의 성적인 장애와 사회적 유아성(social infantility)은 아동기 초기와 밀접하게 관련되어 있었고, 특히 유아기의 신체적 충동과 부모의 엄격한 훈육 방법 사이의 충돌과 깊은 관련을 가지고 있었다. 그는 아동기가 일련의 단계들을 거치는 동안 특별한 만족감을 주는 각각의 신체 부위에 **리비도**가 부여된다고 결론을 내렸다. 쾌락 추구의 에너지인 리비도는, 아동기가 끝나고 **성기기**(genital)에 이르러서야 **성적**(sexual)으로 바뀐다는 것이 프로이트 이전 시대의 공식적이며 과학적인 견해였다. 하지만 프로이트는 성숙한 성기기의 성적 특성은 유아기 성적 발달의 최종적인 결과물이라는 결론을 내렸고, 이를 전(前)성기기적 특성이라고 불렀다. 그러므로 위에서 언급한 강박신경증 환자는 겉으로는 반(反)항문기적인 것 같지만, 프로이트가 보기에는 **가학적 항문기**(analsadistic stage)*라는 유아의 성적 특성 단계에 무의식적으로 **고착**되어 있거나 아니면 부분적으로 **퇴행**하고 있는 것이었다.

마찬가지로 다른 정서적 문제들도 유아기의 여러 단계들로의 고착 또는 퇴행이라는 사실이 드러나고 있다.

예를 들어 중독자들은 갓난아기 때 그랬던 것처럼 물리적 만족감과 정서적 안정감을 주는 물체를 입이나 피부로 합일화(incorporation, '자기'와 '자기가 아닌 것'을 분별하지 못하는 유아기의 동일시 양태−옮긴이)하려는 욕구를 보인다.

---

* Sigmund Freud, "Three Contributions to the Theory of Sex," in *The Basic Writings of Sigmund Freud*, The Modern Library, New York, 1938.

하지만 그들은 다시 어린 아기로 돌아가려는 자신의 갈망을 의식하지 못한다. 오로지 푸념을 하고 허풍을 떨고 현실을 기피할 때만 그들의 어린아이 같은 정신은 그 모습을 드러낸다.

한편 조울병 환자들은 아무런 실체가 없는 극심한 공허와 파괴되어야만 하는 적대적인 그 무엇에 휩싸여 있다가도, 갑자기 기분이 좋아지면서 무한한 자신감과 활력을 보이기도 한다. 하지만 그들은 이처럼 좋아지다 나빠지기를 반복하는 내면적 상태의 근원이나 본질이 무엇인지는 모르고 있다.

여성 히스테리 환자들은 어떤 대상에 의해 고통당하고 공격받으며 배신을 당한 것처럼 행동하면서도 동시에 그 대상에 매료가 되는 경우가 있다. 그들은 성적 관계에 냉담하면서도 여성으로서의 원초적 역할을 극적으로 만들어주는 일에 몰두하기도 한다. 오래 전 아동기에는 용인되지 않았지만 (또는 용인되지 않았기 때문에) 그들은 자신의 성적 역할에 무의식적으로 집착하는 것이다.

그렇다면 중독이든 아니면 우울이나 억압의 문제든, 고통을 받고 있는 이 사람들은 유아기의 모든 단계를 완성하지 못한 것이며, 이러한 유아기의 원형에 맞서 완강하게, 그러나 부질없이 자신을 방어하고 있는 셈이다.

다른 한편, 억압에 의해 유아기에서 완성되지 못한 단계마다 이에 상응하는 도착적(倒錯的) 행위가 뒤따른다. 성인들 가운데에는 유아기의 원형을 조금도 변형시키지 않고 입을 통한 자극으로부터 그들이 얻을 수 있는 최대한의 성적 만족감을 얻는 이들이 있다. 또 어떤 이들은 성교에 사용될 수 있는 신체의 다른 구멍들보다 항문을 선호하기도 한다. 다른 사람의 성기를 쳐다보거나 자신의 성기를 노출하기를 원하는 성도착자들도 있고, 다른 사람들에게 가학적인 "표식"을 남기기 위해 충동적인 난교를 벌이는 이들도 있다.

신경증 환자가 무의식적으로 갈망하는 성적 행위와 성도착증 환자들이 노골적으로 저지르는 행위 사이의 밀접한 관계를 이해하게 된 프로이트는 마침내 자신의 리비도 이론을 세우게 되었다. **리비도**는 성기 이외의 신체 부위에 부여된 아동기의 성적 에너지이며, 음식의 섭취와 배변 조절 그리고 팔다리의 운동 같은 필수적인 기능이 주는 만족감과 함께 증가한다. 성기기 이전의 리비도가 정해진 시간표에 따라 성공적으로 해소된 이후에야 유아의 성적 특성은 짧은 기간의 유아 성기기로 넘어가고, 그것은 곧바로 "잠복"하거나 변형 또는 굴절 과정을 겪게 된다. 이는 생식기관이 아직 덜 성숙했으며, 미성숙한 성적 갈망의 첫 대상이 보편적인 근친상간 금기에 의해 영원히 금지되어 있기 때문이다.

성기기 이전의 해소되지 않은 갈망의 잔존물에 대해서는, 모든 문화권이 어느 정도의 비(非)성기적 성적 놀이를 허용하는데, 이러한 유형의 놀이는 진정한 성기기의 주도성을 대체 또는 배제하려는 경향이 있을 경우에 한해서만 도착적이라 부를 수 있을 것이다. 하지만 상당 부분의 성기기 이전의 리비도는 **승화**, 즉 성적인 목표에서 비(非)성적인 목표로 전환된다. 이에 따라 어머니의 몸 안에서 "일어나는 일들"에 대한 유아기적 호기심은 기계나 시험관을 다루는 일에 대한 열망을 촉진시킬 수 있다. 갓난아기 때 어머니의 감각적 용기(container)에 담긴 따뜻한 액체를 갈망했던 이가 이제는 "지혜의 젖"을 흡수하기를 열망할 수 있으며, 결장(結腸)을 꽉 채우는 대신에 온갖 종류의 상자에 온갖 종류의 물건을 채워 넣을 수도 있다. 프로이트는 성기기 이전의 성적 놀이가 완성, 승화 또는 허용되지 않고 억압되는 것이 신경증적 불안의 가장 중요한 요인이 된다고 보았다.

물론 가장 성공적인 승화는 문화적 경향의 일부가 되어 성적인 부산물로 인지조차 되지 않는다. 오로지 그러한 집착이 너무 강하고 너무 엽기적이며 너무 편집증적일 때에만 그것의 "성적인" 근원이 인식되게 마련이다. 하지만 이 경우 승화는 이미 깨질 위기에 있으며 어쩌면 처음부터 불완전했을 수도 있다. 의사였던 프로이트가 자신이 살았던 빅토리아 시대의 비판자가 된 것이 바로 이 지점이다. 그는 사회가 너무나 일방적이고 맹목적으로 불가능한 승화를 아이들에게 요구한다고 결론지었다. 성적 에너지의 일부는 승화될 수 있고 또한 그래야만 마땅하다. 사회가 그러한 토대 위에 존립한다는 것도 사실이다. 그러므로 사회의 것은 마땅히 사회에 바쳐져야겠지만, 그러기에 앞서 가치 있는 승화를 가능케 하는 리비도의 생명력을 아이들에게 돌려주는 것이 필요하다.

극단적인 정신장애와 통상적인 정신적 동요에 대해 잘 알고 있는 이들만이 리비도 이론을 통해 암흑의 휴지기에 어떤 선명한 빛이 비춰지는지를, 그리고 인간의 "가장 밑에 있는" 것은 물론 "가장 위에 있는" 형태—많은 경우 두 가지에 동시적으로—에 기여하는 이 성적 에너지의 움직임을 제대로 이해할 수 있을 것이다.

하지만 이론적으로나 용어상으로 지대한 영향력을 지니고 있는 문제들이 아직도 풀어야 할 숙제로 남아 있다. 심리학이 어떤 문제에 초점을 맞추어야 하는지에 대해 프로이트는 성(sexuality)의 재발견을 가장 중요한 과업으로 생각했다. 이 지점의 역사적 단절을 잇기 위해서는 고대의 지혜와 현대의 사상이 마구 뒤엉켜 있는 용어에 다리가 놓여야 했다. "히스테리"라는 용어를 예로 들어보자. 고대 그리스인들은 자궁이 여성의 몸속을 돌아다니며 이곳저곳을 찌르고 부딪치면서 히스테리를 유발한다고 생각(어쨌거나 그와 비슷한 형태로 표현)했다. 물론 프로이트는 그것을 생식기관의 문제가 아닌 성적인 은유, 즉 생식기관이 원래의 목적에서 분리되어 리비도의 공급이 차단되었다는 것(불감증)으로 해석했다. 리비도의 공급은 유아기의 신체 부위와 발달 단계에 관한 상징적 결합의 통로를 따라 전환 또는 치환될 수 있다. 이를테면 구역질은 억압된 성적 갈증을 피하면서 몸 위로 방어적인 배출(ejection)을 하는 것일 수도 있다. 생식기관에서 밀려난 성적 욕구가 다른 신체 부위에서 나타난다는 사실을 표현하기 위해 프로이트는 에너지의 보존과 변환이라는 당대의 열역학적 용어를 사용했다. 그 결과 애초에 잠정적 가설(working hypothesis)로 의도된 것이 관찰이나 실험으로는 증명할 엄두조차 낼 수 없는 구체적인 주장들을 만들어냈다.

위대한 개척자들은 언제나 당대의 비유로 말을 한다. 프로이트 역시 스스로 "신화"라고 부른 것을 받아들이고 그것을 연구하는 용기를 내야만 했다. 그러나 진정한 통찰력은 그것이 처음 내놓은 명제보다 오래 살아남기 마련이다.

내게는 프로이트가 리비도를 다루는 것이 마치 조지 스튜어트가 폭풍을 다루는 방식과 흡사해 보인다. 스튜어트는 그의 책 『폭풍(Storm)』*에서 자연의 격변을 소설의 주인공으로 삼았다. 그는 폭풍이라는 자연현상의 일대기와 개별성을 상세하게 그려냈다. 이 책에서는 마치 온 세상과 모든 사람들이 단지 그 폭풍에 영광을 돌리기 위해 존재하는 것처럼 묘사되는데, 이것은 우리의 주변 환경과 내면에서 일어나는 엄청

---

* George R. Stewart, *Storm*, Random House, New York, 1941.

난 일들에 대한 우리의 관점을 풍요롭게 해주는 훌륭한 예가 된다. 이와 마찬가지로 초기의 정신분석학은 인간의 동기를 묘사할 때 리비도가 가장 중요한 요인이며, 개별적 자아는 단지 리비도와 임의적이고 대립적인 사회적 관습이라는 "외부 세계" 사이에 놓인 완충 장치이자 취약한 방어막에 불과한 것으로 보았다.

하지만 프로이트는 스튜어트보다 한 걸음 더 나아갔다. 그는 자신이 처음으로 확인하고 정의한 그 폭풍들을 임상적으로 연구하고 이해하고자 했다. 리비도의 생애 주기를 자세하게 기술함으로써 프로이트는 잘못 다루어진 성적 욕구로 인한 개인과 집단의 여러 장애에 대해 치료의 실효성은 물론이고 이론적 통찰의 지평도 넓혔다. 프로이트에게는 리비도 이론을 인간의 총체적인 삶에 올바로 적용할 방법을 찾는 것이 반드시 필요한 일이었다. 그리고 정신의 새로운 영역(자아)과 새로운 종류의 환자들(아이들과 정신질환자들) 그리고 정신분석의 새로운 적용 대상(사회)을 다루는 우리에게 그것은 더욱 중요한 과제가 되었다. 이 과정에서 우리는 리비도의 부침(浮沈)에 따르는 개인의 생애 주기에 대한 연구를 계속해야겠지만, 살아있는 사람을 억지로 신화에 나오는 에로스의 꼭두각시로 만들려는 시도는 늘 경계해야만 한다.

한편 연구자 프로이트는 의사 프로이트를 넘어섰다. 그는 병리 현상을 설명하고 치료하는 것에서 멈추지 않았다. 발달생리학자로서 프로이트는 성적 특성이 단계별로 발달한다는 사실을 보여주었으며, 이를 다른 요소들의 후성적인 발달(epigenetic development)과 연결시켰다.

프로이트가 성 문제의 연구를 처음 시작했을 당시, 성 과학(sexology)은 성을 생리적 변화로 인해 사춘기에 이르러서야 등장하는 실체로 간주했다. 당시의 성 과학은 중세의 발생학 수준을 벗어나지 못하고 있었다. 중세시대에는 태아가 아주 작지만 완전한 인간의 모습으로 남자의 정액 속에 있다가 여자의 자궁에 들어가서 커진 다음 세상에 나온다는 생각이 일반적으로 받아들여졌다. 오늘날 우리는 발생학적으로 **후성적인 발달**, 즉 태아의 기관들이 하나씩 차례대로 발달한다는 사실을 알고 있다. 나는 유아기의 심리성적(psychosexual) 발달에 관한 프로이트의 이론도 **자궁 내에서의**(in utero) 생리적 발달과 비교될 때 가장 잘 이해될 수 있으리라 생각한다.

이와 같은 발달의 연속선상에서 각 기관은 발생 시기가 따로 있다. 이러한 시기 요인은 발생의 장소만큼이나 중요하다. 예컨대 눈이 제때에 생겨나지 않는다면, "눈은 온전히 발달하지 못할 수도 있다. 왜냐하면 그새 발달 시기가 도래한 다른 기관이 우위를 차지하며 지연된 눈의 발달을 억누를 것이기 때문이다."*

하나의 기관이 제때에 생겨나기 시작했다고 하더라도 또 다른 시기적 요인이 그 기관의 가장 중요한 발달 단계를 결정짓기도 한다. "어떤 기관의 발달이 완전히 억제되거나 변형되기 위해서는 초기 단계에서 발달이 중단되어야 한다… 일단 하나의 기관이 'Anlage'('외부 작용이 없어도 정해진 시기에 발달하는 생득적 소질'을 뜻하는 독일어—옮긴이)로부터 성공적으로 발생한 뒤에는 불완전해지거나 성장이 멈출 수는 있지만 그 본질과 실재 자체는 파괴될 수 없다."**

발달의 시기를 놓친 기관은 그 자체로도 문제가 되지만 다른 기관들의 전체적 위계를 위협하기도 한다. "그러므로 빠르게 진행되는 어떤

---

* C. H. Stockard, *The Physical Basis of Personality*, W. W. Norton & Co, New York, 1931
** 위의 책.

부분의 발아를 중단시키면 그 부분의 발달을 일시적으로 억누를 뿐만 아니라, 다른 기관에 발달상의 우위를 너무 일찍 넘겨줌으로써 억압된 기관이 우위를 되찾는 것을 불가능하게 만들어 영구적인 변형을 초래하게 된다."* 정상적인 발달이 이루어지면 하나의 기관은 신체의 다른 기관들과 크기와 모양에서 최적의 상호관계를 갖는다. 간(肝)은 위와 창자의 크기에 맞춰지고, 심장과 폐는 서로 적절한 균형을 이루며 혈관의 용적은 몸 전체에 정확한 비율로 맞춰지게 되어 있다. 하나 또는 그 이상의 기관이 발달을 멈추면서 다른 기관들과의 균형이 깨지면 몸의 기능적 조화는 흔들리고 결국 그 사람은 결함을 갖게 되는 것이다.

"적절한 비율"과 "정상적인 순서"의 교란은 "**과잉의 괴물**(monstrum in excessu)" 또는 "**결핍의 괴물**(monstrum in defectu)"을 낳는다. "정상인이란 그러한 두 종류의 비정상적 상태의 중간에 위치한 사람을 뜻하는데, 여기에서 중요한 것은 비정상적 상태라는 것이 특정한 발달 단계의 비율이 깨지는 데에서 비롯된 정상 상태의 변형에 불과하다는 점이다."**

생명체의 기형을 낳는 가장 결정적인 시기는 출생 전 몇 개월이다. "이미 'Anlage'로부터 성공적으로 발생한" 개체는 태어난 뒤에야 결함이 있는 것으로 진단될 수 있다. 아직 완성되지 않은 두뇌는 제한된 자극을 천천히 받아들이는 정도에 불과하며, 유아는 어머니와 화학적 교환을 하던 자궁을 떠나 자신이 속한 사회의 체제 안에서 어머니의 보살핌을 받게 된다. 유아가 생물학적으로 결정된 순서에 따라 어떻게 운동 능력과 감각 기관 그리고 사회적 능력을 발달시켜 나가는지는 아동

---

* 위의 책.
**위의 책.

의 발달에 관한 문헌들에 잘 기술되어 있다. 정신분석학은 여기에 한 개인이 발달 과정에서 겪는 독특한 경험과 갈등에 대한 이해를 더해준다. 그러한 경험과 갈등이 아이들이 특정한 기능을 습득하기 위해 보편적으로 겪는 것이든 아니면 아이의 어머니에게 자랑할 만한 기쁨이나 숨기고 싶은 걱정이 될 만큼 예외적인 것이든, 건강한 아이라면 일련의 중요한 경험들 가운데 내적 발달의 법칙을 온전히 따르게 되리라는 사실을 우리는 인식할 필요가 있다. 바로 그 법칙이 태내의 아이에게 기관을 하나씩 차례대로 만들어주었으며, 이제는 주위 환경과 중요한 상호작용을 할 수 있도록 아이에게 일련의 잠재력을 만들어주는 것이다. 그러한 상호작용의 양태는 문화에 따라 다르지만, 그럼에도 적절한 비율과 순서는 여전히 모든 가변성을 제어할 수 있는 중요한 요인으로 남게 된다.

아동 개개인의 "리비도의 경제학"이라는 관점에서 보면, 우리가 살펴본 두 어린 환자들의 경우 내적 발아의 비율과 순서가 교란되었다고 할 수 있다. 마치 레코드판의 홈에 결함이 있어서 한 곡의 같은 소절이 계속 반복되듯 그들은 항문기적 보유와 배출이라는 소절에 갇혀 있었다. 그들은 거듭 갓난아기의 소절로 퇴행했고 다음 소절, 즉 중요한 이성(異性)의 인물에 대한 애착의 단계로 넘어가지 못하고 있었다. 아버지에 대한 앤의 사랑은 장난감 자동차를 아버지의 인형에게 줄 때 표출된 조증(躁症)의 기쁨에 잘 나타나 있었다. 피터의 경우에는 병리적인 현상들에 앞서 보모에 대한 남근기적(phallic) 행동이 나타났다. 리비도 이론으로 보면 이 아이들은 직장(直腸)에서 변을 배출하거나 축적하는 행위에서 성적 쾌감을 얻었던 시기로 돌아가려고 한 것인데, 고장이 난 제동장치가 그들을 예상보다 훨씬 멀리 그리고 빨리 퇴행을 하게 만든 것이다. 하지만 훈련되지 않은 배변으로부터 쾌락을 얻을 만큼 어리지 않았던 이 아이들은, 대신 싫어하는 사람을 추방하고 (앤이 어머니의 인형을 발로 찬 장면을 떠올려 보라) 좋아하는 사람을 곁에 붙들어 두는 상상에 탐닉했다. 이들의 행동은 가공할 만한 결과를 낳았지만 그것은 그들을 통제하려는 부모 또는 그들 가운데 한 사람에게 잔혹한 승리를 거두는 방법이기도 했다. 이른 아침 침대 위에 변을 본 뒤 그것을 깔고 앉아 방에 들어오는 어머니를 바라보는 이 여자아이의 눈빛에는 두려움만큼이나 승리감이 깃들어 있었을 것이다. 변을 보지 못해 배가 불룩해진 사내아이의 표정에서는 조용한 만족감이 엿보이기도 했다. 하지만 이 아이들의 딱한 어머니들은 아이의 폭군 같은 행동에 분노로 반응했다가는 상황이 더욱 악화될 것임을 고통스러운 경험을 통해 잘 알고 있었다. 그러나 이 아이들은 사실 사랑하고 사랑받기를 원했으며, 끔찍한 승리보다는 성취의 기쁨을 더 좋아했다. 우리는 증세만 보고 아이에 대해 오판을 해서는 안 된다.

여기에서 어떤 이들은 그러한 상황을 겪고 있는 아이들이 정신분석학적으로 리비도의 개념에서 비롯되는 제2의 원초적인 힘, 즉 파괴와 죽음의 본능에 휘둘리는 것이라고 말할지도 모른다. 하지만 나는 여기에서 그 문제를 논의하지 않겠다. 왜냐하면 그것은 근본적으로 원초적 본능이라는 신화에 충실했던 프로이트의 생각에 기초한 철학적 문제이기 때문이다. 프로이트의 용어 체계와 논의는 하나의 동인(動因)에 대한 우리의 임상적 연구의 초점을 흐리게 만들고 있다. 그것은 아무런 본질적인 설명도 없이 우리의 연구 자료 여기저기에 나타나게 될 것이다. 예컨대 나는 **분노**(rage)를, 어떤 중요한 행동에 대한 개인의 주도성이 방해를 받거나 억압을 받을 때 일어나는 것으로 규정한다. 그런데 그러한 분노가 통제되어야만 할 때, 그리고 인간의 비이성적인 증오와 파괴의 열망에 그러한 분노가 사용될 때는 어떻게 해야 하는가라는 문제는 오늘날의 심리학이 직면하고 있는 가장 숙명적인 과제들 가운데 하나이다.

특정한 임상적 상황에서 어떤 종류의 힘이 작용하고 있는지 구체적으로 파악하기 위해서는 우리가 해야 할 일이 무엇인지를 자문하는 것이 더 유익할지도 모른다. 어쩌면 그 상황에서 우리의 역할을 명확하게 규정하는 것이 우리가 이해하려고 노력하는 그 동인들에 더 가까이 다가가는 방법이 될 수도 있다. 나는 어린 환자와 부모 사이의 기능적 상호관계를 재정립함으로써 서로를 통제하려는 무익하고 고통스러우며 파괴적인 노력들 대신에 상호조절을 통해 아이와 부모 모두가 각자의 자기통제를 회복하게 하는 것이 우리의 역할이라고 생각한다.

처방은 진단과 방향이 다르다. 가족은 함께 성장하는 과정에서 집단으로서의 상호조절 기능을 잃기 쉽다. 그 결과 가족 구성원들은 가족 내에서 각자의 연령과 위치에 따르는 자기통제력을 잃게 된다. 이렇게 되면 자신을 통제하고 가족 내에서 상호조절 기능을 수행하는 대신에 자신이 통제할 수 있는 대체물을 찾게 되는데, 그 과정에서 다른 가족 구성원들은 배제되고 만다. 부모는 직업과 사회생활에서, 그리고 아이는 자신만의 자율성이 온전히 구현되는 영역, 즉 자신의 몸에 몰두하게 되는 것이다. 자체성애(autoerotism)는 이러한 게릴라전에서 아이의 중요한 무기가 된다. 다른 가족 구성원들과의 상호관계에서 잃어버린 독립성을 얻을 수 있기 때문이다. 하지만 그러한 자기도취적인 자율성은 실제 상황을 은폐한다. 표면적으로는 자신의 신체 부위에서 쾌락을 얻는 것 같지만, 아이는 가학적이든 피학적이든 타인을 통제하는 적대적 상상 속에서 특정한 기관과 그와 관련된 양태를 이용하는 것이다. 자기 자신이나 타인을 향한 이러한 왜곡이 그 기관(organ)을 공격성의 수단으로 만든다. 이런 일이 일어나기 전—공격성이 표출되기 이전의 상태—까지만 해도 사물에 대한 접근 태도나 다른 사람들과의 관계를 추구하는 방식에는 아무런 문제가 없지만 이미 공격성은 조금씩 형성되고 있는 것이다.

아이들의 발달 단계를 지켜보는 부모들은 끊임없는 도전에 직면해야 한다. 부모도 아이들과 함께 성장해야 한다. 아이가 태어났을 때 부모가 이런저런 성격을 "가지고" 있으며 그러한 성격이 그대로 유지되면서 아이에게 영향을 준다고 가정한다면 그것은 상황을 왜곡하는 것이다. 아이는 작고 연약하지만 계속해서 변화하며 가족 전체를 움직이기 때문이다. 유아들은 가족의 통제를 받는 동시에 스스로도 다른 가족 구성원들을 통제하고 키워낸다. 어쩌면 가족은 아이에 의해 키워지면서 그 아이를 키운다고 말해야 할지도 모른다. 생물학적으로 어떤 반응 양식이 주어졌든, 그리고 발달 단계상 어떤 과정이 결정되었든 그것은 일련의 **변화하는 상호조절 방식에 대응하는 잠재적 능력**(potentialities for changing patterns of mutual regulation)으로 간주되어야 한다.

프로이트가 전(前)성기기와 아동기의 성감대라고 부른 것들을 내가 전면적으로 재검토하고, 임상적 경험과 현실 사회 사이에 다리를 놓으려 하는 것을 보면서 내가 위의 관점을 버리는 것은 아닌가 생각하는 사람들도 있을 것이다. 나는 아이의 몸에 생물학적으로 주어지는 잠재적 능력에 대해 다시 논의해볼 것이다. 나는 생물학적으로 명확한 설명이 주어지지 않는다면 정신분석학이 우리의 연구 도구로 더 이상 남아 있을 수 없다고 생각한다.

그렇다면 다음 절의 내용은 독자들이나 나 모두에게 개념상 가장 어려운 부분이 될 것이다. 나는 지금까지 강을 사이에 두고 우리가 서 있는 쪽, 즉 임상적 측면을 설명했고 이제 강을 건너기 위해 다리를 놓으려 한다. 독자들에게는 아직 강의 건너편이 보이지 않을 것이다.

이 작업을 보다 쉽게 하기 위해 10년 전에 내가 처음 제시한 전 성기기에 관한 도표를 재구성해보려 한다. 아마 독자들에게도 이것이 보다 쉬운 이해에 도움이 될 것이다. 링컨의 표현을 빌리자면, 도표란 그것이 도움이 될 수 있는 부류의 사람들에게만 도움이 된다. 독자들에게 그런 부류의 사람이 될 기회를 제공하기 위해 나는 도표가 있든 없든 이 장(章)의 내용이 잘 이해되도록 쓸 것이다. "잘 이해되도록" 쓴다 함은 내가 서술하는 내용에 대해 독자들 스스로 자신의 지식과 어휘를 점검해볼 수 있을 것이라는 뜻이다. 우리가 다루고자 하는 문제의 속성상 그것에 대한 기술과 평가는 관찰자마다 그리고 시대마다 달라질 것이다. 우리는 우리의 관찰을 토대로, 관련된 내용의 순서와 계열을 도표로 나타낼 것이다.

우리는 어떤 종류의 현상들을 도표화해야 할까? 어떤 현상이 (통계학적인 의미에서) 얼마나 "규범적"인지가 기준이 되어야 할까? 아니면 우리가 이해하고자 하는 것을 얼마나 잘 보여주느냐를 따져야 할까?

아놀드 게젤(Arnold Gesell)이 연구한, 거울 앞에 있는 어린 남아의 규범적 행동을 살펴보자.* 생후 56주가 된 아이의 지각 능력과 적응 행동을 살펴보기 위해 연구자는 커튼을 ("적당한 정도로 과감하게") 열어 그 뒤

---

\* Arnold Gesell, *An Atlas of Infant Behavior*, Vol. I, Yale University Press, New Haven, 1934.

에 있는 전신 거울을 아이에게 보여주었다. 벌거벗은 아이는 몸을 굽혀 거울을 두드려보기도 하고 기어서 거울 앞으로 다가갔다가 뒤로 물러서기도 했으며 "입으로 거울을 접촉"하는 등의 행동을 보이면서 거울에 비친 자신의 모습과 연구자를 번갈아가며 쳐다보았다. 게젤은 당시에 촬영된 사진들을 나에게 보여준 적이 있는데, 나는 그 사진들에서 공식적인 연구 결과에는 나오지 않은 것을 발견했다. 아이의 음경이 발기되어 있었던 것이다. 그러한 성적 행동은 결코 비정상적인 것이 아니었지만, 규범적인 행동을 포착하기 위해 촬영된 것들과는 아무 관련이 없었다. 그러한 행동은 이를테면 실험이라는 파티에 초대되지 않은 불청객이었다. 동물학자들이 인간의 성이라는 영역에 들어오기 전까지 우리는 성에 관한 실험을 하지 않았기 때문에 문화적인 이유로 그것은 부적절한 것으로 여겨졌다. 그러한 성적 행동이 실험 의도와 상관없이 돌발적으로 일어났다는 사실도 연구 대상으로는 부적절한 이유가 되었다. 어떤 상황에서 일어날 수도, 일어나지 않을 수도 있다면 그것은 "규범적"인 것이 아니다. 하지만 실제로 이런 일이 부적절한 순간―즉 그런 행동이 일어나서는 안 된다고 생각하는 누군가(어머니나 다른 보호자)가 옆에 있을 때―에 일어난다면, 어머니나 보호자는 당황한 목소리라든가 혼란스러운 행동 같은 반응을 보일 수도, 보이지 않을 수도 있다. 아이로서는 자기 자신과 성, 그리고 외부 세계와의 관계에서 매우 중요한 사건이 될 수도 있는 이런 일이 어떤 사람이나 시기의 요인으로 일어날 수도, 일어나지 않을 수도 있는 것이다. 그렇다면 정신분석학자로서는 아무런 도움도 되지 않는 규범적 행동의 도표를 재구성하는 하는 데 몇 달이 걸릴 수도 있다. 이런 행동은 풍부한 말단 신경이 주어져 있으며 주변 환경의 미세한 반응에 영향을 받을 수 있는 신체 부위와 관련이 있기 때문이다.

"성감"에 관여하는 기관들과 주변 인물들의 선택적 반응이 조율되는 가운데 신경의 반응성이 모두 한 지점에서 결정적으로 조우하는 시기가 있는데, 임상과 상식에 따라 우리가 도표화해야 하는 것은 바로 그러한 각각의 발달 단계가 이루는 대략적인 계열이다.


## 3. 신체 부위, 양태 그리고 양상

### A. 입과 감각

그러한 조우는 신생아가 어머니와의 공생(symbiosis)에서 떨어져 나와 젖을 물 때 최초로 일어난다. 아기가 입으로 젖을 빠는 것은 생득적인 동시에 어느 정도는 근육의 역할이 필요한 능력인데, 이 능력은 아기를 맞이해서 키워야 하는 산모와 산모의 유방 그리고 사회 사이에 조율된 능력과 의도에 맞아떨어진다. 이 시기의 신생아는 입으로 생존하고 사랑하며, 어머니는 젖가슴으로 생존하고 사랑한다. 어머니는 주변 사람들로부터 확인할 수 있는 사랑, 양육이라는 행위에 따라오는 자존감 그리고 아기의 반응에 의존하게 된다. 하지만 아기에게는 구강 영역이 최초이자 유일한 접근 양태가 되며 이것이 곧 **합일화**(incorporation)이다. 이제 아기는 자신의 수용적 기관에 직접 주어지는 모든 종류의 "물질"에 의존하게 된다. 적어도 몇 주 동안 아기는 자신의 영역에 물질이 주어지는 경우에만 반응을 한다. 그러다가 적절한 물체를 입으로 빨고 그 물체에서 나오는 적절한 액체를 삼킬 수 있게 되면서, 시각적 영역에 들어오는 것들을 눈으로 "받아들일" 수 있게 된다. (마치 어떤 물건을 움켜쥘 준비가 된 것처럼, 이 시기의 신생아는 적절한 자극이 주어지면 주먹을 오므렸다 펴는 동작을 하기도 한다.) 또한 이러한 촉각적 기능은 느낌이 좋은 것은 무엇이든 받아들이려 한다. 그런데 이러한 수용성(受容性)은 매우 취약하다. 이러한 최초의 경험이 단순히 생존을 가능하게 할 뿐만 아니라 호흡과 대사 그리고 순환계의 민감한 리듬과 조화를 이루도록 하기 위해서는 감각의 전달이 적절한 강도를 지녀야 하며 적절한 시기에 일어나야 한다. 그러지 않을 경우 아기의 수용성은 곧바로 방어적 반응으로 바뀌게 될 것이다. 이처럼 아기의 생존을 위해 반드시 **일어나야** 하는 일(필수적인 공급의 최소치)과, 아기가 죽거나 발육이 심각하게 저해되지 않도록 하기 위해 **일어나서는 안 되는** 일(용인이 가능한 좌절의 최대치)은 분명하다. 반면에 **일어나도 되는** 일의 여지는 점점 커지게 된다. 또한 아기에게 실행 가능한 것과 필수적이라 간주되는 것은 문화에 따라 큰 차이가 있다. 어떤 이들은 아기가 자신의 눈을 할퀴지 않도록 생후 1년 동안은 손을 완전히 싸매놓아야 한다고 생각하면서도 아기가 칭얼거릴 때마다 어르거나 젖을 주는 것은 당연하게 여긴다. 반면에 아기는 가능한 한 일찍부터 팔다리를 자유롭게 움직일 수 있어야 한다고 생각하면서도 말 그대로 아기가 새파랗게 질릴 때까지 수유를 기다리게 만드는 것을 "당연하게" 여기는 사람들도 있다. 이 모든 것이 문화의 보편적 목표와 체계에 따라 달라진다. 다음 장에서 다루겠지만, 문화적 조건화(cultural conditioning)에서 임의적인 것으로 보이는 차이들도 사실은 특정 문화의 고유한 지혜 또는 적어도 무의식적인 계획을 담고 있는 것 같다. 사실 동질적인 문화권은 아동기에 문화적인 요인으로 유발된 갈망과 공포 그리고 분노에 대해 후일 성인기에 이르러 균형을 잡을 수 있는 힘을 제공해준다. 따라서 "아이에게 좋은" 것과 아이에게 **일어나도 되는** 일은 그 아이가 후일 어디에서 어떤 사람으로 성장할 것이냐에 달려 있다.

합일화의 양태가 이 단계를 지배하는 것은 분명하지만, 우리는 구멍이 있는 모든 신체 부위가 기능을 하기 위해 다른 양태들을 보조적으로 요구한다는 사실을 알아둘 필요가 있다. 때문에 합일화의 첫 단계에서도 턱과 잇몸을 다무는 행동(제2 합일화 양태), 입에 고인 것을 뱉는 행동(배출 양태), 그리고 입술을 다무는 행동(보유 양태) 모두가 존재한다. 신체 활동이 활발한 아기의 경우 심지어 침범 양태(intrusive mode), 즉 머리와 목 전체를 움직여 입을 젖꼭지에 밀착시키려는 경향(구강 침범 양태)이 관찰되기도 한다. 이러한 보조적 양태들은 특히 일부 아이들에게서 특징적으로 관찰되는 반면 다른 아이들에게는 거의 나타나지 않는다. 그렇다면 내적 통제가 결여되거나 상실된 경우, 그리고 음식 또는 구강으로 느끼는 쾌락의 원천이 결여되거나 상실된 경우 그러한 양태들은 더욱 우세하게 성장할 수 있다.

하나의 신체 부위가 모든 양태들과 상호작용하는 방식이 다음의 도표(그림 1*)에 제시되어 있다. 각각의 커다란 원은 하나의 유기체 전체를 나타낸다. 그리고 그 속에 세 개의 신체 부위가 구분되어 있다. (a)는 "구강 감각 영역"으로 얼굴에 있는 구멍들과 영양 기관(nutritional organs)을 포함한다. (b)는 "항문 영역"으로 배설 기관을 포함한다. (c)는 생식기이다. (여기에서는 해부학적 연관성보다 신경학적 밀접성이 강조된다. 예컨대 요관(尿管)은 어떤 신경의 지배를 받느냐에 따라 항문 영역 또는 생식기 영역의 일부가 될 수 있다.)

---

* 도표에 대한 설명은 작은 글씨로 나타내 독자들이 원하는 경우 해당 장을 먼저 읽고 도표를 나중에 살펴보도록 했다.-E. H. E.

각각의 작은 원은 기관 양태를 나타낸다.

1 = 제1 합일화 양태

2 = 제2 합일화 양태

3 = 보유 양태

4 = 배출 양태

5 = 침범 양태

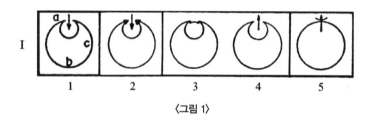

〈그림 1〉

최초의 구강 단계(I)에서, 제1 합일화 양태는 구강 영역을 지배한다. 하지만 우리는 이 단계를 주로 **구강 호흡기 감각 단계**(oral-respiratory-sensory stage)라고 부른다. 이는 최초의 합일화 양태가 피부 전체를 포함한 모든 영역의 행동을 지배하기 때문이다. 아울러 이들 감각 기관들과 피부는 매우 수용적인 상태에서 점점 더 적절한 자극을 갈망하게 된다. 합일화 양태가 구강 영역에서 신체 표면의 모든 감각 영역으로 초점을 옮겨가는 일반화 과정은 I-1에 있는 큰 원의 윤곽으로 표시되어 있다.

다른 원들(2, 3, 4, 5)은 보조적 양태들, 즉 제2 합일화 양태(=깨물기)와 구강 보유, 구강 배출 그리고 구강 침범 양태를 나타낸다. 이러한 양태들은 개인적 기질에 따라 중요성이 달라진다. 하지만 아기의 내적 통제 상실 또는 어머니의 기능적 문제 행동에 의해 아기와 어머니의 신체적 상호조절이 교란되지 않는 한, 이 보조적 양태들은 제1 합일화 양태에 종속되어 있다.

음식을 섭취하자마자 토해내는 유문(幽門)의 경련은 내적 통제 결여의 한 가지 예라고 할 수 있다. 이 경우 구강 배출 양태는 이 시기의 지배적인 양태인 합일화와 나란히 자리를 잡게 된다. 즉 이 두 가지 양태는 규칙적으로 함께 경험되며, 심한 경우 한 개인의 기본적인 성향을 완전히 결정지을 수도 있다. 입속에 들어온 것이 다시 빠져나가는 경험을 통해 아이는 구강으로 들어오는 것에 대해 일반화된 불신을 갖게 되고 이에 따라 입을 다무는 경향, 즉 보유 양태를 이른 시기에 과도하게 발달시킬 수 있다.

어머니라는 공급의 원천과 상호조절이 상실되는 것은, 아기가 젖꼭지를 깨문 적이 있거나 아기가 젖꼭지를 깨물지도 모른다는 두려움을 가진 어머니가 습관적으로 젖꼭지를 잡아 빼는 행동을 하는 것에서 그 예를 찾아볼 수 있다. 이 경우 아기는 이완된 상태에서 젖을 빠는 대신에 깨물기 반사(biting reflex)를 지나치게 일찍 발달시킬 수 있다. 우리의 임상 자료는 그러한 상황이 대인관계의 가장 근본적인 장애를 형성하는 요인들 가운데 하나라는 사실을 시사해준다. 얻고자 하는 원천이 멀어질 때 아기는 반사적으로 그것에 더 매달린다. 그런데 아기가 매달리면 매달릴수록 그 원천은 점점 더 뒤로 달아난다. 이제 임상에서 규범적 논의로 돌아가 보자.

인식, 조절 그리고 반응성의 반경이 확대됨에 따라 아이는 자신이 속한 문화의 교육적 원형과 대면하게 된다. 아울러 개인적, 문화적으로 중요한 방식들을 통해 인간으로서의 기본적 양상(modality)들을 익히게 된다. 대인관계의 형태를 규정하는 측면에서 그러한 양상은 "기본" 영어에 잘 표현되어 있다. 때문에 아주 다행스럽게도 우리는 이 지점에서 라틴어로 어휘를 새로 조합하는 대신에 간단한 영단어들을 자원으로 활용할 수 있다.

To get("to fetch"라는 의미가 아닐 때)은 주어진 것을 수동적으로 받아서 (receive) 적극적으로 받아들인다(accept)는 뜻이다. 이것은 생애 가운데 학습되는 최초의 사회적 양상이지만 실제의 의미보다 더 단순하게 취급되는 것 같다. 지극히 불안정한 상태의 신생아는 어머니라는 환경이 육아법을 완성해나가는 방식에 맞추어 자신의 기관들을 조절하며, 이 과정이 곧 위에 언급한 최초의 사회적 양상을 구성한다.

그렇다면 주어지는 것을 받아들이는 아기의 준비(readiness)와 관련하여 최적의 상황은, 어머니가 제공자로서 자신의 수단을 발달시키고 조절하는 동시에 아기로 하여금 수용자로서 적절한 수단을 발달시키고 조절하도록 도와주며 아기는 이 과정에서 어머니와 상호조절을 하는 경우가 될 것이다. 이 상호조절 과정에서 아기가 느끼는 성적 만족 (libidinal pleasure)은 "구강기"라는 용어만으로 설명하기에는 다소 불충분하지만 어쨌든 매우 중시되고 있다. 입과 젖꼭지는 온기와 상호의존이라는 독특한 속성의 중심이 되는데, 이는 단순히 해당 신체 부위뿐만 아니라 온몸으로 향유되며 어머니와 아기 모두를 편안한 상태로 이끌어준다. 이렇게 형성된 편안한 상호관계는 친밀한 타자(otherness)에 대한 최초의 경험이라는 점에서 매우 중요하다. (다소 신비적으로 들릴 수도 있겠지만) **주어지는 것을 받아들이고**, 자신이 원하는 것을 **다른 사람이 해주도록 만드는** 법을 배우면서, 아기는 **주는 사람이 되기** 위해 필요한 자아의 토대를 형성한다. 이 과정이 실패하면 상호관계가 아닌 구속과 충동에 의해 다양한 통제를 시도하는 상황이 펼쳐지게 된다. 아기는 젖을 빠는 행동만으로는 자신이 원하는 것을 얻을 수 없기 때문에 다른 임의적인 행동으로 그것을 얻으려고 발버둥 칠 것이며, 이 과정에서 스스로를 소진시키거나 엄지손가락을 대체물로 발견하게 될 것이다. 어머니는 어머니대로 젖꼭지를 아기의 입에 억지로 밀어 넣거나 수유(授乳)의 시간과 양을 바꿔보는 등의 시도를 하겠지만 수유라는 절차에서 편안함은커녕 고통만 느낄 수도 있다.

물론 그러한 상황을 다소 완화시키기 위한 방법들도 있다. 아기에게 인공 젖꼭지를 물려서 상호관계를 유지하거나, 구강 기관에서 얻지 못하는 만족감을 보충하기 위해 안아주고 웃어주며 말을 걸고 가볍게 흔들어주는 등의 행동을 하는 것이 그 예이다. 우리는 이러한 보완적 방법들을 꾸준히 찾아야 한다. 하지만 우리가 치료를 위해 사용하는 에너지의 일부만이라도 예방에 쏟는다면 치료는 더욱 간단해질지도 모른다.


이제 두 번째 단계로 넘어가보자. 보다 능동적이고 의도된 접근을 할 수 있는 능력과, 그로부터 비롯되는 만족감이 이 단계에서 발달한다. 치아가 발달하면서 딱딱한 것을 깨물어 조각을 내는 쾌감도 이 단계에서 발달하게 된다. 그림에서 보는 것처럼 깨물기 양태는 (제1 합일화 양태와 마찬가지로) 다른 다양한 활동들을 포함하고 있다. 시야에 들어오는 사물들을 수동적으로 처음 받아들이는 눈은 이제 초점을 맞추고 사물을 배경으로부터 분리해서 "파악"하며 그것을 따라가는 법을 익히게 된다. 마찬가지로 청각 기관은 중요한 소리를 식별하고 그 위치를 지각할 수 있으며 (아기는 머리를 돌리고 상체를 일으켜서) 소리가 나는 곳을 향해 몸의 자세를 적절하게 바꿀 수 있다. 또한 팔을 뻗쳐서 잡고자 의도한 물건을 손으로 잡는 동작도 능숙해진다.

이 과정에서 확립되는 대인관계의 많은 양상은 사물을 잡고 보유하는 사회적 양상을 중심으로 하고 있다. 아기의 눈에 비친 사물은 자유롭게 주어졌다가 쉽게 사라지는 것들이다. 몸을 뒤집고 자세를 바꾸며 점차 앉는 법을 익히면서 아기는 손이 닿는 범위 내에 있는 사물들을 잡고 탐색하며 이용하게 된다.

이제 우리의 도표(그림 2[*])에 단계 II를 추가해보자.

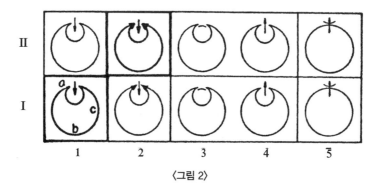

〈그림 2〉

단계 II에서는 제2 양태(깨물기에 의한 합일화)가 구강 영역을 지배한다. 단계 I에서 II(그리고 이후의 단계)로의 발달은 위쪽과 대각선 오른쪽 방향으로 진행된다. 여기에서 진행이라 함은 두 번째 기관 양태(II-2)에 힘을 부여하기 위해 유아의 리비도가 이동한다는 뜻인데, 이는 새로운 사회적 양상인 **획득**(taking)의 완성으로 이어진다. 이때 새로운 단계는 새로운 신체 부위와 기관의 등장을 의미하는 것이 아니라, 그 두 가지를 보다 확실히 경험하며 더 잘 조절하

---

\* 이 책의 초판에서는 도표를 단계별로 아래의 방향으로 향하도록 배치했는데, 많은 이들이 성장의 단계는 나무처럼 위로 향하게 하는 것이 좋겠다는 제안을 해주었다.-E. H. E.

게 된다는 뜻과 함께 그와 관련된 사회적 의미를 최종적으로 배우게 된다는 뜻을 가지고 있다.

그런데 만일 이러한 진행이 지체되거나 가속화 또는 정지된다면 어떻게 될까? 그러한 진로 이탈(deviation)은 도표에서 수평 또는 수직 방향의 이동으로 나타나게 된다. 수평 방향으로의 이탈(I-1에서 I-2로의)은 다음 단계의 양태로 너무 일찍 진행하는 것인데, 이때 아기의 입은 이완된 상태로 젖을 빠는 대신에 꼭 다물어진 상태가 된다. 수직 방향으로의 이탈(I-1에서 II-1로의)은 이미 욕구가 충족된 양태에 계속 매달리는 것을 의미한다. 수평 방향의 이탈은 특정한 **신체 부위**(zone)에 대한 집착으로 이어지는데, 다양한 형태의 **구강기적** 만족감에 매달리는 행동이 그 예라고 할 수 있다. 수직 방향의 집착은 **양태**(mode)에 고착되는 것인데, 아이가 여러 신체 부위에서 제1 양태를 과도하게 발달시키는 것을 예로 들 수 있겠다. 이 경우 그 아이는 항상 입 또는 다른 신체의 구멍들과 수용기관들을 통해 대상을 **받아들이기**(to get)를 원한다. 이런 종류의 고착은 나중에 다른 신체 부위로 전이된다.

하지만 이 단계에서 아기는 아무리 환경이 우호적이라도 정신적인 충격을 피할 길이 없다. 아기는 너무 어리고 어려움들은 도처에 있기 때문이다. 아기가 맞닥뜨리는 어려움들 중에는 사물을 능동적으로 잡는 행동과 충동의 발달, 이가 나는 경험, 가까워지는 이유기(離乳期), 그리고 다시 출근을 하거나 동생을 임신한 어머니와의 분리 경험 등이 있다.

부당하게 유발되거나 지나치게 길어진 분노와 탈진 상태로 인해 자기 자신과 타인에 대한 기본적 신뢰가 흔들리지 않는 이상, "선"과 "악"이 아기의 세계에 등장하는 것도 이 시기이다. 한때 만족감의 주요한 근원이었던 바로 그 자리에서 치아가 "안에서부터 나올" 때 아기가 무엇을 느끼는지 우리는 알 수가 없다. 또한 그때의 불안과 고통이 오직 더 세게 깨무는 행동을 통해서만 완화될 수 있다는 사실에서 어떤 종류의 피학적 딜레마가 생기는지도 우리는 알 방법이 없다. 그런 가운데 여기에 사회적 딜레마까지 추가된다. 깨물기 단계가 되어도 수유가 지속되는 상황에서 (이것은 거의 모든 문화권에서 마찬가지이다) 아기는 어머니가 고통이나 분노로 젖꼭지를 빼지 않도록 하기 위해 깨물지 않고도 젖을 빠는 법을 터득해야 한다. 우리의 임상 연구는 한 개인의 생애에서 악의 분화가 이 시기에 기원한다는 사실을 보여준다. 아픈 이에 대한 분노, 젖을 빼는 어머니에 대한 분노, 그리고 자신의 무력함에 대한 분노가 모두 가학적이고 피학적인 혼란의 경험으로 이어지는데, 이것은 후일 무언가가 어머니와의 일치 상태를 파괴했다는 흐릿한 인상을 남기게 된다. 한 개인이 자기 자신과 세계와의 관계에서 처음으로 경험하는 이 재앙은 어쩌면 낙원에 대한 성경의 서사를 개체 발생적으로 옮긴 것일 수도 있다. 최초의 인간들은 금단의 열매를 베어 물면서 하느님을 분노하게 만들었고, 그 때문에 낙원의 열매를 마음껏 먹을 수 있는 권리를 영원히 박탈당했다. 우리는 이 이야기의 보편성과 심오함으로부터, 초기의 관계가 깊고 만족스러워야 하며 아기가 인간 본성의 불가피한 "악"에 천천히, 그러나 주변의 세심한 배려 속에서 노출되도록 해야 한다는 사실을 이해해야만 한다.

우리는 최초의 구강기 단계와 관련하여 아기가 사물을 받아들이는 방식과 어머니가 (문화가) 그것을 제공하는 방식 사이의 상호조절에 대해 이야기했다. 그러나 보완적 행동에 의한 상호조절로는 막을 수 없는, 불가피하게 분노가 발달하는 특징적 시기들이 있다. 젖니가 날 때의 분노, 근육과 항문의 무능에서 비롯되는 짜증, 어머니와의 분리 등의 상황에서 자극의 강도는 번번이 아이를 패배하게 만든다. 어떤 부모와 문화는 그들의 외부적 요구를 강화(reinforcement)시키기 위해 아이가 내면의 작은 악마와 맞닥뜨리는 상황을 오히려 이용하고 촉진하기까지 한다. 하지만 부모와 문화는 아이가 한 단계에서 다음 단계로 넘어가는 과정에서 초기의 상호관계가 가능한 한 적게 상실되도록 주의를 기울여만 한다. 그러므로 문화적 상황이 동질적이고 다른 여성이 어머니에 가까운 느낌과 신뢰감을 대체할 수 있는 경우가 아니라면, 젖을 떼는 행위가 아기에게 어머니의 젖가슴과 존재를 갑자기 상실하는 것을 의미하게 해서는 안 된다. 어머니를 대신할 수 있는 적절한 존재가 없는 상태에서 익숙한 어머니의 사랑을 갑자기 잃어버리는 경험은 아기에게 (다른 악조건들 하에서) 급성 유아 우울증이나, 심하지는 않지만 평생 따라다닐 수도 있는 우울한 감정 상태를 유발할 수도 있다.* 하지만 가장 우호적인 환경에서도 이 단계는 악과 파멸에 대한 원초적인 의식과, 잃어버린 낙원에 대한 보편적인 향수의 찌꺼기를 남기게 된다.

이처럼 구강기의 단계들은 유아기에 **기본적 신뢰**와 **기본적 불신**의 토대를 형성하며, 이것은 평생 내면적으로 희망과 파멸의 원천으로 남게 된다. 이 문제는 성격 발달 과정에 나타나는 최초의 핵심적 갈등 요인으로 뒤에서 다시 논의할 것이다.

---

* Rene Spitz는 이런 상태를 "의존성 우울증"이라고 불렀다. 그가 기고한 다음의 논문을 참조할 것. *The Psychoanalytic Study of the Child*, Vol. I~IV, International Universities Press, New York, 1945~49.

## B. 배출 기관과 근육 조직

프로이트는 생애 초기의 자기보존(self-preservation)과 관련하여 마실 수 있는 것을 빨고 먹을 수 있는 것을 깨무는 행위로 나타나는 생존 본능이 리비도와 관련이 있다고 생각했다. 하지만 이것은 단순히 음식의 섭취가 리비도의 요구에 의한 것이라는 의미는 아니다. 레비(Levy)는 강아지와 병아리를 대상으로 한 그의 실험에서 어린 동물들에게 단순한 음식 섭취 이상의, 빨기(sucking)와 쪼기(pecking)에 대한 별개의 욕구가 있음을 보여주었다. 이에 상대적으로 본능의 영향을 덜 받고 훈련의 영향을 더 많이 받는 인간의 경우, 생득적인 욕구와 환경에 의해 유발된 욕구 모두 문화적 가변성을 더 많이 가지고 있지 않을까 추측된다. 우리는 여기에서 일정한 최소치 이하로 내려가서는 안 되며 완전한 발달을 이루기 위해 주변 환경의 일정한 절차가 요구되는 **잠재적** 양식들에 관해 논의할 것이다. 다만 구강기의 성욕과, "받아들이기"와 "획득"이라는 사회적 양상의 발달이 먹고 마시고 호흡하고 성장하려는 욕구에 토대를 두고 있음은 분명하다.

자기보존과 관련하여 항문기의 성욕은 어떤 기능을 수행할까? 무엇보다도 대장과 방광을 가능한 한 완전히 비우는 절차는 "해냈다!"라는 느낌에 의해 즐거운 일이 된다. 이 느낌은 대소변 가리는 법을 배우는 과정에서 유발되는 불쾌감과 불안을 보상해준다. 항문기의 이러한 경험에 두 가지가 추가되는데, 하나는 외관상 배출된 변의 형태가 이전보다 나아진다는 것이고 다른 하나는 근육 체계가 발달한다는 것이다. 근육 체계의 발달은 고집스럽게 변을 뱃속에 담고 있는 차원에 그것을 떨어뜨리고 버리는 자발적인 배출의 차원을 더해준다. 이는 자신의 의지대로 보유와 배출을 번갈아가며 할 수 있는 능력이 생겼음을 의미한다. 심리적 특질로서의 항문성감(anality)의 형성은 문화적 환경이 그것과 충돌을 일으키느냐에 따라 달라진다. (앞으로 보게 되겠지만) 부모가 아이의 배변 행동에 무관심해서 큰 아이들이 막 걸음마를 시작한 아이를 덤불로 데리고 가도록 내버려두는 문화권도 있다. 이러한 문화에서 배변에 대한 아이의 행동방식은 나이가 많은 아이들을 모방하려는 심리를 따르게 된다. 하지만 서구 문화권에서는 이 문제가 보다 심각하게 다루어져서, 중산층의 관습과 기계화된(mechanized) 신체에 대한 이상적인 관념의 확산에 따라 이 문제에 대한 압력이 가중된다. 이른 시기에 엄격한 배변 훈련을 시키는 것은 주거 환경을 더 낮게 만들 뿐만 아니라 질서정연함과 시간관념을 가르치는 데 절대적으로 필요한 것으로 간주되는데, 이러한 가정(假定)이 맞는지는 뒤에서 다루도록 하겠다. 하지만 오늘날 신경증 환자들 가운데 자기 자신이나 사회에 유익한 정도 이상으로 기계적인 질서정연함과 시간관념 그리고 검소함에 강박을 가지고 있고 단순히 배변의 문제를 떠나 애착 관계에서도 이러한 경향을 보이는 이들이 있음은 분명한 사실이다. 대소변을 가리게 하는 훈련은 계층에 관계없이 우리 사회에서 아이의 양육과 관련하여 가장 까다로운 문제가 되었다.

그렇다면 항문기의 문제를 이처럼 어렵게 만드는 것은 무엇인가?

항문 영역은 다른 어떤 신체 부위보다도 상호 모순되는 충동에 고집스럽게 매달린다. 우선 이 영역은 **보유와 배출**이라는 두 가지 양태의 충돌이 일어나는 곳이다. 나아가 괄약근은 근육 체계 중에서 경직과 이완, 그리고 수축과 확대라는 이중적 특징을 가지고 있는 유일한 부분이다. 근육 체계의 발달은 아이에게 환경에 대한 더 큰 통제력, 즉 손을 뻗어서 사물을 잡고, 던지거나 밀쳐내며, 획득하거나 일정한 거리에 갖다 두는 능력을 부여한다. 독일인들이 고집의 단계라고 부르는 이 단계 전체는 자율성을 확보하기 위한 전투가 된다. 일어서서 걸을 준비가 된 유아는 자신의 세계를 "나"와 "너", 그리고 "나에게"와 "나의 것"으로 분명히 표현하게 된다. 모든 어머니들은 이 시기의 유아가 어떤 일을 하기를 **원할** 때 얼마나 유연해질 수 있는지 잘 알고 있다. 하지만 아이로 하여금 그것을 하게 만들 적당한 방법을 찾기란 쉽지 않다. 모든 어머니들은 이 시기의 유아가 사람들에게 얼마나 사랑스럽게 달라붙는지, 그리고는 갑자기 그 어른을 얼마나 쌀쌀맞게 밀쳐낼 수 있는지 잘 안다. 이 시기의 아이는 온갖 물건들을 모았다가도 금세 내팽개치고, 집착을 보이던 소유물을 쉽게 창밖으로 내던지기도 한다. 겉으로는 상호 모순된 경향으로 보이지만, 우리는 이러한 경향들을 모두 보유-배출 양태에 포함시킨다.

이 시기에 발달되는 사회적 양상들과 관련하여 **내보내기**(letting go)와 **움켜쥐기**(holding on)라는 단순한 대립 구조가 강조되는데, 개인의 성격 발달과 집단적 태도의 발달 모두에 그 비율과 연속성은 매우 중요하다.

이제 상호조절이라는 문제를 꼼꼼히 살펴보자. 너무 엄격하거나 이른 훈련에 의한 외부적 통제가, 배변이나 다른 양면적 기능을 통제하려는 아이 스스로의 선택과 의지를 박탈하면 아이는 또 다시 이중적 혼란과 좌절을 경험하게 된다. 자신의 신체에 대한 무력감을 느끼고 (자신의 대변이 마치 몸속에 사는 괴물이라도 되는 것처럼 두려워하며) 외부에 대해서도 무력감을 느끼면서, 아이는 퇴행이나 거짓된 진행을 통해 만족감과 통제력을 찾게 된다. 다시 말해서, 아이는 앞선 시기의 구강기적 통제로 돌아가 엄지손가락을 빨거나 심하게 떼를 부릴 수도 있고, 자신의 대변을 무기 삼아 공격적으로 변할 수도 있으며, 실제로는 획득하지 못한 자율성을 가지고 있는 것처럼 무엇이든 혼자 하려고 행동할 수도 있다. (우리의 두 "표본"에서 이러한 지점으로의 퇴행을 살펴본 바 있다.)

앞서 살펴본 도표에 항문 요도 근육(anal-urethral-muscular) 단계를 추가하면 그림 3이 완성된다.

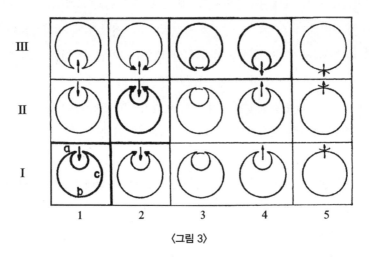

〈그림 3〉

대각선은 이제 단계 Ⅲ에 있는 항문–요도 영역(원의 아래쪽)에서의 보유(3)와 배출(4) 양태를 형성하는 것으로 확장된다. 원의 윤곽은 발달하고 있는 근육 체계와 관련된 양태를 가리킨다. 근육 체계는 보다 복잡하고 다양한 목적을 위해 사용되기 전에 내보내기와 움켜잡기 같은 이원적 기능에 대한 통제력을 먼저 획득해야만 한다. 그러한 통제가 항문–요도 영역의 발달 장애로 교란되면 보유와 배출 둘 다, 또는 둘 중의 하나가 지속적으로 중시되고 이것은 해당 신체 부위 자체(과민성 대장 증후군)와 근육 체계(전반적인 무력 또는 경직), 강박적 상상(신체 내의 적대적 물질에 대한 편집증적 공포) 그리고 사회적 맥락(강박적인 조직화로 환경을 통제하려는 시도)에서 다양한 장애로 이어진다.

도표는 아직 미완성 상태이지만 임상적으로 활용하는 것은 가능하다. 우리는 항문기의 보유 양태(anal-retentive)에 있는 어린 환자가 유아였을 때 이미 음식을 넣고는 입을 다물어버린 시기가 있었음을 주목한 바 있다. 물론 그다지 심각하지 않게 일시적으로 지나간 그러한 "비정상적인(deviant)" 발달도 도표의 II-3에 들어갈 수 있다. 이 아이는 어머니에 대한 집착(II-2)을 포기하고 보유 양태로 상황을 통제하려고 했는데, 이러한 고착으로 인해 아이는 "내보내는" 방법을 배워야 할 단계 III에서 큰 어려움을 겪게 되었다. 하지만 진정한 위기는 아이가 다음 단계로의 진행을 거부하고, 퇴행과 필사적인 집착을 보였을 때 일어났다.

도표에는 아이들의 다른 도피로가 나와 있다. 아이의 항문에 꽉 막힌 것을 빼내주어야 하는 소아과 의사들은 III-2와 III-1(항문−요도 영역의 합일화) 양태에 대해 매우 잘 알고 있다. 같은 문제가 요도에 생길 경우 빨대와 작은 막대가 요도 안으로 삽입된다. 하지만 이러한 사례들은 드문 편이고, 보다 흔한 경우는 미래의 도착적 행동을 예고하는 아이의 상상이다. 이러한 양태들에 대한 항문기적 고착은 특히 항문 합일화를 통해 사랑과 통제력을 얻으려는 동성애적 태도로 연결되기 쉽다. 여아들의 경우는 다르다. 여아의 "움켜쥐기"는 입에 고착되거나 항문으로 향할 필요가 없기 때문에 보통은 성기로 이동해서 성기에 의한 성행동으로 나타나게 된다. 우리는 발달 단계에서 성기에 대한 관심이 생기는 시기에 대해 논의할 때 이 문제를 다시 다룰 것이다.

또 다른 "옆길로의" 도피에는 III-5 양태에 대한 과도한 집중이 있다. 대변을 사람들을 향해 쏘는 총알처럼 사용하는 것이 그 예인데, 이는 변을 아무 곳에서나 보거나 그것을 쌓아두는 형태를 취할 수 있다. 이런 행동을 하려는 충동은 대변에 관한 단어로 욕을 하는 형태로 성인기에까지 이어질 수 있다. 이것은 그들에게 어떤 상대방을 공격하거나 상대방의 공격을 피할 수 있는 손쉬운 방법이 된다.

그렇다면 이러한 근육과 항문의 단계에 깊이 뿌리내리고 있는 특질은 무엇일까? 내적으로 좋다는 느낌에서 자율성과 자존감이 나오고, 내적으로 나쁘다는 느낌으로부터 의심과 수치심이 나온다. 자율성을 발달시키기 위해서는 초기의 신뢰감이 확고하고 지속적으로 유지되어야 한다. 유아는 자신과 외부 세계에 대한 기본적 신뢰감(구강기의 부조화 상태를 이겨내며 지켜낸 보물)이, 보유나 배출을 떠밀리듯 선택해야 하는 상황에서 위협받지 않을 것임을 분명히 느낄 수 있어야 한다. 미숙한 판단력과, 보유와 배출을 뜻대로 할 수 있는 능력이 아직 갖추어지지 않은 아이를 잠재적인 혼란으로부터 지키기 위해서는 확고한 신뢰감이 주어져야 한다. 우리가 수치심이나 불신 또는 의심이라고 부르는 것들에 아이 스스로가 너무 일찍 노출되었다는 느낌을 갖지 않도록, 아이의 환경은 "혼자 힘으로 일어서고자 하는" 아이의 바람을 든든하게 지지해주어야만 한다.

이처럼 **자율성** 대 **수치심**과 **의심**은 두 번째 핵심적인 갈등인데, 이 갈등을 해결하는 것은 자아의 기본적 과제 중 하나이다.

## C. 보행 이동성과 생식기

지금까지는 연령에 대해 언급하지 않았지만, 이제 아주 자유롭고 활기차게 걸을 수 있는 만 3세 후반으로 가보자. 흔히 이 시기에 훨씬 앞서서 아이가 "걸을 수 있다"고 하지만, 짧은 시간 동안 천천히 걸음을 옮기는 정도에 불과하다면 그것은 엄밀한 의미에서 걷는 것이 아니다. 스스로 걷는 동작을 **하고 있다**는 것을 의식하지 않고, 걸으면서 **다른 동작을 할** 수 있을 때 비로소 아이는 중력을 내재화하며 자유롭게 걷고 뛸 수 있다. 두 다리가 보행을 위한 부속 기관이 아니라 완전한 몸의 일부로 통합되는 것이다.

정리해 보자면, 첫 번째 기착지에서 아이는 자유롭게 기어 다닌다. 음식과 편안함을 제공해주는 사물들이 호흡과 소화, 수면 등의 기본적인 기능들과 지속적이며 밀접한 관계가 있다는 사실을 경험에 의해 신뢰하게 되면서 아이는 스스로 앉고 일어서고자 하는 자극을 받는다. 두 번째 기착지에서는 (2세 후반에) 안정적으로 앉아 있는 것은 물론이고 말 그대로 지치지 않고 근육을 사용하여 보다 정교하고 능동적인 방식으로 사물을 판별하고 선택하며, 버리거나 쌓는 동작과 함께 물건을 집어 던질 수도 있게 된다.

세 번째 기착지에서 아이는 독립적이고 활기차게 움직이게 된다. 이제 아이는 자신의 성 역할을 보일 준비가 되어 있으며 자신의 역할을 효율성의 측면에서 이해하거나, 적어도 어떤 역할이 모방할 가치가 있는지 파악하기 시작한다. 보다 구체적으로는 또래 친구들과 어울리는 한편 나이가 더 많은 아이들이나 특정한 여성 보호자의 도움을 받아 보육 시설이나 놀이터에서 점진적인 관계 맺기를 시작한다. 이 시기의 학습은 침범하는(intrusive) 형태를 띠면서 점차 새로운 사실과 활동을 향해 나아가게 되며, 아이는 조금씩 성의 차이를 의식하게 된다. 그리고 성의 차이에 대한 이러한 의식이 유아기의 성기에 대한 관심과, 침범과 수용 양태의 정교화를 위한 토대가 된다.

물론 유아의 성기에 대한 관심은 단순히 먼 미래의 징후만 보여주며 미발달 상태로 남기 마련이다. 예외적인 좌절 상황이나 특별한 관습(집단적인 성적 놀이 같은)에 의해 너무 이른 시기에 촉발되지만 않는다면, 유아기의 성기에 대한 관심은 일련의 흥미로운 경험으로 끝나고 이후에는 별 다른 의미 없이 막연한 두려움 속에 억압된 기간을 보내게 된다. 이를 프로이트는 "잠복기"라고 불렀는데, 그것은 신체의 성적 성숙이 장기간 유예되는 시기라는 의미였다.

　이 단계를 거치는 남아의 성적 지향은 남근기적(phallic)이다. 이 시기에 앞서 아이는 발기를 경험하는데 (반사적으로든 아니면 특정한 사물이나 사람에 대한 성적 반응으로) 이제 관심의 초점은 양성 모두의 성기를 향하게 되고 성적 행동에 대한 막연한 충동도 일어나게 된다. 문명화되지 않은 사회에서는 서너 살 된 아이들이 성적 행동을 벌이는 모습이 관찰되는데, 웃어넘기는 주변 사람들의 반응으로 판단컨대 그러한 행동은 대체로 장난스러운 모방 행위라 할 수 있다. 그처럼 공개적이고 장난스러운 행동은 잠재적인 위험성이 내포된 발달 과정에서, 특히 부모를 향한 아동기의 성적 충동을 언급하는 것이 금기시되는 상황에서 억압을 완화시키는 데 도움이 될지도 모른다. 운동 능력의 발달과 어느 정도의 발육에 의한 자신감 그리고 자신이 아버지나 어머니와 **거의** 비슷해졌다는 생각이 성기 영역의 명백한 열등함에 의해, 그리고 무엇보다도 성적 관계에 기초한 아버지의 어머니에 대한 지위, 어머니의 아버지에 대한 지위를 자신이 차지할 수 없다는 사실에 의해 심각하게 위축되는 것이 이 시기이기 때문이다. 이러한 통찰의 결과를 프로이트는 오이디푸스 콤플렉스라고 불렀다.

　아동기의 맥락에서 다루어져야 할 것과 오이디푸스 왕의 이야기에서 끌어온 것을 겹쳐 놓으면서 이 용어가 문제를 복잡하게 만든 측면은 있다. 오이디푸스 왕의 이름이 둘 사이에 유사성을 만든 것이다. 운명의 장난으로 아버지를 죽이고 어머니와 결혼하게 된 오이디푸스는 신화의 주인공이 되었는데, 아버지의 자리를 차지해서 어머니를 소유하는 것은 보편적인 소망인 동시에 보편적인 금기이기 때문에 무대에서는 강렬한 연민과 공포를 자아내게 된다.

정신분석이 임상적 관찰을 통해 도달한 결론은, 어린 사내아이들이 성기기의 애착을 최초로 갖는 대상은 바로 그들에게 다른 방식으로 신체적 안락감을 주고 있는 어머니이며, 그런 어머니를 성적으로 소유한 사람에 대해 최초의 성적 경쟁의식을 갖게 된다는 것이다. 하지만 디드로(Diderot)가 말한 것처럼, 만일 사내아이가 성인의 힘을 가지고 있다면 아버지를 죽이고 어머니를 강간할 것이라고 결론을 내리는 것은 단순한 직관일 뿐 아무런 의미가 없다. 아이가 그런 힘을 가지고 있다면 이미 아이가 아닐뿐더러 그때는 부모의 곁에 머물지 않고 다른 성적 대상을 찾을 것이기 때문이다. 요컨대 이 시기의 아이는 자신의 보호자나 유아기의 이상적인 인물에 대해 성적인 관심을 가지고 있으며, 그로부터 비롯되는 혼란을 동시에 겪게 된다.

이 단계의 행동 대부분을 지배하는 **침범**(intrusive) 양태는 그와 "유사한" 활동과 상상을 다양하게 보여준다. 물리적 공격으로 다른 사람을 신체적으로 침범하거나 공격적인 언어로 다른 사람의 귀와 마음을 침범하는 것, 활발한 신체 운동으로 다른 공간을 침범하고 호기심으로 낯선 사람의 영역을 침범하는 것이 모두 그러한 예에 속한다. 일반적으로 이 연령대의 아이들에게 성인의 성행위는 상호 공격적인 위험한 행동으로 여겨진다. 집단적인 성적 놀이가 있는 문화권에서조차 아이는 성인의 성행위를 남성의 침범과 여성의 수동적 결합으로 해석하는 것 같다. 이는 특히 성인의 성생활이 어둠에 둘러싸여 있고, 성행위에 수반되는 소리는 고통의 표현으로 해석되며, 생리혈이 몰래 관찰되고, 부모 사이에 성적 불만족에 의한 냉랭한 분위기가 감지되는 곳에서 더욱 그러하다.

여아들은 이 시기에 남아들과 마찬가지로 운동 능력이 향상되고 정신적 사회적 침범이 늘어나지만 자신들에게 한 가지가 결여되어 있다는 사실을 깨닫는다. 바로 남근이다. 남아들이 가시적이고 발기 가능한 기관을 성인이 되는 꿈에 투영할 수 있는 반면, 여아들의 음핵은 어른들과 성적으로 대등해지려는 꿈을 뒷받침해줄 수 없다. 마찬가지로 손으로 확인할 수 있는 미래의 표징인 유방도 발달하지 않았기 때문에 모성적 본능은 공상이나 아기 인형을 가지고 노는 것으로 격하된다. 물론 여성의 역할과 기여 그리고 그에 대한 보상이 경제생활의 필요와 정책적 판단에 의해 인정되는 곳에서는 이 모든 것들이 쉽게 통합되고 여성들의 유대감도 동시에 확보된다. 그러나 그렇지 못한 경우 여아는 여성적 수용과 모성적 포용이라는 기본적 양태와 함께, 까다롭고 새침스러운 태도 또는 지나치게 의존적인 유아적 태도를 발달시키기 쉽다.

이제 도표가 거의 완성되고 있다.(그림 4와 5)

우리는 그림 4(남아)와 그림 5(여아)에 보행 이동성과 유아 성기기의 발달을 보여주는 단계 IV를 추가했다. 이 단계의 침범 양태(5)는 활발한 보행 이동성과 공격성 그리고 성적인 상상과 활동을 보여준다. 양성 모두 이 시기에 보행 이동성과 침범 형태가 발달하는데, 다만 여아의 경우 이전의 경험과 기질 그리고 문화적 특성에 따라 까다로운 태도와 모성적 포용성의 발달 정도가

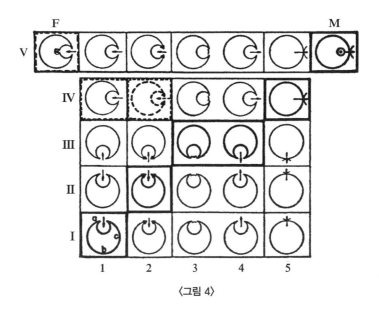

〈그림 4〉

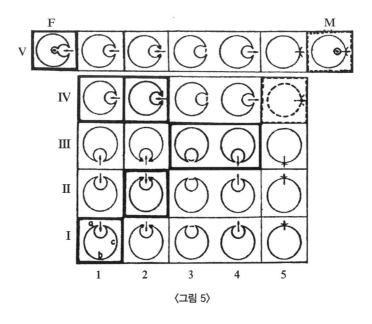

〈그림 5〉

조금씩 달라진다.

그림 5는 단계 IV에서 여아의 심리성적 발달이 구강을 중심으로 발달된 합일화 양태로 일부 역행했음을 보여준다. 나는 이것이 도표의 작성 방식에서 우연히 얻어진 결과가 아니라고 생각한다. 남아들이 잠재적으로 보다 활력 있는 신체 활동을 준비하는 이 시기에 여아들은 보다 풍부한 감각 능력과, 잠재적인 모성의 지각 능력 그리고 수용적 특징을 발달시킨다. 또한 여아에게 침범 양태와 강력한 신체적 운동 능력(IV-5)을 요구하는 문화권이 아닌 곳에서는, 여아는 보다 의존적이며 까다로운 성향을 갖게 되기 쉽다. 성기기적 양태들(수용, 포용)이 구강기적 양태(합일화)로 접근하는 이 시기의 특징으로 말미암아 오랜 세월 여성이 착취의 대상이 되어온 문제에 대해서는 뒤에서 다시 논의하겠다.

유아의 성기기는 "이득을 추구하는 시기"라는 의미에서의 "이득"의 항목들을 양성 모두의 기본적인 사회적 양상의 목록에 추가한다. 앞에서 열거한 사회적 양상들을 한 마디로 옮기기에 이보다 더 간단하고 확실한 단어는 없다. 이 단어에는 정면 공격, 유희로서의 경쟁, 목표에 대한 집착, 정복의 기쁨이 함축되어 있다. 남아에게는 남근기적 침범 양태에 의한 "이득"이 여전히 중요하지만, 여아의 경우 그것은 곧 새침스러움과 가벼운 형태의 "유혹(snaring)", 즉 자신을 매력적이고 사랑스럽게 보이도록 하는 것으로 변해간다. 이렇게 해서 아이들은 목표의 선정과 그 목표에 다가가기 위한 인내, 즉 **주도성**(initiative)의 전제 조건들을 발달시키게 된다.

하지만 주도성을 얻기 위한 전반적인 준비는 성의 중핵적인 부분을 지연시키고 대체해야 할 필요 때문에 난관에 부딪히게 된다. 아이의 성은 생물학적으로 불완전한데다 근친상간의 금기로 인해 문화적으로도 저항을 받기 때문이다. (남아의 경우 어머니와 결혼을 해서 어머니로 하여금 자신을 자랑스럽게 여기도록 만들겠다는 다짐으로, 여아의 경우 아버지와 결혼을 하면 자신이 아버지를 더 잘 돌볼 수 있다는 자신감으로 표출되는) 오이디푸스적인 소망은 살인이나 강간에 가까운 어렴풋한 상상으로 이어진다. 그리고 그 결과로 깊은 죄책감을 얻게 된다. 실제로 저지르지도 않았고 생물학적으로도 불가능한 범죄에 대한 죄책감이라는 점에서 이것은 매우 이상한 감정이다. 하지만 이 비밀스러운 죄책감은 아이로 하여금 주도성과 호기심을, 바람직한 이상과 현실적인 목표 그리고 온갖 지식과 사실로 가득한 세상으로 향하도록 도와주기도 한다.

그런데 이것은 제3의 핵심적 갈등에 대한 해결책이 마련된다는 것을 전제로 한다. 우리는 이 문제를 자아, 즉 주도성과 죄책감의 충돌을 다루는 장에서 논의할 것이다.

이제 유아 성기기에 관한 우리의 이론, 즉 성기기 초기로 이어지는 전(前)성기기에 관한 이론을 정리하고자 한다. 여기에서 우리의 도표에 하나의 발달 단계를 추가할 필요가 있는데, 그것은 초기 생식(generative) 양태이다. 이 양태에서는 성기의 생식 기능이 희미하게나마 예고된다. 우리는 이 장(章)의 마지막 부분인 4절에서 임상의들이 (개념화하지는 못하더라도) 실제로 알고 있으며 적용하는 것, 즉 남아와 여아가 신체 기관 및 능력 그리고 역할에서뿐만 아니라 경험의 특성에 의해서도 차이를 보인다는 사실에 대해 증거를 제시할 것이다. 그것은 스스로 소유하고 느끼며 예견하는 모든 것에 대한 자아의 결과물이다. 비록 문화적 역할에 따른 차이는 있지만, 서로 대조적인 측면만 강조하여 성을 특징짓는 것은 충분하지 않다. 오히려 각각의 성은 상대의 성에 대해 갖는 고유한 특성, 즉 노동과 문화적 양식의 배분이 어떻게 이루어지느냐와 상관없이 장래에 임신을 시키는 사람과 임신을 하는 사람으로서의 특성에 의해 특징지어져야 한다. 임신과 출산 과정에서 침범과 수용이라는 두 양태의 양극성은 다음과 같다.

아직은 미발달 상태이지만 (그림 4와 그림 5의) 단계 V에는 "성기기"가 예고되고 있다. 양성 모두의 내부에 추가된 작은 원은 여성 생식(VF)과 남성 생식(VM)이라는 두 개의 새로운 양태를 나타낸다. 또한 이 원들은 남성의 침범은 물론 여성의 수용이 희미한 내적 잠재성, 즉 훗날의 난자와 정자의 결합으로 향하고 있다는 사실을 나타낸다.

우리가 도표를 한 층씩 쌓아올리는 방식으로 작성했기 때문에 혹시 매 단계마다 전혀 새로운 것이 출현하는 것으로 보일지도 모르겠다. 하지만 도표 전체는 처음부터 존재했던 것들이 하나의 유기체 내에서, 성숙해가는 유기체 내에서 일으키는 **연속적인 분화**를 보여주는 것으로 이해되어야만 한다. 이러한 의미에서 마지막에 추가된 양태들(남성 생식과 여성 생식)은 비록 미발달 상태이기는 하지만 초기 발달을 아우르는 중심 요인이라고 할 수 있다.[*]

## D. 전(前)성기기와 성기기

모든 이론체계는 나름의 유토피아를 가지고 있다. 정신분석학의 경우 "성기기(性器期)"가 그것이다. 처음에는 이 유토피아에 전 성기기가 통합되어 있으며, 전 성기기가 완성되는 지점에서 (사춘기 이후) 세 가지의 어려운 절충, 즉 1) 성기에 의한 오르가즘과 성기 이외의 성적 욕구 사이의 절충 2) 사랑과 성의 절충 3) 성과 출산, 그리고 일과 생산 사이의 절충이 따르게 된다고 여겨졌다.

면밀한 연구에 의해 모든 신경증 환자들에게 성적인 문제가 있음은 이미 밝혀진 사실이다. 잠재적인 파트너에게 처음 접근을 할 때, 성적 행동을 시작하거나 실행 중이거나 끝마칠 때, 그리고 각각의 "신체 부위"와 파트너로부터 물러날 때 그들은 자신의 성적 문제를 드러낸다. 환자가 의식하는 경우는 매우 드물지만 전 성기기의 흔적들은 이 과정에서 뚜렷하게 드러난다. 신경증 환자들은 성기기적 상호관계를 즐기기보다는 합일화 또는 보유와 배출 또는 침범 양태의 행동을 선호한다. 개중에는 성숙한 사랑을 나누기보다 스스로 의존적이 되거나 다른 사람을 의존적으로 만드는 것을, 혹은 파괴하거나 파괴되는 것을 원하는 사람들도 있다. 이러한 경향들은 분류와 진단 그리고 치료의 관점에서는 표면적으로 신경증이 아닌 것으로 보일 수 있다. 물론 성적인 놀이는 그러한 전 성기기의 찌꺼기를 다루는 데 매우 효과적이다. 성과 놀

---

\* 이제 도표가 완성되었다. 많은 사람들에게 (나 자신을 포함해서) 도표가 성장이라는 현상을 설명하기에는 너무 진부한 방식으로 여겨질 때가 있다. 그러한 진부함은 어느 정도는 임상적 관찰에서의 스키마(schema, 새로운 경험을 내면화하고 이해할 때 사용하는 정신의 틀–옮긴이)에 기인한다고 볼 수 있다. 하지만 그것이 바로 이 책의 출발점이며, 관찰된 데이터를 정리하는 데 유용함이 입증된 것이 여기에서 너무 가볍게 여겨져서는 안 될 것이다. 예컨대 우리의 도표가 **수용**과 **포용**을 **합일화** 양태의 재현으로 나타낸다면, 우리는 임상적 의미는 물론 사회적인 함의도 살펴보는 것이 좋을 것이다. 왜냐하면 그것은 유아기의 **의존성**이라는 동일한 주제가 반복된다는 뜻이며, 의존적이 되려는 (퇴행적) 욕구 측면에서나 생식적 (진행적) 욕구 측면 모두에 적용되기 때문이다. 어떤 문화의 스키마에서는 이러한 경향이 여성을 착취하기 위한 토대가 될지도 모른다. 즉 여성은 의존적 상태에 머무는 것이 당연하게 여겨지는 반면, 남성의 경우 퇴행적 의존 상태에 대한 두려움이 침범 양태에 의한 과잉 보상으로 이어질 수 있는 것이다. 착취로부터, 그리고 착취하려는 욕구로부터 해방되기 위해서는 먼저 이러한 무의식적인 분화 과정이 어떻게 일어나는지 이해해야만 한다. 특정한 양태 중심의 개념이 비임상적 자료에도 적용될 수 있다는 사실은 이 장(章)의 결론에서 제시될 것이며, 그러한 개념을 문화 현상에 적용하는 문제는 제2부에서 다루어질 것이다.

이, 놀이와 일, 그리고 일과 성의 관계는 뒤에서 보다 포괄적으로 다룰 것이다.

여기에서 전 성기기의 문제가 성기기에 영향을 미치는 방식을 알아보기 위해 우리의 도표가 사용될 수 있다. 그림 4에서 여성 생식(VF) 양태와 V-1, V-2 양태는 표면적인 의미 그대로 받아들여져서는 안 된다. 출산에 대한 소망의 원초적 형태는 여성성을 인식하고 그것의 지지를 받는 과정에서 사용된다. 남성의 경우 수동적이고 수용적인 개인들은 남근 바로 뒤에 있는 기관에서 성적 자극을 받을 수도 있겠지만, 사실 수용적 경향과 관련하여 남근은 형태학적으로 입과 아무런 유사성이 없다. 따라서 남성이 수용적 경향을 보존하고 있다면 합일화를 갈망하는 성적 욕구의 찌꺼기들을 입과 항문이 맡아야 한다. 만일 V-1이, 지배적이거나 또는 V-5만큼 지배적이라면 이는 주기보다 받기를 소망하는 성적 수용성을 의미하는 것으로 해석될 수 있다. V-2 양태의 지배는 "여자" 역할을 하는 남자, 즉 다른 남자와의 성교를 구하는 동성애자의 경향을 의미한다. V-3 양태는 보유의 특성을, V-4 양태는 배출의 특성을 나타내는데, 억제되거나 불완전한 형태의 사정(射精)과 너무 빠르거나 "흐르는" 사정이 각각 여기에 속한다. V-5는 남근기적, 공격적 태도로 설명되어 왔다. 정상적인 발달 과정에서 벗어난 이러한 이탈은 도표에서 수직 방향의 경로로 역추적될 수 있다. 그리고 이것이 이전 양태의 신체 부위에 대한 고착, 즉 퇴행을 설명한다. 물론 성인 남성의 성적 특성에서는 이 모든 양태들이 통합되어 남성 생식(VM) 양태의 지배를 받아들이게 된다.

그림 5에 추가된 부분은 성생활과 출산(그리고 양육)에 이중적으로 적용될 수 있다. V-F는 발달의 최종적인 단계로 설명된다. V-1과 V-2로의 이탈은 수용적 수동성이나 강한 성적 욕구 모두에 대해 상대적으로 냉담한 경향을 갖게

하며, 최악의 경우 집요한 요구를 받으면서도 성기기적 측면에서 상대방에게 아무것도 주지 못하고 남성의 행위에 호응하지도 못하는 상태로 이어진다. V-3은 상대방이 편안한 마음으로 행위에 몰입할 수 있을 만큼 충분히 이완되지 못하는 상태를 의미한다. V-4는 빈번한 오르가즘의 경련으로 표출되는데 이 또한 적절한 경험에 해당되지 않는다. V-5는 오로지 음핵에서의 쾌감과 모든 형태의 강제적 침범으로 표현되는, 재구조화되지 않은 남근기적 상태이다. 여성에게 VM은 남성의 생식적 역할에 참여하여 동질감을 느낄 수 있는 능력을 나타내며, 그것은 여성으로 하여금 이해심 있는 배우자이자 아들의 굳건한 안내자가 되게 한다. 덧붙이자면 VM과 VF는 일정한 비율로 양성 모두에게 요구된다.

남성과 여성의 도표에서 공통적으로, 정상적인 발달에서 벗어난 행동이 일부 있더라도 전반적인 행동이 지배적 양태에 종속되어 있다면 그러한 상태는 정상으로 간주된다. 그러나 정상적인 발달 경로에서 벗어난 상태가 지배적 양태를 대체하는 경우, 그러한 행동들은 결국 개인의 사회적 양상들을 결정적으로 왜곡시키는 리비도의 불균형 상태로 이어진다. 또한 어느 집단이 정상적인 발달 경로를 이탈한 개인들을 하위 집단으로 묶어서 적절하게 관리하지 못한다면 그 집단 전체의 사회생활도 결국 왜곡될 수밖에 없다.

그런데 전 성기기는 오직 성기기를 위해 존재하는 것일까? 그런 것 같지는 않다. 사실 전 성기기는 아동기 초기에 특정한 양육 방식과 조우하는 과정에서, 그리고 타고난 행동 양식(공격성)을 그 문화의 사회적 양상에 맞도록 변환시키는 과정에서 리비도의 관심을 흡수하는 것에 그 본질이 있는 것 같다.

생물학적인 맥락에서 다시 한 번 살펴보자. 동물에게 "본능"이 있다고 함은, 진화 단계상 하등동물은 비교적 이른 시기부터 생존 환경에서 즉각적으로 사용할 수 있는 능력을 가지고 태어난다는 것을 의미한다. 그러한 능력은 종에 따라 천차만별이지만 특정한 종 내에서는 가변성이 없다. 즉 동물은 학습 능력이 거의 없다. 여기에서 뉴질랜드에 이주한 영국인이 향수에 젖어 고향의 제비들을 뉴질랜드에 들여온 이야기를 떠올리게 된다. 겨울이 다가오자 제비들은 남쪽으로 날아가서 다시는 돌아오지 않았다. 제비의 본능은 남쪽으로 날아가는 것이지 따뜻한 곳으로 날아가는 것이 아니기 때문이다. 우리가 키우는 가축이나 애완동물의 경우도 마찬가지이다. 우리가 전체 동물 세계의 척도로 삼고 있는 그 동물들은 사실 인간의 실용적인 필요와 정서적인 요구에 맞도록 선택되고 키워진 것이다. 그 동물들이 인간의 지배 하에서 학습하는 것이 자연 환경에서 또는 같은 종의 다른 개체들과 어울려서 생존할 수 있는 가능성을 높여주는 것은 아니다. 이런 맥락에서 우리는 동물들이 무엇을 학습할 수 있는지를 묻는 대신, 세대를 이어가며 새끼에게 무엇을 가르쳐줄 수 있는지를 묻는 것이다.

고등동물에게서는 ("분업"과 유사한 개념으로) **본능의 분배**(division of instinct)"가 관찰된다. 접촉을 추구하는 새끼의 본능과 접촉을 제공하는 어미의 본능이 상호조절하며, 이 과정에서 새끼의 적응 기능이 완성되는 것이다. 예컨대 포유류 중에는 어미가 항문을 핥아줌으로써 새끼로 하여금 배변을 익히게 하는 경우가 관찰된다.

우리는 인간의 유년기와 유년기 아동에 대한 훈련이 그러한 본능적 상호조절의 가장 발달된 형태라고 가정할 수 있다. 하지만 인간이 가지고 태어나는 동인(動因)은 단순한 본능이 아니며, 어머니의 상보적 동인 역시 완전히 본능적인 것만은 아니다. 완성을 향한, 자기보존을 위한,

그리고 주변 환경과 상호작용을 하는 모든 양상들은 그러한 동인에 의한 것이 아니라 관습과 분별력(conscience)에 의해 조직화되는 것이다.

동물로서의 인간은 사실 아무것도 아니다. 아이를 양육하는 것을 동물을 길들이는 것에 비유하는 것은 무의미하다. 마찬가지로 아이의 본능을, 강압적인 환경에 의해 박탈당하거나 새롭게 만들어지는 일정한 양식이라고 정의내리는 것도 무의미하다. 인간의 "타고난 본능"은 다른 동물에 비해 훨씬 긴 양육 기간 동안 훈련과 학습에 의해 조합되고 의미가 부여되며 조직화된다. 그리고 그러한 과정은 문화마다 다양하며 사회적 관습에 의해 결정된다. 인간은 오로지 이 과정을 통해 하나의 유기체로서, 사회의 구성원으로서, 그리고 개인으로서 생존할 수 있다. 또한 여기에 인간의 한계가 있기도 하다. 동물의 본능은 상호조절에 필수적인 요소들을 갖추고 있으며 환경에 반응하는 방식이 예측 가능한 반면, 인간은 관습과 훈련이 분별력을 제공해주는 환경 하에서만 생존할 수 있기 때문이다. 그러한 분별력을 토대로 인간은 쉽게 파괴되지 않을 만큼 단단해지고, 특정한 시공간적 환경에 적응할 수 있을 만큼 유연해질 수 있는 것이다. 이를 위해 아동의 양육에는 **본능적인**(성적 그리고 공격적인) 힘이 활용되는데, 다른 동물에 비해 인간에게는 생물학적 본능의 요소가 상대적으로 적기 때문에 그 힘은 매우 가변적이며 높은 가소성(可塑性)을 지니고 있다.

우리는 여기에서 전 성기기의 기관 양태들과 관련하여 각 양태의 시기적 특성과 체계적 상호 관계에 대한 기본적인 이해를 얻고자 할 따름이다. 하나의 유기체와 그 기관들은 다른 유기체와 그것의 기관들 그리고 주위 환경에 대한 적응 과정을 전 성기기를 통해 확립하게 된다. 여러 기관을 가지고 있는 어떤 존재는 사물들이나 다른 존재를 자신의 내부로 끌어들일 수 있다. 즉 외부의 것들을 보유하거나 배출할 수 있으며 그것들 안으로 들어갈 수도 있는 것이다. 또한 기관을 가지고 있는 존재들은 다른 존재의 기관들을 상대로 특정 양태의 행동을 취할 수도 있다. 인간은 긴 아동기를 통해 이러한 물리적 양태들과 더불어 사회생활의 양식들을 학습한다. 그리고 자신이 속한 문화의 시공간에서 유기체로 존재하는 법을 배운다. 그러므로 모든 신체 부위의 기능은, 기관 양태의 상호관계와 각자의 문화에 반영된 세계가 통합되어 학습된다.

지적(知的) 기능을 예로 들자면, 우리는 그것이 전 성기기의 기관 양태들과 통합되어 있거나 그것들에 의해 왜곡될 수 있음을 깨닫게 된다. 어떤 정보를 우리가 인지하는 과정을 살펴보자. 받아들일 만한 가치가 있는 정보를 접할 때 우리는 그것을 합일화한다. 그 중 일부를 보유하고 나머지를 배출함으로써, 즉 정보를 나름의 방식으로 기존 정보들과 동화시켜 이해함으로써 우리는 그것을 소화한다. 또한 우리가 그 정보를 다른 사람에게 전달한다는 것은 그러한 소화와 수정(授精)의 과정이 다른 사람의 내부에서 반복됨을 의미한다. 아동기 초기의 왜곡된 기관 양태가 성인의 성기기에 그 흔적을 남기는 것처럼, 인간의 지적 능력도—좋은 쪽으로든 나쁜 쪽으로든—특정한 양태에서 부진하게 또는 과도하게 발달되는 특징을 보인다. 최근에 먹어본 좋은 책에 대해 이야기를 나누는 만화 속의 염소들처럼, 어떤 이들은 지식에 열렬한 관심을 보인다. 개가 뼈다귀를 물고 구석자리로 가듯 지식을 조용히 음미하는 이들도 있다. 또 어떤 이들은 소화가 제대로 되지 않아 고약한 냄새를 풍기는 지식을 여기저기 뀌고 다니기도 한다. 지식의 강간범들은 받아들이려 하지 않는 이들의 방어막을 뚫고 들어가 자신의 주장을 강요하기도 한다.

위의 비유는 성적 관계는 물론이고 다른 모든 종류의 관계(intercourse)에서도 기관 양태들 간의 적절한 (또는 부적절한) 비율이 발달에 관여한다는 사실을 보여주며, 아울러 모든 형태의 관계가 접근 양태의 상호성 아니면 일방적인 공격성에 의해 특징지어진다는 사실을 설명해준다. 기관 양태 간의 적절한 비율을 맞춰주기 위해 사회는 아동기 초기의 접근 양태뿐만 아니라 초기의 성적 에너지도 활용한다. 전통적인 훈육을 통해 사회는 아이가 가지고 태어난 동인의 조각들을 퍼즐을 맞추듯 완성시킨다. 다시 말해서, 인간 이외의 포유동물의 경우 어미의 돌봄에 의해 새끼들이 (비교적) 짧은 시간 동안 (비교적) 완전하게 본능의 조각들을 맞추는 반면, 훨씬 더 많은 조각들을 가지고 태어나는 인간의 아이는 부모의 반응에 의미를 부여하는 사회적 관습에 의존한다. 이처럼 관습—협동적인 성취와 독특한 순화 과정에서 빛을 발하는—에 의해 다양한 동인의 형태들이 완성됨에 따라, 한 개인은 그가 속한 문화와 주변 환경에 영속적으로 결합되며 그의 내적 자율성을 지배하는 분별력은 그러한 환경에 지속적으로 노출된다.

## 4. 성기기 양태와 공간적 양상

이 장을 시작하면서 우리는 두 어린 환자의 임상 사례를 통해 그들의 증상과 행동 그리고 놀이를 지배하는 신체 부위와 양태를 살펴보았다. 이제 나는 환자가 아닌 다수의 아동들을 대상으로 한 캘리포니아 대학의 연구*를 토대로 그에 대한 결론을 내리고자 한다. 연구 대상 아동들은 장난감을 가지고 놀 나이가 지난 10~12세에 분포해 있었으며, 10년에 걸친 정기적인 면접과 관찰을 토대로 그들의 신체와 정신의 성장과 발달을 보여주는 여러 측면들은 꼼꼼하게 기록되어 있었다. 내가 그들의 기록을 검토하기 위해 연구진에 합류했을 때, 우리는 앤과 피터의 놀이를 관찰하며 얻은 임상적 명제, 즉 다른 방식으로 수집한 데이터에 놀이 관찰이 중요한 지표를 더해줄 수 있다는 명제를 대규모 표본에 적용해보는 것이 흥미롭겠다는 생각을 했다. 과연 적절한 방식을 사용한다면 기존에 축적된 데이터에 생생한 단서가 될 표본을 얻을 수 있을까? 어쩌면 내가 사례 연구를 통해 얻은 결론이 당시 진행 중인 연구에 적용될 수도 있을 것 같았다.

나는 놀이 탁자를 설치하고 그 위에 임의로 고른 인형과 장난감을 올려놓은 다음 아이들을 한 번에 한 명씩 들어오게 했다. 그리고는 그 탁자가 영화 촬영 세트장이며 인형과 장난감은 배우와 소품이라고 상상해볼 것을 주문하면서 "가상의 영화에서 재미있는 한 장면을 구성해"보라고 했다. 그렇게 안내한 이유는 대부분이 11세였던 피험자들이 "애들 장난감"을 가지고 논다는 생각을 하지 않도록 하기 위함이었고, 동시에 피험자들이 자신을 의식하지 않고 그것을 객관적인 "자극"으로 여기도록 하기 위해서였다. 그런데 여기에서 놀라운 일이 벌어졌다. 1년 6개월 동안 150명의 아이들이 대략 450개의 장면을 구성했는데, 그 중 대여섯 개만이 영화 장면이라 할 수 있었고 인형에 특정 배우의 이름이 붙여진 경우는 거의 없었다. 대부분의 피험자들은 잠시 생각한 다음 어떤 내적 계획에 이끌리듯 각자의 장면을 만들어냈고 나에게 그 장면

---

* J. W. Macfarlane, Studies in Child Guidance. I. Methodology of Data Collection and Organization. Society for Research in child Development *Monographs*, Vol. III, No. 6, 1938.

에 대해 간단한 설명을 해주었다. 나는 매번 그렇게 구성된 장면에 어떤 "의미"가 담겨 있는 것은 아닐까 추리해야 했다. 그런데 이보다 몇 년 앞서 나는 하버드 대학교와 래드클리프 대학교에서 영문학을 전공하는 학생들을 대상으로 비슷한 실험을 한 적이 있었다. 나는 학생들에게 "연극" 장면을 구성해 보라고 했는데, 단 한 장면에서도 셰익스피어나 다른 극작가의 연극적 요소는 보이지 않았다. 실제로 아이들의 놀이 관찰에서 나타나는 이러한 결과는, 정신분석학적 상담에서 "자유로운 연상"(이를테면 자기검열 없이 생각과 단어들이 자유롭게 흐르게 하는 것)을 해보라고 할 때에도 비슷하게 관찰된다. 겉으로는 임의적인 주제로 보이지만 면밀히 관찰하면 거기에서 한 개인의 역사가 역동적으로 표출되는 것이다. 그 연구에서는, 내가 "특이 요소"라고 부르게 된 것들이 중요한 열쇠가 되었다. 예컨대 150명의 아이들 가운데 몇 안 되는 흑인 중 하나였던 어떤 소년은 자신의 장면을 탁자 **아래에** 구성한 유일한 피험자였다. 그 아이의 순박한 미소에는 가혹하고도 몸서리쳐지는 현실이 담겨 있었다. 아이는 "자신이 있어야 할 곳"을 알고 있었던 것이다. 또 다른 장면을 살펴보자. 피아노 의자를 피아노 아래에 깊숙이 밀어 넣은 장면을 구성한 소녀가 있었다. 그 장면은 아무도 그 피아노를 사용하지 않는다는 것을 분명히 보여주었다. 피험자들 중 어머니가 음악가인 경우는 그 아이가 유일했기 때문에, 우리는 유년기에 접한 피아노 소음이 아이에게 어떤 역동적 의미를 가지고 있었는지 (다른 데이터에서도 이를 뒷받침해줄 증거가 나왔다면) 주목하지 않을 수 없었다. 마지막으로, 자신은 알아서는 안 될 어떤 일을 어렴풋이 알고 있다는 사실을 놀이를 통해 드러낸 소녀의 사례이다. 악성 혈액 질환을 앓다가 후에 사망한 그 소녀는 당시 임상 실험 중인 어떤 신약에 의해 자신이 연명하고 있음을 모르고 있는 것으로 여겨졌다. 피험자들 가운데 여아로서는 유일하게 폐허의 장면을 구성한 그 소녀는 자신이 만든 장면 한가운데에 "신들에게 제물로 바쳐졌다가 기적적으로 다시 살아난 소녀"의 인형을 세워 놓았다. 이러한 사례들은 무의식의 해석이라는 어려운 문제를 다루려는 것이 아니라 그 장면들이 현실과 매우 가깝다는 사실을 보여주기 위해 제시되었다. 하지만 이것은 여기에서 다룰 문제가 아니다. 나의 의도는 공간적 양상에서 기관 양태의 힘이 어떻게 표출되는지 살펴보는 것이었다.

아이들이 구성한 장면에서 내가 **공통** 요소(**특**이 요소와 대조되는 개념으로)라고 부르게 된 것들과 기관 양태가 서로 밀접하게 관련되어 있음을 발견했을 때 내가 놀라지 않을 수 없었던 이유는, 믿기 힘들겠지만 당시 나는 그 연구에서 특별한 것을 기대하지 않았으며 건강한 아이들과 함께 작업을 한다는 새로운 경험 자체를 즐기고 있었기 때문이다. 항상 놀랄 준비가 되어 있어야 한다는 것은 임상의 원칙이며, 그런 자세가 없이는 새로운 (또는 가설을 확인시켜 주는) 발견들의 의미를 놓치기 쉽다.

마치 작품의 완성을 앞둔 장인(匠人)처럼 고도의 집중력으로 놀이 탁자의 구성을 마무리하는 아이들을 관찰하면서, 나는 점차 여아들보다 남아들이 더 다양한 구성을 보여주리라는 것을 예상하게 되었다. 여성적 수용 양태(IV-1)를 보여주는 실례로, 여아들은 남아들에 비해 훨씬 빈번하게 벽이 없는 방에 가구들을 둥글게 배치하곤 했다. 이따금 둥글게 배치된 가구들 사이로 어떤 위협적인 존재나 다소 우스꽝스러울지라도 돼지(그림 6 참조)처럼 몸집이 큰 동물, 또는 "사자의 등에 올라타서 집에 들어오는 아빠"의 침범 장면이 구성되기도 했다. 어느 날, 한 소년이 맹수들이 침범하는 그와 같은 "여성적" 장면을 구성했고, 나는 예상 밖

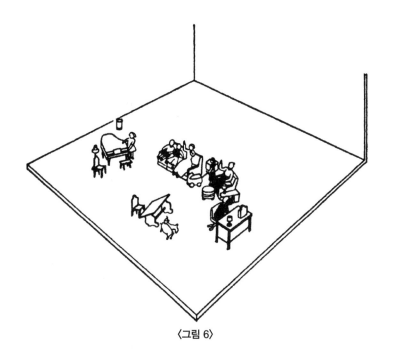

〈그림 6〉

의 결과를 확인한 실험자가 종종 느끼곤 하는 쓸쓸함을 맛보아야 했다. 그런데 문을 열고 밖으로 나가려던 그 소년이 탁자 앞으로 돌아오며 말했다. "아, 여기 잘못 둔 게 있네요." 소년은 둥글게 배치된 가구의 바깥쪽으로 맹수들을 다시 배치했다. 오직 한 남자아이만 그런 배열을 해놓았고 이후에도 그런 배열을 한 번 더 보여주었다. 그 아이는 과체중이었으며 행동이 남자아이답지 않았다. 갑상선 치료가 효과를 나타낼 즈음 실시한 세 번째 실험에서 (최초의 실험 1년 반 후) 그 아이는 보통 남자아이들처럼 가늘고 높은 탑을 쌓아올렸다.

　체중을 감량하면서 아이가 쌓은 탑이 가늘어졌다는 것은, 신체적 자아감이 공간적 양상에 영향을 미치는 "특이" 요소들 가운데 하나라는 사실을 보여주었다. 우리는 그 지점에서 성별로 공통적인 양상들이 성 정체의 인식과 관련이 있을지도 모른다는 가정에 한 걸음 다가가게 되었다. 나는 그때 비로소 우리가 그 연구에 착수했다는 사실이 감사하게 느껴졌다. 블록 쌓기는 공간 배열과 관련하여 계산과 측정 그리고 비교를 손쉽게 할 수 있는 도구였기 때문이다. 동시에 블록은 문화적 함축이나 개인적 의미의 영향을 가장 덜 받을 수 있는 기하학적 도구였다. 요컨대 블록은 블록일 뿐이다. 그럼에도 남아와 여아가 블록의 **형태**뿐만 아니라 사용하는 블록의 **개수**에서도 차이를 보인다는 것은 매우 인상적이었다.*

나는 그러한 형태들을 탑, 건물, 도로, 골목, 정교한 담, 단순한 담, 벽이 있는 실내 그리고 벽이 없는 실내라는 단순한 용어들로 정리했다. 이어서 놀이 탁자에 구성된 장면을 찍은 사진을 두 명의 객관적인 관찰자에게 보여주고 그들이 그러한 형태들(그리고 그러한 형태들의 조합)의 존재와 부재에 대해 동의를 하는지 살펴보았다. 남아와 여아의 구성 형태에 대해 이 관찰자들(실험 의도를 알지 못하는)이 얼마나 일치된 평가를 내리는지 살펴본 결과, 그들은 "상당히 높은 수준의" 일치를 보여주었다. 관찰자들의 결론을 일반적인 용어로 정리하자면, 특정한 성의 피험자들 가운데 ⅔ 이상(종종 ⅔를 훨씬 넘어서)이 동일한 구성을 보여주었으며 나머지 ⅓도 "법칙을 증명하는" 특수한 상황들을 구성했다고 할 수 있다.

성별에 따른 가장 두드러진 차이는, 남아들은 구조물, 건물, 탑 그리

---

* M. P. Honzik, "Sex Differences in the Occurence of Laterials in the Play Constructions of Preadolescents," *Child Development*, XXII, 15-35.

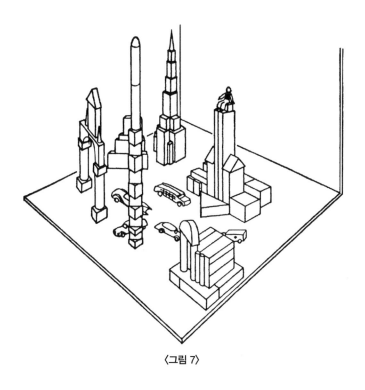

〈그림 7〉

고 도로(그림 7 참조)를 주로 만든 반면, 여아들은 놀이 탁자를 주택의 실
내로 구성했으며 블록은 거의 사용하지 않거나 전혀 사용하지 않는 경
향(그림 6 참조)을 보였다는 점이다.

남아들은 일반적으로 높은 구조물의 형태를 많이 만들었다. 하지만
그 반대의 경우, 즉 구조물의 붕괴도 남아들 사이에서는 전형적으로 관
찰되었다. 파괴 또는 붕괴된 구조물은 유독 남아들에게서만 발견되었
다. (예외적인 사례 하나는 앞에서 이야기했다.) 높은 탑과 관련해서 그것을
무너뜨리는 경향은 어김없이 나타났는데, 다양한 파괴 또는 붕괴의 방
식은 "특이" 요소들로 설명될 수 있다. 한 소년은 한참을 망설이다 자

신이 쌓은 높고 정교한 탑을 허물고 별다른 "재미있는" 설명도 없이 낮고 단순한 구조물을 다시 만들었다. 다른 소년은 아슬아슬하게 균형을 유지하는 높은 탑을 쌓아 올리고는 붕괴의 위험이 자신이 구성한 장면에서 "재미있는" 부분이라고 말했는데, 사실 그것은 자신의 상황을 이야기하는 것이었다. 높은 탑을 쌓은 또 다른 소년은 탑의 아래에 소년의 인형을 하나 놓고는 그 아이가 꼭대기에서 떨어졌다는 설명을 덧붙였다. 탑의 꼭대기에 인형을 올려둔 아이도 있었는데 그 아이는 꼭대기에 올라가 있는 소년(그림 7 참조)이 정신질환을 가지고 있다고 설명했다. 가장 높은 탑은 키가 가장 작은 소년에 의해 만들어졌으며, 앞에서 언급했다시피 흑인 소년은 탁자 **아래에** 자신의 장면을 구성했다. 이 모든 형태에서 **높고 낮음의 변인**이 **남성적 변인**이라는 사실은 분명하다. 피험자들의 개인적인 배경을 살펴본 뒤, 나는 극단적인 높이(파괴와 붕괴라는 요소와 맞물려서)가 남성성에 대한 의심이나 공포를 과잉 보상하려는 남아들의 욕구를 반영한다는 임상적 판단을 내리게 되었다.

남자아이들은 구조물 안에 사람이나 동물을 두는 경우가 거의 없었다. 대신에 도로를 따라 자동차나 동물, 인디언의 행렬을 만드는 경우가 많았다. 그들은 그러한 행렬을 통제하기도 했는데, 그러한 역할을 하는 경찰관은 남아들에 의해 가장 많이 사용된 인형이었다.(그림 8 참조)

여아들은 탑을 쌓는 경우가 드물었다. 설령 탑을 쌓더라도 벽면에 기대어 두거나 벽면 가까이에 세웠다. 여아가 만든 가장 높은 탑은 탁자 위가 아니라 탁자 뒤편의 벽감(壁龕) 안에 있는 선반에 세워졌다.

만일 "높고 낮음"이 남성적 변인이라면 "개방"과 "폐쇄"는 여성적 양상이다. 여아의 대다수는 벽이 없는 실내를 구성했다. 많은 경우 실내는 매우 평화로운 공간으로 표현되었다. 그 공간이 학교가 아닌 집인

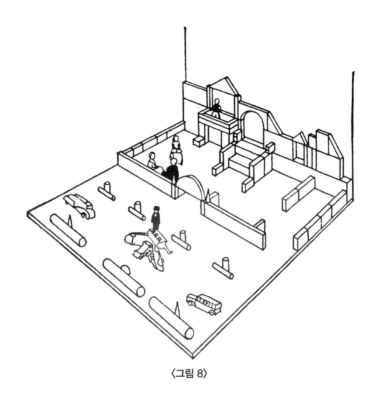

〈그림 8〉

경우, 보통은 어린 소녀가 피아노를 치고 있었는데 그 연령대의 여아들에게 그것은 매우 평범한 "재미있는 영화 장면"이었다. 그런데 여아들이 구성한 많은 장면에서는 한바탕 소란이 일어나곤 했다. 갑자기 돼지 한 마리가 뛰어들자 가족들은 비명을 지르며 소녀를 피아노 뒤에 숨겼다. 교실에 들어온 호랑이 때문에 교사가 책상 위로 뛰어올라가는 장면도 있었다. 겁에 질린 사람들이 대부분 여성인 반면, 침입자는 항상 남자, 소년 그리고 동물이었다. 그런데 이상하게도 침입자의 등장을 예상하면서도 여아들은 벽을 세우거나 문을 닫아두는 형태를 구성하지 않았다. 오히려 이러한 침입의 대다수는 익살과 재미있는 흥분의 요소를 가지고 있었다.

여아들이 구성한 장면들 중에는 아무런 장식 없이 낮은 울타리를 가지고 있는 폐쇄 공간이 가장 규모가 컸다. 하지만 이러한 폐쇄 공간에 정교한 출입구(그림 9 참조)가 있는 경우가 자주 관찰되었다. 여아들이 신경을 써서 만들고 장식에 공을 들이는 것이 바로 이 출입구였다. 출입구를 막거나 벽을 두껍게 쌓는 것은 여성성에 대한 극심한 불안을 반영하는 것으로 해석될 수 있을 것이다.

놀이 공간의 활용에서 관찰되는 양성 간의 차이는 다음과 같이 정리될 수 있다. 남아들의 경우 높이와 붕괴, 강한 움직임(인디언, 동물, 자동차)

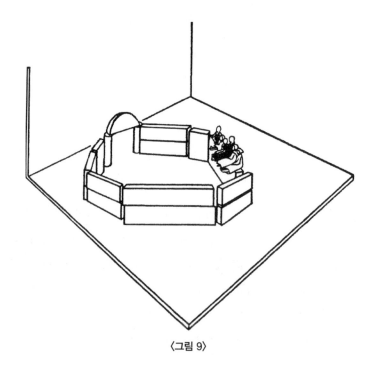

〈그림 9〉

그리고 흐름과 통제(경찰관)가 두드러진 변인이었다면, 여아들의 경우 개방되어 있거나 단순하게 폐쇄되어 있는 정적인 실내 공간과 침입자의 존재가 주요한 변인이었다. 남아들은 높은 구조물을 쌓았고 여아들은 출입구를 꾸미는 데 공을 들였다.

이러한 구성을 지배하는 공간적 경향성이 이 장에서 논의해온 **성기기적 양태**들을 연상시키며, 구조물을 구성하는 방식이 성 기관의 형태와 밀접하게 관련되어 있다는 사실은 분명하다. 남성의 성 기관이 **외부**에 드러나 있고 **발기**와 **침범**의 성격을 가지고 있으며 **활동성**이 있는 정자 세포를 유도한다면, 여성의 **내부**에 있는 성 기관은 **정지** 상태의 난자로 이어지는 **통로**의 형태를 띠고 있다. 양성 간의 구성 방식의 차이는 이러한 성적 성숙의 경험을 내적으로 준비하는 과정에서 기관의 양상들이 일시적이고 강렬하게 강조되는 것이 아닐까? 내 임상적 판단(그리고 대학생들의 "연극 제작"에 관한 연구 결과)은, 공간 조직화의 양상에 대해 성기기의 지배적 양태가 갖는 영향력이 공간 감각에 대한 양성 간의 차이를 유의미하게 반영하고 있다는 것이다. 아울러 성적 분화는 인간 신체의 기본적 특성에 결정적인 차이를 제공하며, 생물학적 경험과 사회적 역할에도 영향을 미치는 것으로 보인다.

놀이 구성은 다양한 사회적 함의를 공간적으로 표현하는 것으로 해석될 수도 있다. 그렇다면 외부 지향적이며 상향적인 이동 형태를 만들어내는 남아들의 경향은, 자신이 강하고 공격적이며 활동성이 있고 독립적이라는 것을 증명해야 한다는 의무감과, "높은 지위"를 달성해야 한다는 책임감의 또 다른 표현일지도 모른다. 또한 여아들이 실내 공간을 구성(유아기에 인형을 가지고 놀던 것에서 비롯됨)하는 방식은 가사를 돌보고 아이들을 양육해야 하는 미래의 책무를 의식하고 있음을 의미할 수 있다.

하지만 이와 같은 상식적 해석은 해답보다 더 많은 의문들을 낳는다. 그러한 장면들을 구성한 남아들이 현재와 미래의 역할에 대해 깊이 생각하고 있다면 왜 남자 인형을 많이 사용하지 않았을까? 경찰관은 남아들이 가장 선호한 인형이었지만 실제로 경찰관이 되고 싶다거나 그럴 것이라 기대되는 아이는 거의 없었다. 왜 남아들은 그들의 놀이 구성에서 경기장을 만들지 않은 것일까? 강한 창의적 동기를 가지고 있다면 VIP석과 대규모 관중석이 있는 축구 경기장을 만드는 방식으로 그것이 표출되어야 하지 않았을까? 하지만 정작 그러한 구조물을 만든 것은 과체중에 사내아이 같은 성격을 지닌 "과시적으로 짧게 자른 머리"—모든 것이 그 아이만의 독특한 성향을 보여주는—의 소녀였다.

앞에서 언급했다시피 이 연구가 막 시작되었을 무렵 제2차 세계대전이 발발하면서 조종사는 많은 소년들의 장래 희망이 되었다. 하지만 조종사는 수도사나 아기보다 조금 더 많이 선택되었을 뿐 남아들이 가장 적게 선택한 인형의 부류에 속했다. 또한 경찰관 인형은 카우보이 인형보다 두 배나 많이 사용되었는데, 사실 서부 지역의 남자아이들에게는 카우보이가 보다 직접적인 역할 모델이자 복장이나 태도 측면에서 그들에게 더 많은 영향을 끼치고 있었다.

만일 여아들의 주요한 동기가 남아들과 공통적으로 가지고 있는 열망들을 배제한 채 오로지 현재와 미래의 가정에 대한 애착에 있다면, 왜 자신들의 집 둘레에 담을 낮게 쌓거나 아예 쌓지 않은 것일까? 가정생활에 대한 애착이 주요한 동기였다면 안전을 확보하기 위한 높은 담이나 잠긴 문이 관찰되어야 마땅했다. 이 평화로운 가정에 등장하는 인형의 대다수는 피아노를 치고 있거나 거실에서 가족들과 함께 앉아 있었는데, 재미있는 영화 장면을 구성해보라고 했을 때 그러한 장면들이 과연 그들이 진정 원하는 것 또는 원하는 것처럼 보이려고 의도한 것을 나타냈다고 할 수 있을까?

남아들이 구성한 거리 장면에서 경찰관이 교통을 통제하는 것처럼 평화로운 실내 공간을 구성한 것이 여아들만의 특징적인 표현이라면, 전자는 **집밖에서 조심해야 한다는 것**으로, 그리고 후자는 **집안에 얌전하게 있어야 한다는 것**으로 해석될 수도 있다. "재미있는 영화 장면"을 구성해보라는 외부의 지시에 대한 그러한 반응은 피험자들의 활동 범위와 극심한 갈등이 표현된 것으로, 이를 문화와 의식(意識)의 이상적 모델에 대한 순응이라는 이론으로 설명하기에는 무리가 따른다.

우리는 이러한 놀이 구성에서 발견되는 기관 양태들의 증거를, 경험이 신체의 기본적 특성에 뿌리를 내린다는 사실을 통해 받아들여야 할지도 모른다. 기관 양태와 그와 연관된 해부학적 모델을 넘어서, 우리는 공간을 경험하는 남성과 여성의 차이가 의미하는 바를 확인하게 된다. 우리가 단순한 구조물의 배열 대신, 블록을 사용하는 (또는 사용하지 않는) 다양한 방식에서 나타나는 특성에 주목한다면, 양성 간의 두드러진 차이는 더욱 분명해진다. 어떤 구조물들(차선, 터널, 교차로)은 교통의 **흐름**을 위해 구성된다. 다른 구조물들은 **짓고 세우며 다듬는** 경향성의 표현이다. 반면에 단순한 형태의 벽은 **포함과 폐쇄**의 경향을 보여주며, 열린 실내 공간은 외부를 차단하지 않아도 **안전하게 유지**된다.

그렇다면 실험에서 구성된 공간과 묘사된 상황은 생물학적, 문화적, 정신분석학적으로 상호 침투하고 있으며 그것은 이 책의 주제이기도 하다. 만일 정신분석학이 아직 심리성적(psychosexual) 측면과 심리사회적(psychosocial) 측면을 구분하지 않고 있다면, 나는 이 장에서 그 두 측면에 가교를 놓으려 노력한 것이다.

다음 장에서 자세히 다루겠지만, 문화는 생물학적으로 부여된 것을 세부적으로 설명하며 양성을 기능적으로 분화시키기 위해 노력한다. 아울러 이와 같은 기능의 분화는 신체 내부의 스키마에서 작용하고 특정한 사회에서 의미를 가지며 개별적 자아에 의해 받아들여진다.*

---

* 이 연구에 대한 다른 설명은 다음 논문들을 참조할 것. "Sex Differences in the Play Configurations of Pre-Adolescents," *American Journal of Orthopsychiatry*, X XI, No. 4(1951), *Childhood in Contemporary Cultures*, Margaret Mead and Martha Wolfenstein, University of Chicago Press, 1955, *Discussions of Child Development*, Vol. III; Tavistock Publications, London, 1958. 최근에 나는 사춘기 이전 아동들을 대상으로 인도에서 수행되고 있는 놀이 구성에 관한 연구의 초기 단계를 살펴볼 기회가 있었다. 내가 받은 인상으로는 놀이 영역과 사회적 영역의 특징은 우리의 환경과 차이가 있었지만 그곳에서도 이 장에서 논의된 바와 같이 양성 간의 차이가 공간적 양상에 의해 표출되는 것은 확인되었다. 하지만 이에 대한 최종적인 결론은 Ahmedabad에 있는 B. M. 연구소의 Kamalini Sarabhai와 그의 동료들이 후속 연구 결과를 내놓을 때까지 기다려야 할 것이다.-E. H. E.

CHILDHOOD
AND SOCIETY

제2부

# 두 인디언 부족의
# 유년기

# 2부에 들어가며

아동과 환자에서 인디언으로 눈을 돌려 우리는 일반적인 연구 방법을 토대로 성인의 복잡한 세계를 둘러싸고 있는 주변 분야에서 인간이 보편적으로 따르는 법칙의 핵심을 찾아보려고 한다. 정신적 기능 장애의 전형에 대한 연구가 그러한 분야 중 하나이다. 프로이트의 말을 빌리자면, 눈에 보이지 않는 수정(水晶)의 구조는 깨어지고 나서야 확인되는 법이다. 이어 유년기의 분야를 연구함으로써, 우리는 무(nothing)에서 무엇인가가 점진적으로 발달하는 과정 또는 적어도 보다 단순한 것으로부터 좀 더 분화된 것이 나오는 과정에서의 규칙성을 찾고자 한다. 마지막으로 우리는 인류의 유아기 단계에서 나타나는 문화적 원시성을 살펴볼 것이다. 문명이 닿지 않은 곳의 사람들은 어린아이들처럼 순진해 보이기도 하고 어떤 때는 무엇엔가 홀린 사람들처럼 보이기도 한다. 위의 세 분야에 대한 비교 연구는 주목할 만한 유사성을 보여주고 있다. 하지만 문명을 접하지 못한 인간의 조건과, 아동 또는 신경증적 증상에 시달리는 성인의 조건을 나란히 비교하는 것은 잘못된 판단을 불러올 수 있다. 우리는 원시적 사회도 나름의 정상적인 성인의 모델을 가지고 있으며 그들도 나름의 신경증과 정신질환을 가지고 있다는 점, 그리고 무엇보다도 그들 역시 다양한 형태의 유년기를 가지고 있다는 사실을 잘 알고 있다.

최근까지만 해도 아동의 훈육에 관한 연구는 인류학에서 황무지나 다름없었다. 심지어 원시 부족과 여러 해를 함께 보낸 인류학자들조차 그들이 아이들을 훈육하는 나름의 체계적 방법을 가지고 있다는 사실을 발견하지 못했다. 오히려 이들 전문가들은 암묵적으로 미개한 사회에서는 육아라는 개념이 아예 존재하지 않으며 아이들이 "마치 짐승의 새끼처럼" 자란다고 추정함으로써 문화의 훈련을 지나치게 많이 받은 우리 사회의 구성원들에게 분노 섞인 경멸이나 근거 없는 우월감을 유발하기까지 했다.

원시적 생활양식을 지닌 사회도 나름의 육아 체계를 가지고 있다는 사실을 발견함으로써 그들이 인류의 유아기 단계에 있지도 않으며 우리가 내세우는 자랑스러운 진보적 규범에서 벗어난 것도 아니라는 사실은 분명해졌다. 그들은 성숙한 인간 생활의 완전한 형태를 갖추고 있으며, 때로는 우리가 부러워하는 동질성과 소박한 진실성을 지니고 있기도 하다. 이제 인디언들의 삶에서 얻어낸 표본들을 살펴봄으로써 그들의 생활양식에 드러나는 특징들을 재발견해보도록 하자.

흔히 아메리칸 인디언이라고 통칭되는 사람들은 오늘날 미국의 다양한 소수민족 가운데 하나를 이루고 있다. 안정적 사회라는 척도에서 보면 그들은 소멸한 것이나 다름없다. 미국 남서부의 고속도로에서 불과 몇 마일 떨어진 고원지대의 고대 유적에서, 그리고 위엄을 여전히 잃지 않았지만 문화적으로는 박제가 된 소수의 사람들에게서 그들의 영원한 유산이 발견된다는 것은 사실이다. 그러나 고립된 인디언의 전통을 보존하기 위해 정부 기관의 노력이 기울여지는 곳이나 관광산업을 위해 상업적으로 이용되는 곳에서조차 그들의 생활양식은 더 이상 자립적인 사회의 일부로 존재하지 않는다.

다른 연구자들에 의해 수집된 진짜 원시 부족의 자료를 놔두고 왜 하필이면 아메리칸 인디언이냐고 묻는 독자가 있을지 모르겠다. 그런 독자에게 나는 이 책은 사실(facts)뿐만 아니라 그러한 사실을 탐색해 들어가는 임상적 경험을 다루고 있다고 대답하겠다. 나는 두 명의 인류학자를 따라 두 인디언 부족을 찾아가서 연구와 관련된 매우 유익한 경험을 할 수 있었다. 나를 데리고 사우스다코타 주 인디언 보호구역의 수(Sioux)족을 찾아간 H. 스커더 메킬(H. Scudder Mekeel)이 그 중 한 사람이고, 다른 한 명의 인류학자는 (너무나 쉽게 "인디언"의 대명사로 통하는 수족을) 심층적으로 비교 연구할 수 있도록 도움을 준 알프레드 크로버(Alfred Kroeber)였다. 그는 나를 데리고 태평양 연안에서 물고기를 잡고 도토리를 채집하는 유록(Yurok)족을 찾아갔다.

두 인류학자의 도움은 다음과 같은 이유로 소득이 컸다. 그들은 인디언 부족을 찾아가기 전에 자신들의 개인적인 기록과 연구 자료들을 내가 자유롭게 열람할 수 있도록 허락해주었다. 두 사람은 현장 연구로 처음 인연을 맺은 두 인디언 부족과 오랜 기간 돈독한 관계를 유지하고 있었기 때문에, 초기 연구의 결과물*이 나왔을 때보다 그들의 친구들로부터 더 많은 이야기를 자발적으로 이끌어낼 수 있었다. 그들은 부족의 노인들 가운데 오래 전의 육아 방식을 기억하고 있는 신뢰할 만한 이들을 알고 있었다. 무엇보다 두 사람은 자신들이 수행하고 있는 인류학적 연구를 정신분석학에 접목시키기를 원했다. 만일 내가 그들의 통합적 연구의 협력자로 적합했다면 그것은 내가 아동 정신분석학자로서 앞 장에서 기술한 내용을 공식화하는 데 다가가 있었기 때문이다. 미국 원주민들의 역사에서 무시되고 있는 사실들을 함께 건져 올리기를 기대하면서 두 인류학자는 내가 그들의 현장 연구에 동행하도록 해주었으며 그들의 오랜 친구들에게 자신들에게 이야기하듯 나에게 편한 마음으로 이야기를 들려달라고 부탁했다. 나는 그들을 대신해서 유년기와 사회에 관한 많은 질문을 던졌다.

---

* A. L. Kroeber, "The Yurok" in *Handbook of the Indians of California*, Bureau of American Ethology, Bulletin 78, 1925. H. S. Mekeel, *A Modern American Community in the Light of Its Past*. 예일 대학교 박사 논문, 1932.

# 제3장

# 평원의 사냥꾼들

## 1. 역사적 배경

우리가 사우스다코타를 향해 출발할 당시 스커더 메킬은 인디언 사무관리국(Commissioner of Indian Affairs)의 현장 책임자로 일하고 있었다. 우리 연구의 목적은 연방 정부가 많은 예산을 투입한 교육 분야의 시도들에 대해 수족 아이들이 냉담한 반응을 보이는 원인을 시급히 파악하는 것이었다. 수족 아이들은 그들에게 주입되는 가치들을 조용히 받아들였다가 이내 조용히 내버렸다. 무엇이 잘못되었는지는 분명했다. 그들에게는 두 가지의 가치가 있었는데, 하나는 백인의 것이었고 다른 하나는 인디언의 것이었다. 우리는 둘 사이의 간극을 조사하는 과정에서 한때 이 평원의 아이들에게 올바른 것으로 여겨졌던 가치의 흔적들을 발견할 수 있었다.

우리 연구의 임상적 성격에 충실하기 위해 나는 과거에 인디언들이 아동을 양육한 방식에 대해 상세히 설명을 할 것이다. 그리고 유년기와 사회의 문제를 보다 명확하게 볼 수 있는 지점에 도달하기 위해 우리는 인종 문제라는 가시덤불을 먼저 통과해야 할 것이다.

파인 리지(Pine Ridge) 인디언 보호구역은 사우스다코타 주에서 남서쪽으로 네브래스카 주의 경계선을 따라 위치하고 있다. 이 지역은 고지대 평원의 숙명을 그대로 지니고 있다.

> 뜨겁던 지난여름의 게으른 바람도
> 하얗게 몰려온 이 겨울의 눈보라도
> 결코 멈추지 않으리니
> 그들이 전하는 말은 오직 하나,
> "싸우자는 게 아니라, 그냥 그렇다는 얘기야."[*]

수족(또는 다코타족) 내의 소부족인 오글라라족 8천 명은 정부가 불하해 준 땅에서 살고 있다. 이곳에 처음 정착한 인디언들은, 정부가 백인들의 사냥과 정착을 이 지역에서 금지시키는 것을 조건으로 자신들의 정치적, 경제적 독립을 포기했다. 용기, 교활함 그리고 잔혹함을 모두 지닌 전사이자 사냥꾼이며, 한때 "진짜 인디언"의 표상이었던 옛 다코타 인디언의 모습을 오늘날 보호구역에서 조금이나마 찾아볼 수 있으리라 기대하는 사람은 정말 지독한 낭만주의자라고 할 수 있다. 옛 다코타 인디언의 모습은 최근까지 5센트짜리 동전(1913년부터 1938년까지 주조된 'buffalo nickel'을 가리킴. 동전의 앞면엔 인디언의 얼굴 옆모습이, 뒷면엔 버펄로가 새겨져 있었음—

---

[*] Carl Sandburg, *The People, Yes*, Harcourt, Brace, New York, 1936.

<sup>옮긴이)</sup>을 장식했는데 이것은 이상한 관계에 있었던 사람들을 위한 이상한 헌정이었다. 옛 군주와 대통령을 위해 준비된 자리를 과거의 패배자가 차지한 것이기 때문이다. 하지만 역사적 실재는 그보다 훨씬 먼 과거로 거슬러 올라간다.

> 백인들이 몰려오기 전까지만 해도 다코타족은 고원에서 평화로운 삶을 영위했다… 버펄로 무리가 초원을 가로질러 이동했고, 블랙 힐즈와 로키 산맥 일대에는 사슴, 비버, 곰 그리고 다른 사냥감들이 가득했다… 기아는 그들의 움막으로부터 너무나 멀리 있었다.[*]

한때 다코타족은 말을 타고 "무리"를 이루어 광활한 평원을 가로지르며 버펄로 떼를 쫓았다. 그들은 정기적으로 한데 모였으며, 무엇을 하든—야영, 버펄로 사냥 그리고 춤—엄격한 규율을 따랐다. 전체 부족에서 갈라져 나온 소집단들은 사냥을 하고 백인들의 말을 훔치며 끊임없이 적을 기습했다. 수족의 잔혹함은 초기 정착민들 사이에 널리 알려져 있었다. 그들의 무자비함은 홀로 부족신의 계시를 구하며 고행을 할 때 그들 자신에게도 가차 없이 적용되었다.

그런데 이렇게 당당했던 그들에게 마치 자연과 역사가 연합하여 총공세를 펼치듯 묵시록적 재앙들이 연이어 닥쳤다. 우리는 수족이 미주리 강과 미시시피 강을 거슬러 올라가 고원 지대에 터를 잡고 버펄로 사냥으로 살아가기 시작한 것이 백인들이 나타나기 불과 몇 세기 전의 일임을 기억해야만 한다. 그들이 새로운 환경에 적응한 것이 그리 오래

---

[*] P. I. Wellman, *Death on the Prairie*, Macmillan, New York, 1934.

되지 않았다는 사실은 다음과 같은 위슬러(Wissler)의 말을 설명해준다. "버펄로가 죽으면서 수족 역시 민족적으로 그리고 정신적으로 죽었다. 버펄로는 그들에게 식량과 의복 그리고 티피(tepee, 버펄로 가죽으로 만든 인디언들의 거주용 텐트-옮긴이)의 재료뿐만 아니라 자루, 보트, 화살, 실, 컵 그리고 숟가락 같은 생활용품도 제공해주었다. 심지어 버펄로의 똥은 햇볕에 건조되어 겨울철 난방 연료로 사용되었다. 사회, 절기, 의식, 춤, 신화 그리고 아이들의 놀이까지 모두 버펄로의 이름과 모습을 숭배했다."*

제일 먼저 버펄로가 사라졌다. 서부의 푸른 목초지를 향해 교역로를 뚫고자 했던 백인들은 어리석게도 수십 만 마리의 버펄로를 장난처럼 도살하며 인디언들의 사냥터를 황폐화시켰다. 또한 그들은 금을 캐기 위해 수족의 성스러운 산이자 사냥터이며 혹한기의 피난처인 블랙 힐즈 산지를 짓밟았다. 수족은 미합중국의 장군들과 전사 대 전사로 맺은 초기의 조약을 백인들이 파기하는 것에 대해 대화를 시도했지만, 개척민들이 연방 법률과 인디언의 법에 대해 아는 것이 전무하다는 사실만 확인했을 뿐이다.

이후 벌어진 산발적인 전투는, 제7 기병대가 자기과시욕이 강했던 커스터 장군(George Armstrong Custer, 남북전쟁의 영웅이자 인디언들에게는 학살의 주범으로 1876년 리틀 빅혼 전투에서 700명의 부하들과 함께 전사했다-옮긴이)의 뒤늦은 복수를 하면서 끝이 났다. 1890년 운디드니(Wounded Knee) 학살에서, 수적으로 4대 1의 열세였던 수백 명의 인디언 전사들은 잘 무장된 백인 군대에 의해 전멸을 당했다. 그에 앞서 대부분의 인디언들이 항복을 했지만 "추격을 당한 끝에 살해당한 여자들과 아이들의 시체는 몇 마일 밖

---

* C. Wissler, "Depression and Revolt," *Natural History*, 1938, Vol. 41, No. 1.

에서도 발견되었다."* 그 시신들을 촬영한 당시의 사진은 파인 리지에 한 군데밖에 없었던 잡화점의 벽에 1937년에도 붙어 있었다.

새로운 경제가 모색되던 이 역사적인 시기에 수족은 땅과 권력 그리고 새로운 국가적 정체성을 찾아 나선 수많은 백인들과 끊임없이 조우해야 했다. 떠돌이 사냥꾼들과 모피 상인들은 유목 생활을 하는 수족으로서는 그나마 받아들일 만했다. 그들은 사냥터를 보존해야 하는 인디언들과 이해관계를 같이했다. 그들은 또한 칼과 총, 구슬과 주전자를 가져다주었고 인디언 여자들과 결혼을 해서 충실한 가장이 되기도 했다. 일부 기병대 지휘관들도 전적으로 받아들여졌는데, 비록 적장이지만 용감하게 싸웠다는 이유만으로 추앙을 받은 이들도 있었다. 흑인 기병대도 수족이 귀중하게 여기는 가치에 잘 맞았다. 말을 잘 탔기 때문에 흑인 기병대에게는 "검은 버펄로"라는 귀한 이름이 붙여지기도 했다. 퀘이커 교도와 초기 선교사들이 보여준 신앙심도 수족의 종교 지도자들에게 강렬한 인상을 주었다. 수족이 받아들이기 가장 어려웠던 부류는 문명의 축복을 일방적으로 가르치려 한 백인들, 즉 공무원들이었다.

짧은 역사와 혼란의 소용돌이 속에서 미국의 민주주의는 정복이냐 식민지화냐를 두고 명확한 계획을 가지고 있지 못했으며, 생각이 제각각인 현장 책임자들에게 역사의 흐름을 맡기는 우를 범하고 말았다. 정부를 대표한 이들의 일관성 없는 태도는 인디언들에게 불안과 불신을 가져다주었다. 관료주의가 정책을 대신할 수는 없으며, 민주주의의 이상과 실제 사이의 괴리가 중앙집권적 관료주의에서보다 더 극명하게 드러나는 곳은 없을 것이다. 연로한 인디언들은 잠재적인 독재자와 잠재적인 자본가들을 정확

---

* Wellman, 앞의 책.

하게 꿰뚫어보는 눈을 가지고 있었다. 당시의 정부 대표들은 스스로 얼마나 막중한 책임을 맡고 있는지 인식하지 못했다. 다만 일부 관리들은 순수한 인도주의에 따라 그들의 직무를 수행했다.

그런데 곧 이어 인디언 아이들을 대상으로 하는 연방 정부의 교육 지침이 만들어졌다. 수족의 노인들은 이 조치가 조금도 매력적이지 않았다고 회상했다. 일부 지역에서는 "아이들이 거의 끌려가다시피 학교를 다니게 되었고 전통적인 두발과 복장을 포기하도록 강요받았다. 인디언 언어를 사용하는 것은 금지되었고 학교생활은 군대와 다를 게 없었으며 규율을 어기는 경우 체벌이 뒤따랐다. 전통 방식을 끝까지 고집하거나 학교에서 도망을 쳤다가 다시 붙잡힌 아이들은 감옥에 던져졌다. 가족의 영향력을 완전히 차단하기 위해 아이들을 몇 년씩 학교에 붙잡아두는 경우도 있었다."[*] 이러한 분위기는 1920년까지 계속되었다.

이 시기에 인디언들의 복장과 행동, 관습 그리고 아이들의 놀이에까지 영향을 미친 유일한 백인의 부류는 카우보이였다. 1900년부터 1917년까지 수족은 소를 방목하여 그들의 경제를 일구고자 했다. 하지만 토양의 침식과 중서부 지역 목축업의 가능성을 깨달은 연방 정부는 수족에게 목축업을 금지시켰다. 소 떼를 잃고 연이어 방목지의 땅값이 폭등하자 수족은 전혀 준비되지 않은 상태에서 자본주의를 경험하게 되었다. 그리고 이는 오래 전 버펄로 떼가 평원에서 사라졌을 때처럼 인디언들에게는 심리적인 재앙이 되었다. 때문에 일부 선교사들이 수족을 가리켜 그들이 이스라엘의 잃어버린 지파이며 신의 영원한 저주에 놓여 있다고 말한 것은 그리 이상한 일이 아니다.

---

[*]  G. MacGregor, *Warriors without Weapons*, University of Chicago Press, 1946.

비교적 최근에 수족을 농업에 종사하게 하려는 시도가 있었으나 그들의 땅은 이미 척박해진 상태였으며 거기에 대가뭄의 피해까지 겹치게 되었다. 현재에도 밀과 옥수수 같은 작물의 재배가 가능한 땅은 극히 일부에 지나지 않는다.

그런 점에서 수족이 미국 정부의 약속 불이행과 행정적 과오를 끊임없이 비난하는 것은 충분히 이해할 만하다. 어쩔 수 없이 또는 부주의하게 그런 잘못들을 저지른 백인들 스스로 자신들의 실수를 부인하지 않고 있다. 군 장성들이 정부에 제출한 보고서나 인디언 관련 행정을 담당한 관리들이 의회에 제출한 보고서에는 인디언 원로들의 준엄한 비판에 대해 부끄러움을 느낀다는 대목이 곳곳에 등장한다. 사실 미국인들의 양심이 너무나 쉽게 각성이 되어서 감상주의자들과 정치인들은 인디언 문제에 대한 현실적인 접근에 오히려 방해가 되는 방식으로 그러한 여론을 이용하기도 했다.

정부는 군대를 철수시키고 인디언들을 위한 인도주의적 기구를 만들었다. 이전의 정부 관리들은 교사와 의사 그리고 인류학자로 대체되었다. 하지만 오랜 실망과 종속 상태는 인디언들에게 뿌리 깊은 불신을 남겼다. 오랫동안 부당한 대우를 받은 인디언들에게서는 오늘날의 정신 의학이 "보상 신경증"이라고 부르는 특성이 관찰된다. 그들은 무엇인가 돌려받을 빚이 있다는 심리 상태로부터 안정감과 정체감을 얻는다. 하지만 수백 만 마리의 버펄로와 블랙 힐즈 산지에서 캐낸 모든 금을 돌려받는다고 해도 그들이 의존적 습성을 버릴 수 있을지, 그리고 오늘날의 세계에 적응할 수 있는 그들만의 공동체를 만들 수 있을지는 의문이다.

그러므로 인디언 보호구역에 잠시 머문 방문객이 마치 스스로 느린

화면의 일부가 된 것 같은 느낌과, 역사의 무게가 주변의 모든 것을 정지시킨 것 같은 느낌을 갖게 되는 것은 이상한 일이 아니다. 파인 리지 중심가의 풍경은 사실 중서부의 여느 조용한 카운티와 다르지 않다. 관청과 학교 시설은 깨끗하고 잘 정돈되어 있으며, 인디언이든 백인이든 공무원들과 교사들은 깔끔한 차림에 친절한 모습을 보여준다. 하지만 조금 더 오래 머물며 더 깊숙한 지역으로 들어가 보면 인디언들이 가진 것이 거의 없으며 그나마 가진 것조차 제대로 관리하지 못하고 있음을 확인할 수 있다. 또한 겉으로는 조용하고 상냥하지만, 일반적으로 행동이 느리고 무표정한 그들이 영양 부족과 질병의 징후를 보이고 있다는 사실도 발견하게 된다. 이따금 목격되는 의례적인 춤과 밀주를 파는 카페에서 벌어지는 싸움만이 고요한 표면 아래에서 들끓고 있는 그들의 에너지를 보여준다. 우리가 파인 리지를 방문했을 당시 인디언 문제는 역사의 건기와 우기가 교차하는 거대한 전환점에, 그리고 민주적 절차의 황폐함과 활기찬 자유 경쟁 체제의 무자비함 사이에 갇혀 있는 형국이었다. 우리는 아무런 준비 없이 거대한 무산계급화의 제분 기계 속에 떠밀려 들어간 인디언들이 빠른 속도로 곱게 갈아지고 있다는 사실을 알게 되었다. 여기에서 인디언의 문제는 예전의 색채를 잃고 소수 유색인종 문제의 하나로 전락한 채 분주한 민주적 절차가 그들을 위해 시간을 내주기만을 기다리고 있었다.

## 2. 짐(Jim)

메킬과 나는 어느 상점에 들어갔다가 마른 체형에 진지한 표정을 지닌 수족 청년 짐을 만났다. 고등학교를 졸업한 그는 백인들의 문화에 어느 정도 동화되어 있었으며, 우리가 예상한 대로 정신적 혼란을 겪고 있었다. 수 년 전 파인 리지를 떠나 다른 부족의 여자와 결혼한 짐은 처가에서 살고 있었다. 짧은 대화를 통해 내가 어떤 일을 하는 사람인지 알게 된 그는 자녀 교육 문제로 고충을 겪고 있음을 털어놓으며, 우리에게 파인 리지 대신에 자신의 처가가 있는 보호구역을 방문해달라고 요청했다. 그는 자신의 아내와 함께 여러 가지 문제에 대해 들려줄 이야기가 있다고 했다. 우리는 빠른 시일 내에 방문하겠다고 약속했다.

우리가 아담하고 깨끗한 농가에 다다랐을 때, 어린 사내아이들이 그루터기를 향해 밧줄 올가미를 던지고 있는 모습이 보였다. 그것은 인디언 꼬마들이 가장 좋아하는 놀이였다. 어린 여자아이는 아버지의 무릎에 앉아서 장난을 치고 있었다. 짐의 아내는 집 안에서 일을 하고 있었다. 우리는 인디언들과는 단 몇 시간 만에 끝나는 일이 없다는 사실을 잘 알고 있었기 때문에 우리가 사용할 생필품을 챙겨서 갔다. 이 부부의 이야기는 아주 천천히, 신중함과 쑥스러워하는 태도와 함께 진행될 것이었다. 짐의 아내는 자신의 가까운 친척 두 사람을 우리와의 대화에 초대했다. 그녀는 이따금 문 밖으로 나가 사방으로 드넓게 펼쳐진 평원의 끝에서 구름이 천천히 움직이는 모습을 바라보았다. 이야기를 시작하기 위해 자리를 잡으면서 나는 오늘날의 인디언들 가운데 짐의 위치가 어디쯤 될까 헤아려 보았다.

인디언 보호구역에서 만난 긴 머리의 몇몇 노인들은 오래 전 그들의 아버지가 이 평원의 주인으로서 미국 정부의 대표들과 동등한 위치에서 만났던 일을 기억하고 있었다. 백인들과의 전투가 완전히 끝난 뒤 인디언들은 미국인들의 신이 자신들이 섬기는 신과 크게 다르지 않다는 사실을 알게 되었다. 또한 공격적이지만 위엄과 자비를 알고 있는 미국인들의 가치관이, 그들이 "좋은 사람"의 기준으로 꼽는 용기와 관대함에 견주어 그다지 다르지 않다는 사실도 알게 되었다.

인디언 2세대는 사냥과 모피 거래에 대해서는 들어서만 알고 있을 뿐이었다. 정부의 배급에 의존하는 생활을 그들은 조약에 근거한 당연한 권리로 간주했으며, 그것은 "자연스러운" 생활양식이 되었다.

짐은 정부의 전액 지원으로 공립 기숙학교에서 교육을 받았고, 더 나은 교육을 받았기 때문에 백인들을 더 잘 상대할 수 있다고 믿는 3세대에 속했다. 하지만 그들은 피상적 적응을 넘어서는 수준에 이르지는 못했다. 그들 대부분은 과거에 대해서처럼 미래에 대한 생각도 가지고 있지 못했기 때문이다. 이들 젊은 세대는 백인들과의 공존을 믿지 않았던 조부모 세대의 인상적인 위엄과, 인디언들을 죽은 세대의 쓸모없는 유물로 느끼는 백인들 사이에 끼어 있는 존재였다.

잠시 후 짐의 아내가 친척들이 오고 있다고 알려주었다. 우리도 멀리서부터 걸어오는 두 여자를 볼 수 있었다.

우리는 다소 어색하면서도 반갑게 인사를 주고받은 뒤 소나무 그늘 아래 둘러앉았다. 어쩌다보니 내가 가장 높은 나무 상자에 앉게 되었다. (평원에서 의자는 귀한 물건이었다.) 혼자 높은 위치에 있으니 설교단에 오른 목사처럼 불편하다고 농담을 건네면서 나는 상자를 옆으로 돌려 높이를 낮춰보았다. 그런데 옆으로 놓인 상태에서는 상자가 약해서 부서질 것 같아 나는 원래 위치로 상자를 돌려놓아야 했다. 짐은 조용히 자신의 상자를 돌려서 나의 것과 높이를 맞추었다. 그 장면은 눈치가 빠른 인디언들의 전형적인 모습을 보여주는 사례로 기억에 남아 있다.

짐의 표정이 담담했던 반면에 그의 아내는 심각한 이야기를 꺼내기로 작정한 듯한 표정이었다.

메킬과 나는 짐이 가정 내에서 겪는 어려움이 무엇이든 그것을 직접적으로 다루지는 않기로 했다. 파인 리지에 머무는 동안 우리는 평원에서 살아가는 아이들에 대해 많은 이야기를 들었고, 이제 그에 대한 어른들의 설명을 듣고 싶었다. 우리는 출산과 육아에 관한 과거의 관습과 오늘날의 변화를 알아내기 위해 그들의 이야기에 귀를 기울였다. 짐의 아내가 초대한 여자들은 시종 익살스러운 솔직함을 보여주었다. 물론 메킬이 아주 구체적인 질문으로 그들의 기억을 끌어내지 않았다면 그들은 아마 남자 앞에서 꺼내기 힘든 주제의 미묘함 때문에 어색한 미소만 짓고 있었을지도 모른다. 그렇게 시시콜콜한 이야기들이 백인들의 관심사가 될 수 있다는 사실을 그들은 전혀 예상하지 못한 표정이었으며, 자신들의 이야기가 이 세계와 무슨 상관이 있는지 이해하지 못하는 것 같았다.

여자들과의 대화가 이어진 몇 시간 동안 짐은 대화에 거의 끼어들지 않았다. 5세 전후 아동의 양육에 대해 이야기를 주고받는 동안 여자들은 아이들이 나중에 어른이 되면 하고 싶다고 하는 것들에 대해 유쾌한 표정으로 고개를 끄덕였지만 짐은 시종 어두운 표정으로 침묵을 지킬 뿐이었다.

마침내 점심때가 되어 여자들은 식사 준비를 위해 자리에서 일어났다. 이제 짐의 차례였다. 그는 곧바로 본론으로 들어갔다. 그는 아이들이 놀면서 성과 관련된 말을 자주 사용하는 것을 참기 힘들어했다. 그의 아내는 그 문제를 대수롭지 않게 여기며 아이들은 다 그런 법이라는 반응을 보였다. 인디언들은 음탕하며 바람직하지 못한 성적 습성을 지녔다는 백인들의 비아냥거림에 대해 그는 대단히 민감했다. 우리는 백인들이 인디언들을 성적으로 문란하다고 생각한다는 것과, 세상 사람들은 으레 자신들이 수치스럽게 여기는 성적 도착에 대해 그들의 이웃을 비난한다는 사실에 동의했다. 사실 사람들은 자신들의 성적 도착에 대해 엉뚱한 이름을 갖다 붙이기 좋아한다. 하지만 짐은 그 문제를 상대적인 관점으로 볼 생각이 없었다. 그는 수족은 자신의 성적 충동을 다스릴 줄 아는 "강인한" 사람들이며, 따라서 자녀들이 음란한 언어를 사용하는 것을 허락하지 않는다고 주장했다. 그는 수족 아이들에게 허락되지 않는 일을 자신의 아이들이 하는 것을 묵과할 수 없었다. 그는 수족이 자신의 아내가 속한 부족보다 "더 강인한" 부족이라고 생각했고, 백인들이 수족에 대해 가지고 있는 편견을 아내의 부족에게 똑같이 가지고 있었다. 물론 여러 소집단 내에서 지배적인 집단이 상대적인 우월감을 가지고 있는 것은 매우 보편적인 현상이다. 백인과의 혼혈이 상당히 많은 수족이 순혈 수족을 "검둥이"라고 부르고, 반대로 순혈 수족이 그들을 "백인 쓰레기"라고 부르는 것도 마찬가지이다.

정신과적 상담에서 많은 환자들이 그러하듯 짐 역시 자기모순에 빠지게 되었고 결국 그는 한 가지 사실을 털어놓았다. 최근 그는 어린 시절을 보낸 동네를 찾아갔다가 친척 아이들이 사용하는 말에 당혹감을 느꼈다. 그런 말을 사용한다는 것은 자신이 어렸을 때는 상상할 수조차 없는 일이었기 때문이다. 우리는 그에게 어렸을 때 나쁜 말을 쓰지 못하게 한 사람이 누구인지를 물었다. 그는 아버지였다고 대답했다.

더 많은 질문과 대답이 오가면서 그의 아버지가 외국에서 어린 시절을 보냈다는 사실이 드러났다. 짐이 그 이야기를 자세히 들려줌에 따라, 그의 아버지가 외국 생활을 마치고 돌아와 자신의 아이들에게 다른 수족 아이들과는 다른 기준을 받아들이게 했다는 사실이 분명해졌다.

그렇게 함으로써 그의 아버지는 자녀들과 다른 아이들 사이에 장벽을 쌓았고, 그 장벽은 이제 짐이 그의 아이들과 자기 자신으로부터 고립되는 결과를 낳게 했다. 짐은 이러한 내적 억압의 결과로 그냥 보아 넘겨도 될 아이들의 행동을 아내로 하여금 간섭하도록 종용했고, 가정 내에서 그러한 갈등 상황을 만들고 있는 자기 자신의 모습에 혼란을 느끼고 있었다.

우리는 짐에게 양면적 갈등에 대해 설명해주었다. 그 역시 자신을 친구들로부터 떼어놓으려 한 아버지에게 속으로 반감을 품었던 것 같다. 그는 아버지에 대해 노골적인 반감을 표출하지 않았지만 대신 아버지가 자신에게 했던 일을 자신의 아이들에게 똑같이 하고 있었다. 하지만 아버지가 강요한 외국의 기준을 결코 자신의 것으로 받아들인 적이 없었기 때문에 그의 행동은 아내에게 분노를, 아이들에게는 짜증을 그리고 그 자신에게는 불확실성을 가져다주었다.

그는 잠시 생각에 잠기더니 입을 열었다. "두 분이 저에게 아주 중요한 이야기를 해주신 것 같습니다." 그의 이야기가 좀 더 이어졌다. 그리고 점심식사가 준비되었다. 그의 아내와 그녀가 초대한 두 여자는 집주인과 손님들이 식사를 마칠 때까지 문밖에서 조용히 기다렸다.

평원의 여러 농가에서 무거운 표정의 인디언들과 나눈 대화는 대개 이러했다. 이러한 대화는 과거에 수족의 아동기가 어떠했는지를 보여주는 자료의 주요한 원천이 되었다. 이 현장연구에서 중요한 의미를 내포하고 있지 않은 사실은 하나도 없었다. 짐이 주변 사람들은 물론 자기 자신과 불화를 일으키면서까지 스스로의 정당성을 회복하려 발버둥친 것은 우리에게 생소한 심리적 기제를 들여다보게 해주었는데, 그것은 종족의 주체성을 잃어버린 사람이 그것을 파괴한 이에게 오히려 강박적인 동일시를 느낀다는 것이었다. 육아 과정의 작은 차이가 사람들의 세계관과 자존감 그리고 정체성에 영구적인, 때로는 치명적인 영향을 끼친다는 사실은 우리가 최근에야 개념화한 것인데 어쩌면 사람들은 이것을 늘 의식하고 있었는지도 모른다.


## 3. 인종간의 세미나

메킬과 내가 데이터를 얻은 두 번째 주요한 원천은 백인과 인디언 혈통의 교사들과 사회복지사들을 초대해서 개최한 작은 세미나였다. 세미나에서 우리는 그들의 다양한 의견을 청취할 수 있었다. 그런데 억압과 왜곡에 취약해지는 신경증적 갈등 상황에서는 똑같은 아동의 데이터를 두고도 인종 간에 거의 상호 이해가 불가능한 방어적 태도가 기저에 형성된다는 사실을 먼저 인식할 필요가 있다. 집단의 특성과 관계없이 모든 집단은 아이들에게 희생을 요구하는 것 같다. 그리고 아이들은 확고한 신념에 의해 또는 어쩔 수 없이 따라야 하는 절대적인 원칙이라고 체념하는 경우에 그러한 희생을 받아들이게 된다. 이러한 절대적인 원칙에 이의를 제기하는 것은 모두를 위험에 빠뜨리는 행위이다. 때문에 육아의 사소한 원칙을 지키기 위해 평소 온순하던 이웃이 마치 새끼가 위험에 빠졌다고 믿는 성난 어미 곰처럼 공격적인 반응을 보이는 일이 일어나는 것이다.

우리의 세미나에서 나온 발언들은 표면적으로는 그들의 직업상 타당한 불만으로 들렸다. 가장 큰 불만은 결석에 관한 것이었다. 문제가 생기면 인디언 아이들은 학교를 뛰쳐나가 집으로 돌아가 버렸다. 교사들의 두 번째 불만은 절도 또는 다른 사람의 재산권을 철저히 무시하는 행동에 대한 것이었다. 학생들의 무기력한 태도에 대한 불만이 그 뒤를 이었다. 아이들은 그 어떤 것에도 열의를 보이지 않았고 교사의 질문이나 요구에 대해 수동적인 반응을 보였다. 마지막으로 과도한 성적 행위에 대한 불만이 나왔다. 그 표현은 남녀 학생이 으슥한 곳으로 잠시 사라지는 것부터 집을 그리워하는 여학생들이 기숙사 침대에서 한데 뒤엉켜 있는 것까지 다양한 상황들을 의미했다.

학생들의 무례한 태도에 대해서는 불만이 가장 적었다. 다만 어느 교사는 학생들이 표면적인 저항을 보이지 않는 것이 오히려 인디언의 비밀 무기처럼 느껴져서 두렵다는 이야기를 했다. 아이들에게 무슨 말을 해도 도무지 반응이 없다는 것은 교사들의 공통적인 불만이었다. 아이들은 자신의 생각을 말하는 법이 없었다. 아이들은 교사의 말을 이해한 것처럼 보이다가도 전혀 엉뚱한 행동을 하곤 했다. 한마디로 아이들은 "도무지 이해할 수 없는 대상"이었다.

이러한 사실이 선의와 능력을 갖춘 교사들에게 일으킨 무의식적인 분노는 그들이 공식적인 의견에 덧붙인 "개인적인" 의견에서 분명히 드러났다. 인디언 혈통의 몇몇 교사들이 인디언 부모들의 자식 사랑에 대해 이야기하자 나이가 지긋한 어느 백인 교사가 분노를 표출했다. 그는 아이들을 사랑한다는 것이 무엇인지 인디언들은 모르고 있다고 말했다. 다른 참석자들이 왜 그렇게 생각하느냐고 묻자 그는 자신이 관찰한 결과를 근거로 제시했다. 길게는 3년까지 자녀들을 만나지 못한 부모들이 마침내 자녀와 재회하면서도 입을 맞추거나 울음을 터뜨리는 경우가 없더라는 것이다. 인디언들은 가족 간에도 감정 표현을 자제하며, 특히 다른 사람들이 보는 앞에서는 더욱 그러하다는 다른 참석자들의 의견을 그는 받아들이려 하지 않았다. 그런 의견은 20년 동안 자신이 개인적으로 관찰한 바와 상충하는 것이었다. 그는 인디언 부모들의 자식에 대한 애정은 동물보다 못하다고 주장했다.

설령 인디언 사회의 문화적 와해와, 부모가 아이들을 경제적 또는 정신적으로 제대로 돌보지 못하는 현실이 대인관계의 냉담함을 낳을 수 있다고 인정하더라도 그러한 과격한 오해를 접한다는 것은 끔찍한 일이었다. 그것은 인디언에 대한 이해가 부족했던 시절의 유물이라고 볼 수도 없었다. 휠러(Wheeler) 대령은 수족을 교사가 아닌 정복자로서 알고 있었음에도 "지구상에서 인디언보다 가족을 더 아끼고 사랑하는 민족은 없다"고 말했다. 그렇다면 누구의 말이 옳은 것인가? 인디언들을 정복한 장군이 감상에 젖은 것일까, 아니면 나이든 교사가 냉소에 빠진 것일까?

많은 의견들이 우리에게 개인적으로 전달되었다. "사실 야뇨증이 가장 어려운 문제입니다." 인디언과 백인의 혼혈인 어느 남자 교사가 말했다. "하지만 우리 인디언들은 여자가 포함된 집단 내에서는 야뇨증 문제를 화제에 올리지 않거든요." 그는 적절한 배변 훈련의 결여가 많은 인디언 교육 문제의 근본적인 원인이라고 생각했다. 어느 백인 교사는 "진짜 최악인" 또 다른 문제를 지적했다. 의료 당국의 비공개 자료를 인용해서 그는 "인디언 부모들은 자녀의 자위행위를 묵인할 뿐만 아니라 그것을 가르쳐주기까지" 한다고 말했다. 그는 이것이 모든 문제의 근본 원인이라고 생각했지만 인디언들이 있는 자리에서 이 문제를 논의할 생각은 없어 보였다. 그런데 명확히 말해서, 야뇨증이나 자위행위 모두 다른 기숙학교에 비해 인디언들이 다니는 학교에서 특별히 문제가 심하다고 할 만한 증거는 없었다. 자위행위 문제는 단순한 추측에 불과할 뿐, 아이들이 자신의 몸을 만지는 행동 이외의 모습을 목격한 사람은 사실 아무도 없었다. 흥미로운 사실은 가장 큰 분노와 불만을 일으킨 "진짜 최악의" 문제는 서구의 문화에서 (그리고 전 성기기에 관해 앞에서 논의한 바와 같이) 정신분석학자들의 주목을 받아온 초기 조건화와 관련된 부분이었다는 것이다.

교육 문제와 관련하여 백인 교사들은 인디언 부모들이 자녀의 배뇨와 배변 그리고 성기의 문제에 관심을 기울이지 않는 것을 매우 악의적인 의도를 지닌 파렴치한 행위로 간주했다. 한편 아주 어린 아이들에게는 방임적이고 조금 더 큰 아이들에게는 오로지 말로만 엄격하게 대하는 인디언들의 눈에 백인들의 적극적인 자녀 양육 방식은 아이들의 기를 꺾으려는 집요하고도 파괴적인 시도로 보였다. 그들은 백인들이 아이들을 이 세상으로부터 떼어놓으려 한다고 생각했다. 정부가 운영하는 병원에서 출산을 한 어느 인디언 여성은 위생상의 이유로 산모와 아기를 격리한다는 사실에, 그리고 특히 신생아는 얼굴이 파랗게 질릴 때까지 울도록 내버려 두는 것이 좋다는 의사와 간호사들의 말에 분노를 느꼈다. "백인들은 아이들을 울도록 가르친다고요!" 마치 통곡의 벽 앞에 선 유대인들처럼 손주의 탄생을 기다리는 인디언 할머니들은 병원의 복도에서 숨죽여 울고는 했다. 하지만 교육을 받은 인디언들조차 정부가 많은 비용을 들여 그들의 아이에게 베푸는 정책들이 본질적으로는 그들의 혈통을 거세시키려는 사악한 의도에서 비롯되었다는 생각을 완전히 떨쳐내지 못했다. 뿐만 아니라 인디언들의 눈에는 백인들이 그들 자신의 아이들조차 파멸시키려 하는 것으로 보였다. 두 인종이 처음으로 조우한 이래로 인디언들은 백인 부모가 아이를 때려서 순종하게 만드는 모습에 가장 큰 거부감을 가져왔다. 인디언들은 기껏해야 올빼미―또는 백인―가 와서 잡아간다는 말로 아이를 겁주는 것이 전부였다. 다만 인디언 부모들은 그들이 하는 말이 아이의 내면에 어떤 갈등을 고착시키고 있는지는 전혀 헤아리지 못했다.

그들의 비공개적이며 개인적인 불만은 (우리가 가지고 있는 가장 진전된 이론 하에서도) 겉으로는 임의적인 것으로 보이는 요소조차도 아동 양육에서는 분명한 기능을 가지고 있다는 가정을 전제로 하고 있다. 그러나 실제로 이러한 가정은 상호 편견의 도구로, 그리고 개인적 동기와 무의식적 의도를 은폐하는 도구로 사용된다. 여기에서 "집단 치료"의 필요성이 제기되는데, 이는 각 개인의 정신의학적 치료가 아닌 집단 전체의 문화적 상호관계를 개선하는 것에 목표를 두고 있다.

문화적 편견의 중요한 요소들 가운데 세 가지—소유물에 대한 태도, 청결 그리고 효율성—를 실례와 함께 간략히 설명해보겠다.

어느 날 한 교사가 자신이 담당한 학생들의 명부를 들고 우리를 찾아왔다. 학생들의 이름(별이 뜨네(Star-Comes-Out), 아침의 추적(Chase-in-the-Morning), 말이 무서워(Afraid-of-Horses) 등등)에 시적인 분위기가 풍긴다는 것을 제외하면 특별한 것은 없었다. 학생들은 행동이 반듯하고 백인 교사의 영역과 집의 영역을 명확히 구별했다. "이 아이들은 두 개의 현실을 가지고 있어요." 적어도 그 교사는, 인디언 학생들은 "타고난 거짓말쟁이"라고 말한 그의 동료보다는 훨씬 교양 있는 표현을 사용했다. 그는 학생들의 학업 성취도에 대체로 만족했다. 그가 우리와 논의하고자 했던 유일한 문제는 다른 학생들로부터 따돌림을 받고 있는 한 소년에 관한 것이었다.

우리는 그에게 먼저 인디언과 백인들 사이에서 아이의 가족이 차지하고 있는 위치를 물었다. 양쪽 집단 모두 아이의 아버지를 "돈 많은 사람"이라는 세 단어로 규정하고 있었다. 다른 "부족"의 영역에 넘어갔다가 자신의 집단에 돌아오면 죽임을 당하는 개미처럼, 이웃 소도시의 은

행을 정기적으로 드나드는 그의 아버지는 "외지 냄새"를 풍기는 사람이 되어 있었다. 일단 "자신의 재산을 챙기는 사람"이라는 낙인이 찍히면 그와 그의 가족은 인디언들 사이에서 사회적으로 완전히 매장이 되었다. 그것은 수족의 가장 오래된 경제 원리 가운데 하나인 "나눔"을 정면으로 위배하는 것이었다.

> 이들에게 장기간 무엇인가를 보관한다는 것은 낯선 방식이다. 당장 먹을 것을 걱정할 처지가 아니고 명상을 위한 충분한 시간과 이따금 가진 것을 나누어줄 만한 여유만 있다면 이들은 만족스러워한다… 식량이 다 떨어지면 이들은 가족을 이끌고 이웃이나 친척을 찾아간다. 그곳의 식량이 다 떨어질 때까지 음식은 공평하게 배분된다. 멸시를 가장 많이 받는 사람은 가진 것이 많으면서도 나누어주지 않는 사람이다. 그런 사람이야말로 "가난한" 사람 취급을 받는다.[*]

수족 사회에서 부의 평준화 원리를 가장 잘 보여주는 것은 "내주기"이다. 특정한 친구나 친척의 이름을 빛내기 위해 잔치를 마련한 주인은 손님들에게 자신의 소유물을 모두 내주었다. 오늘날에도 인디언 아이가 부모가 모아둔 알량한 재산을 특별한 날에 아낌없이 내주는 모습을 통해 우리는 구두쇠의 오명을 뒤집어쓴다는 것이 이들에게 무엇을 의미하는지 간접적으로 알 수 있다. 이를 통해 아이는 우리가 뒤에서 자세히 살펴볼 이상적인 정체감을 표현한다. "당신이 보고 있는 내 모습

---

[*] H. S. Mekeel, *The Economy of a Modern Teton-Dakota Community*, Yale Publication in Anthropology, Nos. 1-7, Yale University Press, New Haven, 1936.

이 바로 나이며, 그것은 우리 조상들의 모습이기도 하다."

물론 내주기의 경제 원리와 나눔을 높이 평가하는 전통은 필요에 의한 것이기도 했다. 한 곳에 정착하지 않고 이동하며 생활하는 이들에게는 운반하기 쉬운 최소한의 재산만 필요했다. 또한 사냥을 해서 살아가는 사람들은 운과 능력이 따르는 다른 사냥꾼들에게 의존할 필요가 있었다. 그런데 현실적인 필요는 미덕보다 더 빨리 변화한다. 인간 진화의 가장 역설적인 문제는, 원래 개인과 집단의 자기보존을 위해 만들어진 미덕이 소멸의 압력을 받으면서 경직이 되고 오히려 집단의 구성원들로 하여금 변화된 필요에 적응하지 못하게 만들 수 있다는 것이다. 사실 그러한 과거의 미덕을 고집하는 태도가 재교육의 걸림돌이 되기도 한다. 하지만 원래의 경제적 의미와 전통으로서의 기능이 상실되면 그러한 미덕에 균열이 생기기 마련이다. 개인에 따라 조금 더 가지고 있거나 덜 가지고 있는 과거의 미덕이 개인의 다른 성격적 특징들과 결합하고, 가난한 백인들의 방탕함과 경솔함 같은 주변 환경의 특징과도 섞이는 것이다. 결국 행정 당국과 교사들은 과거의 미덕과 현재의 부도덕이 혼재하는 상황에서 혼란을 겪게 된다. 오래 전의 조약에 근거해서 경제적 형편에 따라 인디언 가정에 지급되는 보조금과 구호식량을 예로 들어보자. 누군가 "선물"을 받았다는 소식이 평원에 퍼지면 온 사방에서 작은 마차를 타고 몰려든 사람들이 이 원시적 공산사회의 축제에 당당하게 참여한다. 인디언들을 우리의 화폐경제 제도에 편입시키려는 수십 년 간의 노력에도 불구하고 이와 같은 과거의 태도는 여전히 남아 있다.

이러한 문제들에 대한 논의에서 우리가 얻은 통찰은, 개인 또는 집단 사이의 관계에서 자신의 가치관을 근거로 상대방의 논리적 일관성이 없다고 비난하는 것만큼 무익한 일은 없다는 것이다. 그것이 개인의 것이든 집단의 것이든 모든 가치관은 나름의 독특한 내용과 일관된 논리적 형식을 가지고 있기 때문이다.

"그 애들은 적극성이라는 게 없어요." 백인 교사들은 그렇게 말하곤 했다. 실제로 인디언 남학생들은 어떤 경우에는 의욕을 보이다가도 남을 이기거나 경쟁을 해야 하는 상황이 되면 의욕을 완전히 잃곤 했다. 예컨대 달리기 시합을 하는 경우 아이들은 출발선에서 미적거리며 이렇게 말한다. "우리가 왜 뛰어야 하는데요?" 누가 달리기를 제일 잘하는지 이미 알고 있다고 말하는 아이들의 마음속에는 어쩌면 경주에서 이겨도 그리 좋을 게 없다는 현실이 반영되어 있는지도 모른다. "돈 많은" 아버지를 가진 어린 소년의 사례는, 교사들의 지시와 요구를 잘 따르며 우수한 학교활동에서 즐거움과 만족감을 얻은 인디언 아이들에게도 그대로 재현되었기 때문이다. 모범생들은 다른 아이들의 눈에 보이지 않는 비웃음 속에 평균적인 수준으로 다시 주저앉았다.

메킬은 인디언 소녀들이 경험하는 특수한 문제들을 자세히 설명해주었다. 백인들의 학교에 입학한 인디언 소녀가 가장 먼저 받는 인상은 자신이 "더럽다"는 것이다. 일부 교사들은 인디언 아이들의 몸에서 나는 냄새에 역겨움을 숨길 수 없다고 고백한다. 이전의 티피가 오늘날의 목조 가옥보다 찌든 냄새로부터는 더 자유로웠다. 학교에서 인디언 소녀들은 청결과 개인위생을 배우고 화장품에 접하게 된다. 비록 백인 여성들이 누리는 행동의 자유를 완전히 받아들이지는 못하지만 아이들은 보다 깔끔하고 예쁜 차림으로 집에 돌아간다. 하지만 곧 그들은 어머니와 할머니로부터 "더러운 계집애"라는 말을 듣게 된다. 인디언의 문화에서 정결한 소녀라면 월경 기간에 여러 가지 금기를 지켜야 하며, 특정한 음식에 손을 대지 않는 것도 그 중 하나이다. 월경 중인 여자가 손

댄 음식은 부정을 탄다는 믿음 때문이다. 그런데 대부분의 소녀들은 월경 기간 중 받게 되는 나병 환자 취급을 더 이상 받아들이지 못한다. 그렇다고 그들이 가부장적 문화에서 해방되는 것도 아니다. 그들은 평범한 미국 여성으로 살아갈 기회를 얻은 적도 없거니와 그들 스스로 그럴 의지도, 준비도 갖추지 못하고 있다. 그들이 공간적 제한과 비위생적인 신체 접촉 그리고 빈곤한 환경 속에서 다시 행복감을 느끼기란 거의 불가능하다.

이미 머릿속에 각인된 세상의 모습이 현실의 모순에 의해 약화되거나 꾸중으로 사라질 리는 없다. 이러한 예에서 나타나는 관념적 괴리에도 불구하고 많은 인디언 부모들은 자녀들에게 백인 교사에 대해 순종할 것을 가르쳤다. 아이들은 이를 당연한 도리가 아닌 굴종에 대한 압력으로 받아들였음에도 그에 대한 반응은 종종 믿기 힘들 정도로 차분했다. 우리로서는 이것이 조사해볼 필요가 있는 놀라운 현상으로 받아들여졌다. 우리의 문화에서 세대 또는 계급 간에 발생하는 여러 갈등 요인들과 비교했을 때 그보다 훨씬 큰 차이를 가지고 있는 두 개의 기준 사이에서 인디언 아이들은 아무런 반항이나 내적 갈등을 표출하지 않고 몇 년을 견딜 수 있었다. 우리는 수족에게서 개인적 갈등이나 내적 불안 또는 우리가 신경증이라고 부르는 것들의 증거를 거의 찾아볼 수 없었다. 적어도 우리가 가지고 있는 정신 위생에 대한 지식을 적용해볼 만한 문제가 발견되지 않은 것이다. 우리는 음주와 관련된 비행이나 경미한 절도의 형태로 나타난 문화적 병리현상을 일부 발견했으나, 대부분의 경우 인디언의 가치관에 백인의 기준이 덧씌워지는 것에 대한 냉담한 반응과 눈에 보이지 않는 수동적인 저항이 관찰되었을 뿐이다. 오직 "백인들 밑에서 일하는" 소수의 인디언들에게서만 강박적 행동, 과도한 도덕적 기준 그리고 경직된 태도로 표출되는 신경증적 불안이 관찰되었다. 하지만 백인 교사에게 수동적인 저항을 하거나 말문을 닫아버릴 때에도 평범한 인디언 아이들은 "양심의 가책"을 느끼지 않는 것 같았으며, 기숙사에서 도망을 나와 등교를 거부한다고 해서 그것을 나무라는 어른도 없는 것 같았다. 전체적으로 볼 때 아이가 살고 있는 두 세계 사이의 갈등이 아이의 내면에는 반영되지 않았다.

그런데 생활의 장력과 리듬이 과거의 활력을 회복하는 때가 있는 것 같았다. 그것은 대가족이나 옛 무리의 후예들이 저마다 낡은 마차에 짐을 가득 싣고 평원의 어딘가에 모여 축제나 의식을 벌이면서 선물과 옛 추억을 나누고 시시콜콜한 이야기와 다른 사람에 대한 험담을 주고받으며 농담과—지금은 극히 드물지만—옛 춤을 함께 즐기는 순간이었다. 아이의 부모와 특히 조부모는 인디언과 사냥감 그리고 적 이외에는 아무것도 없었던 과거의 평원으로 돌아가 그 시절의 정체감을 경험했다. 인디언들이 편안함을 느끼는 이 공간에는 여전히 경계가 없었고 자발적으로 모이는 과정만큼이나 해산도 갑작스럽고 자유로웠다. 인디언들은 백인들의 문화, 이를테면 말과 총, 그리고 시간이 조금 지난 후에는 자동차와 트레일러를 갖는 꿈을 기꺼이 받아들였다. 그런 것들마저 없었다면 그들에게는 오로지 무의미한 현실에 대한 수동적인 저항과 막연한 회복에의 꿈만 남아 있었을 것이다. 그 꿈이란 평원을 달리는 무수한 버펄로 떼와 제약받지 않는 삶이 펼쳐지는, 시간이 흐르지 않는 과거의 끝없는 공간으로 돌아가는 것이다. 수족은 지금도 미국 연방 대법원이 블랙 힐즈와 잃어버린 버펄로 떼를 그들에게 되돌려주라는 판결을 내려주기를 기다리고 있다.(이 책이 처음 출간되고 30년이 지난 1980년 연방 대법원은 미국 정부에 대해 수족에게 1억 6백만 달러의 배상금을 지급하라는 판결을 내렸으나, 수족은 이를 받아들일 경우 그 땅이 백인들의 것임을 인정하는 결과가 될 것을 우려해 배상금 수령을 거부했다. 이후 미국 전역에서 유사한 소송이 이어졌으나 실제로 영토 반환으로 이어진 사례는 없다—옮긴이)

한편 연방 정부가 보낸 교사들은 국가와 지역의 목표에 부합하는 생애 설계에 대해 인디언들에게 끊임없는 설교를 하고 있다. 벽난로가 있는 주택과 은행 계좌로 대표되는 그러한 삶은 과거를 극복하고 아주 먼 미래의 높은 생활수준을 위해 현재를 희생하는 것에서 의미를 부여 받는다. 미래로 나아가는 길은 외적인 회복이 아니라 내적 쇄신과 경제적 "개선"에 있다는 것이다.

우리는 역사—지리적 견해들과 경제적 목표와 수단은 한 집단이 역사로부터 얻은 모든 것을 포함하고 있으며 그럼으로써 그들의 현실 인식과 행동 양식을 특징짓는다는 사실을 알게 되었다. 또한 그러한 가치 체계가 의심을 받거나 부분적인 변경이 가해지면 존재 자체가 위협을 받을 수 있다는 사실을 확인했다. 뒤에서 자세히 논의하겠지만, 육아에 관련된 요소들도 그러한 현실 인식의 한 부분으로 존재한다. 그러한 요소들은 현실적으로 가능한 경우 원형 그대로 존속하겠지만, 정복자들에 의해 주입된 새로운 생활양식이 미처 새로운 문화적 정체성을 획득하는 데까지 나아가지 못하는 경우 왜곡된 사본으로만 남아 있을 수 있다.

## 4. 수족의 아동 양육

### A. 출산

우리에게 수족의 옛 육아법을 들려준 여자들은 처음에는 입을 잘 열지 않았다. 무엇보다도 그들은 인디언이었기 때문에 이제까지 인류학자이자 친구로 알아온 메킬이 정부 관리로 그들 앞에 나타난 것에 당혹스러움을 내비쳤다. 더욱이 인체에 관해 남자에게 이야기한다는 것이 수족 여자로서는 그리 고상한 일이 아니었다. 특히 피해갈 수 없는 첫 주제, 즉 임신에 대한 이야기를 꺼내면서 여자들은 한동안 키득거리기만 했다. 인디언 여성들은 임신 중 입덧이나 다른 생리적 어려움을 거의 겪지 않는 것으로 알려져 있지만, 그들은 그 시기에 경험한 급격한 변화들을 의식하고 있는 것 같았다. 인디언 여성들이 남편에게 함부로 대하고 아주 드물게 아이들을 때리는 일은 오직 임신 중에만 일어난다고 한다. 임신한 여성이 보편적으로 경험하는 불안한 심리 상태는 이처럼 문화에 따라 다양한 분출구를 가지고 있는 것이다. 이 시기의 여성은 임신을 했다는 사실에 기뻐하며 태어날 아기에 대해 기대를 갖기도 하지만, 동시에 작고 알 수 없는 그러나 철저히 군림하는 존재가 9개월 동안 자신의 몸 안에 살게 되었음을 깨닫게 되기도 한다.

물론 출산과 관련된 관습은 완전히 바뀌었다. 집 안 또는 집에서 가까운 곳에 모래를 쌓고 그 위에 눕거나 무릎을 꿇은 채 땅바닥에 고정된 나무못을 잡고 힘을 주며 아이를 낳은 옛 인디언 여성들의 "비위생적인" 출산에 대해 백인 여성들은 경멸스러운 시선을 보냈다. 하지만 백인들이 "먼지 구덩이"라고 부르는 이 침대는 평원이라는 특수한 위생 환경의 중요한 특징을 반영하고 있다. 인체에서 나오는 모든 폐기물을 모래와 바람과 태양에 넘겨주는 것이다. 생리대와 심지어는 태반을 나무에 걸어두고 시신을 높은 구조물 위에 올려두며 옥외의 건조한 곳에서 배변을 보는 관습에 백인들은 당혹감을 느낄 수밖에 없었다. 반면에 인디언들은 백인들의 옥외 화장실이 위생상 더 낫다는 것을 이해할 수 없었다. 보다 점잖은 측면이 있다는 점은 인정했지만 정작 파리 떼는 막지 못하면서 태양과 바람만 차단하는 것을 납득하기 어려웠던 것이다.

옛날 인디언 여자들이 출산을 할 때 "신음소리"를 내지 않았다는 이야기는 백인이나 인디언 여성들 모두가 증언하는 바이다. 아기를 낳기 위해 홀로 뒤쳐져 있다가 먼저 출발한 부족을 몇 시간 후에 따라갔다는 인디언 여성들의 이야기도 전해진다. 아마도 계절의 변화 또는 갑작스러운 버펄로 떼나 적의 출현에 대비할 필요가 있었던 이동 생활의 전통은 산후조리를 위한 시간을 허용하지 않았을 것이다. 젊은 세대가 현대적 위생 시설과 병원을 이용하는 모습을 지켜보며 나이든 인디언 여성들은 그것이 아이를 강하게 키우는 인디언의 전통을 위협할 뿐만 아니라 아기에게도 잘못된 일이라는 생각을 갖고 있다. 인디언의 후예가 "백인 아기처럼" 우는 법을 배울 것이기 때문이다.

### B. 받아들이기와 획득하기

이제 우리는 수족의 육아 체계에서 중요한 자료들을 제시하고자 한다. 하나하나의 자료에는 인디언 여성들이 소중하게 여기는 전통적 가치가 녹아 있으며, 또한 이론적 예측을 확인하고자 하는 우리의 바람도 들어 있다. 이 자료들은 완전할 수도, 최종적일 수도 없다. 다만 우리는 인디언의 전통적인 육아법에 담겨있는 정신적 토대와, 우리가 관련 자료들을 다룰 때 사용하는 정신분석학적 추론 사이에 놀라운 일치점이 있음을 발견했다고 생각한다.

초유(젖샘에서 처음 나오는 분비물)는 일반적으로 아기에게 해로운 것으로 여겨졌다. 때문에 젖이 잘 나올 때까지 산모는 아기에게 젖을 물리지 않았다. 인디언 여성들은 아기에게 잘 나오지 않는 젖을 물리는 것이 옳지 않다는 확신을 가지고 있었다. 그러한 생각에 내포된 의미는 명확했다. 그런 식으로 처음 만나는 세상을 아기가 어떻게 신뢰할 수 있겠느냐는 것이다. 대신 아기를 공동체 전체가 환영하는 의미로 아기의 첫 끼니는 친척들과 친구들이 준비했다. 그들은 평원에서 따온 최고의 베리(berries)와 약초를 즙으로 만들어서 어머니의 젖가슴 같은 감촉의 버펄로 방광에 담아 그것을 우유병으로 사용했다. 모든 사람들로부터 "좋은 여자"로 인정받은 여자가 손가락으로 아기의 입을 자극해서 이 주스를 먹였다. 그러는 동안 꿈에서 특별한 사명을 부여받은 마을의 노파가 찔끔찔끔 나오는 산모의 젖을 빨아서 뱉어내고 젖이 잘 나오도록 산모의 젖가슴을 마사지했다.

일단 아기가 젖을 빨기 시작하면 그때부터는 밤낮을 가리지 않고 아기가 보챌 때마다 어머니는 젖을 물렸고, 아기가 젖가슴을 만지며 노는 것도 전적으로 허용해주었다. 조금 자란 뒤에는 숨이 넘어가도록 우는 것이 "아이를 강하게 만드는" 것으로 여겨지겠지만, 이 시기의 신생아는 울도록 방치되지 않았다. 지금도 인디언 어머니들은 보건 당국이 간섭하지 않으면 즉시 "응석받이"를 만드는 옛 관습으로 돌아가는 것 같다.

수유는 무엇보다도 중요했기 때문에 적어도 원칙적으로는 아버지의 성적 특권조차도 어머니의 리비도가 수유에 집중되는 것을 방해할 수 없었다. 아기가 설사를 하는 것은 부모의 성관계로 모유의 상태에 문제가 생긴 것이 원인이라고 믿어졌다. 남편은 수유 기간 중에 아내로부터 떨어져 있으라는 권고를 받는데, 이 기간은 보통 3~5년에 이르렀다.

첫 아들에게 가장 긴 수유 기간이 주어졌으며, 평균적인 수유 기간은 3년 안팎이었다. 오늘날에는 그 기간이 많이 짧아졌지만, 여전히 장기간 수유를 하는 사례들이 있어 공중보건을 담당하고 있는 이들을 실망시키기도 한다. 어느 교사는 심한 감기에 걸린 여덟 살 먹은 아들에게 젖을 먹이기 위해 학교에 찾아온 인디언 어머니의 사례를 우리에게 들려주기도 했다. 백인 어머니들이 코를 훌쩍거리는 아이에게 비타민을 먹이듯 그 어머니는 걱정스러운 표정으로 아이에게 젖을 먹이고 돌아갔다고 한다.

수족에게는 체계적인 이유(離乳) 과정이 없었다. 물론 어쩔 수 없는 사정으로 수유를 중단해야 하는 경우도 있었으나 대부분의 아이들은 여러 음식에 익숙해지면서 자연스럽게 젖을 뗐다. 어머니가 동생을 임신하면 출산 후 어머니의 젖이 다시 나올 때까지 유아는 여러 달 동안 다른 음식을 먹어야 하는 경우도 있었다.

이와 관련해서 내가 기억하는 재미있는 장면이 하나 있다. 세 살 정도 된 사내아이가 어머니의 무릎에 앉아 크래커를 먹고 있었다. 팍팍한 크래커에 목이 말랐는지 아이는 익숙한 동작으로 어머니의 블라우스(양쪽 겨드랑이 아래로 틈이 나 있는 전통 의복) 아래를 파고들어 젖을 물려고 했다. 우리를 의식한 어머니는 당황한 표정으로, 그러나 결코 화를 내지는 않으면서, 마치 작은 짐승을 밀치듯 아이를 조심스럽게 떼어놓았다. 하지만 아이의 행동은 음식을 먹는 도중에 어머니의 젖을 빠는 습관이 있음을 분명히 보여주었다. 이 모자(母子)의 모습은 어린 꼬마들이 언제까지 어머니의 블라우스를 들추는지를 그 어떤 통계 자료보다도 분명하게 보여주었다. 꼬마들은 젖이 나오는 다른 아주머니의 블라우스를 들추기도 했는데, 이는 수족이 자신의 아이에게 먹이고 남는 젖을 당연히 다른 아이에게 나눠주는 공유 재산으로 여겼기 때문이다.

이처럼 어머니의 젖을 사실상 무제한 누릴 수 있는 낙원에도 금단의 열매는 있었다. 아기는 젖을 빨기 위해 먼저 젖꼭지를 깨물면 안 된다는 것을 배워야 했다. 수족 할머니들은 예전에는 젖을 깨무는 아기를 어떻게 다루었는지 자세히 설명해주었다. 아기가 젖꼭지를 깨물면 어머니는 아기의 머리통을 "강타"했고 깜짝 놀란 아기는 온 평원이 떠나가도록 울어댔다. 이 시점에서 인디언 어머니들은 백인 어머니들이 하던 말을 똑같이 했다. "애들은 좀 울려도 돼요. 그래야 강해지죠." 아기가 장차 얼마나 훌륭한 사냥꾼이 될지는 울음이 얼마나 우렁찬지를 보고 알 수 있었다.

수족 아기는 빽빽 울어대면서 목만 밖으로 내놓은 채 크레이들보드(cradleboard, 인디언 어머니가 아기를 업고 다닐 때 사용한 작은 지게 모양의 요람―옮긴이)에 꽁꽁 싸매졌다. 아기는 몸을 바동대며 분노를 표출할 방법조차 없었다. 나는 크레이들보드나 꽉 끼는 배내옷이 아기에게 잔인한 구속이라는 얘기를 하려는 게 아니다. 오히려 그것들은 어머니의 자궁처럼 아기를 꼭 감싸주고 일을 하는 어머니에게는 활동의 편의를 제공하기 위해 고안된 것이다. 내가 말하고자 하는 것은 그러한 도구의 독특한 구조와 장기간에 걸친 보편적인 사용이 다른 문화에 속한 이들에게 왜곡 또는 과장되는 측면이 있다는 것이다.

수족 아동의 구강기적 특징과 부족의 윤리적 이상이 수렴되는 지점은 어디일까? 우리는 이미 남들에게 아낌없이 베푸는 태도가 수족의 삶에 요구되는 두드러진 덕목의 하나라고 언급한 바 있다. 우리는 나눔을 요구하는 문화가 무제한적으로 모유를 섭취할 수 있는 특권과 그로부터 비롯된 정서적 안정에 토대를 두고 있다는 인상을 받았다. 아울러 나눔만큼이나 중요한 덕목이 불굴의 정신인데, 이는 인디언들에게 단순한 용기를 뛰어넘어 잔혹함과 냉정함을 동시에 의미했다. 이것은 사냥과 전투에서 언제든지 발휘되는 성향이자 적에게 끔찍한 피해를 안기려는 열망이며 고문이나 스스로 택한 고행의 극단적인 고통을 견딜 수 있는 능력이기도 했다. 혹시 유아기의 깨물기 욕구에 대한 억압이 부족의 잔혹한 기질에 영향을 미치지는 않았을까? 만일 그랬다면 젖니가 나기 시작하는 유아에게 "사냥꾼의 잔혹함"을 가르친 사람이 다름 아닌 어머니라는 점에서 이는 매우 중요하다. 유아의 분노가 어머니에 의해 사냥, 포획, 살상, 약탈 같은 인디언들의 이상적인 기질로 전환된 것이기 때문이다.

우리는 여기에서 유아기의 경험이 성인기의 특정한 자질을 **유발**한다는 이야기를 하려는 것이 아니다. 그것은 마치 유아기에 버튼 몇 개를 조작하면 부족이나 민족적 특성을 의도하는 대로 만들어낼 수 있다는 이야기나 다름없다. 사실 우리는 불가역적인 성격 특징에 대해서는 논의할 생각이 없다. 우리는 특정한 육아 관습이 사회 구성원들에게 부여하는 에너지의 목표와 거기에 담긴 가치관에 대해 이야기하고자 할 뿐이다. 그러한 가치관은 한 사회에 깊이 뿌리를 내리는데, 이는 문화적 특질이 그것을 "자연스럽게" 받아들이며 다른 대안을 인정하지 않기 때문이다. 또한 그러한 가치관은 개인의 정체감에도 중요한 부분이 되어 사회의 각 구성원은 그것을 정상적인 판단과 효율성의 기준으로 간직한다. 그러나 경제적, 심리적 그리고 정신적으로 제 기능을 하지 못하는 가치관은 존속할 수 없다. 나는 유년기의 육아와 관련된 이러한 가치 체계가 한 사회에 닻을 내리고 한 세대에서 다음 세대로 이어져야 하며, 그것이 지속성을 갖기 위해서는 경제와 문화에 깊이 뿌리를 박아야 한다고 생각한다. 기후와 해부학적 특징, 경제와 심리 그리고 사회와 아동 양육의 문제들 사이에서 밀접한 관련성과 상호 확장성을 부여하는 것은 다름 아닌 통일성이기 때문이다.

그렇다면 이것을 어떻게 증명할 수 있을까? 우리의 증거는 하나의 문화에서 비합리적인 것으로 보이는 데이터와, 비교 대상이 되는 다른 문화의 유사한 문제에 대해 우리가 일관된 의미를 부여할 수 있을 때 성립된다. 그러므로 우리는 수족 문화에 대한 다양한 데이터가 우리의 가정으로부터 어떤 의미를 이끌어내는지 살펴볼 것이며, 이어서 사냥을 주로 한 수족과 물고기를 낚으며 생활한 또 다른 부족을 비교해보려고 한다.

수족 아이들이 티피 내의 어두운 구석자리에 앉아 있거나 길을 걸을 때 그리고 독립기념일 행사에 참석했을 때의 모습을 관찰하면서 우리는 그들이 손가락을 입에 넣고 있는 장면을 자주 목격했다. 아이들은 (성인 여성의 일부에서도 관찰되었거니와) 손가락을 빠는 것이 아니었다. 그들은 이를 딱딱 부딪치거나 단단한 물체로 이를 반복적으로 두드렸으며, 검을 씹거나 치아와 손톱을 이용한 손장난을 하고는 했다. 그런데 손가락이 입속에 깊숙이 들어가 있을 때조차 그들의 입술은 오므려지지 않았다. 그들은 이유를 묻는 나를 오히려 이상하다는 듯이 쳐다보았다. 그럴 만도 했다. 수족의 아이들 모두가 그런 행동을 했기 때문이다. 임상 전문가로서 우리는 그러한 행동이 유년기에 매몰차게 거부된 깨물기 욕구의 잔재라는 추론을 하지 않을 수 없었다. 그것은 마치 우리가 서구 문화에서 엄지손가락 또는 다른 것들을 빠는 아이들의 (또한 어른들의) 습관이 유년기의 일관성 없는 육아 방식에 의해 좌절된 쾌락을 보상하기 위함이라 추측하는 것과 마찬가지이다.

그런데 이것은 또 다른 질문으로 이어진다. 똑같은 좌절을 경험했음에도 왜 남자보다 여자에게서 이러한 습관이 더 많이 관찰되는 것일까? 이에 대해 우리는 이중적인 답을 찾아냈다. 과거에 인디언 여자들은 바느질을 위해 가죽의 표면을 고르게 만들거나 호저(豪猪)의 가시를 펼 때 치아를 사용했다. 여자들은 유아기의 깨물기 욕구를 실용적인 목적에 적용할 수 있었던 것이다. 또 다른 측면으로, 나는 어느 노파가 티피 안에 우두커니 앉아 못쓰게 된 영화 필름을 몇 개 남지 않은 치아로 꼭꼭 씹는 모습을 본 적이 있다. 그 노파도 오래 전 호저의 가시를 치아로 폈을 것이다. 여성들 사이에서 치아와 관련된 습관이 오래 지속되는 것은 실용적 필요가 사라졌을 때조차 그것이 "정상"으로 받아들여졌기 때문인 것 같다.

　수족 아이들이 어른이 된 뒤에도 나눔의 태도를 유지할 수 있었던 것은 어떤 사회적 제약을 피하기 위해서가 아니라, 사유재산 일반에 대해 그리고 자기 자신의 재산에 대해 윗세대가 보인 본을 그대로 따랐기 때문이다. 수족 부모들은 손님이 식기류나 귀중품에 찬사를 보내면 그 물건들을 언제든 내어줄 준비가 되어 있었다. 물론 어색한 상황이 벌어지지 않도록 손님이 지켜야 할 예법도 정해져 있었다. 최소한의 필수품에 해당하는 물건을 가리키는 것은 매우 나쁜 행동이었다. 그런데 백인 친구를 위해 "인심 좋은 인디언"이 그 친구에게 필요한 물건이 아니라 자신에게 남는 물건을 주었을 때, 그리고 백인 친구에게 필요하지 않을 거라고 스스로 판단한 물건을 아무렇지 않게 들고 나오는 모습을 보였을 때 백인들은 경악하지 않을 수 없었다. 하지만 이 모든 것은 오로지 자기 자신의 재산에만 해당되는 이야기였다. 정직하고 좋은 인성을 지닌 부모라면 아이의 소유물에 손을 대지 않았다. 어떤 물건의 진정한 가치는 그것을 언제 누구에게 내어줄 것인지, 즉 자기 자신은 물론 그러한 행위를 통해 자신이 기리고자 하는 누군가를 명예롭게 할 순간이 언제인지 결정할 수 있는 소유자의 권리에 있었던 것이다. 그러므로 소유물에 대한 아이의 권리는 스스로 처분을 결정할 수 있는 시기가 될 때까지 부모조차도 침해할 수 없었다.

## C. 움켜쥐기와 놓아주기

우리의 흥미를 끄는 것은, 인디언 아이들이 인색함은 나쁜 것이고 "돈"은 더럽다고 배우는 것이 아니라 나눔이 좋은 것이라고 배운다는 점이다. 앞에서 이야기한 바와 같이 사냥과 바느질 그리고 요리에 필요한 최소한의 도구를 제외한 모든 재산은 그 자체로 내재적인 선을 가지고 있지 못한 것으로 간주되었다. 오랫동안 모은 돈으로 꼭 필요한 물건을 사기 위해 시내에 나온 인디언 부모들이 아이들이 사달라고 조르는 물건을 사주고는 정작 사려고 했던 물건은 사지 않고 돌아가는 모습을 상인들은 자주 목격한다.

전(前)성기기를 다룬 장에서 우리는 외적인 소유물에 대한 움켜쥐기와 놓아주기가, 신체적 소유물로서의 대변에 대한 유아의 처리 방식과 본질적으로 연결되어 있는 것 같다는 임상적 관찰에 대해 설명한 바 있다.

사실 수족 아이들은 나이에 걸맞은 행동과 청결함에 대한 규칙이 무엇이든 그것을 스스로 깨달을 때까지 재촉을 받지 않는 것으로 보인다. 상인들은 부모를 따라 쇼핑을 나온 인디언 아이들이 다섯 살이 되도록 대소변을 가리지 못한다고 불평하지만, 교사들은 일단 인디언 아이들이 규칙을 이해하면—그리고 무엇보다 자기보다 나이가 많은 아이들이 규칙을 따르는 모습을 관찰한 후에는—일과 중에 대소변과 관련해서 당혹스러운 장면을 연출하는 경우가 거의 없다고 말한다. 다른 문화권의 아이들과 마찬가지로 밤에 아이들이 기숙사의 침대를 젖게 만드는 것은 전혀 별개의 문제이다. 무슨 이유에서인지는 모르지만 야뇨증은 집을 그리워하는 아이들 사이에서 "일반적으로" 나타나는 문제인 것 같다. 때문에 이 아이들은 배변 훈련을 제대로 받지 못한 것이 아니라 보유와 배출에 대해 아무런 강박 없이 서로 다른 두 개의 문화가 요구하는 기준에 적응하는 것이라고 할 수 있다. 이 아이들에게 배변은 부모와 자녀의 관계를 반영하는 것이 아니라 다른 아이들의 본보기에 의해 조절되는 행동이 된다. 따라서 아이는 걸음마를 시작하자마자 더 큰 아이들의 손에 이끌려 용변을 보는 장소로 인도된다. 모방에의 압력과, 원시 사회의 도덕성을 상당 부분 특징짓는 "수치"의 회피라는 원리에 의해 아이가 최초의 학습을 하게 되는 과정도 이와 연결된다. "부도덕한 야만인들"조차 부적절한 행동으로 인해 남의 입에 오르내리는 것을 두려워한다는 사실은 이미 밝혀진 바 있다. 수족 아이들은 구설수에 오르는 것이 어떤 파장을 일으키는지 그런 일을 실제로 경험하기 전부터 의식하게 된다. 즉 자기 자신도 필연적으로 입방아의 대상이 될 것임을 의식하면서 스스로 존경과 인정을 받는 사람이 되기 위해 노력하고 다른 사람들로부터 고립당하는 것을 두려워하며 다른 사람에 대한 험담에 가담함으로써 자기 자신에게 쏟아질지 모르는 비난을 다른 곳으로 돌리는 것이다.

배변 훈련에 대한 수족의 태도는 소유물과 관련된 태도와 모순되지 않는다고 할 수 있다. 두 가지 모두에서 완고한 보유보다는 자유로운 배출이 강조되며, 자율적인 결정을 내릴 수 있는 자아 발달 단계에 도달하여 공동체 내에서 일정한 지위를 인정받을 때까지 최종적인 통제가 유보된다는 점 역시 두 가지 모두에서 공통적이라 할 수 있다.

## D. 성 역할의 형성

수족의 아동기에서 놀림의 대상이 되지 않기 위한 최초의 금기는 신체와 양태에 관한 것이 아니라 사회적 친밀도에 관한 것이다. 5세가 지난 어느 시점부터 남매는 서로 마주 앉아 이야기를 나누어서는 안 된다. 여아는 밖으로 돌아다녀서는 안 되며 어머니의 곁에서 여아다운 놀이만 해야 한다. 반면에 사내아이는 마을의 형들과 어울리며 처음에는 놀이를, 시간이 지나면 실제 사냥에 동참한다.

나는 오래 전부터 아이들의 장난감과 그들의 놀이를 흥미롭게 관찰하고 있었다. 처음 마을에 도착했을 때 나는 아이들의 놀이를 방해하지 않기 위해 조심스러우면서도 일부러 무관심한 태도를 보였지만 나를 보자마자 여아들은 그들의 티피 안으로 뛰어 들어가서 어머니의 곁에 앉아 시선을 내리깔았다. 아이들이 나를 무서워해서 그러는 게 아니라 그것이 "적절한" 행동이기 때문이라는 사실을 내가 깨닫기까지는 오랜 시간이 걸리지 않았다. (이내 그 아이들은 어머니의 등 뒤에 숨어 나를 보며 까꿍 놀이를 시작했다.) 그런데 여아들 가운데 6세가량 된 한 아이는 커다란 나무 뒤에서 혼자 놀이에 열중하느라 나를 발견하지 못하고 여아들이 마땅히 따라야 할 수줍음의 규칙을 지키지 못하고 있었다. 그 아이의 뒤로 몰래 다가가 보니 아이는 장난감 타자기를 가지고 놀고 있었다. 아이는 입술과 손톱에 빨갛게 화장을 하고 있었다.

기숙학교에 다니는 언니들에게 일어난 급격한 변화는 어린 꼬마들의 놀이에까지 영향을 미치고 있었다. 마을의 여인들이 나에게 과거에 가지고 놀던 장난감에 대해 설명하면서 티피와 마차의 모형 그리고 작은 인형들을 만들어주었을 때 이러한 변화는 분명하게 확인되었다. 이런 장난감들은 어린 소녀로 하여금 어머니로서의 역할을 준비하게 하려는 의도를 반영하고 있었다. 그런데 이런 옛날식 장난감 마차를 가지고 놀던 한 여아는 조금의 망설임도 없이 마차 위에 여자 인형 두 개를 올려놓고는 "채드런으로 영화를 보러" 가게 했다. 물론 이런 것들 역시 여전히 여아들의 놀이임엔 틀림없었다. 만일 여자아이가 "사내아이의 놀이"에 빠져 있거나 사내아이 같은 행동을 할 경우 그 아이는 무자비할 정도로 놀림을 받았다.

비록 버펄로 사냥 놀이가 카우보이 놀이로 대체되긴 했지만 남아들의 놀이에 담겨 있는 동경은 여아들의 그것에 비해 변화를 덜 겪었다. 그래서 여자 인형들이 마차를 타고 "시내에 영화를 보러" 가는 동안 그 여아의 남동생은 내가 앉아 있는 곳 근처에서 밧줄 올가미를 그루터기에 던지는 놀이를 하며 만족스러운 표정을 짓고 있었다. 그러한 놀이는 현실에서 더 이상 "쓸모가 없는" 것이었음에도 심리적으로는 여전히 어린 세대에 주어지는 진지한 훈련으로 받아들여졌다. 어린 사내아이 하나가 어머니와 내 앞에서 자신이 커다란 야생 토끼를 맨발로 추격해서 맨손으로 잡을 수 있다고 말했을 때 나는 머릿속으로 그 광경을 그려보며 웃음을 터뜨렸는데 이내 내가 실수를 했다는 생각이 들었다. 그러한 공상은 단순한 "놀이"가 아니었기 때문이다. 그것은 사냥꾼 또는 카우보이로서의 정체감을 발달시키기 위한 준비였던 것이다.

이와 관련해서 오래된 관습 하나가 특별히 관심을 끌었다. 사내아이들은 소(과거에는 버펄로)를 도축한 곳에서 3~4인치 길이의 뼈를 주워 그것을 가지고 "말(馬)" 놀이를 했다. 모양에 따라 각각의 뼈는 말, 암소, 황소 등으로 불렸으며 아이들은 이 뼈를 주머니에 넣고 다니면서 손으로 만지작거리거나 다른 아이들과 함께 경주나 버펄로 사냥 놀이를 할 때 사용했다. 수족 소년들에게 이 뼈는 오늘날 미국 아이들이 가지고 노는 장난감 자동차와 비슷한 것이었다. 이 뼈들이 남근의 모양을 가지고 있다는 점은 남근기와 보행 이동성 단계의 남아들이 "말"과 "버펄로" 그리고 "암소"와 "황소"를 만지작거리면서 경쟁적이고 공격적인 공상에 빠질 수 있었다는 사실을 암시해준다. 이 단계에서 어린 동생에게 사냥꾼의 기질을 가르치고 형제애를 부족에 대한 유대감으로 발전시키는 것은 형의 몫이었다. 어린 사내아이들은 누이들과 거리를 유지하며 오로지 늠름한 형들과 어울렸기 때문에 남근기적 공격성이 사냥꾼의 용맹함과 동일시된다는 사실을 일찍부터 의식하게 되었을 것이다. 만일 어느 청년이 조신한 처녀가 머물러야 할 지역을 벗어난 곳에서 여자를 발견하는 경우 그녀를 강간한다고 해도 잘못이 아니었다. "자신이 있어야 할 자리"를 모르는 처녀는 피해자가 되는 것이 마땅했으며 남자는 자신의 행위를 당당하게 자랑할 수도 있었다.

모든 교육적 장치는 처음에는 어머니의 자애로움과 신뢰에 의해, 나중에는 형제애에 기초한 훈련에 의해 사내아이의 자신감을 극대화시키는 방식으로 사용되었다. 이를 통해 수족 소년은 사냥감과 여자 그리고 부족에 대한 충성심을 좇는 사냥꾼이 될 수 있었다. 소년을 어머니로부터 해방시키고 어머니에게 퇴행적으로 고착되지 않도록 하는 힘은 자율성에 대한 권리와 주도성에 대한 의무를 극단적으로 강조하는 데에 있었다. 어머니의 무한한 신뢰를 받으면서, 소년은 어머니를 (내적 억압이라기보다는 부끄러움 때문에) 과묵함과 최고의 존경심으로 대하는 법을 배워나갔다. 그리고 모든 좌절과 분노의 감정을 사냥감과 적 그리고 헤픈 여자를 좇는 데에 돌렸으며, 영적인 힘을 추구하는 과정에서 그러한 감정을 자기 자신을 향해 사용하기도 했다. 그러한 행동들은 공개적이고 자랑스럽게 표현되는 것이 허용되었으며, 이를 통해 소년의 아버지 또한 훌륭한 아들에 대한 자부심을 드러낼 수 있었다. 유년기 초기부터 남자와 지배자로서의 역할을 익히도록 유도된 남아의 경우처럼 여아들에게도 그에 상응하는 보호 장치를 마련할 필요가 있었다는 것은 분명하다. 그러한 장치들도 나름 정교하기는 했지만 우리는 사냥꾼의 꺾이지 않는 "정신"을 위해 여성이 착취당했다는 느낌을 가지지 않을 수 없다. 사실 남성의 경우에는 알려진 바가 없지만 수족 여성들 사이에는 자살이 드물지 않았던 것으로 전해지기 때문이다.

수족 소녀들은 사냥꾼의 조력자이자 미래의 사냥꾼을 키워낼 어머니로 교육받았다. 그들은 바느질, 음식을 조리하고 저장하는 방법 그리고 가족의 거처인 티피를 설치하는 방법을 배웠다. 동시에 그들은 남자 앞에서 수줍어하고 남자들을 두려움의 대상으로 여기도록 엄격한 훈련을 받았다. 걸음걸이도 자로 잰 듯 조심스러워야 했고 부락 밖으로 일정한 경계를 벗어나서는 안 되었으며 밤에는—신체적으로 어느 정도 성숙해지면—강간을 예방하기 위해 양쪽 허벅지를 묶고 잠자리에 들었다.

수족 처녀는 어떤 남자가 자신의 성기를 건드렸다고 주장하면 이는 곧 자신의 처녀성을 그 남자에게 빼앗긴 것으로 간주된다는 사실을 잘 알고 있었다. 손으로 건드리는 것만으로도 정복을 주장할 수 있는 것은 남자들이 자신의 "무공(武功)"을 자랑할 수 있는 권리와 유사했다. 즉, 전투에서 위험한 적을 건드린 것만으로도 수족 전사는 화려한 장식의 전투모에 새로운 깃털 하나를 꽂을 수 있었다. 이 두 종류의 승리가 얼마나 유사한지는 인디언 보호구역 내의 학교에서 아이들이 펴내는 신문 가십난에서 지금도 확인할 수 있다. 가십난에는 어떤 남자아이가 어떤 여자아이를 상대로 "무공"을 세운 횟수가 상세히 기록되는데, 이는 곧 입을 맞춘 횟수를 의미한다. 하지만 과거에는 남자가 공개적으로 이런 사실을 뽐내는 것이 여자로서는 매우 모욕적인 일이었다. 왜냐하면 처녀 축제(Virgin Feast) 기간 중에 자신의 혐의에 맞서서 사람들 앞에 나아가 자신의 처녀성을 주장해야 했기 때문이다. 이 축제의 의식은 진실을 인정하도록 강요하는 상징적 행위들로 구성되어 있었다. 이러한 의식에서는 그 처녀의 성기에 손을 댔다고 주장하는 누구라도 그녀를 부족의 엘리트 그룹에서 제외시킬 수 있었다.

하지만 이와 같은 의식이 남녀 간의 사랑을 가로막았을 거라 생각한다면 그것은 오산이다. 사실 그러한 교육은 역설적이게도 사랑을 위해 자신의 위신을 희생할 준비가 되어 있는 젊은 남녀의 사랑을 더욱 깊게 만들어주었다. 남자의 경우 사랑의 피리(love flute, 수족 청년이 청혼을 할 때 사용한 피리로, 용감한 전사이자 뛰어난 사냥꾼이었으나 부끄러움 때문에 사랑하는 여인에게 청혼을 하지 못하고 있던 한 청년이 신성한 존재로부터 피리를 받아 그것으로 그녀의 마음을 얻었다는 전설에서 유래되었다―옮긴이)를 불며 자신의 용맹함 대신 부드러움을 보여주어야 했고, 정식으로 청혼하기 위해 사랑하는 처녀와 함께 사람들 앞에서 청혼의 모포(courting blanket)를 덮어야 했다.(수족 남녀의 청혼과 승낙 절차는 부족 모두가 지켜보는 공적인 의식이었다―옮긴이) 여자 역시 남자의 명예로운 의도 이외에는 아무것도 의심하지 않았으며 만일의 경우에 대비해서 항상 소지하고 다니는 작은 칼을 내려놓고 남자의 청혼에 응했다.

수족 처녀들은 남자를 섬기는 법과 남자로부터 자신을 지키는 법을 동시에 배웠고, 장차 아들에게서 사냥꾼의 기질을 파괴하지 않는 어머니가 되기 위한 교육을 받았다. 결혼을 한 뒤 그들은 공동체 내의 소문―"아무개가 해괴망측한 이런저런 일을 했다더라."―을 통해 그들의 어머니가 그랬듯이 자녀들에게 남자와 남자, 여자와 여자 그리고 무엇보다 남자와 여자 사이의 금기와 의무를 위계에 따라 가르쳐주었다. 남매 간 또는 사위와 장모 그리고 시아버지와 며느리 간에는 얼굴을 마주보고 대화를 나누는 것이 허락되지 않았다. 여자와 남편의 형제 간, 남자와 아내의 자매 간, 그리고 여자와 외삼촌 간에는 농담조로 이야기하는 것만 예외적으로 허용되었다.

그런데 이러한 금지와 규제는 중요한 관계일수록 더욱 분명했다. 오빠와 거리를 둘 나이가 된 소녀는 장차 올케가 될 여자에게 예쁜 옷과 장식물을 만들어주기 위해, 그리고 조카들에게 요람과 배내옷을 만들어주기 위해 바느질과 자수를 열심히 익혀야 한다는 것을 알고 있었다. "좋은 여동생을 두고 있다"는 것은 전사이자 사냥꾼인 남자에게 큰 찬사였다. 오빠 역시 사냥이나 약탈을 통해 얻은 것들 가운데 가장 좋은 것을 여동생에게 주어야 한다는 것을 알고 있었다. 가장 살진 짐승과 대적하기 가장 어려웠던 적의 시체는 여동생에게 절단의 특권이 주어졌다. 이처럼 오빠의 용맹함과 너그러움을 통해 여동생에게도 제한적이나마 사냥과 전투의 강렬한 순간에 적극적으로 참여할 기회가 주어지는 것이었다. 무엇보다도 태양의 춤(Sun Dance) 의식에서 여동생은 오빠가 스스로 남긴 상처를 씻어줌으로써 가장 숭고한 마조히즘(masochism)의 위업을 함께 나눌 수 있었다. 최초이자 기본적인 회피관계—남매 사이의—는 확대가족 내의 모든 "오빠들"과 "여동생들"에게 관계의 모델이 되었다. 이는 친형제간의 신의가 모든 동료 간의 모델이 되는 것과 대비가 되었다.

이들의 회피관계를 "자연스러운" 근친상간을 방지하기 위한 관습으로만 해석한다면 그것은 지나치게 단순한 생각이다. 이러한 회피관계의 극단적인 요소들과 더불어 여자가 남편의 형제들과, 그리고 남자가 아내의 자매들과 나누는 대화의 내용이 성적이어야 한다는 암묵적인 관습은 잠재적인 근친상간의 긴장관계를 다른 방향으로 돌리는 것에 그치지 않고 오히려 서로에 대한 교묘한 도발을 부추기는 것으로 해석될 수 있기 때문이다. 그러한 긴장관계는 내집단(ingroup, 집단적 갈등 상황에서 '우리'(내집단)와 '그들'(외집단)이라는 범주가 형성될 때 두 집단에 대한 사람들의 태도는 단결과 충성 또는 적의와 증오로 뚜렷이 갈리게 된다. 이 두 가지 태도는 상관적으로 발달하며 인종주의, 지역주의, 국가주의 등으로 발전할 수 있다─옮긴이) 내에서 강한 결속력과 상호 인정의 분위기를 형성하는 데 활용되었다. 또한 그것은 깨물기 단계에서 좌절된 공격성과 지배 욕구를 사냥감과 적 그리고 부족에서 추방된 사람들을 향해 돌리는 데 사용되기도 했다. 이를 통해 확대가족 내에서 호의와 친밀감 그리고 배려가 보장되는 "적절한" 관계가 확고한 제도로 뿌리를 내리게 되었다. 모든 형태의 소속감은 적절한 행동을 하는 사람이라고 인정을 받을 수 있는 능력에 달려 있었다. 하지만 수치심을 느낄 것을 요구하는 집단 내의 점증하는 압력에도 불구하고 부적절한 행동을 고집하는 사람은 결국 악의적인 소문과 지독한 비방의 희생양이 될 수밖에 없었다. 그런 사람은 이를테면 집단적 공격성을 다른 대상에게 돌리는 데 협조하기를 거부함으로써 자기 스스로 적이 되기를 자초한 것이다.

오늘날 수족 소년들은 어른들의 춤을 관찰하거나 (가능한 경우) 직접 참여함으로써 부족의 구성원으로서 그들에게 펼쳐질 삶의 일부를 미리 들여다볼 수 있다. 이 춤의 강렬한 집단정신과 "동물적" 리듬 때문에 백인들은 그것을 종종 "광란"으로 묘사하기도 한다. 하지만 깊은 밤 나이가 든 이들이 춤을 추는 동안 우리는 온몸으로 리듬을 받아들이는 그들의 얼굴이 환하게 빛나는 모습을 볼 수 있었다. 춤은 거칠면서도 엄격한 동작을 따르고 있었다. 이와는 대조적으로 늦게 도착한 젊은이들의 춤은 보는 사람이 민망할 정도였다. 우리는 그들이 재즈댄스를 배웠음을 쉽게 추측할 수 있었다. 그들은 그저 "흐느적거렸으며" 거드름을 피우는 듯한 시선은 산만하기만 했는데, 그 때문에 정신적 에너지가 느껴지는 나이가 든 이들의 춤이 더욱 도드라져 보였다. 연로한 인디언들은 젊은이들의 춤을 지켜보면서 씁쓸한 미소를 애써 감췄다.

이들의 춤과 의식은 신체적 한계를 극복하기 위해 강력한 문화적 도구로 사냥을 하는 "강인한 심장"의 남자가 여전히 존재하고 있음을 보여준다. 말을 잘 타는 남자는 두 다리로 얻을 수 없는 민첩함으로 사냥감과 적을 급습할 수 있었다. 활과 도끼를 잘 다루는 이는 두 팔의 기능과 힘을 최대한 확장할 수 있었다. 신성한 파이프(sacred pipe, '아버지 하늘'과 '어머니 대지' 그리고 '위대한 영혼'과 소통하는 종교 의식에서 사용된 긴 담뱃대-옮긴이)로 함께 연기를 뿜어내는 의식을 통해 젊은 사냥꾼은 부족 전체의 인정을 받을 수 있었고, 사랑의 피리는 그에게 사랑하는 여인의 마음을 얻어주었다. 부적은 그에게 모든 행운과 강한 힘을 가져다주기도 했다. 하지만 위대한 영혼(Great Spirit, '위대한 비밀'이라는 뜻의 Wakan Tanka를 가리키며 수족이 숭배하는 최고의 영적인 존재이다-옮긴이)은 오로지 무기와 옷을 다 내려놓고 홀로 황무지로 가서 금식과 기도를 하는 이에게만 다가오는 존재였다.


## 5. 초자연적인 힘

### A. 태양의 춤

앞 장에서 이야기한 바와 같이 구강기라는 낙원과 깨물기 단계의 실낙원은 죄의식의 개체발생적인 기원을 보여주는 것인지도 모른다. 종교는 그러한 죄의식을 보편적인 차원에서 원죄에 대한 자각으로 변형시킨다. 그러므로 기도와 속죄는 "세속"에 대한 모든 탐욕을 버리고 자신을 낮춰 간절한 마음으로 자발적인 고통을 보여주는 것이어야 한다.

다코타족에게 가장 중요한 의미가 있는 종교 의식은 태양의 춤이었다. 이 의식은 "버펄로가 살찌고 야생 베리가 익으며 녹음이 우거지는" 여름에 나흘씩 두 차례에 걸쳐 치러졌다. 의식은 버펄로의 신(Buffalo Spirit, 수족의 창조설화에 나오는 대지의 신-옮긴이)에 대한 감사와 부족의 단결을 위한 연회로 시작되었다. 다산과 풍요를 기원하는 의식과, 다른 문화권의 유사한 의식에서도 관찰되는 성적 행동들이 이어졌고 전투와 사냥을 재연하는 놀이를 통해 남자들의 경쟁이 펼쳐졌다. 남자들은 자신이 세운 무공을 자랑스럽게 이야기했고 처녀들은 사람들 앞에서 자신의 순결을 공표했다. 마지막으로 모든 사람들이 자신이 가진 것을 내주며 형제적 친교를 나누었다.

이 축제는 미리 준비된 서약을 완성하기 위한 고행에서 절정에 이르렀다. 축제의 마지막 날 가장 높은 형태의 고행을 보여주는 "넷째 날의 춤"을 추는 사람들은 태양의 막대에 긴 가죽 끈으로 연결된 꼬챙이를 자신의 가슴에 깊이 꽂아 넣었다. 그리고 꼬챙이가 살을 찢고 나오도록 태양을 응시하면서 천천히 뒷걸음질로 춤을 추었다. 이 의식을 거친 이들은 그해의 정신적 지도자가 되었고 이러한 고행을 통해 다산과 풍요의 원천인 버펄로의 신과 태양이 내려주는 끝없는 자비를 얻을 수 있었다. 더 큰 영광을 위하여(ad majorem gloriam) 가슴의 살점을 찢어내는 이 의식은 죄를 씻고 항구적인 자비를 얻는 방법으로 세계 도처에서 행해지는 수많은 의식들의 한 가지 예라 할 수 있다. 이러한 의식은 일정 기간 육식을 끊기 전에 벌이는 요란한 축제(carne vale)에 이어지는 경우가 많다.

제도화된 형태의 속죄가 갖는 의미는 개체 발생적으로는 대다수의 사람들이 공유하는 전형적인 경험의 일부로, 그리고 계통 발생적으로는 종교적 양식의 일부로 이해되어야 한다. 여기에서 논의되는 수족의 의식은 유아기의 심리적 상처(개체 발생적인 동시에 문화적인 의미에서의 실낙원)와 종교적 속죄라는 속성 사이에 상당한 연관성이 있음을 보여준다. 어머니의 젖을 무제한적으로 빨 수 있었던 특권이 깨물기 단계에서 의도적으로 박탈된 것에 대한 (물론 오랫동안 망각된) 분노가 성인이 되어 변형된 형태로 표출되며 이 의식의 절정을 이루는 것이다. 태양의 춤을 추는 이들은 미래의 냉정한 사냥꾼을 만들기 위해 오래 전 어머니가 부여한 가학적 소원을 어머니의 젖가슴이 아닌 그들 자신의 가슴을 향해 돌린다. 유아기에는 단지 힘이 없어서 저지르지 않았던 파괴적 행위를 성인이 되어 자발적으로 속죄함으로써 "눈에는 눈"이라는 오래된 원칙이 성취되는 것이다. 우리의 합리적인 사고로는—우리가 비합리적인 방식에 길들여지지 않았다면—언어 능력을 습득하기 이전의 좌절된 욕구가, 실제로 저질러졌고 기억되는 행위에 대한 죄책감보다 더 깊은 죄의식의 찌꺼기를 남긴다는 사실을 이해하기 힘들다. 다만 우리의 세계에서는 이러한 어두운 문제에 대한 예수의 유죄 판결을 참고해볼 수 있다. 마음속에 어떤 욕구를 품는 것은 실제로 그 행위를 저지른 것이나 다름없으며, 우리로 하여금 죄를 저지르게 한 신체 부위는 잘라내는 것이 낫다는 그의 말을 우리는 같은 맥락에서 받아들인다. 물론 어떤 부족 전체 또는 특정한 종교를 믿는 신자들 모두가 이를 글자 그대로 따를 필요는 없다. 문화가 담당할 역할은, 자신이 속한 문화의 내적 천형

(天刑)을 유독 깊이 의식하는 (그리고 그것을 모든 사람들 앞에 내보이길 원하는) 소수의 사람들이 구원의 길이 있다는 사실을 증명할 수 있도록 신비적인 믿음과 제도화된 절차를 마련하는 것이다. (오늘날에도 논리적인 회의주의자들과 불신자들이 질병이나 사고 또는 어쩔 수 없는 불운에 처했을 때 자신이 지나친 욕심을 부리다가 벌을 받은 것이라는 무의식의 일단을 드러내는 경우가 있다.)

## B. 영적인 교류 의식

하나의 문화는 전통적인 의미에서 선하고 강한 사람이 되는 과정 가운데 아이가 견뎌내야 할 희생과 좌절을 높이 평가하고 그에 대해 명예와 보상을 부여하는 나름의 방식을 가지고 있다는 사실을 우리는 조금씩 이해하기 시작했다. 그런데 자신이 남들과는 "다르다"고 느끼며 문화가 제공해주는 보상에 전혀 관심이 없는 이들은 어떻게 바라봐야 할까? 영웅이 되는 것에 관심이 없는 남자들과, 영웅의 아내나 조력자의 역할에 만족하지 않는 여자들의 경우는 어떻게 해석해야 할까?

프로이트는 엄격한 현실에서 실행되지 못했지만 무의식에서는 그대로 남겨둘 수 없었던 행동이 무엇인지, 그리고 의식의 수면 아래에 있는 생각들과 망각 속에 묻어둘 수 없는 기억들이 무엇인지 알고 싶다면 신경증 환자의 꿈을 연구해보라고 가르쳤다. 우리는 고통 받고 있는 이들이 각자의 환경 속에서 자신의 자리를 찾을 수 있도록 돕기 위해, 그리고 과도한 순응을 요구함으로써 너무나 많은 개인들을 위태롭게 할 뿐만 아니라 그 자체도 위협받는 교육 제도를 비판하기 위해 그러한 지식을 사용한다.

다른 원시 부족들과 마찬가지로 수족도 무질서한 일탈을 예방하고 강력한 지도력을 행사하기 위해 꿈을 활용했다. 하지만 그들은 성인들의 꿈을 해석해서 그릇된 발달 과정을 뒤늦게 다루는 쪽을 택하지 않았다. 수족 청소년들은 인생을 계획할 시간적 여유가 아직 있을 때 꿈 또는 환상을 찾아 나섰다. 무기는 물론 허리에 두른 끈과 가죽신 이외에는 아무것도 몸에 걸치지 않은 채 그들은 평원에 홀로 나아가 태양과 위험과 배고픔에 노출된 상태에서 신성한 존재에게 자신의 보잘것없음을 고백하며 길을 보여줄 것을 간구했다. 넷째 날 환상의 형태로 주어지는 신성한 존재의 계시는 이후 원로들에 의해 해석되었으며 이에 따라 계시를 받은 이들은 사냥이나 전투 같은 일반적인 일을 더 잘 해나도록 격려를 받거나, 부족을 위해 노래와 춤 또는 기도를 담당하는 역할이 주어지기도 했으며, 의사와 사제 같은 특별한 직분이 부여되기도 했다. 그리고 개중에는 공식적으로 비정상인의 역할이 주어지는 이들도 있었다.

예컨대 꿈을 해석해주는 원로들에게 천둥새(Thunderbird, 천둥과 번개와 비를 일으킨다고 믿어지는 전설상의 새—옮긴이)를 보았다고 고백한 이는 그 순간부터 공식적으로 "*heyoka*"가 되었다. 그는 원로들에 의해 그 저주에서 완전히 벗어났다고 선언될 때까지 우스꽝스럽고 익살맞은 행동을 할 의무가 있었다. 위슬러는 어느 청소년의 *heyoka* 경험을 다음과 같이 기록하고 있다.

내가 열세 살 때의 일이다. 비와 천둥이 몰아칠 것 같은 이른 봄의 초저녁이었다. 나는 설핏 잠이 들어 있었다. 꿈속에서 아버지와 우리 가족들이 티피 안에 둘러앉아 있는데 그때 번개가 우리 가운데로 떨어졌다. 우리는 모두 기절을 했고 티피 밖에서 누군가의 고함소리를 들은 내가 제일 먼저 정신을 차렸다. 몸을 웅크리고 있던 나는 말(馬)을 끌고나갈 시간이었기 때문에 그렇게 했다.

나는 꿈에서 깨어난 뒤 내게 무슨 일이 일어났는지 알아차렸고 내가 *heyoka* 의식을 치러야 한다는 사실을 깨달았다. 밖에서 누군가 이 사실을 큰 목소리로 떠들고 다니는 소리가 들렸지만 그것이 꿈이었는지 생시였는지는 잘 모르겠다. 어쨌든 나는 *heyoka*를 거쳐야 할 운명임을 알고 있었다. 나는 울음을 터뜨렸다. 나는 아버지에게 꿈에서 천둥새를 보았다고 말했다. "그렇다면 아들아, 어쩔 수가 없구나." 아버지는 내가 *heyoka*를 거쳐야 한다고 말했다. 만일 그 의식을 치르지 않으면 나는 번개에 맞아서 죽게 된다는 것이었다. 나는 내가 꾼 꿈을 사람들 앞에서 공식적으로 이야기해야 했다.[*]

위의 진술에서 알 수 있다시피 꿈을 꾼 사람은 발현몽(manifest dream, 프로이트는 일반적인 의미에서의 꿈을 발현몽으로, 그리고 이러한 꿈을 꾸게 만든 무의식 상태를 잠재몽으로 구분했다—옮긴이)이라는 형태로 나타난 자신의 경험과 감정을 사람들에게 충실히 전달해야 했다. 그 꿈은 어떤 큰 힘이 그로 하여금 장래를 설계하거나 진로를 특정한 방향으로 바꾸도록 계시를 준 것으로 간주되었기 때문이다.

저주를 풀기 위해서는 일정 기간 또는 평생토록 자연에 반(反)하는 행동을 해야 했는데 그 구체적 행위는 꿈을 해석하는 원로들의 결정에 달려 있었다. 특정한 꿈을 꾼 불운한 이들에게 요구되는 부조리한 행동은 그저 우스꽝스러운 것도 있었지만 끔찍한 것들도 있었으며 심지어 누

---

[*] C. Wissler, *Societies and Ceremonial Associations in the Oglala Division of the Teton-Dakota*, Anthropological Papers of the American Museum of Natural History, Vol. XI, Part I, New York, 1912.

군가를 죽이라는 명령을 받는 경우도 있었다. 주위 사람들은 그에게 명령을 따를 것을 강권했는데 이는 악령을 막는 것이 한 사람의 목숨보다 더 중요했기 때문이다.

불안과 죄책감을 극복하는 자아의 교묘한 방법에 대해 잘 알고 있는 사람이라면 *heyoka*의 우스꽝스러운 몸짓에서, 공포나 양심의 가책을 느낄 때 일부러 바보스럽게 굴거나 자학적으로 행동하는 아이들의 모습을 떠올릴 수 있을 것이다. 모욕을 자청하거나 사람들 앞에서 스스로를 볼품없이 만드는 것은 악령의 저주를 피하기 위한 한 가지 방법이었다. 모든 사람들이 그의 바보놀음을 묵인하며 그를 비웃을 때 악령들도 그를 놓아주고 어쩌면 칭찬을 해줄지도 모르는 일이었다. 우리의 문화권에서는 특유의 우수(憂愁)를 보여주는 피에로와 자신의 단점을 최대한 이용할 줄 아는 코미디언이 이러한 방어 기제의 전문가들이다. 수족의 경우에도 *heyoka*는 경멸의 대상이지만 빼어난 기교와 재주가 입증되면 후일 추장의 자리에 오를 수도 있었다.

꿈에서 달이나 암수한몸의 버펄로 또는 두 얼굴의 여인(double woman, 수족의 창조설화에 등장하는 Ite는 아름다운 얼굴을 가지고 있었으나 신성한 존재를 무시하고 부족을 저버린 죄로 뒤통수가 끔찍한 얼굴로 변해버리는 벌을 받았다. 이후 Ite는 Anog Ite 또는 Anukite로 불리게 되었으며 이는 '두 얼굴' 또는 '두 얼굴의 여인'이라는 뜻을 가지고 있다. 수족 남자가 꿈이나 환상에서 이 여인의 추한 쪽 얼굴을 보게 되면 죽거나 실성을 한다고 여겨졌기 때문에 그 저주를 피하기 위해 남자는 스스로 성 역할을 바꿔야 했다—옮긴이)을 본 사람은 더 이상 일반적인 성 역할에 따른 삶을 살 수 없었다. 소녀들은 두 얼굴의 여인을 따라 외딴 티피를 찾아가는 꿈을 꾸는 경우가 있었다.

소녀가 찾은 티피 안에는 사슴 여인(deer woman, 노파와 젊은 처녀 그리고 사슴으로 변신하며 남자를 유혹해 죽음에 이르게 하는 존재이다. 부족에 따라 다산을 상징하며 출산을 돕는 신성한 존재로 그려지기도 한다—옮긴이) 둘이 앉아 있다. 소녀는 사슴 여인들로부터 두 갈래로 갈라지는 통로에서 한 쪽을 선택하라는 요구를 받는다. 벽면을 따라 한쪽에는 화장 도구가 줄지어 있고 반대쪽에는 가죽 가방이 한 줄로 놓여 있다. 소녀가 전자를 선택하면 사슴 여인들은 이렇게 말한다. "너는 사악한 선택을 했지만 대신 부자가 될 것이다." 소녀가 후자를 선택하면 이런 말을 듣게 된다. "올바른 선택을 했지만 대신 빈 가방 한 개가 네가 가진 전부가 될 것이다."[*]

그런 꿈을 꾼 소녀는 전통적인 수족 여성의 삶에서 벗어나 적극적으로 남자를 상대하는 일을 해야 했다. 그녀는 *witko*(미친 여자)라고 불리며 매춘부로 여겨졌지만 기교를 인정받아 명성을 얻으면 애첩의 지위를 획득할 수 있었다.

소년의 경우에는 다음과 같은 꿈을 꾼 뒤 이어지는 상황을 겪을 수 있었다.

달은 두 개의 손을 가지고 있는데 한 손에는 활과 화살을, 다른 손에는 여자들이 등짐을 질 때 사용하는 가죽 끈을 들고 있다. 꿈속에서 달은 소년에게 그 중 하나를 선택하라고 한다. 소년이 활을 잡으려 손을 뻗을 때 달은 재빨리 양손을 교차시켜서 소년이 가죽 끈을 잡게 하려고 한다. 소년은 가죽 끈을 잡지 않기 위해 필사적으로 잠에서 깨어나려고 애를 쓰거나 아니면 기어코 활을 잡으려 한다. 어느 쪽이든 성공을 하면 소년은 처벌을 피할 수 있

---

[*] 위의 책.

었다. 하지만 실패하고 가죽 끈을 잡게 되면 그 소년은 여자처럼 살아가야
했다.[*]

만일 소년이 자살을 택하지 않는다면 그는 전사이자 사냥꾼으로서의
삶을 포기하고 *berdache*, 즉 여자의 옷을 입고 여자의 일을 하는 남자
가 되어야 했다. 이들의 일부는 남자와 결혼을 하거나 전투에 나갈 채
비를 하는 전사들과 성적 관계를 갖기도 했지만 반드시 동성애자일 필
요는 없었다. 이들의 대부분은 거세된 남자와 마찬가지로 여자들에게
위험한 존재로 여겨지지 않았으며 여자들의 좋은 친구이자 심지어는
그들을 가르치는 역할을 하기도 했다. 많은 *berdache*들이 요리와 자수
에서 빼어난 솜씨를 보여주었기 때문이다.

수족의 경우처럼 하나의 문화는 정상적인 범주를 벗어난 사람들에게
광대나 매춘부 또는 예술가와 같은 역할을 부여한다. 하지만 그들을 비
웃음과 공포의 대상이 되는 것으로부터 완전히 해방시켜 주는 것은 아
니다. 그들이 상징하는 일탈을 대다수의 구성원들로부터 격리시킬 필
요가 있기 때문이다. 하지만 그러한 공포는 그들의 꿈에 들어온 악령에
대한 것이지 그러한 꿈을 꾼 개인들을 향하지는 않는다. 이러한 방식으
로 원시 사회는 무의식의 힘을 인정했다. 문화적 규범에서 벗어난 어
떤 사람이 자신이 꿈을 꾸었노라고 설득력 있게 이야기할 수만 있다면
그의 일탈 행위는 개인적인 동기라기보다는 초자연적인 영향력에 의한
것으로 간주되었다. 정신병리학을 연구하는 우리로서는 현대 사회가
제대로 대처하지 못하고 있는 이러한 문제들을 "원시" 사회가 유연하고

---

[*] T. S. Lincoln, *The Dream in Primitive Cultures*, Cresset Press, London, 1935.

효과적으로 다루었다는 사실에 감탄하지 않을 수 없다.


## 6. 요약

외부의 충격으로 수족은 공동체의 자주성이 역사적 형태로 뿌리내리는 현실을 잃어버렸다. 백인들이 몰려오기 전에 그들은 전사이자 버펄로 사냥꾼으로 살아갔다. 그러나 버펄로 떼는 침략자들의 도살에 의해 사라졌고, 이어진 전투에서 그들은 수세에 몰린 끝에 결국 패배했다. 그들은 버펄로 대신 기꺼이 소떼를 방목하며 살아가려 했으나 얼마 못 가서 소떼마저 빼앗기고 말았다. 그리고 결국 척박한 땅을 얻는 대가로 정착생활을 하는 농부가 되었다.

이처럼 수족은 사회적 존재로서 개인의 발달을 이끌어낼 수 있는 원천인 집단적 정체성과 공동체적 특성의 토대를 조금씩 빼앗겼다.

굶주림에 대한 두려움으로 수족은 먹을 것을 주는 지배자들에게 공동체의 기능을 내주고 말았다. 조약을 맺은 백인들의 의무는 과도기적인 상태에 머물지 않고 점차 필수적인 것이 되었으며 이는 결국 구호의 형태를 띠게 되었다. 또한 연방 정부는 수족에게 새로운 모습으로 다가가는 데 실패했을 뿐만 아니라 형태와 내용 면에서 이전과 다른 가치관을 제시하는 데에도 실패했다. 우리는 새로운 모델이 구성원들에 의해 자발적으로 받아들여질 때까지 어린 세대를 키워내는 현재의 방식이 앞으로도 문화적 통합의 도구로 남아 있을 것이라고 생각한다.

인디언들의 교육 문제는 근본적으로 자유경제 체제에서 중산층의 가치관을 대변하는 공무원들과, 그러한 체제의 소외 계층으로서 자신들의 정체성을 찾고 있는 부족의 후예들이 문화적으로 접촉하는 지점에서 발생한다.

사실 부족의 후예들이 지금도 지키고 있는 원리들은 백인들의 아동 양육 방식과 충돌을 일으키고 있다. 수족은 아이가 어릴 때부터 독립적인 존재로 인정받아야 한다는 발달 원리를 가지고 있다. 수족 부모들은 몸의 문제에 대해 거부감을 보이지 않으며, 특히 남아가 고집을 부리는 경우 그것을 묵인해준다. 또한 자아와 몸, 그리고 자아와 주변 사람들 사이의 의사소통 체계를 발달시키는 유아기에는 아이가 표출하는 신체적 습관을 제지하지 않는다. 아이는 신체적으로 강해지고 자아에 대한 확신이 생겼을 때 비로소 명예와 수치심을 중시하는 부족의 전통에 복종할 것을 요구받는다. 성장한 소년은 자신의 사회적 욕구를 엄격하게 제도화된 방식으로 다루는 한편, 위험한 본능적 경향들을 외부의 적에게 돌리고 죄의식의 원천을 초자연적인 존재에게 투사하는 가운데 자신이 속한 문화에 통합되어간다. 우리는 그들의 전통적 가치관이 엄청난 역사적 변화를 겪은 현실 속에서도 얼마나 굳건히 유지되고 있는지 줄곧 지켜보아왔다.

이와는 대조적으로 고위 관료로 대표되는 서구 문명의 지배 계층은 유년기 아동의 충동과 기능을 체계적으로 제어하는 것이 후일 바람직한 역할을 수행하는 사회인을 키우는 데 가장 확실한 방법이라는 믿음을 유지해왔다. 그들은 아기와 어린아이들의 일상에 메트로놈을 이식해서 아이들이 자신의 몸과 주변 사람들 사이에서 처음 얻는 경험들을 제어하려고 한다. 그러한 기계적 사회화를 거친 후에 아이는 냉혹한 개인주의자로 성장하도록 독려를 받는다. 아이는 야심찬 노력을 기울이지만 표준화된 진로에 어쩔 수 없이 머물게 되는데, 이는 경제가 발전함에 따라 하나의 직업에 요구되는 일반적인 책무성은 줄어들고 대신 특정 분야에 대한 전문성이 강조되기 때문이다. 이러한 전문성은 서구 문명을 기계에 의한 통제로 이끄는 동시에 광범위한 불만과 개인의 방향 상실을 유발하기도 한다.

하나의 체제에서 보상으로 여겨지는 것이 다른 체제의 구성원들에게는 오히려 비용으로 여겨질 수도 있다. 수족은 개인과 부족의 역사를 통해 풍요로웠던 과거를 돌아보며 **복원**(restoration) 이외에는 그 어떤 것도 추구할 만한 가치가 없다고 생각한다. 반면에 백인들의 가치관은 더 높은 수준에 도달하기 위해 끊임없는 **쇄신**(reform)을 요구한다. 이러한 쇄신은 내면화된 도덕심을 요구하는데, 이는 지켜보는 사람이 없어도 자동적으로 그리고 무의식적으로 유혹에 맞서 행동하는 것을 의미한다. 인디언들의 도덕심은 명예와 불명예가 명확하게 규정된 사회에서 수치스러운 상황을 피해야 할 필요성의 영향을 보다 많이 받는다. 때문에 어떤 문제의 해결책을 얻기 위해 "내면의 목소리"가 필요한 갈등 상황에서 이들의 판단력은 일정한 방향성을 갖지 못하는 경향이 있다.

그들 자신을 자연의 일부이자 세상의 중심으로 여기는, 강한 자민족 중심주의를 지닌 비교적 작은 규모의 집단이 사회적 적응의 수단으로 교육을 이용한다는 측면에서, 수족의 교육을 떠받치고 있는 체제는 원시적이라 할 수 있다. 이들의 원시적 문화는 다음의 몇 가지 특징으로 스스로를 규정한다. 첫째, 아이들에게 하나의 주요한 진로, 곧 버펄로 사냥꾼으로서의 삶을 준비시킨다. 둘째, 사냥감을 잡기 위해 도구를 사용하고 개량함으로써 인간 신체의 능력을 확장시킨다. 마지막으로 자연에 대항하는 수단으로 주술을 사용한다.

이러한 자기규정은 동질성을 지향한다. 수족의 삶에는 **원심운동**

(centrifugality) 속에서 구성원들 사이의 공통분모를 찾는 지리적, 경제적, 해부학적 형태의 강한 통합이 관찰된다. 그것은 다음의 몇 가지 생활 양식으로 표출된다. 첫째, 이들은 분산과 이동에 유리한 사회적 집단을 구성하고 있다. 둘째, 확대가족 내에서 긴장이 분산된다. 셋째, 이동 생활의 요령과 말과 총을 즉각적으로 사용할 수 있는 준비를 갖추고 있다. 넷째, 조건 없이 주는 행위를 통해 소유물을 분배한다. 마지막으로 사냥감과 외부 집단을 향해 공격성을 전환시킨다.

수족의 교육은 젖을 주는 어머니와의 관계에서 근본적인 신뢰를 구축함으로써 원심운동을 하는 체제에 확고한 기틀을 마련해준다. 그러한 신뢰를 바탕으로 수족은 유아기의 깨물기와 분노의 문제를 다루고, 아이로부터 최대한의 공격성을 이끌어내서 그것을 사회적으로 배출하도록 하며 궁극적으로는 사냥감과 적을 향해 그러한 공격성을 돌리게 만든다. 지금까지 우리는 단순한 인과관계가 아니라 신체적, 정신적 그리고 사회적 양식들이 상호 동화하며 확대 발전하고 문화적 장치들이 경제적이고 효과적으로 작동하는 과정을 다루었다. 오직 그러한 통합 과정만이 그들의 세계에 안정감을 제공해줄 수 있다. 하지만 한때 유능함과 고상함을 나타내는 것으로 간주되던 행동들—이를테면 소유를 경시하고 경쟁을 거부하는—이 우리의 제도에 이식되면 이는 그들을 밑바닥 계층에 고착시키는 결과로 이어질 뿐이다.


## 7. 후속 연구

내가 인디언 보호구역에서 메킬과 함께 현장연구를 수행한 후 5년이 지난 1942년에 고든 맥그리거(Gordon MacGregor)는 200명의 파인 리지 아동들을 대상으로 집중적이고 세밀한 연구를 진행했다. 이 연구는 인디언 교육 연구 프로젝트(Indian Education Research Project)의 일환으로 미국 내 5개 인디언 부족의 아동기와 부족의 특징에 대해 자세한 자료를 수집하기 위해 진행되었다. 연구는 시카고 대학교와 인디언 문제를 담당한 정부 기관이 공동으로 주관했다. 맥그리거와 그의 연구진은 인디언 아이들을 학교와 가정에서 1년 동안 꾸준히 관찰할 기회를 얻었는데 이는 일찍이 우리가 갖지 못한 기회였다. 또한 그들은 이미 백인 아동은 물론 다른 인디언 부족의 아동들을 연구한 경험이 있었고 다양한 형태의 전문적인 검사 방법에 능통한 전문가들이었다. 그러므로 그의 연구는 임상적 관찰의 타당성을 검증할 수 있는 표본이자 중간보고서의 역할을 할 수 있을 것이다.

먼저 맥그리거의 설명*에 의거해서 특히 인디언 보호구역 내의 순혈 인디언 사이에 남아 있는 것으로 보이는 전통 양육법을 요약해보겠다.

수족 어머니들은 아기를 속싸개에 단단히 싸서 쉬지 않고 가볍게 흔들어준다. 아기들은 빠르면 생후 9개월에 젖을 떼고 일부는 36개월이 될 때까지 젖을 먹지만 대부분은 생후 11개월과 18개월 사이에 젖을 뗀다. 아이가 엄지손가락을 빠는 행동은 거의 관찰되지 않았다. 모조 젖꼭지로는 고무, 돼지고기 그리고 비엔나소시지가 사용되었다. "엄지손가락으로 앞니를 톡톡 두드리는" 습관은 다코타족에게서 흔히 관찰되며, 이 행동은 특히 성인 여성과 여아들에게서 두드러지게 나타났다.

어른들은 아이의 발달 과정을 인내심을 가지고 지켜보며 즐거움을

---

* G. MacGregor, *Warriors without Weapons*, University of Chicago Press, 1946.

얻는다. 그들은 아이에게 걸음마와 말을 가르치기 위해 서두르지 않는다. 아기처럼 말하기(baby talk)는 관찰되지 않았다. 아이들은 인디언의 언어를 먼저 배우기 때문에 많은 취학 연령기의 아동들에게 영어는 여전히 문제가 되고 있다.

유아의 배변 훈련은 자기보다 큰 아이들의 행동을 모방하며 이루어진다. 주변에 백인이 없으면 유아는 기저귀나 팬티를 입지 않고 돌아다닌다. 하지만 대변을 보다 일찍 가리도록 하기 위한 노력은 있으며 배변을 하는 장소도 따로 정해져 있다.

오늘날에도 다코타족 아이들은 베푸는 사람이 되도록 훈련을 받는다. 지금도 아이들은 말과 같은 값비싼 선물을 받는다. 5세에서 7세에 불과한 아이들이 아무런 대가없이 기꺼이 자신의 물건을 내어주고는 한다. "가족을 잃은 어린 사내아이가 어른들을 따라 장례식을 찾아온 자기보다 어린 아이들에게 오렌지에이드를 대접하기 위해 자신이 가진 돈의 전부인 10센트를 털어서 오렌지 분말을 사기도 했다." 돈이나 귀중품은 따로 치워두는 경우도 있지만 대개의 경우 아이들의 손이 닿는 곳에 그냥 놓아두는데, 이는 백인들의 눈에 "당혹스럽고 못마땅하게" 보였다.

교육의 주된 수단은 경고와 창피를 주는 것이다. 아이들은 화가 났을 때 소리를 지르는 것이 허용되며, 이는 "아이들을 강하게 만드는" 것으로 여겨진다. 손바닥으로 아이의 엉덩이를 때리는 것은 과거에 비하면 다소 늘었지만 여전히 드문 일이다. 아이가 나쁜 행동을 반복적으로 하는 경우 창피를 주는 강도도 높아진다. 집에서 어른들은 이기심과 경쟁심 그리고 다른 사람에게 손해를 끼치며 자신의 이익을 얻는 행위를 나쁜 행동으로 간주한다. 가정 내의 긴장은 멀리 있는 친지를 방문하면서 희석된다.

어린 남아들은 사냥꾼의 정신을 이어받아 (활과 화살 또는 버펄로의 뼈 대신에) 로프와 고무줄 새총을 가지고 닭이나 다른 작은 동물들을 쫓아다닌다. 여아들은 인형을 가지고 놀거나 집안일을 돕는다.

5~6세가 되면 남아는 가정에서 확실한 안정감과 애착을 얻게 된다. 성별에 따른 공간의 분리가 시작되지만 과거의 회피관계는 완전히 사라졌다. 사실 이것이 모든 관찰자들이 공통적으로 지적하는 가장 두드러진 변화이다. 남매가 서로를 회피하는 유일한 경우는 짝을 지어 춤을 추는 때이다.

백인의 피가 비교적 많이 섞인 아이들은 학교에서 경쟁을 즐기는 법을 배우고 있으며, 가족과의 유대에서 벗어나 학교를 또래들과 어울리는 장소로 받아들이고 있다. 하지만 많은 아이들은 여전히 경쟁적인 활동에 소극적이며 일부는 일체의 반응을 거부하고 있다. "수업 중의 경쟁적인 활동은 다코타족 아이들에게 받아들여지지 않고 있으며 아이들은 경쟁에 참여하는 다른 친구들을 손가락질한다." 이러한 태도는 영어 구사 능력의 부족과 백인 교사에 대한 두려움과 맞물려서 학교생활을 더욱 위축시키고 기숙사를 뛰쳐나와 집으로 돌아가는 행동을 더욱 빈번하게 만들고 있다. 아이는 집으로 돌아가도 부모로부터 벌을 받지 않는다. 부모들 스스로가 난처함이나 분노를 느끼면 직장이나 단체를 쉽게 그만두기 때문이다.

저학년의 경우 백인 학생들이 다니는 학교에 비해 남학생이 여학생을 때리는 경우가 잦은 편이다. 고학년 남학생들은 경쟁적인 요소가 개입되는 야구 같은 경기를 할 때 당혹스러운 반응을 보이기도 한다. 다만 경쟁적인 요소에 대한 거부감과 별개로 집과 학교에서 화를 내며 싸움을 벌이는 사례는 늘고 있다.

고학년 여학생들은 또래 남학생들과 성인 남자들을 경계하는 모습을 보인다. 그들은 항상 무리를 지어 다니고 승마를 거부하며 남자들로부터 완전히 떨어져서 생활한다.

기숙학교는 (그들의 집과 비교할 때) 물리적으로 좋은 환경과 다양한 흥미를 충족시켜주는 풍부한 기회를 제공하지만 그럼에도 고등학교에 입학한 다수의 학생들은 졸업을 하지 못한다. 많은 학생들이 집으로 돌아가서 무단결석을 하다가 결국에는 학교를 완전히 그만둔다. 그 원인은 여러 차례 언급한 바와 같이 수치심과 경쟁의 문제, 순혈과 혼혈 아이들 간의 문제, 그리고 남학생과 여학생 사이의 문제들이 급격한 외부 환경 변화로 인해 해결 불가능한 상황에 이르기 때문이다. 게다가 오랜 학교교육이 이들에게 더 나은 정체감이나 보다 안정적인 수입을 약속해주는 것도 아니다.

학교를 떠난 남녀 학생들은 경제가 호황을 누리는 시기를 제외하면 인디언 보호구역에 그대로 머무는 경우가 많다. 한동안 떨어져 지낸 까닭에 가족들과 아이 모두 서로가 조금 서먹하게 느껴지기도 하지만 어린 시절을 보낸 집은 돌아온 그들에게 여전히 편안한 장소로 남아 있다. 하지만 가난은 극복될 수 있다고 배운 아이들의 눈에 부모의 게으름과 무능은 이전과 다르게 보이기 시작한다. 꿈을 품은 아이들은 연방정부의 지원에 익숙해진 어른들의 태도를 비판적으로 바라보게 된다. 백인들의 사고방식에 익숙해진 아이들은 사람들의 입방아에 오르내리는 것을 항상 의식해야 하는 전통적인 분위기를 부정적으로 인식하기 시작한다. 무엇보다 백인들의 사고방식에 일부 동화된 자신들을 못마땅하게 여기는 기성세대를 이해하지 못한다. 그들은 학교에서 배운 것들이 군복무나 산업 분야의 취업 등에 도움이 되고 이는 그동안 가로막혀 왔던 부족의 재건에도 도움이 된다고 생각하고 있다. 하지만 이러한 각성도 그들을 시골에 거주하는 백인 빈민층과 도시의 유색 인종이 안고 있는 문제로부터 해방시켜 주지는 못한다. 오직 군인이 되는 것만이 과거에 그들이 가졌던 역할에 새로운 영광을 입혀줄 수 있지만, 그나마도 군인을 필요로 하는 전쟁이 있을 경우에나 가능한 일이다.

학교에서 본 교사들을 역할 모델로 삼아 대학에 진학하거나 공무원이 되려고 준비하는 젊은이들은 예외 없이 이중 잣대를 피해 자신의 고향을 떠나 다른 보호구역에서 일자리를 찾는다. 고향에서 일을 하는 한 그들은 자신의 역할에 필요한 전문적인 훈련을 받은 것으로 인정을 받으면서도 연장자가 말을 할 때는 침묵을 지켜야 하는 이중 잣대를 피할 방법이 없다. 지역사회가 미래의 지도자를 갖고 있지 못한 이유도 이 때문이다. 훌륭한 품성과 열정을 지닌 젊은이들이 나타나고 있지만 여전히 그 수는 적다. 다코타족 어린이들을 위한 신뢰할 만한 역할 모델은 아직 구체화되지 않은 상태이다.

지금까지 맥그리거의 연구를 토대로 인디언의 아동 양육과 관련하여 오늘날에도 지속되고 있는 것들을 대략적으로 살펴보았다. 이제 무엇이 변하고 있는지를 알아보자.

다코타족의 생활에 일어난 가장 큰 변화는 아마 가족의 지위에 있을 것이다. 자급자족의 인적 토대였던 가족은 이제 소외되고 존재감을 잃은 구성원들의 도피처가 되었다. 아직 남아 있는 가장 강한 유대는 형제간에 있는 것 같다. 이 건강한 유대는 새로운 공동체적 추구에 매우 유용한 자원이 될 수 있을 것이다. 이에 반해 아이들과 아버지의 관계는 가장 약해 보인다. 아이들에게 가르쳐줄 것이 없는 아버지는 아이들에게 피해야 할 모델이 되고 말았다. 남자아이들은 또래 집단으로부터 인정을 받으려 한다. 여자아이들에게는 과거의 금기들이 모두 폐기되거나 약화되어 거의 빈껍데기에 불과한 것이 되고 말았다. 슬픔과 분노, 그리고 거듭 이야기하거니와 수치심과 당혹감이 뒤섞인 이상한 감정이 상호간 존경 관계의 틈을 비집고 들어와 있는 것 같다. 교육을 받고 취업을 하는 것이 새로운 꿈이 되었지만 이것도 곧 시들해지고 만다. 특정한 역할이나 기능에 그들이 뿌리를 내리지 못하기 때문이다. 아이들은 어른들이 알고 있는 것, 즉 "워싱턴"과 기후 그리고 시장이 모든 예측을 불가능하게 만든다는 사실을 감지하고 있다.

맥그리거의 연구는 "다코타족의 특성"이라는 복잡한 그림을 명확하게 이해하기 위해 광범위한 면접과 검사를 실시했다. 그의 말을 빌리자면 부족의 특성은 "어느 한 아이 또는 아이들 다수의 특성이 아니다. 사실 다수의 아이들은 말할 것도 없고 한 아이에게 그 요소들 모두가 존재한다고 말할 수는 없다." 나는 이 연구에서 사용된 방법론에 의문을 제기하거나 그것에 대해 논박할 생각은 없다. 다만 아이들의 내적인 삶을 보여주는 자료를 추출하기 위해 노력할 따름이다.

여기에서 많은 독자들이 궁금하게 여기고 있을 문제를 정리하고 넘어가겠다. 다코타족 아이들의 평균 지능은 백인 아이들보다 약간 높다. 하지만 건강 상태는 시골의 백인 빈민층 자녀들의 그것과 비슷하다. 의심할 여지도 없이 영양 부족은 무기력과 느린 행동 그리고 의욕 상실의 원인이 되고 있으며, 보호구역에서 살아가는 고통의 근본적인 원인도 사실은 배고픔이다. 맥그리거의 연구진은 포괄적인 조사를 마친 후 인디언 아동들의 무기력은 배고픔의 결과이자, 동시에 그것의 원인이기도 하다는 결론을 내리고 있다. 기회와 가능성이 엿보이는 상황에서도 배고픔이 주도성과 근면성을 저해하고 있기 때문이다.

다코타족 아동들을 대상으로 한 주제 상상 심리검사와 아이들이 자발적으로 한 이야기들은 이 세상이 그들의 눈에 어떻게 비치고 있는지를 잘 보여준다. 다만 미리 염두에 두어야 할 것은, 이러한 검사에서는 이 세상을 어떻게 보느냐 또는 사물에 대해 어떻게 생각하느냐 따위의 질문은 등장하지 않는다는 것이다. 그런 질문에 답을 할 수 있는 이는 성인들 중에도 별로 없고 당연히 아이들 사이에는 더 적으며 인디언 아이의 경우 아예 없을 것이기 때문이다. 대신 연구진은 그림이나 이야기 또는 잉크 얼룩이 번진 종이들을 제시하며 이렇게 말한다. **"여기에서 뭐가 보이니?"** 이 방법은 아이들로 하여금 현실을 잊고 무의식 가운데 자신의 좌절과 소망 그리고 무엇보다도 인간 존재에 대한 기본적 태도를 내보이게끔 만든다.

연구진은 제시된 주제와 그로부터 드러난 통각(apperception)에 대해 면밀한 양적 분석을 실시한 결과 다코타족 아이들이 세상을 위험하고 적대적인 대상으로 보고 있음을 발견했다. 아이들에게 어린 시절 가족 내의 애착 관계는 아련한 그리움으로 남아 있다. 하지만 다른 많은 경우 그들에게 세상은 확실성과 목적이 거의 없는 곳으로 비쳐지는 것 같다. 아이들의 이야기에 등장하는 인물들은 이름을 갖고 있지 않으며 확실한 행위와 결과도 나타나지 않는다. 전체적으로 아이들의 이야기에는 경계심과 거부가 주요한 특징으로 나타난다. 아이들의 죄책감과 분노는 사소한 비난 또는 단지 앙갚음을 위한 손찌검이나 도둑질로 표현된다. 모든 아이들이 그러하듯 이 아이들도 현실 도피적인 이야기를 좋아하지만 그들의 상상은 특히 백인들이 나타나기 이전의 시대를 향하고 있다. 과거에 대한 환상은 "과거의 영화를 이야기하려는 것이 아니라 현실의 어려움과 공포를 보상해주는 만족감의 수단으로 묘사된다."

아이들의 이야기에서 대부분의 행동은 타인에 의해 시작되고, 그 중 상당수가 경솔하고 신뢰하기 힘들며 적대적인 양상을 띠고 있어서 다툼이나 장난감이 부서지는 장면으로 이어지곤 한다. 그리고 이는 그 상황을 묘사하는 아이에게 슬픔, 두려움 그리고 분노의 감정을 일으킨다. 이야기 속에서 아이 자신의 행위는 거의 매번 싸움, 소유물의 파괴, 규칙 위반 그리고 도둑질로 이어진다. 동물들 역시 공포의 대상으로 등장하는데 여기에는 방울뱀, 으르렁거리는 개, 성난 황소처럼 아이들이 예전부터 무서워하던 동물뿐만 아니라 그들이 비교적 일찍부터 친숙하게 다뤄온 말도 포함되어 있다. 주제의 출현 빈도에서는, 다른 사람의 죽음과 질병 그리고 이별에 대한 걱정이 사람들 또는 동물들의 적대적인 행동 다음으로 많았다. 아이들이 특정한 사람과 함께 있는 공간보다 극장, 이동 놀이공원 그리고 로데오 경기장 등 (연구진의 해석에 따르자면) 많은 사람들이 모이는 장소를 더 선호하는 경향을 보편적으로 보이고 있다는 점은 긍정적인 측면으로 해석된다.

연구진은 나이가 가장 어린 집단(6~8세)에서 가장 잘 구조화된 성격 발달이 엿보이고, 9~12세의 집단은 비록 활력과 쾌활함에서 또래의 백인 아이들에게 이미 뒤처지기 시작하지만 상대적으로 가장 자유롭고 안정적인 모습을 보여주며, 사춘기가 도래한 연령대의 아이들은 확실히 위축된 모습으로 그들을 둘러싼 세상에 대해 이미 흥미를 잃은 것 같다는 결론을 내린다. 이 시기에 이르러 아이들은 체념을 한 듯 무기력하며 수동적인 모습을 보이는데, 다만 남자아이들의 경우 다소 불안정하기는 해도 좀 더 많은 표정과 의욕을 드러낸다. 이에 반해 여자아이들은 사춘기가 시작되면서 심리적 불안과 행동의 정체 상태를 보여준다. 청년기에 접어들면서 도벽은 더욱 늘어나며 사회의 비정함에 대한 두려움은 기성세대와 제도 전반 그리고 백인과 인디언을 가릴 것 없이 모두에게로 향하는 것 같다.

이 모든 측면을 고려해보면 맥그리거의 연구진이 어떻게 그런 결론을 내렸는지 쉽게 납득이 되지 않는다. 그들은 다코타족 아이들의 "무기력하며 부정적인" 성격과, 활기와 감정 그리고 자발성에 대한 거부가 "유년기 초기부터 작동한 억압적인 힘"에서 비롯되었다고 말한다. 하지만 앞에서 언급한 바와 같이 빈곤과 공동체 전반의 무기력에도 불구하고 그들의 유년기는 상대적으로 풍요롭고 자유로우며, 이것이 취학 연령의 아이들로 하여금 높은 신뢰감과 어느 정도의 자율성과 주도성이 조화를 이룬 가운데 가족의 품을 떠나 학교생활을 시작하게 하는 요인이 된다는 것이 나의 결론이다. 이러한 주도성은 그리 성공적이지는 않지만 9세에서 12세까지만 해도 그런대로 놀이와 학교생활에 적용이 된다. 그러다 사춘기에 접어들면 그때까지 남아 있는 어떠한 주도성으로도 정체성을 찾을 수 없다는 사실이 분명해진다. 그리고 그 결과가 정서적 위축과 장기 결석으로 나타난다.

맥그리거의 연구는 특히 상호 존중 관계의 붕괴와 목표의 부재로 인해 유아기의 분노가 다른 형태로 전환되지 않은 채 유년기까지 방치되고 있음을 분명히 보여준다. 무기력과 우울은 그에 따른 결과이다. 마찬가지로 획득 가능한 보상이 없기 때문에 창피를 주는 것은 훈육이라기보다는 징벌을 위한 가학적 습관이 되고 있다.

어른들의 세계에 대한 적대적인 시각은 사회적 현실을 고려하면 충분히 이해할 만하거니와 그것은 내적 분노의 투사로부터 강력한 강화(reinforcement)를 받는 것으로 보인다. 사랑하는 이들이 어디론가 떠나거나 죽음을 맞는 반면에 그들을 둘러싼 환경은 적대적인 동시에 파괴적으로 묘사되는 이유도 여기에 있다. 나는 다코타족 아이들이 과거에는 **전환**이 일어나던 곳에 지금은 **투사**를 하고 있다는 느낌을 강하게 받았다. 한때 친근한 동물이었던 말이 가장 인상적인 예이다. 말은 이제 그들에게 투사의 대상이 된 것에 그치지 않고 원래의 이미지가 완전히 왜곡되어 맹수처럼 묘사되고 있다. 앞에서 살펴본 바와 같이 버펄로가 평원을 달리던 시절에는 사냥과 도살의 감정적 표상이 집중될 수 있는 동물이 있었으나 지금은 그러한 공격성이 향할 수 있는 목표가 없다. 이에 따라 각 개인은 분출되지 않은 자신의 공격성을 두려워하게 되고, 그러한 두려움은 실제로 존재하지 않거나 상상 속에서 과장되어 있는 위험을 자신의 외부에서 보는 것으로 표출된다. 또한 충동적인 절도는, 한때 사냥과 전투를 통해 분출될 수 있었던 "잡고 깨무는" 공격성이 표출될 수 있는 유일한 수단이 되었다. 친지의 죽음이나 이별에 대한 두려움은 비록 가난에 짓눌려 있지만 오로지 가족만이 과거의 통합적 문화의 흔적을 보여주는 유일한 원천으로 인식되고 있음을 보여준다. 가족은 불가능한 복원의 꿈을 그나마 현실처럼 꿀 수 있는 배경이 되는 것이다. 그렇다면 엄밀한 의미에서 아이들의 발달을 저해하는 원인은 전통적인 육아법이나 "억압적인 힘"에 있는 것이 아니라, 오래 전 다코타족이 버펄로를 사냥하던 시절의 통합적 교육 방식이 중요한 사회적 역할을 지닌 새로운 제도로 발전할 기회를 얻지 못했다는 데에 있다.

맥그리거는 토양이 회복되고 목초가 다시 자라면서 목축업이 꾸준한 성장을 보이고 있다는 반가운 소식을 전하고 있다. 하지만 목축업을 경제적 기반으로 삼으려는 시도는 과거에도 있었고, 인디언들은 결국 정부의 구호식량에 의존하는 신세가 되었을 뿐이다. 그 시절 조약에 의해 주어졌던 권리는 지금은 실업수당으로 성격이 바뀌어 있다. 젊은이들은 산업 분야에 취업할 기회를 찾아 공동체의 재건을 뒤로하고 지역사회를 떠나고 있지만, 별다른 능력을 갖추지 못한 인디언들이 미국적 성공이라는 기준에서 얻을 수 있는 지위와 정체성은 그리 높지 않다. 그럼에도 그들은 적잖은 임금을 받고 있으며, 적어도 지난 세기의 패배한 전투가 아닌 자신들의 정당한 노동에 의한 대가를 받고 있다. 인디언들의 특수한 상황에 대한 이해와 존중을 바탕으로, 그리고 그들의 재건이 성공하기를 바라는 마음으로 우리가 내릴 수 있는 결론은 농촌의 빈민층과 다른 모든 유색인종의 문화적, 정치적 발전이 장기적으로 그들의 이익에도 부합된다는 것이다. 이동 양육의 체계는 보다 큰 문화적 독립체를 지향하는 보편적 경향이 지속되는 환경 하에서만 유익한 방향으로 변화할 수 있다.

**제4장**

# 새먼 강변의 어부들

## 1. 유록족의 세계

비교와 대조를 위해 이제 "무기를 잃은 전사들"로부터 태평양 연안에서 고기를 잡고 도토리를 채집하는 유록족*에게 시선을 돌려보자.

수족과 유록족의 생활환경은 정반대의 지형적 특성을 가지고 있다. 수족은 평원을 떠돌며 원심적 이동의 공간 개념을 발달시켰다. 그들의 공간에는 버펄로 떼와 적의 무리가 어슬렁거린 반면, 유록족은 울창한 산림에 둘러싸인 좁고 험한 강의 계곡과 태평양으로 흘러나가는 하구를 중심으로 생활했다. 또한 유록족은 스스로 그은 경계선으로 그들의 세상을 한정시켰다.** 그들은 클래머스(Klamath) 강을 중심으로 직경 150마

---

* A. L. Kroeber, "The Yurok" in *Handbook of the Indians of California*, Bureau of American Ethnology, Bulletin 78, 1925.
**T. T. Waterman, *Yurok Geography*, University of California Press, 1920.

일의 원 안쪽을 세상의 전부로 여겼다. 그들은 그 경계선 밖의 지역은 의도적으로 외면하며 그 너머로 나가려는 이들을 "미친 사람" 또는 "천민"으로 배척했다. 그들의 삶에 필요한 것들을 내려주는 초자연적인 존재들의 "집"을 향해 그들은 기도를 바쳤다. 클래머스 강이 발원하는 (실제로는 존재하지 않는) 호수, 바다 건너 연어들의 고향이 있는 땅, 사슴을 내려주는 하늘, 그리고 조가비 화폐(shell money)가 나오는 먼 해안선이 그들의 기도가 향하는 집이었다. 동서남북의 원심적인 방위는 없었다. "상류"와 "하류" 그리고 "강 쪽"과 "강에서 먼 쪽"이 있을 따름이었고, (다른 부족이 살고 있는) 세상의 경계선 너머에는 "둥근" 또 하나의 구심상의 세상이 있었다.

이렇게 제한된 생활 영역 내에서 극단적인 국지성(localization)이 일어났다. 어느 유록족 노인이 나에게 자신의 혈통이 시작된 조상의 집까지 차를 태워달라고 부탁한 적이 있다. 그가 안내한 곳에 차가 멈추자 그는 멀리서는 알아보기도 힘든 작은 구덩이 하나를 가리키며 자랑스럽게 말했다. "여기에서 내 뿌리가 시작되었다오." 유록족의 많은 이들은 그러한 작은 구덩이에서 비롯된 성(姓)을 가지고 있다. 사실 유록족의 여러 발상지는 역사 또는 신화가 그럴 듯한 이야기를 만들어준 곳에 있다. 하지만 그 신화들은 백인 관광객들에게 강렬한 인상을 주는 산봉우리나 거대한 삼나무 숲을 이야기하지 않는다. 오히려 유록족은 평범해 보이는 바위나 나무를 그들의 까마득한 "기원"으로 여겼다. 소유물의 획득과 보유는 지금도 그렇지만 과거에도 유록족이 끊임없이 생각하고 말하며 기도하는 주제였다. 모든 사람, 모든 대인관계 그리고 모든 행위에 가치가 매겨졌고, 그 모든 것들은 자랑거리 또는 끊임없는 분쟁의 이유가 되었다. 유록족은 백인과 처음 마주치기 훨씬 이전부터 화폐를 가지고 있었다. 그들은 다양한 크기의 조개껍질을 타원형의 지갑에 넣고 다니며 화폐로 사용했다. 이 조개껍질들은 내륙 부족들과의 물물교환을 통해 들어왔는데. 물론 유록족은 엄청난 인플레이션을 유발할 만큼 많은 조개껍질이 널려 있는 북부 해안선에는 결코 "발을 들여놓지" 않았다.

클래머스 강을 중심으로 이루어진 유록족의 세계는 이를테면 바다를 향해 "입을 크게 벌리고" 있다. 매년 클래머스 하구로 몰려오는 엄청난 수의 연어들은 급류를 힘차게 거슬러 올라 상류에서 알을 낳고 죽는다. 그리고 몇 달이 지나면 알에서 부화한 새끼들이 강을 따라 내려와 바다로 사라지고 2년 후에는 완전한 성체가 되어 다시 이곳으로 돌아와 일생을 마친다.

"강인한" 삶을 이야기하는 수족과 달리 유록족은 "정결한" 삶을 이야기한다. 정결함은 불결하거나 오염된 것들과의 접촉을 피하고 오염된 상태로부터 끊임없이 정화되는 과정으로 이루어진다. 여성과 잠자리를 갖거나 같은 집에서 자기만 해도 어부는 스스로 한증막에 들어가 "시험"을 통과해야 한다. 먼저 그는 어지간히 뚱뚱한 사람도 통과할 수 있는 타원형의 입구로 들어간다. 하지만 출구는 평소 적절한 식습관으로 호리호리한 체형을 유지한 사람이나 성스러운 불에 의해 땀을 흠뻑 흘려 몸이 유연해진 사람만 통과할 수 있을 만큼 좁다. 강에서 수영을 함으로써 정화는 끝이 난다. 정직한 어부는 매일 아침 스스로 이 시험을 거친다.

이것은 자연과 몸이 분리될 필요가 있는 세계와 그 세계에서 작동하는 일련의 원리를 보여주는 한 가지 예이다. 그들의 믿음에 따르면 하나의 관(管)에 흐르는 것은 다른 관에 흐르는 것들과의 접촉에 의해 오염이 된다. 연어와 강은 사람들이 뗏목 위에서 무엇인가를 먹는 것을 싫어한다. 오줌은 강으로 흘러들어가서는 안 된다. 사슴고기가 물에 닿으면 사슴의 무리는 사라진다. 연어는 특히 강을 오르내리는 여자들의 주의를 요구한다. 생리를 할 수 있기 때문이다.

1년에 한 번, 연어가 회귀하는 시기에는 이러한 금기들이 효력을 잃는다. 유록족은 이 기간에 복잡한 의식을 거친 뒤 강을 막아 그들의 풍부한 겨울 양식을 준비한다. 강을 막는 작업은 "유록족은 물론 캘리포니아 지역의 인디언 부족을 통틀어서 집단적 특성과 기술적 측면에서 가장 규모가 큰 사업이다." 연어를 잡는 열흘간의 집단 노동이 끝나면 강기슭에서는 먹고 마시며 성적 자유를 누리는 축제가 열리는데, 이는 고대 유럽 이교도들의 봄 축제나 수족의 태양의 춤을 연상시킨다.

강을 막고 연어를 잡는 이 중요한 의식은 수족의 태양의 춤에 비견될 수 있다. 천지창조를 대규모 야외극으로 재현하며 시작되는 이 의식은 자유로운 원심력에 의해 뻗어가던 유록족의 정신이 뚜렷한 경계에 가로막히며 구심력을 얻게 되는 과정을 보여준다. 그러한 구심력은 부족의 법이 되고 초자연적인 존재로부터 주어지는 무한한 선물의 보증이 되기도 한다.

우리는 유록족의 유년기와 관련해서 이 의식들을 뒤에서 다시 살펴볼 것이다. 지금까지 이야기한 것만으로도 유록족의 세계가 그 규모와 구조에서—정반대라고까지는 할 수 없더라도—수족의 그것과 매우 다르다는 점은 충분히 이해되었을 것이다.

오늘날에도 두 부족은 완전히 다르다. 한때 평원을 호령했던 수족의 초라해진 모습을 본 유록족은 충격과 동시에 안도를 느꼈다. 거의 접근이 불가능했던 시절 유록족의 마을에 당도한 수족 사람들은 달갑지 않은 백인 취급을 받으며 돼지우리에서 잠을 자라는 말을 들어야 했다.

"그 사람들은 백인의 개나 다름없으니까요."

　클래머스 강 하류에는 유록족만 사는 마을이 몇 개 있으며, 그 가운데 가장 큰 마을은 골드러시 시절에 많은 부락이 합쳐지며 형성되었다. 태양이 내리쬐는 강기슭에 위치한 이 마을들에 접근하기 위해서는 해안에서 모터보트를 타거나 안개가 자욱한 험로를 따라가야 한다. 유록족의 유년기에 관한 자료를 수집하기 위해 몇 주 동안 머물 계획으로 그곳에 처음 들어갔을 때 나는 유록족의 특징으로 일컬어지는 "배타적이고 의심이 많은 기질"과 맞닥뜨렸다. 다행히도 강을 따라 올라가기 전에 나는 클래머스 강 하구 지역에 살고 있는 유록족 몇 사람을 만나 함께 식사를 하며 이야기를 나눌 기회가 있었고, 크로버는 냉담하고 의심이 많으며 화를 잘 내는 그들의 성격을 미리 일러주며 나로 하여금 마음의 준비를 하게 했다. 나는 그들의 행동을 나쁘게 받아들이지 않기 위해, 솔직히 얘기하면 스스로 주눅이 들지 않기 위해 마음을 다잡았다. 강기슭의 어느 버려진 마을에서 야영을 시작하며 나는 무슨 일이 일어나는지 지켜보기로 했다. 나중에 알고 보니 내가 하구 지역에서 함께 식사를 했던 사람들은 이들의 오랜 원수였다. 그들 사이의 반목은 1880년대로까지 거슬러 올라갔다. 게다가 이 고립된 마을에 살고 있는 사람들은 연구 목적으로 찾아왔다는 내 말을 곧이곧대로 믿는 것 같지 않았다. 그들은 내가 하워드-윌러 법(Howard-Wheeler Act, 부족이 공동 소유한 땅을 쪼개서 개인에게 불하하는 내용의 도스 법(Dawes Act) 시행 이후 많은 인디언들이 백인에게 땅을 헐값에 넘기고는 빈곤에 빠지는 문제가 심화되자 인디언들에게 상당한 수준의 자치권을 되돌려줌으로써 그들 스스로 공동체의 재건에 나설 수 있도록 1934년에 제정된 법—옮긴이)으로 인해 발생한 소유권 다툼을 조사하기 위해 당국의 사주를 받고 찾아온 것이 아닌지 의심을 했다. 유록족의 머릿속에만 존재하는 옛 지도에 의하면 그들의 땅은 공동체의 땅과 공동 소유하는 땅 그리고 개인의 땅이 퍼즐 조각처럼 얽혀 있었다. 그들은 외부인과의 토지 거래를 금지하는 하워드-윌러 법이 폐지될 경우 자신들의 소유권이 어떻게 되는지를 따지며 그 법에 대한 반감을 드러냈다. 그들은 당국이 파악하지 못하고 있는 재산권을 상세히 조사하는 것이 나의 비밀 임무라고 생각했다. 내가 그곳에 머무는 동안 그들의 공동체에는 초미의 관심사가 하나 더 있었다. 젊은 셰이커(Shaker, 재림한 예수가 다스리는 천년왕국을 기다리며 공동체를 형성하여 사유재산 없이 생활한 개신교의 분파로 예언자가 몸을 흔들면서 예언을 얻었고 이것을 예배의식에 받아들인 데서 이러한 이름이 붙여졌다―옮긴이) 교도 한 사람이 중병을 앓자 북부에서 고위 성직자가 방문한 것이었다. 통성 기도와 춤을 추는 예배 의식이 밤늦게까지 이어졌다. 보건 당국에 의해 파견된 의사와 유록족의 전통 의술로 목숨을 건진 몇몇 사람들 그리고 당시 그곳에 막 도착한 어느 선교사도 셰이커교에 대해 분명한 반대 입장을 가지고 있었다. 제7일 안식일 예수 재림교에서 파송된 그는 나를 제외하고는 유록족의 마을에 있는 유일한 백인이었다. 내 손에 들린 담배에 대해서는 못마땅한 표정을 숨기지 않았지만 그는 나를 따뜻하게 대해주었다. 그는 나에게 주민들이 보는 앞에서는 담배를 피우지 말아달라는 부탁을 하기도 했다. 혼자서 며칠을 기다린 뒤에야 나는 여전히 의심을 거두지 않고 있는 인디언들과 처음으로 이야기를 나눌 수 있었고 유록족의 전형적인 유년기에 대해 자세한 이야기를 들려줄 사람들도 만나게 되었다. 유록족은 일단 친구라고 인정한 사람에게는 의심을 버리고 충실한 정보원이 되어주었다.

백인을 대하는 주민들 대부분의 태도가 뻣뻣하고 냉소적인 이유는, 유록족과 백인 사이의 내적 거리감이 백인과 수족 간의 거리감만큼 크지 않기 때문이라는 생각이 든다. 이들의 공동체를 방문한 백인은 새로

익혀야 할 생활양식이 그리 많지 않았다. 유록족은 땅에 반쯤 묻힌 튼튼한 목조 가옥에서 살았는데, 대개 그 가옥들은 과거에 그들의 조상이 혈거(穴居) 생활을 했던 구덩이 바로 옆에 지어졌다. 버펄로가 사라지면서 경제적, 정신적 삶의 중심을 갑자기 잃어버린 수족과 달리, 유록족은 여전히 연어를 보고 잡고 먹고 이야기한다. 오늘날 유록족 남자들은 뗏목의 노를 젓고 여자들은 채소를 키운다. (한때 그들의 주 수입원이기도 했던) 통나무배를 만드는 전통적인 작업은 지금도 계속되고 있으며 도토리 채집과 담배 농사도 이어지고 있다. 무엇보다도 유록족은 늘 사유재산에 신경을 쓴다. 그들은 어떤 문제든 금전적인 방식으로 다룰 줄 알며 이는 그들의 관습에도 깊이 뿌리내리고 있다. 때문에 유록족은 타산적인 백인의 세계에서 자신들의 "원시적인" 성향을 버릴 필요가 없었다. 연방 정부를 향한 그들의 불만도 수동적인 저항을 소극적으로 표현하는 평원의 부족과는 다른 형태를 띠었다.

나는 부족의 축제를 구경하러 나온 아이들을 볼 기회가 있었다. "올해의 유족들"에게 보상(유록족의 관습에 의하면 그해에 가족을 잃고 슬픔에 빠져 있는 이들에게는 공동체의 춤과 축제를 막을 권리가 있었기 때문에 부족 공동체는 축제를 즐기기 위해 그들에게 금전적 보상을 해야 했다—옮긴이)이 제공된 된 뒤에 춤을 추는 의식이 밤새 이어졌다. 구경을 나온 아이들은 생기가 넘치면서도 침착하고 얌전했으며 긴 밤 내내 반듯한 태도를 유지했다.

## 2. 유록족 아동의 정신의학

알프레드 크로버의 연구에 도움을 준 부족 사람들 가운데 나이가 많은 편에 속했던 패니는 부족 내에서 "의사"로 통했다. 그녀는 신체적 질병을 전통적인 방법으로 치료했으나 나로서는 그것을 의료 행위라고 부르기 힘들었다. 어쨌든 그녀는 아이들에게 심리 치료도 실시했으며 그 분야에 대해 나와 의견을 나눌 기회도 있었다. 내가 정신분석학의 원리를 설명해주자 그녀는 크게 웃음을 터뜨렸다. 그녀는 정신분석학의 주요한 치료 원리를 자신만의 용어로 설명할 수 있었다. 이 노파의 환한 웃음에는 따뜻한 느낌이 있었다. 우수가 깃든 그녀의 눈빛과 미소가 돌을 깎은 듯한 주름살 뒤로 움츠러들 때에도 그 표정에는 극적이며 긍정적인 무엇인가가 있었다. 그것은 다른 인디언 여성들의 표정에서 드러나는 견고한 슬픔이 아니었다.

사실 패니는 우리가 그곳에 처음 도착했을 때 급성 우울증을 겪고 있었다. 며칠 앞서 그녀는 자신의 채소밭에서 멀리 클래머스 강이 태평양으로 흘러들어가는 곳을 내려다보다가 작은 고래 한 마리가 강으로 거슬러 올라와 잠시 헤엄을 치다 다시 바다로 사라지는 모습을 보았다. 그 장면이 그녀에게 큰 충격을 주었다. 창조주는 오직 연어와 철갑상어 그리고 그와 비슷한 작은 물고기만 바다와 민물의 경계를 넘게 하지 않았던가? 경계가 무너졌다는 것은 원반으로 되어 있는 그들의 세계가 수평을 잃었다는 뜻이고, 이는 오래 전 인류를 멸망시킨 거대한 홍수가 다시 한 번 닥쳐오고 있음을 의미하는 것이었다. 하지만 그녀는 그 이야기를 아주 가까운 몇몇 사람에게만 들려주었다. 이는 사람들 입에 많이 오르내리지 않으면 그 일이 일어나지 않을 수도 있다는 믿음 때문이었다.

이 인디언 노파와의 대화는 편했다. 금기가 되는 화제가 나왔을 때를 제외하면 그녀는 언제나 밝은 표정으로 시원시원하게 대답을 해주었기 때문이다. 그녀와 처음 면담을 했을 때 우리 뒤에 앉아서 가만히 이야기를 듣고 있던 크로버는 이따금 대화에 끼어들었다. 둘째 날 면담 도중에 나는 크로버가 자리를 비웠음을 깨닫고는 패니에게 그가 어디에 갔는지 물었다. 그녀는 크게 웃으며 대답했다. "어딜 가긴? 혼자 질문해보라고 자리를 피해준 거지. 에릭슨 선생도 이제 어른 취급을 받나 보네."

유록족의 문화에서 아동 신경증(잦은 분노, 식욕 부진, 악몽, 비행 등)의 원인은 무엇일까? 만일 아이가 날이 저문 후 이 세상에 인류가 존재하기 전에 있었던 "현인들(wise people)"을 보게 되면 그 아이는 신경증을 일으키고 치료를 받지 않으면 결국 죽게 된다.

"현인들"은 어린아이보다도 키가 작은 존재로 묘사된다. 그들은 성교를 모르기 때문에 언제나 "정신적인" 존재로 남아 있다. 생후 6개월이면 성체가 되는 그들은 불사의 존재이다. 암컷은 수컷의 피부에 기생하는 이(lice)를 먹고 새끼를 밴다. 신체의 어느 구멍으로 새끼가 나오는지는 확실하지 않지만 암컷 "현인"이 "여자의 속", 즉 성기와 자궁을 가지고 있지 않다는 것은 분명하다. 뒤에서 살펴보겠지만 여성의 성기와 자궁은 이 세상에 죄악과 무질서를 들어오게 한다.

"현인들"은 유아와 비슷한 존재인 것 같다. 그들은 작은 몸집에 구강기적 특성을 지니고 있는 신비로운 존재이며 성기기적 특성과 죄책감 그리고 죽음을 모른다. 그들은 아이들의 눈에만 보이는데 그것은 아이들이 발달의 초기 단계에 고착되어 있으며 저물녘이 되면 퇴행을 할 수 있기 때문이다. 어둠 속에서 아이들의 상상력은 "현인들"의 천진난만함과 직관적이며 혼란스러운 특성에 매혹되는 것 같다. "현인들"은 사회적인 조직을 갖고 있지 않지만 창의적이다. 또한 그들은 성기기적 특성이 없기 때문에 "정결"하다. 따라서 "현인들"은 유년기의 전 성기기적 상태를 부족사와 선사 시대사에 투사하는 역할을 하는 것으로 보인다.

아이가 갑자기 불안 증세를 보이거나 고통을 호소하는 경우 그것은 "현인"을 보았기 때문일 수 있다. 이 경우 아이의 할머니는 정원이나 개울가 또는 해가 진 후 아이가 놀았던 곳에 가서 신령한 존재를 향해 외친다. "이 애는 우리 새끼입니다. 해를 입히지 말아 주십시오." 만일 이것이 효과가 없으면 할머니는 옆집의 할머니에게 "노래를 불러 달라"고 부탁한다. 모든 할머니는 자신만의 노래를 가지고 있다. 어떤 위기는 가까운 사람들이 치료에 전혀 도움이 되지 않는다는 점에서 인디언 문화는 정신적 위기에 대한 놀라운 이해를 갖고 있는 것 같다. 만일 옆집 할머니의 노래마저 효과가 없으면 그들은 최후의 수단으로 패니를 찾아온다. 물론 치료에 앞서 치료비에 대한 흥정이 오고간다.

패니는 종종 환자가 오는 것을 미리 느낄 수 있다고 말한다.

가끔은 잠이 안 와. 누군가 의사를 찾고 있는 거지. 그러면 나는 물을 안 마셔. 아니나 다를까 금세 누가 오거든. "패니, 급한 일로 왔어요. 10달러 드릴 게요." 그러면 나는 대답하지. "15달러 내." "알았어요." 이런 식이야.

온 가족이 같이 와서 패니의 집 거실에 그 아이를 눕힌다. 패니는 "신묘한 힘을 얻기 위해" 긴 파이프 담배로 연기를 내뿜는다. 패니가 아이의 배꼽에서 "고통"을 빨아내는 동안 필요한 경우 부모가 아이를 붙잡고 있어야 한다. "고통"을 유발하는 (악한 소원에 의해 유발될 수도 있지만) 질병의 신체적 "원인"은 끈적거리는 물질로 시각화된다. 이를 준비하기 위해 패니는 줄곧 물을 마시지 않았던 것이다. "패니 할머니가 고통을 빨아낼 때 할머니의 뺨이 뱃속을 뚫고 들어오는 느낌이 들지만 아프지는 않아요." 그녀로부터 치료를 받은 적이 있는 한 아이는 그렇게 말했다. 그런데 모든 "고통"에는 "짝"이 있어서 길게 실처럼 늘어진 점액은 "짝"이 있는 다른 신체 부위를 알려준다. 패니는 그 부위도 빨아낸다.

유록 부족에게 질병은 암수한몸의 성질이 있는 것으로 받아들여진다. 한 성은 악령의 마법에 영향을 가장 쉽게 받는 몸의 한가운데에 있고, 다른 성은 온몸을 돌아다니다가 아픈 부위에 도달하는 것으로 여겨진다. 이는 히스테리가 여성의 몸속을 떠다니는 자궁 때문에 생긴다는 그리스인들의 생각이나, 카텍시스(cathexis, 특정한 관념, 사고, 대상 등에 리비도가 집중되는 현상—옮긴이)가 다른 기관으로 옮겨가는 것에 대한 정신분석학의 설명을 연상시킨다.

두어 차례 "고통"을 빨아낸 다음 패니는 거실의 구석으로 가서 벽에 얼굴을 대고 앉는다. 그녀는 엄지손가락을 구부린 채 나머지 네 손가락을 입에 넣어 구토를 한 다음 토사물을 바구니에 담는다. 이어서 두 손을 "조개껍데기 모양으로" 입에 대고 아이의 "고통"을 탁 뱉어낸다. 그리고는 그 "고통"이 사라지도록 춤을 춘다. 그녀는 고통이 아이에게서 완전히 사라졌다고 생각될 때까지 이 행동을 반복한다.

유록족 나름의 정신분석학적 해석이 그 뒤를 따른다. 파이프 담배로 연기를 내뿜고 다시 춤을 추면서 그녀는 무아지경에 빠진다. 그녀는 불, 구름, 안개를 보고 자리에 앉는다. 그리고 파이프에 담뱃잎을 가득 채운 다음 다시 한 모금을 깊이 빨아들인다. 그녀는 보다 선명한 환상을 보면서 아이의 곁에 모여 있는 가족들에게 예컨대 이런 말을 한다. "볼드 힐즈에서 어느 여자에게 나쁜 일이 일어나기를 빌고 있는 노파가 보이는구나. 아이가 그래서 아파." 아이의 할머니가 일어나서 언젠가 볼드 힐즈에서 다른 여자를 저주한 일이 있다고 고백하는 동안 패니는 아무 말도 하지 않는다. 패니는 이렇게 말할 수도 있다. "어떤 남자와 여자가 뒤엉켜 있구나. 남자가 복을 비는 동안에는 여자를 가까이해서는 안 되거늘." 그러면 아이의 아버지나 삼촌이 일어나서 자신의 죄를 고백하는 식이다. 패니는 때때로 죽은 사람의 잘못을 탓하기도 하는데 이 경우 망자의 아들이나 딸이 잘못을 대신 고백한다.

패니는 (심리치료 연구자들이 "전형적인 사건들"의 목록을 가지고 있듯이) 일정한 죄악의 목록을 가지고 있는 것 같다. 그녀는 목록에 있는 죄를 사례별로 갖다 붙이며 문화 구조의 관점에서 충분히 예견되는 성향들을 사람들로 하여금 사실로 고백하게 만드는데, 그러한 고백은 사람들에게 내면의 평화를 가져다준다. 물론 공동체 내에서 패니는 환자들을 진찰하기 전부터 그들에 관한 소문과 약점을 훤히 알 수 있는 위치에 있고, 환자들의 표정을 읽어낼 수 있는 풍부한 경험도 가지고 있다. 만일 그녀가 하는 일이 내밀한 공격성과 일탈에서 비롯된 죄책감을 증상에 연결시키는 것이라면 그녀는 정신병리학적으로 훌륭한 근거를 가지고 있는 셈이다. 때문에 가족 내에서 심리적 불안을 야기한 사람에게 패니가 손을 얹어 그로 하여금 다른 사람들 앞에서 고백을 하게 하면 환자의 신경증적 증상이 대개 사라진다는 사실은 그리 놀랄 일이 아니다.


## 3. 유록족의 아동 교육


유록족의 세계에서 아이의 출생은 수족의 성기기적 금기에 **구강기적** 금기가 더해져 보호를 받는다. 아기를 낳을 때 어머니는 입을 다물어야 한다. 아기의 배꼽이 아물 때까지 부모는 사슴고기나 연어를 먹지 않는다. 유록족은 이러한 금기를 무시하면 아기가 경기를 일으킨다고 믿고 있다.

첫 열흘 동안 어머니는 신생아에게 모유 대신 견과류로 만든 수프를 먹인다. 그리고 일단 모유 수유가 시작되면 인디언 특유의 관습대로 아기가 원할 때마다 원하는 만큼의 모유를 준다. 하지만 수족과는 달리 유록족은 이가 나기 시작하는 생후 6개월 전후로 이유(離乳)를 하며, 이는 시기적으로 미국 인디언 부족들 가운데 가장 이르다. 이유기는 "엄마 잊기"로 불리며 필요한 경우 어머니는 아이를 떼어놓고 며칠 동안 다른 곳에 머물기도 한다. 아기가 처음 먹는 고형식은 소금으로 간을 한 연어나 사슴고기이다. 짠 음식은 유록족에겐 사탕과도 같다. 빠른 이유를 통해 아기의 자율성을 촉진하는 것은 아기로 하여금 가능한 한 빨리 어머니의 보살핌에서 벗어나게 하려는 일반적 경향성의 한 부분인 것 같다. 그것은 태내에서부터 시작된다. 임신부는 적게 먹고 땔감을 나르며 몸을 앞으로 숙이는 노동을 해서 태아가 "어머니의 등에 붙어 있지 못하게", 즉 편하게 쉬지 못하도록 한다. 임신부는 특히 저물녘에 자신의 배를 문지르는데, 이는 태아를 깨어 있게 하고 모든 신경증의 근원인 선사시대 상태로의 퇴행을 예방하기 위함이다. 비교적 이른 시기에 젖을 떼면서 아기는 어머니를 일찍 놓아주게 된다. 유록족은 요람에 눕힌 아기의 다리에 아무것도 덮어두지 않으며 생후 20일이 지나면 일찍 배밀이를 시작할 수 있도록 할머니가 아기의 다리를 주물러준다. 아기가 씩씩하게 기기 시작해야 부부관계를 다시 가질 수 있다는 규칙은 이러한 육아의 과정에 부모의 적극적인 협조를 이끌어낸다. 늦은 오후나 초저녁에는 아기를 재우지 않는데 이는 황혼이 아기가 영원히 눈을 뜨지 못하게 할 수 있기 때문이다. 그러므로 출생 후 유록족 아기가 처음 겪는 위기는 수족 아기의 그것과 성격이 다르다. 유록족 부모는 이가 날 무렵 아기에게 이유를 강요하고 배밀이를 재촉하며, 어머니는 또 다른 임신과 출산을 준비한다.

우리는 앞에서 수족 아기의 구강기적 훈련과 훌륭한 사냥꾼에게 요구되는 특질 사이에 밀접한 관계가 있음을 언급했다. 우리는 유록족의 신생아 역시 체계적인 육아를 받는다고 생각한다. 사실 유록족의 아기는 깨물기 단계 전후로 갑작스러운 이유를 경험하며 그에 앞서 이미 어머니의 품에서 편안함을 느끼지 못하도록 하는 여러 가지 관습에 노출된다. 아이들은 장차 어부가 되어야 한다. 그들은 연어가 그물에 (바르게 행동하고 "비나이다"라는 말만 제대로 한다면) 걸려들기를 기다려야 한다. 초자연적인 공급자에 대한 유록족의 태도는 평생토록 "비나이다"를 열심히 하는 것인데, 이는 어머니로부터 강제로 분리된 유아기를 향한 그들의 그리움에 의해 강화되는 것 같다. 유록족 개개인의 미덕은 눈에 보이는 세계 저 너머로부터 먹을 것을 보내주는 존재에게 기도를 하면서 울 수 있는 능력에 의해 가늠된다. 그들은 눈물을 글썽이며 스스로의 상상이 이루어지리라는 믿음을 가지고, 이를테면 "연어가 보인다!"고 말하면 연어가 실제로 몰려온다고 믿는다. 하지만 그들은 지나치게 조바심을 내서는 안 된다. 그러면 연어가 그들을 비켜갈 수 있기 때문이다. 그들은 또한 자신이 연어에게 해를 입히는 것이 아님을 믿어야한다. 유록족은 연어가 이렇게 말한다고 한다. "나는 강의 끝까지 헤엄쳐 갈 것이다. 나는 비늘을 그물에 남길 것이니 그 비늘이 연어로 변할 것이다. 나는 죽지 않고 그물을 지나쳐 유유히 갈 것이다."

식량의 원천에 집중하는 것은 아이들이 "철이 드는" 시기, 즉 어른이 하는 말을 따라할 수 있는 나이인 구강기 훈련의 두 번째 단계에서 이루어진다. 오래 전 유록족의 식사는 그 자체가 절제의 의식이었다고 한다. 아이는 차려진 음식에 먼저 손을 대서는 안 되고 어른에게 허락을 얻은 다음에야 먹을 수 있었으며 천천히 먹되 더 달라고 해서는 안 되었다. 구강기 단계의 이러한 엄격함은 다른 부족에선 찾아보기 힘들다. 식사를 할 때 앉는 자리에는 위아래가 있었으며 아이들은 정해진 방식에 따라 식사를 해야 했다. 예컨대 숟가락에는 음식을 조금만 올려야 하고 숟가락을 입으로 가져갈 때는 손을 천천히 움직여야 하며 음식을 씹는 동안에는 숟가락을 내려놓아야 했다. 무엇보다 중요한 것은 음식을 먹는 이 모든 과정에서 줄곧 부자가 되는 생각을 해야 한다는 것이었다. 모든 사람들이 돈과 연어에 생각을 집중할 수 있도록 식사 시간에는 침묵을 지켜야 했다. 이처럼 정교한 의식은 깨물기의 욕구가 강한 시기에 모유와 어머니와의 접촉으로부터 일찍 분리된 이들이 젖 빨기에 대한 아련한 욕구를 환상의 수준에 가깝도록 끌어올리는 데 활용되었다. "희망사항"은 경제적 추구에도 도움이 되었다. 유록족은 돈이 나무에 주렁주렁 달려 있고 제철이 아님에도 연어가 강을 거슬러 올라오는 모습을 상상했다. 그리고 이와 같은 상상이 초자연적인 공급자의 마음을 움직인다고 믿었다. 성기기적 상상의 에너지 역시 똑같은 목적으로 활용된다. 소년기가 지난 남자아이들은 "한증막(sweat house)"에 들어가서 돈만 생각하고 여자를 생각하지 **않는** 이중의 기술을 배우게 된다.

아이들에게 들려주는 우화는 자제력의 부족이 얼마나 추한 것인지를 가르치는 데 활용된다. 그들은 여러 동물의 독특한 생김새를 가지고 "정결한 행동"의 필요성을 가르친다.

대머리수리(buzzard)의 머리가 벗겨진 것은 식사 시간에 호들갑을 떨다가 뜨거운 수프에 머리를 처박았기 때문이다.

탐욕스러운 뱀장어는 도박의 판돈으로 자신의 뼈를 내주게 되었다.

잔소리가 심한 큰 어치(blue jay, 깃털이 파란색이며 머리 뒤의 깃털이 두건처럼 삐죽 솟아 있는 북미 지역의 새-옮긴이)는 남편에게 화가 난 나머지 자신의 음핵을 떼어서 머리에 얹는 바람에 두건이 생겼다.

곰은 늘 배가 고팠다. 큰 어치와 결혼을 한 곰이 어느 날 불을 피우고는 아내에게 먹을 것을 구해오라고 시켰다. 아내는 도토리 한 개를 물어 왔다. "이게 다야?"라고 곰이 말했다. 그의 반응에 화가 난 큰 어치는 도토리를 불 속에 던져버렸다. 도토리가 펑 하고 터지며 사방에 흩어지자 곰은 그것을 주워 먹었다가 배탈이 나고 말았다. 새들이 그에게 노래를 불러주었지만 효과가 없었다. 마침내 벌새가 찾아와서 말했다. "누워서 입을 벌려 보세요." 벌새는 곰의 입으로 들어가서 몸속을 거쳐 항문으로 빠져나왔다. 곰이 큰 항문을 갖게 되고 대소변을 참지 못하게 된 것은 그때부터이다.

이것은 자연스럽게 우리를 항문기의 단계로 안내한다. 유록족의 아동기에는 대변이나 항문 부위에 대해 특별한 관심이 주어지는 것 같지 않다. 하지만 상극인 액체와 내용물에 의해 오염이 발생하는 것을 피하려는 경향은 뚜렷이 관찰된다. 아이는 어릴 때부터 강이나 지천에 오줌을 누어서는 안 되며, 이는 연어가 사람의 몸에서 나온 액체가 흘러든 강에서 헤엄을 치기 싫어하기 때문이라는 것을 배운다. 이것은 소변이 "더럽다"기보다는 서로 다른 관(管)에 흐르는 액체는 상극이며 상호 파괴적이라는 생각에서 비롯된 것이다. 평생에 걸친 그와 같은 체계적 회피는 성격과 정체감에 각인되는 특별한 보호 장치를 요구하는데, 유록족의 공적인 행동은 프로이트와 칼 아브라함(Karl Abraham)을 따르는 정신분석학자들이 "항문기적 고착" 상태에 있는 성인들에게서 전형적으로 발견하는 특징들을 그대로 보여준다. 항문기적 고착은 강박적 습관, 현학적 언쟁, 의심과 인색함, 보유에 대한 집착 등을 특징으로 한다. 우리 사회에서의 강박증은 항문 부위에 대해 병적 혐오를 지닌 어머니들에 의해 오염에 대한 일반적인 회피로 표출되며 시간 엄수와 정리 정돈에 대한 과도한 요구에 의해 강화되는데, 이는 유록족에서는 찾아볼 수 없는 것이다.

유록족의 성기기적 특성의 토대는 아동의 초기 조건화 단계에서 만들어지며 이에 따라 아이들은 모든 본능적 욕구를 경제적 고려에 종속시키도록 가르침을 받는다. 여아는 자신에게 기꺼이 많은 돈을 지불할 남자를 만나기 위해 순결을 지켜야 한다는 것과, 그것이 결혼 후 자신의 지위는 물론 자녀 세대와 그 다음 세대의 지위에까지 영향을 미친다는 사실을 알고 있다. 반면에 남아들은 좋은 처녀를 아내로 맞아들이기 위해 처녀의 아버지에게 돈을 지불해야 한다는 사실을 알고 있으며 그러기 위해 충분한 부를 축적하기를 희망한다. 만일 어떤 남자가 자신이 원하는 처녀를 혼전에—즉 돈을 전부 지불하기 전에—임신시키면 그는 빚을 져야 한다. 유록족 사이에서는 성인의 일탈 행동과 성격 장애는 그의 어머니나 할머니 또는 증조할머니가 "전액을 다 받지" 못했기 때문인 것으로 설명된다. 이는 남자가 너무나 결혼을 열망한 나머지 일단 계약금만 주고 신부를 데려왔다는 뜻이다. 그것은 남자의 자아가 너무 약해서 성적 욕구와 경제적 능력을 조화시키지 못했음을 증명하는 것이다. 그러나 부의 축적을 방해하지 않는 경우 성적 욕구는 관대하게 받아들여진다. 성적 접촉이 반드시 정화되어야 한다는 사실은 의무 또는 귀찮은 일로 여겨질 수 있지만 그것이 곧 성이나 여성 자체를 폄하하는 것은 아니다. 유록족은 몸 자체를 부끄럽게 여기지는 않는다. 초경을 한 소녀가 다른 사람들 앞에서 알몸으로 목욕을 하지 않는 이유는 월경의 증거를 노출함으로써 다른 사람들에게 불쾌감을 줄 수 있기 때문이다. 그런 경우를 제외하면 누구라도 아무런 제약 없이 다른 사람들과 어울려 목욕을 할 수 있다.

앞에서 살펴보았듯이 수족은 신체적 운동 기능과 성기기적 양태를 사냥과 연결시켰다. 사냥감, 적, 여자 등 평원을 배회하는 모든 대상을 추격했다는 점에서 수족의 성적 특질은 남근기적이며 가학적이다. 이에 반해 유록족은 모든 면에서 공포와 의심이 많다. 유록족은 유혹에 빠지지 않기 위해 늘 조심한다. 왜냐하면 그들의 신조차 유혹의 덫에 걸려들었기 때문이다. 신화에 의하면 유록족의 창조주는 넘치는 기운을 주체하지 못하고 이곳저곳을 돌아다니며 성적 방종을 일삼다가 유록족의 세계를 위험에 빠뜨렸다. 아들들이 그에게 이 세계에서 떠날 것을 간곡히 청했다. 그는 좋은 신이 되겠노라 약속했지만 분별력이 있다면 결코 가지 않았을 먼 해안선까지 갔다가 그곳에서 다리를 벌리고 누워있는 가오리 여인(skate woman)을 발견했다. (유록족은 가오리가 "여성의 깊은 곳"을 닮았다고 말한다.) 그는 유혹을 뿌리칠 수 없었다. 하지만 그가 그녀의 몸속으로 들어가자마자 그녀는 자신의 성기로 그를 꽉 붙잡고 다리로 그의 몸을 감싼 채 그를 바다로 끌고 들어갔다. 이 이야기는 원심적 확장성과 이동성 그리고 억제되지 않은 성욕의 결과가 무엇인지를 상징적으로 보여준다. 방탕한 창조주와는 달리 지나칠 정도로 분별력이 있는 그의 아들들에 의해 만들어진 유록족의 세계에서 지각이 있는 남자는 잘못된 여자에 의해, 또는 잘못된 장소나 시기에 "유혹에 빠지는" 것을 피한다. 여기에서 "잘못"되었다 함은 그의 재산을 위태롭게 하는 모든 상황을 가리킨다. 이와 같은 상황을 피하는 법을 배움으로써 그들은 "정결한" 사람, 곧 "지각"이 있는 사람이 되는 것이다.

## 4. 비교 요약

앞에서 제시된 기준에 따르자면 수족과 유록족의 세계는 원시적이다. 그들은 매우 부족 중심적이며 자연의 한 부분에 연결된 종족의 자율성과 함께 충분한 도구와 적절한 신비적 요소를 만들어내는 데에만 관심이 있다. 수족이 강한 원심력을 가지고 있는 반면에 유록족은 조심스러운 구심적 성향을 가지고 있다는 사실을 우리는 확인했다.

하나의 사회로서 유록족은 위계 질서를 거의 갖고 있지 않다. 이들은 사소한 가치관의 차이에도 일상적으로 서로 조심스러운 태도를 취한다. 이들에게 "부족" 의식 같은 것은 없으며, 앞에서는 중요하게 언급하지 않았거니와 전쟁 따위에는 전혀 관심이 없다. 연어가 보인다고 믿으면 실제로 연어가 온다고 믿듯이 유록족은 잠재적인 적을 보지 않음으로써 전쟁을 멀리할 수 있다고 믿었다. 상류 지역의 유록족은 호전적인 다른 부족이 하류 지역의 유록족을 공격하기 위해 자신들의 영토를 넘어오는 것을 무시했다고 알려져 있다. 전쟁이란 직접 관련된 당사자들의 문제이지 부족에 대한 충성심의 문제가 아니었다.

이처럼 유록족은 전쟁과 오염 그리고 이익이 되지 않는 거래에 휘말리는 것을 회피하는 체제 속에서 안정감을 느꼈다. 그들의 개인적인 삶은 어머니의 젖가슴으로부터 일찍 분리되면서 시작되었고 (남아의 경우) 이후에는 어머니를 회피하고 여자의 유혹을 조심하도록 교육을 받는 것으로 이어졌다. 그들의 신화에서 창조주는 여자의 유혹에 넘어가는 바람에 이 세상에서 축출된다. 유혹의 덫에 대한 두려움이 그들의 회피를 지배하는 한편, 그들은 다른 사람으로부터 이익을 낚아채기 위해 매 순간을 살아왔다.

유록족의 세계에서 클래머스 강은 식량이 흐르는 수로라 할 수 있으며 강어귀는 연어가 몰려오는 수평선을 향해 영원히 열려 있다. 이처럼 그들의 세계는 구강기적 합일화(incorporation) 양태를 뚜렷이 보여준다. 연중 내내 유록족의 기도는 수치를 피하고 그들의 주변 환경에 해를 끼치지 않으려는 소원을 담고 있다. 하지만 일 년에 한 번 유록족은 그들의 신을 이 세상으로 불러낸다. 이는 그의 선의를 다시 한 번 확인하고 연어를 불러들이기 위해서이다. 수족의 세계가 태양의 춤을 통해 가장 고양된 의식을 표현하듯, 유록족은 그들의 세계가 표상하는 바를 최대한의 조직화된 노력을 통해 극적으로 표현한다. 그들은 먼저 연어를 잡기 위해 강을 막는다. 거대한 위아래의 턱처럼 양쪽 기슭에서부터 축조되는 댐은 강의 한가운데에서 만난다. 그리고 턱이 오므려지면 먹잇감은 그 속에 갇히게 된다. 그들의 창조주는 마지못해 자신의 일부를 내어줌으로써 세상에 활력을 불어넣고는 다시 1년 동안 추방되는 운명을 맞는다. 수족의 경우와 마찬가지로 초자연적인 공급자에 대한 부족의 의존적 상황을 묘사하는 일련의 의식이 이어진 뒤 축제는 절정으로 치닫는다. 이 특별한 의식은 그들이 생애 초기에 경험한 위험을 거대한 규모의 집단극(集團劇)으로 펼쳐낸다. 깨물기 단계에서 어머니의 젖가슴을 상실한 개인적 경험은 먼 바다로부터 연어가 더 이상 찾아오지 않는 집단적 위험의 가능성과 대응된다. 여기에서 다산과 풍요라는 주제는 생명을 잉태시키고 키워내는 기관, 즉 아버지의 음경과 어머니의 유두를 신성한 연어와 동일시하는 상징적 표현을 통해 드러난다.

새로운 활력을 불어넣는 이 축제 기간—오래 전 깨물기 단계에서 금지되었던 소원이 강을 막아 고기를 잡는 토목공학적 의미의 치아에 의해 강화를 받으면서—에는 우는 것이 허락되지 않았다. 누구든 우는 사람은 1년 안에 죽게 된다고 믿어졌다. 대신에 "댐을 쌓아 강을 막는 일이 끝나면 자유의 시간이 주어진다. 익살스러운 언동과 조롱 그리고 욕설이 난무하지만 이때만큼은 누구도 감정이 상하는 일이 없다. 밤이 되면 연인들이 열정적인 사랑을 불태운다."(Kroeber) 이처럼 일 년에 한 번 유록족은 그들의 창조주처럼 방탕하게 행동할 기회가 있었고, 토목 기술과 속죄 의식의 절묘한 결합을 통해 그들의 세계가 이룬 위업, 즉 연어를 가득 잡아 올리고 이듬해에도 그것이 반복되리라는 사실에 대해 자부심을 느낄 수 있었다.

적절한 회피와 갈망을 조화시키기 위해 각 개인은 "정결"해질 필요가 있다. 즉 초자연적인 공급자에게 겸허한 태도로 기도하고 믿음으로 읍소하며 확신을 가지고 연어가 오리라는 환상을 보는 동시에, 튼튼한 그물을 만들어 알맞은 장소에 설치하며 공동 작업을 통해 연어잡이를 위한 댐을 쌓아야 한다. 다른 사람들과 거래를 할 때는 흥정에 능해야 하며, 강과 바다를 통한 자연의 흐름이 (과학적 이해와 기술적 작용으로 접근하기는 힘들지만) 그 자체로 목적을 이루듯 몸속의 관을 통한 모든 흐름을 제어할 수 있어야 한다. 요컨대 유록족의 세계에서 동질성은 경제적 윤리와 신비적 도덕성을 지리적 환경과 생리적 조건에 통합시키는 과정에 달려 있다. 이러한 통합이 유년기의 훈련 과정에서 어떻게 준비되는지는 앞에서 살펴본 바와 같다.*

우리는 유록족의 행동에 담긴 의미를 이해하거나, 적어도 그러한 행

---

* 유록족의 세계에 대해 더 자세히 알고자 하면 다음 문헌을 참고할 것. E. H. Erikson, *Observation on the Yurok: Childhood and World Image*, University of California Publications in American Archaeology and Ethology, Vol. 35, No. 10, University of California Press, 1943.

동의 기저에 있는 단순한 심리 상태라도 파악하기 위해 우리의 문화에서 비정상적 또는 극단적이라고 간주되는 행동과의 유사성을 살펴보지 않을 수 없었다. 일상적 행동의 범주 내에서 유록족은 그들의 신 앞에서 "아기처럼" 울고, 명상을 하는 동안 "정신질환자처럼" 환각을 일으키며, 오염에 맞닥뜨리면 "공포증 환자"처럼 행동한다. 그들은 회피성과 의심 그리고 공격성을 보이며 "강박 신경증 환자처럼" 행동한다. 그렇다면 유록족의 행동은 실제로 그런 것일까 아니면 그런 것"처럼" 보이는 것일까?

한 부족과 충분히 오랜 기간을 함께 지낸 인류학자만이 그 부족민들의 이야기를 우리에게 대신 전해줄 수 있고, 그들에 관해 알려진 사실이 실제와 일치하는지도 확인해줄 수 있다. 과거에 대한 향수나 소유욕 또는 보유 경향(retentiveness) 등의 집단적 특성이 각 개인의 특성에도 일반적으로 녹아 있는지 보여주는 연구 결과는 아직까지 드물다. 애처롭게 울거나 비통한 애도를 온몸으로 보여주는 데 능한 유록족을 예로 들어보자. 크로버는 어느 세미나에서 축제를 앞두고 그해에 가족을 잃은 이들이 제도화된 보상을 요구하는 장면을 묘사하는 동안 단 몇 분 사이에 "울먹임", "고성", "언쟁", "통곡", "신세 한탄", "아이들이나 할 법한 변명", "생떼를 쓰는 사람들" 등의 표현을 사용했다. 이는 그러한 "특성"들을 가지고 있지 않은 부족보다 유록족이 더 무기력하며 슬픔의 감정에 쉽게 무너진다는 뜻일까? 물론 아니다. 제도화된 무기력 그 자체는 하나의 특성도 아니며 신경증적 증상도 아니다. 그들이 터를 잡고 살아가는 자연의 요구에 집단적으로 부응하는 것이 개인의 효율성을 저해하는 것은 아니다. 그들의 울음은 유아기의 좌절된 욕구를 극적으로 표현하도록 문화에 의해 조건화되고 학습된 능력이며, 이는 부족의 각 구성원들에 의해 일정한 신비의 영역에서 사용된다. 이처럼 제도화된 태도는 제한된 영역을 넘어서지 않지만 정반대의 기질을 발달시키는 것까지 가로막는 것은 아니다. 유록족의 기준에 따르면 진정으로 성공한 이는 가장 구슬프게 울 수 있으면서도 가장 효과적으로 흥정을 하며 경우에 따라서는 불굴의 정신을 보여주는 사람이다. 이는 그가 구강기적 욕구와 "분별력"을 통합시킬 수 있을 만큼 강한 자아를 가지고 있음을 뜻한다. 이에 반해 오늘날 우리의 문화에서 관찰되는 구강기와 항문기적 "유형"의 사람들은 기관 양태는 지나치게 발달하였으나 그에 대응하는 문화적 실체는 갖지 못함으로써 혼란을 겪고 있다고 할 수 있다.

유록족의 보유 경향은 항문기적인 동시에 영양 공급의 측면과 관련이 있는 것 같다. 즉 배출을 거부하는 괄약근은 물론이고 요구가 많은 입과 저장을 하는 위가 이 과정에 포함된다. 또한 이것은 사회 전체에 축적된 가치를 가장 잘 활용하기 위해 개인이 항문기적 경향을 이용하는 원형이 되기도 한다. 문화는 이 과정에서 공동체가 누릴 수 있는 쾌락과 정체성 그리고 영속성을 제공해준다.

우리의 문화에서 신경증 환자들을 항문기적 특성으로 이해할 때, 그들의 문제는 보유 경향을 갖는 아이의 배변 문제에 대해 서구 사회의 어머니들이 지나치게 자기애적(narcissistic)이거나 병적인 혐오 반응을 보이는 것으로부터 비롯되는 것 같다. 이러한 태도는 보유 및 배출 능력을 과도하게 발달시키고 또한 그것을 항문 영역에 고착시키는 데 영향을 미친다. 그리고 이는 아이에게 사회적 불안을 야기하는 한편 아이의 사회적, 성적 발달을 저해하는 요인으로 남게 된다.

유록족이 "각자의 보물을 꺼내서 보여주는 즐거움"을 누리는 모습은 춤을 추는 의식이 절정에 달했을 때 가장 두드러지게 관찰된다. 동틀

녘 유록족은 환한 얼굴로 흑요암(黑曜巖)으로 만들어진 장신구나 딱따구리의 두개골로 장식된 모자 등 자신이 가장 아끼는 물건을 꺼낸다. 이처럼 각 개인으로 하여금 악착같이 재산을 불리도록 만드는 제도화된 집요함은, 자신의 보물에 의해 부족 전체의 위신이 높아지는 것을 목격하는 사회적 경험에 의해 중화가 된다. 내가 여기에서 주장하는 것은, 원시성이란 전이성적(prerational) 사고가 집단의 제도나 기술적 장치에 의해 이성적이라고 여겨지는 것과 통합된 상태를 가리키며, 신경증은 비이성적 경향이 상대적으로 앞서 있는 이성으로부터 분리되는 개인의 상태를 가리킨다는 것이다.

비이성적 "논리"와 전이성적 "논리" 모두 신비적 이미지와 외적인 자극을 활용하기 때문에 프로이트는 전자를 해독해서 후자를 설명할 수 있었다. 하지만 자아에 대한 연구—내게는 이것이 내면의 조직화와 사회 집단 사이의 상호의존성에 대한 연구로 보이는데—는 서로 다른 조건의 인간에게 신비적 사고가 어떻게 작용하는지 밝혀내야 하는 숙제를 여전히 안고 있다.

나아가 어느 특정한 문화의 전통적인 의식에 참여하기 위해 어떤 공적인 행위가 요구되는지 이해하게 되었다고 해도 개인의 "특성"을 파악하는 문제에 대해서는 우리는 여전히 출발선에 머무르고 있다. 한 부족이나 개인이 얼마나 베풀기를 좋아하는지 혹은 얼마나 뚜렷한 경제 관념을 가지고 있는지 이해하기 위해 우리는 그 문화의 겉과 속에 있는 가치관은 물론, 그 문화가 주류에서 벗어난 개인에게 어떻게 "빠져나갈" 틈을 제공해주는지도 이해해야 한다. 모든 제도는 나름의 방식으로 내부 구성원들을 비슷하게 만들지만, 동시에 개별적 자아에게 요구되는 특성을 고유한 방식으로 면제시켜 주기도 한다. 그 혜택을 받는 사람들에게조차 이러한 면제는 공식적인 규율에 비해 논리적이거나 명시적이지 않음은 물론이다.

어떤 이는 우리가 유록족과 수족의 세계를 관찰하고 그들의 관념과 행동의 양상을 들여다보는 동안 두 부족의 "기본적 성격 구조"를 규정하는 데 소홀했다고 말할지도 모르겠다. 사실 우리는 두 부족이 일관성 있는 설계에 의해 그들의 관념과 이상을 통합시키는 과정에 초점을 맞춰 왔다. 그들의 문화적 설계도는 제도와 신비적 의식을 통해 효율성을 확보하고, 극심한 공포로 이어질 수 있는 불안으로부터 개인을 보호하는 역할을 한다. 평원의 사냥꾼들에게는 사냥감과 무기를 잃는 것에 대한, 클래머스 강의 어부들에게는 연어가 돌아오지 않는 상황에 대한 불안이 각각 존재하는데 이러한 불안으로부터 구성원들을 보호하기 위해 그들의 원시적 문화는 유년기를 다양한 방식으로 이용한다. 각각의 문화는 기관 양태들을 올바르게 결합시키고 사회적 양상들을 강조하기 위해 생애 초기의 신체적 경험과 대인관계에 특별한 의미를 부여하며, 문화적 규범에서 벗어난 구성원들의 에너지가 배출될 수 있는 통로를 체계적으로 마련해준다. 아울러 이들의 문화는 유아기의 불안에 대해 지속적으로 초자연적인 의미를 부여한다.

이 모든 일을 수행해야 하는 사회에 혼란과 무계획은 용납되지 않는다. 우리의 막연한 추측과는 달리 "원시적인" 사회도 혼란을 피하고 질서를 유지하는 나름의 체계를 갖추고 있다. 제멋대로인 이단아들과 유아기적 성향을 가진 사람들 그리고 신경증 환자들로 가득한 공동체를 감당할 수 있는 사회는 없다. 대다수의 구성원들을 체제 내에서 효율적으로 기능하는 사람으로 만드는 동시에 일부는 정력적인 지도자로, 다른 일부는 유용한 일탈자로 만들기 위해 가장 "미개한" 문화조차도 우리가 "강력한 자아"라고 부르는 것을 구성원 대다수나 적어도 소수의 엘리트에게 심기 위한 노력을 기울인다. 이들 사회의 엘리트는 어느 공동체에나 존재하는 필연적인 내부 모순을 중재하고 개인의 차이를 통합하기 위해 확고하면서도 유연한 성향을 가질 것이 요구되며, 무엇보다도 길고 두려운 유아기를 거치는 동안 자아정체감과 자주적인 태도를 획득한 사람으로 간주된다. 각각의 문화는 그 자체의 결핍과 과잉이 반영된 일정한 성격 유형들을 만들어내고, 그 문화가 그리는 청사진 속의 안전하고 이상적이며 영구적인 세계는 결코 구현되지 않으리라는 의심으로부터 구성원들을 지키기 위해 엄격한 규율과 신비적 관습을 확립한다. 인류가 더 합리적이고 보다 이성적이며 더욱 보편적인 방향으로 나아갈수록 우리는 그러한 "직관적" 청사진의 본질을 더 잘 이해할 수 있을 것이다.

3부에서는 유년기와 사회의 전반적인 문제를 완전히 다른 각도에서 접근해볼 것이다. 형태를 갖추지 못한 상태로부터 출발하여 명확한 의식에 이르게 되는 개별적 자아를 우리는 잠정적으로 모든 사물과 현상의 신체적, 사회적 기준으로 삼을 것이다.

프로이트는 꿈에 대한 연구가 성인의 무의식에 도달하는 지름길이라고 말했다. 마찬가지로 유아기의 자아를 이해하기 위한 최고의 단서는 아이들의 놀이―"실물을 토대로 하는 상상들"(Waelder)―에 대한 연구에서 찾을 수 있다. 이제 어두운 원시적 주술로부터 우리 주변에 있는 아이들의 놀이로 눈을 돌려보자.

CHILDHOOD
AND SOCIETY

제3부

# 자아의 성장

# 3부에 들어가며

　가벼운 내적 불균형 상태를 경험할 때 우리는 문득 이성(理性)의 지배를 추구해 온 지난 시간 동안 과연 우리가 무슨 꿈을 꾸었는지 자문해 보며 놀라지 않을 수 없다. 우리의 자기 인식 능력이 스스로를 속이는 능력을 능가한다고 가정할 때, 우리는 우리의 사고와 감정이 끊임없이 균형 상태에서 멀어지다 가까워지기를 반복하는 (조금은 격렬하고 조금은 불균형한) 시소와 같다는 사실을 깨닫게 될 것이다. 우리는 현재의 소원이나 과거에 대한 아쉬움으로 일련의 공상에 빠지기도 하고, 가끔은 현실의 한계를 벗어나 우리가 절대 권력이나 성적 방종을 누릴 수 있다면 과연 어떤 느낌이 들까 상상하기도 한다. 그러나 상상 속을 헤매는 동안 우리와 가장 가까운 이들을 무시하고 기만하며 상처를 입히고 그들을 마치 존재하지 않는 사람처럼 취급할 때 우리의 철없는 몽상은 끝나게 된다.

　시소는 갑작스럽고 비합리적인 감정 변화를 의미한다. 그러한 감정의 변화를 의식하지 못한 채 우리는 "당위(oughtness)", 즉 과거에 한 일 대신에 해야 했음에도 하지 못한 일을, 이제까지 해온 일을 원래 상태로 되돌리기 위해 현재 해야 할 일을, 그리고 하고 싶은 일 대신에 앞으로 해야 할 일에 몰두하는 자신의 모습을 발견하게 된다. 여기에서 "엎질러진 물"에 대한 비합리적 근심, 착한 사람들에게 분노를 일으켰다는 두려움, 상상 속의 보상 그리고 유아적 행동의 반복이 일어나는 것은 그리 놀랄 일이 아니다.

시소의 상하운동 같은 양 극단 사이에서 제3의 위치를 유지하기란 쉽지 않다. 실제로 하고 싶고 할 수 있는 일이 아닌, 비합리적인 소망과 의무감 때문에 무엇인가를 해야 한다는 충동을 우리는 이러한 제3의 상태에서 가장 적게 느끼고 그 때문에 감정적인 동요도 가장 적게 겪을 수 있다. 남의 시선을 가장 적게 의식하는 이 상태에서 우리는 가장 우리 자신다워지는 것이다. 그러나 우리의 공상은 너무나 쉽게 자신과 타인의 현실에 부딪히고, 그 결과 우리는 또 다시 보상과 약탈을 시작한다.

그러므로 깊은 잠 속에서 꿈으로 위장한 채 모습을 드러내는 그 무엇을 희미하게 관찰하는 것이 우리가 할 수 있는 일의 전부인지도 모른다. 우리 내면의 스크린에 나타나는 영상에 대해 "사실은 그런 의미가 아니"라고 부인하기는 쉽다. 우리의 자존심에는 불편한 일이지만 (다만 궁극적으로 인류 전체의 번영을 위해서는 다행스러운 일이기를 바란다) 프로이트의 정신분석학은, 이러한 양 극단의 일부를 내비치는 상상과 놀이와 꿈을 우리가 의식하고 설명하며 중화할 수 있다는 것을 보여주었다. 무의식의 영역에 속해 있는 나머지는 비합리적 행동이나 반복적인 약탈과 보상으로 표출된다.

정신분석학적 관찰은 환자의 가장 강력한 내면적 저항이 무엇인지 알아내고 환자로 하여금 그것에 집중하도록 한다. 성인 환자의 자유로운 진술을 유도하면서 임상적 관찰자는 환자가 솔직한 감정과 분명한 기억을 순수히 드러내는 주제들의 한계점(threshold)과 잘 드러내려 하지 않는 주제들을 살펴본다. 환자가 자세한 언급을 피하는 주제들은 또렷하게 기억되지 않거나 꿈으로 위장되기도 하고 강하게 부정되거나 다른 사람들에게 뻔뻔스럽게 투사되기도 하며 시큰둥한 농담과 어색한 회피 또는 침묵으로 나타나기도 한다. 정신분석학자는 표면상 자발적으로 보이는 환자의 진술에서 위장과 생략 그리고 수정이 된 부분을 찾아내야 한다.

정신분석학자는 **문화**를 들여다보며 집단적 행동으로 표출되는 주제들의 무게를 달아본다. 그것은 역사적 기억 또는 신화적 신학(mythological theology)의 변형으로 나타나기도 하고 엄숙한 의식(儀式)의 재연이나 가벼운 오락 속에 숨어 있기도 하며 완강한 회피로 표출되기도 한다. 그러한 주제들과 관련된 강박관념의 많은 부분이 문화 유형이 반영된 꿈이나 개인적인 꿈, 이웃이나 선행인류(prehuman) 또는 동물 세계에 대한 우스꽝스럽거나 악의적인 투사(projections)로 나타날 수 있다. 그러한 강박관념은 소수의 엘리트 집단이나 배척받는 집단 또는 양자 모두의 일탈적 행동으로 표출되기도 한다.

우리는 이와 같은 방법으로 수족과 유록족의 사례에서 유아기적 주제와 공동체의 종교적 열정이라는 주제 사이의 가교에 도달할 수 있었다. 종교적 열정이 최고조에 이르렀을 때 수족 인디언이 태양의 막대에 긴 가죽 끈으로 연결된 꼬챙이를 자신의 가슴에 깊이 꽂아 넣고 무아지경에 빠진 채 천천히 뒷걸음질을 쳐서 꼬챙이가 살을 찢고 나와 피가 온몸을 타고 흘러내리도록 한다는 사실을 우리는 앞에서 살펴본 바 있다. 또한 이러한 극단적 행위에서 우리는 어떤 의미를 찾고자 했다. 우리는 이와 같은 의식이 어떤 결정적인 경험에 대한 상징적인 재현 행위일 수 있으며, 그것은 깨물기 단계에서 좌절감을 안겨준 어머니에 대한 분노와 그러한 어머니의 사랑에 의존해야 하는 자기 자신 사이의 갈등에서 비롯되었을 가능성에 주목했다.

유록족은 겨울철 식량을 비축하기 위해 강을 막아 연어를 잡은 뒤 일 년에 단 한 번 속죄와 정화를 잊고 성적 방종에 탐닉할 기회를 누렸다. 그로부터 만족감을 얻고 자기절제의 상태를 회복함으로써 그들은 연어를 잡을 수 있는 신성한 권리를 다시 확보할 수 있었다.

위의 두 사례에서 우리는 약탈과 보상의 순환이 강압적 성격을 지닌 집단적 주술의 수단이 되고 있음을 볼 수 있다.

정신분석을 통해 우리는 이러한 순환 주기를 어느 정도 이해하게 되었다고 생각하는데, 이는 많은 개인들의 사례에서 유사한 현상이 반복적으로 관찰되었기 때문이다. 우리는 과도한 소망의 압력을 "이드(id)"라고 부르며 양심의 강력한 힘을 "초자아(superego)"라고 부르는데, 사람들이 이 두 가지 힘 중 어느 한 쪽의 지배를 받을 경우 우리는 그것을 설명할 적절한 이론을 가지고 있다. 그러나 만일 우리가 이 양극단 사이의 균형 상태를 정의해야 한다면, 그리고 1년의 순환주기에 따라 일상에 전념하며 평온하게 살아가는 어느 인디언의 특징을 끄집어내야 한다면, 이러한 긍정적 상태에 대한 설명은 충분히 준비되어 있지 않다. 우리는 한 인디언이 다소 불안하고 우울한 상태에서 어떤 중간 단계를 거치며 한껏 고양된 행복감을 느끼거나 아니면 그와 정반대의 급격한 감정 변화를 겪을 때 집단적 순환주기와 동일한 성격의 갈등이 표출된다는 사실에 주목하고 있다. 초기의 정신분석학은 정신병리학의 성격이 강했기 때문에 이러한 "중간 단계"를 설명하기 힘들었다. 이러한 중간 단계에서는 조증과 우울증이 분명하게 관찰되지 않으며, 초자아는 일시적으로 교전을 멈추고 이드 역시 이러한 휴전에 동의하면서 자아의 전쟁터에는 일시적인 소강상태가 존재하게 된다.

여기에서 잠시 "자아"라는 용어가 초기 정신분석학에서 어떻게 사용되었는지 살펴보자. 프로이트가 정신의 가장 근원적인 영역으로 간주한 이드는 개인─프로이트는 신생아가 "전적인 이드"라고 주장했다─에게나 계통발생학적으로 모두 적용되는 개념이다. 진화의 역사 전체가 우리 안에 퇴적된 것이 곧 이드이다. 우리 유기체 내에는 아메바의 반응, 유인원의 본능, 자궁 안에서의 맹목적인 움직임 그리고 출생 후의 원천적 욕구와 같은 것들─우리를 "단순한 동물"로 만드는 모든 것─이 남아 있다. 물론 "이드"라는 용어에는 마치 켄타우로스(Centaur, 상반신은 사람이고 하반신은 말의 모습을 지닌 그리스 신화의 종족으로 인간의 저열한 본성을 상징함─옮긴이)처럼 "자아"가 비인격적이며 동물적인 층위에 집착하고 있다는 전제가 담겨 있다. 다만 차이가 있다면 켄타우로스는 그러한 상태를 적극적으로 이용한 반면 자아는 그것을 위험과 부담으로 간주한다는 것이다. 이드는 쇼펜하우어가 말한 "의지"라는 개념의 염세주의적 특징을 가지고 있는데, 그것은 우리가 완전한 인간이 되기 위해 극복해야 할 욕망의 총합을 뜻한다.

프로이트에 의해 확인되고 명명된 또 하나의 내적 체제인 "초자아"는 양심의 요구에 따라 이드의 표현을 억제하는 일종의 조정자이다. 이드 위에 놓여 있는 이 우월한 자아는 "자아가 복종해야 할 모든 제약의 (내면화된) 총합"이다. 하지만 인류 역사에서 양심 역시 신체의 훼손이나 격리의 위협 같은 잔인한 억압의 힘으로 사용된 사례들이 있다. 초자아가 자아에 맞서서 사용하는 방법들은 때때로 너무나 원초적이고 잔인해서 맹목적이며 충동적인 이드의 방식과 비슷해지기도 한다. 때문에 종교적 또는 정치적 탄압의 사례를 살펴보면 어디까지가 가학적 도착(倒錯)이고 어디서부터가 굳건한 신념인지 구분하기 힘들 때가 많다.

자아는 이드와 초자아 사이에 놓여 있다. 이드와 초자아의 극단적인 방식을 피하며 양자 사이에서 일정한 균형을 유지하기 위해 자아는 인지 대상을 분석하고 행동을 조절하며 개인의 지향과 계획을 통합함으로써 현실과의 조화를 꾀한다. 자아는 자기 자신을 보호하기 위해 "방어 기제"를 사용한다. 흔히 일컫는 "방어적인" 태도와 달리 방어 기제는 개인으로 하여금 만족을 유보하고 대체물을 찾아 이드의 충동과 초자아의 강박 사이에서 타협을 찾게 하는 무의식적 장치이다. 우리는 샘의 사례에서 "역공포", 즉 두려움을 느낄 때 오히려 공격을 하는 방어 기제를 확인할 수 있었다. 또한 해병대원의 금욕적 태도에서 우리는 "자기억제" 방어 기제를 발견했고, 그의 지나친 선량함을 불우한 어린 시절에 축적된 분노에 대한 "과잉 보상"으로 해석한 바 있다. 그 밖의 방어 기제들은 뒤에서 다루게 될 것이다. 그러나 우리는 이 분야를 연구하면서 안나 프로이트가 그녀의 저서 『자아와 방어 기제』에서 확정적으로 언급한 자아의 방어적 측면을 넘어설 수 있기를 기대한다.

방어 수단이 불안의 발달을 억제하고 본능을 다른 방향으로 전환시킴으로써 어려운 조건 하에서도 만족감을 확보할 수 있을 때, 그로 인해 이드와 초자아 그리고 외부 세계의 힘 사이에서 가장 조화로운 관계를 형성할 때 자아는 승리를 거둔다.[*]

자아는 외부의 질서에 대응하여 개인 내면의 질서를 지키기 위해 발달한 "내적 체제"이다. 자아는 "개인" 그 자체가 아니며 개인의 특성도 아니지만 그 개인의 필수불가결한 요소이다. 이러한 불가결한 속성을 이해하기 위해 우리는 정신병리학적 표본이자 개인의 위기 상황을 묘사한 어느 안타까운 사례를 통해 한 아이가 내적 조화를 얻기 위해 벌이는 자아의 투쟁과 그것이 실패로 돌아가는 과정을 보게 될 것이다. 이어서 우리는 유년기의 상상이 가미된 놀이를 통해 아이들이 일시적인 실패를 딛고 유아기의 불안을 극복해내는 과정을 관찰하게 될 것이다.

---

[*] Anna Freud, *The Ego and the Mechanism of Defense*, The Hogarth Press and the Institute of Psycho-Analysis, London, 1937.

# 제5장

# 생애 초기 자아의 문제: 진(Jean)

"정신분열증(최근 조현병(調絃病)이라는 용어로 대체되었으나 아직 일반적으로 쓰이지 않는 점을 고려해 이전의 병명을 그대로 사용했다—옮긴이)"을 가진 아이와 대면하는 것은 심리치료사가 경험할 수 있는 가장 어려운 일들 가운데 하나이다. 그러한 대면을 힘들게 만드는 것은 아이의 기이한 행동이 아니라 그러한 행동과 대조가 되는 표정이다. 아이들의 표정은 대개 밝고 정상적이며 "영혼이 깃든" 눈은 아이답지 않은 체념과 함께 깊고 절망적인 체험을 표현하는 것 같다. 아이의 전체적인 인상에 마음이 움직인 임상적 관찰자는 이전의 임상 경험에서 얻은 부정적 결과들을 잊고 제대로 된 치료자가 올바른 치료 방법만 사용한다면 아이를 지속적으로 호전시킬 수 있다고 확신하게 된다. 이러한 확신은 어느 정도는 그 아이가 잘못된 방식의 양육을 받아왔고, 아이로서는 "거부적인" 부모를 불신할 만한 충분한 이유가 있다는 추론을 전제로 하고 있다. (우리는 인디언들과 백인들이 자신의 아이들에게 피해를 끼친 것에 대해 서로를 비난하는 모습을 많이 보았지만, 우리의 전문가적인 편견에 의하면 그것은 "거부적인 어머니"의 탓이다.)

내가 진을 처음 만났을 때 아이는 여섯 살이었다. 진의 상태는 당시에도 좋지 않았다. 기차를 타고 도착한 아이에게 내 집은 낯선 곳이었다. (정원과 집 안을 정신없이 돌아다녔기 때문에) 언뜻 보기에 아이는 또래에 비해 몸집이 크지 않았고 움직임에는 어딘가 긴장되고 돌발적인 구석이 있었다. 아이의 얼굴은 불안감으로 조금 일그러져 있었지만 예쁜 검은 눈동자는 평화로운 섬처럼 보였다. 아이는 마치 무엇인가를 찾고 있는 것처럼 모든 방을 돌아다니며 침대를 들춰보았다. 아이가 찾던 것은 베개였다. 진은 힘없이 웃으며 품에 안은 베개를 향해 낮은 목소리로 무언가를 속삭였다.

진은 "정신분열증" 환자였다. 아이의 대인관계는 사람들로부터 떨어져 나간 원심적인 상태였다. 흔히 친밀성의 결여로 해석되는 이와 같은 "원심적 접근" 현상을 나는 이전에도 어느 여아의 사례에서 관찰한 적이 있었다. 그 아이는 "누구와도 눈을 마주치지 않는" 문제를 가지고 있었다. 계단을 내려오면서 나와 마주친 그 아이의 시선은 내 얼굴을 중심으로 주변의 허공에 큰 원을 그리며 떠다니고 있었다. 이를테면 아이는 부정적인 태도로 내게 집중하고 있는 것이었다. 이처럼 시선을 피하는 행동은 다른 많은 증상들과 동시에 나타나는 특징이기도 하다. 예를 들어 멀리 있거나 상상 속에 있는 사물에 집착을 하거나, 눈앞에 놓인 일에 전혀 집중을 하지 못하며, 상상 속의 구도에 부합하지 않는 경우 가까운 사람들의 접촉에도 난폭한 반응을 보이는 것이 모두 여기에 해당한다. 어쩌다 언어적 의사소통이 형성되는 듯하다가도 아이는 즉각적으로 이를 외면하며 거친 목소리로 앵무새처럼 똑같은 말만 내뱉는다.

집안을 정신없이 돌아다니다가 베개를 쓰다듬으며 한동안 멈춰 서는 행동을 반복하는 진을 관찰하면서 나는 아이의 어머니가 들려준 이야기에 주목하게 되었다. 진의 어머니는 자신이 결핵으로 병상에 눕게 된 이후로 아이가 극단적인 혼란을 겪게 되었다고 말했다. 어머니는 방에서 나오지 말라는 의사의 지시를 받았기 때문에, 성격은 좋지만 "억센" 보모의 품에 안긴 진은 어머니와 문을 사이에 두고 이야기를 나눌 수 있을 뿐이었다. 이 시기에 어머니는 아이가 뭔가 절박하게 하고 싶은 이야기가 있다는 느낌을 받았다. 어머니는 이전에 아이를 보살펴주던 순박한 멕시코 보모를 자신이 병석에 눕기 직전 내보낸 일을 후회하고 있었다. 새로 온 보모 헤드위그는 늘 부산스러웠고 아이를 이리저리 바쁘게 데리고 다녔으며 아이에게 주의나 경고를 줄 때 무척 단호했다. 그녀가 가장 자주 하는 말은 "아가야, 냄새가 지독하구나!"였다. 그녀는 행여 먼지라도 묻을까 바닥을 기어 다니는 아이를 번쩍 안아 올리기 일쑤였고, 아이의 몸에 기저귀의 똥이 조금 묻기라도 하면 "마치 선원이 배의 갑판을 닦듯" 아이를 박박 문질러댔다.

4개월의 격리 기간이 끝나고 (진이 생후 13개월이 되었을 때이다) 어머니의 방에 들어가는 것이 허락되었을 때 진은 어머니에게 낮은 목소리로 속삭이기만 했다. "아이가 팔걸이의자 뒤에서 울기만 하더라고요. 양탄자 아래로 기어 나오려고 애를 쓰면서도 계속 울기만 했어요. 뭔가에 겁을 먹은 표정이었죠. 바닥에 굴러다니는 커다란 공이나 종이가 바스락거리는 소리에도 겁을 먹었어요." 아이의 두려움은 더욱 심해졌다. 아이는 재떨이나 다른 더러운 물건에 손을 대려 하지 않았고 오빠와의 접촉을 피하더니 점차 대부분의 주변 사람들을 피하기 시작했다. 또래들과 비슷한 시기에 스스로 음식을 먹고 걸을 수 있게 되었지만 아이는 점차 말이 없어지며 침울해졌다.

베개에 대한 아이의 광적인 집착은 어머니에게 가까이 갈 수 없었던 시기와 관련이 있는 것 같았다. 어쩌면 아이는 어머니와의 분리를 받아들이지 못한 채 모든 대인관계를 회피함으로써 그 상황에 "적응"해 버렸고, 이제 베개에 대한 애착으로 병석의 어머니를 향한 애정을 표현하고 있었는지도 모른다.

어머니는 아이가 베개나 침대 시트에 집착하고 있음을 확인해주었다. 자신이 아이를 거부했다는 자책감에 그녀는 어떻게든 보상을 하고 싶어 했다. 그것은 자신이 병으로 누워있었던 시기에 국한되지 않고 아이에게 관심을 많이 가져주지 못했다고 느끼는 과거의 시간 전체를 향하고 있었다. 그녀는 결코 아이에 대한 애정이 부족한 어머니가 아니었음에도 아이가 가장 필요로 할 때 따뜻한 사랑을 주지 못했다는 자책감을 떨쳐내지 못하고 있었다.

모성으로부터의 소외는 모든 소아 정신분열증에서 발견된다. 다만 논란의 여지가 있는 것은 과연 어머니의 상대적 부재와 보모의 전면적 존재가 그와 같이 극단적인 장애를 일으키는 "원인"이 될 수 있는지, 또한 선천적 또는 기질적인 이유로 전문가의 도움 없이는 어머니조차 알아챌 수 없는 특이한 욕구를 그 아이들이 지니고 있느냐 하는 것이다. 사실 어머니의 사랑이라는 특별한 처방으로 (아마도) 아이를 구할 수 있는 이른 시기에 전문가들이 그러한 아이들을 식별할 수 있게 된 것도 최근의 일이다.

이 아이들은 구강기 초기에 정신적 외상을 경험한 경우가 많다. 진의 수유기를 살펴보면 어머니는 진에게 처음 일주일동안 젖을 물렸지만 유방의 염증으로 인해 수유를 중단해야 했다. 아기는 심하게 울며 구토를 했고 계속해서 배가 고픈 듯했다. 생후 10일이 되었을 때 진은 구내

염(thrush)에 걸려서 3주 동안 심하게 아팠고 낮은 수준의 감염은 그 후로도 상당 기간 지속되었다. 아기에게는 마실 것을 목구멍으로 넘기는 일이 고통이었다. 생후 6개월이 되기 전에 아기의 혀 아래쪽 감염된 피부가 벗겨지기도 했다. 아기가 어렸을 때 찍은 활동사진을 보면 아랫입술을 내밀고 혀를 자주 날름거리는 모습이 특징적으로 관찰된다. 구강기의 정신적 외상이 심각했다는 사실엔 의심의 여지가 없었다. 여기에서 진이 침대 시트의 끝자락을 말아서 입에 무는 버릇이 있었다는 점을 주목할 필요가 있다. 침구 이외에도 진은 달걀 거품기, 진공청소기 그리고 라디에이터 같은 도구나 기구에 집착했다. 아이는 그러한 물건들을 꺼안으며 혼잣말을 중얼거렸고 그 물건들이 주위에 있는 것만으로도 들뜬 상태가 되었다. 다른 사람들이 중간에 끼어들지 않는 한 진은 주변 사람들에게 철저히 무관심했다.

어머니가 보관해둔 당시의 기록 중에는 매우 의미심장한 것으로 보이는 것이 있었다. 어머니는 아이가 네 살 때 어느 심리학자가 아이를 관찰한 후 "말을 거부하는 상태"로 보인다고 기록한 것을 보여주었다. 여기에서 우리는 이 아이들이 자신의 감각기관과 중요한 기능들을 적대적이며 "외부적"인 것으로 보고 있다는 사실을 이해할 필요가 있다. 자신의 내부와 외부 세계 사이의 여과 장치에 결함이 생기면서 판단하기 어려운 자극은 물론이고 분명한 외부의 자극조차 자신의 감각기관으로 처리하지 못하는 상태가 된 것이다. 이에 따라 아이들은 감각과 의사소통을 담당하는 자신의 기관들을 적대적으로 경험하며 그것들을 "안으로" 움츠러든 자아에 대한 침입자로 여기게 된다. 이 아이들이 접촉에 대한 두려움으로 눈을 감고 두 손으로 귀를 막으며 머리를 담요에 파묻는 행동을 보이는 것도 그 때문이다. 아이의 자아로 하여금 자신의 기관들을 다시 제어하도록 해주는 것은 결국 일관되고 사려 깊은 모성적 격려밖에 없다. 그리고 아이가 자신의 기관을 되찾을 때만이 주변 환경을 인지하고 보다 편한 마음으로 그것과 접촉하는 것이 가능해진다.

내가 진을 처음 만났을 때 아이는 여러 달 동안 부모와 떨어져서 전문 요양시설에 맡겨져 있었다. 아이는 부모와 떨어져 지내는 것에 별로 개의치 않는 것 같았다. 하지만 집에서 가족과 함께 성탄절을 보낸 뒤 요양시설에 돌아온 아이는 부모님으로부터 받은 선물을 내팽개치고 발로 짓밟으며 서럽게 울었다. 아이는 부모를 그리워하고 있었던 것이다. 나는 인근 대학 도시에 가족이 함께 이주해서 어머니가 아이를 직접 보살필 것을 제안했다. 나는 그 가정을 정기적으로 방문해서 조언을 해줄 계획이었다. 가족이 함께하는 이 치료 방법이 다른 어떤 직접적 치료보다도 선행되어야 한다는 것이 내 생각이었다.

가족과 다시 함께 지내게 되고 무엇보다 어머니의 끊임없는 보살핌을 받게 된 아이는 친밀한 접촉을 시도함으로써 가족에 대한 고마움을 표현했다. 하지만 아이가 집요하게 시도한 접촉은 특정한 목표를 향하고 있었다. 진은 사람들의 제한된 **신체 부위**에만 관심을 기울였다. 진은 오빠와 남동생의 생식기를 붙잡음으로써 그들을 기겁하게 만들었고 이후 그들은 이 치료 계획에 동참하기를 거부했다. 진은 아버지가 샤워를 하는 동안에도 그의 생식기를 움켜잡을 기회를 엿보았다. 처음에는 웃어넘기던 아버지도 나중에는 당혹감을 감출 수 없었다. 진은 아버지의 손에 있는 혹에 관심을 기울이는가 하면 아버지가 물고 있는 담배를 낚아채서 창밖으로 던지기도 했다. 아이는 사람들의 약점이 무엇인지 알고 있었다. 스스로 약점을 지닌 이 아이들은 다른 사람들의 약점 역시 잘 찾아냈다.

진이 "국부적" 관심을 가장 많이 보인 것은 어머니의 가슴이었는데 다행히도 어머니는 아이의 그러한 관심을 용인해주었다. 아이는 어머니의 가슴과 유두를 슬쩍 찔러보곤 했다. 어머니의 무릎에서 아이는 "gloimb you, gloimb you"라고 중얼거리곤 했는데 이는 "엄마 위에 올라가(climb on you)"라는 뜻이었다. 어머니는 아이가 무릎 위에서 오랜 시간을 있게 해주었다. 아이의 "gloimb you"는 점차 노래가 되었다. (아래는 어머니의 일기에서 옮겨 적은 아이의 노랫말이다.)

엄마 위에 올라가, 엄마 위에 올라가, 가슴 아야 하지 마, 고추 만지면 안 돼, 붕(ban) 만지면 안 돼, 대(dage) 만지면 안 돼, 붕대(bandage) 만지면 안 돼, 가슴 저리 가버려, 가슴 아야 할 거야.

아이의 노래에는 어머니의 가슴 붕대(브래지어)를 건드리면 어머니가 아플 거라는 불안이 반영되어 있다. 이러한 혼잣말의 강도와 반복 정도를 통해 추측해보건대 아이는 자신이 어머니의 가슴을 만졌기 때문에 어머니가 "가슴 병"을 앓게 되었고 그 때문에 자신이 격리되었다고 생각하는 것 같았다. 아이의 노랫말 중에 "저리 가버려"라고 한 것은 실제로는 어머니로부터 내쳐진 자기 자신을 가리킨 것인지도 모른다. 여기에서 우리는 다시 한 번 추방과 속죄의 원초적 상상을 보게 된다. 우리는 이 아이들이 설령 상당한 정도의 어휘를 습득했다고 할지라도 여전히 가장 어려워하는 언어적 (어쩌면 개념적으로도) 기술은 능동과 수동, 그리고 "나"와 "너"를 구별하는 것, 즉 주체와 대상의 관계에 대한 기본적 문법임을 이해해야만 한다. 어머니와의 놀이가 진전되면서 아이가 "너 때려줄 거야"라든가 "손가락 아야 하지 마" 같은 말을 혼자 중얼거리는 것이 관찰되었다. 진은 오빠와 남동생의 생식기를 공격하면서 자신이 어머니의 가슴에 했던 행동을 연상한 것이 틀림없는데 이는 아이가 중얼거리던 혼잣말을 통해 확인된다. "오빠는 고추가 있어. 착하지. 아야 하지 마. 손가락 자르지 마. 볼라. 진은 볼라(여성의 생식기)가 있어." 아이는 점차 노골적으로 자기 처벌적이 되어 스스로 내쳐지는 상황을 원했다. 혼자 놀 때 아이는 더러운 물건에 대한 예전의 공포로 돌아갔고 마치 거미줄을 걷어 내거나 혐오스러운 물건을 내던지는 듯한 동작을 취하곤 했다.

여기에서 진이 소아 정신분열증의 기본적 갈등 주기를 보여주었다는 사실에 주목해보자. 일단 자신의 방식으로 어머니와 소통할 기회가 주어지자 아이는 5년 전 어머니가 아팠던 때로 돌아갔다. 정신분열증을 앓는 아이들은 외부 충격에 노출되었을 때의 일들을 놀라울 정도로 잘 기억하지만 그러한 기억력이 자아정체감의 발달을 도와주는 것 같지는 않다. 꿈에 나타나는 이미지와 마찬가지로 아이들의 말은 그들의 속마음을 나타내지만 명확한 인과관계까지 보여주는 것은 아니다. 따라서 우리는 진이 어머니의 병에 대해 말하면서 자신이 어머니의 가슴에 상처를 입혔고 그로 인해 어머니의 가슴에 "붕대"가 감겼으며 (어머니에게 다가가서 안는 것이 금지된) 자신은 내쳐지게 되었다고 생각했음을 추론해야만 한다. 상처를 입은 것이 아이의 손가락인지 어머니의 가슴인지에 대한 혼란은 자신과 타자(他者) 사이의 불분명한 경계 때문이기도 하지만 의미론적인 어려움 때문이기도 하다. 어른들은 "그거 만지지 마. 다친다."라고 말하다가 이내 "그거 만지지 마. 손가락 다친다."라고 고쳐 말하지만 아이들에게는 그것이 별 차이가 없다. 고통과 쾌락의 근원이 실제로 어디에 있는지와 상관없이 모든 고통은 "외부"에, 그리고 쾌락은 "내부"에 있다고 생각하는 초기 자아 단계에서 위에서 예로 든 어른들의 말은 명확하게 구별되지 않는다. 진은 그 단계를 벗어나지 못했을 수도 있고, 어머니로부터 떨어져서 "만지지 마"를 입에 달고 있는 보모에게 맡겨진 유년기의 경험으로부터 영향을 받았을 수도 있다. 물론 진은 자신에게 금지된 상황을 시험해보기 위해 가족 내의 남자들에게 했던 일을 똑같이 시도했고 다행히 그것이 어머니에게는 받아들여진 것이다. 그런데 여기에 중요한 대목이 있다. 아이에게서 자기 처벌적인 경향이 나타났다는 것이다. 정신분열증을 앓는 아이들에게는 "전부이거나 아무것도 아니거나"가 하나의 법칙이다. 이 아이들은 "네 눈이 너를 죄짓게 하거든 그것을 빼 던져 버려라"를 글자 그대로 받아들인다. 때문에 정신분열증에 걸린 남자아이가 부모에게 자신의 성기는 쓸모가 없으니 잘라달라고 진지하게 부탁하는 일도 일어날 수 있는 것이다.

자신의 잘못 때문에 어머니가 병에 걸렸다고 생각하는 아이에게 어머니는 그것이 사실이 아님을 거듭 설명해주었다. 그녀는 아이와 함께 자고 아이를 자신의 무릎에 앉히는 등 일반적으로 유아에게만 허락되는 보호와 배려를 베풀었다. 진은 점차 어머니를 신뢰하기 시작하는 것 같았다. 몇 달 후 아이는 눈에 띄게 호전되었다. 동작이 자연스러워지고 어휘도 늘어났는데, 이는 어쩌면 내재해 있던 능력이 이 시기에 드러난 것이라 할 수도 있다. 무엇보다 주목할 만한 사실은 아이가 놀이를 시작했다는 것이다! 아이는 검정색 장난감 강아지를 침대에 올려놓으며 말했다. "강아지야, 어서 자. 이불 덮어. 눈 감고. 말 안 들으면 때려줄 거야." 아이는 또한 블록 장난감으로 "동쪽으로 가는" 기차를 만들기도 했다. 매우 드문 일이었지만 아이는 놀이를 하면서 어머니와 눈을 맞추고 "이제 기차 타고 멀리 안 갈 거야."라고 말하기도 했다. 어머니는 "그럼. 우리는 계속 같이 살 거야."라고 대답했다.

그러나 이러한 호전은 새로운 위기로 자주 중단되었고 그때마다 아이의 부모는 나에게 전화를 걸었다. 나는 그들의 집을 찾아 가족 모두와 이야기를 나누며 그들 가운데 어떤 일이 벌어졌는지 확인하곤 했다. 진의 집처럼 한 명의 환자를 돌보는 환경에서는 많은 어려움들이 발생한다. 정신분열증이 있는 사람과 함께 살기 위해서는 정신분열증을 이해하는 전문가가 되어야 한다. 어머니는 그러한 과업을 기꺼이 받아들였다. 그것은 환자에 대한 감정이입 능력과 자신을 온전히 지킬 수 있는 능력이 동시에 요구되는 어려운 일이었다. 만일 스스로를 지킬 자신이 없다면 환자와 함께하는 삶은 생각하지 말아야 한다. 진의 가족은 적나라한 충동과 절망적인 자기부정이 번갈아 나타나는 진의 정신을 줄곧 들여다보아야 하는 상황에서 그들 자신의 균형감과 자존감이 위협받게 되었다. 진은 끊임없이 방향을 바꾸며 분노를 표출했고 뚜렷한 이유 없이 자주 위축되기도 했다.

다음은 어머니가 진을 혼자 자게 하려고 시도했을 때 벌어진 일이다. 갑자기 아이에게 숟가락에 대한 병리적 집착이 생겼으며 그것은 아이와 부모 모두에게 최초의 좌절을 안긴 위기로 이어졌다. 진은 "방에 불을 켜고 자면 안 돼." "숟가락 속의 불빛." "숟가락 속의 소각로." "숟가락 속의 이불." 등등의 말을 반복적으로 중얼거렸다. 저녁식사를 하는 동안에도 아이는 조용히 앉아서 "숟가락 속의 불빛"만 쳐다보았다. 자신의 속마음을 설명할 수 없었던 아이는 방에 틀어박혀서 며칠 동안 침대에서 나오지 않았고 밤에는 잠을 자려 하지 않았다. 진의 부모는 나에게 전화를 걸어 도움을 청했다. 내가 숟가락의 불빛을 보여 달라고 하자 진은 거실 책장 뒤에 있는 전기 소켓을 가리켰다. 몇 주 전 아이는 소켓을 파손시키는 바람에 합선을 일으킨 적이 있었다. 나는 아이와 함께 침실에 가보았다. 아이의 침대 옆의 작은 전등에는 숟가락 모양의 전등갓이 씌어 있었다. 전등갓은 아이의 침대에 불빛이 직접 비치지 않도록 하기 위한 것이었다. 그것이 "숟가락 속의 불빛"이었을까? 진은 그렇다는 반응을 보였다. 이제 모든 것이 분명해졌다. 요양시설에서 처음 집으로 돌아왔을 때 진은 어머니의 침대에서 어머니와 같이 잠을 잤다. 그러다 어머니가 아이의 침실에 와서 함께 잠을 잤고 얼마 후에는 침실 문을 열어놓고 거실의 불을 켜둔 채 아이를 혼자 자게 했다. 그리고 시간이 좀 더 지난 뒤 어머니는 마지막 단계로 거실의 불을 끄고 대신 아이의 침실에 작은 전등("숟가락 속의 불빛")을 켜두었다. 진은 그 불빛에서 어머니의 "일부"를 보며 위안을 찾았고 어머니의 가슴, 아버지와 오빠의 성기 그리고 다른 여러 물건들에 대해 가지고 있던 애착과 공포를 이 불빛에 부여했다. 거실의 소켓에 손을 댔다가 합선이 일어나서 "숟가락 속의 불빛"을 포함한 주위의 모든 것이 어둠 속에 묻혀버리는 경험을 한 것도 이 즈음이었다. 진은 자신의 손에 의해 또 다시 재앙이 벌어지는 것을 목격했다. 손을 무엇인가에 갖다 대자 자신이 어둠 속에 버려지게 된 것이다.

가족들이 이러한 상황을 충분히 이해하게 된 후 숟가락에 대한 아이의 집착은 사라졌고 회복 과정이 다시 시작되었다. 나이를 한 살 더 먹은 (7세) 진의 병증은 지속적으로 나타났다. 하지만 진은 자신의 손이 항상 나쁜 일만 일으키는 것은 아니라는 사실과, 손을 이용해서 새로운 것을 배우고 예쁜 물건을 만들 수 있다는 사실도 깨닫기 시작하는 것 같았다.

먼저 진은 "이 꼬마 돼지는 이걸 하는 거예요." 또는 "저 꼬마 돼지는 저걸 하는 거예요." 같은 말을 손가락 동작(finger play)으로 나타내는 것에 큰 흥미를 갖게 되었다. 진은 "장을 보러 갔어요." "엘리베이터를 탔어요." 또는 "집에 오면서 계속 울었어요." 등 그날 자신이 한 일들을 꼬마 돼지를 통해 표현했다. 일련의 행동들을 손가락으로 조리 있게 표현함으로써 아이는 시간의 연속성과, 각기 다른 시각에 다른 일을 하는 자아의 동일성을 배우게 되었다. 하지만 진은 **"내가 이걸 했어요."** 또는 **"내가 저걸 했어요."** 같은 표현을 하지는 못했다. 나는 이것이 단순한 지적 능력의 문제라고 생각하지 않는다. 정신분열증을 가진 사람의 자아는 어떤 사건에 대한 자신의 인지능력을 확신하지 못하기 때문에 그 일을 반복적으로 검증하고 완성시키려 하는 내적 필요에 사로잡힌다. 진의 경우 손가락을 사용하는 의사소통을 통해 그러한 재구성을 해냈고, 그럼으로써 자신의 손을 신체 자아(body ego)의 일부로 다시 받아들일 수 있었다. 진은 몬테소리 방식에 의해 손가락으로 알파벳을 그리며 글자를 익혔다. 또한 손톱으로 실로폰을 긁으면서 멜로디를 배웠다. 이에 대한 어머니의 기록은 아래와 같다.

진이 실로폰에 관심을 보이기 시작하는 모습을 불안하게 지켜보던 나는 어느 순간 아이가 실제로 실로폰을 손톱으로 연주하고 있음을 알아차리게 되었다. 진은 실로폰을 너무나 조용히 다루었기 때문에 처음엔 아이가 뭘 하고 있는 건지 알 수 없었다. 오늘밤에야 나는 아이가 "Water, Water Wild Flower"를 처음부터 끝까지 연주할 수 있다는 사실을 알게 되었다. 이 곡은 음계의 모든 음을 요구한다. 나는 아이에게 다시 한 번 연주해보라고 했고 아이의 손가락이 실로폰의 건반을 오르내리는 것을 지켜보았다. 나는 호들갑스럽게 연주가 훌륭하다고 칭찬을 해주었다. 나는 "아래층에 내려가서 다른 식구들에게도 들려줄까?"라고 물었다. 아이는 부끄러워하면서도 흔쾌히 내려갔고 기분이 아주 좋아 보였다. 진의 연주를 들은 가족들은 크게 놀랐다. 진은 "Rain is Falling Down"과 "ABCDEFG" 등 몇 곡을 더 연주했다. 우리는 칭찬을 쏟아냈고 진은 우쭐한 표정이었다. 아이는 위층에 올라가는 대신 관객들을 위해 연주를 더 하고 싶은 눈치였다. 아이에게는 아주 낯선 즐거움이었다.

진은 "승화했고(sublimated)" 친구를 얻게 되었다. 하지만 자신의 신체 부위를 회복하는 과정에서 새로운 방식으로 적을 만들기도 했다. 진은 손가락으로 사람들을 찔러댔고 집을 찾아온 어느 손님의 눈을 찌를 뻔한 일도 있었다. 진은 특히 아버지를 찌르기를 좋아했는데 이 행동은 아버지의 성기나 담배를 움켜잡으려는 행동의 연속선상에 있는 게 분명했다. 그 즈음 아버지가 출장을 가게 되자 아이는 퇴행을 보였다. 침대 시트에 대한 애착이 ("시트가 기워졌어."라고 말하며) 다시 시작되었고 말소리가 작아졌으며 아이스크림조차 거부하며 음식물 섭취를 거의 하지 않았다. 자신이 손을 갖다 댄 사람이 다시 떠난 것이다! 자신을 도우려는 아버지의 헌신적인 노력에 막 응답하기 시작한 시점이었기 때문에 아이의 좌절감은 더욱 깊어 보였다.

이 위기가 정점에 달했을 때 진은 어머니의 옆에 누워서 똑같은 말을 반복하며 울먹였다. "진은 가지(eggplant)가 없어. 떼버려. 떼버려. 화분(plant)에 달걀(egg)이 없어. 씨를 심지 마. 손가락 잘라버려. 가위 가져와. 손가락 잘라버려." 이것은 분명히 예전의 자기 처벌적 반응이 다시 나타나는 것이었다.

진의 어머니는 아버지가 "없어진" 것에 대해 적절한 설명을 해주었다. 또한 자신의 "가지"가 없어졌다고 믿는 아이에게 그것은 스스로 몸을 만졌기 때문이 아니며 여자는 그것이 몸 안에 있다는 설명도 해주었다. 진은 손가락 동작을 다시 시작했다. 아이는 단조로운 말을 반복하며 이전의 단계를 회복했다. "이 여자애는 냉장고 안에서 자요. 이 여자애는 진공청소기 안에서 자요." 등등. 아이는 점차 동물과 또래 아이들에 대해 관심을 보이기 시작했고 손가락으로 "이 남자애는 뛰어요… 걸어요… 달려요." 같은 표현도 했다. 손가락을 보다 잘 놀리게 되면서 아이들과 동물들의 동작에 대한 묘사도 늘어났다. 진은 다양한 가축의 이름을 읽게 되었고 손가락을 사용해서 요일을 외웠으며 발가락까지 동원해서 스물까지 세는 법도 익혔다. 동시에 실로폰의 연주 목록에는 보다 복잡한 음계의 프랑스 민요들이 포함되었다. 진은 별 어려움 없이 새로운 곡들을 연주했다. 손가락을 다시 사용하게 된 아이의 기쁨은 어머니의 기록에 잘 나타나 있다.

지난 일요일, 진이 노란색 드레스를 입은 여자아이의 그림을 그렸다. 늦은 밤, 아이가 조용히 다가가서 벽에 걸린 자신의 그림을 손으로 더듬어보았다. 몸통보다 더 크게 그린 그림 속 소녀의 손 위에 아이의 손이 한참 동안 머물러 있었다. 진이 말했다. "손 참 귀엽다." 나는 아이의 말을 그대로 따라하며 동의한다는 뜻을 나타냈다. 잠시 후 진이 말했다. "손 좀 예쁘다." 나는 다시 한 번 아이의 말을 따라했다. 아이는 그림에서 눈을 떼지 못하며 침대로 다가와서 그 말을 되풀이했다. 침대에 걸터앉아서도 아이는 계속해서 그림을 쳐다보았다. 그러더니 불쑥 큰 소리로 말했다. "손이 참 **사랑스러워요**."

이 시기에 진은 종종 실로폰을 연주하고 노래를 불렀다. 다행히도 아이의 부모가 구한 피아노 선생님은 진의 뛰어난 청음과 모방 능력에 자신의 교육법을 접목시킬 준비가 되어 있었다. 그들의 집을 다시 방문했을 때 나는 거실로 안내되면서 누군가가 강하면서도 섬세한 주법으로 베토벤의 소나타 1번을 연습하고 있는 것을 들었다. 나는 꽤 재능 있는 사람이 연주를 하고 있다고 생각했다. 피아노 앞에 앉아 있는 진의 모습은 이러한 사례들을 연구하면서 마주치는 놀라운 광경들 중의 하나였다. 특정한 영역에서 빠른 발전을 보여주는 이와 같은 사례들은 주변 사람들로 하여금 아이가 전반적으로 나아지고 있다고 믿게 만들지만 이는 종종 오판임이 드러나곤 한다. 그것이 베토벤이나 하이든 혹은 블루스든 간에 진의 연주는 정말 놀라웠다. 하지만 진을 처음 관찰한 심리학자가 "말을 거부하는 상태"라는 진단을 내렸을 때처럼 아이는 이 놀라운 재능을 어느 순간부터 거부했다.

이것으로 손과 관련하여 진의 호전을 보여주는 한 편의 삽화는 끝이 났다. 자아의 본질적 취약함이 타인의 신체 부위에 대한 집착은 물론 가혹한 자기 처벌과 완벽주의를 낳는다는 사실을 설명하기 위한 표본도 완성이 되었다. 물론 본질적으로 구강기적 고착을 반영하는 일부 예술 분야에서 이 아이들이 탁월한 능력을 보여주는 경우가 있음을 부정하는 것은 아니다. 다만 이 아이들이 학습과 기억 그리고 수행의 요소들을 통합할 수 없다는 점은 분명하며, 이는 곧 이 아이들의 자아가 무력화되어 있다는 뜻이다.

이후 진이 어떻게 생활했는지 궁금하게 여길 독자들이 있을 것이다. 아이가 성장하면서 나이와 행동 사이의 괴리는 더욱 커졌고 또래들과의 사회적 관계는 불가능해졌다. 여기에 다른 문제들까지 생기면서 아이는 특수학교에 보내질 수밖에 없었다. 그곳에서 진은 어머니의 영웅적인 노력으로 몇 년이 걸려 이룬 것들을 빠르게 잃어갔다. 이후 아이는 최고의 의료 환경에서 헌신적이며 상상력이 풍부한 아동 정신과 전문의를 만나 치료를 다시 시작했다.

"어머니의 거부" 또는 아이가 방치되는 특별한 상황이 진의 경우와 같은 사례들에서 어떤 역할을 하는지는 여전히 논란거리이다. 나는 이 아이들이 아주 이른 시기부터 어머니의 시선과 미소 그리고 손길에 반응을 보이지 않으며, 그것이 알게 모르게 어머니들을 위축시킨다는 사실을 고려해야 한다고 생각한다. 근본적인 문제가 어머니와 아이 사이의 관계에서 비롯된다는 사실은 분명하지만, 그것은 이 관계에 감정적인 유대가 존재할 때만 성립되는 이야기이다. 감정적 유대는 아이와 부모 모두를 행복하게 해줄 수도 있지만, 의사소통이 가로막히거나 약화되는 경우 부모를 위태롭게 만들 수도 있다. 내가 이제까지 관찰한 소아 정신분열증의 사례들에서는 아이 쪽의 "신호를 보내는 힘(sending power)"에 뚜렷한 결핍이 있었다.* 이러한 초기 의사소통의 실패는 특별한 성격 특성이나 우월한 지적 능력에 의해—적어도 다른 인간관계에서—나중에 채워질 수 있을지도 모르지만, 유년기의 아이는 여전히 부

---

* 초판에서는 이 대목이 "신호를 보내는 힘의 주된 결핍이 아이에게 있었다."로 기술되어 있다. 이는 내가 관찰한 몇몇 사례에 국한된 것으로 그러한 사례들은 정신분석학의 임상 현장에서는 흔치 않았다. 나의 의도는 어머니의 거부가 아이에게 일방적으로 적대감을 유발한다는 안일한 해석을 반박하려는 것이었다. 그런데 맥락은 무시된 채 나의 주장은 줄곧 소아 정신질환의 최초 원인을 언급할 때 하나의 논거로 인용되곤 했다. 하지만 제1장과 진의 사례를 자세히 읽은 독자라면 내가 정신질환의 원인과 치료 효과를 별개로 다루는 것이 아니라, 자아의 투쟁과 사회 집단의 노력을 포함하는 새로운 영역을 설명하고 있다는 사실을 이해할 수 있을 것이다. 이러한 접근방법이 기질적, 환경적 결함으로 인해 부모와 자녀의 상호관계가 악화되는 측면을 세밀하게 살피지 못했음은 사실이다. 그러나 병의 최초 원인은 엄격한 진단 기준과 비교할 만한 충분한 사례가 존재할 때만 분류(또는 제외)될 수 있으며, 그러한 연구 결과는 점차 늘어나고 있는 아동 정신의학 문헌들에서 찾아볼 수 있을 것이다.-E. H. E.

모의 정서적 접촉을 적대적인 형태로 거부할 수 있다.

　이 장에서 기술한 바를 따르자면 진의 어머니는 인간의 신뢰에 관한 이 연구 분야의 필요조건이라 할 수 있는 치료적 노력에서 대단한 능력을 보여주었음이 분명하다.

제6장

# 장난감과 사유(思惟)

프로이트의 이론을 고쳐 말하면 놀이는 통합에 이르기 위한 유년기 자아의 노력을 이해하는 열쇠라 할 수 있다. 우리는 앞에서 그러한 통합의 실패 사례를 살펴보았다. 이제 자아가 놀이 속에서 오락과 자기 치유를 발견하는 과정과, 유년기의 자아가 제 역할을 하도록 다행히도 우리가 도움을 줄 수 있었던 상황을 되짚어보고자 한다.

## 1. 놀이, 일 그리고 성장

우리에게 위안이 되는 이 장을 시작하면서 먼저 잘 알려진 심리학자가 묘사한 놀이의 한 장면을 살펴보자. 이 사례는 병리학적인 것은 아니지만 그럼에도 비극적 요소가 있다. 톰 소여라는 소년이 이모의 명령으로 화창하기만 한 봄날 아침 울타리를 흰색 페인트로 칠해야 했다.

톰의 상황은 또래친구 벤 로저스의 등장으로 더욱 꼬이게 되었다. 우리는 일을 해야 하는 톰의 눈으로 한가한 벤을 관찰하려 한다.

톰은 페인트 붓을 집어 들고 태연하게 페인트칠을 시작했다. 이내 벤 로저스가 한 척의 배가 물살을 가르듯 다가왔다. 톰은 다른 누구보다도 벤에게 놀림을 받는 것이 싫었다. 가벼운 발걸음의 벤은 뭔가 신나고 재미있는 일을 기대하고 있는 듯했다. 벤은 사과를 베어 물면서 길게 환성을 지르더니 약간의 간격을 두고 낮은 목소리로 '땡땡땡. 땡땡땡.' 하는 소리를 냈다. 그는 증기선을 흉내 내고 있었다. 가까이 다가오며 속도를 줄인 벤은 길의 한복판에서 몸을 기울여 천천히 오른쪽으로 돌았다. 그는 수면에서 9피트 아래까지 선체가 잠기는 빅 미주리호가 되어 있었다. 스스로 선체이자 선장이며 엔진 벨이 된 벤은 자신이 명령을 내리고 그 명령을 자신이 수행했다.

… "우현 정지! 땡땡땡! 좌현 정지! 다시 우현으로! 우현 정지! 천천히 돌아라! 땡땡땡! 칙-칙-칙! 닻줄을 풀어라! 빨리 움직여! 거기 뭐 하는 거야? 밧줄을 단단히 감아! 그렇지, 거기에 대기해! 선장님, 엔진을 정지시켰습니다! 땡땡땡! 칙-칙-칙!"

톰은 증기선에는 눈길 한번 주지 않고 페인트칠을 계속했다. 벤이 톰을 물끄러미 쳐다보았다.

"야, 너 사고 쳤구나. 그래서 별로 일하는 거지?"

나는 벤 로저스로부터 임상적으로 매우 긍정적인 인상을 받는다. 유기체, 자아 그리고 사회라는 세 가지 측면에서 모두 그러하다. 그는 사과를 먹음으로써 자신의 신체를 잘 관리하고 있으며, 상반된 많은 요소들(선장과 그의 말에 복종하는 선원들은 물론이고 증기선과 선체의 일부까지)에 대한 가상의 통제를 즐기는 한편, 항해를 하다가 일을 하고 있는 톰을 발견하고는 사회적 현실을 평가하는 작업도 놓치지 않는다. 톰이 처한 곤경 때문에 자신이 누리는 자유가 더욱 분명하게 느껴져서 그랬겠지만 벤은 톰에게 기꺼이 관심을 나타내기도 한다.

이 정도면 벤을 가리켜 꽤 유연한 정신의 소유자라 할 만하다. 그런데 톰은 더욱 뛰어난 심리학자이다. 그는 벤에게 자신이 하던 일을 떠넘기게 된다. 이는 심리적 조작 능력이 일반적인 적응 능력에 비추어 적어도 차선책이 되거나, 불리한 상황 하에서는 오히려 우월할 수도 있음을 보여준다.

결국 톰의 꾀에 넘어가는 벤에게는, 우리가 이 상황에 해석을 덧붙이고 그의 놀이가 의미하는 바를 묻는 것이 가혹할 수도 있겠다. 나는 정신의료 사회사업(psychiatric social work) 수업을 듣는 학생들에게 그 질문을 던졌다. 예상한 대로 학생들의 대답은 주로 다양한 외상에 관한 것이었다. 벤을 "사례 연구"에 끌어들이기 위해서 다른 어떤 대답이 가능했겠는가. 대다수의 학생들은 벤의 복잡한 놀이 방식을 근거로 그가 좌절과 욕구불만을 가지고 있는 것 같다고 추측했다. 상상 속에서 자신만한 선장이 됨으로써 아버지의 억압으로부터 벗어나려 하는 것이라든가, 수면에서 9피트나 잠기는 선박이 되고 싶은 것은 야뇨증이나 배변 훈련 중 겪은 정신적 외상에서 비롯된 것이라는 등 다양한 좌절의 가능성들이 언급되었다. 일부 학생들은 빨리 어른이 되고 싶다는 생각이 그 또래의 아이들에게 우상인 선장의 모습으로 표출되었다는 의견을 제시하기도 했다.

이 토론에 내가 기여한 것이 있다면 그것은 벤이 성장하고 있는 아이라는 점을 고려해보라고 조언한 것이다. 성장한다는 것은 각기 다른 속도로 움직이는 여러 갈래로의 분화를 의미한다. 한창 자라는 아이는 자신의 분화되고 있는 정신은 물론 커지는 몸을 조절하는 데에도 어려움을 겪는다. 아이는 착해지기를 바라지만 늘 자신이 삐뚤어져 있음을 발견한다. 아이는 반항을 꿈꾸지만 의지와는 달리 늘 자신이 굴복하고 있음을 깨닫는다. 미래를 향한 시선으로 임박한 성인기를 얼핏 볼 수 있지만 그는 여전히 자신이 아이처럼 행동하고 있음을 자각한다. 벤의 놀이가 갖는 한 가지 "의미"는 자신의 머리(선장), 신경과 근육(신호체계와 엔진) 그리고 몸(선체)으로 온전히 기능하는 전체를 만들어냄으로써 자아가 불완전한 신체에 대해 잠정적인 승리를 거두게 한다는 것이다. 이 경험은 그로 하여금 자신이 스스로의 우두머리가 되는 독립체가 되도록 해준다. 동시에 그는 새롭게 도래한 기계 문명 시대의 도구들 중에서 자신만의 상징을 선택하고, 빅 미주리호의 선장이라는 그 시대의 대표적인 정체성을 미리 표현하는 것이다.

그렇다면 놀이는 자아의 작용, 즉 신체와 사회의 변화에 조응하려는 자아의 노력이라고 할 수 있다. 어쩌면 벤의 상상은 남근기의 활동적 요소를 포함하고 있는지도 모른다. 거센 강물을 헤치는 배는 이를 나타내는 좋은 상징이다. 선장은 분명히 아버지의 이미지를 가지고 있으며 가부장적인 권력의 이미지가 그려진 것일 수도 있다. 하지만 나는 삶의 다양한 영역, 특히 자기 자신의 몸과 사회적 역할에서 부족하고 뒤처진 영역을 채워야 하는 자아의 필요에 초점이 맞춰져야 한다고 생각한다. 자아를 통제하고 있다는 상상을 현실에서 실행하는 것이 놀이의 목적이다. 하지만 곧 확인하겠거니와 놀이는 존재의 끄트머리에 있는 여백에 불과하다. 무엇이 놀이이고 무엇이 놀이가 아닌가? 먼저 언어를 살피고 이어서 아이들에게 돌아가 보자.

물결 위에서 반짝이는 햇빛은 "장난스러운(playful)"이라는 단어의 속성에 참으로 잘 어울린다. 왜냐하면 여기에서 햇빛은 게임의 규칙을 충실히 지키기 때문이다. 햇빛은 물의 화학적 세계와 충돌하지 않으면서도 외관상 잘 섞인다. 햇빛의 무수한 조각들은 쉽고 빠르게 변화하며 예측 가능한 범위 내에서, 그러나 똑같은 형태를 두 번 반복하지 않고 유쾌한 현상을 끝없이 만들어낸다.

이와 마찬가지로 사람도 놀이를 통해 사물과 사람들과 편안하게 섞여야 한다. 사람은 자신이 선택한 일을 절박한 이해관계나 강력한 욕구에 떠밀리지 않고도 할 수 있어야 한다. 또한 그런 가운데 즐거움을 느끼며 그 결과에 대한 공포나 소망으로부터도 자유로워야 한다. 그때에야 비로소 사람은 사회적, 경제적 현실로부터 휴식을 얻게 되며, 달리 말하면 **일을 하지 않는** 상태에 이르게 된다. 놀이에 수많은 함축적 의미를 부여하는 것은 바로 일의 반대 개념인 이 상태이다. 놀이에 부여되는 의미들 가운데 하나가 "그냥 재미있는 것"이다. 마크 트웨인이 말했듯이 "몽블랑(Mont Blanc, 알프스 산맥의 최고봉—옮긴이) 등산은 재미로 할 수 있지만 조화(造花)를 꾸미는 것은 노동이다." 청교도 시대에는 재미가 곧 죄를 의미했으며, 퀘이커교도들은 "의무의 밭에서 즐거움의 꽃을 모아야" 한다고 엄중하게 경고했다. 청교도들과 비슷한 정신을 소유한 이들은 "도덕적 행위로부터 멀어지려는 것 자체가 도덕의 필연성"을 뜻한다고 믿었기 때문에 놀이를 제한적으로 허용할 수 있었다. 하지만 시인들이 강조하는 것은 다르다. "인간은 오로지 놀 때에만 완전히 인간적이다." 이것은 실러(Schiller)의 말이다. 이처럼 놀이는 인간의 수많은 행위들 가운데 모호한 영역에 있으며, 그 자체의 장난스러운 방식만큼이나 명확하게 정의되기를 거부한다.

일반적인 의미대로라면 가장 힘들고 위험한 놀이조차도 일은 아니다. 그것이 재화를 생산하지 않기 때문이다. 놀이에 생산이 결합되면 그때에는 "진짜 일"이 된다. 하지만 애당초 어른과 아이의 놀이를 비교하는 것은 무의미하다. 어른은 재화를 생산하고 교환하는 존재인 반면 아이는 그러한 존재가 되기 위해 준비를 하는 과정에 있을 뿐이기 때문이다. 일을 하는 어른에게 놀이는 일종의 오락이며, 제한된 사회적 현실에서 주기적으로 벗어날 수 있는 기회가 된다.

**중력**을 생각해보자. 공중에 물건을 던지거나 점프를 하면서 또는 높은 곳에 기어오르면서 우리는 우리의 몸에 대한 전혀 새로운 차원의 인식을 얻게 된다. 여기에서 놀이는 공간에 대한 경이로운 감각을 가져다준다.

**시간**이 갖는 의미를 살펴보자. 우리는 아무 하는 일 없이 빈둥거림으로써 우리를 노예처럼 부리려는 시간을 조롱한다. 1분 1초가 중요한 곳에서 놀이는 발붙일 곳이 없어지는데, 이는 승부를 가리는 스포츠를 과연 놀이로 보아야 할지 판단을 어렵게 한다. 한 뼘의 공간과 1초의 시간을 다투는 압력에 스포츠는 기꺼이 순응하는 것으로 보이기 때문이다.

우리가 누구이며 어디에서 어떤 모습으로 존재하느냐를 결정짓는 **운명**과 **인과관계**를 생각해보자. 실력보다는 운에 좌우되는 게임에서 우리는 숙명적 지위가 아닌 평등함을 얻게 된다. 또한 현실의 규칙들과 비교하면 임의적이고 큰 의미가 없어 보이는 규칙을 기꺼이 받아들일 준비가 되어 있는 모든 참가자들에게 기회는 동등하게 주어진다. 그럼에도 그러한 놀이의 규칙은 꿈속의 현실처럼 누구에게나 그럴듯하게 여겨지며 모두에게 똑같이 적용된다. 만일 참가자가 온전히 자신의 자유로운 선택으로 그러한 놀이를 해야 한다는 사실을 망각하고 결과에만 집착하게 되면 놀이의 재미는 사라진다. 이 경우 참가자는 놀이가 아닌 도박을 하는 것이기 때문이다.

**사회적 현실**과 그 속에 있는 우리의 제한된 영역을 살펴보자. 놀이라는 연극을 통해 우리는 현실에서는 될 수 없는 존재가 되어볼 수 있다. 하지만 자신이 연기하는 인물이 실제의 자기 자신이라고 믿기 시작하면 그 사람은 신경증 또는 그보다 더 나쁜 상황에 빠져들게 된다. 또한 자신의 이익을 위해 다른 사람들로 하여금 자신의 "배역"을 실제인 양 믿게 하려는 사람은 사기꾼이 된다.

우리의 **물질적 욕구**를 살펴보자. 주위의 넘쳐나는 정보들은 먹고 숨 쉬는 것만으로는 불충분하며 우리에게는 보다 새롭고 감각적인 놀이가 필요하다고 속삭인다. 새로운 놀이에 대한 요구가 강박이 되는 곳에서 우리는 더 이상 만족감을 얻지 못하고 그것은 불만족의 저류를 만들어낸다.

마지막으로 **성 생활**과 관련해서 우리는 최종적 행동에 선행하는 다양한 행위들을 전희(sex play)라고 부른다. 성적 파트너들은 이 최종 행위에 이르러 신체부위와 행위의 강도 그리고 속도(두 동성애자를 우스꽝스럽게 묘사한 어느 오행시의 한 구절처럼, "무엇을, 어떤 것으로, 누구에게 할 것인지")를 선택한다. "본능"이 주도하는 최종적 행동이 시작될 때 전희는 끝이 나는데, 만일 그러한 준비 과정의 행위가 최종적 행동을 완전히 대체할 정도로 지배적인 상태가 되면 놀이로서의 행위는 사라지고 도착(倒錯)이 그 자리를 차지한다.

놀이와 관련하여 위에 열거된 상황들은 시공간의 제한이나 사회적 현실의 완결성에 대해 우리의 자아가 우월감을 느낄 수 있는 영역을 보여준다. 그 영역은 분별력의 강박으로부터 자유로우며 비합리적 행동의 충동으로부터도 자유롭다. 인간은 오로지 이 영역 내에서 자신의 자아와 일치됨을 느낄 수 있으며, 때문에 인간이 "놀 때에만 완전히 인간적"이라는 말은 조금도 이상할 것이 없다. 그런데 이것은 한 가지 결정적인 조건, 즉 인간은 대부분의 시간을 일을 하는 데 보내야 한다는 것을 전제로 하고 있다. 우리 각자는 사회 속에서 규정된 역할을 수행해야만 하는 것이다. 바람둥이와 도박꾼은 일을 하는 사람에게는 부러움의 대상이자 분노의 대상이 된다. 우리는 그들이 비난받거나 조롱당하기를 원하며, 그들을 호화로운 우리 속에 가둬둠으로써 일을 하는 것보다 더 못한 상태로 남겨두려 한다.

놀이를 하는 아이의 존재가 여기에서 문제가 된다. 일하지 않는 사람은 놀아서도 안 되기 때문이다. 그러므로 아이의 놀이를 용인하기 위해 우리는 아이들에게는 놀이가 곧 일이라고 하거나 아니면 유년기의 놀이를 대수롭지 않게 취급하는 이론을 고안해 내야 한다. 관찰자의 입장에서는 아이는 **아직** 온전한 인간이 아니며 놀이의 성격이 그것을 그대로 반영하고 있다는 이론을 내세우는 게 가장 쉽고 간편하다. 학자들은 유년기가 어디에도 속하지 않는 예외적인 시기라는 점을 들어 유년기의 놀이라는 까다로운 주제를 설명하려 한다. 스펜서에 의하면, 부모의 보호 덕분에 스스로 먹이를 찾거나 자신을 보호할 필요가 없는 포유류의 새끼들이 남아도는 에너지를 소모하는 활동이 곧 놀이라고 한다. 하지만 스펜서는 놀이가 용인되는 곳이라면 어디에서나 "현실 상황에서의 행동을 대비하고 그와 관련된 마음가짐을 다지는" 경향성이 "실험"되고 있다는 점에 주목했다. 초기 정신분석학은 여기에 "카타르시스" 이론을 덧붙였다. 그 이론에 따르면 놀이는 성장하는 아동에게 억눌려 있는 감정을 분출하고 과거의 좌절을 가상의 상황에서 해소하게 해준다는 점에서 분명한 역할을 가지고 있다.

위의 이론을 검토하기 위해 톰보다 어린 다른 사내아이의 놀이를 살펴보자. 아이는 다뉴브 강 인근에 살았고, 아이의 놀이는 또 다른 위대한 심리학자 지그문트 프로이트에 의해 기록되었다.*

이러한 현상에 대해 포괄적인 연구를 하려는 특별한 의도 없이, 나는 생후 18개월 된 사내아이가 스스로 고안해낸 놀이를 관찰하고 분석해볼 기회를 갖게 되었다. 그것은 형식적인 관찰 이상의 것이었다. 내가 아이의 집에서 몇 주간 함께 생활했기 때문이다. 그것은 처음엔 의미가 불분명했던 아이의 행동을 반복적으로 관찰하며 이해하기에 충분한 시간이었다.

아이는 또래에 비해 인지 발달이 빠른 편은 아니었지만 부모와 하녀에게 자신의 의사를 충분히 전달했고 주위의 어른들로부터 "착하다"는 평을 듣고 있었다. 아이는 밤에 부모를 괴롭히지 않았고, 어떤 물건을 만지지 말라거나 어느 방에 들어가면 안 된다는 등의 지시를 잘 따랐다. 무엇보다도 아이는 어머니와 강한 애착 관계를 형성하고 있었음에도 어머니가 몇 시간 보이지 않는다고 해서 울거나 떼를 쓰지 않았다. 어머니는 아이에게 모유를 먹였을 뿐만 아니라 다른 사람의 도움 없이 혼자서 아이를 돌보았다. 그런데 이 착한 아이도 이따금 손에 쥔 물건을 방구석이나 침대 밑에 집어던지는 행동을 보였으며, 어른들이 그 물건들을 다시 챙겨 모으는 일은 쉽지 않았다. 아이는 이 행동을 하면서 재미와 만족감의 표현으로 "오-오-오!" 하는 소리를 내지르곤 했는데, 이에 대해 어머니(나도 생각이 같았거니와)는 그것이 단순한 감탄사가 아니라 "가버리다[fort]" 라는 말을 하는 것으로 판단했다.(프로이트와 아이의 어머니는 아이가 낸 '오!' 소리가 독일어 'fort'의 모음일 것이라고 판단했다—옮긴이) 마침내 나는 이것이 게임이며, 이 아이가 모든 장난감을 "가버린 상태[fort sein]"로 만들기 위해 사용하고 있다는 것을 알아챘다. 어느 날 목격된 장면은 나

---

* Sigmund Freud, *A General Selection*, edited by John Rickman, The Hogarth Press and the Institute of PsychoAnalysis, London, 1937.

로 하여금 위의 생각을 굳히게 해주었다. 아이는 실이 조금 감겨 있는 실패를 가지고 있었다. 아이는 그때까지 실패를 바닥에 끌고 다니며 마차 놀이 같은 것을 한 적이 없었다. 아이는 실을 잡은 채 실패를 던지는 동작을 몇 번 반복했다. 아이는 침대 밑으로 실패가 굴러들어가자 "오–오–오!" 하고 소리를 질렀는데, 실을 잡아당겨 실패가 다시 밖으로 나오자 "저기[Da]!"라고 소리치며 즐거워했다. 아이에게 이것은 물건이 사라졌다가 다시 나타나게 하는 놀이였다. 물건을 사라지게 하는 행동은 아이에게서 쉽게 관찰되는 놀이였다. 하지만 아이에게 큰 즐거움을 주는 행동은 의심할 여지없이 두 번째 행동이었다… 이후 계속된 관찰에 의해 아이의 행동을 보다 분명하게 해석할 수 있었다. 어느 날 몇 시간의 외출을 마치고 돌아온 어머니를 아이는 "아가가 오–오–오!" 하는 말로 반겼다. 그때만 해도 그 말의 의미가 즉각적으로 이해되지 않았다. 하지만 이내 아이가 혼자 있는 동안 자신을 사라지게 하는 방법을 터득했음을 알 수 있었다. 아이는 우연히 전신 거울에 비친 자신의 모습을 보았고, 그 앞에서 엎드려 고개를 숙임으로써 자신의 모습을 "가버리게" 하는 방법을 깨달은 것이다.

프로이트가 이 놀이에서 발견한 것을 이해하기 위해 우리는 당시 프로이트가 "반복 강박(repetition compulsion)"—고통스러운 경험을 말이나 행동으로 재연하려는 욕구—현상에 관심을 기울이고 있었다는 사실에 주목해야 한다. 누구나 잊고 싶을 거라 생각하는 고통스러운 일들(치욕, 언쟁, 전투 등)을 자꾸만 이야기하고 싶은 욕구를 우리는 종종 경험한다. 잠에서 회복을 얻는 대신 꿈속에서 원래의 외상을 다시 경험하다가 잠에서 깨는 사람들을 우리는 알고 있다. 또한 똑같은 실수를 반복해서 저지르거나 얼마 전 이혼한 배우자와 똑같은 부류의 이성을 "우연히" 만나 재혼을 하는, 혹은 유사한 사고와 재난이 **자신에게만** 일어나는 것처럼 느끼는 사람들이 있는 것도 우연의 일치만은 아닐 것이다. 이 모든 경우들에 대해 프로이트는 개인이 극복하지도, 그렇다고 그냥 지니고 있지도 못하는 어떤 근원적인 주제가 무의식 속에서 다양한 변주로 표출되는 것이라는 결론을 내렸다. 그 자체로 감당하기 힘든 문제에 자발적이고 반복적으로 부딪침으로써 그 상황을 지배하려 한다는 것이다.

프로이트는 이 문제에 대해 글을 쓰던 중 앞에서 말한 대로 아이가 혼자 노는 모습을 관찰하게 되었다. 그가 발견한 것은 어떤 중요한 (사물이나 사람이 사라졌다가 나타나기를 반복하는) 사건의 빈도가 거기에 반영된 경험의 강도와 일치한다는 것이었다. 아이에게는 아침에 나갔다가 저녁에 돌아오는 어머니가 그러했다.

이는 아이의 놀이를 통해 그대로 드러났다. 스스로 사물을 통제하고 있다고 생각하게 된 아이는 자신이 겪는 어려움도 그와 같은 방식으로 다루었다. 어머니가 집을 나선다는 것은 자신이 울고 보챌 수 있는 영역에서 어머니가 사라진다는 뜻이었다. 그리고 어머니가 언제 돌아올지는 어머니 자신만 알고 있었다. 하지만 놀이를 통해 아이는 실을 가지고 어머니를 다룰 수 있었다. 아이는 어머니를 가버리게 하거나 심지어는 집어던질 수도 있었으며 돌아오게 만들 수도 있었다. 프로이트의 표현을 빌리면, 아이는 **수동적 상황을 능동적으로** 바꾸어 놓았다. 자신에게 주어진 상황을 놀이로 만든 것이다.

프로이트는 이 놀이의 사회적 의미를 따져볼 수 있도록 우리에게 세 가지를 언급한다. 먼저, 아이는 물건을 던졌다. 프로이트는 이 행동을 복수—"엄마가 나와 함께 있기 싫다면 나도 엄마가 싫어."—의 표현으로 해석한다. 이를 통해 아이는 정서적 자율성의 성장이라는 소득도 얻게 된다. 하지만 이어지는 행동을 통해 아이는 한 걸음 더 나아간다. 아이는 가지고 놀던 물건을 치우고 전신 거울을 이용해서 자신으로부터 "가버리기"와 자신에게 돌아오기 놀이를 한다. 이제 아이는 남겨지는 사람과 떠나는 사람 모두가 되어 본다. 아이는 자신의 통제 밖에 있는 특정한 사람뿐만 아니라 상대방이 존재하는 상황 자체를 통합함으로써 독립을 경험한다.

여기까지는 프로이트가 해석한 바와 같다. 그런데 우리는 아이가 스스로 "가버리기"를 익힌 상태에서 어머니를 맞이했다는 사실에 주목할 필요가 있다. 프로이트가 지적했듯이 놀이 그 자체만으로는 아이가 자신의 경험을 혼자만의 공간에서 상상으로 조절하는 경향성의 출발점만 될 수 있었을 것이다. 어머니가 돌아왔을 때 아이가 자신의 복수심을 현실에까지 확장시켜서 이제 남의 도움 없이도 스스로를 돌볼 수 있다는 점을 보여주기 위해 어머니를 완전히 무시했다고 가정해보자. 이런 일은 실제로 어머니가 아이와 처음 떨어져볼 때 흔히 일어난다. 아이를 꼭 안아줄 생각에 서둘러 집에 돌아온 어머니는 아이의 시큰둥한 표정을 마주치게 되고, 아이에게 거부당했다는 느낌에 어머니도 아이를 외면할 수 있다. 이때 아이는 자신의 복수가 성공했다는 느낌과 동시에 어머니로부터 버림받은 상황을 되돌리려 한 자신의 노력이 실제로 어머니를 돌아서게 만들었다는 느낌을 받게 된다. 따라서 남겨짐과 떠남의 기본적인 문제는 아이의 놀이만으로는 해결되지 않는다. 하지만 이 꼬마는 어머니에게 자신이 어떻게 놀고 있었는지를 이야기했고, 이에 대해 어머니는 섭섭하기는커녕 큰 흥미를 느꼈을 것이고 어쩌면 아이의 영특함에 뿌듯한 마음이 들었을지도 모른다. 이렇게 해서 아이는 이전보다 모든 면에서 나은 상태가 되었다. 아이는 어려운 상황에 잘 적응했고 새로운 물건을 조작할 수 있게 되었으며 자신의 방식에 대해 칭찬과 인정을 받기까지 했다. 이 모든 것이 "아이의 놀이"에 담겨 있다.

하지만—많은 사람들이 질문하는 바와 같이—아이의 놀이에 늘 개별적이고 비밀스러운 의미가 담겨 있는 것일까? 자동차가 등장하기 이전 시대에 실이 감겨진 실패를 끌고 다니며 마차 놀이를 하는 아이들이 열 명 있었다고 해보자. 그 열 명의 아이들 중 누구 하나에게라도 그 놀이에 다른 의미가 있었을까?

앞에서 말한 바와 같이 외상을 경험한 아이들은 그들이 속한 문화에서 구할 수 있고 그들의 나이에 다룰 수 있는 것을 놀이의 재료로 선택한다. 아이들이 무엇을 사용하느냐는 전적으로 문화적 조건에 달려 있다. 따라서 그들이 구할 수 있는 것은 그러한 조건을 공유하는 모든 아이들에게 공통적으로 주어진다. 오늘날의 벤 로저스들은 증기선 대신에 자전거를 선택할 것이다. 학교나 식료품점을 향해 자전거를 타고 달리면서 아이들은 아무 방해도 받지 않고 하늘을 날아 적의 진지에 기총소사를 하는 조종사가 되거나, 애마 실버를 타고 황야를 달리는 론 레인저(Lone Ranger, 1933년 라디오 드라마로 제작된 서부극의 주인공—옮긴이)가 되기도 한다. 하지만 무엇을 사용하느냐는 아이의 협응력(co-ordination)에 따라 다르며, 이 때문에 그러한 능력은 일정 수준의 성숙 단계에 도달한 아이들만 가질 수 있다. 단일한 공동체에서 모든 아이들에게 **공통된 의미**(이를테면 실과 실패가 고삐에 묶인 짐승을 의미하는 것처럼)를 갖는 것이 어떤 아이들(실패에 감긴 실을 능숙하게 조작하는 법을 이미 익히고 이제 새로운 공통적 상징의 영역에 들어갈 준비가 되어 있는)에게는 **특별한 의미**를 지닐 수 있다. 하지만 아이가 어떤 사람이나 동물을 잃은 가운데 자신의 놀이에 나름의 중요성을 부여한 경우라면 그 놀이는 어떤 아이에게든 **개별적인 의미**를 띠게 된다. 이 아이들이 실로 끌고 다니는 것은 어떤 동물이나 사람이 아니다. 그것은 중요한 의미가 있었으나 잃어버리고 만 어떤 대상을 상징하는 것이다. 물론 아이들의 놀이를 제대로 해석하기 위해 관찰자는 특정한 공동체의 특정 연령대의 아이들이 즐겨 하는 놀이가 무엇인지 알아야 한다. 그래야만 관찰자는 개별적인 의미가 공통된 의미를 능가하는지 파악할 수 있다. 개별적인 의미를 이해하기 위해 관찰자는 놀이의 내용이나 형식뿐만 아니라 놀이에 등장하는 어휘와 시각적인 효과도 주의 깊게 살펴야 하며 특히 우리가 뒤에서 다룰 "놀이 붕괴(paly disruption)"로 이어지는 요소들을 잘 관찰해야 한다.

놀이에서의 불안 문제에 접근하기 위해 탑을 쌓고 부수는 행동을 살펴보자. 많은 어머니들이 어린 아들의 "파괴적 단계" 또는 "파괴적 성향"에 대해 걱정을 한다. 애써 높은 탑을 쌓은 아이는 아버지가 퇴근해서 보실 수 있도록 그냥 놔두라는 어머니의 말을 듣지 않고 기어이 탑을 발로 차서 무너뜨린다. 오랜 시간과 수고의 산물이 순식간에 무너지는 모습을 보며 좋아하는 아이들의 표정은 어머니들을 당혹스럽게 만든다. 그 탑이 실수에 의해 또는 다른 사람의 손에 의해 무너질 때는 아이의 반응이 전혀 다르기 때문에 더욱 그러하다. 아이는 자신이 직접 탑을 무너뜨려야만 하는 것이다. 이 놀이는 아이가 스스로 일어서는 법을 익히면서 전혀 새롭고 매혹적인 눈높이를 경험했다가 균형을 잃고 갑자기 주저앉게 되던 그리 멀지 않은 기억에서 비롯된다. 탑을 "일어서게" **만든** 아이는 그 탑을 무너뜨리는 행동을 즐기는 것이다. 이전의 수동적인 상태에서 능동적인 정복을 경험하면서 아이는 약자의 존재를 인식하고 스스로 강하다는 느낌을 얻는다. (무엇보다 탑은 어린 여동생과 달리 울거나 어머니에게 일러바치지도 않는다.) 하지만 공간에 대한 지배가 아직 불안정한 상태에 있는 아이가 다른 사람이 발로 탑을 차는 모습을 볼 때 그 사람보다는 탑의 입장이 된다는 사실은 충분히 이해할 만하다. 그런 경우 재미는 순식간에 사라진다. 좀 더 자란 뒤에는 쉴 새 없이 넘어지고 자빠지면서도 다시금 중력에 위태롭게 도전하는 서커스단의 광대가 아이의 시선을 사로잡는다. 아이의 눈에는 자신의 또래들보다 더 우스꽝스럽고 멍청하며 걸음걸이가 불안한 어른들이 있는 것이다. 그런데 광대와 자신을 지나치게 동일시하는 아이들에게는 그러한 광대의 모습이 그저 웃긴 일이 아니다. 이것은 유년기의 불안을 설명해주는 한 가지 예가 된다. 이 시기의 자아 통제를 둘러싼 불안은 어른들로부터 그리 달갑지 않은 반응을 얻게 되는데, 스스로 좋아서 한 행동에 대해 어른들은 웃기도 하고 인상을 찡그리기도 하는 것이다.

아이의 놀이는 자신의 몸을 중심으로 시작된다. 우리는 이를 **자기 세계 놀이**(autocosmic play)라고 부를 것이다. 이것은 우리가 그것을 놀이라고 인식하기도 전에 시작되며, 감각적 인식과 운동 감각 그리고 발성 등의 반복으로 새로운 것을 탐색하는 과정으로 이루어져 있다. 다음 단계에서 아이는 주위에 있는 사람이나 사물을 놀이에 이용한다. 아이는 어떤 파장으로 울 때 어머니가 가장 빨리 달려오는지 시험을 하듯 울기도 하고 어머니의 얼굴에서 돌출된 부분과 구멍이 있는 부분을 찬찬히 뜯어보기도 한다. 이것이 아이에게는 최초의 지리 공부가 된다. 그리고 어머니와의 상호작용에서 얻어지는 이 지도가 "세상"을 향해 나아가는 자아에게 안내자 역할을 하리라는 것은 의심의 여지가 없다. 여기에서 산타야나*를 증인으로 불러보자.

---

* George Santayana, *The Last Puritan*, Charles Scribner's Sons, New York, 1936.

… 먼, 아주 먼 옛날, 마치 다른 세상 혹은 어머니의 뱃속에 있었을 때의 일처럼, 올리버는 어머니의 무릎에 앉는 특권이 거부되었던 일을 기억하고 있었다. 어머니의 무릎은 안전하고 부드러운 피난처였다. 그곳은 충성스러운 호위병들에 겹겹이 둘러싸인 왕위처럼 완벽한 보호를 느낄 수 있는 곳이었으며, 왕좌 아래에 펼쳐지는 온갖 구경거리들은 더할 수 없는 즐거움을 주었다. 모든 것이 새롭고 흥미로웠으며 어느 것 하나 잘못된 것이라고는 있을 수가 없었다. 어머니가 들려준 이야기는 그러한 모습을 더욱 선명하게 그릴 수 있게 해주었다.

**미시적 세계**(microsphere)―조작할 수 있는 장난감들의 작은 세계―는 아이가 만드는 작은 항구이다. 아이는 자신의 자아를 정비할 필요가 있을 때 이곳으로 돌아온다. 그런데 이 세계는 나름의 법칙을 가지고 있다. 이 세계는 개조가 불가능할 수도 있고 산산이 부서질 수도 있다. 또한 다른 사람의 소유일 수도, 우월한 지위를 가진 누군가에 의해 몰수당할 수도 있다. 이 미시적 세계는 아이로 하여금 위험한 주제를 숨김없이 드러내도록 유도하는가 하면, 불안과 갑작스러운 놀이 붕괴를 유발하기도 한다. 이것은 꿈속의 불안에 대응하는 현실 세계라고 할 수 있는데, 마치 밤에 대한 공포가 아이로 하여금 잠자리에 들지 못하게 하는 것처럼 놀이 자체를 회피하게 만들 수도 있다. 미시적 세계에서 공포나 좌절을 경험한 아이는 백일몽, 손가락 빨기, 자위행위 등의 퇴행을 보일 수 있다. 반면에 이 세계를 최초로 활용하는 데 성공을 거두고 계속해서 적절한 안내를 받은 아이는 사물을 조작하는 것에서 얻은 즐거움으로 그러한 사물에 투영된 정신적 외상을 다스리고 자신감을 얻게 된다.

유치원에 다닐 연령이 되면 놀이는 마침내 다른 대상들과 공유하는 **거시적 세계**(macrosphere)에 도달하게 된다. 아이는 이 대상들을 처음에는 사물로 취급하며 이리저리 살펴보고 부딪쳐보거나 "달리는 말"로 사용하기도 한다. 상상과 자기 세계에서만 허락되는 놀이는 무엇인지, 장난감과 사물들이 있는 미시적 세계에서 할 수 있는 놀이는 무엇인지, 그리고 다른 대상들과 공유할 수 있는 놀이는 무엇인지 알아내기 위해 아이에게 학습은 필수적인 것이 된다.

일단 이에 대한 학습이 이루어지면 각각의 놀이 세계에는 현실감이 부여된다. 그리고 나서도 한동안은 사회라는 거친 바다를 항해하며 산산이 부서진 감정을 수리하기 위해 혼자 하는 놀이는 중요한 항구로 남아 있게 된다. 자아의 어느 측면이 헝클어졌든 아이에게 돌아갈 수 있는 자신만의 놀이 영역이 있다는 사실은 우리가 "놀이 치료"에 진단상의 신뢰를 부여할 수 있는 기본적 토대를 형성해준다. 이는 다음 장에서 논의될 것이다.

그렇다면 유년기의 놀이란 과연 무엇인가? 우리는 그것이 성인의 놀이, 즉 기분 전환을 위한 오락(recreation)과는 다르다는 사실을 확인했다. 놀이를 하는 성인은 또 다른 현실로 옆걸음을 친다. 반면에 놀이하는 아이는 조절과 지배의 새로운 단계를 향해 앞으로 나아간다. 가상의 상황을 창조해서 자신의 경험을 처리하고 실험과 계획을 통해 현실을 조절하는 인간의 능력이 유년기에 나타나는 것이 곧 놀이가 아닌가 생각된다. 성인의 경우 자신이 다룰 수 있는 차원에 자신의 과거 경험을 투사한다. 실험실에서, 무대에서 그리고 화판 위에 성인은 자신의 과거를 풀어놓음으로써 감정의 찌꺼기들을 해소한다. 그리고 그러한 모형 상황을 재구성함으로써 자신의 실패를 만회하고 희망을 되살린다. 고쳐진 상태로 공유되는 과거의 관점에서 미래를 새롭게 내다보는 것이다.

사유하는 인간이 더 많은 일을 하는 것도 아니고 노는 아이가 적게 일하는 것도 아니다. 윌리엄 블레이크의 말처럼 "아이의 장난감과 노인의 사유는 두 계절이 빚은 하나의 열매이다."


## 2. 놀이와 치료

오늘날의 놀이 치료는, 놀이의 보호자 역할을 해주는 가족이나 가까운 이웃에 대한 내밀한 증오와 두려움으로 인해 불안을 경험하는 아이가 마음의 평화를 되찾기 위해 말이 통하는 다른 어른의 정서적 지지에서 도움을 얻기도 한다는 관찰을 토대로 하고 있다. 과거에는 할머니나 이모 또는 고모가 그런 역할을 해주었겠지만 오늘날에는 전문적인 놀이 치료사가 그 역할을 맡고 있다. 여기에서 필수적인 조건은 아이에게 그러한 어른과 장난감이 있어야 하며, 형제간의 경쟁 관계나 부모의 잔소리 또는 그 어떤 갑작스러운 방해 요인도 아이가 놀이의 의도를 펼쳐놓는 것을 가로막아서는 안 된다는 것이다. "놀이로 푸는 것"은 유년기가 제공해주는 가장 자연스러운 자기 치료의 방법이기 때문이다.

간혹 난감한 상황을 연출하는 경우도 있지만 정신적 외상을 가진 성인들이 그들의 불안을 "말로 푸는" 경우가 있음을 생각해보자. 그들은 자신이 겪은 고통스러운 사건에 대해 이야기하려는 충동을 반복적으로 느끼며, 그렇게 함으로써 "기분이 나아지는" 듯하다. 영혼 또는 정신을 치료하기 위해 고안된 제도들은 그러한 경향성을 의식(儀式)으로 활용한다. 고백을 하는 사람에게 온전히 귀 기울이는 사제 또는 그와 같은 청취자는 책망 또는 누설을 하지 않겠다는 서약을 하며, 죄나 갈등 또는 질병 같은 개인의 문제가 보다 큰 맥락에서 어떤 의미가 있는지 설명해주며 죄의 사함을 선언한다. 그러나 이러한 "임상적" 상황은 실제의 삶이 반영되는 평상시의 상태를 놓칠 수밖에 없으며, 그 자체가 신뢰감과 적대감의 격렬한 충돌의 장이 된다는 점에서 한계가 있다. 정신분석학적 용어로 말하면, 이러한 한계는 유년기의 근본적인 갈등을 매번 새로운 상황에 전이시키려는 (특히 신경증 환자들의) 경향에서 비롯되는데 치료를 위한 상황조차 예외가 되지 않는다. 이를 가리켜 프로이트는 치료 과정 자체가 처음에는 "전이 신경증(transference neurosis)"이 된다고 말한 바 있다. 자신의 절망적인 갈등을 다른 것에 전이시키려는 환자는, 거리를 두고 그 상황을 보게 하거나 그것의 의미를 설명하려는 시도들에 대해 강한 거부감을 나타낸다. 환자는 치료에 **저항**을 한다. 환자는 그것을 다른 전쟁들을 끝내기 위한 새로운 전쟁으로 받아들이며 이전보다 더 깊은 혼란에 빠진다. 비(非)정신분석학적 치료는 이 시점에서 흔히 중단되고, 환자는 호전의 가능성이 없거나 낫고자 하는 의지가 없다고 간주되며 치료 과정에서 스스로 감당해야 할 의무를 이해하지 못하는 것으로 여겨지기도 한다. 그런데 치료를 위한 정신분석은 바로 여기에서 시작된다. 정신분석학은 낫고자 하는 소원을 신경증 환자가 치료 과정 내내 유지하기 힘들다는 사실과, 자신의 신뢰와 적대감을 치료 과정과 치료자에게 필연적으로 전이시킨다는 사실을 체계적으로 활용한다. 정신분석학은 그러한 "저항"을 인정하는 가운데 환자에 대한 정보를 얻는다.

말로 표현하는 성인들은 물론이고 놀이를 하는 아이들에게도 이러한 전이 현상은 단순한 표현이 한계에 부딪힐 때 나타난다. 즉, 너무나 강렬한 감정이 놀이의 재미를 꺾어버릴 때 아이들은 그 감정을 놀이 자체와 놀이 관찰자와의 관계에 그대로 쏟아낸다. 그것은 **놀이 붕괴**로 설명되는 상태, 즉 갑작스럽고 전면적으로 혹은 점진적으로 놀이가 불가능해지는 상태로 특징지어진다. 우리는 앤의 사례에서 놀이 붕괴를 목격했다. 내가 유인한 놀이 장면에 들어온 앤은 갑자기 어머니를 찾으며 장난감과 나를 내버려두고 뛰어나갔다. 마찬가지로 우리는 샘이 도미노 게임을 하다가 감당하기 힘든 감정의 덫에 걸리는 것도 보았다. 위의 두 사례에서 우리는 놀이 관찰을 부수적인 진단 도구로 사용했다. 이제 나는 또 다른 여아를 소개하려고 한다. 비록 이 아이는 진단만을 목적으로 찾아왔지만 놀이 붕괴가 극복되는 완전한 순환 과정을 보여주었고, 두려움에 휩싸인 자아가 놀이의 시작과 끝을 통해 통합 능력을 회복하는 훌륭한 예를 제공해주었다.

우리의 환자는 세 살 된 메리(Mary)이다. 갈색 머리의 메리는 다소 창백하지만 예쁘고 총명한 인상에 새침한 구석도 있었다. 하지만 일단 불안에 노출되면 아이는 고집이 세지고 갓난아기 같은 행동을 보이며 방에서 꼼짝도 하지 않는다고 했다. 요즘 들어 아이는 악몽이나 최근에 어울리기 시작한 놀이 집단에서의 갑작스러운 불안으로 표현의 목록이 더욱 풍부해졌다. 놀이 집단의 교사들은 물건을 들어 올리는 메리의 동작이 이상하며 자세도 경직되어 있다고 말했다. 또한 일상적인 휴식이나 화장실에 가는 일과 관련하여 불안이 증가하는 것 같다는 관찰도 덧붙였다. 이러한 사전 정보를 가지고 우리는 메리를 진료실로 오게 했다.

일반적으로 어머니들이 아이를 진료실에 데리고 올 때 벌어지는 상황을 간략하게 이야기해둘 필요가 있겠다. 아이는 스스로 원해서 오는 게 아니다. 그러나 자신의 증상을 고치고 싶다는 생각을 할 수 있을 정도라면 그런 아이들의 상태는 그리 나쁘다고 할 수 없다. 오히려 아이들은 낯선 사물들, 무엇보다도 낯선 사람들에 대해 불편함을 느낀다. 그래서 자기 자신이 아닌 이러한 사물들과 사람들을 우리가 어떻게 해주기를 바란다. 개중에는 자기 자신에게는 아무 문제가 없으며 부모에게 문제가 있다고 생각하는 아이들도 있다. 하지만 아이들은 아무 말도 하지 않는다. 설령 할 말이 있다고 해도 아이들로서는 우리를 신뢰할 아무런 이유가 없다. 다른 한편, 아이는 부모가 자기 자신에 대해 우리에게 무슨 이야기를 했는지 모른다. 우리도 부모들이 아이에게 우리에 대해 무슨 이야기를 했는지 알 수 없다. 부모들은 스스로 도움이 되기를 원하고, 실제로 아이에 대한 정보의 제공자로서 도움이 되기도 하지만 전적으로 신뢰하기는 힘들다. 왜냐하면 그들이 들려주는 이야기는 그들 자신을 정당화하려는 (또는 징벌하려는) 동기나 다른 누군가를 징벌하려는 (동시에 정당화하려는) 동기에 의해 왜곡되는 경우가 있기 때문이다.

당시 내 사무실은 어느 병원 내에 있었다. 메리의 부모는 아이에게 악몽을 왜 자꾸 꾸는지 알아보기 위해 병원에 가는 것이라고 이야기를 해두었다. 아이로서는 난생 처음 보는 사람에게 자신의 악몽에 대해 이야기를 해야 하는 상황이었다. 메리의 어머니는 이미 아이의 악몽과 관련하여 소아과 의사의 의견을 들었고, 메리는 이때 어머니와 의사가 편도선 절제술(소아의 편도선 비대는 상기도 폐쇄로 인한 코골이, 수면 장애, 악몽, 집중력 저하 등을 유발하는 것으로 알려져 있다-옮긴이)의 가능성에 대해 이야기를 나누는 것을 들었다. 때문에 나는 아이가 의학적인 목적으로 나를 만나는 것이 아님을 알아주기를 바랐다. 또한 우리가 만나는 목적을 들려주면서 내가 의사가 아니라는 것과 우리가 서로를 좀 더 잘 알기 위해 놀이를 함께 할 예정이라는 것을 아이에게 알려주고 싶었다. 이러한 설명만으로 아이들의 의심이 가라앉지는 않지만, 적어도 아이로 하여금 장난감에 관심을 보이며 무엇인가를 해보게 만들 수는 있다. 그리고 우리는 아이가 **무엇인가**를 할 때 우리의 표준화된 장난감 목록에서 아이가 어떤 것을 선택하고 어떤 것을 거부하는지 관찰할 수 있다. 우리의 다음 단계는 여기에서 관찰된 의미에 따라 진행된다.

진료실에 들어서는 메리는 어머니에게 딱 달라붙어 있었다. 악수를 청하는 나에게 아이가 내민 손은 차갑고 **뻣뻣했다.** 아이는 살짝 미소를 지은 뒤 다시 돌아서서 어머니의 다리를 붙잡고는 아직 열려 있는 문 앞에 가만히 서 있었다. 아이는 마치 숨바꼭질이라도 하듯 어머니의 치마에 얼굴을 파묻었다. 내가 앞으로 조금 다가서자 아이는 고개를 내밀며 반응을 보였지만 이번에는 눈을 감고 있었다. 아이는 마치 처음 만난 아저씨가 장난을 이해하는지 알아보려는 듯 잠깐 눈을 뜨며 웃음을 지어보였다. 아이의 이러한 반응은 어머니에게 매달리는 행동이 어느 정도는 연출된 것임을 보여주었다. 어머니는 아이로 하여금 장난감이 있는 쪽으로 시선을 돌리게 하려 했으나 메리는 다시 어머니의 치마에 얼굴을 묻으며 갓난아기 같은 목소리로 말했다. "엄마, 엄마, 엄마!" 그 모습을 지켜보면서 나는 메리가 웃음을 억지로 참고 있는 것이 아닐까 하는 생각도 들었다. 나는 기다려보기로 했다.

메리는 기다리지 않았다. 어머니에게 매달린 채 메리는 여자아이 인형 하나를 가리키며 아기 같은 말투로 떼를 썼다. "저거 뭐야, 저거 뭐야?" 어머니가 차분하게 인형이라고 설명을 해주자 메리는 그 말을 따라했다. "인형, 인형, 인형." 그리고는 어머니에게 인형의 신발을 벗겨 달라고 조르기 시작했다. 어머니는 메리에게 인형의 신발을 직접 벗겨보라고 말했지만 아이는 자신의 요구를 멈추지 않았다. 아이는 점점 떨리는 목소리로 금방이라도 울음을 터뜨릴 것 같았다.

어머니는 메리에게 미리 일러둔 대로 이제 자신은 밖에 나가서 기다려야 한다고 말했다. 나는 메리에게 어머니를 내보내도 되겠느냐고 물었고, 자신이 혼자 남겨지게 될 것임을 알면서도 아이는 반대를 하지 않았다. 나는 어머니가 아이의 손에 쥐어준 인형의 이름을 물어보면서 대화를 시도했다. 그런데 인형의 다리를 꼭 붙잡고 있던 메리가 갑자기 장난스러운 미소를 짓더니 인형의 머리로 방에 있는 물건들을 건드려보기 시작했다. 그러다 선반에 놓인 장난감 하나가 떨어지자 메리는 자신의 행동이 도를 넘은 것은 아닌지 확인하려는 듯 내 눈치를 살폈다. 내 미소에서 용인의 뜻을 알아챈 아이는 인형의 머리로 다른 장난감들을 건드려서 떨어뜨리기 시작했다. 아이는 점점 기분이 좋아졌다. 특히 방 한가운데에 있는 장난감 열차를 인형으로 찌르면서 아이는 큰 즐거움을 얻는 것 같았다. 아이는 흥분한 상태에서 장난감 기차의 객차들을 모두 뒤집어놓았다. 그런데 마지막으로 기관차를 뒤집은 아이가 갑자기 창백해졌다. 아이는 소파에 등을 기댄 채 복부에 인형을 수직으로 세워놓더니 잠시 후 바닥에 인형을 떨어뜨렸다. 아이는 인형을 집어 들어서 아랫배 부위에 세웠다가 다시 떨어뜨렸다. 같은 동작을 몇 차례 반복하더니 아이가 울먹이는 목소리로 말했다. "엄마. 엄마. 엄마."

방에 다시 들어온 어머니는 의사소통이 실패했다고 판단하고 메리에게 집에 가고 싶은지를 물었다. 나는 메리에게 돌아가도 좋으며 며칠 후 다시 왔으면 좋겠다고 말했다. 그새 얌전해진 아이는 어머니와 함께 방을 나서면서 문 밖의 내 비서에게 마치 즐거운 시간을 갖고 돌아가는 것처럼 밝은 목소리로 인사를 건넸다.

이상하게도 나 역시 비록 갑자기 중단되기는 했지만 의사소통이 꽤 성공적이었다는 느낌이 들었다. 아이들과 처음 마주할 때 꼭 말이 필요한 것은 아니다. 나는 메리의 행동이 대화의 좋은 출발점이 되었으며, 역공포를 드러낸 행동에 의해 아이의 문제가 무엇인지 충분히 전달받았다는 느낌이 들었다. 어머니가 불안한 표정으로 개입했다는 사실도 메리의 놀이 붕괴만큼이나 중요한 의미가 있었다. 어쩌면 그 두 가지가 함께 메리의 불안을 설명해주었다고 할 수도 있다. 그런데 아이의 감정 변화, 즉 갑작스러운 쾌활함과 공격성이 한순간에 억압과 불안으로 바뀌었다는 사실은 무엇을 뜻하는 것일까?

식별 가능한 양태상의 내용은 손이 아닌, 손의 연장(延長)으로서의 인형으로 물건을 **미는** 것과 바로 그 인형을 성기 부위에서 **떨어뜨리는** 것이었다.

손이 연장된 형태인 인형은 이를테면 다른 사물을 밀치는 도구였다. 이는 아이가 맨손으로는 물건을 만지거나 밀 엄두를 내지 못할 수도 있다는 점과, 아이가 물건을 만지거나 들어 올리는 동작이 독특하다는 유치원 교사들의 말을 떠올리게 했다. 팔다리의 전반적인 경직성과 함께 이것은 메리가 자신의 손을 공격의 도구로 경계하고 있을 가능성을 시사했다.

더 나아가 인형을 아랫배의 위치에서 강박적이고 반복적으로 떨어뜨리는 행동은 아이가 그 부위에서 공격의 도구이자 미는 도구를 상실했다고 여기고 있을 가능성을 시사했다. 여기에서 신경증적 발작과 유사한 메리의 상태를 지켜보면서 나는 이전에 관찰한 사례들을 떠올렸다. 성인 여성들의 심각한 히스테리 발작은 머릿속에서 가해자와 피해자 모두를 그리는 것으로 해석되어 왔다. 즉, 환자가 한 손으로 자신의 옷을 찢는 것은 가해자의 행동을, 다른 손으로 그 옷을 움켜잡는 것은 피해자인 자신을 지키려는 행동을 보여주는 것이다. 나는 메리의 발작이 그러한 성질을 띠고 있다는 인상을 받았다. 안절부절못하면서도 여러 차례에 걸쳐 집착하듯 인형을 떨어뜨림으로써 아이는 빼앗는 사람과 빼앗기는 사람의 역할을 모두 표현하려는 충동에 휩싸이는 것 같았다.

그렇다면 메리가 빼앗긴 것은 무엇일까? 여기에서 우리는 공격 도구로서의 인형과 아기로서의 인형 중 어느 쪽에 더 의미가 실려 있는지를 알아야 한다. 메리의 놀이에서 인형은 손의 연장된 형태이자 공격의 도구이며 극단적으로 불안한 상황 하에서 아랫배로부터 떨어져나간 어떤 것이었다. 메리는 남근을 그러한 공격의 무기로 여기면서 자신에게는 그것이 없다는 사실을 극적으로 표현한 것일까? 아이가 유치원에 다니기 시작하면서 남자아이들이 있는 자리에서 처음으로 화장실에 가게 되었다는 사실과, 아이가 화장실에 가면서 불안을 느끼는 것 같다는 어머니의 설명에 의하면 이는 개연성이 높았다.

내가 두 모녀에 대해 생각하고 있을 때 아이의 어머니가 다시 문을 두드렸다. 그녀는 차분해진 아이를 밖에서 잠시 기다리게 하고는 아이에 관해 한 가지 사실을 덧붙이기 위해 돌아온 것이다. 손가락을 여섯 개 가지고 태어난 메리는 생후 6개월에 수술을 받았고 아이의 왼손에는 수술의 흉터가 남아 있었다. 불안이 발작으로 나타나기 직전 메리는 그 흉터에 대해 집요하게 물었고 ("이거 왜 이래? 이거 왜 이래?") 그에 대해 "모기에 물린 자국"이라는 상투적인 대답만 들었을 뿐이다. 어머니는 이전에 어른들끼리 그 선천적 기형에 관한 이야기를 주고받을 때 아이가 그 자리에 있었을 가능성을 인정했다. 어머니는 메리가 최근 성적 호기심을 보이고 있다는 사실도 덧붙였다.

우리는 이제 손가락 하나가 제거된 손을 공격적으로 사용하는 것에 대해 아이가 불안을 느끼고 있으며 손의 흉터와 성기의 "흉터", 즉 잃어버린 손가락과 남근의 부재를 동일하게 여길 수도 있다는 사실을 이해할 수 있다. 그러한 연상은 유치원에서의 성차에 대한 관찰과 무서운 수술에 대한 질문을 병렬적으로 놓고 보게 해준다.

메리의 두 번째 방문을 앞두고 아이의 어머니가 추가적인 정보를 제공해주었다. 최근에 메리의 성적 호기심이 타격을 입은 일에 관한 것이었다. 지역 경제의 사정으로 실직의 위협을 느끼며 신경이 날카로워진 아버지가 여느 때처럼 욕실에 있는 자신을 보러 들어온 아이에게 버럭 화를 낸 것이다. 정확히 말하면 메리의 아버지는 아이를 욕실 밖으로 내쫓았다. 나중에 아이의 아버지가 털어놓기를 그는 아이에게 고성을 질렀다고 한다. "여기 들어오지 마!" 메리는 이전부터 아버지가 면도하는 모습을 지켜보기 좋아했으며 최근에는 (아버지로서는 다소 곤혹스럽게도) 그의 성기에 대해 질문을 하곤 했다. 이를테면 아이로서는 자신이 할 수 있는 일상적 행동을 반복하며 똑같은 질문을 거듭해서 던지는 것이 자신의 내적 안정감을 위한 필수적인 조건인 셈이었다. 그런 상황에서 아버지에 의해 욕실 밖으로 쫓겨나는 경험은 아이를 "비탄에 잠기게" 만들었다.

나는 또한 소아과 전문의가 메리의 수면 장애와 구취의 원인으로 편도선의 문제를 지목했으며, 메리가 있는 자리에서 어머니와 의사가 수술 여부에 대해 의견을 나누었다는 이야기도 전해 들었다. **수술**과 **분리**가 여기에서 공통분모—유아기의 손가락 수술, 앞으로 예상되는 편도선 수술, 남자아이를 여자아이로 만들어버리는 상상 속의 수술, 유치원에 다니면서 시작된 어머니로부터의 분리, 그리고 아버지로부터의 소외—가 되는 것 같았다. 최초의 놀이 관찰을 통해 놀이의 모든 요소들과 출생 이후 아이의 개인사가 한 곳에 수렴되는 곳에서 우리가 발견한 의미가 바로 그것이었다.

놀이 붕괴와 정반대의 개념이 놀이 포만(play satiation)이다. 이 상태의 아이는 "생생한" 꿈에서 깨어난 사람처럼 놀이로부터 새로운 활력을 얻는다. 드물긴 하지만 놀이 붕괴와 놀이 포만이 뚜렷하게 나타나는 경우도 있다. 물론 그러한 상태가 모호해서 자세한 관찰을 거쳐야만 확인이 되는 경우가 더 많다. 그런데 메리의 경우는 달랐다. 두 번째 방문에서 메리는 앞서 보여준 놀이 붕괴만큼이나 극적인 놀이 포만의 사례를 제공해주었다.

먼저 메리는 나에게 수줍은 미소를 지었다. 그리고는 다시 어머니에게 매달려 자신과 함께 어머니도 방에 있어야 한다고 고집을 부렸다. 하지만 이내 아이는 어머니의 손을 놓고 어머니와 나의 존재는 잊은 채 활발하게 그리고 분명한 목적과 지향을 가지고 놀기 시작했다. 나는 조용히 문을 닫고 아이의 어머니에게 앉으라는 손짓을 보냈다. 아이의 놀이를 방해하고 싶지 않았기 때문이다.

메리는 장난감들이 놓여 있는 구석자리로 가더니 나무토막 두 개를 집어서 바닥에 가지런히 놓았다. 그리고는 나무토막을 좀 더 집어서 마치 징검다리를 놓듯 배열하여 그 위를 밟고 다녔다. 이번에는 발이 연장된 놀이가 시작된 것이다. 잠시 후 메리는 방 한가운데에 나무토막들을 모아 놓고 무릎을 꿇은 채 장난감 암소를 위한 마구간을 짓기 시작했다. 아이는 약 15분 동안 장난감 암소의 크기에 꼭 맞는 직사각형의 마구간을 만드는 일에 완전히 몰두했다. 이어서 다섯 개의 나무토막을 마구간의 긴 쪽 면에 나란히 세운 다음 여섯 번째의 나무토막을 이리저리 붙여보면서 마음에 드는 자리를 찾기 위해 고심했다.(그림 10)

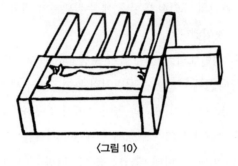

〈그림 10〉

　이번에는 안정된 모성적 보호의 특질을 지배적인 감정적 표지로 내비치며 아이는 평화롭게 놀이에 집중했다. 아무런 흥분 상태도 없이 아이는 만족스러운 표정으로 놀이를 마쳤다. 무엇인가를 만들었고 그것이 마음에 들었으며 그렇게 놀이가 끝난 것이다. 일어나면서 환한 미소를 짓는 아이의 표정에 갑자기 장난기가 비쳤다. 아이가 만든 마구간의 모양이 손가락이 여섯 개인 손을 닮았다는 사실에 너무 집중한 까닭에 나는 중요한 사실을 놓칠 뻔했다. 그 마구간은 여성적–보호적 배치인 "내포적" 양태를 표현하고 있었으며, 이는 흔히 여자아이들이 작은 사물들을 위해 배치하는 바구니와 상자 그리고 유아용 침대에 상응하는 것이었다. 나는 그것을 통해 우리가 두 가지의 회복을 볼 수 있다고 생각한다. 즉 자신이 만든 마구간을 통해 메리는 잃어버린 손가락을 다시 붙였으며, 여성적 특징을 보여주는 배치는 "성기 부위에서의 상실"이 잘못된 가정이었음을 보여준 것이다. 첫 시간의 놀이 붕괴를 통해 위협을 받고 있다고 여겨진 똑같은 신체 부위(손과 성기)와 관련해서, 두 번째의 놀이 관찰에서는 회복과 안전의 표현이 나타났다.
　앞에서 말한 것처럼 메리는 장난기가 가득한 표정으로 나를 바라보았다. 곧이어 아이는 소리를 내어 웃으며 문 밖으로 어머니의 손을 잡아끌었다. "엄마, 빨리 나와." 나는 잠시 기다렸다가 문 밖의 대기실을 내다보았다. 아이의 또랑또랑한 목소리가 들렸다. "아저씨는 거기 있어요!" 내가 작전상 후퇴를 하자 메리가 달려와 문을 세게 닫았다. 나는 두 차례 더 문을 빠끔히 열어보았지만 메리의 반응은 똑같았다. 메리가 나를 가둬놓은 셈이었다.

나는 메리의 새로운 놀이에 참여할 수밖에 없었다. 나는 문을 살짝 열고 장난감 암소를 문틈에 끼이게 해서 삑 소리가 나게 한 다음 다시 안으로 들여놓았다. 메리는 신이 나서 이 놀이를 몇 차례 더 하자고 했다. 나는 메리가 원하는 대로 해주었고 아이는 만족한 상태로 집에 돌아갈 준비를 했다. 대기실을 나서며 아이는 의기양양하게 그러나 다정한 표정으로 나를 바라보았다. 다시 오기로 약속을 하고 아이가 떠난 뒤 나에겐 조금 전에 벌어진 놀이를 이해하는 숙제가 남겨졌다.

첫 날 보여준 자기세계의 불안으로부터 메리는 미시적 세계의 만족으로 나아갔고 그것은 거시적 세계에서의 성공으로 이어졌다. 아이는 어머니를 내 공간에서 내보낸 다음 나를 안에 가두었다. 그 놀이의 내용은 어느 아저씨가 우스꽝스럽게 방에 갇히는 것이었다. 메리가 나에게 한 말은 놀이에서의 우월적 지위와 관련되어 있었고 그것은 결코 불분명한 표현이 아니었다. "아저씨는 거기 있어요!"는 아이가 내게 처음으로 건넨 말이었다! 내면의 그 무엇이 그 말을 자유롭게 내뱉을 수 있는 순간을 기다리기도 한 것처럼 아이는 분명하고 큰 목소리로 그 말을 했다. 그것의 의미는 과연 무엇이었을까?

나는 이 놀이가 "아버지에 대한 감정 전이"에 의해 완성되었다고 생각한다. 독자들은 첫 대면에서 아이가 나에게 다소간의 애교와 수줍은 호기심을 보이다가 이내 눈을 감아버린 일을 기억할 것이다. 아버지와의 놀이 관계를 교란시킨 갈등을 나(장난감을 가지고 있는 사람)에게 전이시켰다고 보면, 메리가 이 놀이에서 능동적인 지배("아저씨는 거기 있어요!")와 방향(밖에서 안으로)의 전도를 통해 자신이 집에서 수동적인 피해자가 된 상황("여기 들어오지 마!")을 되풀이했다는 해석이 충분히 가능하다.

어떤 이들은 어린 아이의 행동에 우리가 지나치게 복잡한 추론을 하고 있다고 생각할지도 모른다. 하지만 논리적 사고만으로는 이러한 문제를 다루기가 어렵다는 점을 이해할 필요가 있다. 실제로 아이가 놀이를 하며 의도적으로 그러한 행동을 한다는 것은 상상하기 힘들다. 그러한 행동을 식별하고 분석하기란 더욱 힘들다. 하지만 그런 일은 무의식적으로 일어난다. 여기에서 자아의 힘을 과소평가해서는 안 된다. 이는 어린 아이에게도 마찬가지이다.

위의 사례는 자발적인 놀이에서 나타나는 자기치료 경향을 설명하기 위해 제시되었다. 놀이 치료와 놀이 진단은 그러한 자기치료 과정을 체계적으로 이용해야 하기 때문이다. 그러한 과정은 아이가 스스로 문제를 극복하는 데 도움을 줄 수 있으며, 우리가 부모에게 조언을 해주는 데 도움을 줄 수도 있다. 이 과정이 실패로 돌아갈 경우 이 장에서 논의되지 않는 보다 복잡한 치료 방법(아동 정신분석*)이 동원되어야 한다. 아이가 조금 더 자라면 장시간의 대화가 놀이 관찰을 대신할 수 있다. 하지만 여기에서 나의 의도는 아이들이 결코 말로는 표현할 수 없는 문제를 단 몇 시간의 놀이로 우리에게 알려줄 수 있다는 사실을 보여주려는 것

---

* Anna Freud, *Psycho-Analytical Treatment of Children*, Imago Publishing Co, London, 1946.

이다. 훈련된 관찰자들은 수많은 자료를 토대로 몇 차례 아이의 놀이를 관찰하는 것만으로 어떤 자료가 그 아이의 사례에 해당되는지 알 수 있다. 메리의 경우, 우리가 알고 있는 상황에 국한한다면 아이의 놀이 붕괴와 놀이 포만은 과거와 미래, 그리고 실제와 상상 속의 사건들이 서로 뒤엉키며 위험을 가중시키고 있음을 강하게 시사해주었다. 두 번째 방문에서 아이는 그러한 문제들을 스스로 해결했다. 아이는 잃어버린 손가락을 복원했고 자신감을 찾았으며 자신의 여성성을 재확인했다. 그리고 성인 남자를 혼내주기까지 했다. 놀이에서 얻어진 그러한 평화는 부모의 새로운 통찰에 의해 유지되어야만 한다.

메리의 부모는 이어지는 권고들을 받아들였다. (그들 스스로 아이를 도울 방법을 찾기도 했다.) 흉터와 성기 그리고 예정된 수술에 대한 아이의 호기심에는 솔직한 대답이 요구되었다. 메리는 다른 아이들, 특히 남자 아이들을 집에 초대해서 함께 놀 기회도 필요했다. 편도선의 문제는 전문가의 결정이 필요했으며 이와 관련해서는 모든 내용이 아이에게도 숨김없이 설명되어야 했다. 악몽을 꾸는 아이를 깨워서 진정시키는 것은 현명한 방법이 아닌 것 같았다. 아이 스스로 악몽에 맞서 싸울 필요가 있었기 때문이다. 아이가 잠에서 깼을 때 아이를 안아주며 달래줄 기회는 충분히 있었다. 아이에게는 많은 활동이 요구되었다. 최초의 원인이 무엇이든 팔다리의 경직된 움직임은 아이가 손가락의 상실에 대해 처음 들은 이후 악화되었는데 이는 리듬에 맞춘 운동에 의해 이완될 것으로 기대되었다.

몇 주 후 다시 찾아온 메리는 아주 편안해 보였으며 또렷하고 큰 목소리로 내가 휴가 기간에 탄 기차의 색깔을 물었다. 독자들은 아이가 처음 왔을 때 장난감 기관차를 뒤집은 일을 기억할 것이다. 이제 아이는 기차에 대해 이야기할 수 있었다. 편도선 절제 수술은 불필요하다는 최종적인 결론이 내려졌으며 악몽은 더 이상 아이를 괴롭히지 않았다. 아이는 새로운 친구들과 집 안팎에서 자유롭게 놀기 시작했다. 아버지와의 놀이 관계도 회복되었다. 아버지는 번쩍거리는 기관차가 아이의 관심을 온통 사로잡고 있다는 사실을 직관적으로 알아차리고 그것을 최대한 활용했다. 아버지는 기차역에 아이를 정기적으로 데리고 다니며 함께 거대한 기관차들을 구경했다.

이러한 임상 사례에 깊이 스며있는 상징성이 여기에서 새로운 차원을 얻게 된다. 놀이 붕괴의 절망 속에서 그 장난감 기관차는 분명히 남근기적 이동 불안과 관련하여 부정적인 의미를 지니고 있었다. 그것을 뒤집었을 때 아이는 틀림없이 우리가 앞에서 관찰한 앤의 경우처럼 "아담아, 네가 어디 있느냐?"라는 목소리를 듣는 듯한 낯선 두려움을 경험했을 것이다. 당시 메리와 아버지의 놀이 관계는 붕괴되어 있었고 그 배경에는 일자리를 잃을지도 모른다는 아버지의 불안이 있었다. 하지만 아이는 (그런 사정을 알 수 없었기 때문에) 그 일을 자신의 성숙해진 상태와 지위의 변화 때문으로 이해한 것 같다. 물론 아이의 반응은 아버지의 행동에 담긴 무의식적인 의미와 무관하지는 않았다. 지위의 상실에 대한 불안은 더욱 엄격한 자기 통제와 자기 정화에 의지하려는 무의식적인 노력으로 이어지는 경우가 있기 때문이다. 나는 바로 이것이 아버지로 하여금 어린 딸의 호기심에 민감한 반응을 보이게 했고, 그럼으로써 이미 불안에 노출된 영역에 있는 아이에게 상처와 두려움을 주었다고 믿는다. 분리에 대한 두려움으로부터 예전의 놀이 관계로 돌아가기 위한 아이의 노력이 놀이를 통해 압축되어 나타난 것도 바로 이 영역이다. 이처럼 놀이의 붕괴는 아이들의 삶에 영향을 끼치는 것은 물론 부모의 개인적, 경제적 위기까지 반영을 한다.

메리의 놀이나 거기에서 얻어진 통찰이 아버지의 경제적 불안을 덜어주지는 못했다. 하지만 자신의 불안이 딸에게 미치는 영향을 깨달은 순간 아버지는 장기적인 관점에서 자신의 직업적 지위보다 딸의 불안이 훨씬 큰 문제라는 사실을 인식했다. 다행히도 아이의 실제 발달 과정에서 아버지가 염려한 일은 일어나지 않았다.

딸을 기차역에 데리고 가기로 한 아버지의 생각은 적절했다. 진짜 기관차는 이제 아버지와 딸이 공유하는 힘의 상징이자 아이가 장차 성인으로 살아갈 세상의 물리적 표상이 되었기 때문이다.

치료를 위한 만남의 마지막 단계에서 부모는 성인 환자들이 스스로 얻어야 하는 것을 지니고 있어야 하는데, 그것은 곧 당대의 문화를 지배하는 힘과 표상을 재배치하고 그것으로부터 정체감을 키우는 것이다.

그리고 여기에서 우리는 정체성이라는 것에 대한 더 나은 정의와 설명에 도달하기 위해 노력해야 한다.


## 3. 정체성의 시초

### A. 놀이와 사회적 환경

아이의 신체적 자아와 부모에 대한 관념이 문화적 함의와 결합되는 시기에 처음 나타나는 정체감은 유년기의 단계들을 서로 연결시켜준다. 그것은 또한 다양한 사회적 역할이 점차 강압적인 성격을 띠게 되는 초기 성인기로의 가교를 놓아주기도 한다. 우리는 정체성을 향해 나아가는 유아기의 단계들과, 정체성의 공고화를 가로막는 문화적 장애물을 살펴봄으로써 이 과정을 보다 명확하게 이해하기 위해 노력할 것이다.

주변 사람들의 반응은 저마다 다르겠지만 자신이 걸을 수 있다는 사실을 알게 된 아이는 순전히 걷는 동작의 기능적 쾌락을 위해, 그리고 새로 익힌 기능을 좀 더 완벽하게 수행하고자 하는 욕구에 의해 그 동작을 반복하려는 충동을 느끼는 것 같다. 동시에 그것은 자신의 새로워진 상태와 "걸을 수 있는 아이"라는 주위의 평가를 의식하게 된 아이가 자신이 속한 문화의 함의에 따라 행동하는 것이기도 하다. 각각의 문화에서 "걸을 수 있는 아이"는 "상당한 거리를 걸을 수 있는 아이"를 뜻할 수도, "혼자 일어설 수 있는 아이" 또는 "멀리 가버릴 수도 있으니 잘 살펴보아야 할 아이"라는 함의를 가질 수도 있다. 자신이 속한 문화에서 "걸을 수 있는 아이"의 특정한 의미를 내면화하는 것은 아동 발달의 많은 단계들 가운데 하나이다. 또한 그것은 신체적 숙련과 문화적 의미를, 그리고 기능적 쾌락과 사회적 인정을 동시에 경험함으로써 발달의 매 단계에서 보다 현실적인 자존감을 얻는 데 기여하기도 한다. 이 자존감은 실재하는 미래를 향해 자신이 효과적인 단계들을 학습하고 있다는 확신과, 사회적 현실 안에서 자신이 독립적인 자아로 존재한다는 인식으로 발전한다. 성장하는 아이는 매 단계에서 경험을 지배하는 자신만의 방식(자아 통합)이 집단적 정체성에 성공적으로 편입되어 있으며 그것이 자신이 속한 문화와 생애 계획에도 부합한다는 인식으로부터 생생한 현실 감각을 얻어야만 한다.

이 과정에서 아이들은 건성으로 하는 칭찬과 격려에 속지 않는다. 자존감에 대한 작위적인 지지를 일시적으로는 받아들일지 모르지만 아이의 자아정체성은 진정한 성취, 즉 문화적으로 의미가 있는 성취에 주어지는 일관되고 진심이 담긴 인정을 구별할 수 있으며 오로지 그것으로부터만 힘을 얻는다. 우리는 인디언의 교육 문제를 다루며 이것을 이야기하려 했거니와 아래의 진술에서 보다 명쾌한 설명을 들을 수 있을 것 같다.*

루스 언더힐(Ruth Underhill) 박사가 애리조나 주의 파파고(Papago) 부족 노인들과 자리를 함께했을 때의 일을 나에게 들려주었다. 그 집의 주인이 세 살 된 손녀에게 문을 닫으라고 시켰다. 문은 무거워서 잘 닫히지 않았다. 아이는 용을 썼지만 문은 꿈쩍도 하지 않았다. 할아버지는 몇 차례 되풀이해서 말했다. "그렇지, 어서 닫아." 누구도 아이를 도와주기 위해 일어나지 않았다. 누구도 아이에게 맡겨진 일을 대신해주지 않았다. 반면에 조바심을 내는 사람도 없었다. 노인들은 끝까지 조용히 앉아서 기다렸고 마침내 문을 닫는 데 성공한 아이에게 할아버지는 무덤덤하게 고맙다고 말했다. 좌중의 분위기는 아이가 할 수 없는 일이었다면 처음부터 맡겨지지 않았을 것이고, 일단 맡겨진 일은 어른과 마찬가지로 온전히 그 아이가 해내야 한다는 것이었다.

그와 같은 아동 훈련의 핵심은 유아기부터 아이가 책임 있는 사회적 참여를 하도록 끊임없이 조건화되며 아이에게 요구되는 과제가 아이의 능력에 맞게 조절된다는 것이다. 이는 우리 사회와 크게 대조가 된다. 아이는 우리의 산업 사회에 노동으로 기여하는 것이 없다. 아이가 하는 일은 아이 자신의 힘이나 기술을 기준으로 평가되지 않고 고도의 산업적 요건을 기준으로 평가된다. 어른의 기준으로 볼 때 아이가 어떤 과업을 잘 수행했느냐와 관계없이

---

* Ruth Benedict, "Continuities and Discontinuities in Cultural Conditioning", *Psychiatry*, I: 161-167, 1938.

아이는 그저 부모가 기분이 좋기 때문에 칭찬을 받을 뿐이고 아이에게는 자신의 성취를 평가할 수 있는 합리적인 기준이 주어지지 않는다. 어린 아들이 처음으로 잡아온 눈방울새(snowbird)로 잔치를 벌이는 샤이엔(Cheyenne) 인디언 가족의 진지함은 우리의 행동과는 전혀 다르다. 소년은 태어나자마자 장난감 활과 화살을 선물로 받으며, 그때부터 자신의 몸집에 꼭 맞는 크기로 가족 중 누군가가 만들어준 활과 화살을 들고 온 사방을 뛰어다닌다. 가장 쉽게 잡을 수 있는 것부터 등급이 매겨져 있는 들짐승과 새들이 아이의 의식에 들어오고, 가족들은 동물의 종류별로 제일 처음 잡은 사냥감을 들고 집에 돌아온 아이를 마치 버펄로를 잡아온 아버지를 대하듯 격식을 갖춰 대하며 잔치를 치른다. 아이가 마침내 버펄로를 잡으면 그것은 유년기 조건화 과정의 마지막 단계일 뿐 유년기의 경험과 줄곧 거리가 있었던 성인기의 새로운 역할을 의미하는 것은 아니다.

우리의 문화에서 주장되는 놀이에 관한 이론들은 놀이가 일이 아니라는 가정을 토대로 하고 있는데, 우리가 아이들을 정체감의 원천으로부터 배제시킬 때 명분으로 삼는 많은 편견들 가운데에는 이러한 이론들도 포함되어 있다.

하지만 원시 부족들의 경우 문제는 달라진다. 그들의 문화는 폐쇄적이다. 그들에게 인간의 표상은 유록족과 수족의 경우처럼 제한된 영역의 환경에서 강인하거나 정결한 모습으로 존재하는 것이 전부이다. 반면에 우리의 문명에서 인간의 표상은 확장되는 특징을 가지고 있다. 하나의 실체로 발달한 문명은 수많은 사람들을 지역, 국가, 대륙 그리고 계층으로 묶는 경향이 있다. 이와 같이 포괄적인 실체에 토대를 두고 있는 국가와 사회의 형성 과정에서 새로운 경제적, 정서적 통합이 추구된다.

원시 부족은 자원과 생산 수단에 직접적으로 관계를 맺는다. 그들의 기술은 인간 신체의 확장이며 그들의 주술은 신체에 대한 관념의 투사이다. 이러한 집단에서 아이들에게는 기술적, 주술적 활동에 함께 참여할 기회가 주어진다. 신체와 환경, 그리고 유년기와 문화는 위험으로 가득 차 있을 수도 있지만 그 모든 것은 하나의 세계를 이루고 있다. 이 세계는 좁을지언정 문화적으로는 집단과 개인이 연결되어 있다. 이에 반해 문명의 확장성 그리고 계층화와 전문화는 아이들로 하여금 그들이 관련되어 있는 부분 이외의 것들을 자아 통합의 과정으로 끌어들이는 것을 불가능하게 만든다. 역사라는 것 자체가 일시적으로 적응해야 할 환경에 불과한 것이 되고 말았다. 인간은 기계를 자신의 생리학적 기능이 확장된 형태이자 도구로 남겨두는 대신에 스스로 기계의 연장이 되는 운명에 처해 있다. 그리고 어떤 면에서 유년기는 별개의 신화를 가지고 있는 인생의 분리된 부분이 되었다.

신경증에 대한 오늘날의 연구들은 아동 양육과 사회 현실 사이의 괴리가 갖는 중요성에 주목하고 있다. 신경증은 보다 동질적인 과거의 개념으로 이질적인 현재에 적응하려는 무의식적이고 일상적인 시도들을 포함하고 있다는 사실을 우리는 알고 있다. 그런데 한때 진화상의 적응, 부족의 통합, 사회 체제의 지속, 국민적 통합 등에 도움이 되었던 적응의 기제들이 현대 산업 사회에서는 그 역할을 잃고 있는 것이다.

그렇다면 문제를 안고 있는 아이들이 놀이에서 뛰쳐나와 지속적으로 우리의 세계를 "위협"하는 것처럼 보이는 해로운 행동을 한다는 것도 그리 놀랄 일이 아니다. 아이들은 그러한 행동을 통해 자신에게 정체성을 찾을 권리가 있다는 점을 보여주려는 것이다. 그들은 "어린아이"라고 불리는 별종이 되기를 거부한다. 그것은 커다란 세상을 마주하는 작은 파트너가 될 기회를 얻지 못한 채 어른 흉내를 내야 하는 것을 뜻하기 때문이다.

## B. 폭격수의 아들

제2차 세계대전이 벌어지는 동안 내 이웃에 사는 다섯 살짜리 소년은 "엄마 아들"에서 고집이 세고 폭력적이며 반항적인 아이가 되는 성격 변화를 겪었다. 가장 걱정스러운 증상은 방화를 하려는 충동이었다.

아이의 부모는 전쟁이 일어나기 전 별거에 들어갔다. 어머니는 아이를 데리고 여자들만 있는 외가 친척 집으로 들어갔고, 아버지는 전쟁이 터지자 공군에 입대했다. 친척들은 아이의 아버지에 대해 자주 험담을 하는 한편 아이를 응석받이로 키웠다. 결과적으로는 아버지의 아들이 되는 것보다 엄마 아들이 되는 것이 강한 정체성을 얻는 데에는 위협 요인이 되었다.

그런데 전쟁에서 잘 싸운 아버지는 영웅이 되었다. 아버지가 첫 휴가를 나왔을 때 아이는 친척들이 절대로 닮지 말라고 하던 그 사람이 이웃의 찬사와 관심을 한 몸에 받는 것을 보았다. 어머니는 아버지와의 이혼 계획을 취소하겠다고 선언했다. 다시 전쟁터로 돌아간 아버지는 독일 지역에서 전사했다.

정이 많고 의존적이던 아이는 아버지가 전사한 후 점점 파괴적이고 반항적인 모습을 보이더니 마침내 불을 지르기까지 했다. 그런데 매질을 하는 어머니에게 대드는 아이의 모습에서 해결의 실마리가 보였다. 자신이 불을 붙인 장작더미를 가리키며 아이는 어머니에게 (여기에 옮기는 글보다는 훨씬 어린아이다운 표현으로) 소리를 질렀다. "저게 독일 도시라면 엄마는 나한테 칭찬을 할 거잖아요!" 불을 지르면서 아이는 휴가를 나온 아버지로부터 들은 이야기를 떠올리며 폭격수가 되는 상상을 한 것이다.

우리는 아이가 가지고 있던 불안의 성격을 추측할 따름이다. 하지만 나는 아버지에 대한 아이의 동일시를 여기에서 확인할 수 있다고 믿는다. 그것은 오이디푸스 연령대(oedipus age, 프로이트는 오이디푸스 콤플렉스가 남근기, 즉 3세에서 7세 사이에 나타난다고 보았다—옮긴이)가 거의 끝나갈 시기의 점증하던 갈등에서 비롯된 것이었다. 그때까지 "착한" 아이에 의해 대체되었던 아버지가 갑자기 새로운 이상형이자 강력한 위협, 즉 어머니의 사랑에 대한 경쟁자로 등장했다. 그리고 아버지는 아이가 가지고 있던 기존의 여성적 동일시를 순식간에 보잘것없는 것으로 만들었다. 아이는 성적, 사회적 방향 상실로부터 스스로를 구하기 위해 짧은 시간 내에 기존의 동일시를 재편해야만 했는데, 그때 아버지가 적군에 의해 죽임을 당한 것이다. 이는 아버지에 대해 경쟁의식을 가지고 있던 아이에게 죄책감을 갖게 했고 새롭게 얻은 남성적 진취성에 손상을 입은 아이는 결국 부적응 상태에 빠지게 되었다.

아이들은 실제와 허구의 인물을 가리지 않고 그들의 습관, 특성, 직업, 그리고 이상을 실험적으로 동일시해볼 많은 기회를 갖는다. 상황에 따라서는 아이에게 선택이 강요되기도 한다. 하지만 아이가 살고 있는 특정한 시대가 제공해줄 수 있는 유의미한 동일시 모델의 수는 제한되어 있다. 또한 그 모델들의 유용성은 그것들이 아이의 성숙 단계와 자아 통합에 필요한 것들을 충족시켜주는 방식에 따라 달라진다.

내 이웃 꼬마에게 폭격수의 역할이란 막 싹이 튼 정체성을 구성하는 다양한 요소들의 통합을 의미하는 것이었는지도 모른다. 그 요소들은 아이의 (활발한) 기질, (남근기-요도기-보행 이동성의) 성숙 단계, (오이디푸스 연령대의) 심리사회적 발달 단계, 당대의 사회적 상황, (근육과 운동) 능력, (훌륭한 시민이라기보다는 영웅적인 군인인) 아버지의 기질 그리고 그 시점의 동일시 모델(공격적인 영웅)로 이루어져 있었다. 그러한 통합이 성공적으로 이루어지면 기질과 학습의 상호작용으로 아이는 놀라운 성장과 예상치 못한 성취를 이뤄낼 수도 있다. 반대로 그러한 통합의 실패는 심각한 부조화 상태로 이어져 종종 불손한 태도와 예상치 못한 비행으로 표출될 수 있다. 정체감 형성과 자아 통합의 다음 단계로 넘어가는 데 필요한 표현 방법들이 주위 환경에 의해 완전히 박탈당했다고 느낄 때 아이는 마치 궁지에 몰린 짐승처럼 자신의 정체감을 지키기 위해 필사적으로 저항한다. 사실 인간 실존의 정글에서 자아정체감이 없이는 살아있다는 느낌도 없다. 정체성의 박탈은 심지어 살인을 부를 수도 있다.

만일 우리의 해석과 일치하는 해결책을 증거로 보지 못했다면 나는 이 어린 폭격수의 갈등에 대해 추측해볼 엄두조차 내지 못했을 것이다. 아이의 위험 행동이 잦아들었을 때 나는 아이가 자전거를 타고 내리막길을 달리는 모습을 우연히 목격했다. 아이는 길에 서 있는 아이들을 혼비백산하게 만들었지만 그들을 요리조리 날렵하게 피해가며 누구도 다치게 하지 않았다. 아이들은 비명을 지르면서도 웃음을 보였고 어떤 면에서는 그의 날렵함에 감탄을 하는 눈치였다. 줄곧 이상한 소리를 내며 내리막을 달리는 아이를 지켜보면서 나는 아이가 스스로를 폭격 임무를 띠고 적지의 상공을 비행하는 폭격기로 상상하고 있음을 알아챘다. 하지만 동시에 아이는 놀이 속에서 정교한 운동 능력을 발휘했고 공격성을 표출하면서도 신중함을 잃지 않았으며 친구들로부터 자전거 타기의 실력자로 인정을 받기까지 했다.

이러한 사례에서 우리는 놀이를 통해 나타나는 자아 통합의 힘을 치료적 관점에서 포착해야 한다는 것을 배우게 된다. 이와 더불어 우리는 절망적으로 보이는 많은 증상들이 실제로는 정체성 발달 과정상의 어느 특정 단계에 대한 아이의 방어 수단임을 이해해야만 한다. 아이에게는 그것이 삶의 모든 영역에서 일어나는 급격한 변화에 대한 통합의 방식이기 때문이다. 관찰자의 눈에는 그저 벌거벗은 본능의 강렬한 표출로 보이는 것이 아이로서는 자신이 아는 유일한 방식으로 통합과 승화를 할 수 있도록 허락해 달라는 절박한 탄원인 셈이다. 따라서 우리는 어린 환자들이 정체성의 성공적인 확립을 위해 그들에게 필수적인 것들을 제공해주는 치료적 수단에만 반응을 보일 것임을 충분히 예상할 수 있다. 도움과 치료를 통해 우리는 덜 바람직한 것을 더 바람직한 것으로 대체하기 위해 노력해 볼 수는 있겠지만 발달 과정에서 정체감을 이루는 요소들의 전반적인 조합은 불가변성을 지닌다. 때문에 문화가 정체성의 기본 토대와 이후의 적응을 위한 기회를 제공해주지 않는 곳에서는 전문가들의 도움과 치료도 실패할 수밖에 없다.

우리의 꼬마 폭격수는 일반적인 사실을 설명해준다. 심리사회적 정체성은 모든 동일시 과정을 점진적으로 통합하면서 발달한다. 하지만 여기에서 전체는 부분의 합과 다른 특질을 갖는다. 정상적인 환경이라면 아이들은 생애 초기에 독립적인 정체성의 핵을 갖추고 경우에 따라서는 그것을 지키기 위해 부모에 대한 과잉 동일시에 맞설 때도 있다. 하지만 이러한 과정을 신경증 환자들에게서는 찾아보기 힘들다. 그들의 자아가 이미 과잉 동일시의 먹이가 되어 막 움트는 정체성과 사회적 환경 모두로부터 고립되어 있기 때문이다.

## C. 흑인의 정체성

그런데 만일 "사회적 환경" 자체가 정체성을 영원히 상실한 채 살아 가도록 만들어져 있다면 어떻게 될까?

예를 들어 미국의 흑인 아동이 정체성의 연속성을 가질 가능성을 살펴보자. 여기에 백인 아이들처럼 매일 밤 레드 라이더(Red Rider, 만화를 원작으로 1942년부터 3년 간 라디오로 방송되었으며 후에 영화와 TV 시리즈로도 제작된 서부극의 제목이자 주인공인 백인 카우보이의 이름—옮긴이)를 듣는 흑인 소년이 하나 있다. 아이는 침대에 앉아 자신이 레드 라이더가 되는 상상을 한다. 상상 속에서 복면을 한 악당들을 쫓아 말을 달리던 아이는 불현듯 자신이 흑인이라는 사실을 깨닫는다. 아이의 공상은 여기에서 중단된다. 비록 어리지만 자신의 기쁨과 슬픔을 곧잘 표현하던 아이가 이제 미소만 지으며 말이 적어진다. 아이는 감정적으로도 무뎌진다. 백인들은 그런 아이를 좋아한다.

움직이고 웃고 말하고 노래하는 모습에서 분명히 드러나듯 흑인 유아들은 구강과 다른 기관이 제공해줄 수 있는 감각적 만족감을 유아기에 차고 넘치도록 얻는다. 지난 시절 봉건적인 남부에서의 착취는 이러한 그들의 구강기적 특징을 철저히 이용하면서 노예로서의 정체성, 즉 온순하고 의존적이며 다소 불만이 있더라도 기본적인 감정이입 능력과 어린아이 수준의 지혜를 갖추고 항상 복종할 준비가 되어 있는 태도를 이끌어냈다. 그런데 그 밑바닥에서는 위험한 균열이 일어났다. 먼저 흑인들은 자신들을 지배하는 인종에 대한 동일시를 피할 수가 없었다. 백인들 역시 자신들이 열등하다고 여기는 (그리고 자신들의 유모가 배출되는) 인종에게서 풍기는 육감적인 유혹으로부터 자신들의 정체성을 지켜야 할 필요성을 느꼈다. 이것이 두 인종 모두에게 희고 깨끗하고 똑똑한 백인, 그리고 검고 더럽고 우둔한 흑인이라는 관념을 만들어냈다. 흑인 작가들의 자서전에서 종종 확인되듯 이것은 특히 남부의 초라한 안식처를 떠난 흑인들이 자녀들에게 가혹할 정도로 청결―마치 몸을 깨끗하게 씻으면 좀 더 백인에 가까운 정체성이 얻어지기라도 할 것처럼―을 강조하는 것으로 이어졌다. 이에 수반하는 환멸감이 남근기적 보행 이동성 단계를 관통하면서, 피부색에 대한 내적 갈등은 원초적인 자기애적(narcissistic) 관능이 성기 부위로 자연스럽게 옮겨가는 것을 방해했다. 이 과정에서 세 가지의 정체성―1) 구강 감각적(oral-sensual)인 "귀여운 아가" 2) 불결하고 항문 가학적(anal-sadistic)이며 남근 폭력적인 "검둥이" 3) 깨끗하고 차분하며 항문 강박적(anal-compulsive)이고 친절한 "백인 소유의 흑인"―이 형성된다.

남부에서 다른 지역으로 이주한 흑인들에게 주어지는 "기회"라는 것도 사실은 또 하나의 교묘한 감옥에 불과하다는 사실이 드러나는데, 이는 그때까지 사회적으로 인정을 받아온 유일한 정체성(노예로서의)을 위협하면서도 다른 정체성의 요소들을 재구성하는 것은 허락하지 않기 때문이다. 그러한 요소들은 연예 산업에 의해 인종적 희화화의 형태로 끝없이 되풀이되며 고착된다. 자신이 희화화되는 것에 지친 흑인은 심기증적(hypochondriac) 허약 상태에 빠지게 되며, 이는 남부의 속박 상태에서 가지고 있던 의존성이나 상대적인 안전함과 유사한 성격을 띤다. 요컨대 흑인들은 노예로서 가지고 있던 이전의 자아정체성으로 신경증적 퇴행을 겪는 것이다.

앞에서 나는 흑인이 거의 거주하지 않는 지역에서 혼혈 인디언들이 순혈인 동족들을 "검둥이"라고 부른다는 사실을 언급했다. 이는 그들이 나름의 표준을 가지고 이상적인 것과 나쁜 것을 구분하기 위해 국가 내에서 지배적으로 통용되는 이미지의 힘을 차용한 예이다. 어떤 개인도 이러한 이미지의 양자택일에서 벗어날 수 없다. 그것은 특정한 국가 또는 문화 집단 내의 모든 남녀, 다수 집단과 소수 집단 그리고 모든 계층에 퍼져 있다. 정신분석학은 침해받은 (거세된) 몸, 인종적 외집단 그리고 착취당하는 소수 집단이 개인의 무의식 속에 있는 열등한 정체성 (부정적 동일시를 일으키는 모든 것의 조합, 즉 어떤 대상을 닮고 싶지 않다는 소망)을 구성하고 있다는 사실을 보여준다. 따라서 자신의 남성다움을 과시하는 백인 남자라면 그의 꿈과 선입견을 통해 여성적인 감정, 흑인의 순종적 태도 또는 유대인의 지성을 노출하는 것을 극히 두려워할 수도 있다. 자아는 다양한 요소들을 통합하는 과정에서 먼저 가장 강력한 (이를테면 최종적인 경쟁 상대인) 악과 이상의 원형을 확립하려고 노력한다. 이어서 무수히 많은 갈등들을 하나의 전투와 하나의 전략 안에 모으기 위해 단순한 양자택일의 틀에 우월한 것과 열등한 것, 좋은 것과 나쁜 것, 남성적인 것과 여성적인 것, 자유인의 것과 노예의 것, 강한 것과 약한 것, 아름다운 것과 추한 것, 빠른 것과 느린 것, 큰 것과 작은 것이라는 대조적인 이미지들을 집어넣는다.

아이들은 흑인들이 때가 많이 묻어서 검어진 것이라 생각할 수 있는 반면에, 흑인들은 백인을 흑인의 표백된 형태로 여길 수도 있다. 어느 쪽이든 거기에는 씻어낼 수 있는 층(layer)이 있다는 생각이 깔려 있다.

모든 인간은 처음에는 흑인이었다가 나중에 백인으로 바뀌었다. 주님의 천사가 내려와서 사람들에게 네 번째 금요일 달이 뜨기 전 요르단 강에서 목욕을 하라고 일러주었다. 천사는 그리 하면 피부가 하얘지고 머리카락이 곧게

펴질 것이라고 설명했다. 천사는 거듭 강조했지만 어리석은 검둥이들은 귀담아 듣지 않았다. 천사는 검둥이들에게 아무것도 가르칠 수가 없었다. 네 번째 금요일이 되자 아주 적은 수의 사람들이 강물에 들어가 몸을 문지르기 시작했다. 강의 수위는 아주 낮았다. 미시시피 강을 생각해서는 안 된다. 요르단 강은 작은 실개천이나 다름없으니까. 검둥이들은 강가에 앉아 낄낄거리며 몸을 씻는 사람들을 구경했다. 비웃기만 한 게 아니라 욕지거리도 했다. 검둥이들이 얼마나 많이 구경을 나왔는지 빅스버그에 서커스단이 들어왔을 때보다도 더 많았다.

강물에 들어가 있는 사람들은 계속해서 몸을 문지르고 머리를 감았다. 그리니 할머니(Grinny Granny)—모든 검둥이들의 증조할머니—는 온종일 통나무에 걸터앉아 치즈와 크래커를 먹으며 검둥이들이 몸을 씻는 모습을 구경하고 있었다. 첫 어둠이 내릴 무렵 할머니가 벌떡 일어나 손뼉을 마주쳤다. "맙소사! 저 검둥이들이 하얘지고 있어!" 할머니는 머리에 두른 스카프를 집어던지고 머리를 감기 위해 강으로 뛰어 들어갔다. 다른 모든 검둥이들도 앞다퉈 강으로 뛰어들었다. 하지만 강에는 손바닥과 발바닥을 적실 정도의 물밖에 남아 있지 않았다. 오늘날 검둥이들이 하얀 손바닥과 발바닥을 가지고 있는 것은 이때의 일에 연유한다.[*]

이와 같은 설화는 (백인과 흑인이 똑같이 가지고 있는) 인종적 편견과 (심층적으로 남녀 모두가 가지고 있는) 성적 편견의 공통 요소를 담고 있는데, 그것이 피부색이든 아니면 성기의 형태이든 그 차이는 부주의 또는 처

---

[*] Members of the Federal Writers' Projects, *Phrases of the People*, The Viking Press, New York, 1937.

벌의 형태로 그것을 덜 가진 사람들이 자초한 것으로 여겨지며 거리낌 없이 그들의 오점으로 간주된다.

물론 흑인들은 많은 미국 내 소수 집단들 중에서도 전통의 압력과 기회의 제한에 의해 그들의 열등한 정체성 요소들을 동일시하도록 강요받는 대표적인 집단이라고 할 수 있다. 이는 흑인들이 미국인으로서의 정체성에 참여하는 것을 위협하기도 한다.

한 개인의 자아 속에 있는 시공간은 자신의 몸에 대한 이미지는 물론이고 유년기의 사회적 환경과 그 속에 있는 함의를 고스란히 보존하고 있다. 이 두 가지를 연구하기 위해서는 환자의 유년기와 함께, 앵글로 색슨족의 문화적 정체성이 미국식으로 천천히 통합된 원형으로서의 지역(동부), "쇠락하는" 지역(남부) 그리고 "발전하는" 지역(서부와 북부 접경) 중 환자 가족의 거주지가 어디인지를 살펴보고 그들이 어디에서부터 어디를 거쳐 그곳에 정착하게 되었는지를 알아볼 필요가 있다. 계급적 함의가 담겨 있는 가족의 개종이나 일탈, 그리고 계층 상승을 위한 노력의 실패 또는 그러한 계급적 지위의 상실이나 포기 등도 살펴보아야 한다. 현재의 문화적 정체감을 형성한 가족의 역사는 이 중 가장 중요한 요소라고 할 수 있다.

성공적으로 자율성(다음 장에서 다루는 발달단계상 두 번째 단계의 심리사회적 과제—옮긴이)의 단계를 지나 미국인의 유년기에서 가장 중요한 단계인 주도성과 근면성(발달단계상 각각 3~5세, 6~11세에 해당하는 시기의 심리사회적 과제—옮긴이)의 단계로 접어드는 소수 집단의 아이들 앞에는 여러 위험들이 기다리고 있다. 앞에서 지적했듯이 미국화가 덜 된 소수 집단들은 유년기 초기의 감각적 쾌락을 상대적으로 더 많이 누린다. 그런데 소수 집단의 어머니들이 자신감을 잃고 불확실하지만 지배적인 백인들의 원형을 따르기 위해 갑작스러운 단절을 선택할 때 위기가 찾아온다. 이는 아이들이 미국적인 성격을 형성하는 데 어머니의 감각적인 과보호가 방해 요인이 된다고 생각할 때도 마찬가지이다.

전반적으로 미국의 학교들은 유치원생과 초등학생 연령대의 아이들에게 자립심과 진취성을 성공적으로 훈련시키고 있다는 평가를 받고 있다. 이 연령대의 아이들은 편견과 불안으로부터 자유로워 보이며, 성장과 학습 과정에서 가족 이외의 사람들과 관계를 맺는 새로운 즐거움을 누리고 있다. 이러한 학교 교육은 개인적인 열등감의 형성을 미연에 방지하기 위해 "직업적 연계"에 대한 희망, 즉 학습에 전념하는 모든 아이들이 누릴 수 있는 공평한 기회로 이어져야 한다. 그것이 충족되지 않는 환경에서의 개인적 성공은 타고난 재능을 가진 아이들을 개성이 표준화되고 "차이"를 수용하지 못하는 미국적 청소년기의 충격에 그대로 노출시킬 수 있다.

우리는 초기 구강기의 신뢰감이 없이는 영속적인 자아정체성이 생겨날 수 없음을 앞에서 이야기했다. 또한 사회적 건강함의 증거를 보여주는 명백한 증거들과 함께 유년기로부터 성인기에 이르는 매 단계마다 자아의 힘이 점차 커질 것이라는 확신을 주지 못하는 환경에서는 자아정체성이 완성될 수도 없다. 따라서 우리 시대의 정체감 문제에 더 깊이 들어가기 전에 우리는 먼저 인간의 생애 주기에서 정체성이 자리 잡고 있는 위치를 확인해야 한다. 다음 장에서는 발달의 중요 시기에서 나타나는 자아 특질의 목록이 제시된다. 그것은 어느 개인이 주어진 시기에 예정된 발달의 시간표를 사회 제도의 구조에 통합시킬 수 있을 만큼 충분히 강한 자아를 가지고 있는지 가늠할 수 있는 기준이기도 하다.

# 제7장

# 인간 발달의 여덟 단계

## 1. 기본적 신뢰 대 기본적 불신

유아가 사회적 신뢰감을 최초로 표현하는 방식은 젖을 잘 빨고 잠을 깊이 자며 배변을 잘 하는 것이다. 젖을 먹이는 요령이 점차 좋아지는 어머니에게 자신의 수용적 능력을 맞춰가는 경험을 통해 유아는 항상 성의 미성숙으로부터 초래되는 불편함을 조금씩 극복한다. 깨어 있는 시간이 늘어나면서 아이는 반복되는 감각적 경험들이 친근감을 불러일 으키며 그것이 내적으로 좋은 느낌과 일치한다는 사실을 발견한다. 편 안함을 주는 사물과 사람들은 배변의 불편한 느낌처럼 점차 익숙해진 다. 이렇게 해서 유아는 어머니가 시야에서 사라져도 과도한 불안이나 분노를 갖지 않게 되는 최초의 사회적 성취를 이루는데, 이는 어머니가 외적으로 예측 가능할 뿐만 아니라 내적으로 확실성을 주는 존재가 되 었기 때문이다. 그러한 경험의 일관성, 연속성 그리고 동일성은 초보적인 형태의 자아정체감을 제공해준다. 이 최초의 자아정체감은 기억 속에서 불러낼 수 있는 감각과 이미지들이 친숙하고 예측 가능한 외부의 사물이나 사람들과 밀접하게 관련되어 있음을 인지하는 능력에 토대를 두고 있다고 생각된다.

우리가 여기에서 신뢰감이라고 부르는 것은 테레즈 베네덱(Therese Benedek)이 자신감이라고 부른 것과 일치한다. 내가 굳이 "신뢰감"이라는 단어를 선택한 이유가 있다면 그것은 거기에 순진함과 상호관계의 의미가 더 많이 들어 있기 때문이다. 유아가 자신감을 가지고 있다고 하면 너무 멀리 나간 느낌이 있으나 타인을 신뢰한다고 말할 수는 있을 것이다. 게다가 신뢰감의 일반적인 상태는 유아가 동일성과 연속성을 가지고 있는 외부의 제공자에게 의존하는 법을 익힌다는 의미뿐만 아니라 자기 자신과, 욕구에 대처하는 자신의 기관을 신뢰한다는 의미도 포함하고 있다. 여기에는 어머니가 깨물리지는 않을까 경계할 필요가 없도록 아이가 스스로를 충분히 신뢰할 만한 존재로 여길 수 있는 능력도 포함된다.

내부와 외부 사이의 관계에 대한 지속적인 경험과 시험은 깨물기 단계의 분노를 다스려야 하는 결정적인 단계를 거치게 된다. 젖니가 나면서 고통을 느끼는 이 시기에 아이는 외부의 우호적인 사람들이 전혀 도움이 되지 않거나, 유일하게 위안이 되는 행동—깨물기—을 하는 자신에게서 그들이 멀어진다는 사실을 깨닫는다. 하지만 이가 난다는 것 자체가 이 모든 곤란한 상황의 원인이 되는 것 같지는 않다. 앞에서 다루었듯이 유아는 더 많은 것을 "움켜쥐려는" 욕구를 느끼지만 그 대상들—어머니의 가슴과 젖꼭지 그리고 관심과 돌봄—이 시야와 손끝에서 사라질 때가 많다는 것을 깨닫는다. 젖니가 난다는 것은 원형적 의미를 갖는 것으로 보인다. 이는 의미 있는 것의 상실을 막을 수 없을 때 스스로 상처 입는 쪽을 택함으로써 잔혹한 위안을 얻는 자학적 경향의 원형이 되는지도 모른다.

정신병리학적 측면에서 기본적 신뢰감의 결핍은 소아 정신분열증을 통해 가장 잘 관찰된다. 물론 이러한 신뢰감의 결핍 상태는 성인기의 정신분열증이나 우울증을 통해서도 분명히 관찰된다. 정신질환의 원인이 무엇이든 많은 환자들의 기이하고 위축된 행동 속에는 감각과 물리적 실재 사이의, 그리고 말과 사회적 의미 사이의 경계선을 시험해 봄으로써 사회적 상호관계를 복원해보려는 노력이 숨겨져 있는 것인지도 모른다.

정신분석에서는 내부와 외부가 분화되는 초기 과정에서 투사(projection)와 내사(introjection, 다른 사람 또는 사물의 특징을 무의식적으로 자신의 성격 특징으로 동일시하는 과정—옮긴이)가 시작된다고 본다. 인간 내면의 가장 깊은 곳에 있는 이 방어기제들은 가장 위험한 것이기도 하다. 내사를 통해 우리는 외부의 좋은 것이 내적 확실성이 된 것처럼 느끼고 행동한다. 투사를 함으로써 우리는 내적 위험을 외재적인 것으로 돌린다. 실제로는 자신의 내부에 있는 나쁜 것을 자신에게 중요한 의미가 있는 다른 사람들에게 부여하는 것이다. 투사와 내사라는 이 두 방어기제는 고통을 외현화(externalize)하고 쾌락을 내면화(internalize)하고 싶은 유아의 내면을 반영하는데, 그것은 감각의 성숙과 더불어 궁극적으로는 이성에 자리를 양보해야 한다. 이러한 방어기제들은 성인기에 맞닥뜨리는 사랑과 신뢰의 심각한 위기에서 다시 나타날 수 있으며, 이 경우 많은 "성숙한" 개인들조차 적대적인 타자에 대한 비합리적 태도를 특징적으로 나타낸다.

기본적 신뢰와 기본적 불신 사이의 핵심적 갈등을 해결하기 위한 영속적인 원형을 확고히 마련하는 것은 자아가 수행해야 할 최초의 과제이며 모성적 보호가 떠안은 최우선의 과제이기도 하다. 그러나 초기 유아기의 경험에서 비롯되는 신뢰의 정도는 음식의 절대량이나 사랑을 표현하는 횟수 같은 양적 요소보다는 어머니와의 관계라는 질적 요소에 더 많이 관련되어 있는 것 같다. 질적인 측면에서 어머니들은 유아의 욕구에 대한 섬세한 보살핌과 그들이 속한 문화에서 정의되는 개인적 신뢰성을 결합시킴으로써 아이들에게 최초의 신뢰감을 심어준다. 이것이 아이의 내면에 정체감의 토대로 자리를 잡으며 그것은 후에 자신이 "괜찮은" 사람이라는 느낌과 자존감 그리고 다른 사람들의 기대에 부응하는 사람이 될 것이라는 의식과 결합된다. 그러므로 아이가 겪는 좌절이 더 큰 동일성과 더 강한 연속성의 경험과, 궁극적으로 개인의 생애 주기와 유의미한 소속감 사이의 통합으로 이어진다면 (아이를 보살피는 데 "필수적인 것들"의 범위를 벗어나지 않는 한) 이 단계와 다음 단계에서 성장하는 아이가 견뎌내지 못할 좌절은 거의 없다. 부모들은 금지와 허용을 통해 아이들을 지도하는 방법을 가지고 있어야 할 뿐만 아니라 부모가 하는 모든 일에 의미가 있다는 깊은 확신을 아이에게 심어줄 수 있어야 한다. 아이들은 좌절에 의해서가 아니라 그러한 좌절에 내재하는 사회적 의미의 결핍이나 상실 때문에 신경증을 겪게 되기 때문이다.

그런데 가장 우호적인 상황 하에서도 이 단계에서는 내적 분열이나 빼앗긴 낙원에 대한 보편적 향수가 아이의 정신 속으로 들어와 하나의 원형으로 자리를 잡는 것 같다. 기본적 신뢰감이 전 생애에 걸쳐 유지되어야 할 이유도 바로 박탈과 분리와 배척을 당했다는 이 강력한 느낌의 결합에 대항하는 힘이 거기에 있기 때문이다.

연속되는 각각의 단계와 위기는 사회의 기본적 요소들과 하나씩 맞물리며 특별한 관계를 맺는데, 이는 개인의 생애 주기와 인간의 제도가 함께 발달하기 때문이다. 이 장에서 우리는 각 단계에 대한 설명에 이어 사회 집단의 어떤 요소가 거기에 관련되어 있는지 간략하게 언급할 것이다. 이 관계에는 두 개의 의미 층위가 있다. 즉 인간은 유년기의 정신과 청년기의 열정이 남긴 흔적을 사회적 관습에 투영하는 동시에, 유년기에 얻은 것들에 대한 강화를 사회적 관습—그것의 실재성이 유지되는 한—으로부터 얻기도 한다.

신생아에게서 싹트는 신뢰를 지지해주는 부모의 의무는 오랜 역사를 통해 제도화된 종교에서 보호막을 (때로는 가장 큰 장애물을) 얻어왔다. 사실 보살핌에서 생기는 신뢰는 특정한 종교의 **현실성**에 대한 시금석이 된다. 모든 종교는 영적인 건강뿐만 아니라 세속의 부를 베푸는 단일한 또는 다양한 공급자에 대해 어린아이와 같은 순종을 요구한다는 점에서 공통점을 가지고 있다. 몸을 낮추고 겸손한 자세를 취함으로써 인간의 보잘것없음을 표현하는 것, 기도와 노래를 통해 자신의 잘못된 행위와 생각과 의도를 인정하는 것, 신성한 인도에 의해 내적 통합을 이루게 해달라고 간구하는 것, 그리고 궁극적으로는 개인의 믿음이 공동체의 믿음이 되고 개인의 불신은 공동체에 의해 악으로 규정되어야 하는 반면 개인의 회복은 많은 이들이 참여하는 의식의 일부이자 공동체의 신뢰를 보여주는 표식이 되어야 한다는 것 역시 종교적 관념의 특징이라고 할 수 있다.* 우리는 앞에서 원시 부족들이 자연의 일부를 가지고 어떻게 집단적인 주술을 만들어냈는지 살펴보았다. 그러한 주술은 먹을 것과 번영을 가져다주는 초자연적인

---

* 이것은 종교의 공동체적 그리고 심리사회적 측면이다. 개인의 영성과 관련하여 그러한 측면이 갖는 역설은 간략하게 다룰 수 있는 문제가 아니다. 『청년 루터(*Young Man Luther*)』를 참고해 보라.-E. H. E.

존재의 노기(怒氣)를 기도와 고행으로 누그러뜨리려는 시도로 보인다. 모든 종교의 가장 원초적인 층위이자 각 개인의 종교적인 층위에서의 원시 종교는 모성에 대한 유년기의 불분명했던 행위들을 벌충하는 한편, 자신의 노력이 갖는 미덕과 초자연적인 힘의 선의에 대한 믿음을 회복하려는 속죄의 행위와 함께한다.

모든 사회와 시대는 운명과 불확실성이 혼재하는 세계의 이미지로부터 생명력을 얻을 수 있는 제도화된 숭배의 대상을 찾기 마련이다. 임상 전문가들은 종교를 가지고 있지 않다는 것을 자랑스럽게 여기는 이들이 많지만 그들의 자녀 세대는 종교 없이 살 수 없는 경우를 관찰하게 된다. 또한 사회적 행동이나 과학적 탐구에서 강력한 믿음을 얻는 사람들도 있고, 겉으로는 신앙을 고백하지만 실제로는 삶과 인간에 대한 불신을 속삭이는 사람들도 있다.

## 2. 자율성 대 수치심과 의심

인간의 성장과 위기를 신뢰 대 불신 같은 일련의 이분법적 태도로 설명하면서 우리는 "힘이 솟는 느낌"이나 "찌뿌둥한 느낌"과 같은 용례로 "느낌(senses)"이라는 용어를 사용했는데, 이러한 "느낌"은 표면과 심층 그리고 의식과 무의식에 두루 퍼져 있다. 그러한 느낌은 직관으로 이해되는 **경험의 방식**이자 타인에 의해 관찰될 수 있는 **행동 방식**이며 동시에 검사와 분석에 의해 확인될 수 있는 **내적 상태**이기도 하다. 앞으로의 논의에서 우리는 이 세 가지 차원을 유념할 필요가 있다.

근육의 발달은 보유와 배출이라는 동시발생적인 두 가지 사회적 양상을 살펴볼 수 있는 토대를 마련해준다. 모든 양상이 그러하듯 이 기본적 갈등은 궁극적으로 적대적 또는 우호적 태도로 이어질 수 있다. 보유는 파괴적이고 냉정한 보유 또는 억압이 될 수 있으며, 배출 또한 파괴적인 힘을 공격적으로 분출하거나 느슨하게 방출하는 것으로 이어질 수 있다.

그러므로 이 단계에서는 든든한 외부의 통제가 반드시 있어야 한다. 유아는 구강기의 분노로부터 손상을 입지 않은 이 기본적 신뢰라는 보물이 갑작스럽고 강렬한 욕구에 의해 제거되거나 다른 식으로 전용되지 않으리라는 확신을 가질 수 있어야 한다. 보유와 배출을 선별적으로 할 수 없는 상태에서 비롯되는, 아직 잘 훈련되지 않은 변별력으로 인한 혼란의 가능성으로부터 유아를 지켜줄 확고부동함이 있어야 하는 것이다. 이 확고부동함은 유아의 "자립"을 도와주는 한편 무의미하고 임의적인 수치심과 의심의 경험으로부터 아이를 지켜주어야 한다.

후자의 위험은 우리에게 잘 알려져 있다. 자유로운 선택에 의해 자율성을 점진적으로 경험하는 것이 거부될 경우 (또는 신뢰감을 초기에 상실해버림으로써 자율성이 약화될 경우) 아이는 분별과 조작을 시도해보려는 욕구로부터 스스로 등을 돌릴 것이다. 이 경우 아이는 과잉 조작을 하거나 분별력을 너무 일찍 발달시킬 것이며, 의도적이고 반복적인 행동으로 시험 삼아 사물을 움켜쥐는 대신에 반복적인 행동 그 자체에 강박을 갖게 될 것이다. 물론 그러한 강박에 의해 아이는 사물을 손에 넣는 법과 집요한 조절을 통해 힘을 얻는 법을 배울 수 있겠지만 거기에서 전면적인 상호조절을 경험하지는 못한다. 그러한 공허한 획득은 강박 신경증의 유아기적 원형이 된다. 그것은 또한 성인기가 되었을 때 내적 의미보다 표층적인 규범을 중시하는 태도의 원천이 되기도 한다.

수치심은 제대로 다루어지지 않고 있는 감정인데, 이는 우리의 문명에서 그것이 너무나 일찍 그리고 쉽게 죄책감으로 흡수되기 때문이다. 수치심은 다른 사람들 앞에 완전히 노출되어 있는 개인이 그것을 의식하는 상태, 즉 자의식을 전제로 한다. 이러한 감정은 다른 사람들 앞에 노출되어 있지만 스스로 노출될 준비가 되어 있지 않은 상황에서 비롯된다. 수치심은 우리에게 마치 밤에 잠잘 준비를 하며 "바지를 내리고 있을" 때 누군가 우리를 쳐다보는 상황을 떠올리게 한다. 수치심은 흔히 얼굴을 파묻거나 바로 그 자리에서 쥐구멍이라도 들어가고 싶은 충동으로 표현된다. 하지만 나는 이것이 본질적으로 자아를 향한 분노라고 생각한다. 수치심을 느끼는 개인은 세상이 자신을 바라보지 못하게, 자신의 노출된 상태를 주목하지 못하게 만들고 싶은 충동을 느낀다. 세상의 시선을 파괴하고 싶은 것이다. 하지만 그는 현실적으로 자신이 눈에 띄지 않는 쪽을 소망하게 된다. 이것은 일부 원시 부족에 의해 교육적인 목적의 "창피 주기"로 사용된다. 시각적 수치심은 청각에 의한 죄책감보다 먼저 발달한다. 그것은 지켜보거나 잔소리하는 사람—초자아의 목소리를 제외하고—이 아무도 없을 때 스스로 갖게 되는 잘못되었다는 느낌이다. 그러한 수치심은 상대적으로 작다는 느낌에서 비롯되며, 이는 아이가 스스로 일어서면서 주위의 사물이나 사람들과 자기자신의 크기와 힘을 비교할 때 비로소 발달한다.

　과도한 수치심은 올바른 태도를 유도하기는커녕 수치심을 주는 대상을 제거하고자 하는 내밀한 충동으로 이어진다. 실제로 그것은 반항적이고 뻔뻔스러운 태도를 낳기도 한다. 지역 주민들이 지켜보는 가운데 교수대에서 사형을 당하게 된 어느 살인범에 대한 인상적인 미국 민요가 있다. 마땅히 받아야 할 벌을 받는다는 태도 대신 죄수는 구경꾼들을 경멸의 눈빛으로 바라보며 크게 소리친다. "개 같은 네놈들의 눈깔!" 인내의 한계를 넘어서는 수치심을 느낀 많은 아이들 역시 (그런 용기나 단어를 지니고 있지는 않더라도) 그와 비슷한 말로 반항심을 표출하고 싶은 기분을 느끼는지도 모른다. 내가 이런 고약한 예를 통해 말하고자 하는 것은, 아동과 성인 모두 그들 자신과 그들의 신체 그리고 그들의 욕구를 악하고 더러운 것으로 간주하도록 요구받는 상황에서는 인내에 한계를 보일 수밖에 없으며, 그런 요구에 아무런 오류가 없다고 믿는 것에도 한계가 있다는 것이다. 오히려 그들은 상황을 완전히 뒤집어서 그러한 요구 자체를 악으로 받아들이는 경향이 있으며, 이 경우 그러한 요구가 사라지거나 아니면 그들 자신이 그 요구로부터 멀어지기를 소망하게 된다.

의심은 수치심의 형제이다. 수치심이 자신이 노출되어 있다는 의식과 관련이 있다면, 의심은 몸의 앞과 뒤―특히 "엉덩이(behind)"―에 대한 의식과 관련이 깊다는 것이 임상적 관찰을 통해 내가 얻은 결론이다. 리비도와 공격성이 집중되는 괄약근이 있는 몸의 뒷부분은 스스로는 볼 수 없지만 다른 사람들의 의지에 지배당할 가능성은 있는 영역이다. "엉덩이"는 작고 여린 존재의 캄캄한 대륙이자, 자율성을 침범하려는 이들과 대변이 나올 때의 좋은 느낌을 악한 것으로 규정하는 이들에 의해 쉽고 효과적으로 지배당할 수 있는 영역이다. 이 기본적 의심은 나중에 보다 언어적인 형태를 띠는 강박적 의심의 토대를 형성하고, 뒤(behind)에서 (그리고 엉덩이의 안에서부터) 위협적으로 다가오는 학대에 대한 성인기의 편집증적 공포로 나타나게 된다.

그러므로 이 단계에서 사랑과 증오, 협력과 아집, 그리고 자유와 억압의 상호 비율이 결정된다. 자존감의 상실 없는 자기 통제로부터 영속적인 선의와 자부심이 생겨나고, 자기 통제의 상실과 외부의 과잉 통제로부터는 영속적인 의심과 수치심의 경향이 생겨난다.

만일 일부 독자들에게 이러한 단계들의 "부정적인" 잠재력이 과장된 것으로 비쳐진다면 우리는 이것이 임상 자료에 의거한 선입견의 결과가 아님을 상기시키고자 한다. 성인들, 그리고 겉으로는 성숙하고 신경증과는 거리가 먼 것 같은 이들도 "체면을 잃는" 수치스러운 상황의 가능성에 대해 과민함을 보이며 "뒤에서부터" 공격을 받는 것에 대한 두려움을 드러낸다. 이것은 매우 비합리적이고 그들의 지식에도 상충되지만 이와 관련된 감정이 예컨대 인종 정책이나 외교 정책에 영향을 끼칠 경우 심각한 의미를 지닐 수 있다.

우리는 앞에서 기본적 신뢰를 종교 제도와 관련지어 논의한 바 있다. 그런데 자신의 의지를 어른들의 세상에서 인정받고자 하는 아이들의 지속적인 욕구는 **법질서의 원리**(principle of law and order)에서 제도적인 안전장치를 갖는다. 법의 차원에서뿐만 아니라 일상에서도 이 원리는 각자에게 그들만의 특권과 제약, 의무와 권리를 할당한다. 자신을 둘러싼 어른들이 법적인 존엄성과 독립성을 누리고 있다는 느낌은 아이들로 하여금 자신들의 유년기에 배양된 자율성이 후일 의심이나 수치심으로 부당하게 이어지지 않으리라는 확실한 기대를 갖게 해준다. 이처럼 유년기에 길러지고 이후의 삶을 통해 부분적으로 수정되는 자율성은 경제적, 정치적 삶에서 정의감을 유지하는 데 활용되고 마찬가지로 자율성의 유지에도 정의감이 사용된다.

## 3. 주도성 대 죄책감

각각의 단계에서 아이들 각자에게는 새로운 희망과 책임감으로 이루어진 새로운 기적이 일어난다. 주도성이라는 광범위한 특질도 그 중 하나이다. 이러한 새로운 느낌과 특질들의 틀은 동일하다. 실수와 두려움으로 둘러싸인 하나의 위기는 아이의 내면과 몸이 훌쩍 "함께 자라면서" 갑자기 해결된다. 아이는 보다 "자기다워지고" 더 유연하고 여유로워지며 더 명민한 판단력과 활기찬 모습을 보인다. 아이는 남아도는 에너지를 마음껏 누리고, 그것은 아이로 하여금 실패는 빨리 잊고 (설령 불확실하고 위험할지라도) 더 정확해진 방향으로 바람직하다고 여겨지는 것을 향해 나아가게 해준다. 이전 단계에서의 자기 의지가 반항적 행동을 촉발하고 독립을 주장하게 만들었다면, 주도성은 그 위에 더 능동적으로 과업을 떠맡고 계획하며 거기에 "달려드는" 특질을 더해준다.

많은 이들에게 "주도성"이라는 단어는 미국적인, 그리고 직업적인 함의를 갖는 것 같다. 하지만 주도성은 모든 행위의 필수적인 부분이며, 인간은 과일을 따는 일에서부터 기업 경영에 이르기까지 무엇을 배우고 시행하든 주도성을 필요로 한다.

보행 이동성 단계와 유아 성기기는 새로 추구할 "이득"의 항목을 기본적인 사회적 양상(social modalities)의 목록에 추가한다. 그 목록의 성격을 이보다 더 단순하고 강력하게 나타내는 단어는 없다. 그것은 공격과 정복에 쾌락이 있음을 암시한다. 다만 남아들에게는 남근기적 침범 양태가 여전히 중요하게 남아 있는 반면, 여아의 경우 그것은 적극적으로 관심을 끄는 형태 또는 스스로를 귀엽고 매력적으로 보이게 하려는 순진한 형태의 "붙잡기" 형태로 변하게 된다.

새롭게 얻은 보행 이동성과 정신의 힘을 풍성하게 누리며 아이가 자신의 행동을 주도하기 시작하는 이 단계에서는 죄책감이라는 위험성이 도사리고 있다. 신체와 정신의 실행 능력을 넘는 적극적인 조작과 고집에 제동이 걸리는 것이다. 이전 단계의 자율성이 잠재적인 경쟁자들이 자신의 영역에 들어오는 것을 막는 데 집중하고 그럼으로써 주로 동생들을 향한 질투와 분노로 이어졌다면, 이 단계에서는 자신의 주도성이 지향하는 영역을 이미 차지하고 있는 이들이 경쟁자가 된다. 양보할 수 없는 특권을 지키기 위한 유년기의 질투와 경쟁 관계는 어머니의 사랑을 차지하기 위한 다툼에서 절정을 이루며, 이 경쟁에서의 패배는 체념, 죄의식 그리고 불안으로 이어진다. 아이는 거인이나 호랑이가 되는 공상을 즐기지만 꿈속에서는 필사적으로 공포와 맞서야 한다. 이 시기에 아이는 "거세 콤플렉스(castration complex)", 즉 자신의 공상에 대한 처벌로 생식기가 손상될지도 모른다는 강한 두려움을 느낀다.

유아 성욕(infantile sexuality), 근친상간 금기, 거세 콤플렉스 그리고 초자아가 모두 여기에서 통합되며 위기를 낳는데, 이 시기에 아이는 부모에 대한 전(前)성기기적 애착으로부터 벗어나 스스로 부모가 되기 위한 과정으로 천천히 옮겨가야 한다. 이때 감정의 발전소에서는 이후 인간 발달의 성공과 총체적 파멸을 가르는 결정적인 균열과 변화가 일어난다. 아이의 내면으로부터 영구적인 분리가 일어나는 것이다. 이전까지 신체와 정신의 성장에 기여했던 본능의 요소들은 여기에서 풍성한 성장의 잠재력을 지속시켜준 유년기적 특성과, 자기 관찰과 자기 주도 그리고 자기 처벌이 증대되는 부모의 자질로 분리된다.

여기에서도 관건은 상호 조절이다. 자기 자신을 더 잘 통제하게 되면서 점진적으로 도덕적 책임감을 발달시킬 때, 그리고 자신의 참여가 가능해진 제도와 역할에 대해 통찰을 얻을 때, 아이는 도구의 사용과 유의미한 장난감의 조작—그리고 어린 동생을 돌보는 일—에서 만족감과 성취감을 갖게 된다.

부모의 자질이라는 것도 원천적으로는 유년기적 속성을 가지고 있는데, 인간의 분별력이 생애 전체에 걸쳐 부분적일지언정 유년기의 상태에 머물러 있다는 것은 인간 비극의 핵심이다. 아이가 자기 통제와 자기 억제를 자기 소멸에 이를 정도로 과도하게 발달시킬 때, 부모가 요구하는 것보다 더 순종적인 태도를 발달시킬 때, 또는 부모 스스로 주도성을 가지고 살지 못하는 모습을 보면서 지속적인 퇴행과 깊은 분노를 경험할 때, 그 아이의 초자아는 거칠고 냉혹하며 완고해질 수 있다. 생애에서 경험하는 가장 깊은 갈등 중의 하나는 생활의 본보기이자 초자아의 실행자인, 그러나 아이 스스로 용납할 수 없는 잘못을 거리낌없이 저지르는 부모에 대한 증오이다. 도덕적 판단을 담당하는 초자아의 이분법적 속성과 섞이게 된 의심과 회피는 도덕적인 (여기에서는 도덕적인 양 행세한다는 의미에서의) 사람을 그 자신의 자아에—그리고 주변 사람들의 자아에—큰 위협이 되게 한다.

성인 병리적 측면에서 주도성과 관련된 갈등의 잔재는 히스테릭한 거부나 과잉 보상적 과시로 표출된다. 전자는 소망의 억압을 유발하거나, 활동 저하와 무기력에 의해 관련된 실행 기관의 기능을 정지시킬 수 있다. 후자의 경우 공포에 질려 "움츠리고 싶은" 개인이 정반대로 "무모하게 앞으로 나서는" 모습에서 그 예를 찾을 수 있다. 여기에서 심신증(psychosomatic disease, 심리적 원인에 의해 일어나는 신체 질환—옮긴이)으로 급격하게 발전하는 예도 흔히 볼 수 있다. 그것은 마치 문화에 의해 자신을 과

대 포장하게 된 개인이 그러한 과장 상태를 자신과 동일시한 나머지 오직 질병에서 탈출구를 찾게 되는 것과 같다.

하지만 우리는 여기에서 개인의 정신 병리뿐만 아니라, 소망과 공상이 억압되고 금지됨에 따라 이 단계에 깊숙이 자리 잡게 된 내적인 분노의 발전소에 대해서도 생각해야 한다. 그 결과로 나타나는 독선—올바름에 대한 주요한 보상인—은 이후 지속적인 도덕주의적 감시의 형태로 타인에 대한 불관용을 표출할 수 있으며, 그에 따라 주도성에 대한 유도보다 금지가 더 우세한 원리가 되게 한다. 반대로 도덕적 인간의 주도성은 자기 억제의 경계선을 무너뜨려서 개인으로 하여금 자신의 집 또는 자국에서라면 용인하지 않을 행동을 타인에게 또는 타국에서는 쉽게 저지르게 하기도 한다.

인간의 긴 유년기에 잠복해 있는 위험성을 따져볼 때, 생애 단계들의 청사진과 어린 자녀의 지도에 유용한 수단들을 살펴보는 것은 바람직하다. 우리는 아이가 의무와 행동을 공유한다는 측면에서 발달 단계상 이때만큼 빠르고 왕성하게 성장과 학습을 하는 시기가 없다는 사실에 주목한다. 아이는 협업을 통해 무엇인가를 만들고 구성과 기획의 목표 하에 다른 아이들과 어울리려 하는 열망과 능력을 가지고 있다. 또한 교사들로부터 무엇인가를 배우고 이상적인 원형을 모방하려는 욕구도 강하다. 물론 여전히 동성의 부모를 동일시하고 있으나 아이는 이 시기부터 유년기적 갈등이나 오이디푸스 콤플렉스의 죄의식에서 어느 정도 벗어나 주도성을 실현할 수 있는 영역을 적극적으로 찾기 시작한다. 아울러 다른 사람들과의 협업을 통해 얻은 평등 의식을 토대로 보다 현실적인 동일시의 기회들을 찾는다. 어쨌든 "오이디푸스 콤플렉스" 단계는 허락된 것들을 제한하는 억압적 도덕관념의 확립으로 끝나는 게 아니라 (유년기의 상상이 성인기의 목표에 도달할 수 있도록) 실행할 수 있는 것들과 실재하는 것들로 나아가는 방향을 설정해준다. 사회 제도는 이 단계의 아이들에게 **경제적 에토스**(economic ethos)를 제공해주는데, 동화와 그림책의 주인공을 대체할 수 있을 만큼 충분히 매력적인 그리고 제복과 그들의 직무를 통해 쉽게 눈에 띄는 이상적인 어른들의 모습이 이 시기에 아이들의 눈에 들어온다.

## 4. 근면성 대 열등감

이제 내적 단계는 "생활의 시작"을 위한 모든 준비를 마쳤다. 다만 여기에서의 생활이란 무엇보다도 학교생활이 될 것이며 그 장소는 문화에 따라 들판이나 정글 또는 교실이 될 수 있다. 풍부한 상상력이 비인격적인 요소들—이를테면 읽기, 쓰기, 셈하기 같은—의 원리에 길들여지고 이용되는 동안 아이는 이전 단계의 소망이나 욕구를 잊어야 한다. 생물학적인 부모가 되기 전에 심리적으로 이미 원초적인 형태의 부모가 된 아이는 일을 하는 사람이자 공급자로서 존재하기 시작한다. 잠재기(latency period, 남근기와 사춘기 사이에 성적 호기심과 성적 활동이 중단되는 것으로 여겨지는 기간—옮긴이)를 앞두고 정상적인 발달 과정을 거친 아동은 어른이 "되려는" 또는 조급하게 엄마와 아빠가 되고자 하는 욕구를 잊거나 승화시킨다. 아이는 무엇인가를 만들어냄으로써 인정을 받는 법을 배우게 된다. 아이는 보행 이동성의 영역과 기관 양태들을 완전히 숙달했으며, 가족의 울타리 내에서는 실현 가능한 미래가 없다는 사실을 어렴풋이 깨닫는다. 이에 따라 새로운 기능과 과업, 즉 기관 양태가 표출되는 단순한 놀이 또는 팔다리를 움직여서 얻는 쾌락 그 이상의 것에 집중할 준비를 갖춘다. 근면성(sense of industry)이 발달하면서 아이는 도구적 세계의 인위적인 법칙에 자신을 적응시킨다. 아이는 생산적 상황의 일원으로 참여하는 개체가 될 수 있으며, 이제 생산적 상황을 완료하는 것이 놀이의 충동이나 소망을 점진적으로 대체하는 목표가 된다. 자아의 경계 안에 도구와 기능이 포함되면서, 작업의 원리(Ives Hendrick)는 아이에게 집중력과 끈기에 의해 일을 완성하는 기쁨을 가르쳐준다. 모든 문화에서 이 단계의 아이들은 **체계적인 교육**을 받는데, 미국 인디언의 경우처럼 여기에서의 교육이란 반드시 자격을 갖춘 교사들이 학교라는 장소에서 지식을 전수하는 것만을 가리키지는 않는다. 문자가 없는 사회나 문자를 모르는 어른들에 의해 행해지는 교육에서도 아이들은 교사 자격증이나 임명장 대신 타고난 재능과 기질을 지닌 어른들로부터 많은 것을 배우며, 어쩌면 손위의 아이들이 가장 좋은 교사가 되어줄 수 있다. 이처럼 식기와 도구 그리고 무기를 다룰 준비를 갖추면서 아이들은 **기술의 토대**를 발달시키게 된다. 보다 전문적인 지식과 자격을 갖춘 사람들은 무엇보다도 먼저 아이들의 무한한 가능성에 대비한 기본적 교육으로 글을 가르쳐야 한다. 하지만 전문성이 보다 정교해질수록 주도성의 궁극적 목표는 불명료해지며, 사회적 현실이 복잡할수록 아버지와 어머니의 역할은 더욱 모호해진다. 학교란 그 자체에 목표와 한계, 그리고 성취와 실패를 지니고 있는 하나의 문화인 것 같다.

이 단계에서 아이들이 맞닥뜨릴 수 있는 위험성은 무능감과 열등감이다. 자신의 도구와 기능 혹은 다른 이들과의 관계에서 자신의 지위에 실망할 때 아이는 타인과 도구적 세계에 대한 일체감을 잃을 수 있다. 이처럼 "일"에 참여한다는 희망을 잃을 경우 아이는 상대적으로 더 고립되어 있고 덜 도구적인 가족 내의 경쟁 관계로 돌아갈 수 있다. 도구의 세계에서, 그리고 생물학적으로 자신이 가진 것에 실망한 아이는 스스로를 폄하하거나 무능한 존재로 받아들인다. 가족보다 큰 규모의 사회가 아이로 하여금 기술과 경제의 측면에서 자신의 의미 있는 역할을 이해하도록 만드는 일이 중요해지는 지점이 바로 여기이다. 가정생활이 학교생활을 준비시켜주지 못할 때, 그리고 학교생활이 초기 단계의 가능성들을 유지시켜주지 못할 때 아이들의 발달은 중단된다.

우리는 앞에서 근면성이 발달하는 시기와 관련하여 새로운 능력을 사용하며 마주치는 **외적, 내적 장애물**에 대해 언급했는데 새로운 충동의 증가나 좌절에서 비롯되는 잠재적인 분노에 대해서는 아직 언급하지 않았다. 이 단계는 내적인 변화가 새로운 능력으로 전환되지 않는다는 점에서 이전의 단계들과 다르다. 격렬한 충동들이 휴면 상태에 들어가기 때문에 프로이트는 이 단계를 잠재기라고 불렀다. 그러나 이 시기는 사춘기의 폭풍 이전의 소강상태에 불과하며 사춘기가 되면 성기기의 지배하에 이전의 모든 욕구들이 새로운 조합을 이루며 다시 나타난다.

다른 한편으로 이 시기는 사회적으로 가장 결정적인 단계이다. 일이란 다른 사람들과 나란히 또는 함께 무엇인가를 한다는 의미를 포함하고 있으므로 분업과 차별적 기회에 대한 최초의 인식, 곧 한 문화의 기술적 에토스(technological ethos)가 이때 발달한다. 우리는 앞에서 개인과 사회를 위협하는 요소들을 지적했는데, 학교에 다니는 아이들은 이 시기에 사회의 초심자로서 학습에 대한 소망과 의지로 자신의 가치를 결정하고 그럼으로써 **정체성**에 대한 의식을 얻기보다는, 피부색과 부모의 배경 그리고 옷차림의 차이 따위를 의식하게 된다. 여기에는 또 하나의 근원적인 위험이 있다. 그것은 마치 성경이 낙원에서 추방된 인간에게 형벌로 주어진 것으로 이야기하듯 인간이 자기 자신과 자신의 영역을 오로지 일에만 한정시키는 것이다. 일을 자신의 유일한 책무이자 자신의 가치에 대한 유일한 기준으로 받아들일 때 인간은 기술 자체와 기술을 이용하는 위치에 있는 이들에게 아무 생각 없이 순응하는 노예가 될지도 모른다.

## 5. 정체성 대 역할 혼란

기능과 도구의 세계와 초기 관계를 잘 형성하면서, 또한 사춘기가 도래함에 따라 문자 그대로의 유년기는 끝이 난다. 그리고 청소년기가 시작된다. 그런데 사춘기와 청년기에 접어들면서 개인의 동일성과 연속성에는 다시 한 번 물음표가 붙는다. 이는 유년기 초기에 버금갈 만큼 빠른 신체적 성장과 성기기적 성숙이 이 시기에 일어나기 때문이다. 내부로부터의 급격한 생리적 변화와 그들 앞에 놓인 구체적인 성인의 과업에 직면하면서 성장과 발달을 경험하는 청소년들은 그들 자신이 생각하는 스스로의 모습과 다른 사람들의 눈에 비친 자신의 모습이 어떻게 다른지 신경을 쓰기 시작한다. 또한 이전에 습득된 역할과 기능을 앞으로의 직업적 원형에 어떻게 연결시킬 것인가 고민을 한다. 자신의 연속성과 동일성을 새롭게 인식하려 노력하는 가운데 청소년들은 유년기 초기의 전투들을 다시 치러야 한다. 이 과정에서 그들은 자신들에게 전적으로 우호적인 사람들을 적으로 만들기도 하며, 그들이 우상과 이상으로 여기는 이들에게 정체성의 궁극적인 수호자 역할을 맡기기도 한다.

앞에서 지적한 바와 같이 이제 자아정체성의 형태로 진행되는 통합은 유년기에 경험한 동일시의 총합 그 이상이다. 그것은 리비도의 부침(浮沈), 선천적인 재능으로부터 발달된 성향 그리고 사회적으로 주어진 역할에 대한 동일시를 모두 통합할 수 있는 자아의 능력이 경험을 통해 축적되는 것이다. 따라서 과거의 동일성과 연속성이 다른 사람들이 바라보는 자신의 동일성과 연속성에 잘 들어맞는다는 확신이 축적되는 과정에서 개인의 자아정체감이 형성된다고 할 수 있다.

이 단계의 위험성은 역할 혼란이다. 역할 혼란이 성 정체성에 대한 유년기의 강력한 의심에 뿌리를 두고 있는 상황에서는 비행과 정신병적 행동들이 드물지 않게 일어난다. 물론 적절한 진단과 치료가 이루어진다면 그러한 사례들은 다른 연령대에서라면 문제가 될 수 있는 심각한 의미를 가지지 않을 수 있다. 하지만 대부분의 경우 이 시기의 청소년들을 괴롭히는 것은 확고한 정체성을 가질 수 없다는 것이다. 스스로를 지탱하기 위해 그들은 일시적으로 정체성을 완전히 잃을 정도로 무리와 군중의 영웅들에게 과잉 동일시를 한다. 이러한 태도는 "사랑에 빠지는" 경험을 촉발하기도 하는데, 이 시기의 사랑은―사회 관습이 요구하는 경우를 제외하고―전혀 혹은 본질적으로 성적인 문제가 아니다. 청소년기의 사랑은 대체로 자신의 혼란스러운 자아상을 누군가에게 투사함으로써, 그리고 그 사람에게 비친 자신의 자아상을 보다 분명하게 바라봄으로써 자신의 자아를 규정하려는 노력이다. 대화가 청소년들의 사랑에 많은 부분을 차지하는 것도 그 때문이다.

청소년들은 또한 매우 배타적일 수 있다. 그들은 피부색이나 문화적 배경, 취미와 재능, 그리고 외집단의 구성원과 내집단의 구성원을 구별하는 표식으로 옷이나 제스처 등의 사소한 것들에까지 자신들과 "다른"

이들을 잔인하게 배척한다. 그러한 편협함을 정체성 혼란에 대항하려는 방어 수단으로 이해(묵인하거나 동참한다는 뜻이 아니라)해주는 것은 매우 중요하다. 그들은 무리를 지음으로써, 또한 그들 자신과 그들의 우상 그리고 그들의 적을 정형화시킴으로써 서로를 돕고 지지하는 것이기 때문이다. 그들은 서로간의 의리를 비뚤어진 방식으로 시험하기도 한다. 그러한 시험을 기꺼이 받아들이는 태도는, 집단(봉건적, 부족적, 국가적)의 정체성을 잃고 전 세계적인 산업화와 해방 그리고 소통의 물결에 휩쓸린 국가나 계층의 청소년들이 단순하고 잔혹한 전체주의적 신조에 쉽게 빠져드는 현상을 설명해주기도 한다.

청소년기의 정신은 본질적으로 **모라토리엄**의 성격을 띠고 있으며, 심리사회적으로 유년기와 성인기의 사이에, 그리고 아이의 도덕성과 성인의 윤리 사이에 놓여 있다. 그것은 또한 이데올로기의 성격을 갖고 있기도 하다. 또래 집단으로부터 인정받기를 열망하고 동시에 악하고 해로운 것을 확실하게 규정하는 의식(儀式)과 신념 그리고 강령을 받아들일 준비가 되어 있는 청소년들에게 사회에 대한 이데올로기적 태도는 호소력이 매우 크다. 때문에 이 시기의 개인은 정체성의 형성을 돕는 사회적 가치를 추구하면서 **이데올로기**와 **특권 계급**의 문제에 직면한다. 이 두 가지는 넓은 의미에서 이미 정해진 세계와 역사의 틀 안에서 가장 뛰어난 사람들이 지배를 하고, 그들의 지배가 최상의 결과를 낳는다는 사실을 은연중에 암시하는 것들이다. 냉소와 무관심 속에 길을 잃지 않기 위해 젊은이들은 다가오는 성인기의 세계에서 성공을 거두는 이들은 최고가 되어야 하는 책무를 지고 있음을 확신할 수 있어야 한다. 우리는 국가주의나 국제적인 연대 혹은 공산주의나 자본주의 이데올로기에 의해 인간의 이상이 기계의 도구로 사용될 때 거기에서 비롯되는 위험에 대해 뒤에서 논의할 것이다. 이 책의 마지막 부분에서 우리는 산업화된 세계에서 자신의 정체성을 재정립하려는 젊은이들의 욕구와 필요를 오늘날의 혁명적 변화들이 어떻게 충족시키고, 동시에 어떻게 이용하는지 살펴보게 될 것이다.

## 6. 친밀 대 고립

어느 한 단계에서 획득된 힘은 그것을 넘어서야 할 필요성에 의해 시험을 받으며, 여기에서 개인은 이전 단계의 소중했던 것을 다음 단계에서 내려놓는 위험을 감수한다. 정체성을 찾고 그것을 유지하려는 성인기 초기의 젊은이들은 자신의 정체성을 다른 사람의 정체성에 용해시키려는 열망과 의지를 갖게 된다. 이제 친밀감을 가질 준비가 된 것이다. 친밀감은 상당한 희생과 포기가 따를지라도 귀속과 협력 관계를 굳건히 하고 그러한 관계를 지탱하는 윤리적 힘을 발달시키기 위해 개인이 헌신할 수 있는 능력을 요구한다. 자기 포기가 요구되는 상황—친밀한 관계, 오르가슴과 성적 결합, 우정과 몸싸움, 교사로부터의 영감과 자아 깊은 곳의 직관에서 비롯되는—에서 자아를 잃어버릴지도 모른다는 두려움에 맞서기 위해 신체와 자아는 기관 양태들과 핵심적인 갈등들을 다스릴 수 있어야 한다. 자아를 상실할지도 모른다는 두려움으로 그러한 경험들을 회피하는 경우 개인은 깊은 고립감과 그에 따르는 자기 몰입에 빠질 수 있다.

친밀함과 상반되는 개념은 거리두기(distantiation)이다. 이는 스스로 선택하는 고립이며, 필요한 경우 자신의 본질에 위협이 되는 특질을 가진 힘이나 자신의 친밀한 관계를 침범하는 "세력권"을 가진 사람들을 물리치려는 태도를 가리킨다. 여기에서 생겨나는 (그리고 정치와 전쟁에 이용되고 악용되는) 편견들은 정체성을 찾기 위한 투쟁에서 친숙한 것과 낯선 것을 냉혹하게 구분하던 이전 단계의 맹목적인 거부에서 발달된 부산물이다. 이 단계의 위험성은 친밀하거나 경쟁적인 혹은 적대적인 관계의 경험을 공유하거나 그 대상이 되는 사람들이 늘 정해져 있다는 것이다. 하지만 성인의 책무라는 영역이 구체화됨에 따라, 그리고 경쟁 관계나 성적 용인이 분화됨에 따라 이 단계의 젊은이들은 마침내 성인의 표식이 되는 윤리 의식의 영향을 받게 된다.

엄밀히 말하면 이 단계가 되어서야 **진정한 성기기적 특성**이 발달한다고 할 수 있다. 그 이유는 이러한 헌신과 책임 이전에 있었던 성적 생활의 많은 부분이 정체성을 찾는 하나의 과정이거나, 성 생활을 오로지 성기의 문제로만 받아들이는 태도에 지배되었기 때문이다. 다른 한편으로 성기기적 특성이 상호간의 성적 만족이 지속되는 상태로만 묘사되는 경우도 많은데, 그런 점에서 성기기적 특성에 관한 우리의 논의는 이 부분을 다루면서 완결될 수 있을 것이다.

이 문제에 대한 기본적인 방향 설정을 위해 나는 프로이트의 짤막한 말을 인용하고자 한다. 치료법으로서의 정신분석이 하는 일이란, 이 세상에는 오로지 하나의 의무가 있으며 그것은 바로 적합한 "대상"과 규칙적으로 만족스러운 오르가슴을 얻는 것임을 환자에게 납득시키는 것이라는 이야기는 예전에도 있었고 지금도 고약한 대화 습관을 가진 사람들에 의해 꾸준히 주장되고 있다. 물론 이것은 사실이 아니다. 어느 날 프로이트는 정상적인 사람이 잘 할 수 있어야 하는 일이 무엇이라고 생각하느냐는 질문을 받았다. 질문을 한 사람은 아마 복잡한 대답을 기대했을 것이다. 하지만 프로이트는 늘 그랬듯이 짧은 대답을 시큰둥하게 한 것으로 전해진다. "Lieben und arbeiten."(사랑하는 것과 일하는 것입니다.) 이 짧은 대답은 숙고해볼 만한 가치가 있다. 생각하면 할수록 더 깊은 의미를 얻을 수 있기 때문이다. 프로이트가 말한 "사랑"은 **성기기적** 사랑과 성기기적 **사랑**을 뜻하는 것이었다. 또한 그가 사랑**과** 일을 말했을 때, 그는 일과 생식이 성적으로 사랑을 하는 존재가 될 권리와 능력을 개인으로부터 빼앗지 못하리라는 이야기를 한 것이다. 우리는 그의 말을 숙고해볼 수는 있겠지만 "그 교수님의" 말보다 더 나은 대답은 하기 힘들 것이다.

성기기적 특성은 오르가슴에 도달할 수 있는 능력을 아무 방해 없이 발달시킬 수 있는 가능성 가운데 존재한다. 전(前)성기기의 간섭으로부터 자유로워진 성기기의 리비도는 (킨제이가 "분출"이라는 용어로 의미한 것처럼 단순히 성교에서 비롯되는 것만이 아니라) 이성애를 통해 표출되며, 이는 남근과 질의 완전한 감도(感度)와 전신을 뒤흔드는 긴장의 해소를 동반한다. 이것은 우리가 이해하지 못하고 있는 어떤 과정이 구체적으로 일어나는 방식이라 할 수 있다. 이를 좀 더 상황적인 측면에서 말한다면, 오르가슴이라는 절정의 격동을 통해 두 존재의 상호조절이 빚어내는 궁극의 경험을 발견하는 것은 남과 여, 현실과 상상, 사랑과 증오의 대립성으로부터 초래되는 적대감과 잠재적 분노를 완화시켜준다. 따라서 만족스러운 성적 관계는 성을 덜 강박적으로 만들고 과잉 보상의 필요를 줄여주며 가학적 통제를 불필요하게 만든다.

치료적 측면에 몰두한 나머지 정신분석은 모든 계층과 국가 그리고 문화에 내재하는 사회적 변화에 적합한 방식으로 성기기를 규정짓지 못했다. 정신분석에서 이야기하는 오르가슴의 상호성은 이를 제도적으로 보장하는 계층이나 문화에서는 쉽게 얻어진다. 그러나 좀 더 복잡한 사회에서 이 상호성은 건강, 전통, 기회 그리고 기질 같은 수많은 요인들의 방해를 받는다. 이 경우 성적 건강에 대해 우리가 할 수 있는 적절한 설명은, 인간은 성기기적 오르가슴의 상호성을 마땅히 누릴 수 있어야 하지만 동시에 의무와 신의의 관계가 요구되는 상황에서는 상당한 정도의 좌절 역시 감내할 수 있어야 한다는 것이다.

정신분석은 때때로 보편적 치료책으로 성기기적 특성을 지나칠 정도로 강조해왔고 이 때문에 그러한 측면을 자의적으로 해석하는 사람들에게 새로운 중독과 편의를 가져다주었지만, 정작 성기기적 특성이 실제로 가져야 할 목표를 항상 제시해주지는 못했다. 영속적인 사회적 의미를 갖기 위해 성기기적 유토피아는 다음의 조건들을 갖추어야 한다.

1. 오르가슴의 상호성
2. 사랑하는 상대
3. 이성애(異性愛)
4. 상호 신뢰를 공유할 능력과 의지를 가지고 있는 사람
5. 아래의 주기들을 함께 조절할 능력과 의지를 가지고 있는 사람
   a. 일
   b. 출산
   c. 여가
6. 자녀에게도 만족스러운 발달 단계들을 보장해줄 수 있는 능력

이와 같은 거대한 유토피아의 목표가 개별적 또는 치료적 과제가 될 수 없음은 분명하다. 그것은 또한 순전히 성적인 문제만은 아니다. 그

것은 성적 선택, 협조 그리고 경쟁과 관련된 한 문화의 양식이 되어야 할 필요가 있다.

이 단계의 위험성은 고립, 즉 친밀한 관계로 이어지는 접촉을 회피하는 것이다. 정신병리학적 측면에서 이것은 심각한 "성격적 문제"로 이어질 수 있다. 한편 두 사람만의 고립으로 이어지는 관계도 있는데 이러한 관계는 다음 단계의 결정적 발달 과제인 생산력을 받아들일 필요성을 가로막는다.


## 7. 생산력 대 침체

이 책의 강조점은 유년기에 있지만, 그 이후의 단계에서라면 생산력에 관련된 시기가 중심이 될 것이다. 인간을 학습하는 동물로서뿐만 아니라 가르치는 존재로 만드는 진화적 발달이 이 기간에 포함되어 있기 때문이다. 어른들에 대한 아이들의 의존성을 지나치게 강조하는 오늘날의 경향은 정작 어린 세대에 대한 기성세대의 의존 관계를 보지 못하게 한다. 성숙한 인간은 누군가에게 필요한 존재가 되어야 하며, 성숙은 낳아지고 보살핌을 받는 존재로부터의 지지는 물론 그들을 이정표로 삼아야 할 필요성도 가지고 있다.

그런 의미에서 생산력은 본질적으로 다음 세대를 일으키고 이끄는 일에 대한 관심이라고 할 수 있다. 물론 개인적인 불운이나 다른 방향으로의 천부적인 재능 때문에 그러한 욕구를 자녀에게 적용하지 못하는 사람들도 있다. 사실 생산력(generativity)이라는 개념은 **생산성**(productivity)과 **창조성**(creativity) 같은 유의어들을 아우르고 있지만 그러한 개념들이 생산력을 대체할 수 있는 것은 아니다.

두 사람의 육체와 정신이 만나는 가운데 자기 자신을 버릴 수 있는 능력이 점진적으로 자아에 대한 관심을 외부로 확대시키고 리비도를 앞으로 태어날 존재에게 돌리는 과정이라는 사실을 정신분석이 이해하기까지는 상당한 시간이 걸렸다. 생산력은 심리사회적으로뿐만 아니라 심리성적으로도 중요한 발달 과제이다. 그러한 풍요로움이 전반적으로 결핍되면 거짓 친밀(pseudo-intimacy)에 대한 강박적 퇴행이 일어나고 이 과정에서 침체와 개인적 황폐화가 일어난다. 이 경우 개인은 마치 스스로가 자기 자신의 외동아이인 것처럼 자기 자신에게 탐닉하기 시작한다. 또한 경우에 따라 초기 상태의 육체적 또는 심리적 병약함은 자기 중심성(self-concern)의 토대가 된다. 하지만 아이를 가지고 있거나 원한다는 사실만으로 생산력을 "획득"하는 것은 아니다. 사실 젊은 부모들 중에는 이 단계의 발달이 지체됨으로 인해 고통을 받는 이들이 있는 것으로 보인다. 그 원인은 유년기 초기의 영향, 많은 어려움을 겪으며 성인이 된 이들의 과도한 자기애(自己愛), 그리고 마지막으로 (여기에서 우리는 다시 처음으로 돌아간다) "사람에 대한 믿음"의 결여에서 주로 발견된다.

생산력을 옹호하고 강화하는 관습과 관련해서, 우리는 모든 사회적 제도가 세대를 잇는 문제에 대한 윤리를 성문화(成文化)하고 있다고 말할 수 있다. 심지어 출산의 권리를 포기하도록 권고하는 철학적, 종교적 전통이 있는 곳에서조차 그러한 "궁극적 관심"은 이 세상의 피조물을 다스리는 창조주와의, 그리고 이 문제를 초월하는 것으로 보이는 자비로운 존재와의 관계를 동시에 해결하고자 노력한다.

만일 이 책이 성인기에 관한 것이었다면 이 지점에서 경제학의 이론과 심리학의 이론을 (마르크스와 프로이트가 묘하게 만나고 갈라지는 부분으로부터 시작해서) 비교하고, 이어서 인간이 자손은 물론이고 생산과 맺고 있는 관계를 논의하는 것은 불가피할 뿐만 아니라 유익하기도 할 것이다.


## 8. 자아 완성 대 절망

어떤 식으로든 사물과 사람들을 돌봐왔고, 부모로서 또는 물리적, 관념적 결과물의 생산자로서 경험이 있으며 그 과정의 성공과 실패에 자신을 적응시켜온 사람, 오직 그런 사람에게만 앞선 일곱 단계의 열매가 익을 수 있다. 나는 자아 완성(ego integrity)이라는 말보다 그것을 더 잘 표현할 단어를 알지 못한다. 그에 대한 명확한 정의는 부족하지만 그러한 정신 상태의 몇 가지 구성 요소는 짚어볼 수 있을 것이다. 먼저 그것은 질서와 의미에 대한 자아의 축적된 확신이다. 설령 비싼 대가를 치르더라도 세계의 질서와 정신적 가치를 전달해주는 경험으로서 그것은 자기애를 넘어선, 인간 자아—자기 자신이 아닌—에 대한 사랑이다. 그것은 또한 자신만의 유일한 생애를 필연적이며 대체될 수 없는 것으로 받아들이는 태도이다. 따라서 그것은 부모가 가질 수 있는 전혀 새롭고 다른 사랑을 의미한다. 그것은 지나온 시간들과 다양한 추구들에 질서를 부여하는 방식과 함께 존재한다. 자아의 완결성을 소유한 사람은 인간의 노력에 의미를 부여하는 다양한 생활양식의 상대성을 알고 있더라도 모든 물리적, 경제적 위협에 맞서 자기 자신만의 삶이 지닌 존엄성을 지켜낼 준비가 되어 있다. 왜냐하면 그는 한 개인의 삶이란 하나밖에 없는 생애와 역사의 한 조각이 맞물려 있는 것이며, 그에게 인간의 완결성이란 곧 자신이 참여한 삶의 완결성과 다르지 않다는 것을 알고 있기 때문이다. 따라서 특정한 문화나 문명에 의해 발달되는 완결성의 양식은 "정신의 유산"이자 그 자신의 도덕적 기원에 대한 표식이 된다. 그리고 그 최종적인 견고함 앞에서 죽음은 날카로운 가시를 잃고 만다.

축적된 자아 통합(ego integration)의 결여나 상실은 죽음에 대한 두려움으로 이어진다. 이 경우 생애에 단 한 번뿐인 이 시기는 삶의 최종 단계로 받아들여지지 않는다. 시간이 너무 부족하다는, 다른 삶을 시작하고 완성으로 가는 다른 길을 시도하기에 시간이 너무 부족하다는 생각은 이제 절망으로 표출된다. 그리고 하나의 커다란 회한에 이르지 못한 "천 가지의 작은 혐오"가 절망을 덮어버린다.

성숙한 성인이 되기 위해 각 개인은 앞에서 묘사된 자아 특질들을 충분할 정도로 발달시켜야 한다. 현명한 인디언, 진정한 신사 그리고 원숙한 농부 모두가 완결성의 이 최종 단계를 공유하고 인정한다. 하지만 각각의 문화는 그 자체의 시공간에 의해 의미를 부여받는 나름의 완결성을 발달시키기 위해, 개인의 분노와 유아 성욕에 대한 억압과 더불어 발달 단계에 있는 여러 갈등 요소들의 조합을 활용한다. 이때 유년기의 갈등은 문화적 관습과 지배 계층의 견고한 지지가 유지될 때만 창조적으로 바뀔 수 있다. 자아 완성에 접근하고 그것을 경험하기 위해 개인은 종교, 정치, 경제 질서, 기술, 지배 계층의 생활양식 그리고 예술과 학문에 구현된 이상적인 이미지를 어떻게 추종할 것인지 알아야 한다. 그러므로 자아 완성은 지도자로서의 책임을 수용하는 것은 물론 추종자로서의 참여를 인정하는 정서적 통합을 의미하는 것이기도 하다.

웹스터 사전은 고맙게도 우리가 이와 같은 개요를 순환적 구조로 완성하는 데 도움을 준다. (우리의 첫 번째 자아 가치인) 신뢰는 웹스터 사전에서

"다른 사람의 완결성에 대한 확실한 의존"으로 정의되어 있는데, 이는 우리의 마지막 자아 특질과 정확하게 연결된다. 웹스터는 유아들보다는 사전의 판매량에, 신뢰보다는 사업상의 신용도에 관심이 있었을지도 모른다. 그럼에도 위의 명확한 정의는 여전히 유효하다. 또한 성인의 자아 완성과 유아의 신뢰 사이의 관계를 다른 말로 설명할 때, 우리는 어른들이 죽음을 두려워하지 않을 정도로 굳건한 자아를 완성할 때 아이들 역시 삶을 두려워하지 않을 것이라고 말할 수 있을 것이다.


## 9. 후성적(後成的) 발달 도표

이 책은 유년기의 단계들을 강조하고 있지만 앞에서 서술한 생애 주기의 개념은 보다 체계적으로 다루어질 필요가 있다. 이를 위해 나는 도표를 통해 이 장을 마무리하고자 한다. 전(前)성기기의 신체 부위와 양태에 관한 도표에서처럼 이 도표에서도 대각선은 심리사회적 규범의 발달 순서를 나타낸다. 그것은 각 단계에서 하나의 핵심적 갈등이 새로운 자아 특질, 즉 새로 획득되는 인간의 능력을 더해가면서 만들어진다. 대각선의 아래에는 각 단계별 해결책이 준비되는 과정을 뜻하는 공간이 있고, 대각선의 위에는 성장과 성숙의 과정에서 새로 획득된 특질의 파생물이 들어갈 공간이 있다.

이러한 도표의 구성 방식은 다음과 같은 가정을 토대로 하고 있다. 1) 대체로 인간의 특질은 확대된 사회적 반경을 인식하고 그것과 자발적으로 상호작용을 하는 가운데 정해진 단계를 따라 발달한다. 2) 대체로 사회는 일련의 잠재적인 상호작용들을 준비하고 그것이 충족되도록 돕기 위해 구성되는 경향이 있으며, 그러한 상호작용이 적절한 속도와 순서에 따라 이뤄지도록 보호하고 독려하는 노력을 기울인다. 이것이 "인간의 세계를 지속시키는" 방식이다.

하지만 도표는 아동 훈련이나 심리 치료 또는 아동 연구의 방법론에서 생각을 위한 도구이지 반드시 따라야 할 법칙이 될 수는 없다. 심리사회적 단계를 제2장에서 프로이트의 심리성욕 단계를 분석하기 위해 사용한 도표와 유사한 형태의 **후성적 발달 도표**로 제시하면서 우리는 명확하고 제한된 방법론적 단계들을 염두에 두고 있다. 프로이트에 의해 처음으로 성적인 측면에서 인식된 단계들과 다른 (신체적, 인지적) 발달 단계들과의 비교를 용이하게 하려는 것이 이와 같은 도표를 만든 목적이다. 그런데 하나의 도표는 발달에 관한 한 가지의 시간표만 보여줄 수 있으므로, 우리가 만든 심리사회적 발달의 시간표가 발달의 다른 측면—또는 실존의 측면—을 지나치게 일반화시켜서 나타내려 한다는 비난이 가해져서는 안 될 것이다. 예를 들어 이 도표가 일련의 갈등이나 위기의 목록을 보여준다고 해서 우리가 모든 발달 단계를 위기의 연속으로 간주한다는 것은 아니다. 우리는 단지 심리사회적 발달이 결정적인—전환점이자, 전진과 퇴행 그리고 통합과 지체 사이의 중요한 순간이라는 점에서 "결정적인"—단계에 의해 진행된다는 점을 주장할 뿐이다.

이쯤에서 후성적 발달 도표의 방법론적 의미를 설명해두는 것이 유용할 것이다. 도표에서 대각선 방향의 사각형들은 각 단계의 순서와 구성 요소의 점진적 발달을 모두 의미한다. 다시 말해 이 도표는 시간의 흐름과 신체 부위의 분화에 따르는 진행 과정을 나타낸 것이다. 이는 다음의 두 가지 속성을 내포하고 있다. 1) 여기에서 논의되는 심리사회적 능력의 모든 결정적 특질은 다른 특질들과 체계적으로 연결되어 있으며, 그러한 특질들의 적절한 발달은 적절한 순서에 달려 있다. 2) 각각의 특질은 정상적으로 결정적 시기가 도래하기 전부터 일정한 형태로 존재한다.

예를 들어 기본적 불신에 대한 기본적 신뢰의 우세한 비율이 심리사회적 적응의 첫 단계이고, 수치심과 의심에 대한 자율성의 우세한 비율이 두 번째 단계라고 할 때, 이 도표는 각 단계에 대한 기본적 사실뿐만 아니라 두 단계 사이에 존재하는 기본적 관계도 알려준다. 각 단계는 대각선 방향의 상단으로 진행하면서 위기에 직면하고 거기에서 영속적인 해결책을 찾는다. 하지만 모든 특질들은 처음부터 어떠한 형태로든 존재한다. 하나의 행동은 모든 특질들의 통합을 요구하기 때문이다. 유아는 생애 초기부터 특정한 방식으로 "자율성"의 특질을 보여주는데, 누군가 몸을 꽉 붙잡을 때 그 상태에서 벗어나기 위해 몸부림을 치는 경우가 그러하다. 그러나 일반적인 상황에서라면 유아가 **자율적인 존재와 독립적인 존재로서의 저항**을 전면적으로 경험하기 위해서는 생후 12개월이 지나야 한다. 이 시기가 되어야 유아는 주위 환경과의 결정적인 조우를 준비할 수 있으며, 유아는 이때 자신이 속한 문화 속에서 건강한 성격과 특질을 획득하는 데 도움이 되는 방식으로 자율성과 억압의 개념을 전달받는다. 우리가 각각의 단계에 따르는 위기와 함께 가설로 제시한 것이 바로 이러한 조우이다. 한 단계에서 다음 단계로의 진행과 관련하여 대각선은 뒤에 이어지는 순서를 나타낸다. 하지만 그 속도와 강도에는 차이가 있을 수 있다. 어떤 개인이나 문화는 신뢰의 단계에 과도할 정도로 오래 머무르며 I-1에서 I-2를 거쳐 II-2로 진행할 수도 있고, I-1에서 II-I로 넘어가 II-2로 진행할 수도 있다. 단계별로 빠른 진전이나 (상대적인) 지체는 이후의 모든 단계에 얼마간 영향을 미친다고 판

| | 1 | 2 | 3 |
|---|---|---|---|
| **III** 보행이동–남근기 | | | 주도성 대 죄책감 |
| **II** 근육–항문기 | | 자율성 대 수치심 | |
| **I** 구강 감각기 | 기본적 신뢰 대 불신 | | |

〈그림 11〉

단된다.

　이 도표는 상호 의존적인 단계들의 체계를 보여준다. 앞에서 개별적인 단계들은 어느 정도 자세하게 다루어졌고 이름도 적절하게 붙여졌는데, 이 도표는 그러한 단계들이 늘 전체적인 배열 속에서 검토되어야 한다는 점을 시사해준다. 따라서 도표에 있는 빈 칸들은 우리에게 숙고해볼 과제를 제시한다. 만일 우리가 Ⅷ-8에 있는 자아 완성 단계에 들어섰다면 최초 단계의 신뢰는 그동안 어떻게 변해 있는지, 그리고 그 훨씬 이전인 자율성의 단계에서는 어떤 형태로 변해 있으며 어떻게 불릴 수 있는지에 대한 의문이 남게 된다. 우리가 강조하고자 하는 것은, 신뢰는 자율성이 발달하는 결정적인 시기 이전에 그 자체로 발달하였으며 자율성의 단계에서, 그리고 그 이후의 단계로 올라가며 원래 상태 그 이상의 것이 된다는 점이다. 예컨대 사람이 늙어가며 마지막 단계(Ⅷ-1)에서 자신의 문화적 환경과 역사적 시점에서 얻을 수 있는 가장 성숙한 **신념**으로 최초의 신뢰를 발달시킬 수 있다면, 이 도표는 그의 노년이 어떠하리라는 것뿐만 아니라 그의 이전 단계들이 어떠했으리라는 것을 우리가 이해하는 데 도움을 줄 것이다. 이 모든 것은 우리의 도표에 대한 방법론과 용어의 세부적인 부분들이 후속 연구*의 몫으로 남겨 져야 한다는 점을 분명히 하고 있다.

| | 1 | 2 | 3 | 4 | 5 | 6 | 7 | 8 |
|---|---|---|---|---|---|---|---|---|
| VIII 노년기 | | | | | | | | 자아 완성 대 절망 |
| VII 장년기 | | | | | | | 생산력 대 침체 | |
| VI 성인기 초기 | | | | | | 친밀 대 고립 | | |
| V 사춘기 (청소년기) | | | | | 정체성 대 역할 혼란 | | | |
| IV 잠재기 | | | | 근면성 대 열등감 | | | | |
| III 보행이동 ―남근기 | | | 주도성 대 죄책감 | | | | | |
| II 근육 항문기 | | 자율성 대 수치심 | | | | | | |
| I 구강 감각기 | 기본적 신뢰 대 불신 | | | | | | | |

〈그림 12〉

---

\* 이 문제를 미해결의 상태로 남겨두기 위해서는 전체적인 개념에 대한 오용을 피해야만 한다. 신뢰감("긍정적인" 측면을 지닌 것으로 가정된 다른 모든 특질들도 마찬가지로)이 어느 단계에서 완전히 확보되는 하나의 **성취**라는 가설도 그러한 오용 중의 하나이다. 사실 일부 학자들은 일정한 **성취 척도**(achievement scale)를 만들겠다는 열의가 지나친 나머지 전 생애에 걸쳐 "긍정적인" 특질들과 역동적인 짝을 이루는 "부정적인" 특질들(기본적 불신 등의)을 쉽게 생략해버리곤 한다. 새로운 내적 갈등이나 변화하는 조건과 무관하게 각 단계의 선(goodness)이 성취된다는 가정은, 공적으로나 사적으로 우리의 몽상에 깊이 뿌리 내리고 있는 성공 이데올로기를 아

동 발달에 위험하게 투사하는 것이며, 새로운 산업 사회에서 의미 있는 존재가 되기 위한 우리의 투쟁을 오도할 수 있는 것이다. 인체의 신진대사가 물리적인 쇠퇴에 대응하듯, 발달 과정의 심리적 특질은 실존의 위험과 끊임없이 마주한다. 건강이 나빠진 사람의 상태와 증상을 진단하듯, 우리는 오로지 인간 생애의 역설과 비극적 가능성을 보다 또렷하게 응시할 뿐이다.

발달 단계에서 "성취"를 제외한 다른 모든 것을 벗겨내는 것은, 이 책에서 논의된 개념들과 다른 연구자들이 선호하는 개념들 사이에 체계적인 가교를 놓는 일을 처음부터 생략하고 그것들을 "특징"이나 "목표" 따위로 쉽게 규정하고 분석하려는 시도를 동반한다. 만일 이 말이 푸념처럼 들린다면, 피상적인 선이나 꾸며진 만족 혹은 쥐어짜낸 미덕의 의미로 그들이 이제껏 받아들인 명칭들과 내가 발달 단계의 특질들을 가리켜 사용한 용어가 일치한다는 점에서 나 스스로가 그러한 오해와 오용을 불러온 측면이 있음을 부인할 생각은 없다. 하지만 나는 자아와 언어 사이에는 내재적인 관련성이 있으며, 언어의 변천에도 불구하고 어떤 기본적인 단어들은 본질적인 의미를 잃지 않는다고 믿는다.

나는 지금까지 줄리언 헉슬리(Julian Huxley)의 『인본주의자의 틀(*Humanist Frame*)』을 계통적으로 설명하기 위해 진화가 인간 발달 단계의 기본 계획과 인간의 관습에 남겨놓은 본질적인 힘의 청사진을 그려보려 했다. (이에 대한 보다 확장된 논의는 나의 책, *Insight and Responsibility* [W. W. Norton, 1964]의 제4장 "인간의 힘과 세대의 순환"을 참고할 것) 이와 관련된 (그리고 "기본적 덕목"이라는 용어 때문에 더욱 복잡해진) 방법론적 문제들을 여기에서 논할 수는 없지만, 나는 발달 단계별로 인간이 갖는 힘의 목록을 덧붙이고자 한다. 그러한 힘들은 심리사회적 발달 단계를 다룬 이 장에서 하나씩 언급된 "우세한 비율"의 영속적인 결과물이기 때문이다. 그것은 다음과 같다.

기본적 신뢰 대 기본적 불신: 본능적 욕구와 **희망**
자율성 대 수치심과 의심: 자기통제와 **의지력**
주도성 대 죄책감: 방향과 **목적의식**
근면성 대 열등감: 체계성과 **역량**
정체성 대 역할 혼란: 헌신과 **충실성**
친밀 대 고립: 귀속과 **사랑**
생산력 대 침체: 생산과 **관심**
자아 완성 대 절망: 자제심과 **지혜**

고딕체로 쓴 단어들은 **기본적** 덕목이라 부를 수 있는데 그러한 덕목이 없이는, 그리고 그것들이 세대와 세대를 거치며 끊임없이 나타나지 않고서는 가변적인 인간 가치의 모든 체제가 그 정신과 의미를 잃게 될 것이다. 이 목록 가운데 이제까지 나는 충실성에 관해서만 상세한 설명을 덧붙일 수 있었다.(*Youth, Change and Challenge*, E. H. Erikson, editor, Basic Books, 1963) 하지만 여기에서도 이 목록은 용어와 방법론에 관한 더 많은 논의의 여지를 남겨두고 있다.-E.H.E.

CHILDHOOD
AND SOCIETY

제4부

# 청년기와
# 정체성의 발달

# 4부에 들어가며

자아 완성을 자아와 리비도의 단계들이 모두 축적된 특질로 규정함으로써 유년기와 사회에 대한 이 책의 탐색 범위는 경계를 넘어섰으며, 이와 더불어 정신분석학의 아동심리학적 측면에서도 탐색은 마무리된 것 같다. 정신분석학은 본능과 자아의 변천을 일관되게 청소년기까지만 설명해 왔는데, 이 시기에 해당하는 정상적인 성기기는 유아기 고착이나 비이성적 갈등들을 흡수해서 그것들이 다양한 형태의 가면을 쓰고 반복적으로 나타나는 것을 허용한다. 따라서 여전히 우리의 핵심 주제는 유년기로부터 비롯된 좌절이 이후의 삶과 그가 속한 사회에 드리우는 그림자에 관한 것이다. 유년기와 사회를 제대로 이해하기 위해 우리는 연구 영역을 확장해야 하며, 거기에는 안정감과 정체성 그리고 자아 완성의 가능성을 보여줌으로써 유년기의 불가피한 갈등을 덜어줄 수 있는 사회의 역할도 포함되어야 한다. 자아의 존재 근거가 되는 가치들을 강화할 때 사회는 비로소 인간의 성장이 가능한 조건들을 만들어낼 수 있다.

문명은 유아기의 공포를 최대한 이용하는 한편 그에 상응하는 자아 가치(ego value)를 발달시키기 위해 집단적인 노력을 기울인다. 예컨대 종교는 신뢰감과 악의(sense of evil) 사이에 놓인 핵심적 갈등을 조직화하면서 신뢰감을 신앙의 형태로, 그리고 악의를 죄의 형태로 확대시킨다. 역사적으로 이러한 종교 조직은 문명과 공동체적 가치를 주입하는 의식(儀式)의 힘으로 자아의 특정한 가치를 인간의 완성이라는 틀 안에서 강화해왔다. 여기에서 종교의 시대가 끝난 뒤에도 종교 조직이 살아남을 수 있었던 비결은 별개의 문제이다. 다른 자아 가치들(예컨대 자율성)이 집단적 지향의 핵이 되면서 종교에 의해 유년기의 공포가 가차 없는 착취의 대상이 될 가능성은 높아졌다. 교회는 구원으로 가는 유일한 문이 교회에 있음을 선포하기 위해 사람들로 하여금 특정한 악의 존재를 믿게 하는 교리 체계를 확립할 수 있었다.

사회의 역사는 상류 계층과 엘리트 집단 그리고 성직자들의 흥망을 기록하고 있다. 그들은 귀족정치의 열망으로 처음에는 자아 가치를 고양하며 진정한 위안과 진보를 제공해주었으나, 이후 스스로의 하찮은 기득권을 유지하기 위해 유년기의 불안을 이용하기 시작했다. 가부장적 체제의 주인공인 왕들은 부친살해 금기에 의지해서 그들 자신과 그들의 지배를 공고히 다졌고, 몇몇 지도자들이 권력을 나눠 가지는 봉건 체제는 무정부 상태의 혼란이 올 것이라고 위협하거나 반대자들을 협박함으로써 그들의 기득권을 유지했다. 정치 체제는 병적인 불신을 부추기며 번성했고 경제 체제는 변화에 대한 두려움과 죄책감을 기반으로 번성했다. 그럼에도 새로운 생활양식을 확립해야 하는 책무를 받아들인 정치, 경제 그리고 기술 분야의 엘리트들은 사람들로 하여금 확고한 정체성과 새로운 수준의 문명에 도달할 수 있도록 영감을 제공해주기도 했다. 전체적인 맥락에서 우리는 극소수의 권력자를 제외하고는 대다수의 사람들이 비참한 상황에 놓여 있었다는 결론을 내릴 수 있겠지만 이 문제는 전적으로 역사 철학이 다뤄야 할 부분이다.

나는 자아 특질과 사회제도 그리고 시대 상황 간의 상호 관계에 체계적으로 접근할 수 있는 지식을 갖고 있지는 않다. 하지만 이 문제를 기본적 신뢰와 종교 제도, 자율성과 정치 제도, 그리고 주도성과 경제 질서 사이의 유사성을 근거로 검토해볼 수는 있다. 마찬가지로 근면성은 기술과, 정체성은 사회 계층과, 친밀감은 관계 유형과 연결되고, 생산력은 교육과 예술 그리고 학문과 연관되어 있으며, 마지막으로 자아 완성은 철학과 맞닿아 있는 것으로 볼 수 있다. 사회에 대한 연구는 이러한 제도들 간의 상호관계와 조직화된 제도의 흥망에 관심을 가져야 한다. 하지만 이러한 제도에 새로운 활력을 불어넣는 동시대의 사람들을 간과한다면 우리의 연구는 가장 중요한 고려 대상 가운데 하나를 잃게 될 것이다. 여기에서 나는 직접 관찰한 것에 의해 확증할 수 있는 한 가지만 추구할 것이다. 나는 지금까지 자아정체성의 문제와 그것이 문화적 정체성에 뿌리를 내리는 과정에 초점을 맞춰왔는데, 이는 청소년기가 끝날 무렵 유년기의 자아 단계들을 통합하고 유년기의 초자아가 갖는 지배력을 중화시키는 힘이 자아정체성에 있다고 믿기 때문이다. 자아정체성은, 새로운 상황에 적응하지 못한 유년기의 억눌린 분노와 초자아가 영구적으로 결합하는 것을 막을 수 있는 유일한 내적 장치이다.

나는 환자들의 증상은 물론이고 그들의 개인적 운명에까지 영향을 미치는 오늘날의 혁명적 변화들과 환자들의 무의식적 요구에 의해 우리의 초점이 이동하고 있음을 분명히 인식하고 있다. 이를 간략히 정리하면, 초기 정신분석의 환자들은 자신이 알고 있는 본연의 모습이 되는 것을 가로막는 억압으로 인해 고통을 받은 반면에, 오늘날의 환자들은 대부분 무엇을 믿어야 하고 무엇이 되어야 하는지—혹은 될 수 있는지—에 관한 문제로 고통을 받는다. 특히 미국의 성인 환자들과 아동 환자의 부모들은 실존의 불연속성, 퇴행 그리고 가부장적인 일대일 관계로의 회귀에서 벗어나기 위해 정신분석에서 희망을 찾고 있다.

1908년에 이미 프로이트는 양성(兩性)에 대한 이중 잣대와, 도시의 기혼 여성에 대한 상류 사회의 과도한 요구와 위선에서 신경증의 원인을 찾았다.* 그는 시골에서 도시로 이주했거나 중간 계층에서 상류 계층으로 이동한 개인들에게 사회적 역할의 급격한 변화가 미친 부정적 영향의 관련성을 일부 인정했다. 하지만 정신 병리의 주요 원인으로서 그는 다양한 형태로 가장된 성적 혼란과 개인에게 강요된

---

* Sigmund Freud, "Civilized Sexual Morality and Modern Nervous Illness," *Standard Edition*, Vol. IX, The Hogarth Press, London, 1959.

성적 억압을 구별했다.

각자의 자의적인 기준으로 인해 고통 받고 있는 환자들을 위해 프로이트는 정신분석 기법이라는 급진적인 자기 각성의 수단을 제공했는데, 이는 곧 신경정신병리학의 경계를 허물게 되었다. 그는 환자들의 내면에서 모든 시대를 관통하는 금기와 관행의 공통점과 그 찌꺼기들을 찾아냈다. 그 시대만의 특징적인 증상을 설명하는 대신에, 정신분석은 시대를 초월해서 신경증에 걸린 엘리트들을 찾아내 오이디푸스 왕, 햄릿 왕자, 카라마조프가의 형제들을 차례로 등장시켰고, 개인적 자기 각성이라는 틀 안에서 그들의 갈등을 다루기 시작했다. 또한 환자들은 내면의 악마적 이드에서 비롯된 콤플렉스와 화해를 함으로써 건강을 되찾고 이성(理性)과 개별적 존재로서 승리를 거둘 수 있으리라 기대되었다.

훗날 문명사는 프로이트가 자신의 환자들을 치료하는 과정에서, 고대 세계의 이름 없는 존재들로부터 비극적 인간을 들어 올리고 자의식을 지닌 인간을 "만물의 척도"로 만든 인간의 의식에 혁명을 가져왔다고 기록할 것이다. "만물"을 향해 있던 과학적 물음들은 프로이트에 이르러 인간의 의식을 향하도록 방향이 돌려졌다. 우리는 이 책의 결론에서 정신의 기원에 대한 이러한 탐구 방향의 재설정이 초래한 딜레마를 검토할 것이다. 하지만 그때까지는 그리스 비극의 주제에 대해 프로이트의 기본적 갈등이 갖는 주제상의 관련성은 유효하게 다뤄질 것이다.

프로이트의 연구는—19세기의 생리학과 물리학 실험실을 연상시키는 용어와 기법을 사용하기도 했거니와—두 차례의 세계대전과 세계 도처의 혁명들 그리고 미국에서 최초로 부상한 산업으로서의 문화에 선행하고 있었다. 프로이트는 이 모든 세계사적 변화에 초연했다. 나치 돌격대원들이 그의 집(자의식이 존재하기 이전인 고대 그리스 시대의 조각상과 골동품들이 가득 들어차 있는)에 들이닥친 사건은 집단 심리학(group psychology)에 대한 그의 태도를 더욱 공고하게 만드는 계기가 된 것으로 보인다. 그는 모든 조직화된 집단은 잠재적인 폭도이며 개별적 존재와 이성의 적이라는 결론을 내리게 되었다.

프로이트가 "가장 우월한 지성"이라고 일컬은 것의 가치는 이 초기 정신분석학자가 지닌 정체성의 토대가 되었으며, 그가 속한 민족의 탁월한 지성은 물론 그 시대의 자기 각성에도 든든한 발판이 되어주었다. 딱 한 번 프로이트는 어느 유대인 단체에 보낸 서한에서 이 "동일한 내적 구조의 비밀(Heimlichkeit der gleichen inneren Konstruktion*)"─번역하기 힘든 표현이지만, 우리가 "정체성"이라는 용어로 설명하려는 바를 담고 있는 것으로 여겨지는─을 고백했으며, 실제로 프로이트는 그런 맥락에서 이 용어를 사용했다.

지적 정직성이라는 기본 전제에 편안하게 의지하면서 프로이트는 특정한 도덕률의 근본 원리들을 당연한 것으로 받아들일 수 있었으며, 그에 따르는 문화적 정체성도 당연하게 받아들였다. 프로이트에게 자아란 원시적 본능과 분별력 사이의 혼란에서, 그리고 상류 계급의 관습이라는 압력과 폭도 같은 정신적 무질서 사이에서 신중하고 현명한 자세로 중심을 지키고 있는 귀족과도 같았다. 그러한 정체성을 지닌 이는 자아의 결정 능력에 의문을 던지는 집단 앞에서도 당당하게 맞설 수 있었다. 때문에 자아를 지키는 특질에 집중을 한 초기의 정신분석은 사회 조직의 맥락에서 자아 통합이 성공하느냐 실패하느냐에 대해서는 거의 언급할 것이 없었다.

정신분석의 창시자들과 초기 개업의들은 자아 각성을 위한 환자들의 내면적 솔

---

* 이를 글자 그대로 옮기면 "동일한 심리 구조의 내밀한 친근감"이다. 프로이트는 유대인 문화교육추진협회(B'nai B'rith)의 회원들에게 보낸 서한에서 이 표현을 사용했다.(*Gesammelte Werke*, Vol. XVI, Imago Publishing Co. Ltd, London, 1941) 이 글에서 프로이트는 자신과 유대인 공동체의 관계에 대해 이야기하면서 "근본적인 속박"으로서의 종교적 믿음과 민족적 자부심을 포기했다. 한편 그는 과학적이라기보다는 시적인 용어로 유대 민족에게 의식적으로나 무의식적으로 끌리고 있음을 드러냈다. 강력하지만 말로는 표현하기 힘든 감정("viele dunkle Gefuehlsmaechte")과 내적 정체성에 대한 분명한 의식("die klare Bewusstheit der inneren Identitaet")이 바로 그것이다. 마지막으로 그는 유대인 조상으로부터 물려받았다고 느끼는 두 가지 특성, 즉 지성을 편협하게 만드는 편견으로부터의 자유와 기꺼이 반대를 무릅쓸 수 있는 태도에 대해 언급하기도 했다.

직함에 초점을 맞추었다. 정신분석의 신봉자들과 환자들에게는 이것이 정신분석 기법의 신조이자 척도였기 때문에, 다른 문화적 환경의 어린 오이디푸스와 엘렉트라들의 생활양식에 대해서는 알려진 것이 놀라울 정도로 적었다. 하나의 문화가 감정과 이성, 폭력성과 자제력, 신앙심과 의심, 음탕함과 고결함, 자선과 오만, 영악함과 정직함이라는 상반된 형태로 자기 포기를 허용하고 촉진하는 방식, 즉 초자아가 강한 문화적 정체성과 결합하는 방식은 처음부터 무시된 것이다. 사실 당시에는 정신분석이 한 축을 이루고 있던 지적 **소양**(Bildung)과 관련된 부분을 제외하고는 모든 문화적 표현들이 위선적인 가면이나 변명, 그리고 (초자아처럼) 이드에 맞서기 위해 너무나 큰 타격을 받는 방파제에 불과한 것으로 여겨졌다. 물론 문화적으로 주도적인 가치들이 늘 잔혹함과 편협함을 지니고 있었다는 것은 사실일 수 있지만, 그럼에도 인간이 지닌 문화적 발달에 영감을 준 그러한 가치들은 과거와 현재 그리고 미래의 심리적 대차대조표에서 결코 생략되어선 안 된다.

우리는 정체성에 관한 문제들이 화두로 등장한 바로 그 시기에 이 문제들을 개념화하기 시작했다. 국가적으로는 이민자들의 다양한 정체성으로부터 통일된 정체성을 추출하려는 노력이 기울여졌고, 시기적으로는 급속도로 진행되는 기계화에 의해 고국에서 그들이 가지고 있던 농민 또는 귀족으로서의 정체성이 위협받는 상황에서 우리의 연구는 시작되었다.

따라서 성에 관한 연구가 프로이트의 시대에 중요했듯이 정체성에 관한 연구는 우리의 시대에 중요한 과제가 되었다. 하지만 한 연구 분야에서의 역사적 상대성이 기본 방향의 일관성과 주목할 만한 사실에 대한 접근을 방해하는 것 같지는 않다. 우리의 연구에서 부각되는 정체성 상실은 우리의 환자들은 물론 프로이트의 환자들도 괴롭혔을 것이다. 마찬가지로 이에 관한 새로운 해석*에서 읽혀지듯, 프

---

* "Reality and Actuality", *J. Amer. Psa*. Assoc, 10:451-473.

로이트가 정신적 혼란의 신경증적인 부분에서 찾아낸 성적 병인은 우리의 환자들에게도 적용될 수 있을 것이다. 그러므로 각기 다른 시대는 우리로 하여금 정신적 특질에서 본질적으로는 불가분의 관계이지만 표면적으로 다른 양상을 띠고 있는 문제들을 다른 각도에서 고찰하는 것을 허락해준다.

4부에서 나는 미국, 독일, 러시아가 산업 사회에 진입하면서 나타난 정체성의 문제를 탐색해볼 것이다. 우리의 초점은 이 3개국의 젊은이들에게 요구된 새로운 판단력과, 보다 포괄적이며 직업적인 정체성에 맞춰질 것이다.

적잖은 망설임 끝에 나는 미국을 가장 먼저 다루기로 했다. 여러 나라들의 구조적 특징에 대한 최근의 많은 저서와 논문들은 이 문제가 매우 조심스러운 주제이며 특히 미국에서는 거의 금기에 가까운 주제임을 잘 보여주고 있다.

그 핵심은 (픽션인 경우를 제외하고) 미국**에서** 미국에 **대해** 미국인들을 **대상으로** 글을 쓴다는 것이 거의 불가능하다는 점이다. 미국인이라면 누구나 미국령인 남태평양의 섬들을 여행하고 돌아온 과정을 글로 쓸 수 있고, 외국인이라면 미국을 여행하고 떠나는 과정을 기록할 수 있을 것이며, 이민자라면 자신의 정착 과정에 대한 글을 쓸 수 있을 것이다. 이 모두가 이 나라의 한 지역에서 다른 지역으로의, 또는 한 "계층"에서 다른 계층으로의 이동에 관한 기록이 될 것이며 그러면서도 글을 쓰는 이의 발은 양쪽 모두를 딛고 있을 것이다. 하지만 이 모든 기록들은 결국 출발과 도착, 또는 변화와 정착의 방식에 관한 것이다. 아울러 그 내용은 글 쓰는 이가 기꺼이 일부가 되는 어떤 과정에 관한 것이며, 그 형식은 스스로 통제할 수 없을 정도의 열광적인 찬사 또는 분노의 표출이 될 것이다.

미국에 대해 미국인들을 대상으로 아무 탈 없이 글을 쓸 수 있는 유일한 미국적 방법은 불만을 표출하거나 허풍을 떠는 것이다. 하지만 그것은 섬세한 재능과 타고난 지적 능력을 요구하며, 두 가지 모두 쉽게 얻어지는 것은 아니다.

때문에 미국에서 정신분석을 가르치고 환자를 치료해온 사람으로서 나는 미국의 성인과 아동 환자들에게 나타나는 정체감과 정체감 상실의 양상에 대해서만 이야기하는 것으로 내 역할을 제한할 것이다.

# 제8장

# 미국인의 정체성에 대한 고찰

## 1. 양극성

　전형적인 미국인의 특성이 무엇이든 그에 상응하는 정반대의 특성이 존재한다고 말하는 것은 사실 진부하다. 다른 모든 나라의 "국민성" 또는 (내가 선호하는 용어로) "국민적 정체성"도 마찬가지이기 때문이다. 그러므로 한 나라의 국민적 정체성은 그 나라의 역사가 상반된 잠재적 특성을 대립시키면서 그 중 일부를 고유한 형태로 발달시키고 다른 일부는 단순한 모순으로 소멸시키는 방식에서 비롯된다고 할 수 있고, 우리는 이 명제를 논의의 출발점으로 삼을 수 있을 것이다.

　이 역동적인 나라에 살고 있는 사람들은 일반적으로 다른 강대국의 국민들보다 일생 또는 한 세대 동안 극단적인 대비와 급격한 변화를 더 많이 경험한다. 대다수의 미국인들은 그들 자신 또는 가까운 가족들의 생활 범위 내에서 그러한 양극성, 즉 이민이라는 열린 길과 전통이라는 닫힌 섬, 적극적인 국제주의와 방어적인 고립주의, 치열한 경쟁과 소심한 협조 같은 양자택일적 상황에 직면하게 된다. 따라서 개인의 자아 발달에 미치는 그러한 대립적 상황의 영향력은 가족이 경험하는 지리적, 경제적 변화와 핵심적인 자아 단계의 발달이 어떻게 맞물리느냐에 따라 달라진다고 할 수 있다.

한 개인의 선택이 신중하고 자율적인 요소를 지니고 있는 한, 미국인의 정체성 형성 과정은 개인의 자아정체성을 뒷받침해주는 것 같다. 개인은 다음 목적지에 대한 선택이 오로지 자신에게 달려 있으며, 어디에 머물고 어디로 떠나든 자신이 원하면 정반대의 선택을 할 수 있다는 것을 확신할 수 있어야 한다. 이 나라에서는 어느 개인이 떠도는 삶을 살아왔다고 해서 앞으로도 계속 이주를 할 것이라거나, 정착민이라고 해서 계속 정착 생활을 할 것이라고 예상할 수 없다. 왜냐하면 가장 사적이며 개인적인 선택이라 여겨지는 정반대 상황의 가능성이 각자의 생활양식에 (그리고 가족사에) 포함되어 있기 때문이다.

따라서 극단의 대비와 급격한 변화의 역사를 상속한 미국인이라면 이동과 정착, 개인주의와 사회규범, 경쟁과 협조, 신앙과 자유사상, 그리고 책임과 냉소 같은 역동적인 양극성에서 자신의 궁극적인 자아정체성의 토대를 마련한다.

표면적으로는 지역, 직업 그리고 성격 유형의 양극단 가운데 어느 한쪽으로의 동화가 관찰되지만, 면밀히 분석해 보면 그 이면에는 정반대의 극단에 대한 내적 방어나 두려움 또는 비밀스러운 선망이 담겨 있음이 드러난다.

전반적으로 선택의 가능성에 대해 열린 자세를 유지하는 미국인들은 두 종류의 "진실"을 가지고 살아가는데, 종교적인 원리 또는 청교도적인 원리를 앞세운 정치적인 원리가 하나이고 다른 하나는 직감이나 기분 또는 느낌에 따라 그때그때 달라지는 슬로건이다. 따라서 한 아이는 "어서 자리를 피하자."와 "저 자식들을 여기에서 쫓아내자."는 상반된 슬로건에 연속적으로 혹은 번갈아가며 노출될 수도 있다. 논리나 원리를 명분으로 내세우지 않고도 어떤 슬로건들은 (변화하는 상황에 따라) 법의 테두리를 지키느냐와 상관없이 자신의 행동을 정당화하려는 이들에게는 그럴듯하게 받아들여진다. 그런데 수족이나 유록족의 경우에서처럼 표면적으로는 단순해 보이는 슬로건들도 사실은 특정한 시공간을 아우르는 통찰을 담고 있으며, 그것들은 개인의 자아방어 기제가 적응을 하는 집단적 시공간에 대한 실험의 성격을 띠고 있기도 하다. 하지만 그러한 슬로건들은 끊임없이 변화하며, 경우에 따라서는 동일한 세대의 유년기 내에서도 극단적으로 변한다.

미국인의 정체성에 대한 진정한 역사는 골목 상점과 대학 연구실, 그리고 법원과 일간신문의 여론에 두루 퍼져 있는 미국적 슬로건들의 비연속성과, 공적인 사조의 연속성을 비교 관찰한 패링턴(Vernon Louis Parrington, 미국 고유의 사상과 문학의 형성 과정을 서술한 *Main Currents in American Thought*로 퓰리처상을 수상한 비평가―옮긴이)의 연구에 잘 담겨 있다. 이론적으로나 개념적으로 양극성 특유의 활력은 늘 보수적 가치를 의식하며 일관된 사고와 견고한 가치를 지키려 하는 지적 정치적 특권계급의 귀족정치(aristocracy)와, 자기영속적인 원리보다는 변화하는 슬로건을 선호하는 강력한 중우정치(mobocracy)의 중간에 존재하는 것 같기 때문이다. 귀족정치와 중우정치의 (프랭클린 D. 루스벨트에 의해 훌륭하게 조합된) 양극성은 미국 중산 계급 내의 지지자와 비판자들이 인식하는 것보다 훨씬 효과적으로 미국의 민주주의에 뿌리내리고 있다. 이 나라에서 돈만 아는 속물적인 존재의 전형으로 비난을 받기도 하는 중산 계급은 변화가, 벽난로, 은행 계좌 그리고 자동차의 모델에 집착하는 일련의 과잉 보상적 노력들의 표상으로 받아들여진다. 하지만 계급의 일반적 속성과는 달리, 미국의 중산층은 높은 이동성과 최종적 정체성의 불확실성을 가로막지 않는다. 이동성이 큰 사회일수록 지위는 상대적이며, 그것은 플랫폼이라기보다는 에스컬레이터에, 목표라기보다는 수단에 가깝다.

모든 나라, 특히 큰 나라에서는 건국 시기의 전제들이 이후의 국가 발전에 걸림돌이 되곤 한다. 우리는 미국 역사의 자기모순이 어떻게 자국의 젊은이들을 정서적, 정치적 혼란에 빠뜨리고 국가의 역동적 가능성을 위협하는지 자세히 살펴보아야 할 것이다.


## 2. "엄마"

최근 미국 정신의학계의 관찰과 경고는 "정신분열증적 성격"과 "모성 거부"라는 두 가지 개념에 점차 수렴되고 있다. 이는 본질적으로 많은 사람들이 정신질환으로 인해 현실에서 유리된 채 정체된 삶을 살고 있으며, 겉으로는 정상적으로 보이는 너무나 많은 사람들이 자아의 회복력과 상호관계의 의존성을 결여하고 있다는 것을 의미한다. 혹자는 코웃음을 치며 개인주의적 사조나 미국적 사회생활을 특징짓는 활발한 의사표현과 유쾌한 인간관계를 들어 이러한 주장을 반박할지 모른다. 그러나 정신과 의사들은 (특히 수많은 "신경증" 환자들의 치료를 포기하고 그들을 고향으로 돌려보내야만 했던 제2차 세계대전 중의 충격적인 경험 이후에) 이 문제를 다른 시각으로 보게 되었다. 완벽하게 꾸며진 표정과 정형화된 자기통제에 깃든 미소는 개인의 성격을 온전하고 유연하게 유지시켜주는 본연의 모습을 품는 데 한계가 있을 수밖에 없다.

이 때문에 정신과 의사들은 문제의 원인을 "엄마"에게 돌리는 경향이 있다. 수많은 사례 연구들은 환자들이 냉정한 엄마, 위압적인 엄마, 거부적인 엄마—혹은 자녀에 대한 소유욕이나 보호가 지나친 엄마—를 가지고 있었음을 보여준다. 이는 환자들이 유년기의 욕구와 잠재력의 정상적인 발달 시간표와 일치하지 않거나 모순된 형태로 행동했을 경우를 제외하고는 주변 환경으로부터 편안함을 느낄 수 없었음을 의미한다. 이는 또한 어머니가 아버지를 소유했으며, 비록 아버지가 어머니를 대신해서 자녀들에게 애정과 이해를 보여주었을지라도 결국에는 그가 어머니로부터 "취한" 것으로 인해 자녀를 좌절시켰음을 암시한다. 수천 건의 임상 파일에서 자연스럽게 시작된 움직임은 점차 미국의 "엄마"들과 "살모사들의 세대"를 소재로 한 수많은 책에서 문학적인 조롱으로 변하게 되었다.

"엄마"는 과연 어떤 사람일까? 엄마는 어쩌다 본연의 순수한 이름을 잃게 되었을까? 어쩌다 엄마가 이 나라의 모든 비참한 상태의 핑계거리가 되었으며 문학적 화풀이의 대상이 된 것일까? 과연 엄마에게 책임을 물어야 할까?

물론 임상적 의미에서 책임을 묻는다는 것은 전문가가 문제의 주요 원인을 신중하게 밝혀내는 것을 의미할 수 있다. 하지만 정신과 치료의 많은 부분에는 마치 한 사람의 악인을 지목하고 그를 궁지에 몰아넣는 것 같은 복수심이 저류에 깔려 있기도 하다. 미국에서 어머니들에게 전가되는 책임에는 (그들이 성적으로 냉담하고 자녀들에게 거부적이며 가정에서 지나칠 정도로 억압적이라는) 그 자체에 도덕주의적 징벌의 요소가 있다.

환자와 정신의학 전문가들 모두는 어렸을 때 분명히 많은 책망을 받았고, 이제 그들이 문제의 인과관계와 그 책임을 따지면서 모든 어머니들을 책망하게 되었다고 볼 수 있는 것이다.

따라서 일부 위험한 유형의 어머니들, 즉 모성과 명백하게 상충되는 수많은 치명적 요소들을 지닌 어머니들에게 "엄마"라는 이름을 붙이는 것은 부당하다. 그러한 부당함은 저널리즘 특유의 선정적 습성에 의해서만 설명되고 정당화될 수 있다. "정신 신경증"을 가지고 있으며 일상생활에 복귀할 준비가 충분히 되어 있지 못한 참전 군인이 은연중에 그리고 무의식적으로 자신의 어머니를 비난했으며, 정신과 의사도 그에게 동의해야 할 것 같은 느낌을 받았다는 것은 사실이다. 그러나 일반적으로 외부의 공격을 경험한 나라의 국민이 갖는 전쟁과 현실 사이의 거리감보다 참전 군인이 느낀 괴리감이—지리적, 문화적 그리고 심리적으로—훨씬 컸다는 것도 사실이다. 때문에 미국의 가정에 문제에 대한 책임을 묻는 것은 무의미하며, 오히려 미국의 가정이 전쟁 상황으로부터 현실로의 복귀를 돕는 데 기여했음을 부정해서는 안 된다.

그렇다면 "엄마"는 다른 나라의 유사한 원형들과 마찬가지로—다음 장에서 논의되는 "독일인의 아버지"를 보라—어느 한 여성에게 동시에 존재할 수 없는 특질들을 모두 합성한 이미지라고 할 수 있다. 어떠한 여성도 그러한 "엄마"가 되기를 원하지는 않겠지만, 마치 그러한 역할을 억지로 떠맡게 되는 것처럼 자신의 경험이 이러한 게슈탈트(Gestalt, 단순한 부분의 합이 아닌 전체로서 완결성을 갖는 상태─옮긴이)에 수렴된다는 것을 느낄 수는 있다. 임상의에게 "엄마"란 그 순수한 형태를 본 적이 없음에도 하나의 척도로써 사용하게 되는 "고전적인" 정신의학적 증후군과 유사한 것이다. 네 컷짜리 만화에서 엄마는 누구나 공감하는 희화적인 인물로 등장한다. 그런데 역사적으로 독특한 현상으로서의 "엄마"를 분석하기 전에, 먼저 아이의 문제를 일으키고 우리가 임상적으로 그 존재를 인식하게 되는 발병 원인으로서의 엄마에 초점을 맞춰보자.

1. "엄마"는 가정과 지역사회에서 (주부들의 모임을 통해) 관습과 품행의 문제에 대해 확고한 권위를 가지고 있지만, 스스로는 외모에 대한 허영을 가지고 있고 요구를 할 때는 자기중심적이며 감정적으로는 유년기에 머물고 있다.

2. 위의 불일치가 자녀에게 요구하는 존경과 충돌하는 경우, 엄마는 아이를 탓하지 결코 자신을 탓하지 않는다.

3. 이러한 차이에 대해 보다 모범적인 전형에서 나오는 의미를 부여하지 못한 채 엄마는 루스 베네딕트가 아이와 어른이라는 지위 사이의 불연속성이라고 부른 상태를 인위적으로 유지한다.

4. 아이가 가장 천진난만한 형태의 감각적, 성적 쾌락을 표현하는 경우에도 엄마는 단호한 적대감을 보이며, 남편의 성적 요구에 대해서는 지긋지긋하다는 태도를 분명하게 드러낸다. 하지만 스스로는 나이가 들면서도 젊은 시절의 옷차림과 과도한 노출 그리고 화장과 같은 성적 매력의 외적인 표식들을 포기하려 들지 않는다. 게다가 책이나 영화, 가십 기사에 있는 성적 노출에 탐닉하기까지 한다.

5. 자녀들에게는 자제심과 극기를 가르치면서 자신은 좋아하는 드레스를 계속 입기 위해 필요한 열량 섭취의 조절조차 하지 못한다.

6. 자녀들에게는 스스로를 강하게 단련시키라고 요구하면서 자신의 건강에 대해서는 지나칠 정도로 걱정을 한다.

7. 엄마는 전통의 우월한 가치를 옹호하면서도 자신은 "늙은" 사람이 되려 하지 않는다. 사실 과거에는 풍요로운 삶의 결실이었던 지위, 즉 할머니의 지위를 엄마는 몹시 두려워한다.

"엄마"란 나이가 들어서까지 남아 있는 유아기의 흔적에 의해 원숙한 여성성이라는 중간 영역이 밀려나고 그 자리에 정체된 자기중심성이 채워진 여성을 가리킨다는 것을 위의 특징들은 분명히 보여준다. 실제로 엄마는 여성으로서 그리고 어머니로서 자신의 감정에 대해 자신이 없다. 늘 노심초사하면서도 자신감은커녕 스스로에 대한 불신만 갖게 되는 것이다. "엄마"—혹은 자기 자신과 다른 사람들에게 정형화된 엄마의 모습을 연상시키는 여성—는 행복하지 않고 자기 자신을 사랑하지 않으며 자신의 인생이 허비되었다는 불안에 사로잡혀 살아간다. 어머니 날에 선물을 받더라도 엄마는 아이들이 자신을 진정으로 사랑하지 않는다는 것을 알고 있다. "엄마"는 승자가 아닌 희생자이다.

이것이 이 나라의 유행병 같은 신경증적 갈등과 관련이 있는 합성된 이미지의 한 "유형"이라고 가정하면, 이를 설명하기 위해서는 역사학자와 사회학자 그리고 심리학자의 공동 연구가 필요할 것이다. 물론 이성보다는 인상에 토대를 둔 역사적 현상으로서의 "엄마"는 격렬하고 급격하지만 아직 조화를 이루지 못한 변화와 그로 인한 모순에서 비롯된, 정형화되고 희화화된 인물일 뿐이다. 이러한 모습의 기원을 찾기 위해서는 역사를 되짚어 보아야 한다. 여러 나라에서 들어온 전통을 토대로 하나의 새로운 전통을 발달시키고 이를 기초로 자녀 교육과 새로운 생활양식을 만들어내며, 모국에서 "구속받기"를 원치 않았던 남자들이 개척한 땅에서 정착 생활의 새로운 양식을 확립하는 일이 모두 여성의 몫이었던 시기로 엄마의 기원은 거슬러 올라간다. 내적 또는 외적 억압에 의해 또 다시 구속받을지 모른다는 두려움으로 남자들이 새로운 문화적 정체성에 대해 유보적인 태도를 보이는 동안, 여자들은 새로운 질서를 유지하기 위해 어쩔 수 없이 스스로 전제적이 될 수밖에 없었다.

험하고 거친 개척 시대를 살아가던 남자들에게 여성은 대척점에 있는 존재였다. 여성은 문화의 감시자이자 종교적 양심이었으며 심미적 결정권자이자 교사이기도 했다. 초기 개척 시대의 거친 자연환경과 열악한 경제에서 생활과 정신의 기풍을 세운 것은 다름 아닌 여성이었다. 기혼 여성들은 그들의 자녀 앞에 경직된 정착 생활과 변화무쌍한 이주 생활의 대조가 펼쳐질 것임을 내다보았다. 자녀들은 그들이 처하게 될 환경의 극단적인 상반성과, 새로운 목표를 추구하고 그것을 쟁취하기 위한 무자비한 경쟁에 뛰어들 준비를 해야 했다. 이러한 상황은 죄를 짓는 사람보다 어수룩한 사람에게 더 불리한 것이었다.

수족과 유록족 어머니들의 본능적인 적응 능력은 이동 생활을 하는 사회에서 자녀들을 사냥꾼과 사냥꾼의 아내로 키우거나, 정착 생활을 하는 사회에서 어부와 도토리 채집자로 키우는 것을 가능하게 했을 것이다. 미국의 어머니들 역시 그와 유사한 무의식적 적응력을 가지고 신대륙의 특수한 상황에 대응했을 것이다. 그것은 미래의 개척민들을 보호적인 모성으로 허약하게 만들지 않는 앵글로 색슨 특유의 양육법을 강화하는 것이었다. 이를 달리 말하자면 오늘날 미국 여성의 "거부적인" 태도로 간주되고 있는 것은 광활하고 새로운 나라를 건설하기 위해 요구되었던 개척 시대의 덕목을 현대의 기준으로 재단한 오류라는 것이다.

이제 개척 시대의 변방에서 시선을 돌려 역사적, 사회적으로 미국적 모성과 그 현대적 캐리커처인 "엄마"를 형성한 결정적 요인인 청교도주의를 살펴보겠다. 우리는 오늘날 혹독한 비난을 받는 청교도주의가 애초에는 강한 개성은 물론 폭발적인 생명력과 강력한 욕구를 지닌 남녀들을 제어하기 위해 설계된 가치 체계였다는 점을 기억할 필요가 있다. 우리는 앞에서 하나의 문화는 대다수의 구성원들에게 지속적이며 용인 가능한 것으로 받아들여지기 위해 나름의 균형을 가진다는 것을 확인했다. 그런데 변화하는 역사적 환경은 이러한 균형을 위협한다. 짧은 역사를 지닌 미국의 빠른 발전은 청교도주의와 맞물리며 어머니와 아이 사이의 정서적 긴장관계를 유발하는 방식으로 진행되었다. 원주민의 이주, 이민자의 지속적인 유입, 산업화, 도시화, 계층의 분화 그리고 여성 해방이 이 과정에서 동시에 일어났으며, 이러한 사회적 현상들은 청교도주의로 하여금 방어적 입장을 취하게 만들었다. 그리고 하나의 사회 질서는 방어적이 될수록 경직되게 마련이다. 청교도주의는 독실하고 의지가 강한 사람들을 위해 성적인 죄를 규정하는 것에 멈추지 않고 점차 모든 관능적 요소들—결혼 관계를 포함해서—과 임신, 출산 그리고 자녀 양육에까지 그 경직성의 범위를 넓혀갔다. 그 결과 아이들은 관능의 좋은 면을 배울 기회도 없이 죄악에 이용되는 관능을 혐오하는 것만 배우게 되었다. 그들은 죄를 미워하는 대신에 삶을 불신하게 되었다. 그리고 많은 이들이 믿음이나 열의가 없는 청교도가 되었다.

개척 시대는 미국인의 정체성을 특징짓는 극단적인 양극성을 확립하는 데에 결정적인 영향을 끼쳤다. 그 양극성은 정착 생활과 이동 생활이라는 두 개의 극점을 가지고 있었다. 어머니들은 새로 형성되는 마을 공동체와 그곳에서의 점진적인 계층 분화에 아이들이 뿌리를 내릴 수 있도록 준비시켜야 했지만, 동시에 새로운 땅을 개척하는 생활의 물리적인 어려움에도 아이들을 대비시켜야 했다. 마을 공동체 역시 일터와 주택과 교회를 지으며 정착 생활의 기반을 만들어야 했지만, 그러는 동안에도 더 나은 가능성과 기회의 땅이 있다고 떠들어대는 뜨내기들은 도로와 철도를 따라 끊임없이 마을을 스쳐 지나갔다. 사람들은 그들을 따라갈 것인지 아니면 남을 것인지 결정해야 했다. 여기에서 중요한 것은 새로운 땅을 향해 떠나고자 하는 유혹이, 남아 있는 사람들을 방어적으로 만들었으며 그들에게 정착 생활에 대한 자부심을 강요했다는 것이다. "이웃집의 굴뚝이 보인다는 것은 떠날 때가 되었다는 뜻이다" 라는 문구가 흔히 사용되는 세계에서 어머니들은 새로운 땅의 유혹을 무시하기로 마음을 먹은, 그러나 언제든 마음을 고쳐먹으면 떠날 수 있는 아들과 딸들을 키워야 했다. 하지만 젊은이들도 나이를 먹으면 주저 앉을 수밖에 없었고 그들은 가장 고집스러운 정착민으로 남게 되었다. 이 나라에서 고령과 죽음이 오명을 쓰게 된 것도 어쩌면 더 이상 선택을 할 수 없는 상태가 되는 것에 대한 두려움 때문인지도 모른다. (하우스 트레일러는 노부부들이 최근에야 찾아낸 해답이다. 그들은 끝없는 여정 가운데 자동차 안에서 죽음을 맞이하는 생활에 정착을 했다.)

정착민들이 많아지고 많은 지역이 나름의 역사를 갖게 되면서 이민자와 이주자, 그리고 망명자와 난민이 새로운 문제로 등장했다. 새로운 세대의 미국인들에게 그들은 이질적인 존재였으며, 산업 노동 시장의 팽창에 따라 외국인 하층 계급 노동자들의 유입은 더욱 늘어났다. 이들에 대해 미국인 어머니들은 새로운 도덕적 규범과 사회적 영향력에 대한 엄격한 검증 절차를 확립해야 했다.

미국이 다양한 민족과 인종의 용광로가 되면서 앵글로 색슨 여성들은 모든 혼재된 요소들 가운데 청교도주의가—당시에 이미 그랬듯이

—가장 보편적인 경향이 되어야 한다는 확신을 갖게 되었다. 특히 연령대가 높은 백인 여성일수록 이와 관련해 좀 더 엄격한 태도를 취했다. 한편 이민자들의 딸들 역시 어렸을 때 고국에서 배우지 못한 새로운 행동 규범을 따라잡기 위해 안간힘을 썼다. 여기에서 나는 자수성가한 남자에 상응하는 여성적 인물형이 생겨났다고 생각한다. 또한 현대의 공허한 자아에 대한 미국적 개념의 기원을 찾을 수 있는 지점도 바로 여기라고 생각된다. 사실 이민자의 자녀들에 대한 정신분석은, 아이들이 가족 가운데 사실상 최초의 미국인으로서 문화적으로는 그들의 부모를 가르쳤다는 사실을 분명히 보여준다.

자신이 창조해낸 자아라는 개념은 산업화와 계층의 분화에 의해 강화가 되는 한편 일부 수정이 되기도 했다. 예컨대 산업화는 기계적인 아동 양육을 가져왔다. "자연의 위계질서"와 "포식 동물"을 새롭게 대체한 기계의 세상은, 수족이 버펄로가 "되었고" 유록족이 연어가 되었듯이 그와 같은 과정을 따르려는 이들에게만 우월적 지위를 제공했다. 이에 따라 산업화된 세상의 규격화된 부속품을 만들기 위해 인간이라는 유기체를 출발점에서부터 시계 같은 정확성에 적응시키려는 아동 양육의 경향이 나타나기 시작했다. 이러한 움직임은 미국에서나, 산업 발달을 위해 미국처럼 되기를 원하는 다른 나라들에서나 결코 멈추지 않고 있다. 기계에 대한 적응과 숙달을 추구하면서, 미국의 (특히 중산층) 어머니들은 한때 미국인의 가장 뛰어난 특질 가운데 하나였던 강인한 인격을 아이들이 체현하기를 바라면서도 정작 자신들이 그 아이들을 규격화하고 있다는 사실을 깨닫게 되었다. 그 결과로 만들어진 것은 독립적인 개성이 아니라 대량으로 생산된 개성이라는 가면이었다.

마치 이것만으로는 충분치 않다는 듯이, 규모에 비해 영향력이 큰 계층과 지역에서의 계층 분화가 유럽 귀족주의의 잔재가 만들어낸 여성상, 즉 노동을 할 필요가 없으며 심지어 노동이 무엇인지 이해조차 하지 못하는 여성상과 결합하게 되었다. 이러한 여성상은 곧 남부를 제외한 거의 모든 지역에서 인습에 얽매이지 않는 자유로운 여성상의 도전을 받았다. 이 새로운 이상적 모델은 기회의 평등을 요구했는데, 그러한 요구가 양성의 기능적 동등함이나 남자의 행동을 여성이 똑같이 할 수 있는 권리를 주장하는 것으로 표출되었다는 사실은 잘 알려져 있다.

그렇다면 본원적인 속성상 독립전쟁 이후의 미국 여성에게는 남성의 당찬 동반자로서의 역할이 주어졌다고 할 수 있다. 그 시절의 남성들은 그 누구의 독재로부터도 자유로워야 한다는 생각과, 고국에 대한 향수나 왕권에 대한 복종이 자기 자신을 정치적 노예로 만들 것이라는 두려움에 사로잡혀 있었다. 동일한 역사적 불연속성의 영향 하에서 오로지 아버지가 "아빠"가 되었을 때 어머니는 "엄마"가 되었다. 요컨대 어머니의 역할이 중요해진 것은 아버지가 제자리를 찾지 못했기 때문이다. 아버지들이 가정에서, 교육과 문화적 삶의 영역에서 주도적인 위치를 포기했을 때 어머니들은 할아버지의 역할을 떠맡게 되었다. 건국 선조의 후손들은 자신들의 아내에게 어머니인 동시에 아버지가 되어줄 것을 바라면서, 그들 자신은 자유민으로 태어난 아들의 역할에 머물렀다.

미국인들의 정서적 장애를 양이나 수적으로 측정하는 것은 불가능하다. 심각한 정신질환에 대한 통계도 도움이 되지 않는다. 우리가 문제를 더 잘 인식하게 되면서 문제를 탐지하는 방법이 개선되었고 우리의 헌신과 열의도 함께 늘어났다. 때문에 오늘날 신경증의 문제가 커지고 있는 것인지, 아니면 신경증을 조명하는 방식이 나아진 것인지, 어쩌면 둘 다인지 말하기란 쉽지 않다. 하지만 임상적 경험을 토대로 나는 감히 문제를 안고 있는 이들의 **특성**을 상술해보고자 한다. 문제를 겪고 있는 (흔히 문제가 가장 적어 보이는) 미국인들은 당당한 자율성과 풍요로운 주도성의 이면에 그들을 좌절시킨 어머니에 대한 비난을 숨기고 있다. 아버지가 몹시 엄격하거나 가부장적인 사고를 지닌 드문 경우를 제외하면 그들은 자신의 좌절과 아버지는 아무 상관이 없다고 주장한다. 미국인 남성에 대한 정신분석에서 생애 초기에 크고 위협적인 아버지가 있었다는 통찰에 도달하는 데에는 대개 상당한 시간이 걸린다. 설령 그런 통찰을 얻는다 해도 오이디푸스 콤플렉스의 전형적인 특징이라 할 수 있는 아버지와의 경쟁심은 거의 관찰되지 않는다. 이는 주도성의 발달이 "노인네"와의 경쟁심으로 이어지기 전부터 이미 어머니가 노스탤지어와 감각적 애착의 대상이 아니었음을 보여준다. 이와 같은 불완전한 "오이디푸스 콤플렉스"의 이면에는 어머니에 의해 버림을 받았다는 깊은 좌절감이 있다. 아이는 퇴행조차 무의미하다고 느꼈을 것이다. 퇴행을 할 대상이 없었기 때문이다. 누군가에게 감정을 전달하기도 힘들었을 것이다. 반응이 불확실했기 때문이다. 결국 남은 것은 한계점까지 치닫는 행동과 내적 충동이었으며, 그러한 행동마저 실패한 경우 심리적 위축과 규격화된 미소 그리고 심신증적 장애만 남게 되었다. 그러나 더 깊은 곳을 들여다보면 우리는, **어머니를 버린** 것은 너무 일찍부터 독립을 서두른 **자기 자신**이라는 통렬한 자각과 자책이 그 밑바닥에 깔려있음을 발견하게 된다.

　미국의 민속학은 흑인 선로공 존 헨리의 출생 설화를 통해 그러한 콤플렉스를 조명한다. 널리 알려진 설화에 의하면, 존 헨리는 진짜 남자는 기계와 맞붙어도 지지 않는다는 것을 보여주려다가 죽음을 맞았다. 그에 비해 덜 알려진 탄생 설화는 다음과 같다.*

존 헨리가 태어난 날 밤. 달은 구릿빛이었고 하늘은 칠흑 같았다. 별은 빛나지 않았고 비는 억수같이 쏟아졌다. 번개가 하늘을 찢었고 대지는 나뭇잎처럼 흔들렸다. 표범들이 덤불 속에서 길게 울부짖었고 미시시피 강은 상류로 1,000마일을 역류했다. 갓 태어난 존 헨리의 체중은 20킬로그램이었다.

존 헨리가 태어났을 때 사람들은 그를 어떻게 받아들여야 할지 몰랐다. 사람들은 그를 쳐다보다가 밖으로 나가서 강을 바라보았다.

"아이 목소리가 목사님처럼 굵네요." 아이의 엄마가 말했다.

"어깨가 딱 벌어진 게 부두 짐꾼 같아." 아빠가 말했다.

"마술사처럼 잇몸이 파란색이에요." 유모가 말했다.

"나는 설교를 할 수는 있겠지만." 존 헨리가 말했다. "목사가 되진 않을 겁니다. 배에 짐을 실을 수는 있겠지만 부두 짐꾼이 되지는 않을 겁니다. 마술사처럼 파란 잇몸을 가졌지만 죽은 자들의 영혼을 가까이하지는 않을 겁니다. 내 이름은 존 헨리이니까요. 나를 그렇게 부르다 보면 내가 평범한 사람이라는 것을 알게 될 거에요."

"그래요. 아이를 존 헨리라고 부르기로 해요." 엄마가 말했다.

"평범한 사람이 될 이름이군." 아빠가 말했다.

그때 존 헨리가 자리에서 일어나 기지개를 켰다. "자, 이제 저녁 먹을 시간이 된 것 같은데요." 존 헨리가 말했다.

"아이가 저녁을 먹겠다고 하네요." 엄마가 말했다.

"나중에." 아빠가 말했다.

"한참 후에요." 유모가 말했다.

"그럼 걔들은 저녁을 먹었나요?" 존 헨리가 물었다.

---

\* Roark Bradford, *John Henry*, Harper Bros, New York, 1931.

"먹었지." 엄마가 말했다.

"다 먹었지." 아빠가 말했다.

"먹은 지 한참 됐어." 유모가 말했다.

"그렇다면 내가 개보다도 못하단 말이에요?"

존 헨리는 화가 났다. 그는 벌떡 일어나 침대에서 내려왔다. 그가 입을 열어 소리를 지르자 램프가 꺼졌다. 그가 침을 뱉자 난롯불이 꺼졌다. "나를 화나게 하지 마세요!" 존 헨리가 소리치자 천둥이 쳤다. "내가 태어난 날 나를 화나게 하지 말란 말이에요. 내가 화나면 어떻게 될지 나도 모르니까요."

그러고 나서 존 헨리는 자신이 먹고 싶은 것을 이야기했다. "돼지 다리 네 개와 양배추 한 솥을 갖다 주세요. 순무 잎사귀 한 가득에 사과 주스를 부어 주세요. 차가운 옥수수 빵과 뜨거운 수프도 갖다 주세요. 돼지 목살 두 덩어리에 삶은 콩 한 솥도 주세요. 매운 양념 비스킷과 사탕수수 당밀 한 주전자도 갖다 주세요. 내 이름은 존 헨리이니까요. 나중에 다시 뵙죠."

존 헨리는 집을 나와 좋은 부두 짐꾼들이 많이 태어나는 블랙 리버 카운티를 떠났다.

물론 다른 나라에도 헤라클레스부터 부슬라예프(Buslaev)에 이르기까지 비슷한 이야기들이 있다. 하지만 존 헨리의 이야기에는 철저히 미국적인 요소들이 엿보인다. 이 설화에 담긴 해학의 특징을 기술하기 위해서는 좀 더 객관적인 접근이 필요할 것이다. 그러나 뒤에서 이어질 내용과 관련해서 우리가 염두에 두어야 할 것은, 존 헨리가 태어나면서부터 불만을 가지고 있다는 사실이다. 그는 식욕이 충족되지 못하자 이렇게 말한다. "내가 태어난 날 나를 화나게 하지 말란 말이에요." 하지만 그는 자리를 박차고 일어나 자신의 배에 채울 수 있는 음식의 양을 과시함으로써 스스로 이 딜레마를 해결했다. 그는 태어나면서부터 결정된 자신의 특별한 정체성에 자신을 맡기지 않을 생각이었으며, 자신이 요구한 음식이 준비될 틈도 없이 오로지 평범한 사람이 되기 위해 길을 떠난다.


### 3. 존 헨리

존 헨리는 기계에 대한 인간 육체의 승리를 보여주려다가 죽음을 맞는다.

> 작업반장이 존 헨리에게 말했네.
> "착암기를 이리 가져와.
> 착암기를 사용해서
> 강철 해머로 바위를 뚫을 거라네.
> 아무렴, 강철 해머로 바위를 뚫을 거라네."
> 존 헨리가 작업반장에게 말했네.
> "남자답지 않으면 남자가 아니지.
> 내 힘이 착암기보다 못하다면
> 차라리 손에 쇠망치를 쥔 채 죽고 말겠네.
> 아무렴, 손에 쇠망치를 쥔 채 죽고 말겠네."[*]

---

[*] J. A. Lomax and A. Lomax (Eds.), *Folksong U.S.A.*, Duell, Sloan and Pearce, New York, 1947.

로맥스 부자(父子)에 따르면 이 민요는 "스코틀랜드의 멜로디에 뿌리를 두고 있으며, 중세의 민요에서 그 형식을 빌리고 있으나 내용은 평범한 남자의 당당함을" 노래하고 있다. 이 노래에서 주인공 존 헨리는 끝까지 남자는 남자다워야 한다고 믿고 있다.

존 헨리는 광활한 개척지를 떠돌며 특별한 능력이나 기술 없이 지리적, 기술적으로 새로운 세상에 맨몸으로 부딪쳐야 했던 남자들에게 하나의 직업적 모델이 되어주었다. 오늘날까지 유일하게 남아 있는 당시의 직업적 모델은 카우보이인 것 같다. 카우보이는 허세와 불평, 방랑벽과 개인적 관계에 대한 불신, 인내와 용기의 한계에 대한 종교적 집중력, 그리고 가축과 기후에 대한 의존 등 옛 모델의 유산을 그대로 물려받고 있다.

정서적으로나 사회적으로 존 헨리와 같은 육체노동자들에게는 뿌리가 없는 남자, 어머니가 없는 남자 그리고 여자가 없는 남자라는 이미지가 생겨났다. 뒤에서 우리는 이것이 많은 나라에서 새롭게 등장한 여러 이미지들 가운데 하나임을 확인하게 될 것이다. 그러한 이미지들의 공통분모는 아무런 속박도 받지 않고 태어난 아이가 가부장적인 권위에서 해방된 청소년기를 거쳐, 아버지의 사고방식과 어머니에 대한 노스탤지어를 부정하는 성인이 된다는 것이다. 그들은 오로지 냉혹한 현실과 자신이 속한 조직의 규율에만 복종한다. 그들은 마치 가장 거친 가축들보다도 더 거칠고 가장 단단한 금속보다도 더 단단하게 스스로를 단련시켰다고 생각한다.

오지에서 북극곰의 젖을 빨며 자라 아홉 줄의 아랫니와 두 겹으로 난 털, 강철로 된 갈비뼈, 쇠로 만들어진 창자, 가시철사로 된 꼬리를 가진 나는 정처 없이 떠돌지만 아무 걱정 없다네. 야, 좋다!*

  그들은 스스로 이 세상의 온갖 높고 낮은 것들의 응축된 존재가 되기 위해 익명으로 살기를 원했다.

    나는 곰처럼 텁수룩하고 늑대처럼 사나우며 표범처럼 날렵하고 하이에나처럼 웃을 수 있네. 내 안에는 사자부터 스컹크까지 온갖 것들이 조금씩 들어 있으니, 그대들은 이 전쟁이 끝날 때까지 동물학 강의에 나오는 모든 동물들의 이름을 열거해 보아야 할 걸세. 너무 늦지 않게 말이야.** (데이비드 크로켓은 알라모 요새 전투에서 멕시코 군에 맞서 싸우다 180여 명의 텍사스 의용군과 함께 전사했으며, 이 책의 실제 저자는 후에 Richard Penn Smith로 밝혀짐-옮긴이)

  만일 이 이야기 속에 인디언들의 영향을 받은 토테미즘이 있다면 거기에는 비극적인 모순 또한 있다. 스스로를 자연의 일부로 받아들일 때 우리는 "자연의 위계질서"와 마주칠 수밖에 없기 때문이다. 기계보다 차갑고 단단해지려 노력하고, 그에 따라 쇠로 만들어진 창자를 갈망할 때 인간은 결국 좌절할 수밖에 없다.

  우리는 두 인디언 부족에 대해 이야기하면서 초기 아동 양육의 특별한 방식이 그들의 세계관이나 경제적 역할과 일치한다는 결론을 내린 바 있다. 그들의 신화와 의식 그리고 기도에서 우리는 유아기의 낙원으로부터 추방된 그들이 어떤 대가를 치러야 했는지도 확인할 수 있었다.

---

\* Alfred Henry Lewis, *Wolfville Days*, Frederic A. Strokes Co, New York, 1902. B. A. Botkin, *A Treasury of American Folklore*, Crown Publishers, New York, 1944 인용.
\*\**Colonel Crockett's Exploits and Adventures in Texas*, Written by David Crockett, 1836.

그렇다면 미국처럼 거대하고 다양성이 있는 나라에도 어머니와의 초기 관계를 전형적으로 반영하는 민속적 요소가 있을까?

나는 농경사회의 민요가 원시사회의 공동체적 기원의 노래와 심리학적으로 상응한다고 생각한다. 우리가 앞에서 살펴보았듯이 원시사회의 노래는 초자연적인 공급자에게 바치는 기도이며, 그 구성원들은 유아기라는 잃어버린 낙원에 대한 노스탤지어를 눈물과 노래에 담아냈다. 하지만 민요는 조악한 농기구로 거친 땅을 일군 사람들의 땀과 향수를 표현한다. 잃어버린 고향에 대한 그들의 갈망은 노동의 보조적인 도구까지는 아니더라도 노동에 흔히 수반되는 노동요로 불린다.

옛 사랑에 대한 미국의 민요는 유럽 민요의 고요한 깊이를 물려받았다. "내가 사랑하는 이의 머리는 짙고 짙은 검정색이라네." 하지만 깊은 골짜기와 조용한 방앗간 그리고 아리따운 옛 연인에 대한 추억은 그 멜로디에 고스란히 남아 있다. 지역마다 조금씩 다른 노랫말을 가지고 있는 이러한 민요에는 "분열된 성격"이 조금씩 드러났는데 그것은 이후 재즈 시대의 멜로디에 본격적으로 스며들었다. 멜로디와 노랫말 사이의 이러한 불일치는 가장 오래된 미국 민요라 할 수 있는 "Springfield Mountain"에서도 이미 엿볼 수 있다. 가장 달콤한 멜로디에 가장 참담하고 무례한 노랫말이 담겨 있으며, 심지어 사랑 노래들조차 깊은 감상과 거리를 두려는 경향을 보이고 있다. 이를 두고 로맥스 부자는 이렇게 말했다. "노랫말의 행간을 읽다보면 다음의 두 가지 태도가 반복적으로 나타나는 것에 놀라지 않을 수 없다…… 사랑은 위험한 것이다. 그것은 바람과 함께 사라지는 헛된 꿈에 불과하다…… 사랑은 오락거리이며 연애는 코미디이다. 분명한 것은 인디언, 고독, 들짐승, 숲, 자유, 야생마, 들불, 가뭄 그리고 권총을 무서워하지 않았던 그들이 사랑을 두려워했다는 것이다."*

그러한 사랑 노래의 화자로부터 우리가 발견하는 것은, 오래 전 자신이 버림받았다는 사실에 대한 슬픔(보편적인 주제)뿐만 아니라 "무모한 사랑"에 상처받지 않기 위해 스스로 깊은 감정에 빠지는 것을 피하려는 두려움이다.

많은 미국 민요는 낭만 대신에 신대륙의 개척민들에게 천형처럼 주어진 가난, 고통 그리고 노동의 거친 현실을 노래했다. 주변 환경의 성가신 동물들—"풍뎅이, 주머니쥐, 너구리, 수탉, 거위, 사냥개, 앵무새, 방울뱀, 염소, 멧돼지, 노새 등"—도 민요의 소재로 사용되었다. 동물들이 등장하는 복잡한 말장난과 말도 안 되는 가사의 노래는 성적인 비유들을 노인들에게는 감추고 젊은이들에게는 넌지시 비칠 수 있었다.

숙녀의 가운데로 신사가 노를 젓지.
우리는 숲에 숨어 버펄로를 잡을 거야.

계집애들 학교 가면 사내아이들은 딴 짓 하네.
헛간에 숨어들어 늙은 노새를 쫓아다니지.

매는 대머리수리 잡고 대머리수리는 까마귀 잡지만
우리는 숲에 숨어 버펄로를 잡을 거야.**

---

* Lomax and Lomax, 앞의 책.
** 위의 책.

늙어서 소멸해가는 존재들에 대한 말장난은 매우 불손한 일이었다. 때문에 동물들—"예전 같지 않은 늙은 암말"이나 "예전처럼 울지 못하는 늙은 수탉"—이 노래의 대상이 되었다. 낸시 아주머니의 흰 거위도 그런 예에 속한다.

> 낸시 아주머니에게 가서 전해.
> 늙은 흰 암컷거위가 죽었다고.
>
> 깃털 이불 만들려고
> 딱 한 마리 남은 건데.
>
> 엄마 거위 죽었다고
> 새끼들은 슬피 우네.
>
> 죽은 거위 머리에는
> 깃털 한 개 남았는데.*

로맥스 부자에 따르면, 이 노래는 "거위털 이불이 요긴한 침구였던 시절을 반영하고 있으며, 누구나 유아기부터 어른이 될 때까지 그 이불의 포근함에 싸여 성장을 했다는 점에서" 씁쓸하면서도 재미있는 풍자를 담고 있다. 하지만 알아들을 사람만 들으라는 이러한 비유 대신에 직설적인 표현이 등장하는 경우도 있다.

---

* 위의 책.

마누라가 죽었다네. 어떡하나. 어떡하나.

마누라가 죽었다네. 어떡하나.

마누라가 죽었다네.

그런데 눈물이 나도록 웃음이 절로 나네.

다시 자유의 몸이 되었다는 생각에.


    이러한 노래에서는 "낡은 것은 가라" 그리고 "너무 심각해지지 말자"
는 정서가 자유롭게 표현된다. 미국 민요에 담긴 진정한 정신을 느끼기
위해서는 이와 같은 노래에 맞춰 발을 구르고 춤을 춰봐야 한다. 이와
같은 역동성은 미국인의 신조, 즉 이동과 행동의 자유에 대한 믿음을
표현하는 일상의 노동과 흥겹게 결합된다.

    개척 시대에 이루어진 노동의 분화를 독특한 형태로 반영하고 있는
카우보이의 노래는 그들의 노동이 갖는 특징과 감정적 표현을 적절하
게 조화시키고 있다. 제멋대로 날뛰는 수컷 야생마를 길들이면서 두려
움이나 흥분으로 침착함을 잃지 않기 위해, 그리고 더위와 먼지 속에
서 소떼를 몰고 가는 동안 좋은 상태로 팔려나가야 할 가축들이 놀라거
나 다치는 일이 없도록 주의를 하면서 카우보이들은 노래를 불렀다. 그
리고 그러한 노래들로부터 여러 민요가 생겨났다. "카우보이의 슬픔"이
담긴 운율에는 그에게 돌아갈 곳이 없다는 사실이 자리 잡고 있다. 어
머니나 "사랑하는 누이"를 다시 만날 수 없는, 또는 사랑하는 이를 찾
아갔으나 배신을 확인하고 뒤돌아서는 카우보이의 사연들이 잘 알려진
민요들에 담겨 있다. 하지만 어머니와 선생님 그리고 어미를 잃은 송아
지를 노래하는 민요 또한 많다.

네 어미는 흰독말풀과 돼지풀이 자라는

머나먼 텍사스에서 키워졌대.

그러니 네가 아이다호로 보내질 때까지

우리가 촐라 선인장을 실컷 먹여줄게.*

카우보이는 수백 마리의 송아지를 몰고 대평원의 초저녁을 가로지르며 자장가를 불러주기도 했다.

송아지들아. 그만 좀 뛰고 천천히 가자.

온 사방을 돌아다니는 통에 내가 지친다.

너희들 발밑에 풀이 있단다.

천천히 먹으면서 가렴.

그러면 계속해서 떠돌 필요가 없잖니.

천천히 가자, 송아지들아. 천천히 가자.**

"이건 너의 운명이지 내 잘못이 아니다"라고 항변하면서도 카우보이는 낙인을 찍고 거세를 해주며 도살되기 위해 팔려나갈 때까지 자신이 보살피는 황소들에게 동질감을 느낀다.

너는 아버지도 없고 어머니도 없구나.

걸음마를 하자마자 부모와 헤어졌지.

---

* M. and T. Johnson, *Early American Songs*, Associated Music Publishers, W. 45th Street, New York, 1943.
** *Singing America*, C. C. Birchard & Co, 1940.

너는 누이도 없고 형제도 없구나.

네 처지가 고향을 멀리 떠난 카우보이 같구나.*

　미국 민요의 멜로디는 지나간 것들에 대한 향수를 긍정하지만 그 노랫말은 집요할 정도로 역설적이며 사랑에 대한 믿음과 신뢰의 필요성을 의도적으로 부정한다. 이는 개인적인 차원의 독립 선언이 된다.

　이 나라에서 자유민의 이미지는, 봉건적이며 종교적인 지배를 피해 조국을 등지고 전제정치의 부활을 막는 것을 가장 중요한 원리로 여기며 새로운 나라를 건설한 북유럽 사람들에게 뿌리를 두고 있다. 물론 고향의 정취를 그대로 간직하면서 더 많은 자유를 누릴 수 있는 또 하나의 영국을 신대륙에 건설하고자 했던 초기 정착민들에게 그러한 이미지는 전혀 예상하지 못한 방식으로 발달해갔다. 한 번도 누군가의 조국인 적이 없었고 혹독한 환경 자체가 폭군과도 같았던 이 대륙이 갖는 야성의 매력 또한 예견되지 못했던 것이다. 신대륙의 자연은 "싸우자는 게 아니라, 그냥 그렇다는 얘기."라고 말한다. 나라의 크기와 환경의 혹독함 그리고 이동과 운송의 중요성은 자율성과 주도성이라는 정체성, 즉 "떠돌아다니며 온갖 일을 하는" 이들의 정체성을 형성하고 발달시키는 데 기여했다. 역사적으로 지나치게 한정된 과거는 막연한 미래를 위해 포기되기 쉬웠고, 지리적인 이동은 늘 존재하던 사실이었으며, 사회적인 기회와 가능성은 도전과 행운 그리고 사회적 이동 통로의 적극적인 활용에 의해 주어지게 마련이었다.

　그러므로 심리학적인 분석이 특정한 정신적 불안의 밑바닥에서 어머

---

* Johnson, 앞의 책.

니를 버렸다는, 그리고 어머니로부터 버림받았다는 콤플렉스를 발견하는 것은 우연이 아니다. 일반적으로 미국인들은 "이 나라"에 대해 포근함과 그리움을 불러일으키는 "조국"의 느낌을 갖고 있지 않다. "이 나라"가 사람들로부터 사랑을 받는 방식은 현실적이며 실제적이다. 보다 깊은 애국심이나 애향심은 단순한 지역적 소속감보다는 자발적인 연대에 기초한 성취의 수준에 있다며 이 문제를 수사학적으로 비껴갈 수도 있다. 오늘날 이웃의 범위가 너무나 방어적으로 한정되고 과도하게 표준화된 상황에서 많은 이들이 교차로의 식당에서, 술집에서, 자동차에서 그리고 캠프나 객실에서 가장 편안한 휴식을 누리며 스스로는 아무런 속박 없이 이동과 정착을 한다고 믿고 있다. 그 어느 나라에서도 사람들은 이보다 더 멀리, 더 빨리 이동하지 않는다. 제2차 세계대전 후 그 어느 나라에서보다도 미국의 제대 군인들은 전선에서 꿈꾸던 고향이 아닌 다른 지역에서 새로운 삶을 시작했다. 많은 미국인들이 "집보다 더 좋은 곳은 없다"고 말하지만, 그들에게는 그 집이 이동이 가능하거나, 수천 마일 떨어진 곳에서도 그와 똑같은 집을 찾을 수 있어야 한다는 것이 중요하다. 최적의 거주지를 가진 사람들이란 아마도 가장 많이 이동하는 사람일지도 모른다.

그런데 거대한 대륙을 지배해가면서 미국인들은 두 번째 전제군주를 통제하는 법을 익히게 되었다. 개척민들의 자유로운 후손이 맞닥뜨린 전제군주는 다름 아닌 기계였다.

과거를 잊지 않으면서도 현실에 충실한, 자율적이면서도 믿음직한, 개성이 있으면서도 예측 가능한 사람을 만들려는 미국의 아동 양육 방법을 연구 또는 비판하기 위해서는 먼저 대륙이라는 폭군과 기계라는 전제군주를 이해할 필요가 있다. 그러한 양육 방법들이 의도적인 모성의 "거부"에서 시작된다는 것은 민간전승에 잘 녹아 있으며, 그것은 필요성에 의해 만들어진 사실들과 욕구에 의해 만들어진 상상들을 되짚으며 탐색되어야 한다. 자수성가한 사람의 이미지와 스스로 창조한 성향에 딱 들어맞는, 그리고 자아정체성을 스스로 만들어내고 "조정"해 나가는 사람들이라면 따뜻한 어머니의 사랑이 그다지 필요하지 않았을 것이기 때문이다. 실제로 어렸을 때 어머니의 사랑을 받은 사람도 나중에는 그것을 부정해야 했고, 만일 "엄마"가 없었다면 만들어내기라도 해야 했다. 왜냐하면 엄청난 동력을 가지고 변화하는 세상에서 자립하기 위해서는 자신에게 주어진 현실에 불만을 쏟아내며 스스로를 일으키는 것이 중요했기 때문이다.

존 헨리는 개에게 먹이가 주어진 다음에 태어났기 때문에 무언가를 처음으로 먹어보기도 전에 스스로 일어나야만 했다. 그의 앞에 놓인 대륙과 그에게 요구된 과제에 비추어 보면, 비록 극단적이긴 하지만 그가 세상에서 보낸 첫 몇 시간은 의미하는 바가 크다. 그러나 만일 존 헨리가 신사 정장을 입어야 한다면 그는 과연 무슨 일을 할 수 있을까? 그가 기계에 매달려 일을 하고 현대의 비인격적인 제도에 갇혀 있어야 한다면 "쇠로 만든 창자"가 무슨 소용이 있을까?


## 4. 청소년기, 보스 그리고 기계

청소년기는 주요한 정체성이 형성되는 결정적인 시기이다. 생애 설계에 가까운 미래가 포함되는 것도 이 시기부터이며, 그 미래가 어린 시절 예상했던 것과 일치하는지 의문이 생겨나는 것도 이 시기이다.

생리적인 성숙에 의해 일어나는 문제를 안나 프로이트는 아래와 같이 명료하게 설명한다.*

신체적, 성적 성숙을 보여주는 생리적 변화는 본능의 변화를 수반한다. 공격적 충동은 제어가 되지 않을 정도로 강해지고, 허기는 폭식이 되며, 잠재기의 짓궂은 장난은 청소년 범죄로 변한다. 오랫동안 잠복해 있던 구강기적, 항문기적 관심이 다시 수면 위로 떠오른다. 잠재기를 거치며 힘들게 획득된 청결의 습관은 불결함과 무질서에 자리를 내주고, 겸손과 연민 대신에 과시적 성향, 폭력성 그리고 동물에 대한 잔인성이 나타난다. 자아의 틀에 확고하게 자리 잡은 것 같았던 반동 형성(reaction formation)도 금방이라도 무너질 듯 위태로워 보인다. 이와 동시에 이전에 사라졌던 경향들이 다시 의식 안으로 들어온다. 오이디푸스 콤플렉스에서 비롯된 소원들은 거의 왜곡되지 않은 채 상상과 백일몽의 형태로 충족된다. 남아들의 경우 거세 불안이, 여아들의 경우 남근 선망이 다시금 관심의 초점이 된다. 이 시기에 밀려오는 힘에 새로운 요소들은 거의 없다. 이러한 맹공을 받으면서 초기 유아 성욕의 익숙한 내용들이 표면에 등장하게 된다.

이것은 개별적 측면에서의 자아의 모습인데, 이러한 자아는 적대적인 내면 또는 내면에 있는 외부 세계로부터 동원된 이드의 공격을 받는 것처럼 보인다. 우리는 청소년기의 자아가 외부 세계로부터 기대하는 지지의 양과 질에, 그리고 초기에 발달된 정체성의 조각들과 자아 방어

---

* Anna Freud, *The Ego and the Mechanism of Defense*, The Hogarth Press and the Institute of Psycho-Analysis, London, 1937.

(ego defense)에 필수적이며 추가적인 지원이 주어지느냐 하는 문제에 관심을 가지고 있다. 퇴행과 성장 그리고 반항과 성숙을 경험하는 청소년들은 이제 자신이 생각하는 스스로의 모습과 주위의 중요한 인물들이 바라보는 자신의 모습이 어떻게 다른지에 큰 관심을 갖는다. 또한 이전 시기의 꿈, 특성, 역할 그리고 기능을 직업적, 성적 원형에 어떻게 결합시킬 것인가 하는 문제도 주요 관심사로 삼는다.

이 시기의 위험성은 역할 확산(role diffusion)이다. 〈어느 세일즈맨의 죽음〉에서 아들 비프(Biff)는 이렇게 외친다. "자신이 없어요. 엄마, 인생이란 걸 살아갈 자신이 없어요." 그러한 딜레마가 혈통이나 성적 정체성에 대한 이전부터의 불확실성에 토대를 두고 있는 경우 사회규범에서 벗어난 비행과 정신질환은 더 이상 드물지 않은 일이 된다. 청소년기에 대한 가차 없는 기준에 의해 자신에게 강요되는 역할에 혼란을 느낀 청소년들은 어떤 형태로든 도망을 친다. 학교를 그만두고 밤늦게 거리를 배회하거나 이해할 수 없는 감정 상태로 숨어드는 것이다. "비행 청소년"의 가장 큰 필요와 유일한 구원은, 손위의 청년들이나 조언을 해주는 어른들 그리고 사법기관이 청소년기의 역동적 특징을 무시하는 사회적 판단으로 그들에게 낙인을 찍는 일을 "거부"하는 것이다. 사회가 그들에게 줄 수 있는 가장 큰 도움은 어쩌면 비행을 "확정" 짓기를 거부하는 것인지도 모른다.*

이른 시기에 정체성이 규정되어 버린 청소년들 가운데 한 십대의 사례를 그의 주변 환경과 관련지어 이야기해 보고자 한다. 나의 방법은

---

* E. H. and K. T. Erikson, "The Confirmation of the Delinquent," *Chicago Review*, Winter 1957.

하나의 "유형"에 대한 임상적 기술이지만 그 소년은 환자와는 거리가 멀다. 사실 그 소년에게는 정신과 의사가 필요 없다. 어쩌면 그러한 이유로 우리는 이 사례를 더욱 주의 깊게 연구해 보아야 할지도 모른다. 우리의 도움을 절박하게 필요로 하는 사람들에게만 우리의 이해를 한정시키는 것은 우리의 시야를 지나치게 좁게 만들 수 있기 때문이다.

소년의 가족은 앵글로 색슨 혈통의 온건한 청교도이며 화이트칼라 계층에 속해 있다. 그는 큰 키에 단단한 몸집을 가지고 있으며 성격은 다소 내성적인데 특히 여자들 앞에서 수줍음을 타는 경향이 있다. 하지만 가끔 짓는 미소는 스스로에게 기본적으로 만족하고 있음을 보여준다. 또래들과 어울릴 때는 다소 거칠어지기도 하지만 어린 아이들에게는 친절하고 조심스러운 태도를 보여준다. 그의 목표는 막연하지만 대체로 활동적인 것들과 관련이 있다. 스포츠와 관련된 그의 이상적 원형은 잘 훈련된 운동성, 공정한 공격성, 요란하지 않은 자기과시욕, 그리고 잠복해 있는 남성성과 같은 그의 욕구들을 충족시켜주는 것 같다. 일정한 규칙에 따라 제한된 목표에 집중함으로써 신경증적 불안은 나타나고 있지 않다. 정신분석학적으로 말하면 그의 지배적인 방어기제는 자기억제이다.

소년의 어머니는 "엄마"의 유형에 가깝다. 그녀는 목소리가 쩌렁쩌렁하며 엄하고 처벌적인 성향을 보인다. 성적으로는 불감증에 가까운 것으로 추측된다. 소년의 아버지는 직업상으로는 강인한 모습을 보이지만 부부관계를 회피하고 가족들로부터 존경을 받으리라는 기대를 별로 갖고 있지 않다. 그러한 부모는 우리의 사례 연구들에서 하나의 문화적 양식을 대표하는 예이지만 그와 동시에 병인(病因)으로 지목되기도 한다. 그들이 자녀에게 끼칠 영향은 현존하는 임상 용어로는 나타낼 수 없는 변수에 좌우된다. 이 어머니는 남성의 유약함에 대해 일종의 경멸을 보이는데, 신체적인 처벌보다 말로 야단을 치는 것이 오히려 더 나쁜 결과를 가져오고 있는 것 같다. 그녀는 자신의 가족사에서 비롯된 이상적 남성상을 가지고 있는데, 그것은 대체로 자신의 아버지에게서 온 것이다. 그녀는 아들이 그러한 남성상과 비슷해지기를 기대하고, 그러한 기대를 아들에게 표현한다. 그녀는 아들이 그러한 기대에 따를 것인지를 전적으로 아들에게 맡겨둘 만큼 충분히 (안일하고 무관심하거나) 현명하다. 무엇보다 중요한 것은 그녀가 과보호를 하지 않는다는 것이다. 아들을 들볶아대며 결코 방임하지 않는 ("과보호"를 하며 병인이 되기도 하는) 다른 어머니들과 달리, 그녀는 아들을 자신에게 묶어두려 하지 않는다. 그녀는 십대인 아들에게 거리와 운동장 그리고 파티를 늦은 밤까지 다닐 자유를 주고 있다. 아버지는 걱정하지 말고 차를 빌려달라는 아들의 설득에 넘어간다. 이 대목에서 아들이 성적인 문제에서 어느 정도까지 나아갈 것인지 이 어머니가 알고 있다는 사실을 주목해야 한다. 그녀는 아들이 어렸을 때 그의 원초적인 욕구를 자신이 억압했다는 사실을 무의식적으로 감지하고 있기 때문이다. 유년기 초기에 그녀는 아들의 성적, 정서적 욕구를 의도적으로 외면했다.

그러한 어머니들에게서 의도적인 모성의 배제가 역사적으로 얼마나 오래된 토대를 가지고 있는지는 앞에서 지적한 바 있다. 그것은 단순히 종교적인 청교도주의에서 비롯된 것만은 아니다. 그것은 아들이 미래보다 과거를 믿으며 자신의 정체성을 어린 시절의 집에 고착시킨 채 더 나은 기회를 찾아 떠날 가능성을 배제하는 상황과, 어느 정도의 상실과 고독을 감내하는 사람이 아닌 "계집애"처럼 되는 상황이 극히 위험했던 지난 시절의 역사적 조건이 무의식적으로 연장된 것이다.

앞에서 우리는 어머니와 유아의 상호조절에서 얻어지는 기본적인 신체 감각의 발달에 대해 이야기했다. 각 신체부위가 "나의 것"이라는 느낌과 "좋다"는 느낌은 초기 환경에서 그것이 신뢰 속에서 받아들여지고, 성장하는 아이에게 온전히 맡겨지는 정도에 따라 달라진다. 가장 큰 갈등 부위는 몸의 느낌으로부터 갑자기 단절되고 정체성으로부터도 점차 단절된다. 그 부위는 빠르게 성장하는 청소년의 신체에서 가장 거슬리는 영역이 되는데, 청소년들은 그 부위를 지나칠 정도로 의식하고 신경을 쓴다. 그들은 또한 신체 부위에 대한 접촉의 상실로부터 고통을 받기도 한다. 이 시기의 청소년들이 자신의 성기로부터 분리된다는 사실에는 의심의 여지가 없다. 그들에게 성기는 "사적인" 것으로 여겨지는데, 여기에서 사적이라 함은 사적인 소유물이라기보다는 너무나 사적이어서 자기 자신조차 건드릴 수 없다는 뜻을 내포하고 있다. 그들은 생애 초기에, 그리고 이후로도 이따금씩 성기 상실에 대한 위협을 느끼면서 가장 손쉬운 방어기제인 억압에 발맞춰 자기 자신을 성기로부터 분리시킨다. 물론 자기 자신은 이것을 의식하지 못한다. 격렬한 운동은 신체의 이미지를 온전히 유지하는 데 도움을 주고 동시에 스포츠의 목표지향성 가운데 공격성을 해소하도록 해준다.

자율성이라는 자아 특질은 앞에서 이야기한 바와 같이 육아의 과정에서 아이의 특권과 의무를 얼마나 일관성 있게 규정하느냐에 따라 달라진다. 최근 청소년기에 작용하는 모든 종류의 영향력들은 자율성의 발달에 필요한 특권과 의무의 결합을 약화시켜왔다. 가족 규모의 축소와 이른 배변 훈련도 그러한 영향력의 예라고 할 수 있다. 형제자매의 수가 많은 경우 "너무 어린" 아이와 "다 큰" 아이에게 특권과 의무가 적절하게 할당될 수 있다. 이 경우 대가족은 민주주의의 훌륭한 학교가 될 수 있으며, 특히 부모 스스로가 든든한 조언자로서 자신의 역할을 한정시키는 법을 배우는 경우 더욱 그러하다. 그러나 자녀의 수가 많지 않은 가정에서는 성과 연령의 차이가 부각된다. 소가족의 어머니들은 청결, 정돈, 시간 엄수에 대한 초기 훈련에 이어 한 아이를 상대로 치열한 수읽기와 인내심이 동원되는 게릴라전을 벌여야 한다. 여기에서 우리가 살펴보고 있는 사례의 어머니는 엄청난 혼란이 닥치기 **전에** 가능한 한 일찍 아이를 "조건화"시키는 것이 최선이라는 과학적 슬로건을 주저 없이 따랐다. 아주 이른 시기의 훈련이 갈등은 최소화하면서 자연스러운 순응과 최대한의 효율성을 이끌어낼 수 있다는 설명이 그녀에게는 그럴 듯하게 들릴 만했다. 어쨌든 이 방법은 개에게는 잘 통한다. 그러나 "행동주의적" 심리학을 맹신한 그녀는 조건화 실험을 통해 훈련된 개들이 그들의 새끼들을 조건화시키지는 못한다는 사실을 깨닫지 못했다. 아이들은 장차 자신의 아이들을 훈련시켜야 한다. 그리고 단순히 갈등을 피하기 위해 욕구와 자극을 제거하는 것은 다음 세대에까지 영향을 미칠 수 있다는 점이 고려되어야 한다. 아이를 낳고 키우는 모든 개인(부모)들은 스스로 유년기의 갈등들을 잘 이겨냈다는 느낌을 가지고 자녀들을 대할 수 있어야 한다. 사실 초기 훈련을 강조하는 그러한 이론들은 성과를 거두기가 무척 어려운데 이는 부모에게 과도할 정도의 일관성이 요구되기 때문이다. 그것은 아동 훈련이라기보다는 부모 훈련이 되고 만다.

우리가 살펴보고 있는 소년은 "규칙적"이 되었지만 식사와 배변 습관을 익히면서 불안과 조급증을 같이 경험했다. 신체적 자율성을 얻기 위한 시도가 뒤늦게 시작되지만 스스로 선택을 할 수 있는 능력은 이미 근본적인 결함을 갖게 된다. 자유로운 선택에 의한 순응과 반대를 경험하기 전에 스스로의 통제 영역이 침범을 받았기 때문이다. 자신에 대한 조절 능력을 갖추지 못한 아이를 조건화시키기 위해 조기에 배변 훈련이나 다른 훈련들을 실시하는 것이 후일 건강한 시민으로서 자유로운 선택을 할 수 있는 개인을 키워내는 데 긍정적인 역할을 하리라고는 생각되지 않는다. 여기에서 "마찰 없는 작동"이라는 기계적 이상이 민주적인 사회 환경을 침범한다. 정치적 무관심의 많은 부분은 선택을 요하는 문제의 결론이 이미 내려져 있다는 막연한 느낌에서 비롯되는 것일 수 있다. 이러한 환경에서 유권자들은 어떤 문제를 하나의 굳어진 사실로 무기력하게 받아들이는데, 이는 그들이 배운 세상이란 어른들이 선택을 이야기하면서도 갈등을 피하기 위해 모든 것을 "결정"해버리는 곳이기 때문이다.

"아동이 부모의 초자아를 동일시하는" 이른바 오이디푸스 단계에서, 이 초자아가 시대적 이상이라는 말로 집단적 의미를 갖게 되는 현상은 매우 중요한 의미를 갖는다. 사실 초자아가 하나의 제도가 된다는 것은 매우 부적절한데, 이는 크고 성난 성인과 작고 버릇없는 아이라는 상대성을 내면적으로 영속시키기 때문이다. 부계 중심 시대는 정해진 방식에 의해 무의식적으로 내면화된 도덕적 "보스"라는 개념을 보편적으로 이용했고, 다른 시대 역시 나름의 방식으로 그러한 개념을 이용했다. 가부장적 착취는 아버지에 대한 반항을 낳고 그것은 억압된 죄의식과 거세 공포로 이어진다. 모계의 착취는 어머니와 아이 사이의 상호파괴와 상호포기의 감정에 초점을 맞춘다. 따라서 각 시대는 어른과 아이 사이의 보편적인 외적 단절을 내적으로 지속시키기 위해 초자아를 이용하는 나름의 방식을 찾게 된다. 이러한 관계의 양상이 독특할수록, 그리고 변화하는 문화적 원형과 제도에 대한 부모의 대응이 부적절할 수록 자아정체성과 초자아 사이의 갈등은 더욱 깊어진다.

하지만 자기 억제는 우리가 살펴보고 있는 소년의 도덕적 마모를 상당 부분 덜어주고 있다. 아버지다움의 이상이 보편적으로 배어 있는 미국적 생활양식 덕분에 그는 사춘기를 거치면서도 자신의 초자아와 별다른 충돌을 일으키지 않는 것 같다. 그의 남성상은 일상생활을 함께하는 아버지로부터 비롯된 것이 아니다. 친척 아저씨나 아버지의 친구가 아니라면 그것은 어머니에 의해 (종종 무의식적으로) 제시되는 할아버지의 모습에서 비롯될 것이다.

강인한, 그리고 강한 추진력을 가지고 살아온 할아버지—현실과 신화가 합성된 존재로서 한때 미국인의 보편적인 표상이었던—는 광활한 지역을 개척하는 새롭고도 도전적인 과제를 추구했다. 한 지역에서의 도전이 완수되면 할아버지는 그 땅을 다른 사람들에게 맡기고 새로운 도전을 찾아 떠났다. 그의 아내는 아주 드물게 오로지 임신을 위해 남편을 볼 수 있었다. 아버지를 따라갈 수 없었던 아들들은 착실한 정착민으로 남게 되었고, 딸은 그런 아버지를 동일시했다. 하지만 그러한 남성적 동일시 때문에 그녀는 아버지만큼 강인한 남자를 찾을 수 없었다. 결국 그녀는 아버지에 비해 약하지만 안정적으로 보이는 남자와 결혼해서 정착을 했다. 그러나 그녀는 끊임없이 자신의 아버지를 떠올렸다. 정착민이 된 남편을 자신이 얼마나 무시하고 있는지, 그리고 지리적으로나 사회적으로 이동성을 잃어버린 가족의 상황을 자신이 얼마나 불만스럽게 여기고 있는지 그녀는 의식하지 못한다. 그녀는 자신이 유지해온 정착생활과 아들에게 기대하는 저돌적인 기질 사이의 갈등을 아들에게 그대로 이식한다. 이때 더 크고 강한 사람이자 어머니의 소유자로서 경쟁상대로 여겨지는 아버지의 이미지, 즉 초기 "오이디푸스"의 이미지가 할아버지에 대한 신화와 결합하게 된다. 두 가지 모두는 무의식에 깊이 자리를 잡게 되고, 서로 제한하고 제한받으면서도 서로를 지지해주는 건강한 형제 관계를 익혀야 할 필요로 인해 계속해서 잠복한 상태로 남게 된다. 아버지는 "케케묵은" 사고방식을 가지고 있거나 지나치게 이질적인 "보스 유형"만 아니라면 아들의 분노로부터 비교적 자유로우며, 오히려 큰형에 가까운 존재가 된다. 이들의 관계에서 성적 경쟁은 의식으로부터 배제되어 있다.

지금 내가 떠올리고 있는 아이들은 사춘기 초기에 접어들면서 이미 아버지만큼 또는 아버지보다 키가 크다. 이에 대해 아이들은 아직 크려면 멀었다는 식의 농담을 한다. 실제로 이 나라에서는 아버지와 아들 사이에 인디언들의 "농담 관계"와 유사한 관계가 발달하고 있는 것으로 보인다. 이러한 농담은 "발각되지 않고 넘어가기"를 바라는 영역, 이를테면 어머니의 감시를 피하는 데 사용되곤 한다. 이것은 어떤 직접적인 지시나 첨예한 의지의 충돌을 피하는 데 도움이 되는 상호 교감을 형성해준다. 이 소년들의 꿈은 그들의 신체적인 능력과 독립적인 정체성이 그들의 내면에 불안을 야기하고 있음을 보여준다. 그들은 한때 너무나 현명하고 강인하게 보였던 아버지가 두려움의 대상이었던 시절을 기억하고 있다. 어떻게 보면 이 소년들은 마치 외줄타기를 하고 있는 것 같다. 아버지보다 강해지거나 아버지와 완전히 다른 모습이 되어야만 그들은 자신의 내밀한 이상에, 정확하게 말하자면 어머니의 기대에 부응할 수 있기 때문이다. 반대로 어린 시절에 가지고 있었던 전지전능한 아버지(또는 할아버지)보다 자신이 약하다는 사실을 인정하게 되면 그들은 오히려 불안으로부터 벗어나게 된다. 때문에 그들은 여러 면에서 자신만만하고 냉정하면서도 동시에 다른 사람들에게 놀라울 정도로 친절하고 낮은 자세를 보이기도 한다.

한편 아들의 주도성과 관련해서, 아버지들은 아들을 억압해서는 안 된다는 관습의 지배를 받는다. 이를 위해 미래는 과거보다 중요하게 여겨진다. 만일 아들의 행동이 미국적 방식을 추구하는 것으로 보인다면 그 길을 가도록 허용하는 것이 아버지의 의무가 된다. 사실 가까운 미래의 속도와 기술적 문제들에 대한 친화력으로 인해 자녀들은 어떤 면에서 부모보다 "현명"하며, 실제로 많은 아이들이 일상적 문제들에 대한 견해에서 부모보다 성숙한 모습을 보이기도 한다. 그러한 소년들의 아버지는 자신의 상대적인 약점을 숨기기 위해 가부장적 권위를 내세우려 하지 않는다. 만일 아버지가 아들과 함께 이상형을 공유한다면, 그것이 야구선수이든 아니면 기업가, 코미디언, 과학자 또는 로데오 선수이든, 그러한 이상형처럼 되고 싶다는 바람에서 아버지의 패배는 전혀 문제가 되지 않는다. 만일 아버지가 아들과 함께 야구를 한다면 그것은 아버지가 아들에게 그들이 공유하고 있는 이상형의 완벽함에 자신이 가깝다는 것을 보여주려는 것이 아니라, 그 이상형에 대한 동일시를 함께 하고 있음을 보여주려는 것이다. 따라서 아들이 그 이상형에 더 가까울 수 있다는 것은 아버지와 아들 모두의 바람일 수 있다.

이 모든 것이 결코 아버지의 남자다움을 배제하는 것은 아니지만, 아버지의 남자다움은 주로 집이 아닌 직장이나 캠핑 여행 그리고 사교클럽 등에서 드러난다. 아들이 이것을 의식하게 되면서 아버지에 대한 애착에 전혀 새롭고 경이에 가까운 존경심이 더해지게 된다. 아버지와 아들 사이에 진정한 우정이 생겨나는 것이다.

가부장적 이미지의 쇠퇴가 남긴 균열을 통해 형제적인 이미지가 대담하게 혹은 조심스럽게 들어오고 있다. 부자간의 관계가 훼손되지 않도록 하면서도 가부장제의 반동적 복귀를 막는 형제적 관계의 발달을 위해 아버지와 아들은 무의식으로 협력을 하고 있다.*

가정에서는 이 소년에게 민주주의에 대한 훈련을 어떻게 시킬까? 글자 그대로의 의미로는 누구도 이 질문을 하기가 쉽지 않을 것이다. 이 소년은 정치에 대해서는 아는 것이 전혀 없다. "인간의 존엄성"에 대해서는 생각해본 적도 없다. 사실 어떤 원칙의 침해를 민감하게 의식한다는 긍정적인 의미에서의 분노를 그는 알지 못하며, 다만 **불공평함**을 예외적으로 인식할 뿐이다. 불공평함은 어렸을 때 형이나 동생이 각자의 우월함과 열등함을 근거로 특권을 요구했을 때 그가 느낀 감정이었다. 강함이나 약함과 관련이 있는 특권과 의무의 척도를 고통스럽게 배우면서 그는 공평함의 옹호자가 되는데 주로 스포츠에서의 불공평함이 그에게 분노와 유사한 감정을 유발하는 유일한 요인이 된다. "이런 식으로 나오면 안 되지."가 그러한 분노의 슬로건이다. 다른 나라에서라면 명예나 도의, 정정당당한 경기 등이 그러한 슬로건에 해당될 것이다. 설령 그가 유색인종이나 노동자 계급에 대한 왁자지껄한 농담에 끼어든다 할지라도 이는 그가 정말로 차별적이기 때문이 아니다. 그런 문제에 대해 개인적인 판단이 생기기에는 그가 자라온 환경이 너무나 철저하게 보호되고 "억제"되어왔기 때문이다. 그런 상황에 부딪칠 때 그

---

\* 정신분석이 다루는 환자들 가운데에는 할아버지의 압도적인 영향을 뚜렷이 드러내는 경우가 있다. 그는 옛 시절의 대장장이 또는 새로운 세계의 선로공이었을 수도 있고, 여전히 자부심을 가지고 있는 유대인 또는 새로운 시대에 적응하지 못한 남부사람이었을 수도 있다. 이들의 공통점은 보다 동질적이었던 세계를 마지막으로 대표하면서 엄격한 양심을 지키고 규율과 신앙을 중시하며 자존감을 잃지 않았다는 것이다. 그들은 거대한 장난감처럼 보이는 기계들의 발명을 목격하면서도 그것들이 자신이 살고 있는 세계의 가치관에 도전하리라고는 전혀 예상하지 못했다. 그들의 우월함과 고집스러움은 손자들에게까지 영향을 미치고 있다.

는 시민의식이 아닌 우정을 토대로 판단한다. 어떤 인종, 어떤 계층의 친구를 사귀든 그것은 그의 특권이지 의무가 아니다. "보편적인 시민의식"과 관련하여 그는 학교에서 통용되는 개념은 이해하지만 그것을 정치와 연결시키지는 않는다. 그것을 정치적 의미로 받아들인다면 그는 특권, 자유, 의무 그리고 책임이 뒤엉킨 미로 속을 헤매게 될 것이다. 그가 원하는 것은 막연한 성공이다. 그것을 공정한 조건에서, 혹은 불공평함을 의식하지 못하는 조건에서 얻을 수만 있다면 그는 충분히 만족한다. 따라서 이 소년이 어두운 그늘을 가지고 있는 또래 친구들에게 해를 끼치는 것은 무지나 좁은 시야 또는 단순한 부주의 때문이며, 그가 자기 자신이나 또래 집단으로부터 그들을 배척하는 것은 그들을 같은 인간으로서 대면하는 것이 막연한 불편함을 가져다주기 때문이라는 것을 기억할 필요가 있다. 물론 이 소년도 다른 사람이 나에게 하지 않았으면 하는 행동을 남에게 해서는 안 된다는 사회적 원리를 진지하게 받아들임으로써 미국인의 정체성 형성에 동참했을 수도 있다. 그럼에도 그는 그들을 간단히 무시해버린다.

하지만 나는 이 소년의 가정이 겉으로 보이는 것보다 더 많은 민주주의를 내포하고 있다고 생각한다. 그의 가정이 역사 교과서나 신문 사설에 나오는 민주주의를 반영하지 못할 수는 있겠지만, 현실에서의 민주적인 과정을 특징짓는 다양한 경향을 반영하고 있음은 분명하다. 나는 여기에서 이론적으로 적용하기는 쉽지 않지만 중요한 관련성이 있는 것으로 보이는 가정생활과 국가적 관행 사이의 유사성 하나를 지적하고자 한다.

"미국 의회에는 확고하게 지켜지는 불문율이 하나 있는데, 그것은 초당파적 모임에서 발의한 법안은─정상적인 상황에서는─절대로 부결시키지 않는다는 것이다."* 이것은 물론 정치적 이해집단(농민 이익 대표단, 노동자의 친구들 등)에 대한 언급이다. 그들은 강력하지만 비공식적인 방법으로 양당 체제를 이용하고 또 그것에 이용되기도 한다. 그들은 건설적인 입법 활동을 벌이기도 하지만, 달갑지 않은 법안의 통과를 막기 위해 활동하는 경우가 더 많다. 건설적인 입법 활동은 좋은 법안으로 이어질 수 있을 것이다. 하지만 무엇보다도 중요한 것은 그 법안이 어느 이해집단으로부터도 배척되는 것이어서는 안 된다는 것이다. (이는 마치 어느 대통령 후보가 훌륭한 **인물일 수 있다** 하더라도, 어느 유권자 집단으로부터도 거부되지 않는 **인물이어야 한다**는 것과 비슷하다.) 이러한 원리는 어느 한 집단의 완전한 지배를 막는 동시에, 어느 집단도 완전히 지배받는 일이 없도록 해준다.

마찬가지로 미국의 가정은 가족 구성원 개개인—부모를 포함한—에게 지배받지 않을 권리를 보장해주는 경향이 있다. 사실 가족 구성원들은 저마다 다양한 외부 집단의 이해와 요구를 반영한다. 아버지의 직장, 어머니의 주부 모임, 청소년의 또래 집단 그리고 아이들의 소꿉친구들은 그러한 외부 집단의 예라고 할 수 있다. 이러한 이해 집단들은 가족 내에서 그 개인이 갖는 특권을 결정짓는다. 지역 공동체의 변화하는 생활양식을 민감하게 받아들이고 그것이 가정에서 충돌을 일으키지 않도록 조정하는 역할은 물론 어머니의 몫이다. 그런데 나는 이러한 조정자로서의 역할 때문에 미국의 어머니들이 자녀들에게 순수한 동물적 사랑을 베풀 수 없다고 생각한다. 그러한 순수한 사랑은 선택적이며

---

* John Fischer, "Unwritten Rules of American Politics," *Harper's Magazine*, 197:27-36, November, 1948.

불공평할 수 있고, 무엇보다도 가정이 줄 수 없고 주어서도 안 되는 것을 또래 집단에서 채우려 하는 아이의 욕구를 약화시킬 수 있다. 그 어머니는 어느 특정한 가족 구성원의 편을 들지 않으며, 오히려 다른 가족 구성원 또는 가족 전체의 이익을 위해 자신이 거부권을 행사하지 않으면 안 될 정도로 각자의 이해관계가 뚜렷이 드러나기를 바라는 것 같다. 우리는 여기에서 가족 구성원들의 다양한 행동 또는 행동의 회피를 설명할 수 있는 내적 근거를 찾게 되는데, 그것은 모두가 원하는 것이라기보다는 그 누구에 의해서도 거부되지 않을 것이 된다. 물론 이러한 내적 조절은 기득권이나 특수한 이해관계 또는 소수의 이해관계에 의해 쉽게 뒤집힐 수 있다. 이해관계가 충돌할 때마다 일어나는 수많은 사소한 언쟁의 원인도 바로 여기에 있다. 만일 그 문제가 "다수의 동의"로 해결된다면 그 가정은 원만하게 유지될 수 있지만, 부모나 아이 어느 한쪽의 이해관계에 유리한 결정이 반복적으로 내려진다면 그 가정은 조금씩 와해된다. 여기에서 생겨나는 타협의 필요성은 가족을 나이와 우열에 따라 특권을 주장할 수 있는 불공평한 파트너 관계로 만들 수 있다. 이럴 경우 가정은 상이한 **이해관계**―서로 다른 **존재**가 아닌―에 대한 타협과 관용의 시험장이 되며, 좋아하고 사랑하는 것은 여기에서 아무 상관이 없게 된다. 사실 겉으로 표출되는 사랑이나 노골적인 증오는 둘 다 억제되는데, 이는 가족 구성원들 간의 균형과 각자가 누릴 수 있는 기회를 위협하기 때문이다. 중요한 것은 과거의 양보를 토대로 나중에 특권을 주장할 수 있는 명분을 축적해나가는 것이다.

물론 이 모든 것의 의미는 전제주의와 불평등을 예방하는 데 있다. 이에 따라 독단적이지 않은, 즉 협상을 통해 타협점에 도달할 준비가 되어 있는 사람들이 길러진다. 이것은 완전한 무책임을 불가능하게 만들고, 가족 내의 노골적인 증오와 다툼을 드물게 한다. 이것은 또한 다른 나라들의 경우와 달리 미국의 청소년들이 쉽게 비타협적 이념주의자가 되는 것을 불가능하게 한다. 어느 누구도 자신만이 옳다고 확신할 수 없으며 모든 사람은 미래에 자신이 양보를 받을 가능성을 위해서라도 양보할 줄 알아야 한다.

여기에서 양당체제와의 유사성이 분명해진다. 미국의 정치는 유럽에서처럼 "내전의 전주곡"이 아니다. 그것은 완전히 무책임해질 수도, 완전히 독단적일 수도 없다. 또한 논리적이기 위해 애를 쓰지도 않는다. 견제와 균형의 파도가 치는 바다에서 비타협적이고 절대적인 것은 가라앉고 만다. 정작 위험한 것은 생산적인 타협이 아닌 수용 가능한 진부함 속에 절대적인 가치가 침몰할 수 있다는 것이다.

가족 내에서도 이에 상응하는 위험성이 있는데, 각자 좋아하는 라디오 프로그램을 듣거나 자신의 기호에 맞는 잡지를 뒤적거리며 가족의 삶에 정말 중요한 문제는 언급조차 하지 않는 상황에서 모두가 수용할 수 있는 이해관계란 부질없는 꿈이나 다름없다. 서로에 대한 느슨한 책임감은 가족에 대한 원초적 분노와, 가족의 가치에 대한 다수의 동의마저 사라지게 할 수 있다.

유럽에서 청소년기가 흔히 아버지와의 갈등과, 그로 인한 반항 또는 복종으로 (혹은 뒤에 나올 독일의 경우에서처럼 처음에는 반항하다가 나중에 복종하는 형태로) 이어지는 반면에 미국의 가정은 그러한 과정을 겪을 필요가 없다. 미국 청소년들의 불안은 표면적으로는 아버지와 관련이 없고 권위의 문제도 아니다. 그것은 또래들에게 초점이 맞춰져 있다. 그들은 법이 존재하지 않았거나 적용되지 않았던 시절 그들의 할아버지가 그랬던 것처럼 비행(非行)의 기질을 가지고 있다. 그것은 위험한 운전이나 경솔한 파괴행위로 나타날 수 있으며 이는 개인적 차원에서 할아버지 세대의 대규모적인 약탈에 상응하는 것이라 할 수 있다. 그러한 경솔함이 자기억제의 대응물이자 안전장치라는 사실을 깨달을 때까지 그것은 금욕적 자기억제라는 방어기제의 대척점에 존재하게 된다. 경솔함과 자기억제는 둘 다 자기주도적인 것처럼 "느껴"지는데, 이는 누구도 그렇게 하라고 시키지 않았고 거기에 "생각"이 끼어들 여지도 거의 없기 때문이다.

우리가 살펴보고 있는 이 소년은 반지성적이다. 너무 많이 생각하거나 느끼는 사람이 그에게는 "별종"으로 여겨진다. 감정과 사고에 대한 이러한 거부적 태도는 어느 정도는 관능성에 대한 생애 초기의 불신에서 비롯된다. 이는 감각적 영역의 부분적인 위축을 나타내며, 수많은 가능성에 대한 자유로운 탐색이 그로 하여금 사고를 강제할 때까지는 스스로 깊이 생각하고 싶지 않다는 의향을 나타낸다.

만일 이 소년이 교회를 다닌다면, 그리고 내가 앞에서 밝힌 바와 같이 개신교 신자라면, 그는 지옥의 형벌이나 구원에 대한 종교적 믿음은 커녕 경건함에 대한 단순한 요구조차 그리 많지 않은 환경을 발견하게 될 것이다. 교회에서 그는 절제에 의한 규율과 예의범절을 자신이 갖추고 있다는 것을 외적인 행동으로 보여주어야 하며, 그럼으로써 신이 정당화해준 물질과 부를 가진 사람들과 교류하게 된다. 교회에 다님으로써 많은 것들이 편해지는데, 이는 지역 사회에서의 사회적 지위와 신뢰도가 보다 분명하게 규정되기 때문이다. 바로 이 지점에서 "미국의 계급 체제"를 다소 안이하게 비판하는 사회학자들은 개인들이 받아들일 수 있는 활동의 범위를 지역사회 또는 교회에서 찾아야 할 필요성을 간과하고 있는 것 같다. 지역사회와 교회는 개인들에게 획일화를 요구한다. 이것이 없었다면 이 나라에서는 민주주의가 작동을 시작하지 못했을 수도 있다. 그럼에도 크고 작은 배타성, 파벌주의 그리고 유행이라는 외피를 쓴 사교적 모임이 정치적 또는 정신적 결실을 맺기보다는 가족적 습성에 빠져드는 경향이 더 크다는 사회학자들의 지적은 옳다. 교회 공동체는 냉정하고 처벌적인 엄마가 되는 한편, 신은 사회적 압력 하에서 아빠가 되어 절제된 행동과 적절한 태도를 통해 자녀로서의 가치를 입증한 이들에게 무엇인가를 제공하지 않을 수 없게 된다. 이때 신자들은 공동체 내부에서 서로를 온건하게 대하고 "불신자"들에게는 보다 강력한 태도를 취함으로써 공동체 구성원들의 신뢰도를 증명할 의무를 갖는다.

우리가 지켜보고 있는 이 소년은 결코 독립적인 인물이 아니며 앞으로도 마찬가지일 것이다. 그런데 이 소년이 갖는 경험의 범주 내에서는 신화가 된 외할아버지를 제외하고는 진정으로 독립적인 인물을 찾기 어렵다. 외할아버지의 이미지는 자기억압 속에 묻히게 되거나, 그 자신이 "보스"가 될 훗날까지 유보된다.

어머니를 통해 전달된 그러한 독립성의 핵심을 내면 깊숙이 간직한 채 그는 작가나 정치인들에게서 보이는 직업적인 독립성에 알레르기 반응을 나타낸다. 소년은 그런 부류의 사람들을 불신하는데, 이는 마치 그들이 그에게 어떤 사람이 되고 무슨 일을 하라고 이야기해주는 것 같지만 정작 그는 그것을 알지 못하는 불편한 느낌이 들기 때문이다. 그는 어머니를 제외하고는 그 누구의 독단적인 지배도 경험한 적이 없다. 지금은 엄마가 된 어머니에 대해 분노가 일어나는 경우 그는 그것을 떨치려고 노력한다.

그는 영리하고 깔끔하며 차분한 누나가 이따금 어머니 앞에서 분노를 표출하고 있음을 의식한다. 하지만 그는 그 이유를 알지 못한다. 다만 그것이 여성의 일반적인 변덕스러움의 영역이라고 생각할 뿐이다. 어머니를 닮지 않으려는 누나가 여성이 되어가는, 어머니가 되어가는 과정에서 감당해야 할 부담을 그는 알지 못하고 알려고 들지도 않는다. **자신의** 시대에 걸맞은 독립적인 여성이 되어야 하는 누나는 새로운 기준을 만들고 동시에 그러한 기준에 의해 만들어지는 다른 소녀들과의 경쟁적인 관계 속에서 자기 자신을 좀 더 낫게 만들기 위해 노력해야 한다. 마거릿 미드(Margaret Mead)는 이 소녀들이 공통적으로 경험하는 난제, 즉 여러 해에 걸쳐 모성적 특질과 성적 반응성을 면밀한 계획 하에 온전히 축적해야 할 필요성을 인상적으로 묘사하고 있다.* 누나의 위기는 그녀가 어머니가 될 때 찾아온다. 자녀를 키우는 입장이 되면서 그녀는 자신의 어머니에 대해 유아기적 동일시를 하게 된다. 자신의 어머니보다는 "엄마"의 요소가 훨씬 적지만 그러한 요소가 얼마나 남아 있는지는 지역, 계층 그리고 남편의 성향에 따라 다르다.

이 소년은 기계의 시대에 들어선 다른 나라의 청소년들과 마찬가지로 한 가지 질문에 맞닥뜨린다. '무엇을 위한 자유이고 그 대가는 무엇인가?' 그는 자유로운 표현의 기회를 한껏 누리면서도 그것이 무엇으로부터의 자유인지는 모르고 있다. 그는 또한 자신이 자유롭지 못한 영역이 무엇인지도 모르며, 그를 지배하는 전제군주를 눈앞에 두고도 알아보지 못한다. 그는 결국 유능하고 훌륭한 사람이 되는 것에만 몰두하게 된다.

그는 능력 있는 경영인이나 전문직 종사자 또는 성실한 공무원처럼

---

* Margaret Mead, *Male and Female*, William Morrow and Co, New york, 1949.

일정한 범주의 직종에서 유능하고 훌륭한 지도자가 될 것이며, 그가 속한 집단의 "친구들"과 함께 여가를 보낼 것이다. 그는 미국의 교육이 기계적인 능력, 독단적인 경영, 개인화된 리더십 그리고 타인에 대한 불개입이 결합된 태도를 낳고 있음을 보여주는 표본이다. 그리고 그와 같은 젊은이들이 이 나라의 중추를 이루고 있다.

그런데 이들이 국가의 운영에 대해서는 이상할 정도로 무관심하지 않은가? 자유로운 환경에서 태어난 이 자유의 아들들이 그들의 삶을 지배하는 이들에게는 너무나 유순하고 지나칠 정도로 낙천적이며 병적으로 소심하지 않은가? 그들은 정해진 과업을 받아들일 줄 안다. 그들은 한바탕 신나게 즐길 줄도 안다. 하지만 그들은 거대한 것으로부터는 조용히 꽁무니를 뺀다. 그들은 (이론적으로는) 전제군주를 증오하지만 보스의 지배는 묵묵히 받아들인다. 이는 그들이 보스와 "보스"를 구분하지 못하기 때문이다. 우리는 앞에서 이런 범주의 "보스"에 대해 여러 차례 언급했다. 엄마와 "엄마"가 별개이듯, 이제 보스와 "보스"가 따로 있음을 분명히 밝혀야 할 때이다. 두 단어 모두 좀 더 구어적이고 애정을 담은 의미로, 이를테면 "우리 엄마"나 "우리 상사"처럼 사용할 때 우리는 큰따옴표를 붙이지 않는다. 하지만 큰따옴표를 붙임으로써 우리는 어머니의 강력한 지배를 내포하는 "엄마"와, 지금부터 논의하고자 하는 보스 지배의 주인공인 "보스"를 따로 지칭할 것이다.

옛 전제군주들이 사라진 자리에 새로 등장한 전제군주들은 언어의 모호성 뒤에 숨는 법을 잘 알고 있으며, 그것은 의회, 일간지, 노동쟁의 현장 그리고 연예산업을 가득 메우고 있다. "보스"들은 스스로의 힘으로 성공을 일궈낸 전제군주들이며, 그들은 자기 자신을 그리고 서로를 민주주의의 정상에 오른 사람으로 간주한다. 보스가 필요한 곳이라면 그들은 법의 테두리 내에서 그 자리를 차지한다. 그리고 자유의 아들들이 타인에 대한 공정함을 위해 스스로를 억누름으로써 생겨난 공간을 그들은 대담하게 차지한다. 그들은 법이 의도적으로 (견제와 균형 그리고 개정을 위해) 비워둔 영역을 찾아낸다. 그리고 자신의 목적을 위해 그것을 이용하고 악용한다. 그들은—고속도로에서의 상황을 비유하자면—다른 사람들이 배려와 안전을 위해 벌여놓은 차간 거리를 악용해 그 사이에 끼어드는 사람이다.

내가 보스 지배의 위험성을 우려하는 이들과 의견을 같이하는 것은 취향이나 단순한 원리의 문제가 아니다. 나는 심리경제학적 관점에서 이 문제에 접근한다. 나는 "보스"와 "기계"가 미국인의 정체성을 위협하고 있으며 그에 따라 미국인의 정신건강에도 위협이 되고 있다는 점을 주목한다. 자유로운 세대, 불확실한 정체성을 가진 세대에게 그들은 전제군주의 이상적인 모습을 무책임하게 제시하고 있다. 그들은 겉보기에 성공적인 모델로 받아들여지는데, 그들은 "오로지 어떤 일을 '해내는지'와 남들에게 어떻게 보이는지를 기준으로 자신을 판단한다." 그들은 "효용성"을 다른 모든 가치보다 우선하는 가치로 여긴다. 의회, 기업, 언론 그리고 연예산업에서의 권력을 바탕으로 그들은 민주주의에 대해 순진한 믿음을 가지고 있는 청소년들에게 기계의 우월함을 알게 모르게 각인시킨다. 그들은 "기계"의 복잡함을 즐기며 기계와 기계적 조직을 의도적으로 복잡하게 만들어 "유리한 위치"에 있는 전문가들에 대한 의존성을 고착화시킨다. 그들 자신이 기계처럼 움직인다는 것은 의사와 정신과 의사 그리고 장의사가 다뤄야 할 문제이지만, 그들이 세계와 인간을 기계로 바라본다는 사실은 인간에게 위협이 되고 있다.

우리의 주인공을 다시 살펴보자. 유년기 초기에 그는 기계처럼, 그리고 시계처럼 움직이도록 훈련을 받았다. 그러한 표준화를 거쳐 그는 유년기 후반에야 자율성, 주도성 그리고 근면성을 발달시킬 기회를 갖게 되었다. 그는 인간관계에서의 예의, 숙달된 기술 그리고 전문적인 지식이 그가 추구하는 것들에 대해 자유로운 선택의 기회를 보장해줄 것이며, 그러한 선택의 자유가 자기 억압과 균형을 이뤄줄 것이라는 암묵적인 믿음을 가지고 있었다. 하지만 청소년기가 끝나가는 지금 그는 복잡하고 이해불가하며 그 자신의 지향과 취향을 표준화시키는 강력하고 우월한 기계가 눈앞에 서 있음을 발견한다. 이 기계들은 그를 소비하는 바보, 즐거운 이기주의자 그리고 효율성의 노예로 만들기 위해 최대한 힘을 발휘한다. 그가 별다른 영향을 받지 않고 자신의 길을 갈 수도 있으나 이는 대체로—옛말이 이르는 것처럼—어떤 배우자를 선택하느냐에 달려 있다. 그렇지 않다면 어중이떠중이들 가운데 하나가 되거나 거물급 보스의 "측근"이 되기 위해 안간힘을 쓰는 삐딱한 중간 보스 이외에 그가 될 수 있는 것이 무엇이겠는가?

따라서 우리의 민주주의는 자신의 독립성과 주도성을 자랑스럽게 여기는 지적인 젊은이들이 전쟁과 평화에 대해서는 물론이고 입법, 법치 그리고 외교 문제 등을 "측근들"과 "보스들"에게 맡기도록 내버려두어선 안 된다. 미국의 젊은이들은 이 나라와 다른 나라들의 변화하는 역사 속에서 끊임없이 나타나는 전제 정치의 경향을 직시함으로써 자신의 정체성과 활력의 척도를 얻을 수 있을 것이다. 그리고 이것은 단지 정치적 통찰력의 쇠퇴가 파국적 결과를 가져오기 때문일 뿐만 아니라, 정치적 이상이 이성적 사고의 진화에 중요한 부분을 이루고 있으며 만일 그것이 무시될 경우 정신적인 문제로 이어질 수 있기 때문이다.

미국인들의 정서 상태를 위협하는 문제와 그 결과를 살펴보면서 우리의 관심은 다시 "엄마"의 지배와 보스 정치로 돌아간다. 신대륙의 혹독한 환경과 결합된 "엄마"의 전제적 지배와, 기계와 "보스들"의 전제적 지배라는 두 가지 경향은 가족주의의 자리를 부당하게 침범하고 있다.

정신의학적 계몽은, 기계를 다루기 위해서는 스스로 기계가 되어야 하며 기계화된 세계에 적응시키기 위해서는 아이의 충동을 기계화해야 한다는 미신을 폭로하기 시작했다. 여기에서—깨어 있는 산부인과 의사들과 소아과 의사들이 개척한—유년기 초기의 인간화가 정치적 활력의 회복과 맞물려야 한다는 점을 분명히 해둘 필요가 있다. 모든 사람이 정치, 경제, 교육 그리고 여가의 "기계적" 질서에 복종해야 한다는 뿌리 깊은 관념을 극복하기 위해서는 정치권력의 노력이 필요하다. 미국의 청소년들은 자유로운 시장경제를 깊이 신뢰하고 있으며, 평균적인 확실성보다는 백 번의 기회 가운데 한 번 있는 큰 기회를 선호한다. 그들이 두려움 때문에 반란을 꿈꾸지 않는다는 사실은, 우리에게 자유의 몸짓을 공허하게 만들고 인간에 대한 신뢰를 헛된 망상으로 만드는 것들로부터 젊은이들을 보호해야 할 의무를 부여한다.

우리 시대의 문제는 어떻게 하면 우리의 아이들이 그들의 자유를 지키고, 새로운 기술과 보다 보편적인 정체성을 토대로 그들이 평등하게 받아들여야 할 사람들과 그 자유를 공유하도록 만들 수 있느냐 하는 것이다. 이는 정치권력으로 하여금 관례와 상황, 전통과 특권을 넘어서 민주적인 국가를 건강하게 유지하기 위한 노력을 최우선 과제로 삼아야 할 것을 요구한다. 패링턴의 표현을 빌자면 이러한 노력은 "젊은 세대의 잠재된 지성을 되살리는 것"이기도 하다.

지금까지 스스로의 힘으로 일어선 이들, 반란을 일으킨 이들의 손자 세대가 겪는 딜레마를 스케치해보았다. 다른 나라들에서는 지금도 젊은이들이 전제정치에 맞서는 혁명의 초기 단계를 겪고 있다. 이제 그들의 역사적 문제를 살펴보기로 하자.*

---

* 이 장에서 내가 주목했던 것은 무엇일까? 그것은 일상적 존재의 도덕성, 정치적 이데올로기 그리고 거대 조직의 중립적인 명령 사이에서 겪는 내적 분열이었다고 생각된다. 적어도 미국에서는 보스들이 좀 더 유연한 관리 조직으로 흡수되고 있다. 다른 (미국이 한 세기에 걸쳐 경험한 역사를 수십 년 동안 압축해서 겪고 있는) 신흥국들에서는 다양한 혁명 이념들이 정당 조직, 군사 및 산업 조직 그리고 노동조합의 보스들에게 권력을 안겨주고 있다. 예측하지 못한 변화들에 대한 중년 세대의 윤리적 당혹감은 많은 젊은이들에게 무관심한 순응과 냉소적인 고립을 강요하고 있다. 우리가 얻은 교훈은 낡은 체제에 대한 성공적인 반란으로 얻어진 정체성이 성숙한 권력에 필요한 윤리와 가치관을 보장해주지는 않는다는 것이다. 만일 개인이 자신의 윤리적 규범을 기계적 조직에 맡겨둔 채 유년기와 사회를 통합하려는 노력을 기울이지 않는다면, 그는 총체적인 생산과 맞물린 총체적인 파괴의 구조에 무기력하게 매어 있는 자기 자신을 발견하게 될 것이다. (인간 발달 단계의 도덕, 이념 그리고 윤리 의식에 대한 보다 심층적인 논의를 위해서는 다음을 참고할 것. "The Golden Rule and the Cycle of Life", *Harvard Medical Alumni Bulletin*, December, 1962.)–E. H. E.

# 제9장

# 히틀러의 어린 시절에 대한 신화

아돌프 히틀러와 그의 동료들은 견고한 정체성을 확립하기 위한 국민들의 노력을 가장 잔인하게 이용했다. 그들은 위대하고 근면하며 학구적인 독일 국민의 정치적, 군사적 지도자로 10년 동안 확고한 지위를 누렸다. 이들 얄팍한 선동가들이 서구 문명 전체에 위협이 되는 것을 막기 위해 전 세계 산업 국가들은 그들의 자원을 총동원해야 했다.

오늘날 서구 사회는 역사가 과연 전진하느냐에 대한 물음표를 무시하곤 한다. 서구 사회는 연합군의 식량 배급과 치안 질서를 경험한 독일이 좋은 친구로 돌아오기를 바라고 있고, 독일 국민들이 다시 문화를 추구하며 어리석은 호전성의 덫에 또 한 번 빠진 기억을 영원히 지우기를 희망하고 있다.

선한 의도를 가진 사람들은 경제 기적뿐만 아니라 심리적인 기적 또한 믿을 것이다. 하지만 나는 독일은 물론 그 어떤 나라도 과거에 일어난 일을 빨리 잊는다고 해서 전진의 가능성을 더 높일 수 있다고 생각하지는 않는다. 오히려 우리는 현대 사회에 보편적으로 잠재되어 있는 가능성이 단지 독일에서 나치즘이라는 암흑의 기적으로 나타났을 뿐이라고 인식해야 한다. 그러한 경향은 계속되고 있으며 히틀러의 망령은 그것에 의지하고 있다.

개인은 물론이고 국가 역시 그들이 이룬 문명의 최고점뿐만 아니라 그들이 가진 집단적 정체성의 밑바닥에 의해서 규정되어야 한다. 사실 이 두 지점 사이의 거리, 그리고 그 거리의 질이 그들을 규정한다. 국가사회주의 체제의 독일은 진보된 문명이 그 진보 자체에 의해 위험에 처할 수도 있음을 분명히 보여주었다. 진보된 문명이 오히려 양심을 분열시키고 불완전한 정체성을 위협하며 냉혹한 효율성에 의존하는 권력의 파괴적 힘을 발산한 것이다. 나는 우리의 역사를 거슬러 올라가서 나치 전범들의 등장과 관련하여 제2차 세계대전 초기에 미국 정부의 관계 기관에 제출된 문서들을 여기에서 언급할 것이다. 이 문서들의 일부는 낡은 것으로 여겨질 수도 있다. 하지만 여기에서 관찰되는 심리학적 문제들은 독일은 물론 독일을 한복판에 품고 있는 유럽 대륙에서 하루아침에 사라질 수 있는 것이 아니다. 어쨌든 역사는 망각하지 않기 위해 애쓰는 사람들에게만 가르침을 준다.

나는 갈색 제복의 돌격대원이 달콤하고 매혹적인 목소리로 자신의 유년기를 이야기한 『나의 투쟁』을 텍스트로 삼고자 한다.

"1880년대 말, 나의 부모님은 혈통은 바바리아인(Bavarian)이지만 국적은 오스트리아인 주민들이 모여 사는, 독일 순교자들의 빛이 머물고 있는 인 (Inn) 강가의 작은 마을에 살았다. 아버지는 성실한 공무원이었고 어머니는 헌신적으로 가사를 돌보며 영원한 사랑으로 자녀들을 보살피는 분이었다."*

이 글은 우리가 동화에서 읽을 법한 구조와 분위기를 보여준다. 사실 우리는 신화를 만들어내려는 시도의 일부로 이 글을 분석할 것이다. 그런데 신화는 옛 것이든 오늘날의 것이든 거짓말이 아니다. 신화가 아무런 근거가 없다거나 그 이야기가 터무니없이 날조된 것이라고 주장하는 것은 부질없다. 모든 신화는 특정한 지역이나 시대에서 "사실처럼 들리는" 방식으로 역사적 사실과 의미 있는 허구를 혼합하여 종교적인 경이감과 불타는 열망을 불러일으킨다. 이러한 신화에 영향을 받은 사람들은 그것의 진실성과 논리를 따지지 않으며, 신화를 의심하는 소수의 사람들도 그들의 이성이 마비됨을 곧 깨닫는다. 그러므로 신화를 비판적으로 연구한다는 것은 신화의 이미지나 주제를 그 영향이 미치는 문화적 영역과 관련지어 분석한다는 것을 의미한다.

## 1. 독일

"혈통은 바바리아인(Bavarian)이지만 국적은 오스트리아인 …
독일 순교자들의 빛이 머물고 있는 인(Inn) 강가의 작은 마을…"

히틀러는 독일과 접경한 오스트리아의 브라우나우(Braunau)라는 소도시에서 태어났다. 그는 오스트리아 제국에 거주하는 독일인 소수 민족

---

* Adolf Hitler, *Mein Kampf*, Reynal & Hitchcock edition, New York, 1941.

인 셈이었다.

그는 팔름(Palm)이라는 독일인이 『독일의 가장 깊은 굴욕의 시간에』라는 소책자를 인쇄한 죄로 나폴레옹의 병사들에게 총살을 당한 곳이 브라우나우라고 기록하고 있다. 이 도시의 한복판에는 팔름의 기념관이 있다.

물론 팔름이 살았던 시대에는 독일 제국(German Reich)이 존재하지 않았다. 오히려 독일의 일부 영주들이 다스린 지역은 나폴레옹과 군사적 동맹을 유지하기까지 했다. 하지만 팔름이 오스트리아 경찰에 체포되어 나폴레옹에게 보내졌을 때, 그는 모든 것을 아우르는 "독일"이라는 마법의 용어를 사용함으로써 위대한 독일을 주장하는 민족주의 운동의 우상이 되었다.

팔름의 저항과 보나파르트 치하의 순교를 언급한 다음, 이야기는 **아버지**에 대한 어린 아돌프의 영웅적인 반항과 오스트리아 **황제**에 대한 독일인들의 증오로 이어진다. 그는 "고통 속에서 사랑하는 어머니의 품으로 돌아갈 날만 손꼽아 기다리는 이들" 가운데 어린 아돌프도 있었다고 말한다. 그 어머니는 곧 독일이었다.

그가 개인적인 "오이디푸스"의 상황과 민족적 문제를 공공연하게 동일시하기 시작한 것도 여기에서부터이다. 그는 "사랑하는 어머니 … **젊은 제국**"이 "**늙은** 오스트리아라는 가짜 국가와 비극적인 동맹을 함으로써 … 독일 민족의 점진적인 멸망을 스스로 용인"했다고 말한다.

히틀러의 어머니는 그의 아버지보다 스물세 살이나 어렸다. 그 시대의 충실한 여성답게 그녀는 자신에게 폭력을 휘두르는 남편을 적극적으로 옹호했다. 아버지는 술꾼에 폭군이었다. 이러한 관계 자체가 히틀러에게는 가정은 물론 국가적으로도 젊은 어머니가 늙은 폭군을 위해 아들을 버린다는 심상을 심어주었다. 어린 아돌프의 이러한 개인적 경험은 "신이시여, 프란시스 황제를 구하소서."라는 오스트리아 국가를 거부하고 "모든 것 위에 있는 독일"을 부른 독일 소수민족의 경험과 뒤섞이게 되었다. 히틀러는 계속해서 이렇게 이야기한다. "이 시기의 직접적인 결과는 다음과 같다. 첫째, 나는 민족주의자가 되었다. 둘째, 나는 역사의 의미를 배우고 이해하게 되었다… 이에 따라 나는 열다섯 살 때 이미 봉건적 애국주의와 대중적 민족주의의 차이를 이해하고 있었다."

이와 같은 주제의 일치는 쉽게—너무나 쉽게—『나의 투쟁』의 제1장을 오이디푸스 콤플렉스에 대한 히틀러의 비자발적인 고백으로 해석하게 해준다. 이러한 해석은 젊은 어머니에 대한 사랑과 늙은 아버지에 대한 증오가 히틀러의 병적인 부분을 차지하고 있다는 것을 설명할 수 있으며, 실제로 이러한 갈등은 그의 어머니와 아버지를 "상징하는" 민족들에 대한 그의 애착과 증오, 그리고 구원과 파괴를 향한 강박으로 이어졌다. 이처럼 단순한 인과관계를 주장하는 정신분석학적 논문들은 그동안 줄곧 발표되어 왔다. 그러나 성공적인 혁명가를 만드는 요인에는 단순한 콤플렉스 그 이상의 것이 있다. 그 콤플렉스가 초기의 열정을 만들어줄 수는 있다. 그러나 너무 강한 콤플렉스는 영감을 주기보다 그 혁명가를 무력하게 만들고 만다. 히틀러가 대중 연설에서 부모와 가족의 이미지를 두드러지게 사용한 것은 순진한 자기 고백과 계산된 선전술의 교묘한 결합이었으며 이는 배우로서의 그의 천재성을 잘 보여준다. 이 점을 잘 알고 있었던 괴벨스는 광기 어린 그의 주인을 최후의 순간까지 보좌했다.

나는 히틀러를 "정신착란에 빠진 편집증 환자", "도덕관념이 없는 유아적 사디스트", "과잉 보상적인 유약한 사내" 그리고 "살인 충동에 시달린 신경증 환자"로 묘사한 정신의학 논문들을 비평할 생각은 없다. 의심할 여지없이 그는 이 모든 모습을 가지고 있었다. 하지만 유감스럽게도 그는 이 모든 것을 합친 것 그 이상이었다. 그의 연기력과 과감한 실천력은 너무나 예외적이어서 일반적인 진단 방법들을 그에게 적용하는 것은 적절하지 않은 것 같다. 그는 엄청난 규모의 모험을 감행하는 사람이었다. 모험가적 성격은 배우의 성격과 유사한데, 이는 운명의 장난에 의해 주어진 배역을 마치 배우 자신이 선택한 것인 양 체현해야 하기 때문이다. 사람들의 시선이 미치지 않는 곳에서 괴상하고 역겨운 모습을 보였으며 침실에서는 전혀 말을 하지 않는 등의 행동에서 그는 많은 배우들과 비슷한 점이 있었다. 의심할 여지없이 그는 위험한 경계선적 성격 특성(borderline traits)을 가지고 있었다. 하지만 마치 멀리 간 것처럼 보이다가 숨죽인 관객 앞으로 조용히 돌아오듯 그는 그 경계선에 접근하는 법을 알고 있었다. 히틀러는 자신의 히스테리를 이용할 줄 알았다. 원시 부족의 주술 치료사들도 이런 재능을 가지고 있는 경우가 많았다. 독일 역사의 무대에 오른 히틀러는 모든 독일인들에게 내재되어 있는 것을 자신의 히스테릭한 성격으로 어느 수위까지 표현해도 되는지 감지하고 있었던 것 같다. 때문에 그가 선택한 배역은 그 자신만큼이나 관객들의 많은 부분을 드러내보였고, 독일인이 아닌 이들에게 너무나 괴상하고 병적으로 보인 것들이 독일인들의 귀에는 가장 설득력 있는 목소리가 되었다.

## 2. 아버지

"… 아버지는 성실한 공무원이었고 …"

아버지에 대한 감상적인 묘사에도 불구하고 히틀러는 그의 책 첫 장에서 아버지는 물론이고 "세상 그 어떤 힘도" 자신을 공무원으로 만들수 없었다는 이야기를 반복해서 하고 있다. 그는 청소년기 초기에 이미 공무원 생활이 그에겐 조금도 매력적이지 않다는 것을 알고 있었다. 그는 아버지와 너무나 달랐다. 비록 그의 아버지 역시 "더 나은 인생"을 살기 위해 열세 살에 집을 뛰쳐나왔지만 23년 후 그는 집으로 돌아갔고 하급 공무원이 되었다. 그가 돌아왔을 때 "그 옛날의 어린 소년을 기억하는 이는 아무도 없었다." 히틀러는 이 헛된 반항이 아버지를 일찍 늙게 만들었다고 말한다. 하나하나 비교해보면 히틀러는 아버지보다 더 나은 반항의 기술을 보여주었다.

그는 정신병리학적 부친 증오를 무심코 드러낸 것일까? 만일 그것이 계산된 선전술이었다면 이 오스트리아계 독일인에게 자신의 어린 시절 이야기가 독일 대중들에게 결정적인 호소력을 가질 것이라고 믿게 만든 것은 무엇이었을까?

많은 독일인들이 히틀러의 아버지와 비슷한 아버지를 가지고 있었겠지만 모든 독일인들이 그런 아버지를 가지지 않았으리라는 점은 분명하다. 그럼에도 우리는 문학적 주제가 설득력을 갖기 위해 반드시 진실일 필요는 없다는 것을 알고 있다. 중요한 것은 진실처럼 들리게 하는 것이고, 사람들로 하여금 과거의 깊은 무엇인가를 떠올리게 하는 요소가 있으면 되는 것이다. 문제는 가족 내에서 독일인 아버지의 위치가,

어른이 된 히틀러의 이미지와 일치하는 **내적** 이미지를 자신의 아들에게 만들어주는 것을 가능하게 했느냐는 것이다.

표면적으로는 19세기 말과 20세기 초 독일 중산층 가정에서의 아버지의 위치는 "아버지와 함께하는 삶"을 중시한 빅토리아 시대의 그것과 매우 비슷했다. 하지만 교육 방식은 간단히 요약하기가 쉽지 않다. 그것은 가족마다, 개인마다 달랐다. 그것은 중대한 위기를 통해 드러나기 전까지는 관찰되지 않을 수도 있었고, 남들과 다르고자 하는 의도로 적극적으로 표출되기도 했다.

나는 여기에서 독일인 아버지의 면모를 인상주의적 기법으로 보여주는 하나의 표본을 제시하고자 한다. 골턴(Francis Galton, 찰스 다윈의 사촌동생으로 우생학의 창시자로 일컬어지며, 범죄자들의 사진을 합성해서 범죄를 저지르는 사람의 특정한 이미지를 찾아내려는 실험을 하기도 했다—옮긴이)의 흐릿한 합성 사진들이 원래의 이미지들을 대표한다는 의미에서, 이 표본은 독일의 아버지들을 대표한다고 할 수 있다.

아버지가 퇴근해서 집에 돌아올 시간이 되면 집의 벽들까지 정신을 바짝 ("nehmen sich zusammen") 차리는 것 같다. 어머니는—비록 집의 비공식적인 주인이지만—갓난아기라도 알아차릴 수 있을 정도로 행동이 달라진다. 어머니는 아버지의 심기를 건드리지 않기 위해 분주해진다. 아이들도 숨을 죽인다. 아버지는 "쓸데없는 짓", 즉 어머니의 여성스러운 분위기나 아이들의 장난기를 그냥 보아 넘기지 않기 때문이다. 아버지가 집에 있는 동안 어머니는 아버지의 뜻대로 움직여야 한다. 아버지는 자신이 집에 없는 사이 어머니와 아이들의 관계가 단단하게 결합되는 것이 내심 못마땅하다. 아버지는 어머니를 아이 다루듯 하며 군말 없이 자신에게 복종할 것을 요구한다. 어린 아들은 어머니와의 모든 만족스러운 유대가 아버지에게는 가시처럼 여겨진다는 것을 감지하게 된다. 또한 어머니의 사랑과 칭찬—나중에 수많은 성공과 성취의 모델이 되는—은 오로지 아버지가 모르게 혹은 아버지의 의사를 거슬러야만 얻어질 수 있다는 것을 깨닫는다.

어머니는 자신이 내킬 때는 아들의 "쓸데없는 짓"이나 나쁜 행동을 아버지가 모르게 감싸줌으로써 그러한 아이의 감정을 증폭시킨다. 하지만 어떤 때는 집에 돌아온 아버지에게 아들의 잘못을 일러바쳐서 아버지로 하여금 아이에게 체벌을 가하도록 한다. 아들은 늘 잘못한 것이 되고 체벌은 정당화된다. 나중에 아들이 무리에 어울리는 아버지를 관찰하게 될 때, 아버지가 윗사람에게 아첨하는 모습을 지켜볼 때, 그리고 동료들과 술을 마시고 노래를 불러대는 아버지의 감정 과잉을 목격할 때, 아들은 비관적 세계관(Weltschmerz)의 최초의 요소를 얻게 된다. 이는 인간의 존엄성에 대한—혹은 "나이든" 사람의 존엄성에 대한—깊은 회의를 낳는다. 물론 이러한 회의는 존경이나 사랑과 공존한다. 하지만 자신의 정체성과 아버지의 이미지를 화해시켜야 할 폭풍 같은 청소년기에 그것은 노골적인 반항과 "내밀한 죄", 냉소적인 비행과 온순한 복종, 그리고 로맨스와 낙심이 불안하게 뒤섞인 독일인의 사춘기(Pubertät)로 이어진다. 그리고 그것은 소년의 정신을 완전히 파괴할 수 있다.

독일에서는 이러한 유형이 전통적인 선례를 가지고 있다. 이것은 "계획된" 것이 아님에도 늘 일어나게 마련이었다. 사실 자신의 소년기에 그러한 유형에 분노했던 아버지들은 자신의 아들을 그렇게 괴롭히지 않기를 간절히 원했다. 하지만 그들의 바람은 위기 상황에서 번번이 물거품이 되고 말았다. 어떤 아버지들은 그러한 유형이 되지 않기 위해 스스로를 억눌렀지만 자신과 아들 모두의 신경증적 경향이 늘어나는 결과만 확인해야 했다. 아들은 아버지가 그러한 악순환을 깨뜨리지 못하는 자신의 무능에 절망하고 있음을 종종 감지하는데, 그러한 아버지의 정서적 무기력에 대해 아들은 연민과 혐오를 동시에 느끼게 된다.

그렇다면 그러한 갈등을 이처럼 보편적이고 숙명적으로 만드는 것은 무엇일까? 독일 아버지들의 무뚝뚝함과 엄격함은 다른 서구 아버지들의 유사한 특질들과—무의식적이고 결정적인 방식으로—어떤 점에서 다른 것일까? 나는 그 차이가 본질적으로 독일 아버지들에게 진정한 내적 권위—문화적 이상과 교육 방식의 결합에서 생겨나는—가 부족한 데에 있다고 생각한다. 여기에서 **독일제국의 독일인**(Reichs-German)이라는 의미에서의 **독일인**이 강조된다. 독일적인 것에 대해 논의할 때 우리는 잘 보존된 독일만의 영역을 생각하며 말을 한다. 또한 독일 아버지들의 내적 권위가 정당화되는 "전형적인", 그러나 특징적인 경우들을 염두에 둔다. 그것은 옛 농촌이나 소도시의 평온함(Gemütlichkeit), 도시의 문화(Kultur), 기독교적 순종(Demut), 직업적 구조(Bildung) 그리고 사회적 개혁(Reform) 정신을 토대로 이루어진다. 중요한 것은 독일제국이라는 표상이 지배적이 되고 산업화가 기존의 사회 계층 구조를 약화시키는 동안에도 이 모든 것들이 국가적인 차원에서 통합된 의미를 갖고 있지 않았다는 점이다.

명령에 책임의식이, 자발적인 복종에 존엄성이 있는 곳에서만이 엄격함은 생산적일 수 있다. 하지만 여기에는 완전한 대의명분이 필요하다. 경제적, 정치적 그리고 정신적 제도의 변화에 보조를 맞추며 과거와 현재를 통합하는 정당한 근거가 필요한 것이다.

다른 서구 국가들은 나름의 민주주의 혁명을 경험했다. 막스 베버(Max Weber)가 말했듯이 그 나라들은 귀족 계급의 특권을 점진적으로 넘겨받음으로써 귀족정치의 이상을 동일시할 수 있었다. 모든 프랑스인에게는 프랑스의 기사도(騎士道)가, 모든 영국인에게는 앵글로 색슨의 신사도(紳士道)가, 그리고 모든 미국인에게는 저항적 귀족정신이 있었다. 이러한 정신이 혁명의 이상에 녹아들면서 "자유민"이라는 개념이 만들어졌다. 그리고 이 개념에는 양도할 수 없는 권리, 필수적인 자기부정 그리고 중단 없는 혁명정신이 담겨 있었다. 생활권역(Lebensraum, 나치는 게르만 민족의 '생활권역' 확보를 위해 영토 확장이 필요하다는 논리로 침략 전쟁을 정당화했다—옮긴이)의 문제와 더불어 우리가 앞으로 논의할 여러 가지 이유들로 인해 독일인들의 정체성은 다른 나라들과는 달리 그러한 정신을 무의식적인 교육 방식에 영향을 미치기에 충분할 정도로 통합하지 못했다. 평범한 독일 아버지들의 권위와 엄격함은 완전한 대의명분에 동참하는 것으로부터 얻어지는 부드러움이나 존엄성과는 융화될 수 없었다. 오히려 평범한 아버지들은 일상적으로 또는 결정적인 순간에 독일군 부사관이나 하급 공무원—"보잘것없는 권위를 뽐내는"—의 습성과 규범을 보여주게 되었다. 그들은 많은 것을 얻기는커녕 오히려 점점 움츠러들 위험 속에서도 계급과 직위 그리고 퇴직 연금을 위해 자유민의 생득적 권리를 팔아치웠다.

뿐만 아니라 전통적인—그리고 지역적인—형태로 청소년기의 갈등을 보살펴준 문화적 제도들도 붕괴되었다. 예컨대 과거에는 **편력**(Wanderschaft)의 관습이 존재했다. 히틀러가 공무원이 되라는 아버지의 강요에 정면으로 맞선 나이, 그리고 히틀러의 아버지가 집을 뛰쳐나온 그 나이에 옛 독일 소년들은 낯선 땅에서 도제(apprentice) 수업을 받기 위해 집을 떠났다. 나치 시대 이전에도 그러한 불화는 아버지의 분노와 어머니의 눈물 속에서 일어났다. 그것은 개인적인 차원에서 그리 심각하지 않은 갈등으로 표출되거나 억압되곤 했는데, 이 경우 관계의 붕괴는 아버지와 아들 사이가 아니라 소년과 그의 내면에서 일어났다. 소년이 자신의 냉소적 적대감을 **시민적 생활양식**(Bürgerlichkeit)—독일 소년들이 경멸하는 "소시민들"의 세계—의 전 영역에 확대시키는 동안 남자 교사들은 종종 그 타격을 직접적으로 받아야 했다. 시민(Bürger)이라는 단어의 함축적 의미를 설명하기란 쉽지 않다. 그것은 견실한 보통 시민을 뜻하는 것이 아니다. 계급의식이 투철한 젊은 부르주아를 뜻하는 것도 아니며 자긍심 있는 시민이나, 공평한 의무를 받아들이되 개인으로서의 권리를 주장하는 책임 있는 시민은 더더욱 아니다. 그 단어는 젊음과 이상을 포기한 채 보잘것없고 비굴한 보수화에서 도피처를 구하는 성인들을 가리킨다. 이러한 이미지는 모든 "평범한" 이들이 타락했으며 "점잖은" 이들은 모두 유약하다는 주장을 펴는 데 종종 사용되었다. 옛 시절의 청소년들은 특별한 유형의 지도자를 따라 반항적인 또래들과 어울리며 자연의 섭리를 깨달아갔다. 또 다른 부류의 "외로운 천재"들은 일기와 시와 논문을 쓰며 열다섯 살의 나이에 이미 돈 카를로(Don Carlo)의 탄식—"나이 스물에 그 어떤 불멸의 위업도 이루어놓은 것이 없구나!"—을 토해내기도 했다. 또한 지적이며 냉소적인 성향의 모임이 만들어졌는가 하면 비행이나 동성연애 또는 인종우월주의를 추구하는 무리도 형성되었다. 그런데 이 모든 활동들의 공통된 특징은 아버지 개개인의 영향력을 배제한 채 신비적이며 낭만적인 실체—자연의 섭리, 조국, 예술, 존재 등—에 집착했다는 것이다. 그러한 것들은 반항하는 아들을 결코 아버지라는 괴물에게 팔아넘기지 않을 순수한 어머니의 초월적 이미지를 가지고 있었다. 아들의 자유를 부러워하지는 않았지만 공개적으로 또는 드러나지 않게 그것을 지지해준 어머니와 달리 아버지는 자유의 끔찍한 적으로 여겨졌다. 자신의 반감이 충분히 드러나지 않았다고 생각되면 아버지는 일부러라도 분노를 폭발시켰다. 그의 반응은 삶의 경험에서 나온 것이기 때문이다.

이 시기에 소년은 완전한 유토피아를 향한 자신의 과도한 주도성이 방향을 잘못 잡고 있었으며 이것이 결국 깊은 죄책감과 정신적 고갈로 이어지리라는 사실을 인식하게 되는데 이는 죽음보다 끔찍한 일이었다. 유년기 초기에 이미 형성되어 있던 아버지와의 동일시가 수면 위로 떠오른 것이다. 운명의 배신(곧 현실)이 마침내 이 소년을 **시민**—물질(Mammon)과, 누구나 가질 수 있는 아내와 아이를 얻기 위해 자신의 재능을 버렸다는 죄의식을 가진 "소시민"—으로 만들었다.

물론 이를 너무나 정형화된 설명이라고 할 수도 있다. 하지만 나는 드러난 유형과 감추어진 양식이 둘 다 존재했다고 믿는다. 또한 조숙한 개인주의적 반항과, 환멸감에서 비롯된 복종 사이의 균열이 독일인의 정치적 미성숙함을 낳은 강력한 요인이라고 믿는다. 즉 이러한 청소년기의 반항은 개인주의와 혁명정신의 미숙아라고 할 수 있는 것이다. 나는 독일의 아버지들이 이러한 반항을 막지 않았을 뿐만 아니라 실제로는 가부장적 지배를 유지하는 확실한 방법으로 그것을 무의식적으로 조장했다고 생각한다. 일단 아버지의 초자아가 유년기 초기에 확고하게 형성되면 그 아이에겐 언제든 로프를 던질 수 있었다. 아이가 혼자서는 멀리까지 헤엄칠 수 없었기 때문이다.

이처럼 이상주의적 반항과 온순한 복종의 독특한 결합은 역설로 이어졌다. 독일제국의 독일인들은 자기부정적인 엄격한 의식을 가지고 있었다. 그런데 그들의 이상은 확실하지 않았고 이를테면 거할 곳이 없는 상태였다. 독일인들은 자기 자신과 타인들에게 엄격하다. 하지만 내적 권위가 없는 극단적인 엄격함은 반감과 공포 그리고 앙심을 낳는다. 통합적 이상이 결여된 상태에서 독일인들은 맹목적인 확신, 엄격한 자기부정 그리고 극단적인 완전주의를 가지고 모순이 가득하며 노골적으로 파괴적인 목표들에 접근하게 되었다.

제1차 세계대전의 패배와 1918년의 혁명('독일 혁명' 또는 '11월 혁명'이라 불리며, 독일제국의 제정을 무너뜨리고 바이마르 공화국을 탄생시킨 민중 혁명을 가리킨다—옮긴이) 이후 그러한 심리적 갈등은 독일의 중간 계급에서 파국에 이를 정도로 증폭되었다. 세상 어디에서나 노동자 계급은 중간 계급에 편입되고자 하는 갈망을 가지기 마련이다. 그런데 상위 계급이 패전의 멍에를 짊어지게 되면서 그들에 대한 노동자 계급의 추종은 갑자기 그 의미를 잃게 되었다. 경제적으로는 인플레이션이 연금을 위협했다. 반면에 혼란에 빠진 대중은 자유로운 시민이나 계급의식에 투철한 노동자로서의 역할을 감당할 준비가 되어 있지 않았다. 히틀러의 이미지가 그토록 많은 사람들을 사로잡고 그들을 마비시킬 수 있었던 것은 오로지 그러한 상황에서만이 가능했다.

나는 히틀러에 의해 경멸적으로 묘사된 그의 아버지가 전형적인 독일인 아버지라고 주장할 생각은 없다. 극단적이고 예외적인 개인적 경험이 보편적으로 잠재해 있는 갈등과 우연히 맞아떨어져서 어떤 위기가 그것을 대표적인 사례로 부상시키는 경우가 역사에서는 흔히 있다. 사실 국경 너머에서 온 누군가를 자신들의 지도자로 선택한 나라들이 있다는 사실을 우리는 기억할 필요가 있다. 코르시카 출신의 나폴레옹이 그러했고 그루지야 출신의 스탈린도 마찬가지였다. 히틀러의 청소년기에 대해 읽은 독일인들을 경탄하게 만든 것은 바로 보편적인 유년기의 원형이었다. "아버지가 아무리 완고하고 고집이 세다 할지라도 …

거의 또는 전혀 마음이 끌리지 않는 그 일을 하지 않겠다고 마음먹은 아들의 고집 역시 만만치 않았다. 나는 공무원이 되고 싶지 않았다." 개인적인 고백과 교묘한 선전술의 결합은 (요란하고 결단력 있는 행동과 더불어) 독일 젊은이들의 변혁에 대한 열망에 확신을 가져다주었다. 늙은 남자는 이제 그 누구도, 그것이 아버지든 황제든 혹은 신이든, 어머니 독일에 대한 사랑을 가로막을 수 없었다. 동시에 성인 남자들은 반항적이었던 그들 자신의 청소년기를 배반함으로써 더 이상 독일 젊은이들을 이끌 자격이 없음이 증명되었다. 젊은이들은 이제 "자신의 운명을 스스로 개척"해야 했다. 그리고 아버지와 아들 모두는 결코 포기하지 않는 청년기를 보낸 지도자(Führer, 일반적으로 '총통'으로 번역되며 여기에서는 히틀러를 가리킨다―옮긴이)와 그들 자신을 동일시할 수 있었다.

심리학자들은 히틀러의 역사적 이미지에서 아버지로서의 속성을 과장하는 경향이 있지만 실제로든 상징으로든 아버지가 되기를 거부했던 청년 히틀러는 같은 이유로 황제나 대통령이 되기를 거부했다. 그는 나폴레옹의 실수를 되풀이하지 않았다. 그는 지도자였다. 그는 아버지들과 동일시하지 않으면서도 그들의 특권을 넘겨받은 명예로운 맏형이었다. 자신의 아버지를 "늙은 아이"라고 부른 히틀러는 최고 권력을 쥐고도 젊은이로 남아 있을 수 있는 이가 누릴 수 있는 새로운 지위를 준비했다. 이 늙지 않는 청년은 소시민의 행복과 경제적인 안정 그리고 정신적 평화와는 거리가 먼 특별한 이력을 선택했다. 그는 청소년들을 조직(1926년에 만들어진 히틀러 청소년단(Hitler-Jugend)은 나치 독일이 짧은 시간에 막강한 군사력을 구축하는 원동력이 되었다―옮긴이)해서 공포를 조장하고 그들을 교묘하게 범죄에 끌어들인 폭력조직의 두목이기도 했다. 그리고 그는 무엇보다도 부모들의 실패를 냉혹하게 이용한 사람이었다.

"내 장래 문제는 예상했던 것보다 빨리 해결되었다… 내가 열세 살 때 아버지가 갑작스런 죽음을 맞았다. 이에 어머니는 나를 공무원으로 만들기 위한 교육을 계속해야 한다는 의무감을 느꼈다." 그런데 히틀러가 심각한 폐질환을 앓게 되면서 "그때까지 내가 얻어내려고 발버둥 쳤던 것, 내가 간절히 열망했던 것이 갑자기 현실이 되었다…" 그의 어머니는 병이 든 아들에게 건강했을 때라면 허락하지 않았을 것을 허락해 줄 수밖에 없었다. 이제 그는 화가가 되기 위한 준비를 할 수 있었다. 하지만 그는 국립 미술학교의 입학시험에 낙방하고 말았다. 그리고 어머니마저 세상을 떠났다. 그는 이제 자유였다. 그리고 혼자였다.

그는 후일 강한 성격과 사내다운 기질로 합리화된 학교생활의 실패(히틀러는 중등 직업학교인 레알슐레를 자퇴했다—옮긴이)에 이어 진로의 실패를 맛보았다. 나중에 히틀러가 자신을 보좌하는 부하들을 선택할 때 자신의 실패를 상쇄할 수 있는 자질을 얼마나 중시했는지는 잘 알려져 있다. 학교생활의 부적응과 실패를, 다른 숨겨진 재능의 가능성으로 포장하는 독일인들의 습성 덕분에 그는 이 문제를 비껴갈 수 있었다. 독일의 "인문학적" 교육은 과거의 영화를 연상시키는 시인들의 출현에 열광했지만 양육의 의무와 규율 사이의 심각한 균열은 피할 수 없었다.

독일 안팎의 "늙은" 세대를 다루는 히틀러의 방식은 자신의 아버지와의 관계에서 그랬듯이 완고하고 냉소적이며 뒤틀려 있었다. 사실 자신의 행동에 공적인 변명이 필요하다고 느낄 때마다 그는 『나의 투쟁』 제1장에서 그랬던 것처럼 무대를 마련했다. 그의 장황한 연설은 먼저 외국의 지도자—처칠이나 루스벨트—에 초점을 맞추고는 그들을 폭군이나 노망난 멍청이로 묘사했다. 이어서 더프 쿠퍼(Alfred Duff Cooper)나 이든(Robert Anthony Eden, 더프 쿠퍼와 더불어 대독 강경론자였다—옮긴이) 같은 인물들에게

기름기가 흐르는 부잣집 아들과 퇴폐적인 냉소주의자의 이미지를 덧씌
웠다. 실제로 독일인들은 히틀러라는 거친 청년이 다른 이들의 노쇠함
을 이용하는 한 그의 깨어진 약속들을 묵인했다.

### 3. 어머니

> " … 어머니는 헌신적으로 가사를 돌보며
> 영원한 사랑으로 자녀들을 보살피는 분이었다."

히틀러는 이 동화 같은 이야기를 제외하고는 어머니에 대해 언급한 것
이 거의 없다. 그는 어린 영웅, 곧 자신이 싸움에 휘말리는 것에 대해 어머
니가 깊은 애정이 담긴 염려를 하곤 했다고 말한다. 아버지의 죽음 이후
어머니는 아들이 학교교육을 계속 받도록 해야 한다는 "의무감"―원해서
가 아니라―을 느꼈으나 그런 어머니마저 곧 세상을 떠났다. 그는 아버지
를 존경했으되 어머니에 대한 감정은 사랑이었다고 말한다.

"자녀들"에 대해서는 더 이상의 언급이 없다. 그는 자신의 형제들에
대해 이야기한 적이 없다.

연극배우와 히스테릭한 모험가의 성향을 가진 히틀러가 어머니에 대
해 병리적인 애착을 가지고 있었다는 사실에는 의심의 여지가 없다. 그
런데 여기에서 중요한 것은 그게 아니다. 병리적이었든 아니든 그는 어
머니의 이미지를 정치 선전에서 최고의 가치를 지닌 두 개의 범주로 능
숙하게 나누었다. 하나는 사랑과 인자함이 가득한, 그러나 조금은 지
친 표정으로 요리를 하고 있는 어머니이고, 다른 하나는 대리석이나 청

동으로 만들어진 거대한 동상처럼 이상에 대한 기념비적 이미지를 지닌 어머니이이다. 그의 어머니는 이러한 이미지와 아무런 관련이 없었지만 그의 머릿속에는 초인으로서의 어머니의 형상이 넘쳐났다. 히틀러의 동화에서 그가 브라우나우에서 태어난 것은 단순히 부모가 그곳에 살았기 때문이 아니다. 그것은 "나의 출생지를 결정해준 운명" 때문이었다. 어떤 일이 일어나는 것은 자연의 법칙 때문이 아니었다. 그가 "양대 전쟁 사이의 평화와 질서의 시기에 태어난" 것은 "운명의 비열한 장난"이었다. 그가 가난을 겪었을 때 "빈곤은 두 팔을 벌려 나를 껴안았고" 그가 슬픔에 빠졌을 때는 "슬픔이라는 귀부인이 나의 양어머니가 되어주었다." 하지만 그는 후일 이 모든 "운명의 잔인함"을 "자연의 섭리"로 찬미하는 법을 배우게 되었다. 그러한 시련이 그로 하여금 "모든 지혜의 잔인한 여왕"인 자연의 섭리에 따르도록 그를 강하게 만들어주었기 때문이다.

제1차 세계대전이 발발했을 때 그는 "운명의 자비로운 허락으로" 독일군에 입대했으며, 바로 그 "운명의 여신은 국가와 인간의 역량을 시험해보기 위해 전쟁을 이용"했다. 패전 이후 자신이 기도한 혁명(1923년 히틀러는 쿠데타를 기도했다가 내란 및 정부 전복 기도 혐의로 수감되었는데 이때 집필된 『나의 투쟁』은 정치인으로서 그의 위상을 강화하는 결정적인 계기가 되었다—옮긴이)을 스스로 변호하는 법정에서 그는 배심원단의 평결을 "역사의 여신이 언젠가는 미소를 지으며 파기할 것"임을 확신했다.

영웅을 배반하고 그를 좌절시켰던 운명이 이제는 그의 영웅적 자질을 받아들여 어리석은 노인들의 평결을 파기할 차례였다. 이것은 많은 독일인들의 이상주의에 배어 있는 유아기적 이미지이다. 이는 이국땅에서 위대한 존재가 된 젊은 영웅이 "포로로 잡혀 있는" 어머니를 구하기 위해 돌아온다는 주제로 가장 잘 표현되며, 바로 그 점에서 오이디푸스 왕의 이야기와 맞물리게 된다.

따라서 초인적인 어머니의 심상 뒤에는 모성의 양면적 이미지가 숨어 있다. 장난스럽고 순수하며 관대한 어머니가 때로는 위험하고 사악한 힘과 손을 잡는 것이다. 나는 이것이 가부장적 사회에서 아무런 권한이나 책임도 주어지지 않은 채 오로지 중간자와 중개자 역할만 하는 여성의 이미지라고 생각한다. 여기에서 아버지는 그녀 안의 서먹서먹한 아이들을 증오하고 아이들은 어머니 안의 냉담한 아버지를 증오한다. 그러한 "어머니"가 "이 세계"의 무의식적인 모델이 되었기 때문에 히틀러 치하에서 모성적 특질에 대한 양면성은 독일인들의 표층적 사고의 가장 두드러진 특징 가운데 하나가 되었다.

이 지도자의 모성과 가족에 대한 관계는 여전히 불분명한 상태로 남아 있었다. 히틀러는 국가적 환상을 만들어내는 과정에서 자신을 파괴하려는, 그리고 이제는 자신을 숭배하지 않을 수 없게 된 초인적인 어머니를 상대로 한편으로는 싸우고 다른 한편으로는 화해하려 하는 어느 외로운 남자를 자신의 내면에서 보았다. 하지만 그는 비참한 종말에 이르기까지 한 번도 여성을 동반자로 인정하지 않았다. 그는 에바 브라운(Eva Braun)에게서 진정한 여성상을 발견하고자 노력했으나 결국 자신의 손으로 그녀에게 방아쇠를 당김으로써 신화는 끝이 났다. 그의 공식 전기 작가에 따르면 그는 "국가적 의지의 화신이다. 그는 어떠한 가족의 삶도 알지 못하며 어떠한 악도 알지 못한다."

히틀러는 여성에 대한 이러한 공식적 양면성을 독일과 자신의 관계에 하나의 이미지로서 옮겨놓았다. 독일이라는 국가를 이루고 있는 일반 대중을 공공연하게 무시하면서도 그는 그들 앞에 서서 "독일, 독일,

독일!"을 광적으로 외치며 신성한 국가를 믿을 것을 호소했다.

그런데 독일인들은 인류와 세상에 대해서도 그와 유사한 양면성을 줄곧 보여 왔다. 본질적으로 세상을 "외부 세계"로 인식하는 것은 대부분의 국가와 민족이 마찬가지이다. 하지만 독일인들에게 세상은 그 특질이 끊임없이 변화하는 곳이었다. 그리고 그 변화는 늘 극단적이었다. 세상은 영원한 갈망과 방랑의 목적지로서 커다란 지혜를 제공해주는 곳이었지만 독일을 포위하고 있는 비열한 적들의 야영지이기도 했으며 정반대로 튜턴족의 용기로 획득되어 수천 년 동안 독일의 젊은 세대가 살아갈 생활권역으로 인식되기도 했다.


## 4. 청소년


미국에서 "청소년기"라는 말은 그 단어를 직업적으로 다루는 사람들을 제외한 대부분의 사람들에게 유년기와 성인기 사이의 아무것도 아닌 시기를 의미하게 되었으며, 기껏해야 다 큰 아이들이 무리를 지어 몰려다니며 스포츠를 즐기거나 야단법석을 떠는 "평범한" 시기를 가리키게 되었다. 미국의 청소년들은 문화적 중재자 역할을 해왔기 때문에 상대적으로 문제를 덜 일으키고 고립감을 덜 느낀다. 전제주의를 물리친 선조들에게 물려받은 자유와 더불어 청소년기의 자유로움을 포기할 사람은 이 나라에 거의 없을 것이다.

때문에 다른 문화권에서는 청소년기가 어떤 의미를 갖는지 이곳에서는 알기가 쉽지 않다. 원시 사회에서는 청소년기에 싹트는 초기 성인기의 징후를 승화시키기 위한 노력으로 극적이고 특이한 의식이 치러졌다. 원시적 의식에서 청소년들은 자신의 피나 치아 또는 생식기의 일부를 제물로 바치도록 강요받았고 자신의 사악함을 인정하며 무릎을 꿇는 법을 배웠다. 고대 의식은 아버지의 세상에서 한 남자로 성장하겠다는 소년의 의지와, 창조주인 "위대한 아버지(Great Father)"의 겸손한 아들로 영원히 남겠다는 의지를 동시에 확인했다. 의식의 춤을 이끈 이들과 대속자(代贖者)들은 범죄와 속죄의 대리인들이었다. 독일 청소년들의 반항은 봉건제의 몰락이 낳은 총체적인 심리 발달 단계의 정점에서 나타났다. 그것은 부권으로부터의 내적 해방이었다. 원시 사회와 독일 국가사회주의 체제가 가지고 있던 청소년기의 의식에는 상당한 유사점이 있지만 거기에는 결정적인 차이가 하나 있다. 히틀러의 세계에서는 부권에서 해방된 소년들이 함께 행진을 했다. 그러나 그들의 지도자는 그 어떤 아버지에게도 자신의 의지를 내려놓지 않았다. 사실 히틀러는 양심이 할례와 마찬가지로 더러운 것이며 그 두 가지는 모두 유대인의 것이라고 말한 바 있다.

유대인—7천만 독일 인구의 1퍼센트에도 못 미치지만 독일을 "무력화시키는 세균 덩어리"인—에 대한 히틀러의 증오는 병적 공포의 이미지를 두르고 있다. 히틀러는 그 세균 덩어리에서 나오는 위험을 감염과 오염으로 묘사한다. 정신의학은 그의 사례에서 최소한 매독 공포증을 진단할 수 있다. 하지만 어디까지가 그의 개인적 증상이고 어디서부터가 교활한 선전술인지 분간하기란 쉽지 않다. 관념론적으로 청소년의 전형적인 이미지는 가장 순수한 흰색과 가장 어두운 검정색이다. 그는 모든 흰 것의 획득과, 타인과 자기 자신에게 있는 검은 것의 절멸에 몰두한다. 특히 성욕에 대한 두려움은 청소년들을 다음과 같은 말에 민감하게 만들었다. "피의 순수성을 잃는 것만으로도 내적 행복은 영원히 파괴된다. 그것은 인간을 저열하게 만들며 그 영향력은 신체와 정신에서 결코 제거되지 않는다."*

나치 시대 이전의 독일 청소년들은 자기 자신에게 매우 가혹했지만 그것은 아버지에게 맞서는 자기 자신을 사면하기 위함이 아니었다. 그들은 "넘어졌을" 때 엄청난 죄의식을 느꼈다. 히틀러는 자기 자신에게 너그럽지 않았기 때문에 이 세상의 모든 검은 것들에 대해 가혹해질 권리를 가지고 있었고, 독일 청소년들도 그렇게 느끼도록 만들었다. 양식 있는 비독일인들에게 의혹을 불러일으킨 것―히틀러가 고기, 커피, 술 그리고 섹스를 멀리했다고 알려진 것―이 여기에서 중요한 선전술의 요인이 된다. 제1차 세계대전 이후 독일을 뒤덮고 있던 자학적 경향으로부터 독일인들을 해방시키고 그들에게 증오와 고문 그리고 살인의 권리가 있음을 납득시키기 위해 히틀러는 자신의 도덕적 우위를 증명해 보인 것이다.

히틀러는 모든 독일인들을 따라다닌 청소년기의 갈등을, 아이들에게는 최면상태의 단순한 행동과 생각으로부터의 자유로 대체하려 했다. 이를 위해 그는 모든 청소년들의 에너지를 국가사회주의로 모을 수 있는 하나의 조직, 훈련 그리고 모토를 만들었다. 그 조직이 히틀러 청소년단(Hitler Jugend)이었으며, 그 모토는 이러했다. "우리의 운명은 우리가 만든다."

신은 더 이상 중요하지 않았다. "지구가 태양 앞에 자신을 봉헌하는 이 시간, 우리는 오로지 한 가지만을 생각한다. 우리의 태양은 아돌프 히틀러이다."** 부모도 중요하지 않았다. "청년들로 하여금 청년들을 지

---

* 위의 책.
** 출처: G. Ziemer, *Education for Death*, Oxford University Press, New york, 1941.

도하게 하는 우리의 방식에 자신의 '경험'으로, 오직 그것으로 맞서려는 자들은 모두 입을 다물어야 한다."* 윤리도 중요하지 않았다. "모든 선입견과 타협으로부터 자유로운, 태어날 때부터 명령에 복종할 준비가 되어 있는, 완전히 새로운, 새로 태어난 세대가 부상하고 있다."** 형제애나 우정도 중요하지 않았다. "나는 우정, 부모의 사랑, 인류애, 삶의 기쁨, 미래에 대한 희망을 표현하는 단 한 곡의 노래도 들어보지 못했다."*** 배움도 중요하지 않았다. "국가사회주의의 이념은 신성한 토대이다. 그것은 구차한 설명 따위로 손상되어서는 안 된다."****

중요한 것은, 뒤돌아보지 말고 앞으로 나아가는 것이다. "모든 것을 무너뜨리며 우리는 전진할 것이다. 오늘은 독일이 우리의 것이나 내일은 온 세상이 우리의 것이기에."

이러한 토대 위에 히틀러는 보편적 차원에서 독일인 (군인) 대 유대인이라는 단순한 인종적 이분법을 제시했다. 유대인들은 작은 몸집에 피부색이 검고 온몸에 털이 많으며 구부정한 자세와 평발을 가지고 있고 사팔뜨기에 구취가 나는 것으로 묘사된다. 그들은 몸에서 냄새가 나고 난잡하며 처녀성을 빼앗아 임신을 시키기를 좋아하고 금발의 처녀들을 타락시키는 민족이다. 이에 반해 아리안족은 키가 크고 자세가 곧으며 가슴과 팔다리에 털이 없고 눈매와 걸음걸이와 말씨가 반듯하다. 그들은 쭉 뻗은 팔로 악수를 하고 청결한 습관을 가지고 있으며 매음굴이 아닌 다음에야 유대인 여자를 건드리지 않는다.

---

* 출처: Hans Siemens, *Hitler Youth*, Lindsay Drummond, London, 1941.
**출처: Zimmer, 앞의 책.
*** Zimmer, 앞의 책.
****출처: Zimmer, 앞의 책.

이러한 대조는 두말할 나위 없이 유인원과 초인을 구분하는 것이다. 이 러한 이미지의 대조는 미국에서라면 희극적 연출의 소재가 되었겠지만 독 일에서는 성인들의 정신에 공식적인 식량이 되었다. 히틀러의 이미지 조 작이 오랜 기간 동안 독일 청소년들과 독일의 군대에 먹혀들었다는 사실 을 (독일인들은 잊지 않을 것이기 때문에) 우리는 잊지 말아야 한다. 그들은 건 강하고 근면하며 침착하고 충성스러웠으며 또한 광적이었다. 그들은 "신 체와 이념 그리고 충성심을 파고드는 온갖 약한 것들에 맞서 싸웠다."* 그 들은 극도로 오만했지만 그 오만한 조소 속에는 외국의 "문화적" 영향에 굴복하는 것에 대한 옛 독일의 두려움이 숨겨져 있었다.

국가사회주의의 인종 의식은 여성들에게도 새로운 우월감을 심어주었 다. 소녀들은 선택받은 아리안족 남자들과 관계를 맺을 경우 자신의 신체 적 기능을 즐거운 마음으로 받아들이도록 교육을 받았다. 그들은 성적 고 무와 장려를 받았다. 정치 선전, 국가 보조금 그리고 "지도자를 위해" 태 어나는 "국가의 아이들"을 위한 시설은 결혼 여부와 관계없이 출산을 적 극 장려했다. 당시 미국에서는 정신과 의사들이 학술지에서나 겨우 주장 할 수 있었던 모유 수유에 대해 독일에서는 국가가 다음과 같이 명했다. "Stillfähigkeit ist Stillwille.(모유 수유의 능력은 모유 수유의 의지이다.)" 독일인의 유 아기는 이처럼 아리안족과 지도자를 위해 풍요로워졌다.

그의 이미지 조작에서 어떤 배우나 혁신가도 실제로는 새로울 게 없 었으며 히틀러 자신조차 완전히 독창적이지는 못했다. 어쩌면 그의 독 창성은 기존의 이미지를 과감하고 집중적으로 표현한 것에 있었는지도 모른다. 하지만 그가 자기 자신과 다른 사람들을 납득시키고 반대자들

---

* Zimmer, 앞의 책.

을 무력화시킬 수 있었던 것은 그들이 무의식적으로나마 그의 이미지 조작에 동참했기 때문에 가능한 것이었다. 그들은 처음엔 반신반의했으나 점차 흔들렸고 결국 모든 것을 내주었다.

독일에서 우리는 고도로 조직화되고 고도로 훈련된 국민들이 청소년기에 대한 이념적 이미지에 순응하는 것을 보았다. 우리는 이에 대해 지도자의 개인적 신경증적 문제를 탓할 수만은 없음을 지적했다. 그렇다면 그를 추종한 사람들의 유년기적 원형을 탓할 수는 있을까?

## 5. 생활권역, 군인, 유대인

한 나라의 국민이 가지고 있는 가족의 이미지와 국내외적 문제에 대한 그들의 태도를 단순히 비교하는 것은 어리석은 일일지도 모른다. 이는 가족적 양식을 변화시킴으로써 국제 문제에 대한 그들의 태도를 바꿀 수 있다는 함의로 이어질 수 있기 때문이다. 국민들은 그들의 총체적 현실이 바뀔 때에만 변화할 수 있다. 미국에서는 이민자의 아들딸들이 비록 그들 나름의 갈등을 안고 있다 하더라도 완전한 미국인이 된다. 나는 독일계 미국인 독자들이 이 장에서 자신의 아버지가 가지고 있는 문제를 발견하게 될 것이라고 감히 말할 수 있다. 그들이 그것을 깨달을 수 있는 이유는 그들의 아버지와 그들 자신의 세계 사이에 간격이 있기 때문이다. 그들의 아버지는 다른 시간과 공간에 살고 있는 것이다.

유년기의 원형과 국민의식 사이의 단순한 비교와 거기에서 도출되는 비논리적인 결론은 실제로 둘 사이에 존재하는 중요한 진실을 가릴 수 있다. 때문에 우리는 역사적, 지리적 현실이 가족의 양식에 어떤 영향을 미치는지, 그리고 그러한 양식이 국민들의 현실 인식에 어느 정도로 영향을 미치는지 살펴보고자 한다. 먼저 독일인의 가족에 대한 이미지와 유럽의 중심부에 위치한 독일의 지리적 특성을 연결시키지 않고는 독일인이 누구인지 설명할 수 없을 것이다. 우리가 앞에서 살펴보았듯이 가장 지적인 집단조차도 비언어적이고 주술적인 음모에 그들 자신과 다른 사람들을 순응시켰다. 모든 개인과 집단은 역사가 정해준 제한된 시공간 개념을 가지고 있는데, 그 개념의 목록이 그들이 바라보는 세계와, 악과 이상의 원형 그리고 그들 자신의 생애 계획을 무의식적으로 결정한다. 그러한 개념들은 국민들의 목표의식을 지배하고 그들의 우수성을 이끌어낼 수도 있지만 다른 한편으로는 그들의 상상력을 제한하고 재앙을 불러들일 수도 있다. 독일 역사에서 그러한 대조적 양상은 포위 대 **생활권역**, 그리고 분열 대 통일로 나타났다. 물론 이 용어들은 그 의미가 너무나 보편적이어서 특별할 것이 없어 보인다. 하지만 이 단어들이 독일인들의 사고에서 갖는 무게를 인식하는 관찰자라면 그 단어들에 감추어져 있는 의미를 알아채야 한다. 국제관계에서 상대국 국민들이 가지고 있는 신화적 시공간의 의미를 가볍게 여기는 것보다 더 위험한 일은 없다. 비독일인들은 이 단어들이 일반적인 의미를 뛰어넘는 강한 설득력을 가지고 있음을 인식하지 못한다.

**생활권역**에 대한 표면적인 설명은 나치 정부가 유럽 내에서 군사적 헤게모니와 경제적 주도권 그리고 지적 지도력을 행사해야 한다고 말한다. 하지만 생활권역은 근본적으로 그것을 뛰어넘는 마법 같은 의미를 가지고 있다. 그 의미는 무엇일까?

제1차 세계대전의 종전 직후 막스 베버는, 운명이 [그처럼 현실주의적인 독일인조차 "지리" 또는 "역사"라는 단어 대신 "운명"이라고 말한다] 독일로 하여금 강력한 지상군을 가진 세 나라와 강력한 해군력을 가진 한 나라 사이에 끼어서 그들의 길목을 가로막게 했다고 썼다. 그는 이 세상 그 어떤 나라도 이러한 상황에 처해 있지는 않다고 말했다.*

베버가 지적했듯이 지리적으로 완전히 포위된 나라가 자국의 번영과 안보를 지키기 위해서는 두 가지의 선택이 있다. 하나는 스위스처럼 모든 인접국에 우호적이며 누구에게도 위협이 되지 않는 나라가 되는 것이다. 또 다른 선택은 서유럽 국가들과 문화적, 군사적 방어체제를 구축해서 러시아와 동유럽에 맞서기 위해 영국이나 프랑스처럼 힘의 정치를 펴는 강력한 제국을 건설하는 것이다. 하지만 베버는 "현실주의자"였다. 이는 그가 자신의 보수적인 사고에서 "이성적"**이라고 여겨지

* Max Weber, *Gesammelte Politische Schriften*, Drei Masken Verlag, Munich, 1921.
** 최근 미국에서 출간된 한 권의 책(H. H. Gerth and C. Wright Mills, *From Max Weber: Essays in Sociology*, Oxford University Press, New York, 1946, pp. 28-29)은 베버의 삶에 일어난 몇 가지 사건을 보여주는데, 여기에서 인용할 그 일들은 우리가 논의하고 있는 가족의 양식을 잘 설명해주고 있다.
　　"그의 강한 기사도 정신은 부분적으로는 아버지의 가부장적이고 폭군적인 태도에 대한 반발이었다. 그의 아버지는 자신에 대한 아내의 사랑을 착취와 통제에 대한 허락과 동의로 받아들였다. 이 상황은 베버가 서른한 살 때 아내와 어머니 앞에서 아버지와의 관계에 대한 생각을 밝히면서 최고조에 이르게 되었다. 그는 아버지가 자신의 요구를 따르지 않을 경우 냉정하게 관계를 끊겠다고 했고 어머니에게도 앞으로는 아버지 없이 '혼자' 찾아오라고 말했다. 그런데 이 일이 있고 얼마 후 아버지가 죽었고 베버는 죄책감을 지울 길이 없었다. 혹자는 여기에서 강력한 오이디푸스 상황을 추론할지도 모르겠다.
　　베버는 평생 동안 어머니와 서신을 교환했는데, 어머니는 그를 '큰딸'이라고 부른 적도 있었다. 그녀는 품행에 문제가 있었던 셋째 아들에 대해서도 남편이 아닌 맏아들 베버와 상의를 했다. 우리는 비록 한때였지만 젊은 시절 베버가 가졌던 동경에 주목할 필요가 있다. 그는 대학에서 진짜 남자가 되고 싶었다. 세 학기가 지났을 때 그는 외적으로 착실한 아들에서 맥주와 담배를 즐기고 얼굴에 주먹싸움의 흔적을 남기는 거친 독일제국의 대학생으로 변해 있었다. 어머니는 방학을 맞아 집에 돌아온 아들의 따귀를 때렸다. 어머니에게는 그것이 분명 부전자전으로 보였을 것이다. 어머니와 아버지에게 뿌리를 둔 동일시와 연상의 두 모델은 막스 베버의 내적 삶에서 결코 사라지지 않았다…"

는 것만 고려했음을 의미한다. 그는 몇 년 후 제3의 선택, 즉 독일이 파리, 런던, 로마 그리고 모스크바의 포위를 하나씩 무너뜨리고 그들을 "천 년 동안" 점령하여 거세시킬 만큼 강력한 국가가 될 것이라고 주장하는 남자가 나타나리라고는 꿈에도 생각지 못했다.

히틀러의 계획이 비독일인에게는 너무나 허황된 것으로 여겨진다. 비독일인에게는 그러한 망상이 어떻게 "진정한" 독일 문화를 대표하는 소박한 친절이나 보편적인 지혜와 함께 존재할 수 있었는지 이해가 되지 않을 따름이다. 하지만 앞에서 지적했듯이 세상은 독일의 문화에 대해 이야기할 때 국가가 아닌 지역적 미덕을 생각했다. 세상은 통합에 대한 독일의 절박한 욕구를 줄곧 과소평가했다. 자국 내에서 그러한 통합을 당연한 것으로 여기는 비독일인들에게 이것은 이해가 잘 되지 않는다. 세상은 또한 국가적 통합이 **정체성의 보존** 문제가 되고, 따라서 정치 체제의 문제를 훨씬 뛰어넘는 생사의 문제가 될 수 있음을 과소평가했다.

역사적으로 오늘날의 독일이 위치한 지역은 외세의 지배를 받았거나 잠재적인 외침에 늘 노출되어 있었다. 지난 백여 년 동안 독일의 중심부가 적에게 점령된 적이 없다는 것은 사실이다. 하지만 독일은 자신의 취약한 위치를 이성적으로나 비이성적으로 늘 의식하고 있었다.

그런데 독일이 의식한 위협은 군사적 침략만이 아니었다. 침략을 하든 아니면 침략을 당하든 독일은 **외국의 가치관**에 크게 영향을 받아왔다. 그에 대한 독일의 태도와, 그러한 가치관과 자국의 문화적 다양성과의 상관관계는 정의내리기 힘든 임상적 문제가 되었다. 혹자는 영토를 확장할 방법은 없고 인구 규모, 인구 밀도 그리고 인구 구성의 역사적 다양성은 독일과 비슷한 그 어떤 나라도 인접국의 다양하고 이질적이며 혼란스러운 문화적 영향에 독일만큼 지속적으로 노출된 적은 없다고 말할지도 모르겠다. 개인의 불안을 낳는 양상이 그러하듯 독일인들이 확고한 정체성을 형성하면서 경제와 사회의 발전에 점진적이고 합리적인 방식으로 융화되지 못한 것은 위에서 열거된 요인들이 악영향을 끼쳤기 때문이다.

분열에 대한 독일인의 심상은 "방벽 콤플렉스"라고 불릴 수 있는 역사에 대한 불편한 감정에서 비롯된다. 게르마니아 방벽(Limes Germanicus)은 로마인들이 독일의 서부와 남부에 걸쳐 축조한 방벽—중국의 만리장성에 비견되는—으로, 로마의 정복자들은 그 성벽으로 자신들의 정복지와 미개한 종족의 땅을 구분하려 했다. 그 성벽은 오래 전에 파괴되었다. 하지만 로마 가톨릭의 영향을 받는 남부와 프로테스탄트의 영향을 받는 북부를 가로지르는 문화적 장벽은 무너지지 않았다. 로마제국을 이어 다른 (군사적, 정신적, 문화적) 제국들, 즉 서쪽에서는 감각적이고 이성주의적인 프랑스가, 동쪽에서는 무지하고 영성적이며 제왕적인 러시아가, 북쪽과 북서쪽에서는 개인주의적인 "프로테스탄트 윤리"가, 그리고 남서쪽에서는 동양의 태평스러움이 독일로 밀려 들어왔다. 동과 서 그리고 북과 남이 독일 땅 여기저기에서 그리고 독일인들의 정신에서 격렬한 충돌을 빚었다.

이처럼 독일은 이질적인 외세의 영향력에 의해 지속적으로 정신적 외상을 입어왔는데, 이는 감응성과 방어적인 완고함 사이의 보편적인 갈등을 격화시키고 악화시켰다. 때문에 히틀러는 제국을 포위한 침략자들의 근거지를 군사적으로 정복하는 것뿐만 아니라 독일의 정신에 침투한 외국의 미학과 윤리를 "박테리아"라 칭하며 그것들에 대한 인종의식의 승리를 거두겠다고 약속한 것이다. 그의 목표는 제1차 세계대전에서의 군사적 패배를 영원히 기억에서 지우는 것뿐만 아니라 독일 문화에 침투한 외국의 가치관들을 완전히 일소하는 것이었다. 줄곧 고통받아온 독일인들에게 이것은 진정한 "자유"였다. 다른 자유들은 그에 비하면 상대적으로 불명확하고 비본질적인 것이었다.

아돌프 히틀러의 폭력적 처방은 거대하고 위대한 제국을 향하고 있었다. 하지만 현실의 국경은 여전히 취약하게 느껴졌고 정치적 뼈대는 아직 완전히 형성되어 있지 않았다. 히틀러의 호소는, 위대한 지역적 유산과 뜨거운 정신적 열망을 가지고 있으나 병적인 감응성과 기본 가치관에 대한 깊은 회의를 동시에 가지고 있는 국민들의 정신을 겨냥했다. 정체성을 얻기 위한 젊은이들의 노력에 그러한 상황이 어떤 영향을 미칠 것인지 이해할 수 있었던 사람만이, 그들의 그리고 그 자신의 위험을 예견할 수 있었을 것이다.

독일의 절망적인 역설은—히틀러 이전에도—두 개의 독일을 이루는 것 같은 극단적인 모순으로 이어졌다. 주변국에 의해 문화적으로 포위되어 있다는 의식의 반응으로 어떤 독일인들은 지나칠 정도로 관대해진 반면 다른 이들은 너무나 편협해졌다. 다른 나라 국민들도 코즈모폴리터니즘(cosmopolitanism)과 지역주의 사이에서 유사한 갈등을 겪고 있다는 사실이 독일만의 독특한 딜레마를 이해해야 할 필요성을 없애주지는 못한다. "지나칠 정도로 관대한" 유형은 독일의 역설을 부인하거나 혐오했으며 자신들을 둘러싼 "외부 세계"를 적극적으로 받아들이는 코즈모폴리턴이 되었다. "편협한" 유형은 외부 세계의 유혹을 애써 무시하는 전형적인 "독일인"이 되었다. 전자에 속한 사람들은 영국인, 프랑스인 또는 미국인으로 오인되는 것을 좋아했다. 후자의 경우 얼마 되지 않는 그들의 특징을 과장하는 허세를 부렸다. 전자가 자유롭고 통 큰 사고를 했다면 후자는 순응적이었으며 일체의 사고와 감정을 기계적으로 배제했다. 전자의 사람들은 평생 고향을 그리워하는 자발적인 망명객이 되거나 자살자 또는 정신질환자가 되는 경우가 있었다. 후자에 속한 사람들은 독일 땅을 지키거나 아니면 다른 나라로 이주를 하더라도 이를 악물고 끝까지 독일인으로 남고자 노력했다.

세상은 전자의 유형을 존중했고 후자에게는 조소를 보냈다. 세상은 두 유형 모두 옛 자치도시 시민들과 장인들을 특징지었던 원숙함과 품위를 갖춘 국민으로 거듭나지 못했다는 사실을 무시했다. 세상은 두 유형 모두 스스로를 확신하지도, 세상을 안전한 곳으로 여기지도 않는다는 사실을 무시했고, 어느 쪽도 인간의 정치적 해방에서 일정한 역할을 하지 못했다는 사실을 주목하지 않았다.

독일의 지적 위대함에도 **불구하고** 국가사회주의가 등장했다고 가정하는 것은 치명적인 오류이다. 그것은 그 위대한 사람들 특유의 사회적 ─혹은 반사회적─지향의 자연스러운 결과였다.

여기에서 우리는 니체(Nietzsche) 같은 인간 현실에 대한 고독한 혐오자만 살펴보아선 안 된다. (니체는 그 자신이 탄생을 도운 제복을 입은 초인의 무시무시한 현실을 목격하기 전에 정신착란 가운데 숨을 거두었다.) 어쩌면 우리는 토마스 만(Thomas Mann)처럼 현실을 예리한 눈으로 바라보았던 사람들을 떠올리게 될지도 모른다. 그는 제1차 세계대전 중 칸트 같은 철학자를 가지고 있었다는 것이 프랑스 혁명보다도 훨씬 자랑스러운 일이며, 순수이성비판(Critique of Pure Reason)은 프랑스 인권선언보다 훨씬 혁명적이었다는 말로 독일 국민들을 격려했던 것으로 전해진다.*

---

* Janet Flanner, "Goethe in Hollywood," *The New Yorker*, December 20, 1941.

국가의 위기 상황에서 자신의 목소리를 내는 것은 지식인의 특권이지만, 나는 토마스 만이 정말 중요한 시기에 잘못된 발언을 한 것일 수도 있다고 생각한다. 다만 그의 발언은 강력하고 고독한 그리고 비극적인 위대함에 대한 독일인들의 경외심과, 마음속에 있는 위대함을 발현시키기 위해 개인의 권리는 얼마든지 희생할 수 있다는 그들의 태도를 잘 보여주는 실례라고 할 수 있다.

괴테처럼 초연한 코즈모폴리턴도, 비스마르크 같은 냉철한 정치인도 민주주의자에 대한 독일인들의 심상에는 본질적으로 기여한 것이 없다.

1918년의 패전 이후 공화국을 수립하는 과정에서는 "지나칠 정도로 관대한" 유형이 일시적으로 우세를 점했다. 그러나 이 시기의 지도자들은 기괴하고 히스테릭한 열정을 품은 신화와, 정치적 미숙과 지적 도피주의가 결합되는 것을 막아낼 능력이 없었다. **운명**이 독일에게 패배를 안긴 것은 모든 나라들 가운데 한 나라를 선별하기 위해서였다. **운명**은 패배를 기꺼이 받아들이고 도덕적 비난을 모두 떠안으며 정치적 영향력을 완전히 포기할 최초의 위대한 국가로 독일을 선택했다. **운명**은 모든 연합국들과 모든 군인들의 생사마저 오로지 독일을 무한한 **정신적 생활권역**(spiritual Lebensraum)의 숭고한 존재로 들어올리기 위해 사용했다. 이러한 피학적 자기비하—막스 베버가 엄중히 비판한—의 구렁텅이에서 세계사는 여전히 튜턴족의 정신과 운명의 여신 사이의 비밀스러운 약속으로 여겨졌다. 역사와 독일의 기본적인 관계는 조금도 변하지 않고 있었다. 이러한 맹목적 애국심이 점차 군국주의로 변하며 피학적이 아닌 가학적 이미지와 그 기술에 다시 손을 뻗었을 때 비로소 세상은 화들짝 놀랐다. 그 시점에서 강대국들은 국민들을 재교육하는 유일한 방법—좀 더 보편적인 정치 제도 하에서 새로운 정체성이라는 견고한 현실을 제공하는—으로 독일을 "재교육"해야 할 책임을 다하지 못했다. 오히려 그들은 독일의 피학성을 이용했고 독일인들의 절망감을 증폭시켰다. 패전 이후 숨을 죽이고 있던 편협한 독일인들이 이제 가장 좁아진 독일 앞에 가장 넓은 생활권역의 가능성을 제시하며 전면에 나서기 시작했다. 그들은 아리안족의 세계 지배를 꿈꾸었다.

너무 편협하거나 너무 관대한 두 유형의 대결 구도에서 위엄과 현실성 그리고 미래에 대한 통찰이 있었던 몇몇 정치인들은 힘을 잃거나 살해되기도 했다. 일자리도, 먹을 것도, 새로운 도덕적 가치도 없는 상태에서 독일인들은 독일 제국 역사상 처음으로 청년들의 정신을 정치적으로 대변한 히틀러의 메시지에 귀를 기울이기 시작했다. 그의 말에는 마법 같은 무게가 실려 있었다. 그 불굴의 청년은 『나의 투쟁』 7장을 이렇게 끝맺는다. "나는 이제 정치인이 되기로 마음을 굳혔다."

히틀러가 독일인들의 청년에 대한 심상을 정치적 우월성으로 연결시키기 시작했을 때 독일 군대라는 엄청난 도구가 점차 그의 손에 들어왔다. 1870년 전쟁(독일 통일의 걸림돌인 프랑스를 꺾기 위해 비스마르크가 일으킨 보불 전쟁을 가리킨다. 이 전쟁에서 승리한 프로이센의 국왕 빌헬름 1세는 초대 독일 제국 황제로 추대되었으며 프랑스는 독일에 알자스 및 로렌 지방을 내주게 되었다—옮긴이)에 대해 책에서 얻은 지식은 히틀러의 "가장 위대한 정신적 경험"이었다. 1914년 독일 제국의 군인이 된 히틀러는 영웅적 역사의 환한 빛 속으로 들어가게 되었다. 그러나 독일은 전쟁에서 패배했다. 그는 그 빛이 사라졌다는 사실을 히스테릭하게—실제로 히틀러는 연합군의 가스 공격으로 일시적으로 실명을 했는데 어떤 이들은 그것이 급성 스트레스 장애 때문이었다고 한다—부정했다. 히틀러는 그 빛을 다시 찾겠다고 굳게 마음을 먹었다. 독일 안팎의 적들은 그의 야심을 주목하지 않았다.

그런데 여기에서 그의 강박 이면에 있는 치밀함을 살펴볼 필요가 있다. 제1차 세계대전 당시의 토마스 만으로부터 제2차 세계대전의 나치 철학자들에 이르기까지 독일의 군인들은 줄곧 독일적인 것의 화신이자 정신적 상징으로 여겨졌다. 자연에 의한 국경이 없는 독일에서 그들은 인의 장벽 또는 "라인 강의 불침번"으로 상징화되었다. 그들은 맹목적인 충성을 통해 확고한 단결력을 보여주었고 스스로 민주적 다양성에 대한 열망을 포기했다. 젊은 장교들이 우쭐댈 수 있었던 배경에는 그러한 사회적 분위기가 있었으며 이는 장교들이 새로운 귀족 계급으로 부상할 수 있는 토대가 되었다. 유럽의 다른 여러 나라에서는 혁명 이념에 의해 흡수되어 정치적으로 성숙해진 귀족 정치가 독일에서는 그렇게 자리를 잡은 것이다. 그러므로 만일 히틀러가 자기기만과 거짓말이라는 무기로 전쟁의 패배를 부정했다면 그것은 모든 독일인들이 가지고 있는 단일한 상징을 히틀러 자신과 독일의 모든 젊은이들에게 그대로 남겨두었음을 의미한다.

베르사유 조약이 교묘하게 이용되면서 오히려 독일군은 새롭고 현대적으로 재편(베르사유 조약은 독일 육군 병력을 10만 이내, 해군의 군함 보유량은 10만 톤 이내로 제한했으며 공군과 잠수함의 보유를 금지했다—옮긴이)될 수 있었다. 규모가 축소된 군대는 숙련가들의 군대가 되었다. 독일 제국에서 가장 오래되고 가장 덜 변형된 상징을 지닌 집단이 이제 현대적 기술자의 휘장을 달고 재창조되었다. 협동 정신과 개인적 책임감이 과거의 맹목적인 충성을 대체했고, 특권의식 대신 성숙함이 장교의 표식이 되었다. 이러한 새로운 요소들과 더불어 전격전(Blitzkrieg)이 준비되었다. 그것은 기술적인 위업일 뿐만 아니라 정신적 외상을 가지고 있던 독일인들에게 완벽한 해답이자 보호 수단이 되었다. 제1차 세계대전 당시 연합군의 우세한 화력과 그 배경이 된 산업 생산능력은 결국 독일이 쪼개지고 엄청난 배상을 약속하도록 "못을 박았다." 전격전은 그러한 화력과 경제력에 맞서 기동력에 의한 승리를 약속했다. 아울러 독일의 젊은이들은 전격전에서 "영적, 정신적 그리고 물질적 깊이를 얻는 혁명의 지향점"을 보았다.* 그것은 포위되어 있으며 취약한 국경을 가지고 있다는 느낌을 완화시켜 주었다. 나치의 표현을 빌리면 "젊은이들이 엔진의 힘에서 발견한 본능적 쾌락은 문명에 의해 확장되지 못하고 있던 인간의 한계를 결정적으로 무너뜨릴 미래를 예견하게 해주었다."** 그러한 나치의 신비주의를 무시하는 것은 치명적일 수 있었다. 때문에 기동력을 가진 독일군에 맞서기 위해 다른 나라의 젊은이들도 전쟁 무기들과 더불어 현대의 켄타우로스(centaurs)처럼 정밀하고 지치지 않는 존재로 변화하는 법을 익혀야 했다. 히틀러는 기동성이 있는 세상을 자연스럽게 경험하는 세대를 예측했고 이를 전체주의적 "국가 기구"의 이미지에 융합시키려 노력했다. 그는 민주주의 국가들의 산업이 역동적으로 발전하는 모습을 보면서 개인적인 모멸감을 느꼈다. 무엇보다도 제1차 세계대전 중 그들의 화력이 독일의 도시들을 강타했을 때, 그리고 앵글로 색슨의 젊은 군인들이 자신의 몸의 일부처럼 무기를 침착하게 다루는 모습을 보았을 때, 그는 그러한 현실을 쉽게 받아들일 수 없었다. 또한 러시아군이 방어는 물론 공격에서도 기적을 행하는 모습을 보면서 그는 끝없는 분노를 느꼈다. 그의 머릿속에 있는 러시아인들은 독일의 병사들과 결코 동등해질 수 없는 인간 이하의 부류였기 때문이다. 그는 러시아인들을 진흙탕

---

* W. W. Backhaus, "Ueberwindung der Materialschlacht," *Das Reich*, Berlin, July 13, 1941.
** 위의 책.

인간(Sumpf-menschen)이라고 부르며 또 다른 인간 이하의 부류인 유대인들과 똑같이 취급했다. 다만 운이 더 좋았던 러시아인들에게는 국가와 군대가 있었을 따름이다.

유대인들의 "위험"에 대한 히틀러의 근거 없는 과장에는 인구 대비 수적으로는 적었지만 지성계에서 매우 큰 비중을 차지하고 있던 유대인들에 대한 시기와 질투가 상당 부분 숨겨져 있었던 것이 분명하다. 하지만 우리가 앞에서 살펴보았듯이 편협한 독일인들은 그들이 접한 외부로부터의 문화적 상대성과 다양성에 의해 나라를 잃을지도 모른다는 위협을 느꼈다. 그들이 자국 내에서 정체성의 상실을 두려워 한 반면에 유대인들은 전 세계에 흩어져 있으면서도 그들의 정체성을 굳건히 지키는 것으로 보였다. 이들 수수께끼 같은 유대인들은 지적 우수성을 민족적 자기보존의 수단으로 받아들이고 있는 것 같았다. 이는 일부 독일인들에게 유대인들과 운명의 여신 사이에 부정한 밀약이 있다고 가정하지 않고서는 이해가 되지 않는 일이었다.


## 6. 유대 민족에 대한 소고

오스왈드 스펭글러(Oswald Spengler)는 일찍이 반유대주의가 투사(projection)의 문제일 수 있다고 생각했다. 이는 반유대주의자들이 자신의 내면에서 보고 싶지 않은 것을 유대인들의 모습에서 너무나 또렷하게 보게 되었음을 의미한다. 운명의 여신과 맺은 밀약을 통해 유대인들이 지적 우수성을 갖도록 "선택" 받았으며 그 이면에 세계 정복의 꿈을 숨기고 있다는 생각은 독일인들 자신의 광신적 국가주의와 너무나 비슷했다.

　비록 그러한 투사는 적대적이고 무시무시한 왜곡이었지만 심오한 의미상의 공통점이 없었던 것은 아니다. 사실 투사를 하는 사람은 형제의 눈에 있는 티끌은 보지만 자신의 눈에 있는 들보는 보지 못하는 법이다. 그리고 그 왜곡의 정도와 태도의 가혹함은 온전히 그의 책임으로 남는다. 역사적으로 중요한 ("하나의 세상"이 현실적 이미지로 다가왔지만 실제로는 여전히 두 개의 세계가 있는) 이 시기에 문명국들 중에서 가장 많이 포위된 나라의 국민들이 가장 많이 흩어져 있는 민족의 악마적인 힘을 경고하는 선전 선동에 쉽게 넘어갔다는 것은 결코 우연의 일치가 아니다. 그러므로 우리는 유대인을 가장 악의적인 투사의 표적으로 만든 것이 무엇인지 질문해보아야 한다. 물론 이것은 독일에서만의 일은 아니다. 실제로 우리는 최근 러시아에서 "코즈모폴리터니즘을 주장하는 지식인들"에 대한 폭력적 탄압을 목격했다. 유대인은 정체성—인종적, 민족적, 종교적 또는 문화적으로—을 고수하는 오래된 실체의 단일한 전형이고, 이것이 새로 생겨나는 정체성에는 위협으로 느껴진다.

　어쩌면 서구 사회는 유대인들을 보면서, 아버지인 신이 소년에게 계약의 증표이자 남성성에 대한 대가로 생식기를 요구하는 피의 의식을 가장 먼저 떠올리는 것은 아닐까? 정신분석학자들은 유대인들이 위생적 수단으로서의 할례를 받지 않은 사람들에게 "거세 불안"을 일으킨다고 설명한다. 우리는 이러한 불안이 청소년기의 의지를 포기하거나 상실하는 것에 대한 보다 포괄적인 공포로 어떻게 확대될 수 있는지 독일에서 볼 수 있었다. 유대인들이 그들의 땅을 떠나 자기 방어를 하는 국민적 권리를 가질 수 없다는 사실이 여기에서 일정한 역할을 했다. 시오니즘 운동에 의해 영웅적으로 바로잡아질 때까지 다른 나라의 청년들에게는 유대인이 마치 신과 그들을 받아들여준 국가에 그것을 "요구"하는 것처럼 비쳐졌다.

나는 심리사회적 정체성 이론이 또 다른 해석을 가능케 해준다고 생각한다. 방어적 경직성과 적응적 유연성, 그리고 보수주의와 진보주의 사이의 보편적 갈등이 디아스포라의 유대인들에게 두 가지의 상반된 경향—교리적 신념과 편의주의적인 융통성—으로 나타난다고 보는 것이다. 두 경향 모두 오랜 세월 이곳저곳에 흩어져 살아온 유대인들에게는 유리하게 작용했다. 우리는 여기에서 종교적으로 교의(dogma)에 충실하고 문화적으로 보수적인 유형의 유대인들을 생각해볼 수 있다. 그들에게 변화와 시간은 아무런 의미가 없으며 경전만이 유일한 현실이다. 반대의 경우를 생각해보면 지리적 이산과 문화적 다양성이 "제2의 천성"이 된 유대인들도 있을 것이다. 그들에게는 상대주의가 불변의 원리가 되고 교환가치가 유일한 도구가 된다.

생동감 있는 극단적인 유형의 인물들도 있다. 카프탄(caftan, 소매가 길고 양옆이 길게 터진 가운 모양의 전통 의복—옮긴이)을 입고 턱수염을 기른 유대인 또는 새미 글릭(Sammy Glick, 버드 셜버그의 소설 『무엇이 새미를 달리게 하는가?(*What Makes Sammy Run?*)』의 주인공으로 밑바닥 삶에서 권모술수를 통해 화려한 성공을 거두지만 공허한 내면을 가진 인물로 묘사된다—옮긴이)이 그들이다. 하지만 정신분석학자는 이 양극단의 인물들, 즉 경전을 글자 그대로 고수하는 이들과 사물의 변화하는 가치에 굴복한 이들 사이의 갈등이 종교적으로나 민족적으로 스스로를 "유대인"으로 생각하지 않는 유대인들의 무의식적 갈등에 깊이 스며있음을 알고 있다. 여기에서 글자 그대로의 경전은 정치적 또는 과학적 원리(사회주의, 시오니즘, 정신분석학)로 바뀌어지기도 하는데, 그러한 원리들은 탈무드의 교의와는 거리가 멀지만 그들의 조상이 탈무드의 글귀를 두고 논쟁을 벌이던 방식과 크게 다를 바 없이 끊임없는 인용과 논쟁의 대상이 된다. 마찬가지로 반대쪽 극단의 교환가치는 다양한 가치들의 상대적 우열에 대한 강박적 집착으로 변할 수 있다. 경제적, 직업적 측면에서 역사의 이후 단계는 이전 단계에서 시작된 것을 이용해왔다. 유대인들은 종사할 수 있는 직업에 제한을 받았지만 대신 그들에게 허락된 일을 완벽하게 해내는 법을 익혔다. 이에 따라 그들은 전통적인 상인의 역할 뿐만 아니라 점차 문화의 매개자, 인문학과 자연과학의 해설자 그리고 질병과 내적 갈등의 치료자가 될 수 있었다. 이러한 분야에서 그들이 보여준 강점은 상호관계에 대한 신뢰할 만한 책임감에 있었다. 하지만 이것은 유대인의 약점을 규정하기도 한다. 상대성에 대한 인식이 책임감을 상실할 경우 그것은 냉소적 상대주의가 될 수 있다.

역사적으로 비범한 재능을 지닌 유대인들은, 일반적으로 알려져 있는 진리가 보다 총체적인 차원에서는 상대적으로 인식될 수 있음을 보여주었다. 종교적 영역에서 그리스도교의 윤리는 내세에 대한 현세의, 하느님의 왕국에 대한 지상 제국의 근원적 종속에 토대를 두고 있는데, 히틀러가 양심을 가리켜 유대인들의 결함이라고 말했을 때 거기에는 그리스도교와, 죄와 구원에 대한 그리스도교의 교의가 포함되어 있었다.

현대에 와서 인간이 가진 의지의 자유, 가치에 대한 선택의 자유, 그리고 판단력의 자유는 유대인 세 명의 이론에 의해 근본적인 의문이 제기되었다. 마르크스의 결정론적인 역사 이론은 우리의 가치 체계가 각자의 생계 수단에 무의식적으로 의존하고 있다는 사실을 입증했다. (심리학적 사실로서 이는 여러 나라에서 다양한 형태의 사회주의로 분화된 마르크스주의의 정치적 견해와 완전히 동일한 것은 아니다.) 심리학 분야에서의 무의식에 대한 프로이트의 이론은 우리가 우리 자신의 동기 가운데 최악의 것과 최상의 것을 의식하지 못한다는 사실을 충분히 보여주었다. 마지막으로 오늘날 물리학 이론의 수정에 광범위한 토대를 제공한 것은 아인슈타인의 상대성 이론이었다. 그는 우리의 척도 자체가 우리가 측정하는 연관성에 대해 상대적이라는 사실을 보여주었다.

이 세 명의 이론가들이 각자 속한 분야의 역사에서 "필연적인" 순간에 등장했다는 것은 분명하다. 또한 이 사상가들이 유럽의 문화적, 과학적 위기를 고조시킨 것은 이들이 유대인이었기 때문이 아니라 유대**인이자** 독일**인이며** 유럽인이었기 때문이라는 것도 분명하다. 하지만 이 모든 분야의 기로에서 근본적인 혁신으로 이어질 요소에 대해서는 아직 연구가 되어 있지 않다.* 모두 유대인 혈통의 독일인인 마르크스, 프로이트 그리고 아인슈타인이 인간의 사고에 토대가 되어온 것들을 근본적으로 다시 정의하고 그것을 구체화한 것이 과연 우연의 일치인지 우리가 자문하는 것은 당연하다.

강한 시대와 강한 국가는 강한 유대인들의 기여를 받아들인다. 그 시대와 국가의 정체성은 혁신적인 재정의에 의해 강화되기 때문이다. 그러나 집단적 불안의 시대에는 이러한 상대성의 주장이 분노를 일으키며 특히 지위와 자존감을 잃을 위기에 처한 계급의 분노는 더욱 커진다. 그들은 보수성의 기반을 찾으려는 노력 가운데 자신들을 구원해주리라 믿는 몇 개의 절대적 가치에 무서울 정도로 집착한다. 대중의 비겁함과 잔인함을 이용하는 선동가들에 의해 편집증적인 반유대주의가 일어나는 것이 바로 이 지점이다.

나는 그러한 정체성의 치명적인 문제에 대한 통찰이 수십 만 명의 독

---

* 『청년 루터』를 참고할 것.

일인들이 "유대인 문제의 해결"에 직접 참여했고 수백 만 명이 그에 암묵적으로 동의했다는 사실을 이해하는 데 열쇠가 될 수 있다고 생각한다. 물론 그 누구도—미국인이든 유대인이든 아니면 독일인이든—감정적으로 평정을 유지할 수 없는 문제이기 때문에 그것을 쉽게 이해할 수 있는 방법은 없다. 그렇다면 그것은 나치즘이라는 신화가 거둔 가장 사악한 성공이었다고 할 수 있다. 그것이 실제였음을 알고 있는 사람들에게조차 불가능하게 보이는 지옥을 이 세상에 만들어냈기 때문이다.

국가사회주의의 정치적, 군사적 기구는 분쇄되었다. 하지만 그 패배의 형태는 새로운 위험이 출현할 수 있는 조건을 잠재적으로 안고 있다. 독일은 동서로 다시 나뉘었고 독일만의 정치적 정체성의 형성은 또다시 뒤로 미루어졌다. 독일의 양심은 다시금 두 세계의 윤리라는 접시저울 위에서 어느 쪽으로도 움직이지 못하는 바늘이 되었다. 어쩌면 미래의 독일은 스스로 이 저울을 손에 쥔 결정권자임을 다시 한 번 주장할지도 모른다. 그들의 완전한 패배는 영구적 통일과 절대적 힘에 대한 관념 그리고 이제 무의미해진 과거를 되살려줄 것처럼 보이는 이들에 의해 다시 한 번 악용될 수 있을지도 모른다.

독일에 항구적인 평화를 가져다줄 유럽의 변화를 희망하며 이를 위해 일하는 이들이라면 독일과 다른 여러 나라의 젊은이들에게 주어진 역사적 딜레마를 먼저 이해해야만 한다. 성숙에 이르지 못한 국민적 정체성은 노동자로서의 그리고 형제로서의 정체성과 결합할 수 있는 방법을 찾아야 한다. 이것이 내가 제2차 세계대전 이전 시기로 돌아가서 문제를 논의한 이유이다. 다만 과거의 그러한 힘이 진정 새로운 질서를 향한 모두의 노력 속에서 완전히 통제되고 있다고 증명될 때까지 우리는 그 과거를 잊어서는 안 된다.*

---

\* 이 장을 (사실 다른 장들도 마찬가지이거니와) "시대에 맞게" 고쳐 쓰는 것은 무의미할 수 있겠
지만 나는 우리 시대에 독일에서 펼쳐지는 두 가지 국면을 언급하지 않을 수 없다. 먼저 오싹한
역사적 결정에 의해 독일인들을 서로 갈라놓은 장벽이 존재하고 있다. 다른 한편 유럽의 새로
운 경제적 제국은 독일의 한 부분을 포함하고 있다. 분단도 그리고 새로운 경제 질서의 편입도
독일인의 국민적 정체성이나 유럽의 중심부에 있는 독일의 헤게모니 문제를 해결하지는 못하
고 있는 것 같다.–E. H. E.

**제10장**

# 막심 고리키의 청소년기에 대한 신화[*]

오늘날 러시아에 대해 확실하고 유의미하며 분명한 정보를 얻기는 힘들다. 그런데 비록 오래되었지만 현실감 있는 러시아 영화 한 편을 통해 나는 최근까지 제한적으로 알고 있던 것을 좀 더 명확하게 이해할 수 있었으며 특히 그 영화의 주인공인 한 소년의 냉철함으로부터 많은 정보를 얻을 수 있었다.

영화는 막심 고리키의 어린 시절이라는 볼셰비키의 신화를 들려준다. 히틀러의 어린 시절에 대한 국가사회주의의 신화를 검토한 방식으로 나는 이 영화의 지리적, 역사적 배경에 나타나는 이미지를 분석해보

[*] 이 장은 미 해군연구소의 후원을 받아 컬럼비아 대학이 수행한 현대 문화 연구 프로젝트에 자문위원으로 참여하면서 얻은 결과물이다. 내가 얻은 정보와 통찰은 이 프로젝트의 러시아 분과에서 활동한 Sula Benet, Nicolas Calas, Geoffrey Gorer, Nathan Leites 그리고 Bertram Schaffner의 도움이 있었기에 가능했다. 무엇보다도 이 장에서 분석할 영화를 나에게 소개해준 대표 연구자 마거릿 미드(Margaret Mead)에게 특별한 감사를 전한다.

려고 한다.* 몇 가지 중요한 측면에서 두 신화는 크게 다르지 않다. 두 신화 모두 무자비한 폭군이자 노쇠한 실패자인 아버지에게 격렬하게 맞서는, 의지가 굳은 성장기의 소년을 보여준다. 히틀러와 고리키 모두 삶의 무의미함과 아무 소득 없는 반항으로 인해 정신적으로 병들어 있었다. 그들은 극단적인 절망에 다다른 지적인 프롤레타리아가 되었다. 두 사람 모두 자국의 경찰 기록에 "부정 수표 사용자"로 남아 있었다는 사실은 역설적인 우연이라 할 수 있다. 하지만 두 사람의 유사점은 여기에서 끝이 난다.

고리키는 정치인이 아닌 작가가 되었다. 러시아 혁명 이후 그는 줄곧 소비에트의 우상이 되었다. 그는 러시아로 돌아가서 그곳에서 죽었다. 그의 사인이 단순히 불확실한 것인지 아니면 정치적인 이유로 의혹(고리키는 그를 불편하게 여긴 스탈린에 의해 독살되었다는 설이 있다—옮긴이)이 제기되는 것인지 우리는 모른다. 그의 관 앞에서 몰로토프(Molotov)는 그를 잃은 것을 레닌을 잃은 것에 비유했다. 그러나 이러한 그의 국민적 위상은 그가 광신적인 교조주의자였거나 정치적 수완이 뛰어났기 때문이 아니다. 레닌의 친구이기도 했던 고리키는 이렇게 말한 적이 있다. "견해의 차이가 사람과 사람 사이의 공감에 영향을 끼쳐서는 안 된다. 나는 결코 이론이나 소신을 사람들과의 관계보다 우선시하지 않았다." 사실 레닌과 스탈린은 이념적으로 의심스러웠던 고리키의 주변 사람들을 철저히 배척했음에도 고리키에 대해서는 예외적일 정도로 관대했던 것으로 평가된다. 그 해답은 고리키 스스로 인민의, 인민을 위한 작가이기를

---

* 뉴욕 현대미술관에 있는 영상 자료실의 안내에 따르면 우리가 논의할 이 영화는 1938년 모스크바에서 최초로 상영되었으며 Mark Donskoy가 시나리오를 쓰고 감독을 했다. 나는 1948년 뉴욕에서 이 영화를 보았다.

고집했다는 사실에서 찾을 수 있다. "촌놈"이자 "떠돌이"였던 그는 차르(Tsar)의 경찰과 동시대 지식인들로부터 이중의 망명 생활을 했다. 그는 『톨스토이와 거닌 날들(Reminiscences of Tolstoy)』에서 톨스토이라는 거대한 우상 앞에서도 그가 얼마나 차분하고 신중하게 자기 자신을 그려냈는지 잘 보여준다.

톨스토이와 마찬가지로 고리키도 처절할 정도의 자기 성찰과 자의식을 요구하는 러시아 문학의 사실주의 시대에 속해 있었다. 하지만 그의 작품은 동시대 위대한 작가들의 작품에 팽배해 있던 고통의 자아도취에 빠지지 않았다. 그는 톨스토이나 토스토에프스키처럼 선과 악의 치명적인 교착상태에서 결국 과거의 악령에 굴복하거나 하지 않았다. 고리키는 "정확한—사실에 기초한—현실을 표현해야 할 필요성"을 보았기 때문에 관찰한 것을 단순하게 쓰는 법을 체득했다. 이 영화는 정신의 성장을 묘사한다. 또한 러시아인의 딜레마, 볼셰비키의 딜레마 그리고 동구 국가들에서 뒤늦게 일어난 "저항" 정신의 딜레마를 보여준다.

제작된 지 오래된 이 영화는 처음에는 미국인의 눈과 귀를 붙잡아두기 힘들겠지만 내용면에서는 한 편의 동화처럼 쉽게 다가갈 것이다. 영화는 주인공인 어린 알료샤(Alyosha)가 관객들의 마음에 가까이 갈 수 있도록 부드럽고 감상적으로 흘러간다. 알료샤의 모습에서 자신과 모든 러시아인들의 어린 시절을 떠올리는 관객들은 어린 알료샤가 후일 위대한 고리키가 된다는 것을 알고 있다. 나와 함께 영화를 관람한 러시아인들에게 이 작품은 아련한 향수를 남겼을 뿐 정치적 논란의 여지는 전혀 없었다. 신화는 그 자체가 정치적 선전이다.

## 1. 대지와 미르

영화는 러시아의 삼위일체인 빈 들판과 볼가 강 그리고 발랄라이카 (balalaika, 삼각형의 울림통을 가진 러시아의 민속 현악기-옮긴이)와 함께 시작된다. 광활한 러시아의 지평선이 어두운 공허를 드러내고 이어서 발랄라이카의 소리가 점점 커지며 마치 "너는 혼자가 아니다. 우리가 여기 함께 있다."고 이야기하는 것 같다. 볼가 강을 오르내리는 커다란 배들이 외딴 마을과 번잡한 도시로 두꺼운 외투를 입은 사람들을 실어 나르는 장면이 이어진다.

여기에서 대지의 광활함과 작고 활기찬 마을이 주는 위안이 최초의 주제로 등장한다. 관객은 마을이라는 뜻을 가진 "미르(mir)"가 세상을 뜻하기도 한다는 사실과, "미르에 있으면 죽는 것도 편하다."는 옛말을 떠올린다. 천 년 전 바이킹족은 러시아인들을 "목책 속의 사람들"이라고 칭했는데 이는 러시아인들이 목책을 두른 좁은 지역에 옹기종기 모여 살면서 혹한과 들짐승 그리고 침입자들을 이겨내며 그들 나름의 거친 방식으로 삶을 영위했기 때문이다.

환영 나온 사람들로 붐비는 부두에 커다란 배 한 척이 도착한다. 인파 중에는 남편을 잃은 바르바라와 그녀의 아들 알료샤를 마중 나온 일가친척들도 있다. 외가 친척들이 달려들어 어머니와 요란스럽게 인사와 포옹을 나누는 동안 알료샤는 눈을 휘둥그레 뜬 채 어머니의 긴 치마를 붙잡고 뒤에 숨어 있다. 아이가 고개를 빠끔히 내밀자 친척들은 짓궂게 아이의 호기심을 시험해본다. 장난기 가득한 외사촌 한 명이 혀를 내밀며 알료샤를 놀린다. 외삼촌은 뱃고동소리에 맞춰 아이의 코를 살짝 눌러본다. 잘생긴 청년 하나는 크게 웃음을 터뜨리더니 알료샤의 뒤통수를 한 대 친다. 마침내 일행은 작은 배를 탄다.

　다음 장면에서 일행은 순례자들의 행렬처럼 혹은 한 무리의 죄수들처럼 촘촘히 붙어서 거리의 한복판을 걸어간다. 악의적인 수군거림이 조금씩 크게 들린다. 누군가 속삭인다. "저 두 사람은 아직도 노인네의 재산을 두고 다투고 있어요." 또 다른 누군가는 알료샤의 어머니가 친정아버지로부터 재혼을 위한 지참금을 받아내려고 왔다고 말한다. 일행의 맨 앞에서 걷고 있던 외할머니가 낮은 목소리로 탄식을 하듯 말한다. "얘들아, 얘들아."

　이제 우리는 집에 도착한 대가족이 작은 방에 둘러앉아 일련의 미묘한 분위기에 빠져드는 것을 보게 된다. 비애와 향수가 느껴지는 발랄라이카 연주가 시작된다. 차려진 음식을 앞에 두고 식사기도를 하는 대신에 사람들은 음악을 들으며 함께 그러나 각자의 방식으로 자기연민에 빠진다. 외할아버지의 염색공장에서 일하는 늙은 숙련공 그레고리의 모습이 이 장면에서 가장 인상적인데 그는 리듬에 맞춰 자신의 머리를 반복적으로 친다. 그가 리듬을 즐기는 것인지 아니면 자신의 머리를 치는 행위를 즐기는 것인지조차 불분명하다.

　하지만 더 이상 그런 분위기를 못 참겠다는 듯이 야코프 외삼촌의 발랄라이카 연주는 갑자기 다른 분위기를 띤다. 그는 보드카를 한 잔 들이키고는 흥겹고 빠른 리듬으로 연주를 하며 가사에 귀뚜라미와 바퀴벌레가 등장하는 우스꽝스러운 노래를 부른다. 감전이 된 듯 빠르게 고조되는 분위기는 서양인은 이해하기 힘들 정도로 갑작스럽다. 이어서 공장의 또 다른 일꾼인 집시 이반(Ivan)이 쭈그리고 앉은 자세에서 발을 쭉쭉 뻗으며 춤을 춘다.

　이반은 젊고 건강하다. 그는 셔츠자락을 밖으로 빼고 소매를 걷은 채 자신을 마음껏 "풀어" 놓는다. 그의 춤은 이 영화에서 가장 역동적인 장면을 보여준다. 그는 공중으로 뛰어올라 손으로 자신의 발뒤꿈치를 치고 쭈그린 자세에서 발을 쭉쭉 펴는 역동적인 춤을 춘다. 사람들은 마치 지진을 즐기는 것처럼 그의 춤에 화답한다. 가구가 흔들리고 접시들이 서로 부딪치며 물병 속의 물도 출렁인다.

이 남성적인 춤에 이어 부드러운 여성의 춤이 이어진다. 가족들이 춤을 춰달라고 부탁하자 외할머니는 자리에서 일어나 몸을 똑바로 세운다. 각진 얼굴에 새벽 같은 미소를 머금은 외할머니는 풍채가 좋다. 그녀는 처음에는 아이처럼 수줍어하지만 이내 소녀처럼 즐거워하며 가볍고 부드럽게 움직이기 시작한다. 그녀는 발을 많이 움직이지 않지만 꼿꼿한 자세에서는 우아함이 느껴진다. 그러다 천천히 한쪽 팔을 뻗고 다른 팔로 어깨에 걸치고 있던 숄을 들어 올리는 그녀의 춤은 마치 모든 사람들을 품어주려는 것 같다.

그때 갑자기 그녀가 하얗게 질리며 춤을 멈추고 숄을 다시 어깨에 두른다. 발랄라이카 연주와 사람들의 움직임도 일제히 멈춘다. 모든 시선이 외할아버지가 들어오는 문을 향한다. 확실한 것은 누구도 그를 반기지 않는다는 것이다. 여기에서 강력하게 암시되는 것은 외할머니는 외할아버지가 없을 때에만 자신의 마음을 가족들에게 드러낸다는 것이다.

여기까지의 장면들은 행복했던 지난 시절을 떠올리게 한다. 하지만 우리는 이 영화의 결말이 행복하지 않으며 사랑 이야기나 성공담 따위는 나오지 않는다는 사실을 염두에 두어야 한다. 영화의 초반부에서 우리가 보는 것은 지나간 것들에 대한 회상이다. 한 가지 확실한 것은 미래가 펼쳐지리라는 것이고, 그 미래가 고통스러우리라는 것이다. "고리키"는 "고통스러운"이라는 뜻이다.

외할아버지와 함께 탐욕과 인간에 대한 증오도 함께 등장한다. 그의 긴장된 표정과 거친 몸짓은 알 수 없는 불안을 드러낸다. 그는 가족들과 어울리는 대신 흰색 식탁보를 사러 나갔다가 돌아온 것으로 보인다. 그가 흰색 식탁보를 자신의 지위를 상징하는 물건으로 여긴다는 사실은 그의 유치한 행동을 통해 분명해진다. 그는 흰색 식탁보를 살 만한 경제적 여유가 있다는 사실을 애써 과시하려 한다. 그는 작은 염색공장을 가지고 있지만 곧 그것을 잃게 될 운명에 처해 있다.

곧 이어 그의 재산 문제, 즉 그가 언제 공장 일에서 물러나 이미 중년이 된 두 아들에게 재산을 분배할 것이냐를 둘러싸고 속삭임이 오고간다.

속삭임이 점차 고함소리가 되자 외할아버지는 버럭 소리를 지른다. "조용히들 해! 누구한테도 안 준다." 그의 목소리에는 절망감이 묻어 있지만 동시에 궁지에 몰린 짐승의 마지막 발악도 느껴진다. 그의 고함소리에 두 아들은 당장이라도 잡아먹을 듯한 눈빛으로 서로를 쳐다본다. 술에 취한 두 아들은 이내 엉겨 붙어 마룻바닥을 뒹굴며 몸싸움을 벌인다. 싸움을 말리는 와중에 외할아버지의 외투는 엉망이 되고 소매는 찢어진다. 그는 (놀랍게도) 외할머니를 쏘아보며 조용히 속삭인다. "망할 년! 네가 이 짐승 같은 놈들을 낳았어." 이 부분은 기억해둘 장면이다.

다른 가족들은 당황해서 어쩔 줄을 모르고 식탁은 난장판이 된다. 알료샤는 아이들의 피신처인 페치카 위로 몸을 피한다. 첫날부터 그는 너무나 많은 것을 보게 된다. 하지만 이때까지 알료샤는 단 한 마디의 말도 하지 않는다. 이러한 그의 모습은 이 장면뿐만 아니라 영화가 끝날 때까지 그가 사건에 직접 뛰어드는 것이 아니라 많은 이들과 조우하는 방식에서 그 의미가 설명된다.

그러한 사람들과의 조우에 집중할 수 있도록 먼저 전체적인 줄거리를 살피는 것이 좋겠다.

알료샤의 아버지 막심 페쉬코프는 수 년 전 처가인 카쉬린가를 떠났다. 그는 먼 타지에서 죽었고 그의 아내 바르바라는 아들 알료샤를 데리고 친정으로 돌아올 수밖에 없었다. 카쉬린가 사람들은 탐욕으로 똘똘 뭉쳐있다. 두 외삼촌(미하일과 야코프)은 외할아버지의 염색공장을 물려받기를 원한다. 외할아버지는 그들의 바람을 무시한다. 외삼촌들은 그런 외할아버지에게 "장난"으로 앙갚음을 하고 외할아버지는 이에 손자들을 매질하는 것으로 응수한다. 미하일 외삼촌이 염색공장에 불을 지름으로써 가족의 몰락은 시작된다. 알료샤의 어머니는 보잘것없는 말단 공무원과의 결혼에서 도피처를 찾고 도시로 떠나버린다. 조부모에게 맡겨진 알료샤는 외할아버지의 경제적, 정신적 쇠락을 목격하게 된다. 그는 처음에는 공장의 일꾼들과 친구가 되고 나중에는 거리의 아이들과 사귀게 된다. 집에서는 화재로 시력을 잃은 늙은 숙련공 그레고리와 견습공 이반("집시")이 그의 친구가 되어준다. 이후 알료샤는 거리의 부랑아들과 지체장애가 있는 리옌카의 친구가 된다. 하지만 그가 만난 가장 중요한 인물은 외조부모의 집에서 방을 한 칸 빌려서 살다가 나중에 경찰에 의해 "반역" 혐의로 체포되는 청년이었다. 우리는 마지막 장면에서 열세 살 안팎의 알료샤가 결의에 찬 표정으로 지평선을 바라보는 모습을 목격한다. 모든 쇠락을 뒤로하고 떠나는 그에게 앞으로 어떤 미래가 펼쳐질지에 대해서는 아무런 암시도 없다.

이 모든 장면에서 알료샤의 말이나 행동은 두드러지게 나타나지 않는다. 그는 사건에 직접 뛰어드는 대신 진지하게 관찰을 한다. 행위가 빠져 있는 극적 구성은 서구의 소설적 특징과는 거리가 있다.

행위 못지않게 행위를 하지 않음(omissions)을 살펴봄으로써 나는 그러한 장면들이 내적 충동에 저항하는 소년에게 기착지의 의미를 갖는다는 사실을 조금씩 확신하게 되었다. 여기에서의 충동이란 우리에게는 완전히 낯선 것이다.

그것을 라디오 드라마의 예고편에 나올 법한 문구로 표현한다면 다음과 같을 것이다. 알료샤는 과연 외할아버지의 원초적 숙명론에 굴복할 것인가? 어머니의 배신은 소년을 비관론자로 만들 것인가? 외할아버지의 가학성이 그에게 부친살해(patricidal) 충동과 덧없는 가책을 불러일으킬 것인가? 형제살해 충동을 보이는 삼촌들이 그로 하여금 그들의 악행과 술 취한 영혼을 공유하게 만들 것인가? 눈먼 이와 곱사등이는 그에게 값싼 동정심을 불러일으킬 것인가? 이 모든 것이 그가 새로운 러시아인이 되는 것을, 고리키가 되는 것을 과연 막을 것인가?

그러므로 각각의 장면과 중요 등장인물들은 전통적 관습과 과거의 사고방식으로 퇴행하려는 충동과, 내적으로는 전통적 초자아에 그리고 외적으로는 소작농의 신분에 그대로 머물러 있고자 하는 유혹에 붙들려 있는 모습을 보여준다. 그러나 알료샤는 긍정적인 측면에서 마치 내밀한 서원(誓願)이라도 한 것처럼 자기 자신에 대한 확신을 굳혀가는 것으로 비쳐진다. 그는 확실하지는 않지만 점점 깊어지는 신념을 가지고 어떤 목표를 향해 헌신하는 모습을 보여준다.

물론 서양인들은 우리가 여기에서 충동 또는 유혹이라고 부르는 것을 러시아인 특유의 예스러움이나 기독교 정신과 동일시해왔다. 어떤 사람들이 그들만의 특징으로 알려진 것이나 남들이 붙여준 꼬리표를 고수하지 않을 때 우리는 화를 내는 경우가 있다. 하지만 우리는 정확하게 이해하기 위해 노력해야 한다. 알료샤는 카쉬린가 사람들 틈에서 유일하게 페쉬코프라는 성을 가지고 있다는 사실 때문에 개인주의라는, 새롭게 떠오르는 러시아의 정신을 보여준다. 루터도, 칼뱅(Calvin)도 그에게 새로운 정신의 공간을 보여주진 못했다. 내적, 외적으로 소작농의 처지를 극복할 수 있는 신대륙을 열어준 건국 선조나 개척자도 그에게는 없었다. 그는 비슷한 정신을 공유하는 이들과의 내밀한 일치를 통해 스스로 "저항"—넓은 의미에서—을 외치고 확장하는 법을 익혀야 했다.

## 2. 어머니들

우리는 알료샤 모자를 환영하는 만찬에서 외할머니의 힘과 매력 그리고 너그러움을 볼 수 있었다. 알료샤를 끝까지 따라다니는 가장 큰 충동은 (영화의 초반에 나오는 장면에서 어머니의 치마를 붙잡고 뒤로 숨는 것처럼) 외할머니의 정신적 평화 속에서 피난처를 찾아 그녀의 평온한 양심에 안주하는 것이다. 이 노파는 있는 그대로의 현실과 육체의 강인함 그리고 타고난 정신적 견고함을 상징하는 것으로 보인다. 그녀의 모성적 너그러움은 끝이 없다. 그녀는 카쉬린가의 아이들을 낳아 키웠을 뿐만 아니라 집시 이반을 거두어 들였고 갈 곳이 없는 외손자를 따뜻하게 맞아주었다.

비탄에 빠진 외할아버지를 외할머니가 끝까지 보살피는 모습도 알료샤의 눈에 점차 분명하게 보인다. 재산 분배 문제에 대해서도 그녀의 원칙은 비록 "터무니없을"지라도 단순하다. "그냥 줘버리세요. 그러면 당신이 더 편해질 거예요." 또한 두려움에 떨고 있는 남편에게 그녀는 말한다. "내가 구걸을 해서라도 당신을 먹여 살리지요." 동시에 그녀는 늙은 남편에게 폭행을 당하면서도 마치 그의 완력을 당해낼 수 없는 것처럼 무릎을 꿇는다. 알료샤는 이해를 할 수가 없다. "할머니가 할아버지보다 힘이 세잖아요!" 그녀는 인정을 한다. "그래, 하지만 네 외할아버지는 이 할미의 남편이잖니." 그녀는 알료샤의 어머니 역할까지 하게 된다. 재혼을 하는 바르바라가 집을 떠날 때 외할머니는 담담하게 말한다. "내가 외할머니 겸 엄마 노릇을 하면 되지."

이 노파는 베푸는 것 이외에는 그 어떠한 법도 알지 못하며 자신의 인내심에 대한 전적인 믿음 이외에는 어떠한 원리도 알지 못하는 것 같다. 그녀는 인간에 대한 원초적 신뢰를 상징한다. 그녀는 사람들의 생존 능력을 믿지만 그들의 미약한 인내심도 받아들인다.

알료샤는 외할머니의 커다란 인내심이 다른 세상에서 온 것이라고 믿게 된다. 그 세상은 오래 전의 러시아와 외할머니의 정체성이 있는 가장 깊은 지층에 존재한다. 초기 그리스도교의 정신이 살아있는 곳은 옛 러시아였으며, 땅을 벗하는 공동체와 대자연의 힘에 대한 정령신앙을 찾을 수 있는 곳은 초기 미르였다. 외할머니는 여전히 그녀만의 정령신앙을 가지고 있다. 그녀는 옛 시가(詩歌)를 외우고 있으며 그것을 구성지게 읊을 수 있다. 그녀는 신이나 자연의 힘을 두려워하지 않는다. 영화에서 파괴적 욕망을 상징하는 불을 그녀는 두려워하지 않는다.

염색공장에 불이 났을 때 외할머니는 황산염이 든 병을 치우기 위해 불이 붙은 건물로 뛰어든다. 그녀는 불길에 놀라 날뛰는 말(馬)도 쉽게 진정시킨다. "내가 너를 여기에서 타죽게 내버려둘 거라고 생각했냐?" 그녀가 다가오자 날뛰던 말도 안심을 하는 것 같다. 그녀는 화재를 받아들이듯 인간의 격정도 담담하게 받아들인다. 피할 수 없는 불운이라면 그 두 가지는 모두 그녀의 외부에서 일어나는 일일 뿐이다. 마치 그녀는 그러한 격정이 인간을 야심과 탐욕에 눈멀게 하고 결국에는 후회하게 만들기 훨씬 전부터 이 세상에 존재했던 것처럼 보인다. 그리고 그 모든 인간의 어리석음보다 오래 살아남을 것만 같다.

그녀의 열정은 깊은 연민이다. 그녀는 기도를 할 때조차 마치 눈앞의 성상에 신이 거하기라도 하는 것처럼 친밀하게 말을 건넨다. 그녀는 동등한 위치에서 또는 신이 된 아들에게 무엇인가를 부탁하는 어머니처럼 다가간다. 그녀의 분별력은 냉혹하지 않기 때문에 그녀의 열정은 파괴적일 이유가 없다. 이를테면 그녀는 원시적인 성모이며, 신이자 인간인 아들의 어머니이고 정령의 어머니이다.

외할머니는 "누군가의" 아이를 위해 러시아의 여성들이 전통적으로 수행한 할머니(babushka)와 유모(nyanya)의 역할을 알료샤에게 해주었다. 마치 집 안 한가운데에 있는 커다란 페치카처럼 할머니와 유모 같은 여성들은 영원히 기댈 수 있는 존재였다. 러시아인들에게 그러한 의존 상태는 무덤덤해질 정도로 오래 유지되었고 그것은 그들로 하여금 소작농의 처지를 숙명처럼 받아들이게 했다.

알료샤는 그러한 어머니들로부터 떠나야 했다. 하지만 어머니를 뿌리치고 파멸시켰다는 죄의식의 찌꺼기 없이 떠날 수 있어야 했다. 병적이며 제어되지 않는 체념의 근원에는 모성적 기원을 유린하고 저버렸다는 죄의식과 낙원이라 할 수 있는 초기의 가정을 회복해야 한다는 강박이 있기 때문이다.

그러한 낙원으로서의 가정에 반드시 친모가 필요한 것 같지는 않다. 러시아의 농촌에는 일련의 다양한 모성 형태가 존재했으며, 그것은 아이의 배타적인 모성 고착을 막으면서 애정과 좌절을 동시에 안겨주는 어머니의 이미지를 제공했다. 할머니는 아이가 유아기에 갖는 어머니의 이미지를 그대로 가지고 있으며 자라나는 소년 역시 오이디푸스 콤플렉스의 질투를 가지고 있다.

이 영화에서 알료샤의 "진짜" 엄마는 점차 자신만의 의지가 없는 사람으로 변해간다. 아들의 눈에 비친 그녀는 처음에는 힘의 원천이었지만 차츰 애정의 대상으로 물러나게 된다. 영화의 도입부에는 아들을 함부로 대하는 외삼촌을 어머니가 걷어차는 장면이 나온다. 이 장면에서 알료샤는 큰소리로 외친다. "우리 엄마 힘세단 말이야!" 그러나 이 불쌍한 소년은 나중에 외할아버지에게 매를 맞으면서 자신의 말을 주워 담아야 했다. 어머니는 그저 흐느끼며 외할아버지에게 애걸할 뿐이었다. "아버지, 이러지 마세요." "**이래도** 네 엄마가 힘세다고 할 거야?" 알료샤는 외사촌의 비아냥거림을 듣는다. 여성의 약함은 신체적인 것에 있지 않다. 그것은 "굴복"에 있다.

외할머니가 외부 세계의 도덕적 원리에 앞서는 자신만의 법과 원리를 가지고 있는 반면에, 어머니는 보잘것없는 공무원의 지위가 약속하는 위선적 안위를 선택한다. 그녀는 제복을 입은 아첨꾼과의 결혼에 자신을 팔아넘기면서 아들에게는 자신의 결혼으로 자유를 얻게 될 것이라고 이야기한다. 이때 딱 한 번, 알료샤는 거칠게 행동한다. 그는 어머니에게 구혼을 하는 남자에게 모욕을 가하고는 침대에 얼굴을 묻고 서럽게 운다. 떠나는 어머니에게 안긴 알료샤는 다시 한 번 울음을 터뜨린다. 하지만 알료샤는 어머니의 개인적, 사회적 배신을 이용해서 그녀를 따라가려는 의도를 보이지는 않는다. "너는 이 할미와 살 운명인가 보다."고 외할머니는 말한다. 소년은 아무 말 없이 이를 악문다.

혹자는 의아하게 생각할지도 모른다. 전통적인 러시아 농촌에서 모성 역할의 분담은 세상을 좀 더 의지할 만한 집으로 만들어주었다. 어머니의 역할이 단일한 관계에 의해서가 아니라 친족 전체에 의해서 수행되었기 때문이다. 하지만 쓰디쓴 그리움은 분명히 "다른 남자"에게로 간 어머니 또는 다른 방식으로 타락과 파멸의 길을 간 어머니와 관련되어 있다. 알료샤의 새아버지는 히틀러의 아버지처럼 공무원이었다. 그는 윗사람에게 굽실거렸지만 밖에서는 자신이 "중류" 계급임을 과시했다.

영화에 나오는 알료샤는 이를 악물고 그리움을 안으로 삭인다. 작가 고리키에게 "안으로 삭인 그리움"이 어떤 영향을 미쳤는지는 뒤에서 그의 분노와 냉소 그리고 젊은 시절의 자살 기도를 다룰 때 살펴볼 것이다. 그의 글에는 그리움으로 인한 고통이 오랫동안 드러났다. 체호프(Chekhov)는 그에게 보내는 편지에서 이렇게 썼다. "특히 자연의 묘사와 … 여성에 대한 묘사 … 그리고 사랑의 장면에서 (자네의) 절제가 부족하다는 것이 느껴지네. 또 자네의 글에는 파도가 너무 자주 등장하더군…"* 고리키는 이 약점을 고치기 위해 많은 노력을 기울였다.


## 3. 늙은 폭군과 저주받은 혈통

외할아버지는 작은 체구에 "붉은 턱수염과 푸른 눈을 가지고 있었으며 염료가 침착된 손은 마치 피로 얼룩진 것 같았다. 외할아버지의 욕설과 기도, 조롱과 설교는 하나같이 신경을 건드리는 넋두리로 끝났고 그것은 듣는 사람의 마음을 녹슬게 했다."** 영화는 이러한 묘사를 충실히 반영하고 있다. 외할아버지는 사내아이다운 쾌활함을 파괴하는 사

---

* A. Roskin, *From the Banks of the Volga*, Philosophical Library, New York, 1946.
**Maxim Corky, *Reminiscences of Tolstoy, Chekhov and Andreyev*, The Viking Press, New York, 1959.

람으로 묘사된다. 그는 유치할 정도로 돈과 아내의 힘에 의존하는 사람이다. 가학적이고 보유적인 구두쇠로 그려지는 그는 점차 걸인의 의존 상태로 퇴행해 간다.

예측이 불가능한 그의 성격은 매질을 하는 장면에서 가장 두드러진다. 몸싸움으로 끝난 알료샤 모자의 환영 만찬에서 터져 나온 그의 분노는 식을 줄을 모른다. 외삼촌들은 염색공장에서 사용하는 골무를 가지고 비열한 복수를 계획한다. 미하일 외삼촌은 야코프 외삼촌의 아들 싸샤에게 외할아버지의 골무를 불에 달궈서 원래 자리에 놓게 만든다. 아무것도 모른 채 골무를 낀 외할아버지는 고통으로 "천장을 뚫을 듯 펄쩍펄쩍 뛴다." 하지만 외할아버지의 분노는 알료샤가 외사촌의 꼬드김으로 흰색 식탁보를 염색했을 때 폭발하고 만다. 외할아버지는 안식일에 교회에 다녀와서 아이들을 매질하기로 마음먹는다.

매질은 세부적으로—외할아버지의 냉정한 준비, 여자들의 소용없는 제지, 회초리의 소리 그리고 어린 소년들의 몸부림—묘사된다. 공장의 일꾼들은 매 맞는 아이들의 몸을 붙잡고 있으라는 명령을 받는다.

매질을 당한 후 알료샤는 침대에 엎드려 있다. 등에는 길고 가는 회초리 자국이 나 있다. 이때 외할아버지가 방에 들어온다. 소년은 처음에는 미심쩍은 눈으로, 이어서 분노에 찬 표정으로 그를 쏘아본다. 하지만 외할아버지는 소년의 눈앞에 쿠키를 흔들어 보인다. 알료샤가 외할아버지를 걷어차지만 노인은 개의치 않는 표정을 짓는다. 노인은 소년의 침대 옆에 무릎을 꿇고 나지막하게 말한다. "모든 고통에는 의미가 있는 법이다. 그게 나중에는 다 도움이 되는 거야." 여기에서 이 가해자는 고통이 구원에 도움이 되며, 고통을 받음으로써 천국에 있는 회계장부에 공적을 쌓는다는 피학적 주제를 드러낸다. 그는 한 걸음 더 나아간다. 그는 젊은 시절 볼가 강의 뱃사공으로서 자신이 겪은 고통을 이야기한다. 날카로운 돌멩이가 깔린 강가에서 맨발로 작은 배를 끌어당길 때 "쓰라림에 영혼도 울고 눈에선 눈물이 뚝뚝 떨어졌다." 그는 깊은 감정을 드러내며 말한다. 여기에서 다시 한 번 가해자는 자기보다 약한 이들에게 앞으로 가할 고통에 대해 명분을 얻으려고 한다. 그는 이렇게 덧붙인다. "내가 겪어봐서 좋았던 것은 너한테도 좋은 거야." 소년의 마음은 움직이지 않는 것 같다. 그는 화해의 몸짓을 보이지 않으며 외할아버지가 털어놓는 과거의 고통을 동정하지 않는다. 외할아버지는 누군가가 부르는 소리에 밖으로 나간다.

학대의 순간에 가해자와 그의 가학-피학적 논리에 동조하지 않음으로써 소년은 또 하나의 유혹을 이겨냈다. 만일 소년이 그 순간에 자신의 분노가 연민으로 바뀌게 내버려 두었다면, 그래서 영혼을 내보이며 다가서는 가해자에게 자신의 마음을 열었다면, 그는 러시아의 역사에서 강력한 집단적 힘으로 존재해온 권위에 피학적 동일시를 하고 말았을 것이다. 차르는 그러한 동정을 받는 전제정치의 상징이었다. 심지어 후대의 역사에 의해 폭군 이반(Ivan the Terrible)이라고 불린 황제도 자신이 어렸을 때 가혹한 과두정치 하에서 고통을 받았다고 주장함으로써 그의 백성들에게는 단순히 엄격한 이반(Ivan the Severe)으로 불렸다.

외할아버지의 가학-피학적 감정 변화는 다른 장면에서도 드러난다. 그는 재산을 모두 잃고 성상 앞에서 울부짖는다. "제가 다른 사람들보다 죄가 더 많단 말입니까?" 성상은 대답하지 않는다. 그를 안아주는 것은 외할머니이다. 그녀는 그를 위로하며 자신이 구걸이라도 나서겠다고 말한다. 아내의 품에 어린아이처럼 안겨 있던 그가 갑자기 분노를 쏟아내며 그녀를 때려눕힌다. 그는 아내가 자기보다 지긋지긋한 손주들을 더 사랑한다고 말한다. 여기에서 아내는 자신의 재산이며, 동시에 한시라도 떨어져서는 살 수 없는 어머니의 대체물이라는 함의가 드러난다. 히틀러의 이미지를 구축하는 데 아버지의 패배가 중요했듯이 "특권을 가진 자"의 완전한 패배는 이 영화의 정치 선전 가운데 하나로 함축적인 중요성을 갖는다. 외할아버지는 점점 쇠약해지고 가족의 부양자로서 의미를 잃게 된다.

영화의 결말 부분에서 알료샤는 외할아버지를 상대로 의미 있는 승리를 거둔다. 소년은 외할머니에게 자신이 벌어온 동전 한 닢을 내민다. 외할머니는 대견한 눈빛으로 소년을 바라본다. 그 순간 알료샤는 외할아버지의 시선을 의식한다. 그의 눈은 증오로 찡그러져 있다. 알료샤는 시선을 피하지 않고 외할아버지의 눈을 똑바로 쳐다본다. 소년의 눈이 면도날처럼 가늘어진다. 두 사람은 마치 자신의 눈빛으로 상대를 베어버리려고 하는 것 같다. 이것이 마지막이며 소년이 떠나야 한다는 것은 두 사람 모두 알고 있다. 하지만 소년은 패배하지 않고 떠난다.

여기에서 눈빛과 눈빛의 대결은 매우 인상적이다. 눈을 공격과 방어의 무기로 사용하는 것에는 러시아만의 독특한 그 무엇인가가 있다. 러시아 문학에서 눈은 영혼이 깃든 감각 기관으로, 무엇인가를 탐하는 도구로, 그리고 영혼을 교감하는 기관으로 끝없이 변용된다. 하지만 정치적, 문학적 측면에서 눈은 미래를 담는 순결한 도구로 활용된다. 고리키가 톨스토이를 묘사한 글은 이를 전형적으로 보여준다. "조약돌 하나와 한 가닥의 생각조차 놓치지 않는 날카로운 눈으로 그는 세상을 바라보고 판단하며 표현했다." 그의 눈빛은 "마치 미래를 뚫어지게 쳐다보듯 팽팽한 긴장을 유지했다."

레닌을 묘사한 트로츠키의 글도 비슷하다. "왼쪽 눈을 가늘게 뜨고 라디오 연설을 청취하는 레닌의 모습은 마치 어떠한 감언이설에도 현혹되지 않는 영리한 소작농을 연상케 했다. 통찰이 깃든 그 모습은 영감의 경지에 이르러 있었다."[*]

회초리에 멍이 든 외손자의 옆에서 용서를 구하는 외할아버지의 모습은 어느 궁전에서의 비슷한 장면을 묘사한 러시아의 유명한 회화를 떠올리게 한다. 이 그림에서 폭군 이반은 자신이 죽인 맏아들의 시신 옆에 앉아 있다. 카쉬린가의 폭력은 러시아의 초기 역사부터 지배계급의 가족을 특징짓는 것이었다. 그리고 그것은 혁명 이전의 러시아 문학에 깊이 스며들어 있었다. 두 가지 경우 모두 다른 나라나 다른 시대에서는 찾아보기 힘들 정도의 잔혹한 폭력을 보여준다. 이 두 장면의 일치하는 예외적인 사건을 역사의 본류로 끌어들인다.

본래 슬라브족은 평화롭게 살아가는 농부이자 사냥꾼이었으며 목책을 두른 좁은 지역의 거주민들이었다. 약 천 년 전 그들은 바이킹족인 루릭(Rurik)에게 유목 생활을 하는 남쪽의 침략자들로부터 자신들을 보호해달라고 요청했다. 그들은 적당한 선에서 공물을 바치며 평화를 사기로 한 것이다. 그렇게 해서 그들은 원시적인 무기로 사냥을 하고 조악한 농기구로 땅을 일구며 그들의 자연신과 목상을 숭배하는 삶을 유지할 수 있었다. 피부가 하얗고 빛나는 갑옷을 입은 북쪽 지방의 전사들에게 자신들의 자율성을 내주게 한 것이 무엇이었든 간에 그들은 곧 자신들의 거래가 잘못된 선택이었음을 깨달았다. 그들의 보호자는 자신의 아들들에게 그 일을 계속 맡기고자 했다. 여러 "이민족"이 힘을

---

[*] Leon Trotsky, "The Russian in Lenin", *Current History Magazine*, March, 1924.

앞세워 밀려들어왔다. 이내 다른 보호자로부터 그들을 보호하는 것이 하나의 지배 질서로 굳어졌다. 최초의 지배자는 자신의 아들들을 위해 각 지역에 위계질서를 부여했는데 이는 키예프(Kiev)나 노브고로드(Novgorod)처럼 초기에 형성된 공국을 먼저 차지하기 위한 끝없는 반목으로 이어졌다. 크고 작은 반목이 계속되자 백성들은 아들들을 죽여서라도 중앙집권적 통치를 확립해줄 "강력한 아버지"를 원하게 되었다. 이렇게 해서 초기 러시아의 역사는 적으로부터의 보호를 바라는 백성들과, 분열된 공국을 지배하는 작은 폭군들 그리고 과두정치의 포로이면서도 신비로운 구원자의 역할을 떠안은 중앙집권적 폭군이 서로 영향을 주고받았다.

보호자들은 (비잔틴의) 그리스도교를 들여왔고 그와 함께 끊임없는 반목과 권력투쟁을 낳은 계급제도를 만들었다. 왕자들과 사제들은 그들의 문화적 기원을 다양한 외부 세계에 두고 있었지만 그들이 빚은 끔찍한 권력투쟁은 훗날 러시아사의 일부로 기록되었다. 피비린내 나는 왕가의 반목은 타타르족(Tatar)의 침략 이후에도 계속되었고 그 폭력성과 지역적 범위는 점차 커졌다. 그리고 우여곡절 끝에 이는 단일한 국가, 러시아 정교회 그리고 차르 체제로 이어졌다. 15세기에 이르러 모스크바는 "제3의 로마"가 되었고 이반 3세는 모든 러시아인들을 다스리는 최초의 황제이자 정통 신앙의 수호자*가 되었다. 그는 고대 러시아를 하나의 국가로 만들었으며 그의 아들들은 영토를 확장하여 러시아 제국의 기틀을 마련했다.

---

* 이반 3세는 로마 제국과 비잔틴 제국(제2의 로마)의 유산을 자신이 계승했다고 선포함으로써 정통성을 확보하려고 했다-옮긴이

10세기 이후 지속된 "호전적이고 잔혹한 아들들"의 전통은 폭군 이반의 시대에 절정에 이르게 되었다. 물론 근친 살해는 여러 세기에 걸쳐 지배계층에서 끊임없이 일어났다. 하지만 역사가 "폭군"이라고 부른 이반은 자신의 손으로 자신이 가장 사랑하는 맏아들을 살해했다. 그는 (명투성이의 알료샤 옆에 무릎을 꿇은 외할아버지처럼) 자신의 성인기에 나타난 광기를 자신이 어렸을 때 겪은 고통 탓으로 돌렸다. 백성들도 그를 이해해주었다. 앞에서 지적했듯이 역사의 기록과는 달리 백성들은 그를 폭군이라고 부르지 않았다. 그들은 그를 엄격한 차르로 받아들였을 뿐이다. 그는 그의 소년기를 비참하게 만든 귀족정치—그의 적이자 백성들의 적인—의 희생양이 아니었던가? 사실 이 최초의 차르는 백성들의 탄원을 들어주고 사법제도를 개혁했으며 인쇄술을 도입하는 등 정신이 온전한 순간에는 백성들을 잘 보살폈다. 하지만 일단 광기에 사로잡히면 그는 미소를 지으며 처형된 귀족들의 명단을 살펴보았고 이후 절망적인 후회에 빠지기를 반복했다. 그럼에도 백성들은 왕자들과 귀족들 그리고 중간 계급을 통제하기 위해 차르의 권위가 강화되는 것을 기꺼이 받아들였다.

중앙집권화가 진행되고 국가 조직이 발달하면서 러시아 역사의 역설도 고스란히 이어졌다. 우선 국가가 조직화되고 권력이 중앙에 집중되면서 통치의 대리인들도 늘어났다. 이들은 "황제 폐하를 위하여" 행정과 치안을 담당했고 교편을 잡았으며 세금을 거두었다. 그들은 수탈과 착취를 일삼으며 부패해갔다. 국가 규모의 진보가 한 단계씩 이루어질 때마다 새로운 관료주의가 생겨났다. 그리고 이것은 일반적인 의미에서의 진보와 당대의 특정한 과도정치 모두에 대해 러시아인들이 가져온 "타고난" 적대적 냉소를 잘 설명해준다.

두 번째의 역설은 서구화와 계몽을 향한 점진적 발전 단계가 오히려 농노제의 확대를 낳았다는 것이다. 이반은 그의 신성한 "엄격함"을 추구하면서 성 조지 축일에 농노들이 자신의 지주를 바꿀 수 있는 권리를 박탈해 버렸다. 계몽주의자 볼테르(Voltaire)의 친구로서 그와 서신을 주고받은 캐서린(남편 표트르 3세를 즉위 6개월 만에 폐위시키고 스스로 제위에 오른 예카테리나 2세(Ekaterina Ⅱ)를 가리킨다. 그녀는 백성을 위한 이상적인 통치를 꿈꾸었으나 귀족들을 지지 기반으로 삼아 제위에 오른 한계로 그들에게 많은 이권을 내주어야 했고 이는 농노제의 확대로 이어졌다-옮긴이)은 황실의 노예 80만 명을 귀족의 사유물로 내주었다. 후일 알렉산드르 2세(Alexander Ⅱ)는 2천만 명에 달하는 농노들을 해방시켜주었지만 이는 사실 농노들의 봉기를 두려워했기 때문이다. 하지만 해방된 농노들에게 토지는 주어지지 않았고 그들에게 주어진 선택은 20년 동안 땅값을 분할 납부하며 구식 농기구로 얼마 되지 않는 땅을 경작하는 것뿐이었다.

그런데 여기에서 가장 흥미로운 것은 세 번째 역설이다. 백성들은 차르들의 너무나도 비이성적인 행태를 묵인했다. 이반 3세와 마찬가지로 조숙한 소년이자 폭군이었던 표트르 대제(Peter the Great)는 러시아 최초의 황제이자 군주제의 가장 위대한 개혁가 중의 한 사람이었다. 하지만 자신의 손이 아닌 친위대를 사용했을 뿐 그 역시 맏아들을 죽였다. 그처럼 공공연한 근친 살해 이외에도 러시아의 역사에는 온갖 종류의 기이한 섭정이 있었다. 또한 살해당한 차르의 숨겨진 아들이라고 주장하는 이들이 부왕의 복수를 하기 위해 나타나기도 했다. 그들은 "저주받은 혈통"에 속하지 않는다는 이유로 거의 신성시되기까지 했다. 어쩌면 미치광이에 가까웠던 파베르 1세(Tsar Paul)가 어머니 캐서린이 죽자 아버지(어머니가 죽인)의 시신을 무덤에서 꺼내 어머니의 시신 옆에 나란히 눕혔을 때 오이디푸스 콤플렉스의 끔찍함은 최악에 달한 것이었는지도 모른다. 그는 수없이 많은 어머니의 정부(情夫)들로 하여금 부패가 진행되고 있는 황제 부처(夫妻)의 시신을 지키는 의장대 역할을 하도록 했다.

역사가들은 이런 것을 "역사"라고 당연하게 여긴다. 하지만 백성들의 소극적인 동의는 물론이고 황실의 비극과 희극에 대한 그들의 열렬한 동일시는 어떻게 설명할 수 있을까? 수적으로 절대 우세였던 용감한 백성들이 왜 외국의 보호자들에게 머리를 숙여야 했을까? 왜 그들은 자신들의 생활방식이 국가 체제에 편입되어 속박이 심해지는 것을 받아들였을까? 그에 대한 대답을 처음에는 잔학한 이민족과 맹수들에게서, 이후에는 소수 독재정치의 무력(武力)에 감히 맞서지 못한 절대 다수의 무기력에서 찾아야 하는 것일까?

아마도 그 대답은, 지배 체제의 형태는 조직적인 힘으로 물리쳐야 할 당대의 위험에 의해 규정되기도 하지만 동시에 대중의 환상과 기대에 의해 만들어지기도 한다는 사실에서 찾을 수 있을 것이다. 전제 군주는 설령 그가 외국인이라 할지라도 (실제로 러시아의 많은 군주들이 외국 출신이었거니와) 러시아인들의 허약한 정체성을 지켜주는 가시적인 보호자가 되었으며, 귀족 엘리트들은 희미하게 인식되는 새로운 이상형의 화신이 되었다. 군주와 귀족들이 역사의 무대에서 비이성적 갈등을 연출할 수 있었던 것은 바로 이러한 배경이 있었기 때문이다. 그들은 더 대담하게 죄를 짓고 더 처절하게 속죄함으로써 사적으로나 공적으로 명성을 높일 수 있었다. 그들이 이러한 비이성적 갈등의 드라마를 완성하는 동안 백성들은 그들을 위해 기꺼이 합창단과 희생 제물이 되어주었다. 몇 사람의 거대한 죄악은 만인의 구원을 기대할 수 있게 해주었기 때문이다. (백성들은 아담의 원죄와 예수의 구원 교리를 연상했을 법하다—옮긴이)

이는 내적인 악(이드)이나 냉철한 분별력을 "투사"하는 것 그 이상이었다. 나는 그것이 집단적 자아의 기능을 가지고 있었다고 생각한다. 그것은 보다 구체적인 국가적, 정신적 정체성을 발달시키는 데 이용되었다. 이반과 표트르는 표면적으로 그들의 위상을 훼손시킬 수 있는 비극적 요소에도 불구하고 위대해진 것이 아니라, 어린 시절 경험한 가부장적 분위기와 그 내적 대응물인 초자아의 비극적 상황을 거대한 규모로 표출할 수 있었기 때문에 위대해진 것이다. 그렇게 함으로써 그들은 국민적 의식과 분별력에 결정적인 영향을 끼쳤다. 어쩌면 역사에 대한 우리의 개념은, "자기 의지에 충실한" 지배자들에 대한 일반 대중의 역동적인 요구를 분석하는 것에까지 확대되어야 할지도 모른다. 지배자들은 세계라는 역사의 무대에서 인간의 갈등을 연기할 것을 피지배자들로부터 강요받는다. 이러한 의미에서 왕들은 백성의 장난감일지도 모른다. 후일의 문명 세계에서 그들의 비극과 희극은 허구의 세계로 넘어갔고 그 무대는 개인에게로 넘겨졌다.

이제 러시아 사실주의 문학의 역사적 역할을 살펴보자. 그것은 부친살해와 형제살해의 비극을 평범한 러시아인에게 옮겨놓은 것이다.* 그러한 문학적 관심은 개인의 책임과 더불어 정치적 책임의 성장에도 쏠리게 되었다. 그런데 러시아의 문학과 역사가—소름이 끼칠 정도로 압축된 한 세기 동안—현실을 반영하는 문학 정신과 정치의식의 준비 단계에 도달했음에도, 대다수 소작농들은 헬레니즘 시대의 원시적 역사인식 수준에 그대로 머물고 있었다.

---

* 프로이트는 "도스토예프스키와 부친살해(Dostoevski and Patricide)"라는 논문에서 『카라마조프가의 형제들』에 셰익스피어의 「햄릿」과 소포클레스의 「오이디푸스 왕」을 연결시켰다. 이는 세 작품 모두가 부친살해를 중심 주제로 삼으면서도 위대한 예술성을 인정받고 있기 때문이다.

여기에서 우리는 러시아 혁명 당시 러시아 인구의 ⅘가 소작농이었음을 떠올릴 필요가 있다. 대다수 소작농들의 외적 조건과 내면을 변화시킨다는 것은 현실적으로 불가능한 일이었다. 그들은 자신들의 일상생활과 정부의 형태가 밀접하게 관련되어 있다는 생각을 아예 해본 적이 없었기 때문이다.

이 영화는 등장인물들의 "피에 흐르는" 침울함을 통해 오래된 집단적 콤플렉스 한 가지를 보여준다. 외적인 농노제는 황실과 사제들에 의해 유지되었지만 러시아의 (사실 유라시아 대륙 대부분 지역의) 소작농들을 내적인 농노제에 옭아맨 것은 바로 오래된 원형을 가지고 있는 집단적 콤플렉스였다. 나는 농업 혁명이라는 기술적 대변화가 낳은 심리적 결과에 대해 이야기하고 있다. 여기에서 선사세대는 유년기 초기만큼이나 깊은 비밀을 가지고 있다. 두 가지 모두 이해의 단초를 얻기 위해 우리는 신화를 분석하지 않을 수 없다.

선사시대에 북아메리카에서 수렵과 고기잡이를 하며 살았던 사람들을 이해하기 위한 열쇠로 우리는 원시적 의식을 주목했다. 우리는 선사시대의 인류가 그들의 시공간을 확장해나가면서 인간의 속성을 미지의 초월자에게 투사하기 시작했다는 사실을 지적했다. 그렇게 함으로써 지리적 환경은 인격적 상징성을 갖게 되었고 과거의 역사에는 유년기의 이미지가 부여되었다. 또한 대지는 한때 자신의 뜻을 인간들에게 직접 드러내던 어머니가 되었다. 수렵과 채집을 위한 이동 생활에서 정착 농업으로의 이행은 땅에 대한 수탈을 의미했으며, 수탈적 도구로 땅을 유린하면서 대지는 착취당하는 공급자가 되었다. 이러한 기술적 발전에 수반된 내적인 변화가 무엇이었든 간에 이는 (신화와 의식이 증명하듯) 원죄와 연결되었으며 그것은 깨물고 붙잡는 신체 기관으로 어머니를 통제하려 한 유년기의 폭력적 소원을 의식함으로써 이루어졌다.

따라서 "저주받은 혈통"은 탐욕 때문에 어머니를 착취하고 파괴하는 아이와, 집단적인 농경을 통해 탐욕스러운 착취자가 된 어른을 상징하게 되었다. 앞에서 우리가 다루었듯이 땅에 대한 이러한 원죄 의식은 농민으로 하여금 1년 주기의 생산 활동에 의존하며 속죄와 축제의 순환 과정에 매이게 만들었다. 교회는 범죄와 속죄, 죽음과 구원이 재연되는 1년 주기의 교회력을 포개어 놓음으로써 그러한 순환을 영속화시켰다.

나는 경작되는 땅과 정복당한 여성에 대한 동일시와, 그에 대한 땅을 소유한 이의 도전을 드러내는 고리키의 회고를 인용함으로써 이 어두운 주제를 마무리하고자 한다.*

그(체호프)는 이렇게 말하곤 했다. "만일 모든 사람들이 자신이 소유한 땅에서 자신이 하고 싶은 일을 할 수만 있다면 이 세상은 얼마나 아름다울까!"

그 즈음 나는 바쉬카 부슬라예프(Vasska Busslaev, 큰 몸집과 괴력을 지닌 러시아 전설상의 인물—옮긴이)라는 제목의 희곡 집필을 막 시작한 참이었다. 어느 날 나는 자신감에 넘치는 바쉬카의 독백을 그에게 읽어주었다.

"아, 내게 좀 더 많은 힘과 강인함이 주어진다면

이 뜨거운 숨으로 대지의 눈을 녹여버릴 텐데!

온 세상을 걸어 모든 땅을 일구고

긴 세월에 걸쳐 마을과 마을을 세우며

수많은 교회를 짓고 끝없이 펼쳐지는 정원을 가꿀 텐데!

---

\* Maxim Gorky, 앞의 책.

아리따운 아가씨인 양 대지를 가꾸고
나의 신부인 양 꼭 끌어안을 텐데!
내 마음에 들어 올려 하느님께 드릴 텐데…

주여, 당신께 더할 나위 없는 선물로 대지를 드리고 싶지만
그리 될 수 없는 것은 내가 이 땅을 너무 사랑하기에!"

체호프는 이 독백을 무척 마음에 들어 했고 흥분을 해서 속사포처럼 말했
다. "정말 훌륭하네! 매우 진솔하고 무척이나 인간적이네! 이 구절에 모든 철
학의 본질이 다 들어 있어. 인간이 대지를 살 만한 곳으로 만들어 놓았으니
이제 자신을 위해 풍요로운 곳으로 만드는 게 마땅하지 않겠는가!"

그는 연신 고개를 끄덕이며 연거푸 읊조렸다. "암, 그래야지!"

그는 나에게 바쉬카의 당당한 독백을 다시 한 번 읽어달라고 부탁했다. 나
는 그의 부탁대로 했고 그는 끝까지 경청하고는 한 마디를 덧붙였다.

"그런데 마지막 두 줄은 불필요한 것 같네. 너무 불경스러운 것 같지 않은
가? 그 부분은 빼도 되겠어…"

## 4. 착취당하는 사람들

### A. 성인(聖人)과 걸인

외할머니가 거두어 키운 고아 출신의 집시 이반은 집안의 다른 사람
들, 즉 "짐승 같은 놈들"인 외삼촌들과 달리 카쉬린가의 피에 흐르는 죄

를 가지고 태어나지 않았다. 죄 없이 태어났기 때문에 외할머니의 표현
대로라면 그는 "순수한 영혼"이었다. 쭈그리고 앉아서 발을 쭉쭉 뻗는
춤동작에서 보여주었듯이 그는 근사한 몸놀림을 가지고 있다. 반면에
집안의 다른 남자들은 뻣뻣하고 부자연스러우며 술에 취하거나 화를
낼 때는 브레이크가 없는 트럭 같다. 그 누구의 아들도 아닌 집시는 유
산을 기대하지도, 누군가를 시기하지도 않는다. 그가 고아 출신이라는
사실은 원죄 없는 잉태(immaculate conception)를 암시하는 것 같다. 사실
집시 이반은 인정이 많고 늘 희망에 차 있는 초기 그리스도인의 모습으
로 묘사되고 있다.

집시 이반은 알료샤가 기억하지 못하는 죽은 아버지에 대한 이야기
를 들려준다. 아버지는 다른 사람들과 달랐다. **그는 이해하는 사람이었다.**
아버지는 이 때문에 카쉬린가 사람들의 미움을 받은 것이다. 여기에서
영화 후반 어느 아나키스트의 등장과 함께 본격적으로 드러나는 주제
가 처음 제시된다. 그는 갈 곳 없는 이를 이해하고 감싸주는 사람들을
대표하는데, 그들은 외할아버지와 탐욕스러운 외삼촌들에게는 증오의
대상이다. 그들에게는 옛 무기가 통하지 않는 새로운 원리가 있기 때문
이다. 그것은 바로 읽고 생각하고 계획하는 능력이었다. 그들이 등장하
기에 앞서 알료샤의 굶주린 영혼에 미래의 정체성에 대한 이미지를 처
음 심어준 사람이 바로 집시 이반이다.

그런데 그는 다른 이들을 이해하는 사람들을 알아보기는 하지만 그
자신이 "이해"하지는 못한다. 그에게는 또 다른 단점이 있는데 이는 전
혀 다른 측면에서 위험하다. 그것은 그가 너무 "착하다"는 것이다. 외할
아버지의 매질이 있은 후 그의 팔에는 회초리 자국이 선명하게 남아 있
었다. 그는 회초리를 맞는 알료샤를 붙잡고 있으면서 외할아버지가 가

장 세게 내리친 회초리를 자신의 팔뚝으로 막았다는 사실을 히죽거리면서 고백한다. "그 정도는 나한테는 아무것도 아니야." 그는 자신을 물끄러미 바라보는 소년에게 말한다. 이어서 그는 매를 안 아프게 맞는 법을 장황하게 설명한다. 매를 맞을 때는 움츠려서는 안 되며 몸의 긴장을 풀고 비명을 크게 지르라는 것이다. 그는 과거에 너무 많이 맞아봐서 자신의 피부는 책의 가죽 표지로 써도 좋을 것이라고 농담을 한다.

이 장면의 의미는 명확하지 않지만 아마도 소년으로 하여금 비폭력과 그리스도의 용서 그리고 고통에 대한 인내를 받아들이게 하려는 유혹과 관련이 있는 것으로 보인다. 그리고 실제로 얼마 후 집시는 매우 상징적인 모습으로 숨을 거두게 되고 소년은 그 상실감을 견뎌내야만 한다.

외삼촌 중 한 명이 그의 죽은 아내(그가 죽인)를 위해 거대한 십자가를 세우려고 한다. 그는 집시 이반에게 언덕으로 십자가를 옮기는 것을 도와달라고 한다. 관객들은 그 십자가가 한 사람이 옮기기에는 너무 크고 무겁다는 것을 알고 있다. 그런데 집시 이반은 힘자랑을 하는 어린아이처럼 십자가를 혼자 옮길 수 있다고 큰소리를 친다. 알료샤는 그를 도와야겠다는 생각을 한다. 관객들은 어린 소년이 그 거대한 십자가를 함께 옮겨야 한다는 사실에 불안감을 느낀다. 하지만 다음 순간—몇몇 결정적인 장면에서 그렇듯이—알료샤가 뒤로 물러나면서 그의 친구는 자신의 운명을 홀로 감당하게 된다.

틀림없이 갈보리(Calvary)를 암시하는 이 장면에서 거대한 십자가를 등에 지고 힘겹게 언덕을 오르는 집시 이반의 실루엣이 원경으로 카메라에 잡힌다. 직접적으로 묘사되지는 않지만 그가 사고를 당한다는 것은 분명하다. 이어지는 장면이 그가 집으로 실려 오는 모습을 보여주기 때문이다. 그는 바닥에 누운 채로 숨을 거둔다. 그가 늘 데리고 놀며 아이들을 즐겁게 해주던 흰쥐가 그의 옷자락에서 나와 알료샤에게 달려간다. 알료샤는 흰쥐를 두 손으로 감싼다. 이는 마치 집시 이반의 "순수한 영혼"이 알료샤 안에서 새 집을 찾는 것처럼 보인다.

외할머니가 낡은 사고방식을 상징하고 외할아버지와 외삼촌들이 땅, 재산, 아내 그리고 직위에 대한 탐욕의 시대를 상징한다면, 집시 이반은 초기 그리스도교의 소박한 성인의 모습을 보여준다. 그는 마지막 순간까지도 착하고 너그러웠다.

알료샤는 그의 주변에서 일어나는 운명적인 파괴들을 목격하지만 그래도 끝까지 파멸적 관계에 휘말리거나 전통이라는 함정에 빠지지 않으면서 현실을 단단히 딛고 선다. 그렇다면 알료샤에게는 동정심이나 도덕성이 없는 것일까?

집시 이반에게 갈보리의 운명이 다가올 때 알료샤를 제지하며 그를 따라가지 못하게 하는 늙은 숙련공 그레고리를 살펴보자. (그레고리는 거의 시력을 잃으면서 앞일을 내다볼 수 있게 된다.) 그는 엄숙함을 느끼게 하는 예언적 인물이다. 그는 외할아버지의 염색공장에서 거의 40년을 일해 왔지만 시력을 잃으면서 쫓겨날 처지가 된다. 외할아버지가 그를 매정하게 내치면서 그는 이제 구걸을 하며 연명해야 할 상황에 맞닥뜨린다. 알료샤는 울부짖는다. "저도 같이 갈게요. 제가 아저씨 손을 잡고 다닐 거예요!"

하지만 공장의 화재 후 눈이 완전히 먼 그레고리가 손을 공중에 휘저으며 알료샤의 이름을 애처롭게 부를 때 소년은 숨을 죽인 채 그로 하여금 영원한 어둠속을 혼자 헤매게 내버려둔다. 나중에 알료샤는 거리와 시장에서 구걸을 하는 그레고리를 몇 차례 조용히 따라간다. 마치 알료샤에게는 구걸을 하는 그의 모습이 구경거리라도 되는 것처럼 보인다.

이쯤에서 서양 관객들은 늙은 장님의 손을 잡고 걸어가는 소년의 모습이 얼마나 감동적일까 생각하게 된다. 그들은 영화의 마지막 장면을 이렇게 상상해볼지도 모른다. 괴로움에 몸부림치던 외할아버지가 개과천선을 해서 두 사람을 찾기 위해 사람들의 도움을 청한다. 너무 늦은 것은 아닐까 하는 불안한 마음이 든다. 두 사람이 홍수로 약해진 다리를 막 건너려는 찰나 보안관이나 오토바이를 탄 순찰대원들이 그들을 발견한다….

하지만 우리가 이 영화에서 새로운 정신의 출현을 보고 있다는 것은 분명하다. 그것은 주로 행위를 하지 않음(omissions)을 통해 우리에게 비쳐진다. 영화에서 거듭 회피되는 행동들은 원래 죄책감에 뿌리를 두고 있는 것들이다. 따라서 이 새로운 정신에서 후회와 반성은 의미가 없다. 중요한 것은 조심성, 인내심, 잘못된 행위에 대한 절대적인 회피, 심사숙고 그리고 최종적인 행동이다.*

이 지점에서 서양인들은 이 영화가 아무런 도덕적 규범도 보여주지 못한다고 생각할 것이다. 하지만 이 영화는 서구 사회가 추구하는 가치와 매우 다른 도덕적 대안을 제시하는 것인지도 모른다. 알료샤가 시력을 잃은 노인을 위해 자신을 희생해야겠다는 충동을 거두어들였을 때 자신의 약속을 깬 것은 사실이다. 그런데 그 약속은 죄책감, 즉 경제적

---

* 스탈린의 대숙청 당시 모스크바의 법정에서 오간 공방을 살펴보라.
  비신스키: 피고는 (독일과의) 협상을 승인했습니까?
  부하린: 반대하지 않았습니다. 따라서 승인한 셈입니다.
  비신스키: 그런데 피고는 그 협상에 대해 사후에야 알았다고 진술하지 않았습니까?
  부하린: 맞습니다. 하지만 그 두 가지 사실은 서로 모순되지 않습니다.

으로 쓸모가 없어진 그레고리를 내친 외할아버지의 죄를 보상하고자 하는 의식에서 나온 것이었다. 하지만 알료샤에게는 그러한 "충동"과 반대되는 내적 서원이 있었다. 그것은 영속적인 내적 죄책감 대신 선악을 초월하는 행동으로 이어질 내면의 목소리를 따르는 것이었다. 그러한 서원은 또 다른 등장인물인 아나키스트에 의해 구현된다.

그런데 구세대의 도덕적 붕괴에 대한 신세대의 철저한 경멸을 보여주는 한 장면을 주목할 필요가 있다. 이제 완전히 쇠약해진 외할아버지가 시장에서 구걸을 하고 있을 때 그의 목소리를 알아들은 늙은 그레고리가 그에게 다가가서 빵 한 조각을 건넨다. 외할아버지는 빵을 집어던지며 소리를 지른다. "네놈이 내 집을 거덜 냈어!" 우리의 관점에서 이 장면은 너무나 잔인하다. 하지만 어린 알료샤는 눈곱만큼의 혐오감도 드러내지 않고 조용히 돌아선다. 낡은 체제와 거기에 사는 사람들의 폐허를 떠나는 것에는 그 어떤 감정적 소모조차도 필요가 없는 것으로 보인다.

### B. 비밀에 싸인 남자

이 모든 일들이 일어나기 전 외할아버지의 집에 방을 한 칸 얻어서 사는 남자가 있다. 그는 사람들과 어울리거나 대화를 나누는 일이 거의 없다. 그는 소작농은 아니지만 딱히 가진 것이 있는 것도 아니다. 그래도 먹고 사는 걱정은 없는 것 같다. 그는 스스로 화학자라고 하지만 직업을 가지고 있는 것 같지도 않다. 검은머리와 넓은 이마, 안경 너머의 날카로운 눈매는 마치 젊고 가난한 트로츠키(Trotsky)를 보는 것만 같다.

어느 날 그는 창문을 넘어 자신의 방으로 들어오는 알료샤를 보고 화들짝 놀라 책 한 권을 숨긴다. 그는 고약한 냄새가 흘러나오는 병의 뚜껑을 열어서 알료샤를 제 발로 나가게 만든다. 소년은 기분이 나쁘지만 호기심은 오히려 더 커진다.

알료샤는 외할머니가 옛 노래와 시를 읊는 자리에서 그 남자와 다시 마주친다. 외할머니가 읊는 긴 시가는 단순하지만 강렬한 노랫말로 이루어져 있다. 그 중에는 이런 대목도 있다. **"그는 다른 사람들이 살아가는 대로 살지 않았네."** 이 대목에서 그는 신의 계시라도 받은 것처럼 흥분을 한다. 그는 "인민들, 우리 위대한 인민들"을 중얼거리며 (분명히 그 노랫말에 담긴 옛 민중들의 지혜를 가리키며) 황급히 방을 나선다. 그가 감정적인 동요를 일으키며 자신의 안경을 두고나가는 장면은 상징적일 수 있다. 어쨌든 알료샤는 그 안경을 집어든다.

다음 장면에서 알료샤는 강이 내려다보이는 언덕의 풀밭에 누워 있는 그와 마주친다. 그는 안경을 건네주는 알료샤에게 고맙다는 말도 하지 않는다. 그는 자신의 명상을 방해하지 않고 조용히 있을 자신이 있으면 옆에 있어도 된다고 퉁명스럽게 말한다. 이 남자와 강, 드넓은 지평선 그리고 새로운 정신은 여기에서 하나가 된다. 이 남자의 위엄 있는 태도는 알료샤에게 침묵하며 명상할 수 있는, 그리고 먼 지평선을 바라볼 수 있는 태도를 갖춰야 한다고 말하는 것 같다. 그는 이렇게 말한다. "네 외할머니가 들려주는 이야기를 가슴에 꼭 담아둬. 그리고 너도 글을 읽고 쓸 줄 알아야 해." 알료샤는 그의 말에 신선한 충격을 느낀다. 그리고 이 남자의 열정과 진지함에 매료된다.

그들의 우정은 그리 오래가지 못한다. 아니, 그들의 우정은 잠시 알고 지내는 정도에서 끝나고 만다. 외할아버지가 그에게 방을 비워줄 것을 요구하면서 그가 떠나기 때문이다.

한 무리의 집 없는 소년들과 함께 알료샤는 그 남자를 배웅한다. 그는 알료샤를 안아준다. 이 장면에서 영어 자막은 남자가 소년에게 하는 말을 이렇게 옮긴다. "네 인생을 받아들이는 법을 배워야 해." 선교사 같은 열정이 느껴지는 이 말에서 관객은 그 단어가 일반적으로 뜻하는 그 이상의 의미를 가지고 있음을 감지한다. 여기에서 우리는 잠시 언어학자가 되어야 한다.

이 장면에서 남자의 표정은 "받아들인다(take)"는 단어를 단순히 인내하고 버틴다는 뜻이 아니라 꽉 붙잡고 있어야 한다는 의미로 사용했음을 보여준다. 내가 이 영화를 처음 보았을 때 러시아어를 사용하는 관계자는 이 남자가 "brat", 즉 견딘다는 의미의 "take"를 사용했다고 설명했다. 우리가 여기에서 논의하고 있는 것과 같은 이유에서 나는 그 차이가 매우 본질적이라고 여겼기 때문에 그 표정과 단어 사이의 불일치가 어디에서 비롯된 것인지 알아보았다. 그리고 영화의 원작 소설에서는 그 혁명가가 이렇게 말한다는 것을 알아냈다. "네 인생의 모든 것을 받아들이는(러시아어로 wzyat') 법을 알아야 해. 무슨 말인지 알겠어? 받아들이는 법을 배운다는 건 힘든 일이야." Wzyat'은 "꽉 붙잡다"는 뜻의 "take"이다. 그러므로 원작과 영화 사이 어디에선가 이 단어의 의미가 사라졌다는 것은 분명하다.

그 의미는 이러하다. "사람은 무엇인가가 주어질 때까지 마냥 기다려서는 안 된다. 자신이 원하는 것을 잡아채고 그것을 꼭 붙들고 있어야 한다." 우리는 앞에서 구강기의 사회적 양상과 관련하여 이를 논의한 바 있다. 이 남자는 단순히 잡는 것이 아니라 새로운 분별력으로 잡아야(이해해야) 한다는 것, 그리고 자신이 잡은 것을 죄의식 없이 계속 붙들고 있어야 한다는 것을 말하고 있다.

이와 같은 단호한 "붙들기"는 의존성에 대한 거부와 더불어 볼셰비키의 심리에서 매우 중요한 의미를 갖는다. 우리는 앞에서 외할아버지의 증오 섞인 시선에 맞서 그를 똥똥하게 쳐다보는 알료샤의 시선에 대해 이야기했다. 우리는 초점을 맞추고 이해를 하며 미래에 대한 예측과 통찰을 붙들고 있는 것의 중요성과, 개인적 감정에 흔들리지 않는 알료샤의 견고한 목적의식을 지켜보았다.

그 남자가 혁명가였음은 나중에야 밝혀진다. 경찰에 쫓기고 있던 그는 지평선 너머 어딘가에서 결국 체포되었다. 어느 날 수갑을 찬 초췌한 몰골의 죄수들이 시베리아로 가는 배에 태워지기 위해 알료샤의 동네를 지나간다. 죄수들의 무리에 섞여 있는 그 남자는 유령처럼 창백하지만 표정만은 밝다.

이 장면에서의 알료샤의 독백을 자막은 이렇게 옮긴다. "그와의 우정은 이렇게 끝이 났다. 그는 자신의 나라에서 이방인이 되어야 했다. 정말 좋은 사람이었지만."

이후 알료샤는 지하 혁명조직에 속해 있는 어떤 사람을 만나게 된다. 당시 그와 같은 혁명가들은 인텔리겐치아(intelligentsia)라고 불렸는데, 이는 그들이 읽고 쓰는 능력은 물론이고 냉담과 무기력 그리고 농노제로부터의 해방을 위해 정신적 단련의 중요성을 강조했기 때문이다.


## C. 아버지 없는 아이들과 다리 없는 아이


그 아나키스트가 떠난 뒤 알료샤는 부쩍 자란 것 같다. 그는 이제 목표와 동료애를 가지게 되었다. 우리는 그의 아버지 역시 "이해했고" 마찬가지로 사라졌음을 떠올려야 한다. 하지만 우리는 몇 마디 어려운 말로 자신의 정신을 드러낸 어느 순교자적인 인물에 대해 이 어린 소년이 보여주는 동일시를 불편한 마음으로 지켜보지 않을 수 없다. 알료샤는 어린아이에 불과하다. 이 아이의 유년기는 어디에 있는가? 그에게 또래 친구는 어디에 있으며 그는 과연 놀아보기는 한 것일까?*

우리는 앞에서 알료샤가 짓궂은 외사촌들과 어울려 외할아버지에게 악의적인 복수를 시도했다가 실패하는 장면을 보았다. 매질을 당하는 장면—혹은 매질에 이어지는 외할아버지의 도덕적 패배와 소년의 성숙—을 끝으로 알료샤는 그런 장난을 그만둔다. 이후 알료샤는 동네를 돌아다니다가 통통하게 살이 진 소년들이 어느 백치 아이를 놀리면서 그에게 돌을 던지는 광경을 목격한다. 알료샤가 나서서 백치 아이를 보호하려 하자 그들은 알료샤를 "카쉬린가 놈"이라 부르며 놀리기 시작한다. 알료샤는 자신이 "페쉬코프가"라고 주장한다. 이 세상 모든 아이들이 그러하듯 이 아이들도 똑같은 말을 주고받으며 말싸움을 한다. 카쉬린이야! 아니야, 페쉬코프야! 카쉬린이야! 아니야, 페쉬코프야! 아이들이 알료샤를 때리고 걷어차기 시작하는 순간 누더기를 걸친 한 무리의 소년들이 나타나 그를 구해주고 알료샤는 그들과 친구가 된다.

이 무리는 집 없는 부랑아들로 이루어져 있으며 근원적인 의미에서의 "프롤레타리아"라고 할 수 있다. 알료샤는 그들과 어울리면서 물질적으로는 고물상에 팔 수 있는 물건을 찾기 위해 쓰레기더미를 뒤지고 정신적으로는 의지할 부모가 없는 그들의 감정을 공유한다. 이러한 장면들을 통해 알료샤가 프롤레타리아가 되는 과정이 극적으로 묘사된다. 아버지가 없는

---

\* 톨스토이는 고리키에게 이렇게 말한 적이 있다. "자네에게도 어린 시절이 있었으리라고는 믿기가 힘드네."(고리키, 앞의 책)

페쉬코프가의 아이는 열등한 조건을 가지고 태어난 백치 소년의 편에 선다. 그는 모든 계급의 맨 밑바닥에 있는 사람들과 교류한다. 어느 인상적인 장면에서 알료샤는 무리 중에 아시아인의 외모를 가진 한 아이가 자신이 어디에서 태어났는지 모르고 있다는 사실을 알게 된다. 알료샤는 웃음을 터뜨리는데 이것이 그에게는 아이처럼 생각 없이 감정을 표출하는 마지막 장면이 된다. 그 아시아인 소년의 절망과 분노를 목격하면서 그는 또 하나의 충동에 저항력을 갖게 된다. 그는 더 이상 페쉬코프가라는 사실을 내세우지 않는다. (그는 후일 아버지의 이름인 막심과, 고통을 뜻하는 고리키로 자신의 이름을 새로 짓는다.)

이제 그도 완전한 프롤레타리아가 된다. "노동"이 끝난 뒤 그는 무리와 어울려 강이 내려다보이는 언덕을 향한다. 갈 곳 없는 이 소년들은 언덕 위에서 먼 지평선과 그들의 미래를 바라본다. 그들은 비둘기를 키워서 날려 보내겠다는 꿈을 꾼다. "비둘기들이 맑은 여름 하늘 위를 빙빙 도는 모습이 좋아."

자유에 대한 이러한 암시는 또 다른 만남에 의해 강조된다. 어느 날 알료샤는 어느 집 지하실 창문에서 흘러나오는 밝은 목소리를 듣게 된다. 그 목소리를 따라간 알료샤는 하반신을 쓰지 못하는 소년 리엔카를 만난다. 리엔카는 자신의 다리가 "살아있지 않고 그냥 거기 붙어 있을" 뿐이라고 설명한다. 그는 지하실의 방에서 나올 수 없는 처지이다. 하지만 그는 자신만의 세계, 놀이와 상상의 세계가 있음을 보여준다. 그는 상자와 작은 우리에 동물과 벌레들을 키운다. 이 동물들은 갇혀있는 그의 처지를 공유한다. 그는 언젠가 드넓은 평원에서 이 동물들을 풀어 줄 수 있기를 기대하며 살아가고 있다. 그때까지는 작은 방에 갇혀 있는 이 동물들이 그에게는 우주 전체이다. 그리고 이 우주는 바깥 세계를 반영하고 있다. 그가 키우는 바퀴벌레 중의 한 마리는 "지주"이고 다른 한 마리는 "관리의 부인"이다. 현실 세계의 압제자들이 그의 세계에서는 죄수처럼 붙잡혀 있다. 역설적이게도 이 영화에서 밝은 모습을 지닌 소년은 장애가 있는 리옌카가 유일한 것 같다. 그의 웃음은 너무나 밝고 자유로우며 그의 눈은 즐거움으로 반짝거린다. 자신의 세계에서 그는 한계를 모르는 것 같다. 그는 알료샤에게 이렇게 말한다. "쥐만 한 마리 있으면 말(馬)을 만들 수 있을 텐데."

동물 친구들에 대한 그의 애정과 쥐 한 마리에도 신비로운 가능성을 부여하는 그의 능력을 지켜보면서 알료샤는 잠시 망설이는 기미를 보이다가 집시 이반의 흰쥐를 그에게 넘겨준다. 우리는 그 흰쥐가 죽은 집시의 선물임을 알고 있다. 그것은 알료샤가 쥐고 있던 마지막 즐거움의 끈이자 마지막 장난감이었다. 알료사는 그에게 왜 흰쥐를 주는 것일까? 연민과 동정심 때문일까? 이 장면에서 알료샤는 위안을 포기하고 유혹을 거부함으로써 다시 한 번 정신적으로 성장하는 것 같다. 여기에서 유혹이란 놀이와 상상 그리고 감옥을 견딜 만한 곳으로 만들고 그럼으로써 족쇄를 더욱 단단하게 만드는 페티시즘의 대체물을 뜻한다. 알료샤는 이제 자신에게 장난감이 필요하지 않다는 것을 알고 있다. 그러므로 알료샤의 모든 행위(또는 행위에 대한 거부)는 서약과도 같다. 퇴행의 교량은 하나씩 끊어지고 정신의 유아기적 위안은 영원히 거부된다.

하지만 리옌카는 누군가 그에게 자유를, 다리를 줄 때만이 자유로워질 수 있다. 알료샤는 무리를 설득해 리옌카를 도울 방법을 찾는다. 그들은 쓰레기더미에서 필요한 물건들을 골라 마침내 리옌카에게 이동의 자유를 줄 작은 수레를 만든다.

## D. 꽁꽁 싸맨 아기

리옌카라는 인물은 고리키의 원작에는 나오지 않는다. 누가 이 인물을 만들어냈는지는 모르겠다. 다만 등장인물들 가운데 가장 감정이 풍부하고 쾌활한 아이가 활동성은 가장 적다는 것은 중요한 의미가 있어 보인다. 그의 환희는 지평선까지 다다르지만 움직이지 않는 그의 다리는 "살아있지 않고 그냥 거기 붙어 있을" 뿐이다. 이것은 러시아인들의 아동 양육 방식에서 주목할 만한 한 가지 문제를 논의해볼 필요성을 제기한다. 러시아인들의 특성에 관한 최근의 연구가 가장 중요하게 다루는 것은 스와들링(swaddling, 아기가 팔다리를 움직이지 못하도록 옷감으로 꽁꽁 싸매는 관습—옮긴이)이다.

러시아인들의 정신은 과연 꽁꽁 싸매져 있는 것일까? 러시아인들의 특성을 연구하면서 나에게 이 영화를 볼 기회를 주기도 한 선도적인 학자들은 그렇게 생각하고 있다.*

대다수의 러시아 농민들에게, 그리고 문화유산을 공유하고 있는 러시아 대평원의 모든 지역과 계층에 스와들링은 예외 없이 받아들여져 왔다. 신생아를 싸매는 관습은 대부분의 문화에 보편적으로 존재하지만 러시아의 극단적인 관습은 마치 한 손에 들 수 있는 통나무처럼 아기를 목에서 발끝까지 꽁꽁 동여매게 한다. 생후 9개월이 될 때까지 밤과 낮 시간의 대부분을 아기는 그런 상태로 지내게 된다. 생후 9개월이 지나면 아기는 배밀이를 시작하는데 그러한 관습 때문에 운동 능력에

---

* Geoffrey Gorer, "Some Aspects of the Psychology of the People of Great Russia", *The American Slavic and Eastern European Review*, 1949. 아울러 다음의 논문을 살펴볼 것. Geoffrey Gorer and John Rickman, *The People of Great Russia*, W. W. Norton & Co, 1962.

결함이 생기지는 않는다.

왜 아기를 꽁꽁 싸매느냐는 질문을 던지면 평범한 러시아인들은 의아하다는 반응을 보인다. 러시아의 혹독한 추위에서 아기를 따뜻하게 보호할 다른 방법이 있느냐는 것이다. 아울러 그들은 아기가 자신의 얼굴과 몸을 할퀴지 않도록, 그리고 자신의 손을 보고 놀라지 않도록 아기의 몸을 싸맬 필요가 있다고 얘기한다. 하지만 스와들링에서 벗어나는 시기의 아기가 여전히 자신의 몸을 할퀴지 않을 정도의 신체적 통제력을 가지고 있지 못하다는 것은 분명하다. **그렇다면** 다시 아기를 싸매면 된다는 논리는 문화적 합리화를 위한 어리석은 발상일 뿐이다. 사실 이 관습은 특정한 유아 통제의 양식이 문화적으로 확립된 것이다. 스와들링은 아기를 보호하기 위한 것이며 이를 통해 아이에게 격렬한 운동 욕구의 위축을 경험하게 한다. 아이가 격렬한 감정의 희생자가 되지 않도록 정서적으로도 꽁꽁 묶어두는 것이다. 이는 아이 자신을 위해 엄격하게 제한되어야 할 것들을 말을 배우기 전부터 세뇌하는 데 도움이 된다. 물론 이따금 억눌린 감정을 배출할 기회는 제공된다. 따라서 스와들링은 러시아 문화에서의 세상에 대한 이미지와 중요한 관련을 맺고 있는 아동 훈련의 지향점에 위치해 있다고 볼 수 있다.

사실 러시아 문학만큼 수축과 발산의 과잉을 보이는 문학은 없다. 러시아 소설에 등장하는 인물들은 고립감과 감정적 발산의 양면을 모두 지니고 있다. 그들 개개인은 마치 억압된 감정의 상자 속에 스스로를 가두고 있는 것처럼 보인다. 하지만 그들은 한숨을 쉬거나 창백해지면서 또는 얼굴을 붉히거나 울부짖으면서 그리고 기절을 하면서 전혀 다른 사람이 되기도 한다. 러시아 문학에 등장하는 다수의 인물들은 오로지 광기—성(性)이나 알코올 또는 영성의—가 감정의 일시적인 분출을 허락해주는 순간을 위해 사는 것 같다. 물론 실체가 없는 이러한 상태는 정신의 고갈로 끝나기 마련이다. 이쯤에서 다시 우리가 살펴보고 있는 영화로 넘어가는 것이 좋겠다. 만일 젊은 고리키가 겪은 러시아의 현실이 우리가 이 영화에서 보고 있는 다양한 감정적 분출의 파편들을 실제로 보여주었다면, 어린 알료샤에게는 주위 사람들의 감정적 발산이 만화경처럼 생생하게 관찰될 수밖에 없었을 것이다.

여기에서 꽁꽁 싸매진 아기는 주변 사람들의 감정 과잉을 감지하면서도 그에 대해 팔다리를 휘젓거나 손가락을 꼼지락거리는 감정적인 반응을 보이지 못하도록 물리적인 구속을 받고 있음을 상기할 필요가 있다. 머리를 들거나 무엇인가를 붙잡으려는, 그리고 청각적으로 소란이 감지되는 쪽으로 시각적 영역을 확대하려는 아기의 시도는 방해를 받는다. 어쩌면 눈앞의 생생한 인상들에 대해 신체적으로 반응을 하는 것은 꽁꽁 싸매진 몸에 부담을 가중시키는 것으로 인지되었을 수도 있다. 아기는 주기적으로 스와들링에서 벗어나는 순간에만 가족들의 감정 분출에 참여할 수 있게 된다.

하지만 한 문화의 전체적인 구조에서 스와들링 같은 아동 양육 방식의 영향을 평가하기 위해 러시아인들의 사고방식과 행동방식이 오로지 스와들링에서 비롯되었다고 가정하는 것은 부적절하다. 다른 문화들에 대한 논의에서 그렇게 했듯이 우리는 수많은 요인들의 상호작용을 가정해야 한다. 때문에 거의 보편적이라 할 수 있는—부차적인 사실이지만 실용적이기도 한—스와들링의 관습은 지리와 역사 그리고 인간의 유년기를 몇 개의 공통분모로 통합하는 경향성의 결과로 받아들여질 수 있다. 우리는 러시아의 전통에서 관찰되는 이러한 사실들 사이에 형태적인 연관성이 있음을 발견한다.

1. 대평원의 혹독함 가운데 고립된 목책 속에서의 **빽빽한** 사회생활과, 봄의 해빙 이후 찾아오는 주기적인 자유
2. 오랜 시간의 갑갑한 스와들링과, 스와들링에서 풀려나 환희를 나누는 짧은 순간의 반복
3. 활력이 없는 인내와 농노제 하에서 제약받는 행동과, 감정을 발산할 수 있는 주기적인 카타르시스의 교차

　역사적으로나 정치적으로 볼 때 스와들링은 농노제와 러시아인의 "영혼"을 결합시키고 그것을 지탱하는 견고한 제도의 일부로 보인다. 사실 고리키 자신도 그의 희곡 〈야만인(Philistines)〉에서 이렇게 말했다. "사람은 옆으로 누워 있다가 불편해지면 반대쪽으로 돌아눕지. 그런데 자신이 살아가는 조건이 불편해지면 그냥 불평만 하고 만단 말이야. 그럴 땐 노력을 해야 되지 않겠어? **뒤집어엎으려고 말이야!**" 적절하게 동기 부여가 된 사람이라면 돌아누울 수도, 그리고 어쩌면 자리에서 일어날 수도 있을 것이다. 하지만 어떤 불리한 상황에 구속되어 있을 때 인간은 생애 초기의 구속된 경험에 따라 행동할지도 모른다. 온몸이 싸매진 아기는 돌아누울 수가 없다. 아기는 몸을 움직일 수 있는 자유의 순간이 다시 찾아올 때까지 그저 자신의 위축된 감각과 배변작용을 의식하면서 체념하고 기다리며 상상에 빠질 수 있을 뿐이다.
　이러한 상태는 가장 역동적인 감정과 가장 크게 손상된 활동성을 동시에 가지고 있는 리옌카를 통해 상징적으로 드러나고 있는지도 모른다. 그는 누구보다 생동감 있는 상상력을 가지고 있지만 타인에 대한 의존성이 가장 크기도 하다. 알료샤가 그에게 흰쥐를 건네주는 장면은 알료샤가 장난감 또는 매이고 갇힌 이들에게나 필요한 상상에 집착할

필요를 넘어섰음을 보여준다. 그는 리옌카를 동정하는 것이 아니다. 오히려 그는 자신의 성장을 인식하고 그에 따라 행동하는 것이다. 그는 리옌카에게 다리가 되어줄 수레를 만들지만 그렇다고 리옌카에게 동질감을 갖지는 않는다.

영화는 알료샤와 그 무리의 놀이 장면을 보여주지 않지만 「톨스토이와 거닌 날들」에서 고리키는 이 "버림받은" 아이들이 탐닉했던 무모한 놀이를 설명하고 있다. 아래에서 보게 되겠지만 이 놀이에 대한 고리키의 설명은 앞서 우리가 다룬 놀이에 대한 이론과 일치하고 있다.

열 살 무렵 나는 친구들과 함께 겁 없이 **기차 아래에 드러눕곤 했다.** 기관차 화실(火室)의 높이가 충분하고 내리막이 아닌 오르막을 올라가는 기차라면 그 놀이는 안전했다. 오르막에서는 기차의 브레이크 체인이 팽팽해지기 때문에 거기에 걸려서 끌려갈 위험이 없었다. **팔다리를 휘젓거나 고개를 들고 싶은 강렬한 충동을 의지로 억누르며** 우리는 기차가 지나가는 몇 초 동안 온몸의 털이 곤두서는 전율 속에서 선로 바닥에 가능한 한 **몸을 납작하게 밀착시키고 있어야** 했다. 육중한 차량이 덜컹거리는 소리와 선로를 긁는 쇠바퀴의 마찰음은 뼛속까지 파고드는 것 같았다. 그렇게 기차가 지나가고 나면 우리는 **일어날 힘을 잃고 1분** 또는 그 이상을 그대로 누워 있었다. 그때의 느낌은 마치 기차를 따라 헤엄을 치며 우리의 몸이 끝없이 뻗어나가는 **빛이 되어 공기 중에 녹아버리는 것만 같**았다. 그리고 다음 순간 하늘을 나는 듯한 느낌이 드는 것이었다. 이 모든 느낌이 너무나 좋았다.

"그런 어처구니없는 놀이가 뭐가 그렇게 좋았습니까?" 안드레예프가 물었다.

나는 그 거대한 기계의 움직임에 왜소한 몸의 부동성(不動性)으로 대항함으로써 어쩌면 우리는 스스로의 의지력을 시험해본 것인지도 모른다고 대답했다.

"아뇨." 그가 대답했다. "해석은 그럴 듯하지만 아이는 그런 놀이를 생각해 낼 수가 없어요."

　나는 아이들이 연못의 살얼음 위나 좁은 강둑 위를 아슬아슬하게 걷기를 얼마나 좋아하는지 그에게 상기시키면서 일반적으로 아이들은 위험한 놀이를 좋아한다고 말했다.[*]

　나는 위에 인용한 글에서 (놀이와 정신적 외상에 대한 우리의 이론과 일치하는) 이 놀이의 심층적인 의미를 보여주는 구절을 고딕체로 표시했다. 이 무모한 아이들은 그들에게 공통적으로 남아 있는 유년기의 정신적 외상—부동성과 격렬한 동작, 그리고 철저한 무력감과 해방감이 교차되는—을 다시 한 번 경험하게 해주는 기차에 맞선 것이다.

　유아기의 경험이 아동기와 성인기에서 변환된다는 측면에서 "스와들링 가설"이 어떤 식으로 증명되든 그것은 러시아인들의 행동과 심상에 살아있는 경험의 형태를 가리킬 것이다.

　영화에서는 알료샤가 어떤 놀이에도 참여하지 않는다. 가끔은 호기심으로 눈을 가늘게 뜨지만 그는 대개 덤덤하게 관찰한다. 그는 "고개를 들어" 시선을 맞추고, 명확하게 이해하고 인식하며 매섭게 집중하려 노력한다. 이 모든 것이 궁극적으로는 삶을 붙잡기 위한 것이다. 이 영화는 그가 무엇을 **향해** 자유로워지느냐는 것보다 무엇**으로부터** 자유로워지느냐에 대해 더 많은 것을 이야기한다.

---

[*] 고리키, 앞의 책.

## 5. 혁명가

알료샤는 떠난다. 그와 어울려 지내던 무리가 들판까지 그를 배웅해준다. 그들은 이제 막 완성된 작은 수레에 리옌카를 태우고 함께 배웅을 나간다. 리옌카는 흥분과 기대에 차 있다. 그는 이제 이동성을 얻게되었고 자신의 동물들을 풀어주려 한다. 그 어떤 문화권에서라도 해피엔드가 될 만한 그 장면에서 리옌카는 자신의 소중한 새들을 공중으로 날려 보낸다. 새들은 날개를 펴고 드넓은 하늘로 날아오른다. 하지만 무리가 소리 높여 작별 인사를 하는 동안에도 알료샤는 아무런 표정 변화 없이 지평선을 향해 고개를 돌린다.

강철 같은 눈빛을 지닌 소년 알료샤는 어디로 가는 것일까? 영화는 알려주지 않는다. 분명히 그는 떠난 뒤 고리키가 되었고 더 나아가 새로운 유형의 러시아인이 되었다. 그렇다면 청년 고리키는 어떻게 되었을까? 새로운 러시아인의 표식은 무엇이었을까?

고리키는 생계를 위해 다양한 직업을 전전하다 마침내 16세에 공부를 하기 위해 카잔(Kazan) 대학에 갔다. "누군가 나에게 '매주 일요일 니콜라예프스키 광장에서 사람들이 지켜보는 가운데 매를 맞으면 공부를 하게 해주겠다'고 제안했다면 나는 그렇게 하겠다고 답했을 것이다."[*] 하지만 그는 곧 무일푼인 자신에 대한 공공연한 차별을 느꼈다. 그래서 그는 젊은 혁명가들의 "무료" 대학이라고 스스로 일컬은 바 있는 곳에서 학생이 되었다.

그러나 고리키는 늘 감수성이 예민하고 상처받기 쉬운 사람이었다.

---

[*] Roskin, 앞의 책.

그의 근원적인 깊은 슬픔은 오로지 삶을 "붙잡으려는", 삶으로 하여금 자신의 신념에 답하게 하려는 의지에 의해서만 극복될 수 있었다. 작가로서 그의 단련은 더 적은 단어로 본질을 이야기하려는 노력으로 이루어졌다. 젊은 고리키는 날카로운 송곳니를 가지고 있는 자신의 영혼을 품기 위해 안간힘을 썼다. 그러나 그와 비슷한 영혼을 가지고 있었던 많은 다른 동시대인들과 마찬가지로 그러한 투쟁은 그를 죽음 직전까지 몰고 갔다.

스무 살 때 그는 권총 자살을 시도(고리키는 당시 경찰의 감시와 극단적인 빈곤에 시달리고 있었으며 하이네와 같은 훌륭한 문인이 될 수 없을 거라는 좌절감도 자살을 기도한 이유였다—옮긴이)했다. 그의 주목할 만한 유서에는 이런 대목이 있다. "내 죽음은 마음의 치통을 만든 하이네 때문이다… 이 여권은 내가 알렉세이 페쉬코프임을 알려주겠지만, 바라건대 나는 이 유서에서 나에 대한 그 어떤 것도 볼 수 없기를 희망한다."* 고리키는 그가 앓은 마음의 치통과, 퇴행적인 그리움을 극복하고 삶을 붙들려는 러시아인들의 노력 사이의 깊은 관계에 대해 이제 우리가 살펴보는 것을 용서해줄 것이다. 실제로 그 표현은 쓰라린 그리움에 시달리던 하이네에 의해 만들어졌으며, 그는 마음의 치통에 대한 치료약으로 베르톨트 슈바르츠(Bertold Schwarz)가 만든 가루치약을 추천하기도 했다. 고리키는 후일 체호프에게 그 우울했던 시절이 "끝날 것 같지 않은 부동성"과 "단단한 어둠"의 시기였다고 고백한다. 자기파멸의 위험을 무릅쓰고 그 교착상태를 끝냄으로써 그는 회복될 수 있었고 다시 방랑의 길을 떠날 수 있었다.

"나는 굴복당하기 위해 태어난 것이 아니다." 고리키는 자신이 쓴 최

---

* Roskin, 앞의 책.

초의 서사시에서 그렇게 말했다. 알료샤는 다른 사람들의 삶에서 자신이 함께해야 할 부분과 그렇지 않은 부분을 찾아내기 위해 그레고리나 다른 모든 사람들을 따라가 보았다. 고리키는 그의 신념을 살아있게 만들어줄 "드물지만 긍정적인" 현상을 찾기 위해 집 없는 부랑아로서 글자 그대로 다른 사람들의 뒤를 밟았다.

"영감의 경지에까지 오른" 그의 명징한 분석은 톨스토이가 아내와 재산을 버리고(만년의 톨스토이는 초기 그리스도교 정신의 청빈한 삶을 살고자 재산과 작품에 대한 판권을 포기하려 했으며 이 때문에 아내와의 갈등이 깊어졌다—옮긴이) 집을 나왔다는 신문 보도를 접하고 쓴 아래의 서사적인 글에 가장 잘 나타난다.*

> … 내 영혼 안에서 개 한 마리가 청승맞게 울부짖고 있으며 나는 불길한 예감 같은 것을 느낀다. 그렇다. 방금 신문이 배달되었고 이제 모든 것이 분명해졌다. 이제 사람들은 "전설을 창조"하기 시작할 것이다. 그저 꾸역꾸역 살아가는 게으름뱅이들과 아무 짝에도 쓸모없는 자들이 성자 한 사람을 만들어 내는 것이다. 절망에 빠진 이들이 고개를 떨어뜨리고 많은 이들의 영혼이 텅 비어 있으며 가장 훌륭한 이들의 영혼조차 슬픔에 잠긴 이때에 나는 오로지 그의 결정이 이 나라 민중들에게 얼마나 큰 해악을 끼칠 것인가를 생각한다. 고통과 절망 속에서 그들은 전설을 갈망한다. 그들은 고통이 줄어들기를, 그리고 고통에 대한 위로를 애타게 갈망하고 있다. 그들은 자신들에게 진정으로 필요한 것 대신에, 그가 열망하던 것—성자의 삶—을 창조할 것이다.
>
> … 이제 그는 자신의 이상에 최고의 의미를 부여하기 위해 마지막 도전을 하고 있다. 이를 통해 그는 자신의 성스러움을 내세우며 영광을 얻을 수 있

---

* Gorky, 앞의 책.

을 것이다. 그의 가르침이 고대 러시아의 역사와 그의 천재성이 낳은 고통에 의해 정당화될 수 있을지는 모르지만 그의 이번 결정은 오만하기 그지없다. 성스러움은 죄를 하찮게 여기고 삶의 의지를 억누름으로써 얻어진다. 사람들은 살기를 갈망하지만 그는 그들을 이렇게 설득하려 한다. "현세의 삶은 무의미합니다." 러시아인들을 그렇게 설득하기란 매우 쉽다. 그들은 자신들의 무기력에 대한 핑계거리를 찾아내는 데 혈안이 되어 있기 때문이다.

… "나는 행복합니다. 나는 무척 행복합니다. 나는 정말 행복합니다." 그런데 그의 말에는 "고통을 받을 수 있어서"라는 이상한 꼬리가 달려 있다. 고통을 받을 수 있어서—그에게 이 말은 정확하게 들어맞는다. 그는 병을 앓다가 겨우 일어날 정도의 몸 상태라 해도 감옥에 갇히거나 유배형에 처해지는 것을, 다시 말해 순교자의 면류관을 쓰는 것을 기쁜 마음으로 받아들이리라는 것을 나는 단 한 순간도 의심해본 적이 없다.

마지막으로 그는 그리스도교에 귀의한 톨스토이에게서 고대 러시아의 저주를 보았다.*

… 그는 늘 현세 저편에 있는 삶의 불멸성을 찬양했지만 이 세상에서의 불멸성에 대해 이야기하기를 더 좋아했다. 진정한 의미에서의 국민 작가인 그는 러시아 민중의 모든 단점과 역사의 시련을 자신의 영혼 안에 구현했다. "악에 대한 무저항"과 수용적 태도를 역설한 그의 가르침은 옛 러시아로부터 흐르는 나쁜 피에 몽골인의 숙명론이라는 독을 주입한 것이나 다름없다. 그것은 지치지 않는 창조적 노동과 이 세상의 악에 대한 적극적이고 꺾이지 않

---

\* Gorky, 앞의 책.

는 투쟁을 강조하는 서구의 가치관과 화학적으로 정면충돌한다. 이른바 톨스토이의 "무정부주의"는 본질적으로 그리고 근본적으로 국가의 통제를 거부하는 슬라브족의 기질을 보여주는 것이며, 대평원을 떠돌던 오랜 과거로부터 우리의 뼈와 살에 깊이 박혀 있는 민족적 특성이라 할 수 있다. 지금까지 우리는 그러한 자유에 대한 갈망을 충족시켜 왔으며 우리 러시아인들도 그것을 잘 알고 있다. 하지만 자유를 향한 우리의 몸부림은 늘 최소한의 저항에 머물러 있었다. 이것이 치명적이라는 것을 알면서도 우리는 여전히 서로에게서 좀 더 멀리 떨어지기 위해 바퀴벌레처럼 이리저리 기어 다닐 뿐이다. 이와 같은 통탄할 만한 여정이 "러시아 역사"라고 불리고 있으며, 정신이 올바른 시민들이라면 놀랄 일이지만 바랴크족(Variags), 타타르족(Tartars), 발트해 연안의 독일인들 그리고 하찮은 관리들에 의해 한 나라의 역사가 이처럼 아무렇게나 형성되어 온 것이다…

이 영화를 보면서 알료샤가 무엇을 **향한** 자유를 얻었는지 알아내려 할 때 우리는 두 개의 함정, 즉 전기(傳記)의 함정과 영화의 함정을 피하기가 쉽지 않다. 집단적 신화라 할 만한 이 영화에서 알료샤의 모습이 고리키의 실제 이미지와 이상 그리고 전설적인 작가가 되기 위한 그의 치열한 노력을 잘 담아내고 있다는 것은 분명하다. 다만 고리키가 젊은 시절 그에게 지워진 문제들을 실제로 어떻게 해결했느냐는 우리의 주제에서 벗어나 있으므로 여기에서 다루지는 않겠다.

역사적 함정은 이 영화가 보여주는 인류애와 현실성에 내포된 혁명 정신과, 우리가 소비에트 문학과 영화를 통해 보아온 과장되고 정체된 혁명 "노선"이 극명하게 대조되는 지점에 있다. 민중으로부터 권력을 위임받은 통치자들이 혁명을 잔인하게 악용한 것을 뛰어넘어 우리는 혁명에 인도된, 또한 오도된 사람들이 애초에 가지고 있던 갈망으로부터 혁명의 뿌리를 찾아야 한다.

이 영화는 고대 농업 사회의 이미지에서 벗어나지 못한 사회가 산업화에 직면할 때 그곳에서 일어나는 혁명의 저류에 어떤 심리학적 경향이 흐르는지 잘 보여준다는 점에서 우리의 논의에 중요한 시사점을 준다. 이 영화가 그러한 혁명이 일어난 많은 나라들 가운데 러시아만 조명하고 있다는 것은 사실이다. 물론 다른 나라의 경우라면 다른 이미지들이 고려되어야 할 것이다. 하지만 미국의 역사에서 앵글로 색슨족의 위치가 그러하듯 러시아는 지금까지 다른 나라들의 공산주의 혁명에 결정적이고 광범위한 영향을 끼쳐왔다.

요약하면, 외할머니는 이 영화에서 지배적인 이미지를 차지한다. 그녀는 육체와 땅의 합일을 이룬 사람들을 상징한다. 그 자체로는 선한 그와 같은 합일은 "혈통"에 흐르는 탐욕에 의해 저주를 받으며, 이는 실낙원과 같은 것이다. 외할머니의 힘에 의존하거나 그 힘의 일부가 되는 것은 낡은 가치에 대한 굴복과 원시 경제의 신념 체계에 대한 영원한 속박을 의미하게 된다. 원시 부족을 고대의 도구와 자연에 대한 주술의 힘에 매달리게 한 것도 바로 그러한 신념 체계였다. 마찬가지로 사람들에게 죄의식에 대한 간단한 해결책으로 투사(projection)를 제공해준 것도 그러한 신념 체계였다. 그들은 모든 좋지 않은 것들은 악령과 저주에서 나오며, 그러한 힘들을 주술로 통제하지 않으면 그것들의 지배를 받게 될 것이라 믿었다. 볼셰비키 혁명가에게 외할머니의 미덕은 선과 악이 세상에 들어오기 이전의 것으로 여겨진다. 그러한 미덕은 계급 없는 사회가 탐욕과 착취를 극복하게 될 먼 미래에는 받아들여질 수 있을 것이다. 하지만 그런 날이 오기까지 외할머니는 위험한 존재이다. 그녀가 러시아인들의 낡은 사고와 유아적 신념에 대해 정치적으로 무관심하기 때문이다. 그녀의 미덕이 받아들여지기까지 크렘린은 기다려야 할 것이고 러시아인들은 더 오래 기다려야 할지도 모른다.

두 번째 이미지는 나무와 불의 이분법과 관련되어 있다. 영화에서 외삼촌들과 다른 남자들은 통나무처럼 단단하고 무거우며 울퉁불퉁하고 둔하지만 동시에 발끈하는(combustible) 기질이 있다. 그들은 나무이자 불이다. 스와들링에 의해 "통나무"의 분노가 내적으로 축적되었다면, 장작처럼 경직된(wooden) 러시아인들의 정신은 확 타오르는 성질이 있다. 그러한 이미지들은 최근까지의—러시아의 경우 오늘날까지의—나무 시대(wooden age, 건축과 공예 그리고 산업 분야에서 나무를 주요 자원으로 사용하는 시대-옮긴이)가 남긴 흔적일까? 나무는 러시아의 긴 겨울을 위한 땔감으로는 물론 천 년 전 슬라브족의 공동체가 세운 목책에도 사용되었다. 그것은 모든 도구의 기본 재료였다. 하지만 나무는 그 자체의 연소성으로 인한 파멸의 위험도 동시에 가지고 있었다. 집과 마을이 회복 불능의 상태로 타버리고 숲 자체가 불 때문에 사라져 그들이 거주하는 평원에서 멀어진다는 것은 치명적인 일이었다. 그렇다면 숲을 지키기 위해 어떤 주술적 수단이 동원되어야 했을까?

세 번째 이미지는 쇠와 철을 중심으로 나타난다. 영화에서는 리옌카의 작은 수레에 달린 바퀴에서만 그 이미지가 드러난다. 쓰레기더미를 뒤지다 철제 바퀴를 찾아낸 소년들은 그것을 고물상에 파는 대신 리옌카에게 이동성의 자유를 주기 위한 도구를 만드는 데 사용한다. 그런데 바퀴는 인간의 발명품들 가운데 독특한 위치를 차지한다. 그것은 단순히 팔다리의 확장 또는 보조 기구 그 이상의 의미를 가지고 있다. 인간이 만들고 움직이게 하지만 그 자체가 역학적인 개체로서 스스로 굴러

가는 성질을 어느 정도 가지고 있다는 것은 모든 기계의 기본적 특징이라고 할 수 있다.

하지만 이것을 뛰어넘어 철은 여러 가지 면에서 새로운 정신의 상징으로 제시된다. 나무와 불의 이미지가 무기력한 노동, 유아적 신념, 감정의 순간적인 폭발 그리고 운명에 대한 우울한 체념으로 특징지어지는 순환적 성격을 보여준다면, 철의 이미지는 확고한 현실주의와 끊임없는 강고한 투쟁을 나타낸다. 철은 불 속에서 달궈지지만 타거나 파괴되지 않는다. 불을 견뎌낸다는 것은 육체의 나약함과, 장작 같은 정신의 무감각과 연소성에 대한 승리를 의미한다. 불이 철을 단련시키듯 철은 새로운 세대와 새로운 엘리트들을 단련시킨다. 적어도 스탈린(철)과 몰로토프(망치) 같은 이름에는 그러한 의미가 함축되어 있으며, 그것은 볼셰비키다운 의식과 먼 미래에 대한 통찰, 결정을 내릴 때의 강철 같은 단호함과 행동을 할 때의 기계 같은 견고함을 강조하는 공적인 태도에도 내포되어 있다.

이제 고리키가 꿋꿋이 지킨 자리와 이 영화가 그를 세워놓은 자리—"인텔리겐치아"라고 불린 혁명가들의 전위—를 살펴보자. 그들은 병적이라 할 만한 고뇌와 성찰을 통해 처음에는 현실과 이념을 이해함으로써, 그리고 이후에는 정치적, 군사적 권력을 잡음으로써 새로운 정신적 가치를 준비했다. 노동자와 농민들에게 총을 들라고 호소한 레닌에게 어떤 초인적 영감이 있었는지 우리는 알 수 없다. 다만 무기력한 민중이 그의 호소에 따랐다는 것은 기적이었음에 틀림없다. 고리키는 작가들을 가리켜 "사회의 엔지니어"라고 했다. 발명가를 "과학 기술 분야의 시인이며, 선과 미를 창조하는 감각적 에너지를 불러일으키는 사람"이라고 말한 이도 고리키였다. 높은 수준의 교육을 받은 사람들과 서구의 지식을 받아들인 엘리트들은 혁명이 성공함에 따라 정치, 사회, 군사 분야에서 체계적인 훈련을 받은 새로운 엘리트들과 엔지니어들에게 자리를 내주어야 했다. 그리고 그들은 오늘날 냉정하고 위험한 우리의 적이 되었다.(이 책은 미국과 옛 소비에트 연방 사이의 냉전이 고조되기 시작하는 시점에 쓰여졌다—옮긴이)

하지만 인텔리겐치아들이 인민의, 인민을 위한 존재가 되기를 열렬하게 원했던 시절도 있었다. 러시아 민중의(또는 그들 중 상당수의) 우매함과 무지 때문에 한때 인텔리겐치아의 역할이 강조되었으며 그들이 불투명한 국제 정세 속에서 자국 인민들의 정체성을 찾기 위해 노력했다는 사실에는 의심의 여지가 없다. 알료샤의 모습에서 우리는 흙냄새가 나는 과거의 아들과 미래의 노동자의 아버지를 동시에 볼 수 있다.

미국 농민의 어린 아들은 스스로가 반역의 아들이었던 건국 선조들의 후손이다. 건국 선조들은 고난과 영광을 마다하지 않았다. 그들은 쇄신, 부흥, 애국심 그리고 일찍이 없었던 개인주의의 상속자였다. 그들 앞에는 그 누구의 조국도 아니었으며 왕권이나 신권을 부여받은 지배자가 한 번도 없었던 신대륙이 펼쳐져 있었다. 이는 노골적인 남성성과 거친 활력이 있는 무정부 상태의 대륙을 개척하도록 허용해주는 조건이 되었다. 이 세상에서 체호프의 꿈을 실현한 국민이 있었다면 그것은 바로 미국인들이었다. 그들이 정복한 땅을 살 만한 곳으로 만들고 제도를 안정적으로 구축한 것은 온 세상의 질투를 받을 만한 것이었다. 프로테스탄트 윤리와 개인주의 그리고 개척정신이 어우러져 개인주의적 주도성을 만들어냈고 이는 산업화에도 적절한 토대가 되었다. 우리는 앞에서 신대륙이 점진적으로 개척됨에 따라 그리고 지나친 주도성이 사람들을 지치게 만들면서 그러한 정체성이 맞닥뜨린 문제들을 지적했고 프로테스탄트 윤리의 부산물들도 살펴보았다.

나는 앞에서 유럽에 비해 늦게 일어난 혁명의 기운과 알료샤의 새로운 정신을 언급했다. 이제 내가 의도했던 바를 좀 더 명확하게 정리하고자 한다.

알료샤가 외면한 유혹은 초기 개신교도가 로마 가톨릭에 대해 가졌던 미련과 크게 다르지 않은데, 그것은 스테인드글라스를 통해 들어오는 빛과 전례용 향의 냄새 그리고 고요함 속에 흐르는 성가를 통해 감각으로 느껴지는 신의 숨결이었다. 미사 중의 신비스러운 침잠, 현세의 삶을 영혼의 아동기로 보는 시각 그리고 무엇보다도 "다른 사람들이 살아가는 대로" 살 수 있다는 사실은 초기 개신교도들에게 떨치기 힘든 유혹이었다.

만일 우리가 알료샤가 지향하는 인간의 공동체로 시선을 돌린다면 프로테스탄트 윤리와의 비교는 더욱 용이해질 것이다. 알료샤와 그의 동지들은 새로운 형태의 구원이라는 책무를 맡은 엘리트 집단의 형성을 (유아기와 원시사회의 공포를 이용하는) 중앙집권적 조직에서 꾀한다. 그들이 선택한 수단은 보이지 않는 존재에 대한 믿음이 아니라, 조사하고 판단하며 선택하는 공동체 내에서의 태도이다. 그들의 양심은 범죄와 속죄의 간헐적 순환이 아니라 정신의 단련에 토대를 두고 있다. 이러한 단련은 그들이 치를 희생의 형태를 결정하는데, 이는 거창한 속죄가 아니라 체계적인 훈련을 강조한다. 그들이 생각하는 구원은 내면의 믿음이나 사랑이 아니라 성공적인 조직화와 경제 및 기술적 요인에 의해 결정된다. 그들이 생각하는 죽음과 영원한 형벌은 죄와 지옥에 있는 것이 아니라 혁명 조직과 역사 발전으로부터 배제되는 것에 있다. 따라서 정신과 이념의 소멸과 비교할 때 죽음은 하찮은 생물학적 사건에 불과하다.

이처럼 러시아의 혁명가들이 재설정한 방향은 종교개혁의 지향과는 완전히 달랐다. 프롤레타리아의 새로운 체제는 철저하게 러시아적이고 교조적이었다. 그리고 이러한 요소들은 결국 거대한 비극으로 이어졌다.

우리는 여기에서 추론을 계속해가며 결론을 내릴 수 있다. 공산당은 혁명가들의 본질적인 속성인 **종파주의**를 용인할 수 없었다. 절대 권력을 유지하기 위해 공산당은 절대적인 통일성의 필요를 느꼈다. 종파주의를 몰아내기 위한 공산당의 필사적인 그리고 잔인하기까지 한 노력은 초기 공산당대회의 기록에 잘 남아 있는데, 사사건건 벌어진 집요한 논쟁은 초기 교회사의 논쟁을 연상시킨다. 논쟁의 쟁점은 변증법적 역사의 **정당성**, 당 정치국의 **무오류성** 그리고 민중의 오묘한 **지혜**였다. 우리는 이 논쟁들이 어떻게 끝났는지 잘 알고 있다.

프롤레타리아 독재의 시도는 결국 권력의 하수인들과 관료주의의 독재로 이어질 것이라는 막스 베버의 예언은 현실이 되었다. 또 다시 러시아의 민중들은 크렘린에 있는 한 사람을 믿었다. 그들은 국가 기관의 무자비함에 대해 그를 비난하기는커녕 오히려 국내외에서 자신들을 착취하고 수탈하려는 자들로부터 그가 보호자가 되어줄 것이라고 믿었다.

오늘날에도 러시아 국민들은 이를 철석같이 믿고 있다. 자신들이 알고 있는 것을 토대로 믿을 수 있는 것이 달리 없기 때문이다. 러시아와 아시아에서 폭발적으로 일어난 혁명의 기운은 어쩌면 필연적인 역사의 흐름에서 우리의 종교개혁을 특징지은 바로 그 정신적 단계에 접근하려는 시도였는지도 모른다. 유라시아 대륙의 몇몇 권력자 또는 신경질적인 각료 몇 사람이 과연 우리를 전쟁으로 몰아넣을 것인지 우리는 알 수 없다. 하지만 미래가―전쟁이 있든 없든―유럽, 아시아 그리고 아프리카 대륙의 농업사회를 지배하던 미신에서 자유로워진 심리적 에너지를 이용할 사람들의 것임은 분명하다. 원자를 쪼개는 법을 알아낸 물리학은 전쟁 또는 평화를 위해 새로운 에너지를 세상에 내놓았다. 정신분석학의 도움으로 우리는 정신의 가장 원시적인 부분이 "쪼개질" 때 방출되는 또 다른 에너지를 연구할 수 있게 되었다. 문명이 산업화 시대로 들어오면서 이러한 분열은 피할 수 없게 되었다. 이렇게 방출되는 거대한 에너지는 자비로울 수도, 사악할 수도 있다. 궁극적으로 그것은 단순한 무기 그 이상의 것이 될지도 모른다. 폴 버니언(Paul Bunyan, 미국 개척시대의 전설에 등장하는 거대한 몸집의 나무꾼—옮긴이)의 엄청난 힘으로 우리 미국인들이 온갖 기계장치와 로봇을 세계 시장에 쏟아내는 이때에 우리는 혁명을 겪은 국가들의 경제 상황을 개선시키는 데 우리가 도움을 주어야 한다는 사실을 이해해야 한다. 우리는 세상 도처에 있는 굳은 표정의 알료샤들에게 (자유에 대한 약속으로 매혹적으로 포장되어 있는) 우리의 번쩍거리는 상품들이 그들을 상층 계급에게 복종시키게 만드는 진정제가 아니며, 소비라는 최면에 의한 새로운 농노제로 그들을 끌어들이는 마취제는 더더욱 아님을 보여줄 수 있어야 한다. 그들은 자유가 주어지기를 원치 않는다. 그들이 원하는 것은 자유를 얻을 기회가 주어지는 것이다. 그들은 자신들의 주도성이 훼손되는 진보는 원하지 않는다. 그들은 단결과 더불어 자율성을, 근면의 대가와 더불어 정체성을 원한다. 우리는 알료샤들에게—거시적인 관점에서—그들의 혁명정신이 우리의 프로테스탄트 윤리이고, 우리의 프로테스탄트 윤리가 곧 그들의 혁명정신이라는 것을 납득시킬 수 있어야 한다.

# 제11장

# 결론: 불안을 넘어

독자들은 오른손 엄지 아래로 얼마 남지 않은 이 책의 분량을 보면서 당면한 문제들에 대해 이 책의 마지막 장이 어떤 결론을 내릴 수 있을까 궁금하게 여길지도 모른다. 여기에서 나는 지금까지 기술한 내용이 어떤 메시지를 전달하기 위함이 아니었으며, 공식적인 결론 하나가 심화된 논의로 이어지지는 않을 것이라는 점을 인정해야겠다. 나는 현상을 바라보는 하나의 방법 이외에는 제공한 것이 없다. 나는 이제 주변부의 설명으로부터 정신분석학적 연구의 핵심으로 다시 돌아가고자 한다.

출발점으로 되돌아가는 것이 회피는 아니다. 여기에는 최근까지 유년기와 사회의 관계에 대한 임상적 통찰이 사회학이나 역사학 분야에서 필연적 관계를 거의 또는 전혀 찾지 못해왔다는 사실이 고려되어야 한다. 우리의 연구 방법론을 토대로 이 문제들을 설명할 때 우리는 현실에 대한 적용을 조심스럽게 제안할 필요가 있다. 과거의 역사학자들이 심리학에 대해 아무것도 몰랐던 것처럼 역사에 대해 우리가 무지해도 되는 시기는 지났다.

역사학과 심리학의 연구 방법론이 조화를 이루도록 하기 위해 우리는 먼저 심리학과 심리학자들이 역사의 영향 아래에 있으며, 마찬가지로 역사학자들과 역사적 기록도 심리학적 원리의 영향권 안에 있다는 사실을 이해해야 한다. 임상 연구를 통해 우리는 유년기의 발달 경험과 관련된 개인의 기억이 너무나 쉽게 사라진다는 사실을 알게 되었다. 아울러 우리는 역사의 주연배우들과 해석자들이 공통적으로 인식하지 못하는 지점이 있다는 사실도 알게 되었다. 그들은 사회의 토대가 되는 유년기의 결정적인 역할을 인식하지 못하는 것이다. 역사학자들과 철학자들은 이 세상의 "여성적 원리"를 인식하지만 모든 인간이 여성에 의해 낳아지고 키워진다는 사실은 직시하지 못하고 있다. 그들은 학교 교육에 대해서는 논쟁을 벌이면서도 의식의 새벽이 개인에게 어떤 빛을 비추는지는 무시한다. 그들은 인간의(남성의) 논리가 이성과 질서 그리고 평화로 이어지리라는 역사의 약속을 믿고 있지만 그러한 신기루를 향한 걸음들은 전쟁과 그보다 더 나쁜 상황으로 이어지고 있을 뿐이다. 도덕성과 합리성을 믿는 사람들은 자기 자신과 스스로에 대한 비현실적 허상을 동일시하지만 현재의 자신이 어떻게 형성되어 왔는지 들여다보기는 거부한다. 그들은 자신의 손으로 만들어낸 위협들을 어떻게 제거할 것인지 고민하는 것 또한 유아기적 강박과 충동으로 거부한다. 이 모든 것에는 심리적 배경이 있다. 자신의 사고와 행동의 유아기적 기원을 회피함으로써 자신의 편협성을 파괴할 수도 있는 유년기의 불안이나 미신적인 두려움과 다시 마주치지 않겠다는 무의식적인 다짐이 바로 그것이다. 이 때문에 그는 합리성을 핑계로 자신으로부터 멀어지는 쪽을 선호하게 된다. 가장 뛰어난 정신을 소유한 이들이 종종 자기 자신에 대한 인식이 가장 부족한 이유가 여기에 있다.

하지만 마치 메두사(Medusa)의 머리를 쳐다보지 않으려는 것처럼 자신의 잠재적인 불안을 외면하는 것은 미신 때문이 아닐까? 인간은 이 단계에서 자신의 의식을 잠재적인 불안과, 편견과 두려움의 유아기적 기원으로 확장해야만 하는 것이 아닐까?

모든 성인은 그가 지도자이든 추종자이든, 혹은 엘리트이든 대중의 일원이든 어린아이였을 때가 있었다. 그리고 작았을 때가 있었다. 자신이 작다는 의식은 그의 정신에 깊이 뿌리박혀 있다. 그의 승리는 자신의 작음을 기준으로 평가되고 패배는 그것을 입증하는 것이 된다. 누가 더 크고 누가 무엇인가를 할 수 있느냐 없느냐의 문제는 자신이 계획하는 것에 대한 필요성과 가치를 뛰어넘어 성인의 내면적 삶을 가득 채우게 된다.

모든 사회는 아이에서 어른으로 발달해가는 구성원들로 이루어져 있다. 전통의 연속성을 유지하기 위해 사회는 그 구성원인 아이들에게 일찍부터 부모의 역할을 훈련시켜야 하고 동시에 어른들에게 남아 있는 불가피한 유아기적 특성을 제거해야 한다. 이것은 엄청난 과제가 된다. 사회에는 지도자를 따라줄 다수의 구성원들과 그들을 이끌 소수의 지도자들 그리고 다양한 영역에서 그 두 가지 역할을 번갈아가며 할 수 있는 사람들을 요구하기 때문이다.

유년기의 학습은 뇌와 눈과 손의 협응과, 성찰과 계획이라는 내재적 기제를 발달시키는 데 다른 동물들에 비해 오랜 기간의 의존적 상태를 요구한다. 오로지 그러한 조건 하에서만 개인은 분별력을 키울 수 있으며 그것은 그를 다른 사람들로부터 신뢰받을 수 있는 존재로 만들어준다. 또한 수많은 기본적 가치들(진리, 정의 등)을 완전히 받아들일 때 그는 비로소 독립을 할 수 있고 전통을 가르치고 발전시킬 수 있다. 하지만 그와 같은 신뢰할 만한 상태는 그 기원이 유년기에 있기 때문에, 그리고 그 발달 단계에 작용한 힘 때문에 어려운 문제를 낳는다. 우리는 앞에서 성적 발달에 대한 의도적인 지연과, 가족관계 안으로 그것을 끌어들이거나 가족관계 밖으로 벗어나게 하는 형태를 살펴보았다. 우리는 또한 사회적 양상을 발달시키기 위한 유년기 초기의 공격적인 접근 방법(기관 양태)의 중요성도 살펴보았다. 성적 발달과 사회적 양상의 발달은 그의 이상적 전형의 기원을 유아기의 긴장과 분노를 나타내는 이미지들과 결합하게 해준다.

따라서 초기에 잘 발달되지 못한 분별력은 인간의 성숙을 위협한다. 유아기적 공포가 평생을 따라다니게 되는 것이다. 우리 정신분석학자들은 각각의 개인적인 사례를 다루면서 그러한 공포를 제거하고 이를 설명하며 개념화하기 위해 노력하고 있다. 여기에 보편적인 치료 방법이란 없으며 오로지 점진적인 통찰에 의해 공포를 완화시키는 것이 가능할 뿐이다. 각 세대는 그 세대만이 가지고 있는 유년기의 문제들을 극복해야 하며, 잠재적으로 축복 또는 위협이 될 수 있는 새로운 유년기의 특성을 스스로 발달시켜야 한다.

아마 그의 기분이 우울할 때였겠지만 마크 트웨인은 인간을 가리켜 자신의 벗은 몸을 유일하게 의식하는 "가장 품위 없는" 동물이라고 불렀다. 이를 우리가 사용하는 용어로 말하면 인간은 자신의 성적 특질(sexuality)을 의식하는 유일한 존재라고 할 수 있을 것이다. 여기에서 마크 트웨인은 그 자신의 탁월한 능력이기도 했던 인간만의 특성인 유머를 언급하지 않았다. 유머는 인간이 자신을 둘러싼 이상한 관습과 제도를 가지고 놀거나 그것을 다른 각도에서 생각해보는 능력이다. 하지만 인간이 유년기 초기에 자신의 신체 기능 일부를 사악하고 수치스러우며 위험한 것으로 간주하도록 훈련받는다는 것은 엄연한 사실이다. 나름의 신념, 자부심, 확실성 그리고 주도성을 발달시키기 위해 그러한 악덕의 조합을 활용하지 않는 문화는 없다. 이에 따라 인간의 성취감에는 유아기의 뿌리에 대한 의심이 잔존하게 된다. 또한 초기의 현실감각은 자신의 내면과 외부에 있는 선과 악을 고통스럽게 시험해 봄으로써 얻어지기 때문에 인간은 외부 세계의 적이나 힘 또는 사건을 늘 의식하게 되는데, 사실 그러한 것들은 내면의 분노, 자신이 작다는 의식 그리고 자신의 분열된 내적 세계에서 비롯되는 것이다. 따라서 그는 자기 자신이 아닌 거대하고 모호한 외부로부터의 침략, 안전한 우군으로 인식되지 않는 모든 것들에 의한 포위 그리고 조소를 보내는 사람들 앞에서 처참하게 체면을 잃는 상황을 늘 경계하게 된다. 이는 동물적 두려움이 아니라 인간만이 갖는 불안이며, 그것은 개인의 관계에서뿐만 아니라 국가 간에도 나타난다.

이제 기본적인 공포 몇 가지를 요약해보겠다. 그러기에 앞서 먼저 권력의 영역, 영향력과 권한과 소유의 영역 그리고 착취의 영역이 존재하는 것은 사회의 진행 과정에 나타나는 필연적인 문제일 뿐 그 자체가 유아기적 불안에서 비롯된 것은 아님을 분명히 해두고자 한다. 그러한 영역들은 우리가 살고 있는 지리적, 역사적 현실의 표출이다. 여기에서 명확하게 밝혀져야 할 문제는 인간이 공포, 불안 그리고 유아기의 불안이라는 창고에서 꺼내진 온갖 충동들을 정치적, 경제적 필요성에 어느 정도까지 투사할 수 있느냐는 것이다.

우리가 결론에 앞서 전제할 것이 또 하나 있다. 그것은 공포와 불안을 구분할 수 있어야 한다는 것이다. 공포란 따로 분리해서 인식할 수 있는 위험을 걱정하는 상태로, 이에 대해서는 신중한 평가와 현실적인 대처가 가능하다. 불안은 (상호 조절 능력의 상실과 그에 따라 리비도와 공격성의 통제가 불가능해지는 상황에 의해 초래되는) 긴장이 확산된 상태로, 그에 대한 적절한 방어와 극복의 수단을 갖지 못한 채 오히려 외부의 위험을 증폭시키고 그것을 초래하기까지 한다. 이 두 가지 형태의 정서적 위기는 동시에 일어나는 경우도 있는데, 우리는 다만 논의의 필요성 때문에 이 두 가지를 엄격하게 분리하고자 한다. 예를 들어 경기 불황 중에 어떤 사람이 자신의 돈을 잃어버릴까봐 두려워한다면 그의 공포는 정당화될 수 있다. 그런데 만일 평균 소득의 스물다섯 배가 아니라 열 배밖에 벌지 못한다는 이유로 의기소침해서 자살을 하려는 사람이 있다면 우리는 유사한 임상 사례들을 찾아보아야 할 것이다. 기존의 임상 사례들은 그에게 부가 정체성의 토대가 된 이유와 그의 우울증이 신체 능력의 감퇴와 관계가 있는지를 알아보는 데 도움을 줄 수 있을 것이다. 돈을 잃는 것에 대한 단순한 공포는 한정된 부를 가지고 생활해야 한다는 생각에 의해 불안으로 연결될 수 있고, 성적 능력을 상실하는 것에 대한 공포는 유아기의 거세에 대한 불안을 다시 깨어나게 할 수 있다. 이처럼 유아기적 분노에 의한 합리적 판단 능력의 손상은 이성적인 성인의 공포와 이와 관련된 유아기의 분노가 합선을 일으킨 결과이며 이는 비이성적인 긴장 상태로 표출된다. 우리가 두려워해야 할 것은 두려움 그 자체일 뿐이라는 프랭클린 루스벨트 대통령의 단순하면서도 마법 같은 힘이 있는 발언에 담긴 진실이 바로 이것이다. 우리의 논의를 위해 그의 발언을 이렇게 풀어쓸 수 있을 것이다: 우리가 두려워해야 할 것은 불안이다. 우리를 비이성적 **행위**, 비이성적 **도피** 혹은 위험에 대한 비이성적 **부정**으로 몰고 가는 것은 (우리가 신중하게 대처할 수 있는)

위험에 대한 공포가 아니라 막연한 불안에 대한 공포 그 자체이다. 그러한 불안의 위협을 받을 때 우리는 두려워할 이유가 없는 위험을 증폭시키거나 아니면 두려워해야 할 이유가 있는 위험을 무시하게 된다. 불안에 굴복하지 않고 공포를 제대로 인식하는 것, 또한 불안에 맞닥뜨릴 때 진정으로 두려워해야 할 것을 정확하게 인식하고 그것을 경계함으로써 우리의 공포를 그 자리에 머물러 있게 하는 것—이것이 현명한 정신을 위한 필수 조건이다. 정치와 종교가 모든 인류 또는 특정 문화권의 사람들이 공통적으로 가지고 있는 유아기적 공포를 이용해왔다는 점에서 이는 더욱 중요하다. "영리한" 지도자들과 파벌들 그리고 압력단체들은 사람들로 하여금 과장된 위험을 보게 하거나 현존하는 위험을 보지 못하게 한다. 그 결과 현명하고 민주적 가치를 아는 사람들조차 진정 두려워해야 할 대상을 정확하게 식별하고 현명하게 대처하는 능력을 잃을 수 있다.

우리는 아래에서 불안의 일부만 요약할 수 있을 뿐이다. 자신의 삶에 그림자를 드리우는 공포와 맞서 싸울 때 어떤 방법이 도움이 될 것인지 자문하는 것은 각자에게 (저자와 독자 모두에게) 맡겨진 과제이다.

유년기에는 공포와 불안이 너무 가까이 붙어 있어서 구분이 쉽지 않다. 아이가 내부와 외부의, 그리고 현실과 가상의 위험을 구분하지 못하는 것도 이 때문이다. 아이는 이를 구분하는 방법을 배워야 하고 그것을 배우는 동안 어른의 격려와 지도를 필요로 한다. 아이가 어른의 본보기를 통해 이를 익힐 기회를 얻지 못하거나 어른의 잠재적인 공포와 혼란을 목격하게 되는 경우 아이의 내면에는 불행에 대한 막연한 공포심이 자리 잡게 된다. 그러므로 아이는 두려운 상황에서 불안을 느낄 권리를 가지고 있으며, 어른의 도움으로 판단력과 통제력을 발달시킬 때까지 "어린아이 같은" 두려움을 계속 가지고 있을 권리가 있다. 이러한 이유로 우리는 어른이 가지고 있는 많은 걱정을 불안이라고 부르겠지만, 아이들의 경우에는 그것을 공포라고 부를 것이다.

아래에서 우리는 성장하는 개인의 경험에 밀접하게 관련된 유아기적 공포를 자세히 살펴볼 것이다. 이를 통해 그러한 공포들이 이후 개인적 정체성의 유지나 집단적 영토의 수호 같은 성인들의 관심 영역에서 비이성적 불안의 전조가 된다는 점을 밝힐 것이다.

유아는 수많은 요인들, 이를테면 갑작스러운 지지의 상실이나 큰 소음 또는 강렬한 빛에 깜짝깜짝 놀란다. 주위 환경의 갑작스러운 변화에 대한 **공포**가 학습되지 않는 한 유아는 우연적이고 자주 발생하지 않는 그러한 외부 충격에 빨리 적응한다. 이때부터는 아이가 특정한 외부 자극의 재발에 대해 단순히 공포를 느끼는 것인지, 아니면 그러한 외부 자극에 당황하고 긴장하는 어른들에 대해 불안을 느끼는 것인지 정확하게 구분하기가 힘들다. 이 시기에 자신을 돌봐주던 사람이 사라져서 영영 나타나지 않는 경우, 지지의 상실이나 소음 같은 외부 자극에 대한 "본능적인" 공포는 사회적 불안으로 쉽게 바뀔 수 있다.

이 시기에 가해지는 외부로부터의 불가피한 통제는 아이의 내적 통제와 조화를 이루지 못하는데 이로 인해 아이의 내면에는 분노와 불안이 생기기 쉽다. 이는 **통제되고 억압당하는 것을 참지 못하는 성향**을 잔재로 남긴다. 어떤 행위를 하는 도중에 방해를 받거나 그 행위를 자신의 방식대로 끝마치는 것이 허용되지 않는 상황에 대한 과민함도 이와 관련되어 있다. 이 모든 불안은 충동적인 아집 또는 정형화된 반복에 의한 자기 강제(self-coercion)로 이어진다. 여기에서 우리는 강박적 충동과, 다른 사람들을 조작하고 억압하려는 집요한 욕구의 원천을 발견할 수 있다.

어떤 행동의 완료가 허용되지 않는 것을 참지 못하는 상태는 특정한 기관 양태에서의 능력 저하에 대한 공포를 대응물로 갖는다. 구강 영역에서는 (영양 측면에서) 속이 빈 상태로 남겨지는 것과 (감각 측면에서) 자극에 굶주리게 되는 것에 대한 공포가 있다. 이러한 것들은 후일 굶는 경험에 대해 공포를 갖거나 강한 자극을 추구하는 성향으로 변환될 수 있으며, 필요 이상으로 많이 먹지만 육감적 접촉은 부족한 사람들을 특징짓게 된다.

장(腸)의 영역에서 **자율성을 상실하는 것에 대한 공포**가 초래하는 불안은, 자신의 주도적 결정에 반한 외부의 강제나 내적 파괴 욕구에 의해 장이 비워지는 경험과 관련되어 있다. 이 단계의 양면적 측면에 대응하는 또 하나의 공포는 **막힐 수 있다는 위험**, 즉 대변을 억지로 참는 강박이나 "배출구"가 없다는 두려움과 관련되어 있다.

근육의 영역에는 이중의 과민성이 있다. 즉 **구속당하고 있다는 의식**에 의해 유발되어 근육의 기능이 무력화될 정도로 지속되는 불안은, 개인의 자율성을 규정하는 데 필수적인 **외부의 경계를 잃어버리는 것**에 대한 불안과 상응한다. 근육과 항문의 사디즘은 **뒤쪽에서 공격받는 것에 대한 공포**, 즉 제압을 당하거나 동물적인 방법으로 직장(直腸)을 통해 강간을 당하는 것에 대한 공포를 조장하는 것으로 보인다.

홀로 선다는 것은 자부심과 고립, 인정받고자 하는 소망 그리고 비우호적인 외부 시선에 노출되는 것과 넘어지는 것에 대한 공포를 모두 내포한다.

보행 이동성을 갖게 된 남아의 남근기적 공포의 중심에는 "거세", 즉 **침범의 무기를 박탈당하는 것**에 대한 공포가 숨어 있다. 반항적으로 "목을 내밀고 있는" 남근이라는 예민한 기관에 대한 공포가 존재한다는 임상적 증거는 헤아릴 수 없이 많다. 성기의 크기나 발달 상태가 **작은 상태에 머물러 있는 것에 대한 공포**, 그리고 "적절한 특성"을 가지고 있지 못한 것에 대한 공포는 더욱 일반적이라 하겠다.

보행 이동성의 측면에서는 갇히거나 **움직일 수 없는 것에 대한 공포**가 있다. 또한 자신이 나아가야 할 방향을 **인도받지 못하는 것에 대한 공포**와, 주도성을 쟁취하고 그것을 주장할 근거가 되는 경계선을 찾지 못하는 것에 대한 공포도 있다. 바로 여기에 (성인이) 명백한 적을 필요로 하는 유아기적 원천이 있다. 분명한 적이 있음으로 인해 그에 맞서 자신을 무장시킬 수 있고 언제 자신의 취약점을 공격할지 모르는 미지의 적에 대한 잠재적 공포로부터도 벗어날 수 있기 때문이다.

(구강이) 빈 상태로 남거나 (장이) 비워지는 것에 대한 공포는 여아들에게 특별한 속성을 갖는데, 이는 여아들이 (자신의 해부학적 특징을 "알기" 이전부터) 유기체로서, 인간으로서 그리고 어떤 역할의 보유자로서 자신을 완성시키는 어떤 소중한 것이 내부에 있다는 이미지를 가지고 있기 때문이다. **비워진 채로 남겨지는 것에 대한 공포**, 좀 더 단순하게 말해 **남겨지는 것에 대한 공포**는 가장 근원적인 여성의 공포이며 이는 여성적 특성을 보유하는 기간 전체에 영향을 미치는 것으로 보인다. 그것은 보통 월경을 할 때 증폭되고 폐경기에 최종적인 타격을 준 뒤 소멸된다. 따라서 이러한 공포에 의해 촉발된 불안이 남성적 사고에 대한 복종이나 그것과의 필사적인 경쟁을 통해, 혹은 남자를 붙잡아 자신의 소유물로 삼으려는 노력을 통해 표출된다는 것은 조금도 이상할 것이 없다.

여기에서 우리는 남겨지는 것에 대한 여성적 공포가 낳은 가장 역설적이면서도 장기적인 영향을 주목할 필요가 있다. 남성이 경쟁, 정복

그리고 전쟁을 추구하는 동안 여성은 제거당하거나 버림을 받지 않기 위해 남성이 추구하는 것들에 대해 이의를 제기하지 않는 경향이 있다. 그리고 이것은 가정의 파괴와, 아버지의 운명이 아들에게 이어지는 악순환을 낳는다. 여성은 전쟁의 의미와 남성의 능력을 믿는 척하지만 사실은 결코 이해하지 못할 남성의 격렬한 감정을 어쩔 수 없이 받아들이는 것일 뿐이다. 여성이 인간의 가치 있는 생존을 위하여 무장 없이도 저항할 수 있는 자신의 힘을 인식하고 그것을 주장할 수 있는 용기를 얻을 때까지 어쩌면 전쟁은 계속될지도 모른다. 여기에서 여성은 버림받는 것에 대한 공포와, 전쟁 자체를 위해 전쟁을 하는 남성들에게 이성적인 비판을 머뭇거리게 되는 자신의 소극적인 태도의 실체를 먼저 이해해야 한다.

물론 어린 여아는 힘을 과시하거나 실제로 힘을 행사할 수 있는 남자에 대한 경계심을 자연스럽게 습득한다. 간단히 설명하기에는 너무나 복잡한 "투사"를 통해 이 여아의 경계심은 **강간당하는 것에 대한 공포**를 증폭시키고 이는 잡아먹히거나 유린당하는, 또는 비워지는 것에 대한 전(前)성기기적 공포와 뒤섞여 쉽게 불안으로 이어진다. 남자들은 자신의 호전적인 상상과 공격적인 도발에 대한 여성의 동의가 필요할 때 그러한 불안을 효과적으로 이용한다. 여성, 국가 그리고 신념은 초인적인 여성의 이미지로 상징화되어 함락과 강간으로부터 지켜내야만 하는 숭고한 대상이 되는 것이다.

이러한 근원적 과민성과 공포 그리고 그에 따르는 불안은, 인간이 길고 느린 유년기를 가지고 있으며 이 시기의 성적 관심을 부모에 대한 애착의 형태로 가지고 있어야 한다는 단순한 사실에서 비롯된다. 유기체로서의 형성과 성장에 토대를 두고 있는 이러한 공포는 생애 초기부터 발달하며 지속적인 영향력을 가지고 있음에도 거의 의식되지 않는다는 점에서 더욱 중요하다. 아울러 주위 어른들의 예상하지 못한 긴장과 분노 앞에서 아이가 느끼는 혼란도 똑같이 중요하게 다루어져야 한다. 물론 유년기 후반이나 청소년기에 이러한 공포들은 대인관계의 일부로 ("오이디푸스 콤플렉스"나 "형제간의 경쟁"으로) 편입되며, 이는 자신보다 크거나 작은 경쟁자들과의 상충된 이해관계와 관련되어 있다. 이를테면 손위의 형제는 자신이 나이가 많거나 힘이 세다는 이유로 어떤 권리를 주장할 수 있고, 손아래의 형제는 자신이 어리고 약하다는 이유로 똑같은 권리를 주장할 수 있다. 이러한 이해관계의 충돌은 아동의 양육이나 정치 제도에서 모두 타협이 쉽지 않은 문제들이다.

우리는 사회적 안정과 문화적 결속에 토대를 두고 점진적으로 형성되는 자아정체감만이 인간의 삶에 균형을 가져다줄 것이라고 생각한다. 우리는 또한 그러한 자아정체감이 각각의 자아 단계들을 통합하면서 인간성에 대한 의식을 완성시킬 것이라고 믿고 있다. 그러나 그러한 인간성에 대한 의식이 사라진다면, 자아의 완성이 절망과 혐오에 굴복한다면, 생산력(generativity)이 침체에, 친밀감이 고립에, 그리고 정체성이 역할 혼란에 굴복하게 된다면 일련의 유아기적 공포들은 다시 고개를 쳐들 것이다. 이는 문화적 정체성의 "유산(patrimony)"에 안전하게 닻을 내린 정체성만이 온전한 심리사회적 균형 상태를 만들어낼 수 있기 때문이다.*

나는 앞에서 오늘날 세계의 청년들이 직면하고 있는 몇 가지 문제들을 설명했다. 산업혁명, 통신기술, 표준화, 집중화 그리고 기계화는 원시문화, 농경문화, 봉건문화 그리고 귀족문화에서 인간이 물려받은 유산을 위협하고 있다. 과거에 이러한 문화들이 제공해준 내적 균형 상태가 지금은 거대한 규모로 위협받고 있다. 정체성 상실에 대한 공포가 우리의 비이성적 동기의 많은 부분을 차지하면서 각 개인의 유년기로부터 비롯된 불안이 수면 위로 다시 떠오르고 있다. 이 같은 상황에 처한 많은 이들은 거짓 정체성(pseudo identity)으로부터 구원을 찾으려 하고 있다.

나는 성인의 삶을 잠식하고 있는 불안이, 대부분 진단이 가능하고 일부는 치료까지 가능한 신경증적 불안의 형태만을 띠고 있는 것이 아니라는 점을 지적했다. 정말 소름이 끼치는 것은 바로 그러한 불안이 집단적 공포의 형태로 집단의 정신에 재앙을 가져다준다는 것이다. 앞에서 열거한 불안의 양상들은 아동기의 맥락에서 나온 것이지만, 집단적 공포와 이를 이용한 정치적 선동에 대한 논문의 표제로 쓰일 수도 있을 것이다.

그렇다면 우리의 과제는, 그러한 비이성적 혐오와 불안 그리고 오판들이 유아기적 분노와 잠재된 유아기의 분노에 대한 성인기의 방어기제로부터 나왔다는 것을 명확하게 설명하는 것이 되어야 하겠다.

---

* 자아정체성의 개념은 두 가지 방식으로 오해될 여지가 있다. 어떤 이는 정체성이란 곧 순응성을 의미하며, 정체감이란 주어진 사회적 역할에 대한 개인의 완전한 굴복과 사회적 변화의 요구에 대한 무조건적인 적응을 통해 얻어진다고 생각할지도 모른다. 물론 현실적인 원형과 역할을 제공해주는 사회의 테두리를 벗어나서는 어떠한 자아도 발달할 수 없다는 것은 사실이다. 하지만 건강하고 강한 개인은 그러한 역할들을 보다 발전된 자아에 적용하고 그럼으로써 사회적 진전을 이루는 데에 자신의 몫을 다할 수 있다.

　　두 번째 오해는 홀로 자아의 완성에 몰두하면서 자신이 속한 집단으로부터 벗어난 삶을 사는 사람들과 관련되어 있다. 그들은 과연 모든 정체성을 초월하고 있는 것일까? 그러한 개인들은 그들이 속한 집단의 정체성으로부터 결코 떨어져 있는 것이 아니다. 그들은 오히려 그 집단의 정체성을 이미 흡수한 채 그 이상으로 성장을 한 것인지도 모른다. 설령 동시대에서 공유할 수 있는 사람들이 극소수라 할지라도 그들은 새로 얻은 정체성을 혼자만 가지고 있는 것이 아니다. (나는 여기에서 간디와, 인도와 나사렛 예수에 대한 그의 관계를 떠올리고 있다.)

우리의 임상적 경험이 우리를 유아기의 불안과 사회적 불안 사이의 유의미한 관계를 탐지하도록 이끌어주었다면, 그것이 우리에게 주는 통찰과 힘은 어떤 것일까? 우리의 아이들에게 바람직한 특성을 제공해 줄 아동 양육 체계를 만들어내는 데 그러한 지식의 활용이 도움을 줄 수 있을까? 그것은 우리가 적들의 유아기적 약점을 꿰뚫어보고 그럼으로써 그들을 물리치는 데 도움을 줄 수 있을까? 그리고 만일 그러하리라는 희망을 품을 수 있다면 과연 그와 같은 통찰은 미래에도 여전히 유효한 통찰로 남아 있을까?

이 문제들에 대한 우리의 지식은 불안에 대한 연구에 토대를 두고 있으며 그에 따라 주로 불안이 형성되고 이용되는 방식에 초점을 맞추고 있다. 우리는 (제1장에서 지적했듯이) 이제 분석을 통해 개인적 불안의 근원을 그럴 듯하게 설명할 수 있게 되었다. 하지만 우리는 주어진 사례들을 통해 개인의 신경증적 문제에 집중했을 뿐 그것의 다양한 변형에 대해서는 최근까지만 해도 별다른 연구의 필요를 느끼지 못하고 있었다.

정신분석학 분야에서 우리는 아동 양육과 관련하여 아이들의 본능적 불안을 이용하거나 그것을 회피하려는 다양한 이론의 부침(浮沈)을 목격해왔다. 우리는 그 가운데 많은 수가 "과학적" 미신에 불과하다는 사실을 알고 있다. 아동기의 문제와 성인이 기억하는 아동기의 문제를 강박적으로 비교함으로써 우리 가운데 일부는 아이들을 성인 환자와 동등하게 취급하는 우를 범하기도 했다. 최근 어느 정신과 전문의의 어린 아들이 이를 글자 그대로 보여준 일화가 있다. 부모의 세심한 보살핌을 받고 자란 이 아이는 커서 뭐가 되고 싶은지를 묻는 질문에 "환자"가 되고 싶다고 대답했다. 물론 아이의 대답은 부모의 관심이 온통 자신에게 쏠렸으면 좋겠다는 뜻을 담고 있었다. 아이는 그 대답만으로도 아마 부모의 관심을 받기에 충분했을 테고 부모 역시 제때에 아이의 속마음을 읽을 수 있었을 것이다. 하지만 이와 같은 에피소드는 우리에게 아이를 바람직한 방향으로 인도하고 바람직하지 못한 것을 회피하게 해주는 완벽한 양육 방법을 만들어내는 것이 결코 쉽지 않다는 사실을 보여준다. 분명 바람직한 것은 우리가 학생으로서 조금씩 배워나가는 것과 인간으로서 믿는 것 사이의 지속적인 상호작용을 통해서만 얻어질 수 있을 것이다.

이는 쉽지 않은 일이다. 사람들은 인간 존재에 대한 미지의 영역을 탐구할 때 그것을 하나의 우주로 과장하고 그것의 중심을 가장 중요한 현실로 구체화하곤 한다. 유아의 성적 특질에 관한 이론을 다루면서 지적했듯이 정신분석에서 "이드"는 구체적인 개념으로 설명되고 이에 따라 본능은 우주가 된다. 그런데 정작 프로이트는 그러한 본능들을 가리켜 자신의 "신화"일 뿐이라고 했다. 그는 사람들이 이론을 세울 때 그들이 알고 있는 것과 그들이 필요로 하는 것을 대충 조합해서 자신들의 생계를 위해 (어쨌든 그들은 자신이 연구하는 바를 가지고 생계를 꾸려야 하므로) 그것을 이용한다는 점을 알고 있었던 것이다. 우리는 자아에 대해 똑같은 오류를 범하지 않을 수 있을까? 인간의 경험과 행동을 조직화하는 핵심적 원리*의 중요성은 그것을 이해하는 데에 있으며 그것을 구체적으로 설명하는 것은 부차적인 문제이다. 인간의 이해는 자신이 인식한 것으로부터 한 발자국 물러나는 것에서부터 시작된다. 인간은 건강한 신체와 통찰력 있는 정신은 물론이고 강한 정체성을 기반으로 살아간다. 하지만 그 중 어느 하나가 삶과 사고를 지배하도록 내버려둔다면 인간은 거기에서 비롯되는 위험한 힘과 오

---

\* 내가 초판의 첫 페이지에서 "개인의 중핵"이라고 부른 것은 바로 이러한 의미에서 사용된 것이다.-E. H. E.

해를 인식하지 못할 수 있다.

사회적 변동의 문제에서도 마찬가지이다. 우리는 불안, 미신 그리고 집단적 불만과 혼란을 이용한 부도덕한 정치적 선동에 대해 조금씩 이해를 하고 있다. 하지만 우리는 새로 나타난 이념이 불가능해 보이던 일들을 갑자기 이뤄내고 모순과 혼란 속에서 문명의 돌연변이를 창조하고 유지하는 방식에 대해서는 아직 모르는 것이 많다.

이러한 상황은 원자력 연구 분야의 상황과 매우 비슷하다. 문명에 미치는 위험성의 압력 하에서 물리학자들은 고도로 이론적이며 장기적으로 실질적 유의성이 있는 연구를 완수하기 위해 노력해왔다. 일반 대중은 과학자들이 초래한 위험에 대해 그 대비책을 과학자들 스스로 찾도록 내버려두고 나머지 복잡한 문제는 외교관들에게 맡겨둔 채 과거에는 상상조차 할 수 없었던 무기를 어쩔 수 없는 현실로 받아들이고 있는 것 같다. 과학자들은 일반 대중에게 과학을 가르치기 위한 조직을 만들 수는 있지만 그들 스스로가 잘 알고 있는 위험성에 대처할 새로운 국제기구를 만들지는 못하고 있다. 입자가속기(cyclotron)를 만드는 것과 초국가적 기구를 만드는 것은 전혀 다른 문제이다. 과학자들이 가지고 있는 힘은 계몽의 목소리와 인류에 대한 희망 그리고 그들 자신의 과학적 윤리가 전부이다. 이로 인해 그들도 곤란을 겪고 있다. 과학적 탐구 정신과 군비 경쟁은 하나의 정체성 안에 공존할 수 없고, 그 두 가지를 조화시키려는 노력은 연구 정신을 위협하기 때문이다.

정신분석학 분야에서도 우리는 전체의 그림이 아닌 일부만 알고 있다. 우리는 정신분석학이 무의식의 역동성을 명확하게 설명하는 데 활용될 수 있다는 증거들을 보아왔다. 우리는 확실한 치료와 충격적인 실패를 모두 경험했다. 우리는 동기요인의 분야에서 명확한 설명을 제시해왔고 사회학 분야에서도 확실한 진전을 이루고 있다. 하지만 우리 앞에는 긴급한 판단을 요하는 사회적, 국제적 문제들이 놓여 있기도 하다. 우리 가운데 어떤 이들은 사회적 문제들을 임상적 상황으로 분석함으로써 그에 답하고 있으며, 또 어떤 이들은 시각장애인과 하반신장애인의 협력을 연상케 하는 학제간(interdisciplinary) 연구에 기대를 걸고 있다. 이는 심리학적 통찰을 갖지 못한 사회학자가 공적 성격을 띤 사건의 의미를 이해하지 못하는 심리학자를 등에 업은 채 두 사람이 함께 현대사를 더듬어보는 격이라 할 수 있다. 하지만 나는 우리의 연구가, 통찰력은 행동과 보조를 맞추고 행동은 무한한 사고와 보조를 맞추는 새로운 방식에 중요한 기여를 할 수 있어야 한다고 생각한다. 우리의 임상 연구 방법이 의미 있고 현명한 삶의 방식에 중요한 요소가 될 때 비로소 우리는 현대인의 분열된 사고에 의해 고삐가 풀린 파괴적 힘들을 중화시키고 재통합할 수 있을 것이다.

넓은 의미에서 분별력(judiciousness)이란 차이에 대한 너그러움, 평가의 꼼꼼함, 판단의 공정함, 행동의 신중함 그리고—이 모든 상대성에도 불구하고—신념과 의로운 분노를 지니고 있는 정신적 상태라 할 수 있다. 이것의 반대는 편견이다. 이는 낡은 가치에 근거한 비이성적 판단과 독단적인 편 가르기로 특징지어지는 태도라 할 수 있다. 어떤 대상을 정해진 잣대로 규정짓고 구분하는 편견의 속성에 따르면 세상의 모든 것은 이제까지 존재하던 방식 그대로 앞으로도 영원히 존재해야 한다. 편견에 의존함으로써 균형감각을 잃은 정신은 다른 사람들을 불쾌하게 만드는 경직성을 갖기 쉽다. 그러나 편견을 가진 사람은 자신에게 이질적으로 느껴지는 모든 것을 외부의 모호한 적에게 투사함으로써 일정한 안정성을 얻을 수 있으며, 이는 재앙적인 상황이 편견의 부실한 구조를 위협할 때까지 지속될 수 있다.* 이에 반해 분별력 있는 태도는 유연성과 가변성을 특징으로 하는데, 신경증적 경향이 있거나 정신적인 불균형을 겪는 개인에게는 이것이 위협이 될 수도 있다. 이는 편견을 멀리함으로써 투사(projection) 기제가 사라지는 대신 그 자리를 자기 성찰과 내적 투사(introjection)가 메우기 때문이다. 이 경우 개인은 자신의 내면에 있는 악을 지나치게 경계하게 되며, 이것은 어쩌면 자기 자신에 대한 편견이라고 할 수도 있다. 그러나 선한 의지를 가진 사람들은 이를 어느 정도는 감내해야 한다. 선한 의지를 가진 사람들은 편견에 따르는 불안을 직시하고 그것에 현명하게 대처하는 방법을 익혀야 한다. 계몽은 이를 위한 토대를 닦았고 새로운 형태의 의사소통은 그 토대를 굳게 다졌으며 이제 사회는 그 위에 새로운 구조를 쌓아올려야 한다.

　모든 지식이 그러하듯 임상적 지식은 바른 신념을 가진 사람들에게는 도구가 되지만 미신을 따르는 사람들에게는 무기가 된다. 아동 양육의 특정한 요소들을 언제 얼마만큼 투입하느냐에 따라 인간 발달의 성패가 결정되므로 이를 치밀하게 준비해야 한다는 결론을 내리기 전에 우리는 이 문제를 다른 관점에서 살펴볼 필요가 있다. 우리는 무엇보다도 미신과 착취의 체계에 이용되는 아동기의 불안과 성인기의 파괴적 성향 사이의 관계를 따져보아야 한다. 비이성적인 공포에 사로잡힌 성인들에 의해 아이들에게 편견과 불안이 주입된다면 지엽적인 요소들이 결정적인 역할을 할 수도 있다. 이 경우 성인들과 그들의 아이들이 그러한 미신에 제대로 대처하는 사회에 살고 있는지, 그리고 객관적인 사

---

\* T. W. Adorno, Else Frenkel-Brunswik, Daniel J. Levinson, and R. Nevitt Sanford, *The Authoritarian Personality*, Harper & Brothers, New York, 1950.

실이나 합리적인 방식과 동떨어진 그들의 미신이 개인에게 발달의 지체와 퇴행을 강요하는지는 결정적인 요인이라 할 수 있다.

따라서 우리는 유아들을 다루는 방식에 개입하는 무의식적인 미신을 줄이고, 청소년의 자아정체감 형성을 가로막는 정치적 경제적 편견을 줄이기 위해 일치된 노력을 기울여야 한다. 하지만 이러한 목적을 달성하기 위해 우리는 먼저 인간의 유년기가 인간에 대한 착취에 가장 기본적인 토대를 제공한다는 사실을 이해할 필요가 있다. 크다는 것과 작다는 것의 양극성은 남자와 여자*, 지배자와 피지배자, 그리고 백인과 흑인 같은 존재론적 반대 개념의 목록에 제일 먼저 등장하며, 오늘날 우리는 정치적으로나 심리적으로 이 모든 양극성에서의 해방을 위한 투쟁을 목격하고 있다. 그러한 투쟁의 목표는, 본질적으로 비슷해서가 아니라 각자의 독자성이 중요하다는 점을 근거로 서로에 대한 동반자적 기능을 인정받는 것이다.

여기에서 우리는 정신분석학의 계몽이 미국에 끼친 최초의 영향을 한 문장으로 압축한 것—좌절은 공격성으로 이어진다—을 고칠 필요가 있다. 신념을 가진 인간은 의미 있는 좌절을 견뎌낼 수 있다. 그러므로 우리는 착취가 무의미한 분노로 이어진다고 고쳐서 말해야 할 것이다. 여기에서 착취라 함은 특정한 좌절에 파괴적 힘을 부여하는 사회적 상황을 말한다. 착취는 양극성을 이루는 양자 가운데 어느 한쪽이 자신의 힘을 확대하기 위해 상대방이 쌓아온 정체성이나 완결성을 박탈하려는 상황에 존재하게 된다. 이러한 착취를 특징짓는 상호성의 상실은

---

* 이 문제에 대한 포괄적인 논의는 다음을 참고할 것. Margaret Mead in *Male and Female*, William Morrow and Co, New York, 1949.

결국 양자의 공통적 기능과, 궁극적으로는 착취자 자신을 파괴한다.

미국은 다른 어느 나라보다도 아이를 어른의 동반자로 인정하는 경향이 강하다. 우리는 동반자적 관계가 형성되어 있는 가정이나 유년기가 나름의 지위를 인정받는 어느 곳에서든 자아정체감과 동료 정신 그리고 관용이 자리를 잡고 있는 모습을 소중한 미래의 약속으로 여긴다. 우리는 또한 거대한 기계적 조직의 비인간성이 이러한 미국적 장점을 위협하고 있음을 알고 있다. 분별력 있는 미국인들은 "전시"의 거대 조직과, 그와 다를 바 없는 평시의 조직이 갖는 위험성도 인식하고 있다. 하지만 오늘날 문화적 가치를 상대적인 것으로 만드는 것은 거대 조직뿐만이 아니다. 통신수단의 급속한 보급과 문화 상대주의에 대한 지식의 증가는 타자(他者)의 우월한 힘에 노출되어 있는 사람들을 위협하고 있다. 그리고 그들 가운데 관용의 고갈을 드러내는 이들은 새로운 불안요인이 되고 있다. "정신 위생"에 대한 미국의 새로운 조류가 정신 건강을 곧바로 가져다주지 못하듯이 분별력을 추구하는 노력 역시 즉각적인 평화를 가져다주지는 못한다. 타자의 정체성에 대한 관용적 태도가 자신의 정체성을 위협할 수 있기 때문이다. 그러한 분별력은 본질적으로 개인적, 시민적 윤리의 문제이다. 여기에서 심리학이 기여할 수 있는 것은 불안에 대한 내성(耐性)의 힘을 보여주고 숨겨져 있는 억압과 착취의 의도들을 찾아내는 것이다.

여기에서 심리학은 인본주의적 위기에 봉착한다. 여러 면에서 심리학은 인간의 의지를 조작하는 역할을 하고 있기 때문이다. 우리는 윌리엄 블레이크가 아이의 장난감과 노인의 사유를 가리켜 "두 계절이 빚은 하나의 열매"라고 한 말을 인용한 바 있다. 이를 두고 우리는 아이의 놀이가 갖는 소중한 가치를 그가 인정한 것으로 여길 수도 있지만, 동시에 성숙한 이성

안에 녹아 있는 유아기적 성향을 지적한 것으로 해석할 수도 있다. 이성의 힘을 사용할 때 우리는 인간을 실험 대상으로 다루려는, 즉 인간을 통제가 가능한 대상으로 축소시켜 보려는 유혹을 느끼기 마련이다. 이 경우 인간은 한낱 동물이나 기계 또는 통계학적 자료로 여겨질 뿐이다. 적절한 접근 방법을 사용하면 인간은 어느 지점에서 위의 세 가지 모두로 치환될 수 있고 특정한 조건 하에서는 그것들의 복제에 지나지 않는다는 전제는 스스로 엄청난 권력을 쥐고 있다는 생각을 갖게 할 수 있다. 그러나 인간을 단순한 모형으로 축소시킴으로써 착취가 가능한 존재로 만들려는 시도가 진정한 인간의 심리학으로 이어질 리는 없다.

인간의 공통분모를 착취하려는 시도에 맞설 대안으로 우리는 잠재해 있는 인간 지성에 호소하며 새로운 형태의 집단 토론을 체계적으로 마련해야 한다. 하지만 이와 관련해 심리학자는 불안의 유년기적 근원에 대해, 그리고 개인의 힘과 자유를 위한 사회적 정치적 안전장치에 대해 자신이 이해하고 있는 만큼만 조언을 할 수 있다.

나는 독자들이 이 책의 결론을 읽으면서 각자 자신의 능력이 발휘되는 분야를 생각해 보았으면 한다. 여기에 나 자신의 예를 두 가지 덧붙이면서 결론을 마무리하고자 한다.

몇 년 전 나는 일단의 선구적인 의사들로부터 (그랜틀리 D. 리드 박사가 기계화된 우리의 문화에 다시 소개한) "자연" 분만법의 발전에 대한 이야기를 들은 적이 있다. 그것은 나에게 가장 힘이 된 경험들 가운데 하나였다. 그들이 일으킨 변화는 이제 꽤 알려져 있다. 그들의 목표는 불안 없는 분만이라고 할 수 있다. 출산을 앞둔 임산부는 진통이 불가피하다는 사실 때문에 공포를 느낀다. 하지만 임산부가 체조와 교육을 통해 진통을 이해하고 대비함으로써, 그리고 진통제 사용 여부를 자신이 결정할 수 있다는 사실을 알고 있음으로써 불안은 더 이상 증폭되지 않는다. 최근까지만 해도 임산부의 불안은 상당 부분 무지와 미신에서 비롯되었고 어쩌면 그것이 과도한 통증을 유발한 진짜 원인인지도 모른다. 이제 임산부는 본인이 원하는 경우 아이가 세상에 처음 나오는 순간을 머리 위의 거울을 통해 볼 수 있다. 아기가 아들인지 딸인지 누군가로부터 전해들을 필요도 없다. 임산부와 간호사는 여러 달 동안 알고 지낸 사이이며 공동의 과업을 수행하는 동료이다. 인공적 수단에 의한 기억의 단절이 없는 이 자연스러운 과정에서 산모와 아이는 놀랄만한 심리적 이점들을 얻는다. 그러나 무엇보다도 산모 스스로 선택한, 아기의 첫 울음을 듣는 이 특별한 경험의 정서적 영향은 어머니와 아기 모두에게 깊은 상호 유대감을 가져다준다. 또한 아기를 보고 듣고 만지고 젖을 물릴 수 있도록 산모와 아기를 같은 방에 있게 함으로써 산모는 아이의 특성을 관찰하고 이해할 기회를 얻는다.

이와 같은 방법이 도입된 초기에 나는 몇몇 의사들의 반응에 놀란 적이 있는데, 그들은 교육을 통해 임산부들을 준비시키는 과정을 "세뇌"라고 불렀고 성공적인 분만은 아버지에 대한 산모의 감정이 산부인과 의사에게 "전이"된 결과라고 말했다. 우리는 출산이 여성의 "노동"이자 성취라는 사실에 대해 그 정도로 무지했던 것이다. 전문가라는 이들은 여전히 자신들이 분만과 출산의 과정을 주도하고 있다는 생각을 가지고 있다. 하지만 그들과 그들의 스승들이 만든 그러한 착각은 이제 깨져야 하며 그들의 의술은 오로지 위험과 사고로부터 임산부와 아이를 지키는 것에 국한되어야 한다. 그들과 달리 분만을 새로운 관점에서 바라보는 의사들과 다양한 배경을 가진 임산부들은 놀라울 정도로 "자연스럽게" 자신들이 하고 있는 일을 알고 있었다. 그리고 그들의 딸들은 좀 더 자연스럽게 그것을 이해하게 될 것이다.

이러한 예는 새로운 시대의 시작을 알리는 표징일지도 모른다. 물론 자연 분만이 완전히 새로운 것은 아니다. 그러나 자연 분만이 다시 주목받는다는 것은 영원한 자연의 방식과 진보하는 기술적 방식이 지혜롭게 조화를 이루고 있음을 보여준다. 이를 통해 이 책에서 논의된 일련의 위협적인 불안과 미신들은 차츰 분별 있는 접근 방법에 종속될 것이다. 전문가들에 의한 교육과 집단 토론에 의한 부모들의 계몽이 성인기의 모든 단계에 이루어진다면 그와 같은 흐름은 더욱 가속화될 것이다. 나는 교육과 산업 분야에서 확산되고 있는 새로운 토론 방식들이 전통의 연속성이 제공하던 위안을 충분히 대체할 수 있으리라 믿는다.

"자연" 분만은 원시시대로의 회귀가 아니다. 오늘날 분만의 기술적 측면에 요구되는 시간과 관심을 고려한다면 이와 같은 형태의 분만은 단기적으로는 비용이 많이 드는 것으로 보일 것이다. 그렇지만 나는 우리의 사회가 새로운 시민을 맞이하는 순간에 시간과 비용을 투자하는 것을 아까워하지 않기를 바란다. 우리의 사회가 새로운 시민이 약물로부터 자유로운 상태에서 눈을 크게 뜨고 이 세상에 나오는 것이 충분히 의미 있고 중요하다는 사실을 인식하기를 희망해보자.

이 책에서 나는 한편으로는 기술과 문화의 전수를, 다른 한편으로는 착취를 가능케 하는 아이와 어른 사이의 불평등 관계에 대한 정신분석학적 이론과 실제를 보여주려고 노력했다. 이 과정에서 나는 치료자와 환자라는 또 하나의 불평등 관계를 극복하려는 정신분석의 특성을 제대로 전달하지 못한 채 나 자신의 임상적 경험을 활용할 수밖에 없었다는 사실을 가슴 아프게 생각한다. 여기에서 당대에 치료의 방편으로 합리화되던 최면과 암시를 과감하게 거부한 프로이트를 고맙게 떠올리는 이가 있을지도 모르겠다. 프로이트가 환자의 자아로 하여금 불안과 저항(resistance, 억압된 감정과 욕구의 자각에서 비롯되는 불안으로부터 자아를 방어하기 위해 무의식에 대한 접근과 그것의 표출을 억누르려는 경향─옮긴이)을 직시하게 만들고 불안이 의사와 환자의 관계에 전이되도록 유도하는 것만이 불안을 치료할 수 있는 유일한 방법이라고 판단했을 때, 그는 환자와 의사 모두가 그것이 정신적 진화를 위한 과정임을 인식해야 한다고 믿었다. 프로이트가 최면 치료를 정신분석 치료로 대체하고 그럼으로써 환자의 억압된 의지와 피할 수 없는 유아기적 퇴행을 가학적으로 노출시켰다는 것은 사실이다. 하지만 그의 윤리적 전제는 모든 사람들 앞에서 분명히 공표되었다. 그의 "공인된 치료 절차"는 목적을 달성하기 위한 수단일 뿐이었다. 말하자면 그것은 자기 자신을 관찰하는 방법을 알고 있는 관찰자가 관찰을 받는 이에게 자기 관찰의 방법을 가르쳐주는 것이었다. 말년의 프로이트는 많은 이들의 나약함을 무거운 마음으로 지켜보았음에 틀림없다.(프로이트는 히틀러의 광기에 자발적으로 복종하는 대중의 비이성적 심리를 분석하는 데 말년을 바쳤다─옮긴이) 그의 생각을 따르기란 쉽지 않은 일이며 정체성이 전도된 시대에는 더더욱 그러하다. 그의 생각은 전문가의 관성으로는 정리될 수 없으며 금전적 보상이 중시되는 체제에는 어울리지 않는다. 따라서 프로이트의 혁신적 사고에 담겨 있는 인간관계의 양식을 설명하기 위해서는 겸허한 접근이 필요하다. 그렇다면 정신분석 전문의의 책무는 어떤 범위에 놓여 있을까?

첫 번째 범위는 **치료**와 **연구**의 축을 따라 펼쳐져 있다. 치료라는 행위 자체로 정신분석 전문의는 하나의 "실험" 대상을 갖게 된다. 그것은 살아있는, 그리고 전적인 자기 의지로 그 실험에 참여하는 한 인간의 문제에 접근하는 것을 허락해준다. 여기에서 한 인간은 자기 자신의 부분들(상상, 회상, 기억 등)을 마치 분리된 기능인 것처럼 실험에 내놓으며, 실험자는 객관적인 관찰자의 입장에서 피험자를 마치 싸움에 찌든 동물이나 소리를 내는 로봇처럼 다루게 된다. 하지만 그러한 임상적 상황을 통해 한 인간의 자발적인 노력은 관찰과 자기 관찰의 상호관계에서 중요한 부분을 이루게 된다. 이 과정에서 관찰자의 솔직하고 자기 관찰적인 참여는 **객관성**과 **참여**라는 두 번째 축을 형성하게 된다. 객관적이 되기 위해 임상의는 많은 지식을 가지고 있어야 한다. 하지만 그는 자신의 지식을 한쪽에 치워두는 법도 알아야 한다. 각각의 사례와 각각의 문제는 모두 새로운 것이다. 이는 모든 사건이 개별적이고 모든 개인이 수많은 사건들의 집합체이기 때문이 아니라 임상의와 환자 모두가 역사적 변화에 종속된 존재들이기 때문이다. 심리 요법의 의미가 달라지는 것처럼 신경증도 변화한다. 그러므로 임상의의 지식 역시 사람과 사람 사이의 실험이라는 조건을 따라가야 한다. 새롭게 관찰된 정신적 인상들은 형태상의 공통분모를 따라 재배열되어야 하고, 그 형태들은 함축적인 개념으로 요약되어야 한다. 임상의가 가지고 있는 세 번째 책무의 범위는 **지식**과 **상상**이라는 축을 중심으로 펼쳐져 있다. 그 두 가지를 조합함으로써 임상의는 정교한 통찰을 더 엄격한 실험적 접근에 적용할 수 있다.

마지막으로 **자제**(tolerance)와 **공감**이라는 축을 정신분석 전문의에게 주어진 책무의 범위로 고려할 수 있겠다. 임상의가 자신에게 수많은 문제들과 해답을 가져다주는 환자들로부터 정신적 거리를 유지하는 문제에 대해서는 그동안 많은 논의가 있어 왔고 지금도 그러한 논의는 진행되고 있다. 당연히 임상의는 환자들이 그들 나름의 자아를 찾아가도록 내버려두어야 한다. 하지만 정신분석 전문의는 이보다도 더 엄격했다. 그는 치료 과정에서 마치 하늘 높이 나는 비행체처럼 환자의 시야로부터 멀리 떨어져서 자신의 가치관이 드러나지 않도록 행동해 왔다. 오늘날 우리는 의사소통이 결코 언어의 문제가 아님을 알고 있다. 언어는 단지 의미의 도구일 뿐이다. 더 깨어 있는 세계와 더 복잡해진 역사적 환경에서 정신분석 전문의는 냉담한 자제와 일방적인 인도가 아닌, 정신분석의 진정한 의미를 더 창조적으로 구현하는 동반자적 관계에 대해 새로운 고민을 해보아야 한다. 초기 정신분석에서는 탈무드의 주제, 종교적인 열정, 징벌적인 교리, 당대의 감각주의 그리고 직업적 열망에 토대를 둔 정신분석가 자신의 다양한 가치관들이 환자에게 자연스럽게 표현되었는데, 이 모든 정체성과 그것들의 문화적 기원은 이제 낡은 통제의 의식들을 제거하고 계몽이라는 그 자신의 본래적 책무를 다할 수 있도록 정신분석가의 분석에 마땅히 녹아들어야 한다. 이를 통해 임상의는 자기 자신과 환자에게 사려 깊은 공감을 자유롭게 풀어놓을 수 있을 것이며, 만일 이것이 없다면 치료라는 것은 역사의 바람에 날리는 지푸라기 하나에 지나지 않을 것이다.

"정신분석학의 현주소"는 체계적인 내적 성찰을 위한 인간의 오랜 노력에 대한 서구와 현대의 기여라고 할 수 있겠다. 이는 정신 치료의 기법으로 시작되어 포괄적인 심리학적 이론에 이르게 되었다. 이 책의 결론으로 나는 우리 앞에 놓인 미래의 무한한 가능성과 위험을 신중하게 모색하기 위한 이론과 실제의 영향력을 강조했다.

# 초판 출간 이후의 에릭 H. 에릭슨의 저서 및 논문 목록

"Growth and Crises of the 'Healthy Personality.'" In *Symposium on the Healthy Personality*, M. J. E. Senn, ed. New York: Josiah Macy, Jr. Foundation, 1950.

"Sex Differences in the Play Configurations of Pre-adolescents." *Amer. J. Orthopsychiat*, 21:667-692, 1951.

"On the Sense of Inner Identity." In *Health and Human Relations*: Report of a Conference held at Hiddesen near Detmold, Germany. New York: Blakiston, 1953.

"The Power of the Newborn." (with Joan Erikson). *Mademoiselle*, June, 1953.

"Wholeness and Totality." In *Totalitarianism*, Proceedings of a Conference held at the American Academy of Arts and Sciences, C. J. Friedrich, ed. Cambridge: Harvard University Press, 1954.

"The Dream Specimen of Psychoanalysis." *J. Amer. Psa. Assoc.* 2:5-56, 1954.

"Freud's 'The Origins of Psychoanalysis.'" *International Journal of Psychoanalysis*, Vol. 36, Part I, 1955.

"The Problem of Ego Identity." *J. Amer. Psa. Assoc.* 4:56-121

"The First Psychoanalyst." *Yale Review*, 46:40-62

"Ego Identity and the Psychosocial Moratorium." In *New Perspectives for Research in Juvenile Delinquency*, H. L. Witmer and R. Kosinsky, eds. U.S. Children's Bureau: Publication #356, 1956.

"The Confirmation of the Delinquent." (with Kai T. Erikson). *Chicago Review*, Winter, 1957.

"Trieb und Umwelt in der Kindheit." In *Freud in der Gegenwart*, T. W. Adorno and W.

Dirks, eds. Europaeische Verlagsanstalt, 1957.

"Sex Differences in the Play Configurations of Pre-adolescents," "The Psychosocial Development of Children," and "The Syndrome of Identity Diffusion in Adolescents and Young Adults." In *Discussions in Child Development*, World Health Organization, Vol. III. New York: International Universities Press, 1958.

"The Nature of Clinical Evidence." *Daedalus*, 87:65-87

"Identity and Uprootedness in Our Time." Address at the 11th Annual Meeting of the World Federation for Mental Health, Vienna. In *Uprooting and Resettlement*: Bulletin of the Federation, 1959.

*Young Man Luther*. New York: W. W. Norton, 1958.

"Late Adolescence." In *The Student and Mental Health*: An International View, Daniel H. Funkenstein, ed. World Federation of Mental Health and International Association of Universities, 1959.

"Identity and the Lifecycle." Monograph, *Psychological Issues*, Vol. I, No. 1. New York: International Universities Press, 1959. With an introduction by D. Rapaport, "A Historical Survey of Psychoanalytic Ego Psychology."

"Psychosexual Development." In *Discussions in Child Development*, World Health Organization, Vol. IV. New York: International Universities Press, 1960.

Introduction to *Emotional Problems of the Student*, Graham B. Blaine, Jr. and Charles C. McArthur. New York: Appleton-Century-Crofts, Inc. 1961.

"The Roots of Virtue." In *The Humanist Frame*, Sir Julian Huxley, ed. New York: Harper, 1961.

"Youth: Fidelity and Diversity." *Daedalus*, 91:5-27, 1962.

"Reality and Actuality." *J. Amer. Psa. Assoc.* 10:451-473, 1962.

Editor, *Youth: Change and Challenge*. New York: Basic Books, 1963.

"The Golden Rule and the Cycle of Life." *Harvard Medical Alumni Bulletin*, winter, 1963.

*Insight and Responsibility*. New York: W. W. Norton, 1964.

"Memorandum of Identity and Negro Youth." The *Journal of Social Issues*, X X, 4: 29-42, 1964.

"Psychoanalysis and Ongoing History: Problems of Identity, Hatred and Nonviolence." *J. Amer. Psa. Assoc.* 122:241-250, 1965.

"Concluding Remarks." In *Women and the Scientific Professions*, The MIT Symposium on American Women in Science and Engineering. Cambridge: MIT Press, 1965.

"The Concept of Identity in Race Relations: Notes and Queries." *Daedalus*, XCV, 1:145-170, 1966.

"The Ontogeny of Ritualization in Man." In *Philosophical Transactions of the Royal Society of London.* Series B, No. 772, Vol. 251, 147-526, 1966.

Revised in: *Psychoanalysis-A General Psychology.* Essays in honor of Heinz Hartmann, ed. Rudolph N. Lowenstein, et. al. New York, International Universities Press, 1966.

In German: "Ontogenese der Ritualisievung." *Psyche*, X VII, 7, 1968.

"Concluding Remarks on Ritualization of Behavior in Animals and Man." In *Philosophical Transactions of the Royal Society of London.* Series B, No. 772, Vol. 251:513-524, 1966.

"Words for Paul Tillich." *Harvard Divinity Bulletin*, 30, no. 2, 1966.

"Gandhi's Autobiography: The Leader a s a Child" *The American Scholar*, Autumn, 1966.

Book Review: "Thomas Woodrow Wilson, by Sigmund Freud and William C. Bullitt." *The New York Review of Books*, Vol. VIII, No. 2, 1967.

"Memorandum on Youth for the Committee on the Year 2000." *Daedalus*, Summer, 1967.

"Memorandum on the Military Draft." In *The Draft: Facts and Alternatives*, Sol Tax, ed. Chicago: University of Chicago Press, 1968.

"The Human Life Cycle." In *International Encyclopedia of the Social Sciences*. New York: Crowell-Collier, 1968.

*Identity: Youth and Crisis*. New York: W. W. Norton, 1968.

"Psychosocial Identity." In *International Encyclopedia of the Social Sciences*. New York: Crowell-Collier, 1968.

"The Nature of Psycho-Historical Evidence: In Search of Gandhi." *Daedalus*, Summer, 1968.

"Insight and Freedom." The T.B. Davie Memorial Lecture on Academic Freedom, South

Africa: University of Capetown, 1968.

"On Student Unrest, and Remarks on Receiving the Foneme Prize." Second International Convention. Milano: Foneme Institute, 1969.

*Gandhi's Truth.* New York: W. W. Norton, 1969.

"Reflections on the Dissent of Contemporary Youth." Daedalus, Winter, 1970; Also in *Int. J. Psa.* Vol. 51, 1970, No. 1

"Autobiographic Notes on the Identity Crisis." *Daedalus*, Fall, 1970; Also in *The Twentieth Century Sciences*, Gerald Holton, ed. New York: W. W. Norton, 1972.

"Notes on the Life Cycle." In *Ekistics*, 32, 191, Athens, October, 1971.

On "Play." In *Play and Development*, Maria Piers, ed. New York: W. W. Norton, 1972.

"Words at Delos." In *Ekistics*, 32, 191, Athens, October, 1971.

"Environment and Virtues." In *Arts of the Environment*, G. Kepes, ed. New York: Braziller, 1972.

"On Protest and Affirmations." Address, Class Day, Harvard Medical School, *Harvard Medical Alumni Bulletin*, July-August, 1972.

"By Way of a Memoir." In *Clinician and Therapist, Selected Papers of Robert P. Knight*, Stuart C. Miller, ed. New York: Basic Books, 1972.

"Thoughts on the City for Human Development." In *Ekistics*, 35, 209, Athens, April, 1973.

"Conversations with Huey P. Newton." In *In Search of Common Grounds*, Kai T. Erikson, ed. New York: W. W. Norton, 1973.

*Dimensions of a New Identity.* 1973 Jefferson Lectures. New York: W. W. Norton, 1974.

"Reminiscences, First Peter Blos Biennial Lecture," *Psychosocial Process* Vol. III, No. 2, Fall, 1974

*Life History and the Historical Moment.* New York: W. W. Norton, 1975.

Editor, *Adulthood.* New York: W. W. Norton, 1978.

*Identity and the Life Cycle.* New York: W. W. Norton, 1980.

*The Life Cycle Completed: A Review.* New York: W. W. Norton, 1982.

# 찾아보기

Abraham, Karl 219

Adorno, T. W. 510

Ahmedabad 134

Anlage 82

Backhaus, W. W. 430

Benedek, Therese 303

Benet, Sula 359

Botkin, B. A. 364

Bradford, Roark 360

Calas, Nicolas 438

Chekhov, Anton 451

Crockett, David 364

Diderot, Denis 109

Donskoy, Mark 439

Dostoevsky, Fyodor 460

Einstein, Albert 435

Erikson, K. T 374

Federal Writers' Project 299

Fischer, John 385

Flanner, Janet 426

Frenkel-Brunswik, Else 510

Freud, Anna 237, 284, 373

Freud, Sigmund 73, 79, 101, 108, 136, 183, 219, 233, 263, 293, 318, 324, 340, 342, 373, 460, 507,

Gesell, Arnold 88

Gorer, Geoffrey 438, 475

Gorky, Maxim 438 ff.

Hendrick, Ives 317

Hitler, Adolf 398 ff.

Honzik, M. P. 126

Huxley, Julian 335

Kinsey, Alfred Charles 324

Kroeber, Alfred 138, 204, 210, 224

Leites, Nathan 438

Levinson, Daniel J. 510

Levy, David 101

Lewis, Alfred 364

Lincoln, Abraham 88

Lincoln, T. S. 188

Lomax, J. A. and Alan 362

Macfarlane, J. W. 122

MacGregor, Gordon 144

　수족에 대한 연구 193

Mann, Thomas 426

Marx, Karl 327, 434

Mead, Margaret 134, 390, 438, 511

Mekeel, H. Scudder 138, 146, 152, 157, 163, 192

Molotov, Vyacheslav 439

Parrington, Vernon 348

Rickman, John 263, 475

Roosevelt, Franklin D. 348, 498

Roskin, A. 451, 481

Sandburg, Carl 141

Sanford, R. Nevitt 510

Santayana, George 269

Sarabhai, Kamalini 134

Schaffner, Bertram 438

Schiller, Friedrich 259

Schopenhauer, Arthur 236

Shakespeare, William 460

Siemens, Hans 418

Sophocles 460

Spencer, Herbert 262

Spengler, Oswald 431

Spitz, Rene 100

Stewart, George 80

Stockard, C. H. 82

Tolstoy, Leo 440 ff.

Trotsky, Leon 455, 468

Twain, Mark 259, 456

Underhill, Ruth 289

Waelder, Robert 229

Waterman, T. T. 204

Weber, Max 422, 491

Wellman, P. I. 141

William Blake 272

Wissler, C. 142, 185

Wolfenstein, Martha 134

Ziemer, G. 417


거부 238, 350, 376

거세 155, 188, 298, 432

거시적 세계 271

경직 158, 354

고립 322

공간 배치 38

공격성 36, 37, 66

　리비도 73 ff.

　좌절 511

　항문기의 101~102

공포

　강간에 대한 501

　거세에 대한 379

　불안 497

　유아기의 338

　자율성 상실에 대한 501

　죽음에 대한 33

　포위에 대한 421

　폭력에 대한 43

과정으로서의 유기체 45

구강기 66, 95 ff.

구심(력) 207, 222

국민적 정체성 346

근면성 316

근친상간 금기 78, 108, 313

기관의 발달 82~90

꿈 183, 229


내사 304

냉담 139, 154, 160

노스탤지어 359

놀이 122, 173, 246, 255 ff.

　공간 배치 38

　구성 132

　기능 259

　붕괴 268, 278, 286

　성적(性的) 79, 109

　성차 126

　자기 치유 255

　정의 260

포만 281, 285
프로이트의 이론 229, 264

다코타족 140
댐 축조 223
도착(倒錯) 77, 236
동성애 116
　수족의 188
동일시
　상실의 결과로서의 73,
　아버지에 대한 293 ff.
　지배자에 대한 152, 296, 453

레닌 454, 488
리비도 73 ff.

모성
　거부 351, 376
　보호 282, 305
　소외 241
　포용 110
모스크바 재판 467
모유 수유 91, 99, 419
　수족의 165
　유록족의 216
몬테소리 방식 204
문화적 양식 114, 364
미국 인디언 136
미국인
　개척 시대 354
　문화 341
　양극성 346
　여성의 역할 351
　역사 346
민속학 359

민주주의 143, 348, 377, 383

반유대주의 431
발달 단계 315 ff.
방어 기제 45, 186, 236
방화 292
배변 기능 60 ff.
배변 훈련 102
　미국인의 377
　서구 사회의 226
　수족의 172
버펄로 141 ff.
보상 신경증 56
보유 65, 84, 93, 102, 226
본능
　동물의 117
　인간의 119
부계의 폭력 455
부모와 자녀의 상호작용 269
　거부 238, 350
　분노 99, 234
　상호조절 86, 93, 103, 118
　신뢰 100, 165, 175, 192
　아버지와의 동일시 408
　애착 109, 503
　이유(離乳) 100, 166, 193, 216
　정서적 긴장 355
분별력 119, 226, 314, 342
불안 32, 244, 499 ff.
　꿈 245,
　놀이에서의 268
　두려움에 대한 498
　부모의 44
　사회적 역할에 대한 46
　수족의 186

신경증적 32
신체적 긴장 46
　유록족의 215
　유아기의 228, 405
　전쟁 신경증 51
비행 160, 294

사랑 64
　성기기적 324
　수족 남녀 간의 177
　청소년기의 320
상상
　강박적 105
　놀이의 229, 257
　심리검사 199
　오이디푸스의 113
　임신의 69
성기기(적)
　사랑 324
　상호관계 115
　양태 112, 221
　유록족 212, 220
　특성 323~325
성적 특질 76, 81, 116, 221, 496
속죄 182, 224
수(Sioux)족 139 ff.
수치(심) 106, 172, 307
스와들링 475
승화 79, 250
신경증 30, 49, 160, 226, 358, 505
　강박 75, 225
　과잉 보상 56
　수족의 145
　유록족 아동의 212
　전이 273

전쟁 49 ff.
신체 기관 113, 461
신체 부위 65, 73, 76, 80
　구강 영역 90, 93
　생식기 78, 106
　항문 영역 92, 102, 226
심리성적 발달 82

아동 양육 156
　기계적 357
　러시아의 475
　미국의 378
　본능적 118
　부모 훈련 378
　수족의 162, 168
　신경증 291
　전성기기 171
아동 정신분석 253, 284
아버지
　독일의 402
　러시아의 439
　미국의 350
양가성 151
　수족 여성의 176
　유록족의 204
양상 94 ff.
　공간적 121
양심 75, 161, 186, 236, 434
양태 65 ff.
어머니
　독일의 399
　러시아의 447
　미국의 350 ff.
　수족의 354
　유록족의 354

억압 77, 108, 151, 201, 340, 500
엄마 349 ff.
엄지손가락 빨기 61, 103, 193
에토스 316
여성성 116, 130, 285
연어 205 ff.
열등감 316
예수 182
오르가슴 322
오이디푸스 콤플렉스 108, 293, 315, 359, 379, 458
용광로 356
우울증 100, 304
원시 사회 172, 188, 365
원심(력) 191, 207, 222
위기
　성인의 48
　아이의 41, 44
　전투 상황의 49,
유대인의 정체성 36, 39, 47, 342, 416
유록(Yurok)족 204 ff.
유머 496
유아기
　공포 490, 496 ff.
　낙원 99, 305, 364
　분노 201, 498
　불안 228, 497
　억압 77
　정신분열증 238, 245, 304
　프로이트의 이론 76~82
의심 106, 307
의존성 우울증 100
이드 235
　사례 60 ff.
　의미 31
　임상

훈련 48
임신
　상상 69
　수족의 163
　유록족의 216

자기 각성 341
자기 관찰 42, 313
자기 보존 101
자기 세계 놀이 269
자기 억제 234, 380, 500
자기 처벌 245
자기 치유 255, 272, 284
자아
　발달 172, 347
　방어 57, 373
　완성 328
　통합 288, 329
　특질 301 ff.
자연 분만 513
자위행위 154, 270
자율성 103, 106
　미국인의 300
　박탈 501
　수치심과 의심 106
자체 성애 86
잠재기 318
장난감 255 ff.
전(前)성기기 76, 87, 114, 171, 313, 330
전쟁 신경증 49 ff.
절망 대 자아 완성 328
정신분석 42, 59, 74, 84, 115, 123, 214, 233, 262,
273, 304, 323, 343, 507
정신분열증 238
정신적 외상 241, 257, 424

정체성
  국민적 346
  문화적 300 ff.
  미국인의 54, 355 ff.
  박탈 294
  성 173, 320
  시초 287 ff.
  유대인의 39, 342, 431
  집단적 55, 189, 288
  현대사회 392
  흑인의 296 ff.
  존 헨리 359 ff.
죄의식 181, 190, 379, 408
죄책감 37, 43, 113, 186, 309, 312 ff.
주도성 112, 313
주술 191, 229, 291, 306, 401, 486
죽음 32
중독자 76
짐 146 ff.

청결
  수족의 태도 171
  유록족의 태도 219
  흑인들의 태도 297
청교도주의 355, 376
청소년기 301, 319
  고리키 438 ff.
  독일 402 ff.
  미국 363 ff.
  사랑 320
  원시사회 415
  이데올로기 321
초자아 236, 314, 379
출산
  수족의 162

유록족의 217

태양의 춤 178
톰 소여 255
퇴행 66, 72, 76, 105, 216, 250, 327, 359, 474
투사 304

패니 211
페티시즘 474
편견 150, 299, 509
편견 299
편집증적 공포 105, 310

항문기
  고착 76, 105, 219, 226
  성욕 101
  신경증 102
  영역 92 ff.
  유록족의 219
핵심적 갈등 304, 330
환자
  샘 33, 236, 275
  앤 61, 75, 84, 122, 274
  진 238 ff.
  폭격수의 아들 292 ff.
  해병대원 49 ff.
후성적 발달 81
후성적 발달 도표
  심리사회적 330
  심리성적 81